여러분의 합격을 응원하는
해커스경찰의 특별 혜택!

FREE 경찰 민법 **동영상강의**

해커스경찰(police.Hackers.com) 접속 후 로그   클릭하여 이용

해커스경찰 온라인 단과강의 **20% 할인쿠폰**

8F79B22A249FC224

해커스경찰(police.Hackers.com) 접속 후 로그인 ▶ 상단의 [내강의실] 클릭 ▶

[쿠폰/포인트] 클릭 ▶ 쿠폰번호 입력 후 이용

* 등록 후 7일간 사용 가능(ID당 1회에 한해 등록 가능)

합격예측 **모의고사 응시권 + 해설강의 수강권**

3D8657E532CCE6FL

해커스경찰(police.Hackers.com) 접속 후 로그인 ▶ 상단의 [내강의실] 클릭 ▶

[쿠폰/포인트] 클릭 ▶ 쿠폰번호 입력 후 이용

* ID당 1회에 한해 등록 가능

단기 합격을 위한
해커스 커리큘럼

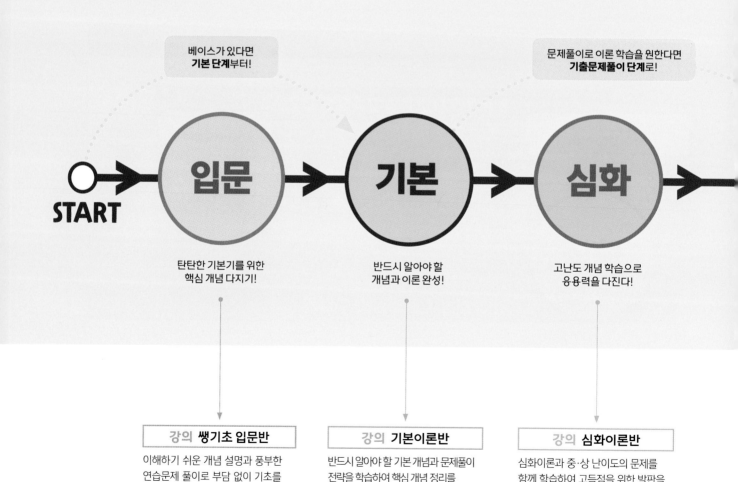

베이스가 있다면
기본 단계부터!

문제풀이로 이론 학습을 원한다면
기출문제풀이 단계로!

START → 입문 → 기본 → 심화 →

탄탄한 기본기를 위한
핵심 개념 다지기!

반드시 알아야 할
개념과 이론 완성!

고난도 개념 학습으로
응용력을 다진다!

강의 **쌩기초 입문반**

이해하기 쉬운 개념 설명과 풍부한
연습문제 풀이로 부담 없이 기초를
다질 수 있는 강의

강의 **기본이론반**

반드시 알아야 할 기본 개념과 문제풀이
전략을 학습하여 핵심 개념 정리를
완성하는 강의

강의 **심화이론반**

심화이론과 중·상 난이도의 문제를
함께 학습하여 고득점을 위한 발판을
마련하는 강의

* 커리큘럼은 과목별·선생님별로 상이할 수 있으며, 자세한 내용은 해커스경찰 사이트에서 확인하세요.

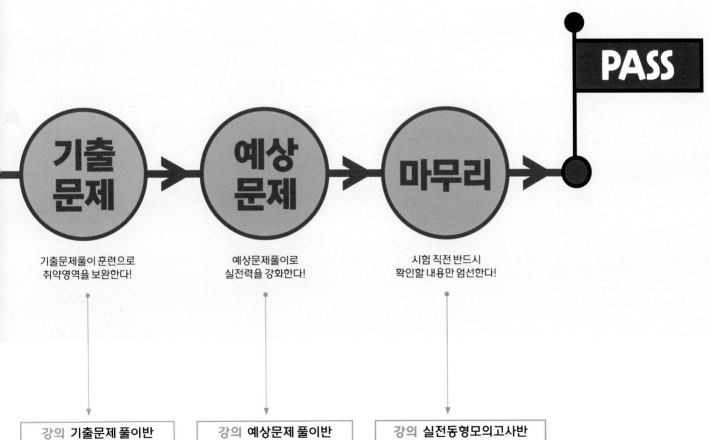

기출문제

기출문제풀이 훈련으로
취약영역을 보완한다!

예상문제

예상문제풀이로
실전력을 강화한다!

마무리

시험 직전 반드시
확인할 내용만 엄선한다!

PASS

강의 기출문제 풀이반

기출문제의 유형과 출제 의도를 이해
하고, 본인의 취약영역을 파악 및 보완
하는 강의

강의 예상문제 풀이반

최신 출제경향을 반영한 예상 문제들을
풀어보며 실전력을 강화하는 강의

강의 실전동형모의고사반

최신 출제경향을 완벽하게 반영한 모의고사를
풀어보며 실전 감각을 극대화하는 강의

강의 봉투모의고사반

시험 직전에 실제 시험과 동일한 형태의
모의고사를 풀어보며 실전력을 완성하는 강의

해커스경찰 **단기 합격생**이 말하는
경찰 합격의 비밀!

해커스경찰과 함께라면
다음 합격의 주인공은 바로 여러분입니다.

완전 노베이스로 시작,
8개월 만에 인천청 합격!

강*혁 합격생

형사법 부족한 부분은 모의고사로 채우기!

기본부터 기출문제집과 같이 병행해서 좋았던 것 같습니다. 그리고 1차 시험 보기 전까지 심화 강의를 끝냈는데 **개인적으로 심화강의 추천** 드립니다. 안정적인 실력이 아니라 생각해서 기출 후 **전범위 모의고사에서 부족한 부분들을 많이 채워** 나간 것 같습니다.

법 계열 전공,
1년 이내 대구청 합격!

배*성 합격생

외우기 힘든 경찰학, 방법은 회독과 복습!

경찰학의 경우 양이 워낙 방대하고 휘발성이 강한 과목이라고 생각합니다. (중략) 지속적으로 **회독**을 하였으며, **모의고사를 통해서 틀린 부분을 복습하고 그 범위를 다시 한 번 책**으로 돌아가서 봤습니다.

이과 계열 전공,
6개월 만에 인천청 합격!

서*범 합격생

법 과목 공부법은 기본과 기출 회독!

법 과목만큼은 **인강을 반복해서 듣고 기출을 반복**해서 읽고 풀었습니다. 익숙해질 필요가 있다고 생각해서 **회독에 더 집중**했었습니다. 익숙해진 이후로는 **오답도 챙기면서 공부**했습니다.

해커스경찰

민법총칙의 맥

기본서

해커스경찰

윤동환

약력

서울대학교 졸업(법학사, 경제학사)
고려대학교 법학대학원 수료

현 | 해커스공무원, 해커스경찰 민법 강의
　　해커스변호사 민법, 민사소송법 전임

전 | 성균관대·경북대·전남대·제주대·인하대 로스쿨 특강
　　성균관대·한양대·단국대·전남대·전북대 등 대학 특강 및 모의고사 문제 출제

저서

민법총칙 객관식 기출의 맥, 해커스경찰
민법총칙의 맥 기본서, 해커스경찰
민사소송법 최근 3개년 판례의 맥, 해커스변호사
민법 최근 3개년 판례의 맥, 해커스변호사
친족상속법 슬림한 친상법의 맥, 해커스변호사
민법 기출중심 사례의 맥, 해커스변호사
민사소송법 암기장, 해커스변호사
민법 암기장, 해커스변호사
민사소송법 변호사시험 기출의 맥 선택형, 해커스변호사
민법 변호사시험 기출의 맥 선택형, 해커스변호사
민법 기본 사례의 맥, 해커스변호사
민법의 맥, 해커스변호사
민사소송법 핵심 正지문의 맥, 해커스변호사
민법 핵심 正지문의 맥, 해커스변호사
민사소송법 실전답안 핵심사례의 맥, 해커스변호사
민법 실전답안 핵심사례의 맥, 해커스변호사
민사법 최근 1개년 판례의 맥, 해커스변호사
민법의 맥, 해커스법원직

목차

기본서와 문제집을 한 권으로!

2022년 72기 경찰간부 시험부터 민법총칙은 주관식에서 객관식으로 바뀌었습니다. 이에 본 저자는 14년간 베스트셀러의 자리를 지켰던 [경찰간부 주관식 민법총칙]을 뒤로하고, 2022년부터 객관식 시험에 맞춰 민법총칙 기본서를 완전히 새롭게 출간하게 되었습니다. 본 저자는 경찰간부 시험에서 16년이란 시간 동안 한 해도 거르지 않고 경찰간부 수험생들과 강의와 교재로 함께 하였습니다.

수험가에서는 열 권의 책을 한번 보는 것보다 한 권의 책을 열 번 보는 것이 낫다는 말이 있습니다. 시험장에서 생각날 수 있도록 여러 번 반복학습하기 위해서는 당연한 선택입니다. 그러나 기초를 쌓기 위한 기본서와 문제풀이 능력을 향상시키기 위한 문제집, 방대한 분량의 압박을 덜어줄 요약서, 각종 출제유력한 내용만을 묶은 자료 등이 쌓이다 보면 노력과 능력이 분산되는 결과가 초래됩니다. 저자는 수험서로서 요구되는 **모든 기능을 담아 합격에 이를 수 있는 단 한 권의 책으로** [해커스경찰 민법총칙의 맥 기본서]를 집필하였습니다.

이번 전면개정판의 주요 특징은 다음과 같습니다.

1. 바뀐 경찰간부 시험제도에 따르면 과목 간 비중이 형사법·경찰학 각 30%, 헌법·범죄학 각 15%, 선택과목 10%입니다. 그만큼 선택과목에 과도한 시간을 투자할 수 없습니다. 따라서 '**기본서와 문제집**'을 통합적으로 구성하여 시험 직전까지 '1기본서'로 정리될 수 있도록 민법 중 '민법총칙'만 출제되고 있는 소방간부, 법학경채, 세무사, 행정사 시험에 출제된 기출지문을 모두 분석하여 **기본서 내용을 구성**하고, 이와 함께 보조단에 각종 민법총칙 기출지문을 수록하여 문제에 대한 적응력을 기를 수 있도록 하였습니다.
   물론 [민법총칙 객관식 기출의 맥] 문제집이 출간되어 있습니다. 하지만 문제집은 문제풀이로 기능해야 하며 '1기본서' 중심으로 단권화에 성공한다면 최소한의 노력으로 최대의 결실을 맺을 수 있으리라 확신합니다.

2. 본서는 '민법총칙' 객관식 시험에 초점을 맞추어 출간되었습니다. 민법총칙만이 시험범위인 경찰간부, 소방간부, 법학경채, 행정사, 세무사 등의 기출문제를 철저히 분석하여 **판례를 '엄선'하고 '빠짐없이'** 구성하였습니다.
   ① '**1순위 중요판례**'는 원칙적으로 본문 내용에 '판시원문'을 가급적 풍부하게 소개하여 판례의 정확한 의미를 전달하려고 하였습니다.
   ② '**2순위 중요판례**'는 원칙적으로 '판결의 요지'만 소개하였습니다. 아울러 **판례에 제목 붙이기와 결론 요약하기**를 통해 막판에 정리할 수 있는 기본서가 될 수 있도록 하고 '가독성'을 최대한 높일 수 있도록 목차 등을 구성하였습니다.

3. '민법판례는 그 무엇을 상상하던 그 이상의 압도적인 양'이라는 말이 있습니다. 따라서 출제 유력한 판례를 선별하여 강약 조절하고, 이를 쉬우면서도 체계적으로 설명하는 것이야말로 '민법 수험서'가 가져야 할 가장 중요한 덕목이 아닐까 싶습니다.
   판례는 2023년 6월 선고분까지 수록되었으며, 읽으면서 이해가 될 수 있도록 '**논증식 문장구조**'로 법리를 설명하였고, 비슷하면서도 구분해야 할 판례들이 부각되도록 목차를 잡았습니다.

4. 중요조문은 '박스' 처리를 통해 시각적으로 한눈에 들어오도록 구성하였으며, 객관식 지문으로 틀리게 출제될 가능성이 있는 판례나 조문의 **핵심키워드는 '굵은 글씨'**를 통해 가독성을 높였습니다. 아울러 올해 전면개정판부터는 **민법총칙만이 시험범위인 경찰간부, 소방간부, 법학경채, 세무사, 행정사 등의 기출표시**를 문장 끝머리에 표시하여 강약조절을 확실히 할 수 있도록 세심하게 배려하였습니다.
   그리고 민법총칙은 채권법과 물권법의 총칙이므로 채권법 물권법 개념과 조문이 다수 등장합니다. 이에 **채권법과 물권법 개념과 조문은 '각주'에 소개**하여 이해의 편의를 도모하였습니다.

앞으로도 수험생 여러분들의 시행착오를 줄일 수 있는 수험서가 될 수 있도록 더욱 치열하게 연구하고 강의하고 집필할 것을 다짐합니다. 본서 및 강의에 관한 의문이나 질문이 있으신 분은 네이버 카페 "윤동환 민법총칙"(cafe.naver.com/yoongocivillaw)을 적극 활용해 주시고, 각종 수험상담과 같은 개인적인 질문은 카톡(아이디 dhyoon21)을 활용해 주시면 신속하게 답변드리도록 하겠습니다.

더불어 경찰공무원 시험 전문 **해커스경찰**(police.Hackers.com)에서 학원강의나 인터넷 동영상강의를 함께 이용하여 꾸준히 수강한다면 학습효과를 극대화할 수 있습니다.

청년 여러분들의 소중한 꿈이 결실을 맺어 존경받는 공무원이 되시길 기원드립니다.

2023년 9월
저자 윤동환

계약법을 중심으로 한 민법체계 전반의 재구성

脈 계약법을 중심으로 한 민법체계 전반의 재구성

[권리변동의 시간적 흐름순서인 계약체결단계에서의 하자 ⇒ 계약이행단계에서의 하자 ⇒ 권리
(물권)침해까지의 사례풀이구조]

[I] 계약의 체결단계에서의 하자 검토

1. 당사자 사이의 계약유형(15가지 전형계약) 및 당사자의 법적지위 확정 ⋯ 권리근거사실

2. 계약의 성립요건의 하자 검토 ⋯권리방해사실

법률행위 해석을 통한 당사자·목적(계약 내용)·의사표시의 합치 확정

3. 계약의 유효(효력)요건의 하자 검토 ⋯ 권리방해사실

(1) 계약의 유효(효력)요건 검토

① 일반적 유효요건으로 i) 권리능력(태아)·의사능력·행위능력(제한능력자), ii) 계약 내용의 확정·(실현)가능·적법(제
105조)·사회적 타당성(제103조·제104조), iii) 의사와 표시의 일치(제107조~제110조), ② 특별 효력요건으로 대리(무권대
리 ⇒ 표현대리 ; 유권대리 ⇒ 대리권남용의 항변)

(2) 무효·취소에 따른 효과

1) 부당이득반환(이미 이행한 경우)

① 급부청산의 법적근거 i) 주된 급부인 소유권 또는 대금의 경우(제741조 또는 제213조, 제214조), ii) 부수적 급부
인 사용이익 또는 법정이자의 경우(제201조 또는 제748조)
② 급부청산의 구체적 행사시(동시이행의 항변권, 유치권)

2) 손해발생에 따른 손해배상

① 제535조(유추적용), ② 불법행위책임

[II] 적법·유효하게 계약이 체결되었다면 계약의 이행단계에서의 하자 검토

1. 채무가 이행된 경우(7가지 채권의 소멸사유 검토) ··· 권리방해사실

특히 변제, 변제공탁, 상계

2. 채무가 이행되지 않은 경우(채권자의 구제수단을 중심으로) ··· 권리근거사실

(1) 채무자의 귀책사유가 없는 경우(특히 급부불능의 경우)

쌍무계약시 (대가)위험부담의 문제(제537조, 제538조), 대상청구권 문제

(2) 채무자의 귀책사유가 있는 경우

① (하자)담보책임 ⇒ ② 채무불이행책임(강제이행, 손해배상청구, 계약해제·해지권, 대상청구권) ⇒ ③ 담보책임과 채무불이행책임과의 경합 여부(결론은 경합 인정) ⇒ ④ 불법행위책임 ⇒ ⑤ 계약책임과 불법행위책임의 경합 여부(결론은 경합 인정)

3. 계약당사자 이외 제3자에 의한 채권침해의 경우(채권자의 구제수단을 중심으로) ··· 권리근거사실

채권자대위권, 채권자취소권, 제3자의 채권침해를 이유로 한 불법행위책임 문제

[III] 계약의 이행으로 인한 권리(물권)변동 후 권리(물권)침해의 경우

1. 물권자 확정 ··· 권리근거사실

주로 소유권자 확정에 따른 제213조 또는 제214조(목적물인도청구권, 진정명의회복을 원인으로 한 소유권이전등기청구권, 등기말소청구권, 건물철거청구권 등)

2. 의무자의 '점유할 권리'(제213조 단서) 검토 ··· 권리방해사실

여기서 '점유할 권리'란 민법상 완전한 권리뿐만 아니라 점유를 정당화할 수 있는 모든 법적 지위를 포함한다. 여기에는 ① 물권법상 권리로서 i) (법정)지상권, ii) 유치권, ② 채권적 권리로서 i) 미등기 매수인, ii) 점유취득시효완성자, iii) 임차인, iv) 동시이행항변권, ③ 위 권리가 없을 경우 최후의 보충적 항변수단으로 신의칙(주로 권리남용, 실효의 원칙 등이 문제)을 들 수 있다. 반면 물권적 청구권을 행사하는 소유자에게 대항할 수 없는 채권적 권리는 이에 포함되지 않는다.

3. 물권자 확정에 따른 부수적 이해관계 조정 ··· 권리근거사실

① 제201조 내지 제203조 또는 제748조와 관련한 점유자와 회복자의 관계 ⇒ ② 손해발생과 관련한 불법행위책임 ⇒ ③ 유치권 및 동시이행항변권

해커스경찰
민법총칙의 맥 기본서

민법총칙

제1장 / 민법 서론

제1절 민법 총설

제1관 민법의 의의

I. 사법 · 일반사법 · 실체법으로서의 민법

1. 사법으로서의 민법

법은 규율의 목적에 따라 국가 기타의 공공단체와 개인과의 관계 또는 공공단체 상호간의 관계를 규율하는 '공법'(헌법 · 행정법 · 형법 · 민사소송법 · 형사소송법 등)과 사인 상호간의 사회생활관계를 규율하는 '사법'(민법 · 상법 등)으로 나눌 수 있는데, 공법은 법치주의를 지배원리로 하고 공법관계의 권리구제는 행정소송에 의하지만 사법은 사적자치를 지배원리로 하고 사법관계의 권리구제는 민사소송에 의한다는 점에 구별의 실익이 있다.

2. 일반사법으로서의 민법

민법은 사법으로서 '일반사법'이다. 법은 적용범위 내지 적용의 우선순위에 따라 일반법과 특별법으로 나눌 수 있는데, 일반법은 모든 사람 · 장소 · 사항 등에 적용되는 법을 말하고, 특별법은 일정한 사람 · 장소 · 사항 등에만 적용되는 법을 말한다. 일반법과 특별법의 구별은 특별법이 일반법에 우선하여 적용된다는 데에 그 실익이 있다(특별법 우선의 원칙).

3. 실체법으로서의 민법

민법은 권리와 의무의 '발생 · 변경 · 소멸'(권리변동)을 정하는 실체법이다. 실체법상 의무의 위반 등이 있는 경우에는 일정한 절차를 거쳐 그 의무이행을 강제하게 되는데, 그러한 절차를 규율하는 법률을 절차법이라 하고, '민사소송법'이 그 대표적인 것이다.

II. 실질적 의미의 민법과 형식적 의미의 민법

1. 실질적 의미의 민법

전술한 사법 · 일반사법 · 실체법으로서의 민법을 '실질적 의미의 민법'이라고 한다. 실질적 의미의 민법은 민법전뿐만 아니라, 민법부속법률, 실질은 민법에 속하면서도 특별법의 형식을 취하고 있는 수많은 민사특별법 그 밖에 공법관계 법령에 산재되어 있다.

2. 형식적 의미의 민법

현행 민법전을 특히 '형식적 의미의 민법'이라고 한다. 형식적 민법은 대부분 실질적 민법이지만 법인 이사 등의 벌칙(제97조)과 같은 형벌법규, 채권의 강제이행의 방법(제389조)과 같은 절차법규정도 포함되어 있다.

✽ 민법전의 구성

민법은 전문 1118조의 방대한 법률로서 그 내용을 편(編)·장(章)·절(節)·관(款)으로 나누어 규정하고 있다. 대분류인 편별구성은, 민법 전체에 관한 통칙을 규정하는 「제1편 총칙」(제1조~제184조) 재산관계에 관하여 규정하는 「제2편 물권」(제185조~제372조)과 「제3편 채권」(제373조~제766조), 가족관계에 관하여 규정하는 「제4편 친족」(제767조~제996조)과 「제5편 상속」(제997조~제1118조)으로 되어 있다.

「제1편 총칙」은 원칙적으로 민법 전체 나아가서는 사법 전체에 적용되는 원칙적 규정이다. 다만, 총칙편은 형식적으로는 민법 전체에 대한 총칙이지만, 실질적으로 재산법에 대한 총칙으로서의 성격이 강하며, 가족법에 대한 총칙으로서의 성격은 희박하다고 할 수 있다.

「제1편 총칙」은 민법의 법원과 민법의 기본원리에 관한 「제1장 통칙」(제1조·제2조), 권리의 주체에 관한 「제2장 인」(제3조~제30조)과 「제3장 법인」(제31조~제97조), 권리의 객체에 관한 「제4장 물건」(제98조~제102조), 권리의 변동에 관한 「제5장 법률행위」(제103조~제154조), 「제6장 기간」(제155조~제161조) 및 「제7장 소멸시효」(제162조~제184조)로 구성되어 있다.

제2관 민법의 기본원리

I. 서설

1. 근대민법의 기본원리

근대사회는 개인의 자유와 평등을 기본이념으로 하고, 이를 실현하기 위해 ① 사유재산권 존중의 원칙, ② 사적자치의 원칙, ③ 과실책임의 원칙이라는 근대민법의 3대원리를 인정하였다.

2. 우리민법의 기본원리

① 현대 복지국가의 민법에서는 공공복리(사회적 형평의 원칙)가 최고의 이념이 되면서 근대민법의 3대 원리의 상위에 위치하는 최고의 행동원리가 되었다는 견해도 있으나, ② 사적자치의 원칙이 민법의 최고원리이고 그에 대한 수정원리로서 사회적 형평의 원칙이 요구된다.

II. 사적자치의 원칙

1. 개념

사적자치의 원칙이란, 사법적 법률관계에 관해서는 강행규정[1]에 반하는 경우를 제외하고, 개인이 자신의 법률관계를 그의 '의사'에 따라 자유롭게 형성할 수 있다는 원칙을 말한다.

2. 법적 근거

헌법재판소에 따르면 이러한 원칙의 헌법상 근거는 행복추구권(헌법 제10조)의 내용인 일반적 행동자유권이라고 한다. 민법상 근거는 직접적인 명문규정은 없으나 제105조가 이 원칙을 간접적으로 규정하고 있다고 본다.

Ⅲ. 사적자치의 파생원칙

1. 계약자유의 원칙

이 원칙은 계약 체결의 자유, 상대방 선택의 자유, 내용결정의 자유 및 방식의 자유 등을 내용으로 한다. 이러한 계약의 자유는 구체적으로 계약자체를 맺을 것인지 여부에 관한 '계약 체결의 자유', 누구와 계약을 맺을 것인가에 관한 '상대방 선택의 자유', 어떠한 내용으로 계약을 맺을 것인지에 관한 '내용결정의 자유' 및 어떠한 방식으로 계약을 맺을 것인가에 관한 '방식의 자유' 등을 그 내용으로 한다.

2. 소유권 존중의 원칙

재산, 그중에서도 소유권은 개인이 생존하는데 필요한 물질적 기초이기 때문에 강한 보호를 받는다. 따라서 소유자는 그가 소유하는 물건을 누구의 간섭도 받지 않고 사용·수익·처분할 수 있고(제211조), 소유권의 보호를 위해 소유권에 기한 물권적 청구권을 행사할 수 있다(제213조, 제214조).[2]

3. 과실책임의 원칙

이 원칙은 개인이 타인에 대하여 준 손해에 대하여는 그 행위가 위법할 뿐만 아니라 고의 또는 과실에 기한 경우에만 책임을 진다는 원칙이다(제390조, 제750조 참조).[3] 다만 형사책임과는 달리 민사책임에서는 고의와 과실 간에 차이를 두지 않는다.

Ⅳ. 사적자치의 수정

1. 사회적 형평의 원칙

개인의 권리도 다른 사람의 권리와 조화를 이루어야 한다는 측면에서 '사회적 형평의 원칙'이 요구된다.

---

1) '강행법규'(강행규정)란 법령 중의 선량한 풍속 기타 사회질서와 관계있는 규정으로서, 당사자의 의사로 그 적용을 배제할 수 없는 규정을 뜻한다(제105조 참조).
2) 제213조(소유물반환청구권) 소유자는 그 소유에 속한 물건을 점유한 자에 대하여 반환을 청구할 수 있다. 그러나 점유자가 그 물건을 점유할 권리가 있는 때에는 반환을 거부할 수 있다.
제214조(소유물방해제거, 방해예방청구권) 소유자는 소유권을 방해하는 자에 대하여 방해의 제거를 청구할 수 있고 소유권을 방해할 염려 있는 행위를 하는 자에 대하여 그 예방이나 손해배상의 담보를 청구할 수 있다.
3) 제390조(채무불이행과 손해배상) 채무자가 채무의 내용에 좇은 이행을 하지 아니한 때에는 채권자는 손해배상을 청구할 수 있다. 그러나 채무자의 고의나 과실 없이 이행할 수 없게 된 때에는 그러하지 아니하다.
제750조(불법행위의 내용) 고의 또는 과실로 인한 위법행위로 타인에게 손해를 가한 자는 그 손해를 배상할 책임이 있다.

2. 민법규정

제2조의 '신의성실의 원칙'은 이러한 원칙의 표현이다. 구체적으로 ① 사유재산권은 보장되지만 소유권의 사용·수익·처분은 법률의 범위 내에서 허용되는 것이고(제211조), ② 사적자치는 인정되지만 법률 내지 사회질서에 의해 계약의 자유가 제한되는 경우가 적지 않으며(제103조, 제105조), ③ 과실책임을 원칙으로 하지만(제750조) 법률에 의해 무과실책임이 도입되는 것 등이 그러하다.

3. 사회적 형평의 한계

민법의 중심은 원칙적으로 개인의 권리에 있고, 공동체의 보호는 개인의 권리의 본질을 침해하지 않는 한도에 머물러야 한다.

V. 거래의 안전 보호(신뢰의 보호)

민법은 진정한 권리자를 보호하는 것을 원칙으로 하나, 예외적으로 진정하지 않지만 진정한 것과 같은 외관이 존재하고 상대방이 이를 진정한 것으로 믿은 경우 상대방(거래안전)을 보호하기도 한다. 예컨대 무효와 취소에 있어서 선의의 제3자(제108조 2항 등), 표현대리제도(제126조 등), 동산의 선의취득(제249조)[4]을 들 수 있다. 그러나 제한능력자제도나 부동산등기에 대해서는 거래의 안전이 원칙적으로 고려되지 않는다.

제3관 민법 및 민사집행법 기본용어 정리

I. 민법상 법률용어

1. 준용

① '준용'(準用)이란 이미 규정되어 있는 내용과 동일한 내용을 다른 곳에서 다시 규정해야 할 때에 조문으로 동일한 내용을 반복하지 않고 이미 규정된 내용을 동일하게 적용하는 것이다. 예컨대, 채무불이행으로 인한 손해배상의 범위를 정한 제393조를, 제763조에서 불법행위로 인한 손해배상의 범위에 준용하는 경우가 이에 해당한다.
② 이에 반해 '유추적용'은 법조문에 규정되어 있는 것은 아니고 어느 한 사례에 마땅히 적용할 만한 조문이 없는 경우 그와 유사한 사안에 관한 규정을 적용하는 것으로서, 법률해석의 한 방법이다.

2. 선의·악의

선의(善意)란 어떤 사정에 관하여 알지 못하는 것을 말하며, 악의(惡意)란 그 사정을 알고 있는 것을 말한다.

---

4) 제249조(선의취득) 평온, 공연하게 동산을 양수한 자가 선의이며 과실 없이 그 동산을 점유한 경우에는 양도인이 정당한 소유자가 아닌 때에도 즉시 그 동산의 소유권을 취득한다.

3. 추정 · 간주

추정(推定)이란 반대의 증거가 제출되면 그 규정이 적용되지 않는 것을 말하나, 간주(看做)란 반대의 증거의 제출을 허용하지 않고 법률이 정한 효력을 당연히 생기게 하는 것을 말한다. 우리 민법에서는 '간주한다'는 것을 '본다'고 표현하는 경우가 많다(제28조 등).

4. 제3자

제3자란 원칙적으로 당사자 이외의 모든 자를 가리키나, 그 범위가 제한되는 경우도 있다.

5. 대항하지 못한다

대항(對抗)하지 못한다는 것은, 법률행위의 당사자가 제3자에 대하여 법률행위의 효력을 주장할 수는 없는 것을 말하며, 다만 이 경우 제3자가 그 효력을 인정하는 것은 허용된다(제108조 2항 등).

Ⅱ. 민법조문의 형식

1. 원칙(본문)과 예외(단서)

예컨대 제107조 1항은 '의사표시는 표의자가 진의 아님을 알고 한 것이라도 그 효력이 있다. 그러나 상대방이 표의자의 진의 아님을 알았거나 알 수 있었을 경우에는 무효로 한다.'고 규정한다. 여기서 앞의 문장이 원칙규정이고, 뒤의 문장이 예외규정이다.

2. 제1문 · 제2문

예컨대 제15조 1항은 두 개의 문장으로 이루어져 있으며, 이때 앞의 문장을 제1문, 뒤의 문장을 제2문이라 한다.

Ⅲ. 민사집행법 용어

1. 민사집행법에 의한 강제집행

(1) 강제이행, 강제집행

채무자가 채무의 이행이 가능함에도 이행하지 않는 때에는, 채권자는 확정판결 등 집행권원에 기해 그 강제이행을 구함으로써 채권의 만족을 얻게 된다. 이를 '강제이행'이라 하고, 집행의 측면에서는 '강제집행'이라고 한다.

(2) 강제집행 과정 개관

강제이행은 개괄적으로 다음의 과정을 거친다. ① 먼저 '확정된 종국판결'등(민사집행법 제24조)과 같이 채권자가 채무자에 대해 가지는 급부청구권의 존재와 내용이 공적으로 증명되어야 하는데, 이를 '**집행권원**'이라고 한다(과거 '채무명의'라 하였다). ② 이러한 판결 정본에 제1심 법원의 법원사무관이 "원고가 피고에 대한 강제집행을 실시하기 위해 이 정본을 내어준다"는 문구, 즉 '집행문'을 덧붙여 적는다. 이를 '**집행력 있는 정본**'이라고 한다(동법 제28조, 제29조). ③ 채권자가 집행력 있는 정본을 첨부하여 강제집행을 신청하면 집행기관이 강제집행을 실시하게 되는데, 집행기관으로는 ㉠ '**집행관**'(물건의 인도집행 담당: 동법 제257조, 제258조), ㉡ 지방법원('**집행법원**')(부동산에 대한 강제집행 담당: 동법 제79조), ㉢ 제1심 법원('**수소법원**')(대체집행과 간접강제 담당: 동법 제260조, 제261조)의 세 가지가 있으며, 강제집행의 방법에 따라 그 관할을 달리한다.

2. 압류 · 가압류 · 가처분

① '압류'는 금전채권의 실행을 위해 집행기관이 확정판결 그 밖의 집행권원에 기하여 채무자의 재산의 처분을 금하는 강제집행의 첫 단계이다(민사집행법 제83조).

② '가압류'는 금전채권이나 금전으로 환산할 수 있는 채권의 집행을 보전하기 위하여 채무자의 일반재산을 현상대로 유지시키는 것을 목적으로 하여 행해지는 보전처분이다(민사집행법 제276조 이하).

③ '가처분'은 특정물에 대한 청구권을 가지는 채권자가 장래의 집행보전을 위하여 채무자의 처분을 금하고 그 보전에 필요한 조치를 취하는 것을 내용으로 하는 보전처분이다(민사집행법 제300조).

3. 전부명령과 추심명령

① '추심명령'은 채무자가 제3채무자에게 대하여 가지고 있는 채권을 대위의 절차에 의하지 않고 채무자에 갈음하여 직접 추심할 권리를 집행 채권자에게 부여하는 집행법원의 결정이다.

② '전부명령'은 채무자가 제3자에 대하여 가지고 있는 채권을 압류하여 채권자에게 이전하게 하는 집행법원의 결정이다.

제2절 권리

제1관 법률관계와 권리·의무

I. 법률관계

1. 의의

'법률관계'란 인간의 생활관계 중에서 법에 의하여 규율되는 관계를 말한다. 법률관계는 그것이 법에 의하여 규율된다는 점에서 도덕·종교 등의 생활관계와 구별된다.

2. 법률관계의 내용: 권리·의무관계

법률관계는 법에 의하여 구속되는 자와 법에 의하여 보호되는 자와의 관계로 나타난다. 전자의 지위를 '의무'라고 하고, 후자의 지위를 '권리'라고 하므로, 결국 '법률관계는 권리·의무관계'라고 할 수 있다.

3. 호의관계와의 구별

① 호의관계란 호의에 의하여 일정한 이익을 주고 받는 생활관계로서 '**당사자 사이에 법적 구속의사가 없는 경우**'를 말하며, 법률관계와 구별된다(16소간). 급부자에게 법률적 의무가 없음에도 불구하고 무상으로 급부를 하는 데 특징이 있으며, 그 급부를 이행하지 않는다고 하여 상대방에게 급부청구권이 인정되지 않고, 따라서 그것을 강제적으로 실현시킬 수 없다는 점에서 법률관계와 다르다.
② 어떤 생활관계가 법률관계인지 아니면 호의관계인지는 법적 구속의사의 유무, 즉 '법률행위의 해석'에 의하여 결정된다.
③ 호의관계로 인정되는 경우에도 그 급부에 수반하여 '손해'가 발생한 경우에는 그 손해까지 호의관계로 되는 것은 아니며, 그 손해를 누가 부담할지를 결정하는 것은 법률관계에 속하는 사항이다. 다만 계약관계에 기한 손해배상이 문제되는 것이 아니라 법률의 규정에 의하여 발생하는 불법행위로 인한 손해배상청구권이 문제된다.

지문 OX

01 甲이 호의로 乙을 자동차에 태우고 가다가 과실로 교통사고를 일으켜 乙이 다친 경우 원칙적으로 乙은 甲에게 손해배상을 청구할 수 있다.　　　　○

II. 권리와 의무

1. 권리

(1) 의의

권리란 일정한 이익을 향유하기 위하여 법이 인정한 힘을 의미한다(권리법력설).

(2) 권리와 구별되는 개념

1) 권한

타인을 위해 일정한 법률효과를 발생케 하는 행위를 할 수 있는 법률상의 자격을 권한이라 한다. 그 일정한 이익(효과)이 행위자가 아니라 그 타인에게 귀속되는 점에서, 권리자 자신이 이익을 받는 권리와 구별된다. 대리인의 '대리권', 법인 이사의 '대표권'이 권한에 해당한다.

2) 권능

권능은 권리의 내용을 이루는 개개의 법률상의 힘을 말한다. 예컨대 소유권이라는 권리는 그 소유물을 '사용·수익·처분'할 수 있는 것을 내용으로 하는데(제211조), 이때의 사용·수익·처분은 소유권의 권능이 된다.

3) 권원

일정한 법률상 또는 사실상의 행위를 하는 것을 정당화시키는 원인을 권원이라고 한다. 예컨대 타인의 부동산에 건물 등을 지은 경우에는 그것은 타인의 소유권을 침해하는 것으로서 타인은 그 건물 등의 철거를 청구할 수 있는데(제214조), 이에 대항하기 위해서는 그 토지를 사용할 권원이 있어야 하고, 그러한 것으로는 지상권(제285조)·임차권(제646조, 제647조) 등이 있다.

2. 의무

(1) 의의

의무란 의무자의 의사와는 관계없이 반드시 따라야 할 법률상의 구속을 말한다.

(2) 간접의무(책무)

간접의무란 그것을 준수하지 않으면 그 부담자에게 법에 의한 일정한 불이익이 발생하지만, 상대방이 그것을 강제하거나 그 위반에 대하여 손해배상을 청구할 수 없는 것을 말한다. 증여자의 하자고지의무(제559조 1항), 청약자의 승낙연착에 대한 통지의무(제528조 2항) 등이 이에 해당한다.

Ⅲ. 권리의 종류

1. 내용에 의한 분류

권리를 그 내용이 되는 '생활이익'을 기준으로 분류하면 재산권·인격권·가족권·사원권으로 나눌 수 있다.

(1) 재산권

1) 의의

재산권이란 재산적 이익을 내용으로 하는 권리로서, 원칙적으로 양도·상속이 가능하다. 예컨대 물권, 채권 및 지식재산권이 이에 속한다.

2) 채권

① 채권은 특정인(채권자)이 다른 특정인(채무자)에 대하여 일정한 '이행행위'(이를 보통 급부라 함)를 요구할 수 있는 권리이다. 매매계약에 있어서 매수인의 소유권이전채권과 매도인의 대금지급채권, 불법행위에 있어서 피해자의 손해배상채권이 그 예이다. 채권은 채무자의 협력, 즉 이행행위가 있어야 실현되는 점에서 객체를 직접 지배하는 물권과 다르다.

② 채권은 장래의 이행기에 채무자가 이행을 할 것을 구하는 권리이다. 여기서 **채권자는 장래 이행이 불분명한 채권의 만족을 얻기 위해 일정한 수단**을 강구하게 되는데, 민법은 이에 다음의 두 가지 방안을 마련하고 있다. 하나는 채무자의 수를 늘려서 책임재산을 늘리는 것이고, 다른 하나는 특정의 물건에 담보를 설정하여 채권자평등의 원칙을 깨고 어느 채권자만이 우선적으로 채권의 변제를 받도록 하는 것인데, 전자를 '**인적담보**'(예컨대 보증채무, 연대채무 등)라 하고, 후자를 '**물적담보**'(예컨대 저당권, 유치권 등)라고 한다. 민법은 물적담보에 의해 담보되는 채권을 '피담보채권'이라고 부른다.

3) 물권

① 물권은 권리자가 물건 기타의 객체를 직접 지배해서 이익을 얻는 배타적 권리이다. 이 권리는 권리자가 객체에 직접 지배력을 발휘하는 것이며, 권리를 실현시키기 위하여 다른 사람의 협력을 필요로 하지 않는다. 물권은 법률 또는 관습법에 의하여서만 창설될 수 있는데(제185조 참조), 우리 민법전이 인정하고 있는 물권으로는 점유권·소유권·제한물권 중 '용익물권'인 지상권(제279조)·지역권(제291조)·전세권(제303조)·제한물권 중 '담보물권'인 유치권(제320조)·질권(제329조)·저당권(제356조)의 총 8가지가 있다.

② 법률 중 민법에서 정하는 물권의 대표적인 것은 '**소유권**'으로서, 사유재산제도의 핵심을 이루는 것이다. 소유권은 물건이 갖는 '사용가치'(제211조의 사용·수익권능)와 '교환가치'(제211조의 처분권능, 즉 처분해서 현금화할 수 있는 권능) 전부를 누리는 완전한 물권이고(제211조), 물권법은 소유권을 중심으로 한다. 이에 대해 제한물권으로서 **소유권이 갖는 '사용가치'권능만 누리는 용익물권과 '교환가치'권능만 누리는 담보물권**이 있다.

4) 지식재산권

'지식재산권'은 물건이나 일정한 급부가 아닌, 저작·발명 등의 정신적 창조물을 독점적으로 이용하는 것을 내용으로 하는 권리로서, 특허권·상표권·저작권 등이 이에 속한다.

(2) 인격권

권리의 주체와 분리할 수 없는 인격적 이익을 누리는 것을 내용으로 하는 권리이다(명예·초상 등). 인격권의 침해가 있으면 불법행위로 인한 손해배상청구권이 부여되지만(제750조), 이러한 사후구제만으로는 피해의 완전한 회복이 어려운 점에서, 判例는 사전(예방적) 구제수단으로 침해행위의 금지청구권을 인정한다(대판 1996.4.12, 93다40614, 40621).

(3) 가족권(신분권)

가족권이란 가족 간의 신분에 따르는 생활이익을 내용으로 하는 권리를 말하며, 이에는 '친족권'과 '상속권'이 있다.

(4) 사원권

단체의 구성원(사원)이 그 지위에서 단체에 대하여 가지는 여러 권리·의무를 총칭하여 사원권이라고 부른다. 사단법인의 사원이 가지는 권리, 주식회사의 주주가 가지는 권리가 그 예이다.

2. 작용(효력)에 의한 분류

권리는 그에 주어진 '법률상의 힘'의 정도에 따라 다음과 같이 나눌 수 있다.

(1) 지배권

타인의 행위를 필요로 하지 않고 일정한 객체를 직접 지배할 수 있는 권리로서, 물권은 가장 전형적인 지배권에 속한다. 지배권에 대한 제3자의 침해는 불법행위를 구성하고(제750조), 본래의 지배상태를 유지하기 위한 권능(반환청구·방해제거 및 예방청구)이 권리자에게 주어진다.

(2) 청구권

1) 채권적 청구권

① 청구권은 특정인이 다른 특정인에 대하여 일정한 행위(작위 또는 부작위)를 요구할 수 있는 권리이다. 주택의 매수인이 매도인에 대하여 주택의 소유권 이전을 청구할 수 있는 권리, 금전을 빌려준 사람이 빌린 사람에 대하여 금전의 지급을 청구할 수 있는 권리가 그 예이다. 이러한 청구권에 있어서는 지배권에서와 달리 권리자가 권리의 객체(앞의 예의 경우에는 주택·금전)를 직접 지배할 수 없으며, 그는 단지 의무자에 대하여 일정한 행위(앞의 예의 경우에는 주택의 소유권이전행위, 금전의 지급행위)를 청구할 수 있을 뿐이다.

② 청구권은 물권·채권과 같은 기초적인 권리의 효력으로서 발생하며, 그 대표적인 것은 채권에 기초하여 발생하는 채권적 청구권이다. 앞의 예들이 그에 해당한다. 대표적인 3대 채권적 청구권으로는 '계약상 이행청구권', '부당이득반환청구권', '손해배상청구권'을 들 수 있다. 특히 채권법의 영역에서 청구권이라는 용어가 채권과 같은 뜻으로 자주 쓰이고 있다. 예를 들면, 소유권이전채권·금전지급채권 대신에 소유권이전청구권·금전지급청구권이라고 하는 것이다.

2) 물권적 청구권

① 물권적 청구권은 물권의 내용의 실현이 어떤 사정으로 말미암아 방해당하고 있거나 방해당할 염려가 있는 경우에, 물권자가 그 방해자에 대하여 그 방해의 제거 또는 예방에 필요한 일정한 행위를 청구할 수 있는 권리를 말한다. 물권은 물건을 직접 지배하는 권리이고, 원칙적으로 자력구제가 허용되지 않기 때문에 (그와 표리일체를 이루는) 배타성에 기한 절대적 보호를 통하여 물권에 권리로서의 실효성을 주기 위한 것이다.

② 기초되는 물권의 종류에 따라 점유권에 기한 물권적 청구권(제204조, 제205조, 제206조)과 본권에 기한 물권적 청구권(대표적으로 제213조, 제214조)으로 나눌 수 있고, 침해의 모습에 따라 물권적 반환청구권, 물권적 방해제거청구권, 물권적 방해예방청구권으로 나누어진다.

(3) 형성권

① 형성권은 권리자의 의사표시만으로 일방적으로 권리의 변동을 가져오는 권리이다. 따라서 상대방의 지위를 더욱 불안하게 하는 '조건·기한'을 붙일 수 없을 뿐 아니라, 원칙적으로 '철회'하지도 못한다.

② 형성권에는 두 가지 유형이 있다. ㉠ **권리자의 의사표시만으로 효과를 발생하는 것**으로서, 법률행위의 취소권(제140조)·추인권(제143조)·계약의 해제권 및 해지권(제543조)·상계권(제492조)·매매의 일방예약완결권(제564조) 등이 그러하다. 한편 청구권이라고 표현하지만, 공유물분할청구권(제268조)·지료증감청구권(제286조)·지상물매수청구권(제285조)·부속물매수청구권(제316조)·매매대금감액청구권(제572조) 등도 이에 속한다. ㉡ **재판상으로 권리를 행사하여 그 판결에 의해 효과를 발생하는 것**으로서, 채권자취소권(제406조)·재판상 이혼권(제840조)이 있다.

(4) 항변권

청구권의 행사에 대해 일정한 사유에 의해 그 급부를 거절할 수 있는 권리가 항변권이다. 항변권에는 ㉠ 동시이행의 항변권(제536조)·보증인의 최고 및 검색의 항변권(제437조)과 같이 청구권의 행사를 일시적으로 저지할 수 있는 '연기적 항변권', ㉡ 상속인의 한정승인(제1028조)과 같이 영구적으로 저지할 수 있는 '영구적 항변권'이 있다.

3. 기타의 분류

(1) 절대권과 상대권

'절대권'은 특정의 상대방이라는 것이 없고 모든 사람에게 주장할 수 있는 권리로서, 물권이 이에 속한다. 이에 대해 '상대권'은 특정인에 대해서만 주장할 수 있는 권리로서, 채권 등의 청구권이 이에 속한다.

(2) 일신전속권과 비전속권

① 일신전속권은 권리의 성질상 타인에게 이전될 수 없는 권리(귀속상의 일신전속권) 또는 타인의 대리·대위하여 행사할 수 없고 본인이 직접 행사하여야 하는 권리(행사상의 일신전속권)를 말한다. ② 비전속권은 양도성 및 상속성이 있는 권리로서, 재산권이 이에 속한다.

(3) 주된 권리와 종된 권리

다른 권리에 대해 종속관계에 있는 권리를 종된 권리라 하는데, 대체로 종된 권리는 주된 권리와 그 법률적 운명을 같이하는 점에 특색이 있다.

Ⅳ. 권리의 충돌과 경합

1. 권리의 충돌

(1) 의의

동일한 객체에 대하여 수개의 권리가 존재하는 경우에는, 그 객체가 그 권리를 모두 만족시킬 수 없는 때가 있다. 이를 '권리의 충돌'이라고 한다.

(2) 권리 상호간의 순위

1) 물권 상호간

① 소유권과 제한물권(지상권·전세권 등) 사이에는 소유권을 제한하는 제한물권의 성질상 그것이 언제나 소유권에 우선한다. ② 물권의 '배타성'에 의해 어느 물권이 성립하면 그것과 같은 내용의 물권은 중복해서 성립할 수 없다(一物一權主義). 물론 같은 내용의 물권이 아니면 동일 물건에 같이 성립할 수 있지만 그들 간에도 **'먼저 성립한 물권이 우선'**한다.

> [구체적 예] 甲이 그의 토지에 대해 乙 앞으로 지상권(제279조)[5]을 설정해 주었다. 그 후 甲은 丙으로부터 돈을 빌리면서 그 담보로 위 토지를 丙 앞으로 저당권(제356조)[6]을 설정해 주었다(이 상태에서는 용익물권인 지상권과 담보물권인 저당권은 충돌하지 않는다). 乙은 지상권에 기해 토지상에 건물을 건축하였다(지상권에 기한 사용권능을 실행). 丙이 저당권을 실행하여 丁이 경락을 받은 경우(이 상태가 되면 丙의 저당권에 기초해 소유권을 취득한 丁의 사용권능과 용익권자인 乙의 사용권능이 충돌한다), 丁은 토지소유권에 기해 건물소유자 乙에 대해 건물의 철거를 구할 수 없다(제214조). 왜냐하면 乙의 지상권은 그 후에 성립한 丙의 저당권에 우선하기 때문이다.

2) 물권과 채권 간

어느 물건을 목적으로 물권과 채권이 성립하는 경우에는 그 성립시기를 불문하고 **'항상 물권이 우선'**한다. 채권은 특정의 채무자에 대해서만 일정한 급부를 청구할 수 있는 것인 데 반해, 물권은 모든 사람에 대해 주장할 수 있는 물건에 대한 지배권이기 때문이다.

> [구체적 예] 甲은 그 소유의 건물에 대해 乙과 임대차계약(제618조)[7]을 맺었다. 그 후 甲은 동일한 건물에 대해 丙 앞으로 전세권(제303조)[8]을 설정해 주었다. 그렇다면 丙의 전세권은 비록 乙의 임차권에 보다 뒤에 발생했지만 '물권'이므로 자신이 먼저 건물의 사용권을 갖게 된 것을 이유로 乙을 상대로 건물인도를 청구할 수 있다. 乙의 사용·수익권인 임차권은 임대인 甲에게만 주장할 수 있는 '채권'이고 丙의 사용·수익권인 전세권은 누구에게나 주장할 수 있는 '물권'이기 때문이다.

---

5) 제279조(지상권의 내용) 지상권자는 타인의 토지에 건물 기타 공작물이나 수목을 소유하기 위하여 그 토지를 사용하는 권리가 있다.

6) 제356조(저당권의 내용) 저당권자는 채무자 또는 제삼자가 점유를 이전하지 아니하고 채무의 담보로 제공한 부동산에 대하여 다른 채권자보다 자기채권의 우선변제를 받을 권리가 있다.

7) 제618조(임대차의 의의) 임대차는 당사자 일방이 상대방에게 목적물을 사용, 수익하게 할 것을 약정하고 상대방이 이에 대하여 차임을 지급할 것을 약정함으로써 그 효력이 생긴다.

8) 제303조(전세권의 내용) ①항 전세권자는 전세금을 지급하고 타인의 부동산을 점유하여 그 부동산의 용도에 좇아 사용·수익하며, 그 부동산 전부에 대하여 후순위권리자 기타 채권자보다 전세금의 우선변제를 받을 권리가 있다.

3) 채권 상호간

채권 상호간에는 **'채권자평등의 원칙'**에 의해, 동일 채무자에 대한 수개의 채권은 그 발생시기·채권액을 불문하고 평등하게 다루어진다. 다만 이러한 원칙이 그대로 적용되는 것은 파산이나 강제집행의 경우이며, 그 밖의 경우에는 채권자 상호간에 순위가 없기 때문에 채무자는 채권자 중 누구에게 이행하든 자유이며, 그에 따라 먼저 급부를 받는 자가 만족을 얻고 다른 채권자는 그 나머지로부터 변제를 받을 수 있을 뿐이다. 이를 '선행주의'라고 한다.

지문 OX

01 일반채권이 서로 충돌하는 경우에는 먼저 성립한 채권이 우선한다. ✕

02 권리가 경합되는 경우에는 권리자는 그중 가장 먼저 성립한 권리를 행사하여야 한다. ✕

03 동일한 목적을 위하여 경합되는 권리 중 하나를 행사하여 그 목적을 달성한 경우에는 나머지 권리는 모두 소멸한다. ○

04 민사에 관한 특별법은 민법에 우선하여 적용하여야 한다. ○

2. 권리의 경합

(1) 의의

① 하나의 생활사실이 수개의 법규가 정하는 요건을 충족하여, 수개의 권리가 발생하는 수가 있다. 이때에 그 수개의 권리가 동일한 목적을 가지며 또한 그 행사로 같은 결과를 가져오는 경우에, 이를 '권리의 경합'이라고 한다.

② 예컨대 임대차기간 만료 후에 임차인이 임차물을 반환하지 않을 때에는, 임대인은 소유권에 기한 반환청구권과 임대차계약상의 채권에 기한 반환청구권을 갖는다. 즉 반환청구권의 경합이 있게 되는데, 양 청구권은 목적물의 반환이라는 동일한 것을 목적으로 하기 때문에, 한 쪽의 청구권을 행사함으로써 만족을 얻게 되면 다른 쪽의 청구권은 자동적으로 소멸한다.

(2) 법규의 경합

① 하나의 생활사실이 수개의 법규가 정하는 요건을 충족하지만, 그중의 한 법규가 다른 법규를 배제하고 우선 적용되는 경우로서, 보통 일반법과 특별법의 관계에서 나타난다.

② 예컨대 공무원이 그 직무집행에 따른 고의·과실로 위법하게 타인에게 손해를 입힌 경우에 사용자인 국가 또는 공공단체의 책임에 관하여는 민법 제756조와 국가배상법 제2조가 경합하지만, 후자가 전자에 대한 특별규정으로서 후자에 의한 손해배상청구권만이 인정된다.

제2관 민법총칙을 이해하는데 필요한 민법상 중요제도

I. 채권행위와 물권행위

1. 채권행위

채권행위는 채권을 발생시키는 법률행위이다. 증여·매매·임대차가 그 예이다. 채권행위가 있으면 채권자는 채무자에 대하여 일정한 행위(이를 급부라고 함)를 청구할 수 있는 권리만 가질 뿐, 존재하는 권리가 직접 변동되지는 않는다. 그리하여 채권행위에 있어서는 '채무자의 이행'의 문제가 남아있게 된다.

> [구체적 예] A는 그의 토지를 5,000만원을 받고 B에게 팔기로 하는 내용의 계약을 B와 체결하였다. 이 경우 A·B 사이에 체결된 매매계약은 채권행위이다. 그 결과 A는 5,000만원의 대금지급청구권, B는 토지의 소유권이전청구권이라는 채권을 가지게 된다(제563조, 제568조). 그리고 이 계약만으로 토지의 소유권이 B에게 넘어가지는 않는다.

한편 이 예에서 A는 B에게 토지의 소유권을 이전해 주어야 하는 채무를 부담하고 있으므로, 후에 소유권이전행위(급부)를 하여야 하며, 따라서 이행의 문제가 남아있게 되는 것이다.

2. 물권행위

(1) 의의

물권행위란 직접 물권의 변동을 발생시키는 것을 목적으로 하는 의사표시를 요소로 하는 법률행위를 말한다. 직접 물권의 변동을 가져오는 법률행위로서 이행의 문제를 남기지 않는 점에 그 특색이 있다(부동산매매에서 매도인이 대금을 받고 등기서류를 교부한 때에는 당사자 간에는 소유권이 이전되는 것으로 합의한 것이 된다). 다만 민법은 이것 외에 일정한 공시 (부동산은 등기, 동산은 인도)를 갖추어야 물권변동이 발생하는 것으로 하는 성립요건주의를 취한다(제186조, 제188조). 물권행위·준물권행위(대표적으로 채권양도)를 '처분행위'라고도 하는바, 처분행위가 유효하기 위해서는 처분자에게 처분의 권한이 있어야 하고, 그렇지 않은 경우에는 그 처분행위는 무효이다. 그러나 채권행위의 경우에는 이행기까지 권리를 취득하여 이행을 하면 되므로, 우리 민법은 타인 권리의 매매도 유효하다는 입장이다(제569조 참조).

[준물권행위] 준물권행위는 물권 이외의 권리를 종국적으로 변동시키고 이행이라는 문제를 남기지 않는 처분행위(법률행위)이다. 채권양도가 그 예이다. 가령 A가 B에 대하여 가지고 있는 채권을 C에게 양도하게 되면(채권양도) 채권은 C에게 이전되며, 뒤에 따로 이전행위를 할 필요가 없다.

(2) 물권행위의 독자성

① 물권행위의 독자성을 부정하는 견해가 있으나, ② 물권과 채권을 엄격히 구별하는 민법의 체계하에서는 그 권리변동의 원인도 구별하는 것이 타당하므로 물권행위는 채권행위와 개념상 구별된다고 보는 것이 타당하다.

(3) 물권행위의 유인성

① 물권행위의 원인행위인 채권행위가 무효·취소·해제 등으로 실효되더라도 물권행위 자체가 유효한 때에는 그 물권행위는 영향을 받지 않고 유효하다는 '무인성설'도 있으나, ② 채권행위가 소멸되면 물권행위도 효력을 상실한다고 보는 것이 당사자의 의사에 부합하므로 '유인성설'이 타당하다. 判例도 물권행위의 유인성을 긍정하는 입장이다(대판 1977.5.24, 75다1394).

[구체적 예] 원칙적으로 '물권행위의 유인성' 논의는 채권행위에는 실효원인이 있는데, 물권행위에는 없는 경우에 문제된다. 예를 들어 당사자 간의 합의로 매도인이 중도금만 받은 상태에서 매수인 명의로 소유권이전등기를 해 주었는데 매수인이 잔금을 지급하지 않은 경우, 매도인이 채권행위인 매매계약을 해제하는 경우(제544조) 물권행위인 소유권이전등기행위도 실효되는지가 '물권행위의 유인성' 문제이다.

II. 부당이득반환청구권과 손해배상청구권

1. 부당이득반환청구권

타인의 재화로부터 얻은 이득이 정당하려면 그 이득에 정당한 '법률상 원인'이 있어야한다. 만약 정당한 법률상 원인 없이 이득을 취득했다면 그것은 부당이득이 되며, 그 이득은 이득의 정당한 권리자에게 환원되어야 한다. 이러한 청구권을 '부당이득반환청구권'이라고 한다(제741조).[9]

2. 손해배상청구권

민법상 손해배상청구권의 발생원인에는 채무불이행에 의한 경우와 불법행위에 의한 경우가 있다. ① 채무불이행에 의한 손해배상청구권은 채무자가 정당한 사유없이 채무의 내용에 따른 급부를 이행하지 않는 경우에 발생한다(제390조). 이는 '유효한 채무'가 있음을 전제로 한다. ② 이에 반해 불법행위에 의한 손해배상청구권이 성립하기 위해서는 '유효한 계약관계를 전제로 하지 않고' 행위자의 고의·과실, 행위자의 책임능력, 위법성, 손해의 발생이 있어야 하고, 이 손해의 발생은 가해행위와 인과관계가 있어야 한다(제750조).

3. 차이점

부당이득반환청구권이 '손해배상청구권'과 구별되는 점은 후자의 경우에는 '손해의 배상'에 목적을 두는 것이어서 '과실책임주의 원칙'에 따라 손해배상의무자에게 **고의나 과실 등 귀책사유**가 있어야만 한다(제390조, 제750조). 또 후자의 경우에는 피해자가 입은 '**손해**'만이 문제가 될 뿐 가해자가 얻은 '이득'은 문제삼지 않는다. 이에 대해 전자인 부당이득에서는 귀책사유가 문제되지 않으며, '법률상 원인 없는 이득'에 방점을 두는 것이어서 이득이 없다면 부당이득도 성립하지 않는다.

4. 불법행위에 기한 손해배상청구권과 부당이득반환청구권의 경합

무효인 법률행위의 거래 상대방은 양자를 **선택**하여 행사할 수 있으나, '**중첩**'적으로 행사할 수는 없다. 가령 **부당이득을 반환받은 한도에서는 손해배상의 범위가 감축**된다(대판 1993.4.27, 92다56087).

> [관련판례] ＊ 급부부당이득: 사기로 인한 취소의 경우(경합)
> "법률행위가 사기에 의한 것으로서 취소되는 경우에 그 법률행위가 동시에 불법행위를 구성하는 때에는 취소의 효과로 생기는 부당이득반환청구권과 불법행위로 인한 손해배상청구권은 경합하여 병존하는 것이므로, 채권자는 어느 것이라도 선택하여 행사할 수 있지만 중첩적으로 행사할 수는 없다"(대판 1993.4.27, 92다56087).

> [관련판례] ＊ 침해부당이득: 토지의 불법점유의 경우(경합)
> "피고가 법률상의 근거 없이 원고의 토지를 점유사용하였다면 원고는 피고를 상대로 불법행위를 내세워서 손해배상도 청구할 수 있을 뿐만 아니라 부당이득을 이유로 그 이득금의 반환도 청구할 수 있는 지위에 있다"(대판 1970.9.29, 70다1815).

---

9) 제741조(부당이득의 내용) 법률상 원인없이 타인의 재산 또는 노무로 인하여 이익을 얻고 이로 인하여 타인에게 손해를 가한 자는 그 이익을 반환하여야 한다.

Ⅲ. 4대 손해배상청구권 비교

1. 채무불이행책임과 불법행위책임의 경합

채무불이행책임(제390조)과 불법행위책임(제750조)은 그 성립요건과 효과가 따로 규정된 서로 독립된 제도이므로 채권자는 어느 한 쪽만을 주장할 수도 있고 양 청구권을 선택적으로 주장할 수도 있다(청구권 경합설 ; 피해자를 두텁게 보호).

2. 담보책임과 채무불이행책임의 경합

(1) 담보책임

① 예를 들어 매매의 경우 매수인이 대금을 지급하게 됨으로써 입게 되는 재산적 손실은 매도인으로부터 권리를 이전받음으로써 메워지므로 이를 '유상계약'[10]이라고 한다. 그러므로 매도인이 이전한 '권리'에 흠이 있거나(**권리의 하자**) 권리의 객체인 '물건'에 흠이 있는 때에는(**물건의 하자**) 그 흠을 메워야 등가관계가 유지될 수 있다. 그래서 민법은 그 흠의 모습에 따라 매도인이 일정한 책임을 지는 것으로 하는데, 이것이 '매도인의 담보책임'이다.

② 담보책임은 유상계약에 따른 등가관계를 유지하기 위한 목적으로 민법이 마련한 법정책임으로서 가해자의 귀책사유를 묻지 않는다(무과실책임). 따라서 무상계약인 증여에는 원칙적으로 담보책임이 인정되지 않는다(제559조 1항). 담보책임으로는 흠의 모습에 따라 '대금감액청구권·해제권·손해배상청구권·완전물급부청구권·하자보수청구권(도급계약에만 인정)'이 있다.

(2) 담보책임과 채무불이행책임의 경합

담보책임은 계약 당시에 이미 있었던 '원시적 일부하자'를 문제 삼는 것이고, 채무불이행책임은 '계약이 성립한 이후'의 채무자의 채무불이행책임을 문제 삼는 것이어서, 논리적으로는 담보책임이 문제되는 사안에 채무불이행책임도 경합한다고 보기는 어렵다. 그러나 통설과 判例는 **담보책임은 채무불이행책임과는 그 요건과 효과가 다른 별개의 제도로서 매수인을 보호하기 위한 또 하나의 구제수단으로 보아야 한다고 보아 양 책임의 경합을 인정한다.**

3. 계약체결상의 과실책임

민법은 계약이 원시적 불능으로 인하여 무효인 경우에는 계약체결상의 과실책임을 인정하고 있다(제535조). 그 요건으로는 ⅰ) 외견상 계약체결행위가 있었을 것, ⅱ) 계약의 목적이 **원시적·객관적·전부 불능**일 것[매매 기타의 유상계약에 있어서는 계약 내용의 전부가 원시적·주관적 불능이더라도 무효가 아닌 담보책임의 문제이며(제570조, 제571조), 일부가 원시적 불능이더라도 역시 담보책임(제574조, 제580조)으로 처리되므로 제535조는 적용되지 않는다], ⅲ) 계약체결 행위시 불능의 급부채무자의 악의·과실이 있었을 것(제535조의 악의나 과실의 대상은 불능 '원인'에 대한 악의나 과실이 아니라 불능 '사실'에 대한 것이다), ⅳ) 계약의 무효로 인하여 상대방이 손해를 입었을 것, ⅴ) 계약 체결시 상대방은 선의·무과실일 것을 요한다.

---

10) 유상계약(有償契約)은 계약의 당사자가 상호간에 대가적(對價的) 의의를 갖는 출연(出捐: 경제적 손실)을 하는 계약을 말하는 것으로, 대표적으로 매매를 들 수 있다. 아울러 유상계약이 아닌 계약을 무상계약(無償契約)이라고 하는바, 대표적으로 증여를 들 수 있다.

Ⅳ. 채권자대위권과 채권자취소권

1. 책임재산의 보전을 위해 민법이 정하는 제도

채권·채무는 그 내용이 다양하지만, 그 불이행의 경우에는 어느 것이나 금전에 의한 손해배상책임이 발생하는 점에서(제394조), 모든 채권은 결국은 금전채권으로 귀결된다. 그리고 이것은, 채무자가 임의로 변제하지 않는 경우, 강제집행을 통해 채무자의 일반재산을 강제로 환가하여 그 대금에서 채권의 변제에 충당하는 방법을 취하게 된다. 이 점에서 채무자의 일반재산은 모든 채권의 만족을 담보하는 수단이 되는 셈이고, 이를 강학상 '**책임재산**'이라고 한다.

이러한 책임재산은 모든 채권자의 이익을 위하여 그것이 부당하게 감소하는 것을 방지할 필요가 있다. 그런데 채권자는 채무자의 재산을 직접 지배할 권리는 없으므로, 또 채무자는 그 소유재산에 대한 처분의 자유를 가지므로, 그것은 채무자가 재산의 감소행위로 인해 채권자의 채권을 변제하지 못할 무자력(無資力)상태에 놓일 때에 한해 채권자가 간섭할 수 있는 것을 원칙으로 한다. 그러한 간섭에는 두 가지가 있는데, 하나는 채무자가 제3자에 대한 권리를 (소극적으로) 행사하지 않는 경우에 채권자가 채권에 기해 채권자의 이름으로 채무자의 권리를 대신 행사하는 것인데, 이것이 '채권자대위권'이다(제404조, 제405조).[11] 다른 하나는 채무자가 (적극적으로) 자신의 재산을 감소시키는 행위를 한 경우에 채권자가 채권에 기해 채권자의 이름으로 그 행위를 취소하고 그 재산을 강제집행의 수단으로써 형식상 채무자 명의로 복귀시키는 것인데, 이것이 '채권자취소권'이다(제406조, 제407조).[12]

2. 채권자대위권

'채권자대위권'이란 채권자가 자기의 채권을 보전(保全)하기 위하여 채권자의 이름으로 채무자가 제3채무자에 대해 가지는 권리를 대신 행사할 수 있는 권리를 말한다(제404조).

3. 채권자취소권

'채권자취소권'이란 채무자가 채권자를 해함을 알면서 자기의 일반 재산을 감소시키는 법률행위(사해행위)를 한 경우에, 채권자가 그 법률행위를 취소하고 재산을 원상으로 회복하는 것을 내용으로 하는 실체법상의 권리를 말한다(제406조 1항).

---

11) 제404조(채권자대위권) ①항 채권자는 자기의 채권을 보전하기 위하여 채무자의 권리를 행사할 수 있다. 그러나 일신에 전속한 권리는 그러하지 아니하다. ②항 채권자는 그 채권의 기한이 도래하기 전에는 법원의 허가없이 전항의 권리를 행사하지 못한다. 그러나 보전행위는 그러하지 아니하다.
제405조(채권자대위권행사의 통지) ①항 채권자가 전조제1항의 규정에 의하여 보전행위 이외의 권리를 행사한 때에는 채무자에게 통지하여야 한다. ②항 채무자가 전항의 통지를 받은 후에는 그 권리를 처분하여도 이로써 채권자에게 대항하지 못한다.

12) 제406조(채권자취소권) ①항 채무자가 채권자를 해함을 알고 재산권을 목적으로 한 법률행위를 한 때에는 채권자는 그 취소 및 원상회복을 법원에 청구할 수 있다. 그러나 그 행위로 인하여 이익을 받은 자나 전득한 자가 그 행위 또는 전득당시에 채권자를 해함을 알지 못한 경우에는 그러하지 아니하다. ②항 전항의 소는 채권자가 취소원인을 안 날로부터 1년, 법률행위 있은 날로부터 5년내에 제기하여야 한다.
제407조(채권자취소의 효력) 전조의 규정에 의한 취소와 원상회복은 모든 채권자의 이익을 위하여 그 효력이 있다.

Ⅴ. 해제와 해지

'계약의 해제'란 채무불이행 등 일정한 사유가 있는 때에 당사자 일방의 의사표시에 의하여 유효하게 성립한 계약의 효력을 소급적으로 소멸시키는 것을 말한다. 이에 반해 '계약의 해지'란 계속적 계약관계에서 당사자 일방의 의사표시에 의하여 유효하게 성립한 계약의 효력을 장래에 향하여 소멸시키는 것을 말한다.

Ⅵ. 물상보증인과 연대보증인

1. 개념: 물상보증인과 보증인은 모두 공통적으로 부종성[13]

① **물상보증인**이란 '타인의 채무를 담보하기 위하여 자기의 물건 위에 저당권 등 담보물권을 설정한 자'를 말한다. ② **연대보증**이란 보증인이 주채무자와 연대하여 채무를 부담하는 것을 말한다. 연대보증은 채권자와의 관계에서는 주채무자와 연대하여 채무를 부담하지만, 그 본질은 보증이므로 주채무자와의 내부적 관계에서는 부담부분이 영(0)이다.

2. 공통점과 차이점: 물상보증인은 물적 유한책임, 연대보증인은 인적 무한책임

① 물상보증인은 담보로 제공한 물건의 한도에서 '**책임**'을 부담할 뿐이며, 채권자에게 '**채무**'를 부담하지는 않는다(물적 유한책임). 따라서 채무자가 채무를 이행하지 않을 경우 채권자는 물상보증인이 제공한 물건을 경매하여 우선변제를 받을 수는 있어도 물상보증인에 대하여 채무이행을 청구는 할 수 없다. 이 점에서 '채무와 책임'을 동시에 부담하는 보증인과 구별된다(인적 무한책임). ② 다만 물상보증인이나 보증인이나 채권자가 채권의 만족을 얻지 못하면 채권자로부터 강제집행을 받게 되거나 또는 채무자에 대한 자기의 권리를 잃게 되는 지위에 있기 때문에 '제469조 2항의 이해관계 있는 제3자'로서 채무자의 의사에 반하더라도 채무를 변제할 수 있다. 다만 **물상보증인의 변제는 타인 채무의 변제**이나, 보증인의 변제는 자기 채무의 변제이면서 동시에 타인 채무의 변제라는 점에서 다르다.

---

13) 물상보증인은 피담보채무에 종속되어 피담보채무가 소멸, 이전되면 담보물권도 소멸, 이전된다. 아울러 보증인도 주채무에 종속되어 주채무가 소멸, 이전되면 보증채무도 소멸, 이전된다.

제2장 / 법원과 신의성실의 원칙

제1절 민법의 법원

제1관 총설

I. 법원(法源)의 의의

지문 OX
01 민사에 관하여 법률에 규정이 없으면 조리에 의하고 조리가 없으면 관습법에 의한다. ×

> **제1조【법원】** 민사에 관하여 법률에 규정이 없으면 관습법에 의하고 관습법이 없으면 조리에 의한다(18소간, 18법경).

1. 개념

법원(法源)이란 '법의 존재형식'을 의미하는 것으로, 민법의 법원이란 민사분쟁을 해결하는 기준으로서 '민사에 관한 적용법규'를 뜻한다.

2. 제1조의 의미

제1조는 "민사에 관하여 법률에 규정이 없으면 관습법에 의하고 관습법이 없으면 조리에 의한다."라고 하여 민법의 법원으로 인정되는 '범위'와 '적용순서'를 정하고 있다.

02 민법 제1조(法源)에서의 '법률'은 국회가 제정한 법률만을 의미한다. ×
03 헌법상 대통령의 긴급재정경제명령은 법원이 될 수 없다. ×
04 법관은 법의 흠결을 이유로 재판을 거부할 수 있다. ×

II. 성문민법

① 형식적 의미의 민법(민법전)외에 민사에 관한 특별법 등을 말한다(광의의 민법). ② 명령과 대법원규칙도 민법의 법원이다(18소간, 18법경, 18·20세무). 예컨대 대통령이 발한 긴급명령의 내용 중 민사에 관한 것은 민법의 법원이 된다(22경간). ③ 헌법에 의하여 체결·공포된 조약과 일반적으로 승인된 국제법규는 국내법과 같은 효력을 가지므로(헌법 제6조 1항), 그것이 민사에 관한 것인 경우에는 민법의 법원이 될 수 있다.

III. 불문민법

관습법과 조리를 들 수 있다(제1조).

1. 관습법(제2관 관습법 참고)

2. 판례의 법원성

'상급법원의 재판에 있어서의 판단은 당해 사건에 관하여 하급심을 기속한다'(22경간)는 법원조직법 제8조와 관련하여 ① 대법원의 판결은 '사실적 구속력'을 갖는다는 점에서 긍정설도 있으나, ② 법원조직법 제8조는 '당해사건'에 국한하여 '사실적 효과'를 규정하고 있을 뿐이므로 **부정설**이 타당하다. 다만 상당한 기간 누차 반복하여 확립된 판례는 관습법의 실질을 가진다.

지문 OX
05 상급법원 재판에서의 판단은 해당사건에 관하여 하급심을 기속한다(22경간). ○

3. 헌법재판소의 결정

법률에 대한 헌법재판소의 위헌결정은 법원 등을 기속하므로(헌법재판소법 제47조 1항), 그 결정내용이 민사에 관한 것인 때에는 민법의 법원으로 된다.

4. 조리(條理)의 법원성

① 제1조가 법원의 종류로 조리를 열거하고 있는 점에서 **긍정설**이 타당하다. 判例도 종중 구성원의 자격을 성년 남자로만 제한하는 '종래 관습법'은 효력이 상실되었다고 하면서, 이때에는 제1조에 따라 "공동선조와 성과 본을 같이하는 후손은 성별의 구별 없이 성년이 되면 당연히 구성원이 된다"고 보는 것이 '조리'에 합당하다고 한다(대판 2005. 7.21, 전합2002다1178).

② 과거에는 조리에 부합하였던 법규범이라도 사회관념과 법의식의 변화 등으로 인해 헌법을 최상위 규범으로 하는 전체 법질서에 부합하지 않게 되었다면, 대법원은 전체 법질서에 부합하지 않는 부분을 배제하는 등의 방법으로 그러한 법규범이 현재의 법질서에 합치하도록 하여야 한다(대판 2023.5.11, 전합2018다248626).

> [관련판례] "2008.11.20. 선고 2007다27670 전원합의체 판결은 피상속인의 유체·유해가 민법 제1008조의3 소정의 제사용 재산에 준해서 제사주재자에게 승계되고, 제사주재자는 우선적으로 공동상속인들 사이의 협의에 의해 정하되, 협의가 이루어지지 않는 경우에는 그 지위를 유지할 수 없는 특별한 사정이 있지 않는 한 **장남 또는 장손자 등 남성 상속인**이 제사주재자라고 판시하였다. 그러나 공동상속인들 사이에 협의가 이루어지지 않는 경우 제사주재자 결정방법에 관한 2008년 전원합의체 판결의 법리는 더 이상 조리에 부합한다고 보기 어려워 유지될 수 없다. 따라서 공동상속인들 사이에 협의가 이루어지지 않는 경우에는 제사주재자의 지위를 인정할 수 없는 특별한 사정이 있지 않는 한 피상속인의 직계비속 중 남녀, 적서를 불문하고 최근친의 연장자가 제사주재자로 우선한다고 보는 것이 가장 조리에 부합한다"(대판 2023.5.11, 전합2018다248626).

제2관 관습법

Ⅰ. 서설

관습법이란 일정한 행위가 반복된 '관행'으로 존재하고, 그 관행을 법규범으로 인식하는 사회의 '법적 확신'에 의하여 '법규범'으로 인정받게 된 것(대판 1983.6.14, 80다3231 참고)으로 민법상 '법원'의 일종이다(제1조).

06 관습법은 사회의 거듭된 관행이 사회구성원의 법적 확신에 의하여 법규범으로 승인된 것이다. ○

Ⅱ. 관습법

1. 성립요건

관습이 법으로 되기 위해서는 ⅰ) '관행'(반복성)이 존재하고, ⅱ) 관행을 법규범으로 인식하는 '법적 확신'이 있어야 하며, ⅲ) 관행이 '헌법'을 최상위규범으로 하는 전체 법질서에 반하지 아니하는 것으로서 '정당성과 합리성'을 갖출 것을 요한다(19·20세무). 다만 국가의 승인(법원의 판결)은 성립요건이 아니며(19세무), 법원의 판결에서 관습법의 존재 및 내용을 확인해 줄 뿐이다(통설).

2. 효력(성문법과 관습법의 우열)

① 判例는 "主喪이 장자가 되는 가족의례준칙 제13조의 규정과 배치되는 夫가 亡室(亡妻)의 제주가 되는 관습법의 효력을 인정하는 것은 관습법의 제정법에 대한 열후적, 보충적 성격에 비추어 민법 제1조의 취지에 어긋나는 것이다"(대판 1983.6.14, 80다3231)라고 하여 (제1조를 근거로 성문법에 규정이 없는 경우에 관습법이 보충적으로 적용된다고 보는) **보충적 효력설의 입장**이다. 그러나 주의할 것은 상사에 관하여는 상관습이 민법에 우선한다는 점이다(상법 제1조).

② ㉠ 대법원은 민사에 관한 **관습법**은 법원에 의하여 발견되고 성문의 법률에 반하지 아니하는 경우에 한하여 **보충적인 법원**이 되는 것에 불과하여 관습법이 헌법에 위반되는 경우 법원이 그 관습법의 효력을 부인할 수 있으므로, 결국 관습법은 헌법재판소의 위헌법률심판의 대상이 아니라고 보았으나(대판 2009.5.28, 2007카기134) ㉡ 헌법재판소는 "법률과 같은 효력을 가지는 관습법도 헌법소원심판의 대상이 되고, 단지 형식적 의미의 법률이 아니라는 이유로 그 예외가 될 수는 없다"(헌재 2013.2.28, 2009헌바129 ; 헌재 2016.4.28, 2013헌바396 등)고 하여 관습법도 위헌법률심판의 대상이 된다고 보았다(22년 행정사 시험에서는 복수정답으로 처리되었으나, 23년 경찰간부 시험에서는 대법원 판례에 따라 정답이 결정되었다).

3. 효력 상실

(1) 요건

앞서 살핀 **관습법의 성립요건은 동시에 효력요건**이기도 하다. 즉, "ⅰ) 사회의 거듭된 관행으로 생성된 사회생활규범이 관습법으로 승인되었다고 하더라도 ⅱ) 사회 구성원들이 그러한 관행의 법적 구속력에 대하여 확신을 갖지 않게 되었다거나, ⅲ) 사회를 지배하는 기본적 이념이나 사회질서의 변화로 인하여 그러한 관습법을 적용하여야 할 시점에 있어서의 전체 법질서에 부합하지 않게 되었다면 그러한 관습법은 법적 규범으로서의 효력이 부정될 수밖에 없다"(대판 2005.7.21, 전합2002다1178: 22·23경간).

▌관습법의 효력요건

> **✱ 구민법 당시의 관습법상 상속회복청구권**
> "제정 민법이 시행되기 전에 존재하던 관습 중 '상속회복청구권은 상속이 개시된 날부터 20년이 경과하면 소멸한다'는 내용의 관습은 이를 적용하게 되면 20년의 경과 후에 상속권침해가 있을 때에는 침해행위와 동시에 진정상속인은 권리를 잃고 구제를 받을 수 없는 결과가 되므로 소유권은 원래 소멸시효의 적용을 받지 않는다는 권리의 속성에 반할 뿐 아니라 진정상속인으로 하여금 참칭상속인에 의한 재산권침해를 사실상 방어할 수 없게 만드는 결과로 되어 불합리하고, ⅲ) (요건관련) 헌법을 최상위 규범으로 하는 법질서 전체의 이념에도 부합하지 아니하여 정당성이 없으므로, 위 관습에 법적 규범인 관습법으로서의 효력을 인정할 수 없다"(대판 2003.7.24, 전합2001다48781: 21법경).

✳ 종중 구성원의 자격

"종원의 자격을 성년 남자로만 제한하는 종래 관습은 ii) (요건관련) 사회 구성원들이 가지고 있던 법적 확신은 상당 부분 흔들리거나 약화되어 있고, iii) (요건관련) 무엇보다도 헌법상 남녀평등의 원칙(헌법 제11조 1항, 제36조 1항)을 최상위 규범으로 하는 변화된 우리의 전체 법질서에 부합하지 아니하여 정당성과 합리성이 있다고 할 수 없어 더 이상 법적 효력을 가질 수 없게 되었다"(대판 2005.7.21, 전합2002다1178).

✳ 제사주재자[1]의 결정

"우리 사회 구성원들의 생활양식과 각종 법률 및 제도가 변화함에 따라 상속인들 간의 협의와 무관하게 '종손(적장자)[2]'이 우선적으로 제사를 승계해야 한다는 종래의 관습은, iii) (요건관련) 가족 구성원인 상속인들의 자율적인 의사를 무시하는 것이고 적서 간에 차별을 두는 것이어서 개인의 존엄과 평등을 기초로 한 변화된 가족제도에 원칙적으로 부합하지 않게 되었고, ii) (요건관련) 이에 대한 우리 사회 구성원들의 법적 확신 역시 상당 부분 약화되었으므로, 더 이상 관습 내지 관습법으로서의 효력을 유지할 수 없게 되었다"(대판 2008.11.20, 전합2007다27670).

✳ 분묘기지권[3]의 효력인정 여부

判例는 '장사 등에 관한 법률'이 시행된 이후에도 타인의 토지에 설치된 분묘를 소유하기 위하여 그 분묘기지에 해당하는 타인 소유 토지를 사용하는 권리로서 관습법상 물권인 분묘기지권을 인정하고 있다(20세무, 20법경). 이러한 분묘기지권은 당사자의 합의에 의해서만 성립하는 것은 아니다(21법경). 즉, 判例에 의하면 ① 타인의 소유지 내에 토지소유자의 승낙을 얻어 분묘를 설치한 경우(법률행위에 의한 취득), ② 타인 소유의 토지에 토지소유자의 승낙 없이 분묘를 설치한 후 20년간 평온·공연하게 그 분묘의 기지를 점유하여 분묘기지권을 시효취득한 경우(취득시효), ③ 자기 소유의 토지에 분묘를 설치한 자가 후에 이 토지를 타인에게 양도한 경우(관습법상 법정지상권[4])에 성립한다(대판 2017.1.19, 전합2013다17292).

지문 OX

08 장사 등에 관한 법률이 시행됨에 따라 기존에 성립된 분묘기지권의 관습법적 효력은 유지될 수 없게 되었다. ✕

(2) 관습법으로서 효력이 상실된 경우 소급효가 있는지 여부(예외적으로 당해 사건에 소급)

관습법으로서 효력이 상실된 경우 법적 안정성과 당사자의 신뢰보호를 고려하여 원칙적으로 새로이 성립되는 법률관계에 대하여만 적용된다. 다만, 구체적 사건에 있어서 당사자의 권리구제를 목적으로 하는 사법작용의 본질을 고려하여 **당해 사건에 있어서는 소급하여 적용**된다(대판 2005.7.21, 전합2002다1178).

(3) 관습법으로서 효력이 상실된 경우 조리에 의한 보충

민사에 관하여 법률에 규정이 없으면 관습법에 의하고 관습법이 없으면 조리에 의하는 바(제1조), 判例도 "종중이란 공동선조의 분묘수호와 제사 및 종원 상호간의 친목 등을 목적으로 하여 구성되는 **자연발생적인 종족집단**이므로, 종중의 이러한 목적과 본질에 비추어 볼 때 공동선조와 성과 본을 같이 하는 후손은 **성별의 구별 없이** 성년이 되면 당연히 그 구성원이 된다고 보는 것이 조리에 합당하다"(대판 2005.7.21, 전합2002다1178: 18소간, 19세무)고 한다.

09 공동선조와 성과 본을 같이하는 후손인 여성은 성년이 되면 종중의 구성원이 된다. ○

10 공동선조와 성과 본을 같이하는 후손은 성년이 되면 남녀 성별의 구별 없이 당연히 종중의 구성원이 된다고 보는 것이 현재의 관습법이다. ✕

☞ 현재의 관습법은 없고 위 내용은 조리에 합당한 내용이다.

---

1) 제1008조의3(분묘 등의 승계) 분묘에 속한 1정보 이내의 금양임야와 600평 이내의 묘토인 농지, 족보와 제구의 소유권은 제사를 주재하는 자가 이를 승계한다.
2) 일반적으로 종손이라 함은 장자계(長子系)의 남자손(男子孫)으로서 적장자(嫡長子)를 지칭한다.
3) 남의 토지 위에 묘를 쓴 사람에게 관습법상 인정되는, 지상권과 비슷한 물권이다.
4) 토지와 건물이 동일한 소유자에게 속하였다가 매매 기타의 원인으로 양자의 소유자가 다르게 된 경우, 그 건물을 철거하기로 하는 합의가 없는 한, 건물소유자는 토지소유자에 대하여 그 건물을 위한 관습상의 지상권을 취득한다.

4. 관습법인지가 문제되는 경우

(1) 긍정

① 수목의 집단이나 미분리(未分離)과실에 대한 공시방법(公示方法)[5]인 명인방법(明認方法)[6](대판 1967.12.18, 66다2382), ② 관습법상의 법정지상권(대판 1965.9.23, 65다1222), ③ 분묘기지권(대판 1967.10.12, 67다1920), ④ 동산의 양도담보[7](대판 1965.12.21, 65다2027) 등이 있다.

(2) 부정

① 관습상의 사도통행권(私道通行權)은 인정되지 않으며(대판 2002.2.26, 2001다64165), ② 온천에 관한 권리(대판 1970.5.26, 69다1239: 17소간, 20법경)나 ③ 배타적 공원이용권(대판 1995.5.23, 94마2218)을 관습법상의 물권이라고 볼 수 없고, ④ 미등기(未登記) 무허가건물의 양수인에게는 소유권 내지는 소유권에 준하는 관습상 물권이 존재하지 않는다고 한다(대판 1996.6.14, 94다53006: 23경간). 따라서 미등기 건물매수인은 그 건물의 불법점거자에 대하여 '직접' 자신의 소유권 등에 기하여 인도를 청구할 수도 없다(대판 2007.6.15, 2007다11347).

Ⅲ. 사실인 관습과의 비교

> 제106조 【사실인 관습】 법령중의 선량한 풍속 기타 사회질서에 관계없는 규정과 다른 관습이 있는 경우에 당사자의 의사가 명확하지 아니한 때에는 그 관습에 의한다.

1. 사실인 관습

사실인 관습이란 '법적 확신을 얻지 못한 관행'으로 '법률행위 해석의 기준'이 된다(제106조). 즉, 법률행위의 해석기준이 될 수 있는 사실인 관습은 사회의 관행에 의하여 발생한 사회생활규범인 점에서 관습법과 같지만, 사회의 법적 확신이나 인식에 의하여 법적 규범으로서 승인된 정도에 이르지 않았다는 점에서 관습법과 차이가 있다(22경간, 21법경). 사실인 관습이 법률행위의 내용을 확정하는 기준으로 되기 위해서는 ⅰ) 선량한 풍속 기타 사회질서나 강행규정에 어긋나지 않는 관습이 존재하여야 하고, ⅱ) 당사자의 의사가 명확하지 않아야 한다.

2. 관습법과의 관계

(1) 성질 또는 기능

관습법과 사실인 관습은 앞서 살핀 바와 같이 개념적으로 구별되나, 그 성질 또는 기능의 측면에서 구별되는 것인지 문제된다. 이에 대해 判例는 "제1조는 관습법의 법원으로서의 보충적 효력을 인정하는 데 반하여, **제106조는 일반적으로 사적자치가 인정되는 분야에서의 관습의 법률행위의 해석기준**이나 의사보충적 효력을 정한 것이다"(대판 1983.6.14, 80다3231)라고 하여 구별한다(23경간, 18소간, 19 · 20세무).

지문 OX

01 관습법상 미분리과실에 관한 공시방법이 인정된다.　○

02 온천권은 관습법상 인정되는 물권이다.　×

03 사실인 관습은 관습법과 달리 사회의 법적 확신을 결여한 관행에 지나지 않는다.　○

04 민사에 관한 사실인 관습은 법률행위 해석의 표준으로서 민법의 법원이 된다.　×

---

5) 물권의 변동을 외부에서 인식할 수 있는 표시방법을 의미하는 것으로 민법은 부동산의 경우에는 등기(제186조), 동산의 경우에는 인도(제188조)를 요구하고 있다.

6) 지상에 생육하는 수목집단 또는 미분리의 과실 등에 관해 물권변동(예컨대 소유권 변동)시 관습법에 의하여 인정되는 공시방법(公示方法)이다. 나무껍질을 깍아 거기에 소유자의 이름을 먹물로 써놓는 것, 과수원 주변에 새끼줄을 치고 소유자의 이름을 기재한 표찰을 붙여놓는 것 등이 그 예이다.

7) 채무자가 돈을 빌리면서 채권을 담보하기 위해 동산의 소유권을 채권자에게 양도하되 사용 · 수익은 채무자가 하고, 일정 기간 내에 변제하면 동산의 소유권을 반환받는 담보권의 일종이다.

(2) 증명책임

① **관습법**은 법규성이 인정되므로 당사자의 주장·증명을 기다릴 필요없이 법원이 '**직권**'으로 이를 확정하여야 한다(22경간). ② 이에 대해 **사실인 관습**도 일종의 경험칙에 속하는 것이고 경험칙은 일종의 법칙이므로 법관은 그 유무에 대해 당사자의 주장이나 입증에 구애됨이 없이 '직권'에 의하여 판단할 수 있지만(대판 1976.7.13, 76다983), 관습은 그 존부자체도 명확하지 않을 뿐만 아니라 그 관습이 사회의 법적 확신이나 법적 인식에 의하여 법적 규범으로까지 승인되었는지의 여부를 가리기는 더욱 어려운 일이므로, 법원이 이를 알 수 없는 경우 결국은 '**당사자**'가 이를 주장·증명할 필요가 있다(대판 1983.6.14, 80다3231: 19·20세무).

지문 OX
05 당사자의 주장이 없으면 법원(法院)은 관습법의 존재 여부를 판단하여서는 안 된다. ×
06 사실인 관습은 그 존재를 당사자가 주장·입증하여야 한다. ○

제2절 신의성실의 원칙

제1관 총설

I. 서설

> **제2조【신의성실】** ① 권리의 행사와 의무의 이행은 신의에 좇아 성실히 하여야 한다.
> ② 권리는 남용하지 못한다.

1. 의의

'신의칙'이란 계약관계와 같이 '일정한 법률관계'에 있는 자는 서로 상대방의 신뢰에 어긋나지 않도록 성실하게 행동해야 한다는 원칙을 말한다(제2조 1항).

2. 법적 성질

신의성실의 원칙은 **강행법규적 성질**을 가지므로 당사자의 주장이 없더라도 법원이 '**직권**'으로 그 위반 여부를 판단할 수 있다(대판 1995.12.22, 94다42129: 18·19법경, 18·20·21세무).

07 신의성실의 원칙에 반하는 것은 강행규정에 위배되는 것으로서 당사자의 주장이 없더라도 법원이 직권으로 판단할 수 있다. ○

II. 요건

신의칙은 요건이 백지로 되어 있는 추상적인 일반조항이다. 따라서 법적 안정성을 파괴할 우려가 있으므로 구체적으로 적용되는 경우를 유형화할 필요가 있다.

이와 관련하여 判例는 "신의성실의 원칙은 법률관계의 당사자가 상대방의 이익을 배려하여 형평에 어긋나거나, 신의를 저버리는 내용 또는 방법으로 권리를 행사하거나 의무를 이행하여서는 아니된다는 추상적 규범으로서, 신의성실의 원칙에 위배된다는 이유로 그 권리의 행사를 부정하기 위해서는 ⅰ) 상대방에게 신의를 공여하였다거나 객관적으로 보아 상대방이 신의를 가짐이 정당한 상태에 있어야 하고, ⅱ) 이러한 상대방의 신의에 반하여 권리를 행사하는 것이 정의관념에 비추어 용인될 수 없는 정도의 상태에 이르러야 한다"(대판 2011.2.10, 2009다68941: 19법경, 17소간)고 한다.

Ⅲ. 기능

① [**권리·의무내용의 구체화기능**] 신의칙은 법률과 법률행위를 해석하여 그 내용을 보다 명확하게 하는 기능이 있다. 예를 들어 법률행위 해석의 기준으로서 신의칙이 동원되는 것을 들 수 있다. ② [**구체적 타당성의 실현기능**] 신의칙은 법률을 형식적·획일적으로 적용함으로써 발생하는 부작용을 줄여 구체적 타당성을 실현하는 기능을 가진다. 예를 들어 권리남용금지, 금반언, 실효의 원칙 등을 들 수 있다. ③ [**법창조기능**] 법률이나 관습법에 정함이 없는 경우에, 또 유추해석을 통해서도 타당한 결론을 얻을 수 없는 경우에, 조리의 이름으로써 이를 보충하는 법창조적 기능을 가진다. 그러나 보충성의 원칙[8]에 머물러야 하는 한계가 있다. ④ [**수정기능**] 신의칙은 제한적이나마 계약의 내용을 수정하는 역할을 한다. 예를 들어 사정변경의 원칙 등을 들 수 있다.

지문 OX

01 신의성실의 원칙은 법률행위의 해석기준이 될 수 있다.

○

Ⅳ. 효과

① 신의칙에 반하는 권리행사는 권리남용이 되어 권리행사의 효과가 발생하지 않는다. ② 신의칙에 반하는 의무이행은 의무의 불이행이 되어 채무불이행책임을 진다(제390조).

Ⅴ. 적용범위 및 한계

1. 적용범위

민법뿐 아니라 상법, 공법 및 소송법에도 적용되고 있으나, 채권법에서 가장 중시된다.

2. 적용한계

(1) 상위의 민법의 기초이념에 의한 한계

권리의 행사가 신의칙에 위배되더라도 신의칙보다 상위에 있는 민법의 기초이념, 이를테면 강행법규의 취지 등에 합치되는 경우에는 권리행사가 허용된다.

(2) 법적 안정성을 위한 한계

① 적용가능한 법률규정이 있는 경우에 신의칙을 적용하는 것은 '일반조항으로의 도피'가 되므로 피하여야 한다. ② 신의칙에 의한 '법률의 흠결보충'은 다른 흠결보충수단이 없는 경우에 한하여 최후적으로 행해져야 한다(보충성의 원칙). ③ 신의칙에 의한 '법률의 수정'은 법률을 그대로 적용하게 되면 지극히 부당하게 되는 특수한 경우에만 인정되어야 한다.

---

8) 신의칙에 의한 '법률의 흠결보충'은 다른 흠결보충수단이 없는 경우에 한하여 최후적으로 행해져야 한다는 원칙을 말한다.

▌신의칙 위반을 인정한 판례

① **[訴權의 행사]** "신의칙은 비단 계약법의 영역에 한정되지 않고 모든 법률관계를 규제 지배하는 원리로 파악되며 따라서 신의칙에 반하는 **소권의 행사는 허용되지 아니한다**"(대판 1983.5.24, 82다카1919). 따라서 최종 재심판결에 대하여 이미 배척된 이유를 들어 재심청구를 거듭하는 것은 신의성실에 위배하여 소권을 남용하는 것으로 허용될 수 없다(대판 2016.12.1, 2016다240543: 17소간).

② **[신의칙상 고지의무]** ㉠ "아파트 분양자는 아파트단지 인근에 공동묘지가 조성되어 있는 사실을 수분양자에게 **고지할 신의칙상의 의무가 있으며**"(대판 2007.6.1, 2005다5812, 5829, 5836: 18법경), ㉡ "아파트 분양자는 아파트단지 인근에 쓰레기 매립장이 건설예정인 사실을 분양계약자에게 **고지할 신의칙상 의무가 있다**"(대판 2006.10.12, 2004다48515).

③ **[보호의무]** ㉠ "공중접객업인 숙박업을 경영하는 자는 고객의 안전을 배려하여야 할 '보호의무'를 부담하며 이러한 의무는 숙박계약의 특수성을 고려한 '신의칙상의 부수의무'로서 이를 위반한 경우 불완전이행으로 인한 채무불이행책임을 부담한다"(대판 2000.11.24, 2000다38718, 38725: 23경간). ㉡ "환자가 병원에 입원하여 치료를 받는 경우에 있어서, 병원은 진료뿐만 아니라 환자에 대한 숙식의 제공을 비롯하여 간호, 보호 등 입원에 따른 포괄적 채무를 지는 것인 만큼, 병원은 병실에의 출입자를 통제·감독하든가 그것이 불가능하다면 최소한 입원환자에게 휴대품을 안전하게 보관할 수 있는 시정장치가 있는 사물함을 제공하는 등으로 입원환자의 휴대품 등의 도난을 방지함에 필요한 적절한 조치를 강구하여 줄 '신의칙상의 보호의무'가 있다고 할 것이고, 이를 소홀히 하여 입원환자와는 아무런 관련이 없는 자가 입원환자의 병실에 무단출입하여 입원환자의 휴대품 등을 절취하였다면 병원은 그로 인한 손해배상책임을 면하지 못한다"(대판 2003.4.11, 2002다63275: 20세무).

> **비교판례** "통상의 임대차관계에 있어서 임대인의 임차인에 대한 의무는 특별한 사정이 없는 한 단순히 임차인에게 임대목적물을 제공하여 임차인으로 하여금 이를 사용·수익하게 함에 그치는 것이고, 더 나아가 임차인의 안전을 배려하여 주거나 도난을 방지하는 등의 보호의무까지 부담한다고 볼 수 없다"(대판 1999.7.9, 99다10004).

④ **[계약교섭의 부당파기]** 계약 체결 전 교섭단계에서도 당사자들은 신의칙에 기하여 일정한 주의의무를 부담한다(18소간). 즉, "어느 일방이 교섭단계에서 계약이 확실하게 체결되리라는 정당한 기대 내지 신뢰를 부여하여 상대방이 그 신뢰에 따라 행동하였음에도 상당한 이유 없이 계약의 체결을 거부하여 손해를 입혔다면 이는 신의성실의 원칙에 비추어 볼 때 계약자유원칙의 한계를 넘는 위법한 행위로서 불법행위를 구성한다"(대판 2003.4.11, 2001다53059).

⑤ **[보수지급]** 변호사나 세무사 등에게 지급하기로 약정한 보수액이 과다하여 신의칙에 반한다고 볼 만한 특별한 사정이 있는 때에는 상당하다고 인정되는 범위 내의 보수액만을 청구할 수 있다(대판 2006.6.15, 2004다59393: 19법경, 20소간). 다만, "이러한 보수청구의 제한은 어디까지나 계약자유의 원칙에 대한 예외를 인정하는 것이므로, 법원은 그에 관한 합리적인 근거를 명확히 밝혀야 한다"(대판 2018.5.17, 전합2016다35833).

⑥ **[명의신탁]** "채권자가 채권을 확보하기 위하여 제3자의 부동산을 채무자에게 명의신탁하도록 한 다음 동 부동산에 대하여 강제집행을 하는 따위의 행위는 신의칙에 비추어 허용할 수 없다"(대판 1981.7.7, 80다2064: 23경간).

VI. 파생 원칙(← 구체적 타당성 확보를 위한 보충적인 법리: 최후의 항변수단)

① 권리남용금지의 원칙(← 권리행사의 자유), ② 실효의 원칙(← 소멸시효, 제척기간),
③ 사정변경의 원칙(← 계약준수의 원칙), ④ 자기모순금지의 원칙(← 합법성의 원칙)

| 쟁점구조 |

■ 권리남용금지의 원칙(지상물[9]철거청구가 가장 일반적)

Ⅰ. 권리자(토지소유자)의 권리행사의 법적근거 검토

주로 소유권자 확정에 따른 제213조 또는 제214조

Ⅱ. 의무자(건물소유자)의 점유할 권리(제213조 단서) 검토

주로 토지의 일부에 대한 취득시효가 쟁점

Ⅲ. 최후의 항변수단으로 권리남용 검토

① 객관적 요건 → ② 주관적 요건

Ⅳ. 권리남용으로 인정되는 경우의 법률관계

① 정상적인 권리행사에 따르는 법적 효과의 불발생 → ② 의무자의 부당이득 반환 또는 불법행위 책임 성부 → ③ 의무자의 점유를 적법하게 하는 방법

Ⅰ. 서설

권리남용금지의 원칙이라 함은 권리의 행사가 '**형식적**'으로는 **정당**한 것처럼 보이더라도 '**실질적**'으로 권리의 공공성에 반하는 것일 때에는 그 권리 '**행사**'에 법적 효과를 인정하지 않겠다는 것을 의미한다. 민법은 '권리는 남용하지 못한다'고 규정하고 있다(제2조 2항).

Ⅱ. 요건

1. 객관적 요건(권리의 존재 및 행사, 실질적인 사회질서 위반)

① 우선 권리가 존재하고 그 권리가 행사되었을 것을 전제로 한다.

② 그리고 권리행사가 그 권리의 정당한 이익을 결여하거나 사회질서에 위반하여야 하는 바, 권리행사자의 이익과 그로 인해 침해되는 상대방의 이익과의 현저한 불균형이 있어야 한다. 그러나 그러한 사정만으로는 이를 권리남용이라고 할 수 없다(대판 2006.11.23, 2004다44285: 고압송전탑과 고압송전선이 설치된 사정을 알면서도 그 토지를 취득하여 전원주택분양사업을 추진한 토지소유자들의 위 송전탑 등의 철거청구가 권리남용에 해당하지 않는다고 한 사례).

2. 주관적 요건(가해의사의 요부)

(1) 일반론

判例는 일관된 입장을 보이고 있지 않으나 기본적으로 주관적 요건(가해의사 ; 상대방에게 고통을 주고 손해를 입히려는 의사)을 고려하여 판단한다. 다만 최근에는 "**주관적 요건은 권리자의 정당한 이익 결여라는 객관적 사정에 의하여 추인될 수 있다**"(대판 1993.5.14, 93다4366 등 ; 이 사안에서 判例는 원고가 이 사건 건물철거소송에 이른 사정, 계쟁토지가 0.3㎡에 불과한 점, 피고 건물의 철거에 상당한 비용이 들고 철거 후에도 잔존 2층 건물의 효용이 크게 감소되리라는 점 등에 비추어 원고의 청구가 떳떳한 권리행사라고는 보여지지 않는다고 판단하였다)라고 판시함으로써 **주관적 요건을 완화하는 경향**이다.

---

9) 공공의 이익과 관련성이 있는 학교, 병원, 송전선이 특히 문제된다.

지문 OX

01 판례는 피고 공장에 전기를 공급하기 위한 고압송전탑이 인접한 토지의 일부를 침범하여 설치되었으나 침범 토지 일부의 소유자로부터 사용승낙을 받았고, 송전탑 등이 설치된 후 10년간 소유자로부터 철거하라는 이의제기가 없었던 상황에서 전원주택분양사업을 실시할 목적으로 침범토지를 매수한 원고가 그 철거를 구하는 것은 권리남용에 해당한다고 판단하였다. ×

02 소유권의 행사가 권리남용이 되기 위해서는 권리행사의 목적이 오직 상대방에게 고통을 주고 손해를 입히려는 데 있을 뿐 행사하는 사람에게 아무런 이익이 없는 경우이어야 한다. ○

03 권리남용을 인정함에 있어 주관적 요건이 필요하다는 판례가 있다. ○

(2) 권리남용으로 주관적 요건을 요구하지 않는 경우(법제도의 취지를 악용하는 경우)

① **[항변권(동시이행항변권[10])의 남용]** "일반적으로 동시이행의 관계가 인정되는 경우에 그러한 항변권을 행사하는 자의 상대방이 그 동시이행의 의무를 이행하기 위하여 과다한 비용이 소요되거나 또는 그 의무의 이행이 실제적으로 어려운 반면 그 의무의 이행으로 인하여 항변권자가 얻는 이득은 별달리 크지 아니하여 **동시이행의 항변권의 행사가 주로 자기 채무의 이행만을 회피하기 위한 수단이라고 보여지는 경우에는 그 항변권의 행사는 권리남용으로서 배척되어야 할 것이다**"(대판 2001.9.18, 2001다9304).

예를 들어 임차인이 금 326,000원이 소요되는 전기시설의 원상회복을 하지 아니한 채 건물의 명도이행을 제공한 경우, 임대인이 동시이행의 항변권의 행사로서 금 125,226,670원의 임대차보증금 전액의 반환을 거부하는 경우가 이에 해당한다(대판 1999.11.12, 99다34697: 임차인이 불이행한 원상회복의무가 사소한 부분이고 그로 인한 손해배상액 역시 근소한 금액인 경우).

② **[형성권(상계권[11])의 남용]** "甲은 乙백화점의 부도로 인하여 乙이 발행한 약속어음의 가치가 현저하게 하락된 사정을 잘 알면서 오로지 자신이 乙에 대하여 부담하는 임대차보증금반환채무와 상계할 목적으로 乙이 발행한 약속어음 20장을 액면가의 40%에도 미치지 못하는 가격으로 할인·취득하고, 그 약속어음채권을 자동채권으로 하여 상계를 하였다면 甲의 상계권행사는 **상계제도의 목적이나 기능을 일탈하는 것**이고 법적으로 보호받을 만한 대립하는 채권·채무의 담보적 기능에 대한 정당한 기대가 없는 경우에 해당하여 상계에 관한 권리를 남용하는 것으로서 허용되지 않는다고 함이 상당하고, **상계권 행사를 제한하는 위와 같은 근거에 비추어 볼 때 일반적인 권리남용의 경우에 요구되는 주관적 요건을 필요로 하는 것은 아니다**"(대판 2003.4.11, 2002다59481).

③ **[담보권(유치권[12])의 남용]** 최근에 判例는 거래당사자가 유치권을 자신의 이익을 위하여 고의적으로 작출하여 유치권의 사실상 최우선순위담보권으로서의 지위를 부당하게 이용함으로써 신의성실의 원칙에 반하는 것으로 평가되는 경우에는 유치권제도의 남용으로서 그 행사는 허용될 수 없다고 한다(대판 2011.12.22, 2011다84298).

Ⅲ. 적용범위와 한계

1. 적용범위

연혁적으로는 소유권의 제한에 중점을 두었으나 제2조 2항은 일반조항으로서 모든 사권(채권, 형성권, 무체재산권, 기타 물권)에 적용되는 것으로 해석된다. 判例도 ① 소권(대판 2002.9.24, 2002재다487), ② 항변권(동시이행항변권)(대판 2001.9.18, 2001다9304), ③ 형성권(상계권)(대판 2003.4.11, 2002다59481)의 남용을 인정하고 있다.

지문 OX

04 상계할 목적으로 상대방 발행의 약속어음을 액면가의 40%에도 미치지 못하는 가격으로 할인 취득하고 어음금채권을 자동채권으로 하여 상계하였다면 권리남용에 해당하고, 이때에는 일반적인 권리남용의 경우에 요구되는 주관적 요건을 필요로 하지 않는다. ○

05 채무자가 소멸시효의 완성으로 인한 채무의 소멸을 주장하는 것에 대하여도 신의성실의 원칙이 적용된다. ○

---

10) 쌍무계약의 당사자의 일방은 상대방이 그 채무의 이행을 제공할 때까지는 자기의 채무의 이행을 거절할 수 있는 권리를 가지는바, 이를 '동시이행의 항변권'이라 한다(제536조).

11) '상계'란 채권자와 채무자가 서로 동종의 채권·채무를 갖는 경우에, 그 채권·채무를 대등액에서 소멸시키는 당사자의 일방적 의사표시를 말한다(제492조 1항).

12) '유치권'은 타인의 물건을 점유하는 자가 그 물건에 관하여 생긴 채권의 변제를 받을 때까지 그 목적물을 유치하여 채무자의 변제를 간접강제하는 '법정담보물권'이다(제320조).

2. 적용한계

권리남용법리는 강제조정·권리명확화·권리축소화 등의 기능을 수행하는바, 그중에서도 특히 강제조정의 기능이 실제에 있어서 매우 중요한 역할을 담당한다. 그러나 권리남용의 인정이유가 **구체적인 타당성을 획득하기 위한 보충적인 법리**라는 점을 감안할 때 민법의 개별규정에 의해 합리적인 결론을 도출할 수 있는 경우에는 그 법리에 의하여야 하고 권리남용의 법리를 처음부터 적용하여서는 안 될 것이다(일반조항에의 도피).

Ⅳ. 효과

1. 정상적인 권리행사에 따르는 법적 효과의 불발생

구체적 효과는 권리의 종류에 따라 달라지게 된다. 예컨대 청구권이라면 법이 이에 조력하지 않아 청구기각의 판결을 받게 되고, 형성권이라면 본래 발생해야 할 법률관계의 변동이 생기지 않을 것이다.

2. 권리의 박탈 여부

민법 제924조(친권상실의 선고)처럼 명문의 규정이 있는 경우에만 인정된다.

3. 상대방의 부당이득반환 또는 불법행위책임 성부

권리남용의 경우에도 권리자는 권리 자체가 상실되는 것은 아니므로 상대방의 침해로 입은 손해에 대해서는 부당이득반환 청구를 할 수 있다(제741조).

① 예를 들어 지상물 철거청구의 경우 토지소유자의 권리행사가 권리남용이라고 하더라도 상대방인 지상물 소유자에게 토지를 무상으로 사용·수익할 수 있는 권원이 생기는 것이 아니다. 따라서 지상물 소유자는 토지 위에 지상물을 소유하는 한 계속해서 차임 상당의 부당이득금을 지급해야 하므로 토지의 소유자에게 토지에 관한 용익권(지상권 또는 임차권)의 설정을 청구할 수 있으며 토지소유자는 '신의칙상' 승낙의무가 있다(대판 1992.11.10, 92다20170 참고).

② 상대방의 침해가 불법행위를 구성하는 경우에는 권리자는 손해배상을 청구할 수 있다(제750조).

4. 권리자의 불법행위책임 성부

위법성이 있으므로 만약 권리남용의 결과 타인에게 손해가 발생한 경우에는 손해배상 책임을 질 수도 있다(대판 1964.7.14, 64아4).

V. 관련판례

1. 권리남용을 긍정한 판례

(1) 토지소유권에 기한 건물철거청구(지상물 철거청구의 남용)

判例는 소유권에 기한 물권적 청구권의 행사의 경우 대체적으로 소유권의 배타성·항구성 등에 비추어 권리남용을 인정하는 데에 소극적이다. 그러나 건물철거청구에서 건물모서리 벽면 1㎡의 철거를 청구한 경우(대판 1991.6.11, 91다8593), 토지면적이 246㎡인데 건축물의 침범부분이 11.6㎡에 불과한 경우(대판 1992.7.28, 92다16911), 병원 확장공사를 하면서 대로변에 접한 토지경계를 0.3㎡침범한 경우(대판 1993.5.14, 93다4366) 등에서와 같이 타인의 토지를 침범한 건물부분을 철거하더라도 원고에게 별다른 이득이 없는 반면 건물소유자인 피고에게는 막대한 손실이 발생하는 경우에 권리남용이 인정되었다.

(2) 토지소유권에 기한 공로(公路)인도청구 등

"어떤 토지가 그 개설경위를 불문하고 일반 공중의 통행에 공용되는 도로, 즉 공로가 되면 그 부지의 소유권 행사는 제약을 받게 되며, 이는 소유자가 수인하여야만 하는 재산권의 사회적 제약에 해당한다. 따라서 공로 부지의 소유자가 이를 점유·관리하는 지방자치단체를 상대로 공로로 제공된 도로의 철거, 점유 이전 또는 통행금지를 청구하는 것은 법질서상 원칙적으로 허용될 수 없는 '권리남용'이라고 보아야 한다"(대판 2021.10.14, 2021다242154).

> [관련판례] "불특정 다수인인 일반 공중의 통행에 공용된 도로, 즉 공로(공로)를 통행하고자 하는 자는 그 도로에 관하여 다른 사람이 가지는 권리 등을 침해한다는 등의 특별한 사정이 없는 한, 일상생활상 필요한 범위 내에서 다른 사람들과 같은 방법으로 그 도로를 통행할 자유가 있다. 제3자가 특정인에 대하여만 그 도로의 통행을 방해함으로써 일상생활에 지장을 받게 하는 등의 방법으로 특정인의 통행 자유를 침해하였다면 민법상 불법행위에 해당하고, 침해를 받은 자로서는 방해의 배제나 장래에 생길 방해를 예방하기 위하여 통행방해 행위의 금지를 소구할 수 있다"(대판 2021.10.14, 2021다242154).

(3) 인륜에 반하는 경우

"외국에 이민을 가 있어 주택에 입주하지 않으면 안 될 급박한 사정이 없는 딸이 고령과 지병으로 고통을 겪고 있는 상태에서 달리 마땅한 거처도 없는 아버지와 그를 부양하면서 동거하고 있는 남동생을 상대로 자기 소유 주택의 명도 및 퇴거를 청구하는 행위는 인륜에 반하는 행위로서 권리남용에 해당한다"(대판 1998.6.12, 96다52670)고 하였다.

(4) 실체적 권리관계에 배치되는 확정판결의 집행에 대한 '실체법적' 구제수단

소송당사자가 불법한 수단으로 법원과 상대방을 속여 부정한 내용의 확정판결을 취득한 경우('사위판결 또는 편취판결') 그 구제수단으로 ① **소송법적 구제수단**인 추후보완상소(민사소송법 제173조) 또는 재심의 소(민사소송법 제451조 1항)와 ② **집행법적 구제수단**인 권리남용을 이유로 하는 청구이의의 소(민사집행법 제44조 2항)가 있다. ③ **실체법상의 구제수단**과 관련하여 判例에 따르면 확정판결에 기한 집행이 권리남용에 해당하여 청구이의의 소에 의하여 집행의 배제를 구할 수 있는 정도의 경우라면 그러한 판결금 채권에 기초한 다른 권리의 행사, 예를 들어 판결금 채권을 피보전채권으로 하여 **채권자취소권을 행사하는 것 등도 허용될 수 없다고 한다**(대판 2014.2.21, 2013다75717). 다만 확정판결에 기한 강제집행이 경료된 경우에, 그 확정판결이 취소되지 않은 이상 부당이득의 성립은 부정되며(아래 99다32905 판결), **불법행위에 기한 손해배상청구도 예외적으로만 인정된다**(아래 95다21808 판결).

지문 OX

02 외국에 이민을 가 있어 주택에 입주하지 않으면 안 될 급박한 사정이 없는 딸이 고령과 지병으로 고통을 겪고 있는 상태에서 달리 마땅한 거처도 없는 아버지와 그를 부양하면서 동거하고 있는 남동생을 상대로 자기 소유 주택의 명도 및 퇴거를 청구하는 행위는 권리남용에 해당한다.
⟶ ○

03 확정판결에 기한 집행이 권리남용이 되는 경우에는 집행채무자는 청구이의의 소를 제기하여 그 집행의 배제를 구할 수 있다.
⟶ ○

① **[부당이득반환책임]** "소송당사자가 허위의 주장으로 법원을 기망하고 상대방의 권리를 해할 의사로 상대의 소송관여를 방해하는 등 부정한 방법으로 실체의 권리관계와 다른 내용의 확정판결을 취득하여 그 판결에 기하여 '강제집행'을 하는 것은 **정의에 반하고 사회생활상 도저히 용인될 수 없는 것**이어서 권리남용에 해당한다고 할 것이지만, 위 **확정판결에 대한 재심의 소가 인정되어 확정되는 등으로 위 확정판결이 취소되지 아니한 이상** 위 확정판결에 기한 강제집행으로 취득한 채권을 법률상 원인 없는 이득이라고 하여 반환을 구하는 것은 위 확정판결의 기판력에 저촉되어 허용될 수 없고, 다만 위와 같이 위 확정판결에 기한 강제집행이 권리남용에 해당하는 이상 위 강제집행은 피해자에 대한 관계에서 불법행위를 구성한다"(대판 2001.11.13, 99다32905).

② **[불법행위책임]** "확정판결에 기한 강제집행이 불법행위로 되는 것은 ⅰ) 당사자의 절차적 기본권이 근본적으로 침해된 상태에서 판결이 선고되었거나 ⅱ) 확정판결에 재심사유가 존재하는 등 확정판결의 효력을 존중하는 것이 정의에 반함이 명백하여 이를 묵과할 수 없는 경우로 한정하여야 한다"(대판 1995.12.5, 95다21808). 따라서 "확정판결에 따른 강제집행이 불법행위를 구성하기 위하여는 소송당사자가 상대방의 권리를 해할 의사로 상대방의 소송 관여를 방해하거나 허위의 주장으로 법원을 기망하는 등 부정한 방법으로 실체의 권리관계와 다른 내용의 확정판결을 취득하여 집행을 하는 것과 같은 특별한 사정이 있어야 하고, 그와 같은 사정이 없이 **확정판결의 내용이 단순히 실체적 권리관계에 배치되어 부당하고 또한 확정판결에 기한 집행 채권자가 이를 알고 있었다는 것만으로는 그 집행행위가 불법행위를 구성한다고 할 수 없다**"(대판 2009.5.28, 2008다79876).

(5) 사용자가 피용자의 업무수행과 관련한 불법행위로 인하여 손해를 입은 경우, 피용자에게 행사할 수 있는 손해배상청구권이나 구상권의 범위

"일반적으로 사용자가 피용자의 업무수행과 관련하여 행하여진 불법행위로 인하여 직접 손해를 입었거나 그 피해자인 제3자에게 사용자로서의 손해배상책임을 부담한 결과로 손해를 입게 된 경우에 있어서, 제반 사정에 비추어 손해의 공평한 분담이라는 견지에서 신의칙상 상당하다고 인정되는 한도 내에서만 피용자에 대하여 손해배상을 청구하거나 그 구상권을 행사할 수 있다고 할 것이나(대판 1996.4.9, 95다52611), 사용자의 감독이 소홀한 틈을 이용하여 고의로 불법행위를 저지른 피용자가 바로 그 사용자의 부주의를 이유로 자신의 책임의 감액을 주장하는 것은 신의칙상 허용될 수 없고(대판 1995.11.14, 95다30352 ; 대판 2001.7.10, 2000다37333 등 참조), 사용자와 피용자가 명의대여자와 명의차용자의 관계에 있다고 하더라도 마찬가지이다"(대판 2009.11.26, 2009다59350).

2. 권리남용을 부정한 판례

(1) 송전선철거청구

토지소유자가 토지 상공에 송전선이 설치되어 있는 사정을 알면서 그 토지를 취득한 후 13년이 경과한 때 그 송전선의 철거를 구한 사안에서, "**한전의 송전선 설치에 따른 토지이용권 확보나 적절한 보상이 현재까지 없는 점에 비추어 볼 때**, 위 청구가 권리남용에 해당하지 않는다"(대판 1996.5.14, 94다54283).

(2) 소멸시효의 남용

"**국가에게 국민을 보호할 의무가 있다는 사유만으로** 국가가 (피해국민의 국가배상청구권) 소멸시효의 완성을 주장하는 것 자체가 신의성실의 원칙에 반하여 권리남용에 해당한다고 할 수는 없으므로, 국가의 소멸시효 완성 주장이 신의칙에 반하고 권리남용에 해당한다고 하려면 일반 채무자의 소멸시효 완성 주장에서와 같은 '특별한 사정'이 인정되어야 한다"(대판 2010.9.9, 2008다15865).

제3관 실효의 원칙

I. 서설

1. 개념

권리자가 '**상당한 기간**' 권리를 행사하지 않음에 따라 의무자인 상대방은 더 이상 그 권리가 행사되지 아니할 것으로 '**신뢰**'하고 있었는데, 후에 이르러 권리자가 새삼 권리를 행사하는 것이 상대방으로서는 '**기대불가능**'할 때 권리자의 이와 같은 권리 '**행사**'를 제한하는 원칙이다.

2. 필요성

시효제도나 제척기간의 문제점, 즉 ⅰ) 민법상 시효제도가 비교적 장기이고 고정되어 있다는 점, ⅱ) 형성권·항변권에 대해서 기간의 제한이 없는 경우 권리행사의 기간을 제한할 필요가 있다는 점, ⅲ) 조속한 권리관계의 안정이 요구되는 분야가 있다는 점 등에서 필요성이 인정된다.

II. 요건

① 장기간에 걸친 권리의 불행사, 물론 이때 **종전 권리자의 권리 불행사에 따른 실효의 원칙은 그 권리를 취득한 새로운 권리자에게 적용되는 것은 아니다**(대판 1995.8.25, 94다27069). ② 권리자에게 권리행사의 기회가 있었음에도 권리를 행사하지 아니하였을 것(대판 1990.8.28, 90다카9619), ③ 의무자에게 이제는 권리자가 그 권리를 행사하지 아니할 것으로 믿을 만한 정당한 사유가 있을 것이다. 즉 권리자가 장기간 권리를 행사하지 않았다는 사실만으로는 권리가 실효되는 것은 아니다.

III. 적용범위와 한계

실효의 법리는 신의성실의 원칙에 바탕을 둔 파생원칙인 것이므로(대판 2005.7.15, 2003다46963) ① 공법관계 가운데 관리관계는 물론이고 **권력관계에도 적용**되어야 하며(대판 1988.4.27, 87누915), ② 법률관계의 무효확인의 경우처럼 소멸시효의 대상이 되지 않는 것, 소멸시효기간이나 제척기간이 정하여진 권리, 해제권과 같은 형성권(대판 1994.11.25, 94다12234), 민사법 분야뿐만 아니라 '**항소권**'과 **같은 소송법상의 권리**(대판 1996.7.30, 94다51840)등에도 그 적용이 있다. ③ 그러나 소유권이나 친권 등과 같은 배타적·항구적 권리에 관해서는 그 권리의 본질과 배치되지 않는 한도에서만 인정될 수 있다(대판 1996.5.14, 94다54283 참고).

Ⅳ. 효과

실효의 요건이 충족되면 권리행사는 권리남용이 되어 허용되지 않으며 반사적 효과로서 상대방은 의무를 면한다. 구체적 효과는 권리남용의 일반적인 효과에 따르므로 **권리 자체가 소멸하는 것이 아니라 권리의 행사만을 허용하지 않는다.**

Ⅴ. 구체적 예

1. 노동관계 분쟁(원칙적 적극)

① 判例는 '고용관계의 존부'를 둘러싼 노동분쟁에서 실효의 원칙을 다른 법률관계에서 보다 더욱 적극적으로 원용하고 있다. 이는 경제적 상황에 능동적으로 대처하여야 하는 사용자 입장에서는 물론, 임금 수입에 의하여 생계를 유지하고 있는 노동자의 입장에서도 '법률관계의 조속한 확정'이 필요하다는 점 때문이다. 즉 "다른 직원이 승소판결을 받음으로써 **해고가 무효라는 것을 알았음에도** 무려 '2년 4개월'이 경과한 시점에 당해 근로자가 그 무효를 주장하는 것은 실효의 원칙에 비추어 허용될 수 없다"(대판 1992.1.21, 91다30118)고 판단하였다.

② 해고나 징계해고를 당한 근로자가 **퇴직금과 해고수당을 아무런 조건의 유보 없이 수령한 것이라면** 특별한 사정이 없는 한 그 해고를 유효한 것으로 인정하였다고 보는 것이 상당하고, 상당한 이유 없이 그로부터 장기간이 경과한 뒤에야 해고무효의 확인청구를 하는 것은 신의성실의 원칙상 허용되지 않는다(대판 1992.4.14, 92다1728).

2. 소유권에 기한 권리행사(원칙적 소극)

소유권과 같은 배타적·항구적 권리에 관해서는 그 권리의 본질과 배치되지 않는 한도에서만 인정될 수 있다는 점 등을 이유로 判例는 소유권 및 그에 기한 물권적 청구권에 대하여 권리가 실효되었다고 인정한 경우는 사실상 없다(대판 1996.5.14, 94다54283 참고).

① "송전선이 토지 위를 통과하고 있다는 점을 '알고서 토지를 취득하였다고 하여' 그 취득자가 그 소유 토지에 대한 소유권의 행사가 제한된 상태를 '용인'하였다고 할 수는 없으므로, 그 취득자의 송전선 철거청구나 부당이득반환청구 등의 권리행사가 신의성실의 원칙에 반한다고 할 수 없다"(대판 1995.8.25, 94다27069).

② "토지소유자가 그 점유자에 대하여 부당이득반환청구권을 장기간 적극적으로 행사하지 아니하였다는 사정만으로는 부당이득반환청구권이 이른바 실효의 원칙에 따라 소멸하였다고 볼 수 없다"(대판 2002.1.8, 2001다60019).

3. 친족법상의 권리(원칙적 소극)

判例는 **상속재산에 대한 이해관계를 위해** 신분관계를 바로잡을 목적으로 검사를 상대로 인지청구의 소를 제기한 사례에서, **인지청구권**(제863조)[13]은 **포기할 수 없는 권리**라는 이유로 실효의 법리도 적용되지 않는다고 한다(대판 2001.11.27, 2001므1353).

---

13) 인지(認知)란 혼인 외에 출생한 자녀에 대하여 친아버지나 친어머니가 자기 자식임을 확인하는 일로써 인지를 통해 법률상의 친자관계가 발생한다.

지문 OX

01 징계면직처분에 불복하던 근로자가 이의 없이 퇴직금을 수령하고 다른 생업에 종사하다가 징계면직일로부터 2년 10개월 후에 제기한 해고무효확인청구는 허용될 수 없다. ○

02 해고된 후 공탁된 퇴직금을 조건 없이 수령한 근로자가 공탁금 수령 후 8개월이 지나서 해고무효의 확인을 구하는 경우는 신의성실의 원칙에 반한다. ○

03 송전선이 토지 위를 통과하고 있다는 사정을 알고서 토지를 취득하였다고 하여 그 취득자가 그 소유 토지에 대한 소유권의 행사가 제한된 상태를 용인하였다고 할 수 없으므로 그 취득자의 송전선 철거 청구 등 권리행사는 신의성실의 원칙에 반하지 않는다. ○

04 토지소유자가 그 점유자에 대하여 부당이득반환청구권을 장기간 적극적으로 행사하지 아니하였다는 사정만으로는 부당이득반환청구권이 실효의 원칙에 따라 소멸하였다고 볼 수 없다. ○

05 포기할 수 없는 권리도 권리실효는 인정될 수 있다. ✕

06 권리자가 자신의 권리를 행사할 수 있는 기회가 충분히 있었음에도 불구하고 상당한 기간이 지나도록 그 권리를 행사하지 아니하여 의무인 상대방으로 하여금 이제는 권리자가 권리를 행사하지 아니할 것이라고 신뢰할 만한 상황이 되었는데, 권리자가 새삼스레 그 권리를 행사하는 것은 신의성실의 원칙상 허용되지 아니하므로, 출생 이후 30년 이상 친자임을 주장하지 않고 다른 사람의 친자로 입적된 데 대하여 아무런 이의 없이 살아오다가 인지청구권을 행사하는 것은 허용되지 않는다. ✕

제4관 사정변경의 원칙 ··· 권리소멸의 항변(해제 또는 해지)

I. 서설

법률행위 성립의 기초가 된 '객관적 사정'이 당사자가 예견하지 못했던 사유로 인해 '현저히 변경'되어, 당초의 내용대로 그 효과를 강제하는 것이 당사자 일방에게 '명백하게 부당'하게 된 경우, 그 내용을 변경된 사정에 맞게 '수정'하거나 그것이 불가능한 경우 그 법률행위를 '해소'시킬 수 있다는 법리이다.

II. 사정변경원칙을 인정하는 판례

민법에는 제286조(지료증감청구권), 제628조(차임증감청구권), 제661조(고용계약의 해지) 등 사정변경의 원칙에 기초한 규정이 산재되어 있으나 일반적 규정은 없으나 判例가 이를 인정하고 있다.

1. 일시적 계약관계의 경우

과거에는 기본적으로 부정설의 입장이었으나(대판 1963.9.12, 63다452) 최근 判例 중에는 "사정변경으로 인한 계약해제는 계약준수원칙의 예외로서 인정된다"고 하여 사정변경의 원칙의 인정을 전제한 판결이 나와 주목받고 있다(아래 2004다31302 판결). 다만 실제로 계약해제를 인정한 경우는 없다.

① "이른바 사정변경으로 인한 계약해제는, 계약성립 당시 당사자가 예견할 수 없었던 현저한 사정의 변경이 발생하였고 그러한 사정의 변경이 해제권을 취득하는 당사자에게 책임 없는 사유로 생긴 것으로서, 계약내용대로의 구속력을 인정한다면 신의칙에 현저히 반하는 결과가 생기는 경우에 **계약준수원칙의 예외로서 인정되는 것이고, 여기에서 말하는 사정이라 함은 계약의 기초가 되었던 객관적인 사정으로서, 일방당사자의 주관적 또는 개인적인 사정을 의미하는 것은 아니다.** 또한, 계약의 성립에 기초가 되지 아니한 사정이 그 후 변경되어 일방당사자가 계약 당시 의도한 계약목적을 달성할 수 없게 됨으로써 손해를 입게 되었다 하더라도 특별한 사정이 없는 한 그 계약내용의 효력을 그대로 유지하는 것이 신의칙에 반한다고 볼 수도 없다"(대판 2007.3.29, 2004다31302: 23경간).[14]

② "여기에서 말하는 사정이란 당사자들에게 계약성립의 기초가 된 사정을 가리키고, 당사자들이 계약의 기초로 삼지 않은 사정이나 어느 일방당사자가 변경에 따른 불이익이나 위험을 떠안기로 한 사정은 포함되지 않는다. **경제상황 등의 변동으로 당사자에게 손해가 생기더라도 합리적인 사람의 입장에서 사정변경을 예견할 수 있었다면 사정변경을 이유로 계약을 해제할 수 없다**"(대판 2017.6.8, 2016다249557).

특히 "계속적 계약에서는 계약의 체결시와 이행시 사이에 간극이 크기 때문에 당사자들이 예상할 수 없었던 사정변경이 발생할 가능성이 높지만, 이러한 경우에도 계약을 해지하려면 경제상황 등의 변동으로 당사자에게 불이익이 발생했다는 것만으로는 부족하고 위에서 본 요건을 충족하여야 한다"(대판 2021.6.30, 2019다276338).

---

14) [사실관계] 지방자치단체로부터 매수한 토지가 공공공지에 편입되어 매수인이 의도한 건축이 불가능하게 되었더라도 이는 매매계약을 해제할 만한 사정변경에 해당하지 않고, 매매계약을 그대로 유지하는 것이 신의칙에 반한다고 볼 수도 없다고 한 사례

③ **[금전소비대차계약]** "제599조[15]의 입법취지에 비추어 금전소비대차계약이 성립된 이후에 차주의 신용불안이나 재산상태의 현저한 변경이 생겨 장차 대주의 대여금반환청구권 행사가 위태롭게 되는 등 사정변경이 생기고 이로 인하여 당초의 계약내용에 따른 대여의무를 이행케 하는 것이 공평과 신의칙에 반하게 되는 경우에 대주는 대여의무의 이행을 거절할 수 있다"(대판 2021.10.28, 2017다224302).

2. 계속적 계약관계의 경우

判例는 '신뢰관계'가 중요시되는 계속적 계약의 경우 사정변경을 이유로 '해지권'을 인정하거나 '책임제한'을 인정하고 있다.

① **[계속적 보증계약]** ㉠ 회사의 임원이나 직원의 지위에 있기 때문에 회사의 요구로 '부득이' 회사와 제3자 사이의 계속적 거래로 인한 회사의 채무에 대하여 보증인이 된 자가 그 후 회사로부터 퇴사하여 임원이나 직원의 지위를 떠난 때에는 '보증계약 성립 당시의 사정에 현저한 변경'이 생긴 경우에 해당하므로 사정변경을 이유로 보증계약을 해지할 수 있다(대판 1990.2.27, 89다카1381). ㉡ 그러나 사정변경을 이유로 보증계약을 해지할 수 있는 것은 포괄근보증이나 (보증한도액이나 보증기간을 정한) 한정근보증과 같이 채무액이 불확정적이고 계속적인 거래로 인한 채무에 대하여 보증한 경우에 한하고, 회사의 이사로 재직하면서 보증 당시 그 채무가 특정되어 있는 **확정채무에 대하여 보증을 한 후 이사직을 사임하였다** 하더라도 사정변경을 이유로 보증계약을 해지할 수 없고(대판 1994. 12.27, 94다46008 ; 대판 2006.7.4, 2004다30675), 이러한 경우 그 책임의 범위를 재직 중 발생한 채무만으로 제한할 수도 없다(대판 1997.2.14, 95다31645). ㉢ 아울러 신의칙에 의한 책임의 감경 또한 극히 제한적으로만 인정하고 있다(대판 2004.1.27, 2003다45410).

② **[임대차계약]** ㉠ 임대차에서 차임불증액특약이 있더라도 사정변경에 기한 차임증액을 긍정하고 있다(대판 1996.11.16, 96다34061 ; 차임불감액특약은 제652조, 제628조[16]에 의해 무효이나 차임불증액특약은 유효하다). ㉡ 최근 判例에 따르면 甲이 주택건설사업을 위한 견본주택 건설을 목적으로 임대인 乙과 토지에 관하여 임대차계약을 체결하면서 임대차계약서에 특약사항으로 위 **목적을 명시**하였는데, 지방자치단체장으로부터 가설건축물 축조신고 반려통보 등을 받고 위 토지에 견본주택을 건축할 수 없게 되자, 甲이 乙을 상대로 임대차계약의 해지 및 임차보증금 반환을 구한 사안에서, "계약 성립의 기초가 된 사정이 현저히 변경되고, 당사자가 계약의 성립 당시 이를 예견할 수 없었으며, 그로 인하여 계약을 그대로 유지하는 것이 당사자의 이해에 중대한 불균형을 초래하거나 계약을 체결한 목적을 달성할 수 없는 경우에는 계약준수원칙의 예외로서 사정변경을 이유로 계약을 해제하거나 해지할 수 있다"고 보아 위 임대차계약은 甲의 해지통보로 적법하게 해지되었고, 乙이 甲에게 임대차보증금을 반환할 의무가 있다고 판시하였다 (대판 2020.12.10, 2020다254846).

---

15) 제599조(파산과 소비대차의 실효) 대주가 목적물을 차주에게 인도하기 전에 당사자일방이 파산선고를 받은 때에는 소비대차는 그 효력을 잃는다.

16) 제628조(차임증감청구권) 임대물에 대한 공과부담의 증감 기타 경제사정의 변동으로 인하여 약정한 차임이 상당하지 아니하게 된 때에는 당사자는 장래에 대한 차임의 증감을 청구할 수 있다.
제652조(강행규정) 제628조의 규정에 위반하는 약정으로 임차인에게 불리한 것은 그 효력이 없다(편면적 강행규정).

Ⅲ. 요건

ⅰ) 법률행위 당시 '객관적 사정'이 변경되었을 것, ⅱ) 사정의 변경이 법률행위 성립 후 법률행위 효력 소멸 이전에 발생하였을 것, ⅲ) **사정의 변경이 예견할 수 없는 현저한 것일 것**, ⅳ) 사정의 변경이 당사자의 귀책사유로 인한 것이 아닐 것(사정변경이 당사자 일방의 책임 있는 사유로 발생되었을 경우에는 과실 있는 당사자가 사정변경의 결과를 부담하여야 한다), ⅴ) 당초 계약내용대로의 구속력을 인정한다면 신의칙·공평의 원칙에 반하는 결과가 될 것을 요건으로 한다.

Ⅳ. 효과

1. 계약내용의 수정(1차적 효과)

우선 법률행위의 보충적 해석을 통해 계약내용을 변화된 현실에 맞게 수정해 보아야 한다. 다만 계약충실의 원칙과 조화를 이루기 위해 계약내용의 수정은 최소침해적 관점에서 이루어져야 한다. 계약의 수정을 인정할 필요가 있는 경우와 그럴 필요가 없는 경우를 구별하는 것은 계약의 보충적 해석을 통해서만 가능할 것이다.

2. 해제권 또는 해지권의 발생(2차적 효과)

계약의 수정이 불가능하거나 계약의 존속이 피해당사자에게 기대불가능할 때에는 계약을 소멸시킬 수 있는 해제권 또는 해지권이 발생한다. 다만 사정변경에 의한 계약의 해제·해지시에는 최고가 필요치 않고, 민법 제551조의 적용이 배제되어 손해배상의무의 발생은 부정된다.

제5관 자기모순금지(금반언)의 원칙

Ⅰ. 서설

자기모순금지의 원칙은 ⅰ) 권리자의 권리행사가 선행하는 행위와 '모순'된 것이어서 ⅱ) 후행행위대로 법률효과를 인정하게 되면 선행행위로 야기된 상대방의 '신뢰'를 해치는 경우에, 권리자의 그 '후행행위'의 효력이 제한되는 원칙이다.

Ⅱ. 요건

ⅰ) 모순되는 행위와 그에 대한 귀책(고의·과실) 및 ⅱ) 선행행위에 의하여 야기된 상대방의 보호가치 있는 신뢰가 '상관적'으로 고려되어야 한다. 여기서 '상관적으로' 고려한다는 것은 양자 중 어느 하나를 제대로 갖추지 못하였다고 하여 원칙의 적용이 반드시 부정되는 것은 아니고, 그 모순의 정도와 신뢰의 보호가치의 정도를 종합적으로 고려하여야 한다는 의미이다.

Ⅲ. 효과

선행행위와 모순되는 후행행위의 효력이 부인된다.

Ⅳ. 판례의 태도

1. 모순행위금지의 원칙의 적용을 긍정한 판례

(1) 묵비 또는 묵인행위

① 경매가 무효임을 알고 있는 권리자가 경매를 방치하다가 후에 경매의 무효를 주장하는 것 등은 신의칙에 반한다(대판 1993.12.24, 93다42603). ② 대항력 있는 임차인[17]이나 전세권자가 권리가 없다고 확인을 해준 후 나중에 권리를 주장하는 것 등은 신의칙에 반한다(대판 1997.6.27, 97다12211). ③ 무상임대차확인서를 작성해준 후 임차보증금 반환과의 동시이행의 항변을 하거나(대판 2016.12.1, 2016다228215), 주택임대차보호법상 대항력을 주장하는 것(대판 2017.4.7, 2016다248431)은 금반언에 반하여 허용될 수 없다.

(2) 무권대리인이 본인을 상속한 경우

상대방이 선의·무과실인 경우는 무권대리인이 본인의 상속인 지위에서 추인거절권을 행사하는 것은 금반언의 원칙에 반하나(대판 1994.9.27, 94다20617), 상대방이 악의인 경우는 추인거절권을 행사할 수 있다(대판 1992.4.28, 91다30941 ; 제130조 참조).

(3) 시효제도

취득시효완성 후에 그 사실을 '모르고' 당해 토지에 관하여 어떠한 권리도 주장하지 않기로 하였다면 이는 시효이익의 포기는 아니지만(제184조 1항), 나중에 이에 반하여 시효주장을 하는 것은 특별한 사정이 없는 한 신의칙상 허용되지 않는다(대판 1998.5.22, 96다24101).

2. 모순행위금지의 원칙의 적용을 부정한 판례

① 신의칙의 적용으로 '강행법규의 입법취지를 완전히 몰각시키는 결과'를 가져온다면 신의칙의 적용은 허용되지 않는다. 즉, 강행법규에 위배되어 무효인 계약을 그러한 사정을 알면서도 체결한 자가 나중에 그 계약이 강행법규에 위배되어 무효임을 주장하는 것을 금반언을 이유로 배척한다면(즉 유효하게 된다면) 강행법규가 금지하고자 하는 결과를 방치하게 되어 강행법규의 취지에 어긋나는 문제가 있기 때문에, 대법원은 원칙적으로 이러한 주장도 허용된다고 한다(아래 판례들 참고: 23경간). 아울러 강행법규 위반에 따른 '손해배상을 청구'하는 것이 강행법규의 입법취지를 몰각시키는 결과를 초래할 경우에는 그러한 청구 역시 허용될 수 없다(대판 2019.6.13, 2016다20355).

② 사적자치의 영역을 넘어 공공질서를 위하여 **공익적 요구를 선행시켜야 할 사안**에서는 원칙적으로 **합법성의 원칙은 신의성실의 원칙보다 우월**한 것이므로 신의성실의 원칙은 합법성의 원칙을 희생하여서라도 구체적 신뢰보호의 필요성이 인정되는 경우에 비로소 적용된다고 봄이 상당하다(대판 2000.8.22, 99다62609, 62616: 18·20세무).

지문 OX

01 대항력 있는 주택임차권을 가진 甲이 임대인 乙의 부탁으로 그 주택에 관하여 저당권을 취득하려는 丙에게 임차권이 없다는 각서를 써 주었다. 그 후 丙이 경매절차에서 그 주택을 매수하여 甲에게 그 인도를 청구한 경우, 甲은 丙에게 임차권의 대항력을 주장할 수 있다. ✕

02 시효원용을 하지 않기로 한 약정에 위반한 시효주장은 시효완성을 알았는지 여부에 관계없이 신의칙에 반한다. ○

03 법령에 위반되어 무효임을 알고서도 그 법률행위를 한 자가 강행법규 위반을 이유로 무효를 주장하는 것은 신의칙 또는 금반언의 원칙에 반하거나 권리남용에 해당되어 허용될 수 없다. ✕

04 사적자치의 영역을 넘어 공공질서를 위하여 공익적 요구를 선행시켜야 할 경우에도 원칙적으로 신의성실의 원칙이 합법성의 원칙보다 우선한다. ✕

05 유동적 무효인 계약이 확정적으로 무효로 된 경우, 그에 관해 귀책사유가 있는 당사자도 계약의 무효를 주장할 수 있다. ○

---

17) 임차권과 같은 '채권'은 전세권과 같은 '물권'과 달리 대세효(누구에게나 권리를 주장할 수 있는 효과)가 없고, 대인효만 있다. 즉 채무자에게만 권리를 주장할 수 있다. 그러나 예컨대 주택임대차보호법(제3조 1항)에 따르면 임차인이 주택인도와 주민등록(전입신고)의 요건을 갖추면 누구에게나 주택임차권을 주장할 수 있는 '대항력'이 생긴다. 즉, 주택의 소유권자가 바뀌더라도 임대차 기간 내라면 임차인은 바뀐 주택의 소유권자에게도 임차권을 주장할 수 있다(동법 제3조 4항 참조).

(1) 부동산 거래신고 등에 관한 법률

"강행규정인 (구)국토이용관리법에 의한 토지거래허가 없이 토지를 매도한 후 동법 위반을 이유로 무효를 주장하는 것을 신의칙 위반이라는 이유로 허용하지 않는다면, 투기거래 방지라는 동법의 입법취지를 완전히 몰각시키는 결과가 되므로 특단의 사정이 없는 한 그러한 주장은 금반언에 반하지 않으므로 허용된다"(대판 1993.12.24, 93다44319).

(2) 제한능력

"미성년자의 법률행위에 법정대리인의 동의를 요하도록 하는 것은 강행규정이므로 법정대리인의 동의 없이 신용구매계약을 체결한 미성년자가 나중에 법정대리인의 동의 없음을 이유로 취소하는 것은 금반언에 반하지 않으므로 허용된다"(제5조 2항)(대판 2007.11.16, 2005다71659, 71666, 71673: 17소간, 18·21세무). 다만 제17조의 속임수를 쓴 경우는 취소권이 배제된다.

(3) 상속포기

상속의 승인·포기는 상속개시 후에만 가능하다. 따라서 상속의 사전포기는 무효로서, "상속인 중의 1인이 피상속인의 '생존시'에 피상속인에 대하여 상속을 포기하기로 약정하였다고 하더라도, '상속개시 후' 민법이 정하는 절차와 방식(제1019조, 제1041조)에 따라 상속포기를 하지 아니한 이상, 상속개시 후에 자신의 상속권을 주장하는 것은 정당한 권리행사로서 권리남용에 해당하거나 또는 신의칙에 반하는 권리의 행사라고 할 수 없다"(대판 1998.7.24, 98다9021).

(4) 기타

① "강행법규에 위반하여 무효인 수익보장약정이 투자신탁회사가 먼저 고객에게 제의를 함으로써 체결된 것이라고 하더라도, 이러한 경우에 강행법규를 위반한 투자신탁회사 스스로가 그 약정의 무효를 주장함이 신의칙에 위반되는 권리의 행사라는 이유로 그 주장을 배척한다면, 이는 오히려 강행법규에 의하여 배제하려는 결과를 실현시키는 셈이 되어 입법취지를 완전히 몰각하게 되므로, 달리 특별한 사정이 없는 한 위와 같은 주장이 신의성실의 원칙에 반하는 것이라고 할 수 없다"(대판 1999.3.23, 99다4405).
② "사립학교 경영자가 **사립학교법 제28조 2항**(학교교육에 직접 사용되는 재산은 매도·담보에 제공할 수 없다)**을 위반한 매도나 담보제공**이 무효라는 사실을 알고서 매도나 담보제공을 한 후 스스로 그 무효를 주장하더라도 원칙적으로 신의성실의 원칙에 위배되지 않는다. 다만 명목상으로만 학교법인이 직접 사용하는 재산으로 되어 있을 뿐 실제로는 학교 교육에 전혀 사용된 바 없다면 매도나 담보제공을 무효라고 주장하는 것은 법규정의 취지에 반하기 때문에 신의성실의 원칙에 반한다"(대판 2000.6.9, 99다70860).

[비교판례] "농지의 명의수탁자가 적극적으로 농가이거나 자경의사가 있는 것처럼 하여 소재지 관서의 증명을 받아 그 명의로 소유권이전등기를 마치고 그 농지에 관한 소유자로 행세하면서, 한편으로 증여세 등의 부과를 면하기 위하여 농가도 아니고 자경의사도 없었음을 들어 '농지개혁법'에 저촉되기 때문에 그 등기가 무효라고 주장함은, 신의성실의 원칙이나 금반언의 원칙에 위배된다"(대판 1990.7.24, 89누8224).
☞ 강행법규의 취지와 직접 관계없는 경우에는 무효주장이 신의칙 위반이 될 수 있다. 사안의 경우 증여세를 부담하는 것은 농지개혁법과 직접 관계는 없으므로 무효주장을 하는 것이 신의칙 위반이 된다고 본 사례이다.

제3장 권리의 주체

제1절 권리주체 총설

권리는 일정한 이익을 누릴 수 있도록 법에 의하여 주어진 힘이므로, 이익의 귀속주체가 필요하다. 법에 의하여 권리를 향유할 수 있는 힘을 부여받은 자를 '권리주체'라고 한다. 민법은 권리주체로 살아있는 모든 사람, 즉 '자연인'(제3조 내지 제30조)과 일정한 사람의 집단인 사단법인 또는 일정한 목적을 가진 재산의 집단인 재단법인에 대하여 권리능력을 인정하고 있다(제31조 내지 제97조)(20세무).

✻ 민법상 능력

구분	개념	판단방법	흠결시 효과
권리능력	권리·의무의 주체가 될 수 있는 일반적인 자격	법률규정에 따라 객관적·획일적으로 판단	권리귀속이 불가능 (권리의 부존재)
의사능력	행위의 결과를 인식할 수 있는 정신능력	구체적·개별적으로 판단	무효
행위능력	단독으로 법률행위를 할 수 있는 능력	법률규정에 따라 객관적·획일적으로 판단	취소
책임능력	불법행위책임을 변식할 수 있는 능력	구체적·개별적으로 판단 판례는 12-14세 정도 인정	불법행위책임 요건 흠결

- 당사자능력은 소송의 주체(원고·피고)가 될 수 있는 소송상의 권리능력으로서, 민법상의 권리능력에 대응하는 것이다(민사소송법 제51조 참조).
- 소송능력은 소송의 당사자로서 유효하게 소송행위를 할 수 있는 소송상의 행위능력이며, 민법상의 행위능력에 대응되는 것이다(민사소송법 제51조).

지문 OX

01 민사소송법상 당사자능력자는 항상 민법상 권리능력의 주체다.

×

☞ 민사소송법 제52조에서 권리능력 없는 사단의 경우 당사자능력을 긍정하고 있어 항상 권리능력의 주체가 되는 것은 아니다.

제2절 자연인

제1관 자연인의 권리능력 총설

> **제3조【권리능력의 존속기간】** 사람은 생존한 동안 권리와 의무의 주체가 된다(19소간, 19세무, 20법경).

I. 의의

① '권리능력'이란 권리의 주체가 될 수 있는 '일반적인 지위 또는 자격'을 말한다. 이러한 권리능력을 가지는 자를 권리능력자라고 한다. 권리능력자는 권리를 가질 수 있는 동시에 의무를 부담할 수 있으므로(제3조), 권리능력은 동시에 의무능력이다.

② 사람(자연인)은 생존한 동안 평등하게 권리능력을 가지며(제3조 ; 권리능력 평등의 원칙), **권리능력에 관한 규정은 강행규정**이므로 개인의 의사로서 그 적용을 제한하거나 포기하는 특약은 인정되지 않는다(21소간, 20세무).

> ✱ **동물 자체가 위자료 청구권의 귀속주체가 될 수 있는지 여부**(소극)
>
> "민법이나 그 밖의 법률에 동물에 대하여 권리능력을 인정하는 규정이 없고 이를 인정하는 관습법도 존재하지 아니하므로, 동물 자체가 위자료 청구권의 귀속주체가 된다고 할 수 없다. 그리고 이는 그 동물이 애완견 등 이른바 반려동물이라고 하더라도 달리 볼 수 없다"(대판 2013.4.25, 2012다118594).

지문 OX

02 애완견은 물건을 소유할 수 있다. ×

II. 권리능력의 발생

① 사람은 생존한 동안 권리와 의무의 주체가 된다(제3조). 따라서 사람이 권리능력을 취득하게 되는 것은 '**출생한 때**'부터이고, 출생의 시기는 출생의 시점을 비교적 명확하게 확정할 수 있는 때인 태아가 모체로부터 전부 노출된 때 출생한 것으로 보는 '전부노출설'이 통설이다.

② 사람이 출생하면 '가족관계의 등록 등에 관한 법률'에서 정한 바에 따라 1개월 이내에 신고하여야 한다(동법 제44조 이하). 다만 **출생신고는 보고적 신고**로서(창설적 신고가 아님), 그 신고에 의하여 비로소 권리능력을 취득하는 것은 아니다(22경간). 즉 신고가 없어도 이미 출생한 자는 출생과 동시에 당연히 권리능력을 취득한다(19·20소간, 20법경). 또한 가족관계등록부에 기재된 사실은 진실에 부합되는 것으로 '추정'될 뿐이므로 반대의 증거를 통해 번복될 수 있다(대판 1968.4.30, 67다499: 22·23경간).

03 생후 1개월인 영아는 권리능력을 가진다. ○

04 권리능력은 신고 또는 가족관계등록부의 기재에 의해 취득하므로, 반대의 증거가 있더라도 번복될 수 없다(22경간). ×

III. 권리능력의 소멸

1. 서설

(1) 사망

1) 의의 및 사망시기

① 자연인은 사망으로 권리능력을 잃는다(제3조). 즉, **오직 사망만이 권리능력의 소멸사유**이며, 실종선고나 인정사망으로 인하여 권리능력이 소멸되는 것은 아니다. 그리고 이미 사망한 사람은 권리(의무)능력이 부정되므로 채무를 부담할 수도 없다(20세무).

② 통설은 사람의 호흡과 심장의 기능이 영구적으로 정지한 때에 사망한 것으로 본다(심장기능 정지설). 주의할 점은 '장기 등 이식에 관한 법률'에 의하더라도 뇌사는 사망이 아니다. 즉 동법 제17조에 의하면 '뇌사자가 이 법에 의한 장기 등의 적출로 사망한 때에는 뇌사의 원인이 된 질병 또는 행위로 인하여 사망한 것으로 본다'는 취지로 볼 때 뇌사의 시점에 사망한 것으로 보기는 어렵다(다수설).

③ 원칙적으로 실존인물은 생존하는 것으로 추정되므로 사망하였음을 주장하는 자가 사망사실이나 시기에 관하여 적극적으로 증명을 하여야 한다(대판 1995.7.28, 94다42679: 18세무).

2) 사망신고

사람이 사망하면 '가족관계의 등록 등에 관한 법률'에서 정한 절차에 따라 사망신고를 하여야 하는데, 이는 출생신고와 마찬가지로 창설적 신고가 아니라 보고적 신고에 불과하다. 따라서 권리능력은 사망신고나 가족관계등록부의 기재에 의하여 소멸하는 것이 아니라 사망이라는 사실에 의하여 소멸한다(17소간).

(2) 사망사실 또는 사망시기의 입증곤란에 대비한 제도

사망의 유무 및 시기에 대한 증명 내지 확정이 극히 곤란할 때가 있다. 이러한 경우에 대비하는 제도로서 동시사망의 추정·실종선고·인정사망 등이 있다.

2. 동시사망의 추정

> 제30조【동시사망】2인 이상이 동일한 위난으로 사망한 경우에는 동시에 사망한 것으로 '추정'한다(21소간, 18세무).

지문 OX

01 2인 이상이 동일한 위난으로 사망한 경우에 동시에 사망한 것으로 간주한다.　　　✕

(1) 요건

2인 이상이 동일한 위난으로 사망한 경우이어야 한다. 동시사망 추정규정이 없는 때의 불합리는 2인 이상이 각기 다른 위난으로 사망한 때에도 똑같이 발생할 수 있다. 따라서 ㉠ '2인 이상이 각기 다른 위난으로 사망한 경우'와, ㉡ '1인의 사망시기는 확정되어 있으나 다른 1인의 사망시기는 확정할 수 없는 경우'에도 제30조를 유추적용하여 동시사망을 추정하는 것이 타당하다(통설).

(2) 효과

1) 상속의 문제

수인이 동일한 위난으로 사망한 경우에 제30조에 의하여 상속에 관한 문제가 해결될 수 있다. 즉 **동시에 사망한 것으로 추정되는 수인들 사이에서는 상속이 일어나지 않는다**(동시존재의 원칙)(18세무). **그러나 대습상속[1]은 일어난다**는 점을 유의하여야 한다. 즉, 判例에 따르면 민법 제1001조의 '상속인이 될 직계비속이 상속개시 전에 사망한 경우'에는 '상속인이 될 직계비속이 상속개시와 동시에 사망한 것으로 추정되는 경우'도 포함하는 것으로 합목적적으로 해석함이 상당하다고 한다(대판 2001.3.9, 99다13157).

02 2인 이상이 동일한 위난으로 사망한 경우에는 동시에 사망한 것으로 추정되므로 동시사망자 상호간에는 상속이 인정되지 않고, 대습상속도 인정되지 않는다.　　　✕

2) 추정의 번복

제30조의 추정은 법률상의 추정이므로 수인이 다른 시각에 사망하였다는 점, 즉 반대사실에 대한 증명(본증)에 의하여 번복된다(대판 1998.8.21, 98다8974).

3. 인정사망

(1) 의의

사망신고는 진단서 또는 검안서가 첨부된 신고서에 의하여야 한다(가족관계의 등록 등에 관한 법률 제84조). 그런데 사망의 확증이 없지만 사망이 확실시되는 경우에도 그러한 요건을 요구하는 것은 적절치 않다. 그래서 시체의 발견 등 사망의 확증은 없으나 수난, 화재나 그 밖의 재난으로 인하여 사망이 확실시되는 경우에, 관공서의 보고에 의하여 가족관계등록부에 사망의 기재를 하여 사망으로 추정하는 제도를 규정하고 있는바, 이를 '인정사망'이라고 한다(동법 제87조).

03 인정사망은 그 확증이 없더라도 사망이 확실시되는 경우, 가족관계등록부에 사망의 기재를 통하여 사망을 추정하는 제도이다.　　　○

---

1) 상속을 받을 사람(즉, 상속인)이 상속을 받기 전(즉, 피상속인이 사망하기 전)에 먼저 사망하는 경우 상속인의 자손(즉, 피상속인의 손자)이 상속인을 대신하여 피상속인을 상속하는 것을 대습상속이라 한다(제1001조). 예를 들어 父(부), 祖父(조부) 순으로 사망한 경우에 子가 父를 대신해서 祖父를 상속하는 경우이다.

(2) 실종선고와의 차이점과 공통점

① 실종선고는 일정한 요건하에 사망한 것으로 의제하는 데 비하여, 인정사망은 가족관계등록부에 사망의 기재를 하기 위한 절차적 특례제도이어서 강한 사망추정적인 효과만 인정한다(18세무). 따라서 실종선고가 사실에 반하는 때에는 실종선고 취소절차를 밟아야 하나, 인정사망이 사실에 반하는 때에는 그러한 절차 없이 당연히 효력을 잃게 된다.

② 다만, 유의할 것은 시신의 확인은 없더라도 또 '실종선고나 인정사망'을 받지 않았더라도 경험칙상 사망한 것으로 보아야 하는 경우에는 사망한 것으로 다루어진다는 점이다(대판 1989.1.31, 87다카2954: 21소간).

4. 실종선고(제5관 참고)

지문 OX
04 인정사망의 경우에 실종선고와 동일한 효력이 발생한다.
×

제2관 태아의 권리능력

I. 서설

1. 태아의 의의와 보호의 필요성

사람은 출생한 때로부터 권리능력을 가진다(제3조). 따라서 **태아는 권리능력을 갖지 못하는 것이 원칙**이다. 그러나 이를 획일적으로 적용할 때는 상속이나 손해배상청구 등에서 태아에게 불이익하거나 공평에 반하는 경우가 있게 되므로 태아의 특별한 보호가 필요하다.

2. 태아의 보호를 위한 입법주의

일반주의는 태아의 이익이 문제되는 경우에는 모두 출생한 것으로 보는 것이고, 개별주의는 특히 중요하다고 생각되는 법률관계를 열거하여 이에 대해서만 출생한 것으로 보는 입장이다. 우리 민법은 **개별주의**를 취하고 있다(20세무).

05 우리나라 민법은 모든 법률관계에 관하여 일반적으로 태아가 출생한 것으로 본다. ×

II. 민법상 태아가 권리능력을 가지는 경우

1. 불법행위에 기한 손해배상청구

(1) 적용범위

태아는 손해배상의 청구에 관하여는 이미 출생한 것으로 본다(**제762조**)(19·21소간, 18법경, 19세무). 본조는 태아 자신이 불법행위에 의한 피해자가 되는 경우에만 관한 것이다. 따라서 직계존속의 생명침해로 인한 직계존속의 재산상·정신상 손해배상청구권은 태아의 상속능력의 문제로 처리되고(제1000조 3항), 제762조는 ⅰ) 직계존속의 생명침해에 대해 태아 자신이 위자료를 청구하는 경우(제752조)(23경간)와 ⅱ) 태아 자신이 입은 불법행위에 대해 손해배상을 청구하는 경우(제750조)에 적용된다.

지문 **OX**

01 태아인 동안에 부(父)가 타인의 불법행위로 사망한 후에 그 태아가 살아서 출생한 경우에 불법행위로 인한 위자료를 청구할 수 없다(22경간).　　　×

> **❋ 태아에게도 정신적 고통에 대한 손해배상청구권을 인정할 수 있는지 여부(적극)**
>
> 직계존속의 생명침해에 대해 태아 자신이 위자료를 청구하는 경우(제752조) 태아인 동안에도 태아에게 정신적 고통이 있다고 인정될 수 있는가와 관련하여 判例는 "태아가 피해 당시 정신상 고통에 대한 감수성을 갖추고 있지 않다 하더라도 장래 감수할 것임을 현재 합리적으로 기대할 수 있는 경우에 있어서는 즉시 그 청구를 할 수 있다"(대판 1962.3.15, 61다903)고 하여 긍정하고 있다.
> 같은 이유로 父가 상해를 입을 당시 태아가 출생하지 않았더라도 그 뒤에 출생하였다면 父의 부상으로 인하여 입게 될 정신적 고통에 대한 위자료(제751조)를 청구할 수 있다(대판 1993.4.27, 93다4663: 22경간, 17소간, 18법경, 18세무).

(2) 출생 전의 가해에 대한 손해배상청구권의 인정 여부: 母에 대한 불법행위로 태아가 영향을 받은 경우

가령 임산부에 대한 교통사고, 의사가 임산부에게 잘못된 처치를 한 경우 이는 동시에 태아에 대한 불법행위가 성립한다. 判例도 "(母의) 교통사고의 충격으로 태아가 조산되고 또 그로 인하여 제대로 성장하지 못하고 사망하였다면(살아서 출생한 후 일찍 사망) 위 불법행위는 한편으로 산모에 대한 불법행위인 동시에 한편으로는 태아 자신에 대한 불법행위라고 볼 수 있으므로 따라서 죽은 아이는 생명침해로 인한 재산상 손해배상청구권이 있다"라고 판시하고 있다(대판 1968.3.5, 67다2869).

> **[비교판례] ❋ 모체와 같이 사망한 태아에게 손해배상청구권을 인정할 수 있는지 여부(소극)**
> "태아가 특정한 권리에 있어서 이미 태어난 것으로 본다는 것은 살아서 출생한 때에 출생시기가 문제의 사건의 시기까지 소급하여 그때에 태아가 출생한 것과 같이 법률상 보아 준다고 해석하여야 상당하므로 그가 모체와 같이 사망하여 출생의 기회를 못 가진 이상 배상청구권을 논할 여지없다"(대판 1976.9.14, 76다1365: 23경간).

2. 상속

태아는 상속순위에 관하여는 이미 출생한 것으로 본다(제1000조 3항)(23경간, 19소간, 18법경, 18·19세무). 따라서 태아는 살아서 출생하는 것을 조건으로 하여 상속개시시에 소급하여 재산을 상속한다. 대습상속(제1001조)(18세무)과 그것을 준용하는 유류분권[2](제1118조, 제1001조)(18세무)의 경우에도 태아의 권리능력이 인정된다.

3. 유증(遺贈)[3] (단독행위)

유증에 관해서는 상속에서의 태아의 권리능력에 관한 규정이 준용된다(제1064조, 제1000조 3항)(18법경, 19세무). 따라서 유언자가 사망할 때 태아였던 자에 대한 유증도 태아가 이후 출생하였다면 유효하다.

---

2) 유류분제도란 피상속인의 상속인 중 일정한 근친자에게 법정상속분에 대한 일정비율의 상속재산을 확보하여 주는 제도로, 유류분을 침해하는 정도의 피상속인의 생전증여나 유증을 제한하여 상속인에게 최소한의 권리를 확보하기 위한 것이다(제1118조, 제1001조).

3) 유언에 의하여 유산의 전부 또는 일부를 무상으로 다른 사람에게 물려주는 '단독행위'로서 유언의 효력은 유언자가 사망한 때 발생한다.

4. 사인증여(死因贈與)[4](계약)

이에 관한 명시적인 判例는 없다. 다만 "유증의 효력에 관한 민법 제1078조는 그것이 엄격한 방식을 요하는 단독행위임을 전제로 하는 것이어서 낙성·불요식 계약인 사인증여에는 적용되지 않는다"(대판 1996.4.12, 94다37714, 37721)고 판시함으로써 **부정설과 동일한 논거를 취한 판시내용**이 있다.

5. 인지(認知)[5]

父는 태아를 인지할 수 있으나(제858조), 태아에게도 인지청구권이 인정되는지에 대하여는 학설은 대체로 제858조의 반대해석상 허용되지 않는다는 부정설의 입장이다 (18법경, 19세무)[다만, 태아가 살아서 출생한 경우 강제인지는 가능하다(제863조, 제864조)]. 따라서 태아 쪽에서 적극적으로 태아의 성장에 필요한 비용을 父에게 청구할 수는 없다.

6. 기타 법률관계에의 유추적용 문제(태아의 권리능력 확대문제)

判例는 '생전증여'와 관련하여 "태아에 대한 증여에 있어서도 태아의 수증행위가 필요한바, 상속 또는 유증의 경우를 '유추'하여 태아의 수증능력을 인정할 수 없다"고 한다 (대판 1982.2.9, 81다534: 19소간, 20법경, 18세무). 그러나 判例는 태아를 상해보험의 피보험자로 하는 상해보험계약은 민법 제103조에 위반되지 않는 유효한 계약이라고 한다(대판 2019.3.28, 2016다211224: 20법경).

Ⅲ. 태아의 권리능력 취득시기

1. 문제점

태아는 전술한 바와 같이 일정한 경우에 한해서는 출생한 것으로 보아 권리능력이 인정된다. 그런데 태아가 '이미 출생한 것으로 본다'는 의미가 무엇인지에 관해서는 다음과 같이 견해의 대립이 있다. 주의할 것은 학설 모두 태아가 최소한 살아서 출생하는 것을 공통으로 한다는 점이다. 즉 태아가 사산된 때에는 어느 경우에도 권리능력을 갖지 못하는 것이다(17소간).

2. 학설

① '거래안전 보호에 치중하는 견해'로 태아인 동안에는 권리능력이 인정되지 않지만, 태아가 살아서 출생하면 권리능력 취득의 효과가 문제의 사건이 발생한 시기로 소급한다는 **정지조건설**과 ② '태아의 보호에 치중하는 견해'로 태아인 동안에도 권리능력이 인정되는 개별적 사항의 범위에서 제한적 권리능력(해제조건설에 따르더라도 태아의 법정대리인의 권한은 현재의 권리관계를 보전하는 범위에 한정된다고 한다)을 가지지만, 사산한 경우에는 권리능력 취득의 효과가 소급하여 소멸한다는 **해제조건설**이 대립한다.

[★ 학설대립의 실익] 예를 들어 甲은 강도 A를 만나 격투를 벌이던 중 A가 휘두른 칼에 즉사하였고, 甲의 사망 당시 甲의 유족으로는 법률상의 배우자 乙, 친모(親母) 丙, 乙의 배속에 태아 丁이 있었다면 그 후 살아서 출생한 丁이 甲의 상속인이 될 수 있는지와 관련

지문 OX

02 父는 포태 중인 자에 대하여 인지할 수 있다. ○

03 태아는 父에 대하여 인지청구의 소를 제기할 수 있다. ✕

04 민법은 불법행위로 인한 손해배상(제762조), 재산상속(제1000조 제3항), 유증(제1064조)등의 경우 태아의 권리능력을 인정하는 개별규정을 두고 있고, 사인증여나 생전증여의 경우에도 위 규정들을 유추하여 태아의 권리능력을 인정할 수 있다. ✕

05 태아가 살아서 출생하지 못한 경우에는 권리능력이 인정되지 않는다. ○

---

4) 증여자가 사망하면 효력이 발생하는 '무상계약'의 일종이다. 유증은 단독행위라는 점에서 계약인 사인증여와는 구별되지만, 사인행위라는 점에서 사인증여와 유사하므로 유증에 관한 규정이 사인증여에도 준용된다(제562조).

5) 혼인 외에 출생한 자녀에 대하여 친아버지나 친어머니가 자기 자식임을 확인하는 일로써 인지를 통해 법률상의 친자관계가 발생한다.

해서 태아 丁은 甲의 처인 乙이 혼인 중에 포태한 자로써 살아서 출생하였으므로 甲의 친생자로 추정되어 어느 견해에 따르더라도 甲의 1순위 상속인이 된다(제844조, 제1000조 3항, 제1000조 1항 1호). 따라서 乙과 丁이 甲의 공동상속인이 된다(제1003조 1항). 다만 논리전개 과정에서는 차이가 있다. ① 정지조건설에 의하면 丁은 태아로 있는 동안 아직 권리능력을 취득하지 못하므로 그동안은 甲의 처 乙과 모 丙이 공동상속인이 되나(제1000조 1항 2호, 제1003조 1항), 丁이 살아서 출생하면 甲의 사망시점에 소급하여 상속권을 취득하므로 乙과 丁이 공동상속인이 되고 후순위인 丙은 상속권이 소급적으로 없어진다. ② 그러나 해제조건설에 의하면 태아 丁은 상속순위에 관하여는 이미 출생한 것으로 보므로, 丁은 태아인 상태에서 乙과 공동상속인이 된다. 다만 丁이 사산한 경우에는 甲의 사망시점에 '소급'하여 권리능력을 잃는다. 결국 '태아가 살아 출생하기 전 태아인 동안'에 권리능력 취득 여부에 논의의 실익이 있다.

3. 판례

"특정한 권리에 있어 태아가 권리를 취득한다 하더라도, 현행법상 이를 대행할 기관(법정대리인)이 없어 태아로 있는 동안은 권리능력을 취득할 수 없고, 따라서 살아서 출생할 때에 출생시기가 문제의 사건의 시기까지 소급하여 그때에 태아가 출생한 것과 같이 법률상 보아준다고 해석하여야 한다"(대판 1976.9.14, 76다1365: 17소간)고 판시하여 **정지조건설**을 취하고 있다. 따라서 이러한 判例에 따르면 태아인 동안에는 법정대리인인 부(父)나 모(母)가 그 태아의 법정대리인으로서 법률행위를 할 수 없다(22경간).

지문 OX

01 불법행위로 인한 손해배상청구와 관련하여 태아로 있는 동안 권리능력을 취득한 것으로 보는 것이 판례의 입장이다.   ✕

☞ 이는 해제조건설에 따른 설명이고, 판례의 입장인 정지조건설에 따르면 태아로 있는 동안에는 불법행위로 인한 손해배상청구권에 대해 권리능력이 없다가 살아서 출생하면 소급하여 권리능력을 취득하는 것으로 본다.

02 태아인 동안에는 모(母)가 그 태아의 법정대리인으로서 법률행위를 할 수 있다(22경간).   ✕

제3관 외국인의 권리능력

Ⅰ. 원칙

자연인은 국적의 여하를 묻지 않고 평등하게 권리능력을 가지는 것이 원칙이다(제3조).

Ⅱ. 외국인의 권리능력의 제한

1. 권리능력의 부정

외국인은 한국선박·항공기의 소유권을 취득할 수 없다(선박법 제2조, 항공법 제6조).

2. 권리능력의 제한 – 상호주의

외국인의 권리능력을 그의 본국이 자국민에게 인정하는 것과 같은 정도로 인정하는 것이 '상호주의'이다.

① 외국인이 대한민국 내의 일반 토지를 취득하는 계약을 체결하는 경우에는 계약체결일로부터 60일 이내에 시장 등에게 신고하여야 한다(외국인토지법 제4조 1항). 그러나 어떤 외국이 대한민국국민 또는 대한민국 법인에 대하여 자국 내의 토지취득 또는 양도를 금지하거나 제한하는 경우에 그 외국의 국적을 가진 개인 또는 법인 등에 대하여는 대통령령이 정하는 바에 따라 대한민국 내의 토지취득 또는 양도를 금지하거나 제한할 수 있다(동법 제3조).

② 국가나 공공단체를 상대로 하는 손해배상청구, 특허권·실용신안권·상표권 등 지식재산권의 취득은 상호주의에 의하여 외국인의 권리능력이 제한된다.

03 특허권, 상표권에 관해서는 상호주의에 따라 외국인의 권리능력이 제한된다.   ○

제4관 자연인의 행위능력

I. 행위능력 총설

1. 의사능력

(1) 의의

사적자치의 원칙에 의해 당사자의 '의사'에 법적 효과를 부여하기 위해서는 '의사능력'을 가지고 있음이 전제되어야 한다(제105조 참조). 즉 의사능력이란 자기가 하는 행위의 의미나 결과를 합리적으로 판단하고 의사를 결정할 수 있는 정신적 능력을 말한다.

(2) 판단기준 및 증명책임

① 민법의 규정이 없어 의사능력의 유무는 '구체적'인 법률행위와 관련하여 '개별적'으로 판단해야 한다. 判例는 의사능력이 인정되기 위하여는 그 행위의 일상적인 의미뿐만 아니라 법률적인 의미나 효과에 대하여도 이해할 수 있을 것을 요한다고 한다(대판 2009.1.15, 2008다58367).

예컨대 정신병자, 만취자를 들 수 있고, 만 7세 미만의 자는 대체로 의사능력이 없다. 判例는 지능지수가 58로서 경도의 정신지체 수준에 해당하는 38세의 정신지체 3급 장애인이 2천만원이 넘는 채무에 대하여 보증계약을 체결한 사안에서, 의사능력이 없다고 한다.

② 지적장애인에 해당하는 경우에도 의학적 질병이나 신체적 이상이 드러나지 않아 사회 일반인이 보았을 때 아무런 장애가 없는 것처럼 보이는 경우가 있다. 반면 지적장애를 가진 사람이 장애인복지법령에 따라 지적장애인 등록을 하지 않았다거나 등록 기준을 충족하지 못하였다고 해서 반드시 의사능력이 있다고 단정할 수 없다(대판 2022.5.26, 2019다213344).

③ 의사무능력을 이유로 법률행위의 무효를 주장하는 측은 그에 대하여 증명책임을 부담한다(대판 2022.12.1, 2022다261237).

(3) 의사무능력의 효과

1) 무효

의사무능력자의 법률행위의 효과에 대해서는 법률에 규정이 없으나 '무효'로 보는 것이 통설이고 判例이다(대판 2002.10.11, 2001다10113: 16소간).

2) 의사무능력을 이유로 한 무효주장과 금반언

의사무능력자가 사실상의 후견인의 보조를 받아 대출계약을 체결하고 자신 소유의 부동산에 관하여 근저당권을 설정한 경우, 判例는 "의사무능력자의 특별대리인이 위 대출계약 및 근저당권설정계약의 무효를 주장하는 경우에, 이러한 **무효주장이 거래관계에 있는 당사자의 신뢰를 배신하고 정의의 관념에 반하는 예외적인 경우에 해당하지 않는 한**(주로 정형적·대량적 거래: 저자주), 의사무능력자에 의하여 행하여진 법률행위의 무효를 주장하는 것은 금반언에 반하지 않으므로 허용된다"(대판 2006.9.22, 2004다51627)고 한다.

3) 부당이득반환(제141조 단서의 유추적용 여부)

判例는 "제한능력자의 책임을 제한하는 제141조 단서는 부당이득에 있어 수익자의 반환범위를 정한 민법 제748조의 특칙으로서 제한능력자의 보호를 위해 그 선의·악의를 묻지 아니하고 반환범위를 현존 이익에 한정시키려는 데 그 취지가 있으므로, 의사능력의 흠결을 이유로 법률행위가 무효가 되는 경우에도 유추적용되어야 할 것이다"라고 판시하고 있다(대판 2009.1.15, 2008다58367).

지문 OX

04 의사무능력자의 법률행위에 대하여 법률적 효과가 인정되지 아니하는 근본적인 이유는 사적자치의 원칙에 기초하는 것이다.　○

05 의사능력의 유무는 구체적인 법률행위와 관련하여 개별적으로 판단되어야 한다.　○

06 의사무능력자라도 성년후견개시의 심판을 받지 않은 한 피성년후견인의 취소에 관한 규정을 유추적용할 수 없다.　○

2. 제한능력자 제도의 의의

의사능력 유무는 '개별적'으로 판단해야 하기 때문에 표의자나 상대방에게 불편한 점이 많다. 민법은 이러한 문제점을 해소하기 위해 **객관적·획일적으로 행위능력을 제한**하는 제한능력자 제도를 채택하였다(19세무). 여기서 '**행위능력**'이란 **독자적으로 유효하게 법률행위를 할 수 있는 능력**을 말한다.

3. 제한능력자 제도의 목적

민법은 제한능력자가 독자적으로 한 법률행위는 원칙적으로 '**취소**'할 수 있다고 규정하고 있다(제5조 2항, 제10조 1항, 제13조 4항). 즉 유리하다고 생각되면 취소 안 하면 그만이지만, 취소를 하게 되면 소급해서 무효가 되고(제141조), 이것은 모든 사람에 대한 관계에서 무효가 되는 절대적 효력이 있다(제5조 2항 등에서는 제107조 이하에서 정한 선의의 제3자 보호규정이 없다).

이 점에서 **제한능력자 제도는 거래의 안전을 희생시키는 것을 감수하면서 제한능력자 본인을 보호하는 데 그 목적**을 두고 있다. 따라서 제한능력 제도에 관한 규정은 '**강행규정**'으로서(대판 2007.11.16, 2005다71659 등), 이에 반하는 계약은 효력이 없다.

4. 제한능력자 제도의 적용범위

민법 제5조 이하에서 정하는 제한능력자 제도는 원칙적으로 '**재산상의 법률행위**'에 한해 적용되는 것이 원칙이다. 가족법상의 법률행위는 본인 의사의 진실성을 존중하여야 하기 때문에 능력을 획일화하는 것은 타당하지 않고, 비록 제한능력자라 하여도 구체적인 경우에 의사능력이 있으면 원칙적으로 가족법상의 행위는 단독으로 할 수 있다.

Ⅱ. 미성년자의 행위능력

> 제4조 【성년】 사람은 19세로 성년에 이르게 된다.
> 제826조의2 【성년의제】 미성년자가 혼인을 한 때에는 성년자로 본다.

1. 서설

(1) 의의

개정된 민법(2013.7.1.부터 시행)에 **따르면 만 19세로 성년**이 되며 성년에 달하지 않은 자가 미성년자이다(제4조). 연령은 출생일을 산입하여 역(曆)에 따라 계산한다(제158조, 제160조). 예컨대 2000.2.2.에 출생한 자는 2019.2.1.의 만료(24시)로써 성년이 된다.

(2) 성년의제(미성년자의 혼인)

① **미성년자도 혼인**(법률혼만을 의미하고 사실혼은 제외)**을 한 때에는 성년자로 본다**(제826조의2 ; 성년의제)(21법경). 따라서 혼인을 한 미성년자는 친권에 복종하지 않을 뿐만 아니라, 성년자와 마찬가지로 행위능력을 취득하고, 민사소송법상 소송능력도 인정된다(21세무). 다만, 성년의제로 인정받는 영역은 사법상 영역에 한정되므로 공법상 영역(가령 선거권)에서는 여전히 미성년자일 뿐이다.

② 미성년자가 혼인을 하여 일단 성년의제의 효력이 발생한 이후에는 다시 이혼 등을 하더라도 성년의제의 효력은 유지된다. 따라서 혼인이 해소된 이후에도 별도의 법정대리인의 동의 없이 법률행위를 할 수 있다(16소간).

2. 미성년자의 행위능력

> **제5조【미성년자의 능력】**(19소간, 18세무) ① 미성년자가 법률행위를 함에는 법정대리인의 동의를 얻어야 한다. 그러나 권리만을 얻거나 의무만을 면하는 행위는 그러하지 아니하다.
> ② 전항의 규정에 위반한 행위는 취소할 수 있다.

(1) 원칙

1) 법정대리인의 동의필요

미성년자가 법률행위를 함에는 법정대리인의 동의를 얻어야 한다(제5조 1항 본문). **법정대리인의 동의는 묵시적으로도 가능**하나(21소간, 18세무)(대판 2000.4.11, 2000다3095: 母와 미성년인 딸이 함께 있는 자리에서 주민등록등본을 첨부하여 도피중이던 父의 채무를 연대하여 지급하기로 하는 지불각서를 작성·교부해 준 경우, 母가 딸의 위 의사표시에 대하여 법정대리인으로서 묵시적으로 동의한 것으로 본 사례), 미성년자가 동의를 얻지 않고 한 행위는 미성년자 본인(18법경) 또는 그 법정대리인(19소간)이 취소할 수 있다(제5조 2항, 제140조).

2) 법정대리인의 동의 여부에 대한 입증책임

"미성년자가 토지매매행위를 부인하고 있는 이상 미성년자가 그 법정대리인의 동의를 얻었다는 점에 관한 입증책임은 미성년자에게 없고 이를 주장하는 상대방에게 있다"(대판 1970.2.24 69다1568: 21·19소간). 다만, 미성년자 소유의 토지가 미성년자 명의의 소요문서에 의하여 타에 이전등기된 경우에도 그 등기는 적법하게 경료된 것으로 추정되므로, 이 경우에는 미성년자 측에서 법정대리인의 동의가 없었다는 사실을 증명하여야 한다(대판 1969.2.4, 68다2147: 등기의 추정력).

3) 동의의 취소

법정대리인은 '미성년자가 법률행위를 하기 전'에 한해서는 그가 한 동의를 취소할 수 있다(제7조). 이러한 취소는 미성년자가 법률행위를 하기 전에만 허용되는 것이므로 본래적 의미의 취소와 달리 **소급효가 없는** 철회에 불과하며, 이미 법률행위를 한 후에는 전에 한 동의를 취소할 수 없고 확정적으로 유효한 것으로 된다.

(2) 예외

미성년자가 법률행위를 함에는 법정대리인의 동의를 얻어야 한다(제5조 1항 본문). 하지만 민법은 미성년자 보호에 문제가 없는 경우 미성년자가 단독으로 유효한 법률행위를 할 수 있는 경우를 다양하게 인정하고 있다.

1) 단순히 권리만을 얻거나 의무만을 면하는 행위(제5조 1항 단서)

어떤 법률행위가 미성년자에게 이익이 되는가 하는 것은 **경제적 관점에서가 아니라 법적 효과를 기준으로 판단되어야** 한다.

① **[긍정]** 친권자에게 부양료를 청구하는 경우, **부담이 없는 증여를 받는 경우**(16·18·19소간), 제3자를 위한 계약에서 제3자가 수익의 의사표시를 하는 것(제539조 2항)(권리만을 얻는 경우임), **채무면제를 청약하는 것에 대해 이를 승낙하는 경우**(의무만을 면하는 것임)는 미성년자가 단독으로 할 수 있다(22경간, 16소간). 그 외에도 소멸시효 중단을 위한 최고(19세무)나 채무자를 이행지체에 빠뜨리기 위한 이행청구도 미성년자에게 불이익을 초래할 위험이 없고 권리보호를 위해 필요한 행위이기 때문에 단독으로 할 수 있다.

② **[부정]** 그러나 이익뿐만 아니라 의무도 부담하는 경우, 예컨대 **부담부 증여계약을 체결하는 행위**(19세무)·**경제적으로 유리한 매매를 체결하는 행위**(16·18·21소간)·상속을 승인하는 행위 등은 단독으로 하지 못한다. 아울러 사용대차계약(제609조)(19세무)이나 **무이자 소비대차계약**(제598조) 등 무상계약의 체결의 경우에도 법률의 규정에 의해 반환의무 등 일정한 의무를 부담하는 경우가 있으므로 단독으로 할 수 없다(22경간, 19세무).

③ **[변제의 수령 및 변제]** '변제의 수령'은 이익을 얻는 동시에 채권을 상실한다고 볼 수 있고, '변제'도 이로 인해 권리를 잃을 수 있다는 점(가령 물건에 대한 소유권의 상실)에서 법정대리인의 동의가 필요하다. 다만 변제의 수령과 관련하여 권리만을 얻거나 의무만을 면하는 행위로 취득한 채권(제5조 1항 단서)이나 처분이 허락된 재산의 처분(제6조)에 의해 취득한 채권에 대해서는 법정대리인의 동의 없이도 변제받을 수 있다.

미성년자 단독으로 할 수 있는 경우	미성년자 단독으로 할 수 없는 경우
• 친권자에 대한 부양료 청구권 행사(72므5) • 부담 없는 증여 수락 • 권리만을 얻는 제3자를 위한 계약의 수익의 의사표시(제539조 2항) • 채무면제계약의 청약에 대한 승낙 • 소멸시효 중단을 위한 최고(제174조)	• 채무변제의 수령 • 부담부 증여를 받는 행위 • 경제적으로 유리한 매매계약의 체결 • 상속의 승인과 포기 • 사용대차계약, 무이자 소비대차계약의 체결 • 부동산경매절차에서 경락인이 되는 것

2) 법정대리인이 범위를 정하여 처분을 허락한 재산의 처분행위(제6조)

가) 의의

법정대리인이 범위를 정하여 처분을 허락한 재산은 제한능력자가 임의로 처분할 수 있다(제6조)(18·19소간, 18·21법경, 20세무). 따라서 예컨대 법정대리인으로부터 받은 자신의 용돈을 친구에게 빌려주는 행위는 단독으로 할 수 있다(22경간).

아울러 '임의로 처분할 수 있다'는 의미가 법정대리인이 처분을 허락한 재산에 관하여 유효한 법정대리행위를 할 수 없다는 의미는 아니다.

나) '범위를 정하여'의 의미

① 처분의 범위를 정하여야 한다. 따라서 법정대리인이 미성년자에게 전(全) 재산을 처분할 수 있는 포괄적인 허락을 한 경우, 허락의 효력이 인정되지 않으므로 미성년자는 단독으로 재산의 처분행위를 할 수 없다(16소간).

② 제6조의 '범위'는 '사용목적의 범위'가 아니라 '재산의 범위'라고 보는 것이 타당하다. 따라서 사용목적을 제한하여 처분을 허락하였으나 미성년자가 그 목적에 위반하여 처분한 경우에도 행위의 효력에는 영향이 없다(다수설). 왜냐하면 사용목적은 외부에서 알기 힘든 주관적 요소이므로, 이에 따라 미성년자가 한 행위의 유효 여부를 결정하는 것은 거래 안전에 반하기 때문이다.

다) 처분이 허락된 재산의 처분행위로 인한 후속적인 조치를 취하는 경우

여기서의 처분은 그러한 처분행위로 인한 후속조치도 포함한다. 예를 들어 미성년자가 처분이 허락된 재산의 범위 내에서 새로 채무를 부담하는 경우(예컨대 용돈의 범위에서 물품을 할부로 구입하기로 한 경우)에도 제6조에 의하여 법정대리인의 동의가 필요없다. 다만 후속조치로 인한 대체물의 가격이 처분이 허락된 재산의 가격을 현저히 초과하는 경우(예를 들어 용돈으로 거액의 복권에 당첨된 때)에는 법정대리인의 허락이 필요하다.

라) 법정대리인의 동의

묵시적으로도 가능한바, 判例에 따르면 묵시적 동의 유무는 ⅰ) 미성년자의 독자적인 소득의 범위와 ⅱ) 계약의 내용(할부거래여부) 등을 고려한다(아래 2005다71659 판결 참고).

① **[미성년자가 신용구매계약을 취소한 경우]** 만 18세가 넘은 미성년자가 월 소득범위 내에서 신용구매계약을 체결한 사안에서, 대법원은 "ⅰ) 미성년자가 신용카드에 의해 신용구매계약을 체결한 경우, 민법이 정한 제한능력자 제도는 이 경우에도 적용되고 예외를 둘 것이 아니다. ⅱ) 민법에서 정하고 있는 제한능력자에 관한 규정은 거래의 안전을 희생하면서까지 제한능력자를 보호하고자 하는 것으로서 강행규정에 속하는 것이므로, 이에 관해 **신의칙 위반을 이유로 이를 배척하는 것은 강행규정에 의해 배제하려는 결과를 실현시키는 셈이 되어 허용될 수 없다**(18세무). ⅲ) 미성년자가 신용카드에 의해 신용구매를 한 경우, 그에 관해 법정대리인의 동의가 있거나 또는 그것이 처분을 허락한 재산의 범위 내에 속하는 경우에는, 미성년자는 위 법률행위를 취소할 수 없다"(대판 2007.11.16, 2005다71659).

② **[미성년자가 신용카드이용계약을 취소한 경우]** "미성년자가 신용카드발행인과 사이에 신용카드이용계약을 체결하여 신용카드거래를 하다가 신용카드이용계약을 취소하는 경우 미성년자는 그 행위로 인하여 받은 이익이 현존하는 한도에서 상환할 책임이 있는바, **신용카드이용계약이 취소됨에도 불구하고 신용카드회원과 해당 가맹점 사이에 체결된 개별적인 매매계약은 특별한 사정이 없는 한 신용카드 이용계약취소와 무관하게 유효하게 존속한다** 할 것이고, 신용카드발행인이 가맹점들에 대하여 그 신용카드사용대금을 지급한 것은 신용카드 이용계약과는 별개로 신용카드발행인과 가맹점 사이에 체결된 가맹점 계약에 따른 것으로서 유효하므로, **신용카드발행인의 가맹점에 대한 신용카드이용대금의 지급으로써 신용카드회원은 자신의 가맹점에 대한 매매대금 지급채무를 법률상 원인 없이 면제받는 이익을 얻었으며,** 이러한 이익은 금전상의 이득으로서 특별한 사정이 없는 한 현존하는 것으로 추정된다"(대판 2005.4.15, 2003다60297 등).

즉, 신용카드이용계약이 제한능력을 이유로 취소되는 경우, 제한능력자가 반환하여야 할 부당이득반환의 대상은 신용카드가맹점과의 거래계약을 통하여 취득한 물품이 아니라 신용카드사가 가맹점에 대신 지급함으로써 '면제받은 물품대금채무 상당액'이다.

마) 처분허락의 취소

법정대리인은 '미성년자가 법률행위를 하기 전'에 한해서는 그가 한 처분허락을 취소할 수 있다(제7조). 이러한 취소는 미성년자가 법률행위를 하기 전에만 허용되는 것이므로 본래적 의미의 취소와 달리 소급효가 없는 철회에 불과하며, 이미 법률행위를 한 후에는 전에 한 동의를 취소할 수 없고 확정적으로 유효한 것으로 된다.

3) 영업의 허락을 받은 경우의 그 영업에 관한 행위(제8조 1항)

가) 의의

미성년자가 법정대리인으로부터 허락을 얻은 특정한 영업에 관하여 **성년자와 동일한 행위능력이 있다**(제8조 1항)(16·17·18·21소간).

나) '특정한 영업'의 의미

'특정'한 영업이란 사회관념상 1개로 보여지는 영업의 단위를 말하는 것이다. 따라서 포괄적 영업허락(어떠한 영업을 하여도 좋다든지) 혹은 하나의 영업의 일부만에 대한 허락은 허용되지 않는다.

다) '성년자와 동일한 행위능력'의 의미

허락을 받은 영업에 관하여 미성년자는 성년자와 동일한 행위능력이 있다. 따라서 당해 영업과 관련하여서는 **법정대리인의 대리권도 소멸**한다.

라) 영업허락의 취소 및 제한

법정대리인은 필요하면 제한능력자를 보호하기 위해 영업의 허락을 취소 또는 제한할 수 있다. 다만, 영업의 취소·제한 모두 실질적으로 철회에 해당하므로 그 효력은 장래를 향하여 발생한다. 그리고 **영업허락의 취소나 제한은 미성년자와 거래한 선의의 제3자에게는 대항하지 못한다**(제8조 2항)(21세무).

4) 기타

① 대리인은 행위능력자임을 요하지 않는다(제117조). 즉 미성년자는 유효한 대리행위를 할 수 있다(22경간, 16·18·21소간, 21세무).
② 제5조의 규정은 유언에 관하여는 이를 적용하지 아니하므로(제1062조), 만 17세에 달한 자는 단독으로 유언을 할 수 있다(제1061조)(16소간, 18·21세무, 18법경).
③ 미성년자는 독자적으로 임금을 청구할 수 있고(근로기준법 제68조)(22경간, 16소간, 18·21세무), 친권자 또는 후견인은 미성년자의 근로계약을 대리할 수 없다(근로기준법 제67조 1항).
④ 제한능력자임을 이유로 한 취소도 단독으로 할 수 있다(제140조).

3. 미성년자 법정대리인의 대리권 제한(위반시 무권대리 ⇒ 제126조의 표현대리)

(1) 서설

미성년자의 경우 친권자·후견인 순으로 법정대리인이 된다. 즉 ① 부모는 미성년자인 子의 친권자가 되며, 양자의 경우에는 양부모가 친권자가 된다(제909조 1항). ② 친권자가 없거나 대리권 및 재산관리권을 행사할 수 없을 때에는 후견인이 법정대리인이 된다(제928조, 제938조). 이러한 **법정대리의 경우는 원칙적으로 대리권의 범위에 제한이 없다**(제920조 본문, 제949조 1항). 그러나 일정한 경우에는 미성년자를 보호할 필요가 있다는 점에서 대리권의 행사에 제한을 두고 있다.

> **[미성년자의 후견인]** 미성년자의 후견인은 정하는 방법에 따라 ① 친권을 행사하는 자가 유언으로 지정하는 '지정후견인'(제931조), ② 위와 같은 자가 없을 경우 미성년자의 친족 기타 이해관계인의 청구에 의하여 가정법원이 선임하는 '선임후견인'(제936조) 등으로 구분되는데, **미성년자의 후견인은 1인으로 한다**(제930조). 참고로 2013년 7월 1일부터 시행되는 개정민법에 따르면 그동안 현실적으로 문제가 있는 것으로 지적되어 왔던 종전의 후견인의 법정순위(제932조 등)를 폐지하고, 가정법원이 후견인을 선임하는 것으로 바꾸었다.

(2) 공동대리

1) 의의

미성년자의 친권자인 부모가 혼인 중인 때에는 부모가 공동으로 친권을 행사하여야 한다(제909조 2항·3항).

2) 공동의 의미(공동성의 법적 성질)

공동대리에서 '공동'의 의미와 관련하여 **의사결정의 공동**인지, 의사표시의 공동인지가 문제된다. 그러나 공동대리제도의 취지상 일반적으로 전자로 해석된다(통설). 따라서 공동대리인 간에 의사의 합치가 있는 이상, 반드시 전원이 공동으로 의사표시를 할 필요는 없으며 그중 1인에게 의사표시의 실행을 위임할 수 있다.

3) 위반의 효과

친권의 행사가 부모 중 어느 일방의 단독 의사에 기인한 것이라면 무권대리행위가 된다. ① 그러나 민법은 제920조의2에서 ⅰ) 부모의 일방이 다른 일방의 동의를 얻지 않고 '공동명의'로 子를 대리하였고, ⅱ) 상대방이 '**선의**'인 경우에는 당해 법률행위가 유효하게 된다고 규정하고 있다(19세무). ② 따라서 ⅰ) 부모의 일방이 다른 일방의 동의를 얻지 않고 그 '단독명의'로 子를 대리하였고, ⅱ) 상대방이 '**선의, 무과실**'인 경우에는 제126조의 표현대리에 의해 보호받을 수 있을 뿐이다.

(3) 子의 행위를 목적으로 하는 채무부담행위

子(또는 피후견인)의 행위를 목적으로 하는 채무(고용계약 등)를 부담할 경우에는 子의 동의를 얻어야 법정대리인이 子를 대리할 수 있다(제920조 단서, 제949조 2항). 이에 위반된 법률행위는 무권대리행위가 된다. 그러나 법정대리인은 미성년자의 '근로계약'은 대리할 수 없다(근로기준법 제67조 1항).

(4) 이해상반행위

1) 의의

친권자와 그 子 사이에 또는 그 친권에 복종하는 수인의 子 사이에 이해가 상반되는 경우에, 친권자는 법원에 그 子 또는 수인의 子 각자의 특별대리인의 선임을 청구하여야 한다(제921조). 이에 위반한 행위는 무권대리가 되어, 본인이 추인하지 않는 한 무효이다(제130조).

한편 미성년자에게 친권자가 없어 후견인이 선임된 경우에도 제921조가 준용된다. 다만 후견감독인이 선임된 경우에는 그가 피후견인(미성년자)을 대리하여 특별대리인의 역할을 수행할 것이므로 특별대리인을 따로 선임할 필요는 없다(제940조의6 3항, 제949조의3).

> **[관련판례] ✲ 특별대리인의 선임심판**
>
> "민법 제921조의 특별대리인 제도는 친권의 남용을 방지하고 미성년인 자의 이익을 보호하려는 데 그 취지가 있으므로, 특별대리인은 이해가 상반되는 특정의 법률행위에 관하여 **개별적으로 선임**되어야 한다. 따라서 특별대리인선임신청서에는 선임되는 특별대리인이 처리할 법률행위를 특정하여 적시하여야 하고 법원도 그 선임 심판시에 특별대리인이 처리할 법률행위를 특정하여 이를 심판의 주문에 표시하는 것이 원칙이며, 특별대리인에게 미성년자가 하여야 할 법률행위를 무엇이든지 처리할 수 있도록 **포괄적으로 권한을 수여하는 심판을 할 수는 없다**"(대판 1996.4.9, 96다1139).

2) 제124조와의 관계

동조는 제124조(자기계약 또는 쌍방대리의 금지)의 특칙이다(즉 제124조는 친자관계에는 적용되지 않는다). 따라서 子에게는 이익이 되지만 친권자에게는 아무런 이익이 되지 않는 행위(예를 들어 친권자로부터 子에게로의 증여)는 비록 자기계약에 해당되어도 제921조의 이해상반행위는 아니므로 이런 행위도 유효하다(대판 1981.10.13, 81다649).

3) 이해상반행위의 판단기준

여기서 '이해상반행위'란 친권자에게는 이익이 되고 子에게는 불이익이 되는 경우(제921조 1항) 혹은 子들 간에 있어서 일방에게는 이익이 되고 타방에게는 해가 되는 행위(제921조 2항)를 말한다.

가) 학설

① 이해상반행위는 오직 그 행위 자체에 대한 외형적 법률효과로만 판단해야 하고, 당해 행위를 하게 된 친권자의 의도나 실질적·경제적 효과는 고려할 것이 아니라는 **형식적 판단설**(다수설), ② 이해상반행위는 행위의 형식뿐 아니라 당해 행위에 이르게 된 친권자의 동기, 경제적 효과까지 고려하여 실질적으로 판단하여야 한다는 **실질적 판단설** 등이 있다.

나) 판례

判例는 "행위의 객관적 성질상 친권자와 子 사이에 이해의 대립이 생길 우려가 있는 행위를 의미하며 **친권자의 의도**(예컨대 친권자 개인의 이익을 위해 행위된 내용)**나 실질적으로 이해의 대립**(예컨대 결과적으로 미성년자에게 이익이 되었는지 여부)**이 생겼는가는 묻지 않는다**"(대판 1991.11.26, 91다32466)고 하여 '**형식적 판단설**'의 입장이다.

⊙ **[이해상반 긍정]** 判例는 ⅰ) 미성년자 甲의 母 乙이 자기의 영업자금을 마련하기 위해 丙으로부터 금전을 차용하면서 이를 담보하기 위해 甲을 대리하여 甲소유 부동산을 丙 앞으로 저당권을 설정해 준 경우(대판 1971.7.27, 71다1113), ⅱ) 상속재산에 대하여 소유의 범위를 정하는 내용의 공동상속재산 분할협의에서 공동상속인인 친권자가 다른 공동상속인인 미성년자를 대리하여 **상속재산 분할협의**를 하는 경우(대판 1993.4.13, 92다54524 등[6]), 이해상반행위에 해당한다고 한다.

ⓛ **[이해상반 부정]** 그러나 判例는 형식적 판단설의 입장에서 미성년자에게 불이익하더라도 '형식'으로 친권자가 아닌 제3자(또는 성년의 子)에게 이익이 되는 다음과 같은 경우는 이해상반행위가 아니라고 한다. 즉, ⅰ) 母 乙이 자기 오빠의 A에 대한 채무를 담보하기 위하여 자신 및 미성년의 子 甲이 공유하는 부동산을 A의 채권자 丙 앞으로 각각 근저당권을 설정해 준 경우(대판 1991.11.26, 91다32466), ⅱ) 친권자인 母가 자신이 대표이사 겸 대주주로 있는 **주식회사의 채무 보증을 위하여** 자신과 미성년인 子의 공유재산을 담보로 제공한 행위(대판 1996.11.22, 96다10270), ⅲ) A의 공동상속인이 배우자 乙, 성년의 자 B, 미성년자 甲인 경우 乙이 자신의 **상속을 포기**함과 동시에 甲을 대리하여 甲의 상속을 포기하는 행위는(대판 1989.9.12, 88다카28044[7]) 이해상반행위에 해당하지 않는다고 한다.

4. 후견인의 대리행위와 후견감독인의 동의

(1) 의의

미성년자에게 친권자가 없어 '후견인'이 법정대리인이 된 경우에는 친권자와는 달리 그 권한에 제한을 받는다. 즉 후견감독인이 선임된 경우에는, 후견인이 'ⅰ) 영업에 관한 행위, ⅱ) 금전을 빌리는 행위, ⅲ) 의무만을 부담하는 행위, ⅳ) **부동산 또는 중요한 재산에 관한 권리의 득실변경을 목적으로 하는 행위**, ⅴ) 소송행위, ⅵ) 상속의 승인, 한정승인 또는 포기 및 상속재산의 분할에 관한 협의' 중 어느 하나에 대해 대리를 하거나 동의를 할 때에는, **후견감독인의 동의**를 받아야 한다(제950조 1항).

---

6) "공동상속재산분할협의는 그 행위의 객관적 성질상 상속인 상호간에 이해의 대립이 생길 우려가 있는 행위라고 할 것이므로 공동상속인인 친권자와 미성년인 수인의 자 사이에 상속재산분할협의를 하게 되는 경우에는 미성년자 각자마다 특별대리인을 선임하여 그 각 특별대리인이 각 미성년인 자를 대리하여 상속재산분할의 협의를 하여야 하고 만약 친권자가 수인의 미성년자의 법정대리인으로서 상속재산분할협의를 한 것이라면 이는 민법 제921조에 위반된 것으로서 이러한 대리행위에 의하여 성립된 상속재산분할협의는 피대리자 전원에 의한 추인이 없는 한 무효이다".

7) "제921조 제2항의 경우, 이해상반행위의 당사자는 그 일방이 친권에 복종하는 미성년자이어야 할 뿐만 아니라 상대방 역시 그 친권에 복종하는 미성년자일 경우이어야 하고, 이때에는 친권자가 미성년자 쌍방을 대리할 수는 없는 것이므로 그 어느 미성년자를 위하여 특별대리인을 선임하여야 한다는 것이지 성년이 되어 친권자의 친권에 복종하지 아니하는 자와 친권에 복종하는 미성년자인 자 사이에 이해상반이 되는 경우가 있다 하여도 친권자는 미성년자를 위한 법정대리인으로서 그 고유의 권리를 행사할 수 있을 것이므로 그러한 친권자의 법률행위는 이해상반행위에 해당한다 할 수 없다".

(2) 후견인이 후견감독인의 동의 없이 제950조 1항 각 호의 행위를 한 경우의 효과

후견감독인의 동의를 얻지 않은 후견인의 대리행위는 그 실질은 무권대리이지만 민법은 일단 대리행위가 유효함을 전제로 피후견인 또는 후견감독인이 취소할 수 있도록 하고 있다(제950조 3항). 그렇지만 실질은 무권대리의 성질을 갖기 때문에 표현대리 법리가 (유추)적용될 수 있다(대판 1997.6.27, 97다3828).

Ⅲ. 피성년후견인

> **제9조【성년후견개시의 심판】**① 가정법원은 질병, 장애, 노령, 그 밖의 사유로 인한 정신적 제약으로 사무를 처리할 능력이 지속적으로 결여된 사람에 대하여 본인, 배우자, 4촌 이내의 친족, 미성년후견인, 미성년후견감독인, 한정후견인, 한정후견감독인, 특정후견인, 특정후견감독인, 검사 또는 지방자치단체의 장의 청구에 의하여 성년후견개시의 심판을 한다.
> ② 가정법원은 성년후견개시의 심판을 할 때 '본인의 의사를 고려'하여야 한다.

1. 의의

정신적 제약으로 **사무를 처리할 능력이 지속적으로 결여**된 사람에 대하여는, 가정법원은 **일정한 자의 청구**(직권으로는 불가능)에 의해 성년후견개시의 심판을 하는데(제9조), 그 심판을 받은 자를 '피성년후견인'이라고 한다(참고로 개정 전 제12조는 '심신상실의 상태에 있는 자'로서 법원으로부터 금치산선고를 받은 자를 금치산자라 하였는데, 동 제13조에 따라 그의 법률행위는 언제나 취소할 수 있었다). 종전 한정치산·금치산제도는 정신적 능력의 제약을 이유로 한 것이었는데, 이 점은 기본적으로 성년후견(및 후술할 한정후견)에서도 같다.

2. 성년후견개시의 요건

(1) 실질적 요건

질병, 장애, 노령, 그 밖의 사유로 인한 정신적 제약으로 사무를 처리할 능력이 '지속적으로 결여'된 사람이어야 한다(제9조 1항)(16소간, 18법경). 즉, 신체적 장애만으로는 성년후견이 개시될 수 없다. 참고로 判例에 따르면 피성년후견인이나 피한정후견인이 될 사람의 정신상태를 판단할 만한 다른 충분한 자료가 있는 경우 가정법원은 의사의 감정이 없더라도 성년후견이나 한정후견을 개시할 수 있다고 한다(대결 2021.6.10, 2020스596).

(2) 형식적 요건

① '본인, 배우자, 4촌 이내의 친족, 미성년후견인(19세무), 미성년후견감독인, 한정후견인, 한정후견감독인, 특정후견인(20세무), 특정후견감독인, 검사 또는 지방자치단체의 장(18법경)'이 가정법원에 그 청구를 하여야 하며(제9조 1항), 그 심판을 할 때에는 '**본인의 의사를 고려**'하여야 한다(제9조 2항)(22경간, 18소간). 즉, 가정법원이 직권으로 절차를 개시할 수는 없다.

② 성년후견이나 한정후견 개시의 청구가 있는 경우 가정법원은 청구 취지와 원인, 본인의 의사, 성년후견제도와 한정후견제도의 목적 등을 고려하여 어느 쪽의 보호를 주는 것이 적절한지를 결정하고, 그에 따라 필요하다고 판단하는 절차를 결정해야 한다. 따라서 '한정후견'의 개시를 청구한 사건에서 의사의 감정결과 등에 비추어 '성년후견' 개시의 요건을 충족하고 **본인도 성년후견의 개시를 희망한다면** 법원이 성년후견을 개시할 수 있고, '성년후견' 개시를 청구하고 있더라도 필요하다면 '한정후견'을 개시할 수 있다(대결 2021.6.10, 2020스596: 22경간).

③ 성년후견은 후견등기부(가족관계등록부가 아님)에 공시된다(후견등기에 관한 법률 제11조).

3. 피성년후견인의 행위능력

> 제10조【피성년후견인의 행위와 취소】(16·17·18소간, 18·19·20세무, 18·21법경) ① 피성년후견인의 법률행위는 취소할 수 있다.
> ② 제1항에도 불구하고 가정법원은 취소할 수 없는 피성년후견인의 법률행위의 범위를 정할 수 있다.
> ③ 가정법원은 본인, 배우자, 4촌 이내의 친족, 성년후견인, 성년후견감독인, 검사 또는 지방자치단체의 장의 청구에 의하여 제2항의 범위를 변경할 수 있다.
> ④ 제1항에도 불구하고 일용품의 구입 등 일상생활에 필요하고 그 대가가 과도하지 아니한 법률행위는 성년후견인이 취소할 수 없다.

(1) 원칙

피성년후견인의 법률행위는 원칙적으로 언제나 취소할 수 있다(정신적 제약으로 사무를 처리할 능력이 지속적으로 결여되어 있기 때문이다)(제10조 1항). 성년후견인의 동의가 있더라도 취소할 수 있는데, 취소권자는 피성년후견인과 성년후견인이다(제140조). 이러한 피성년후견인의 취소권은 재판 외에서 의사표시를 하는 방법으로도 행사할 수 있다(22경간).

(2) 예외

① 가정법원이 '취소할 수 없는' 피성년후견인의 법률행위의 범위를 정한 경우에 그 한도에서 예외적으로 행위능력을 가지고(제10조 2항), 일정한 자의 청구에 의해 가정법원이 그 범위를 변경할 수 있다(동조 3항)(22경간). 그리고 **일용품의 구입 등 일상생활에 필요하고 그 대가가 과도하지 아니한 법률행위**는 피성년후견인이 단독으로 할 수 있다(제10조 4항).

② 한편 피성년후견인의 '신상'(피후견인의 프라이버시와 자기결정권이 중요시되는 신체적·정신적 복리에 관한 사항으로 거주, 이전, 주거, 의학적 치료 등)에 관해서는 그의 상태가 허용하는 범위에서 피성년후견인이 **단독으로 결정**할 수 있고(제947조의2 1항), 가족법상 행위에 관하여 성년후견인의 동의를 얻어 스스로 유효한 법률행위를 할 수 있는 경우가 있으며(제802조, 제808조 2항, 제835조, 제873조, 제902조)(22경간), 특히 유언은 의사능력이 회복된 때에 한하여 독자적으로 할 수 있다(제1063조).

③ 타인의 대리행위는 의사능력이 갖추어진 경우에 한하여 피성년후견인이 단독으로 할 수 있다(제117조).

4. 법정대리인

(1) 성년후견인의 선임

가정법원의 성년후견개시심판이 있는 경우에는 그 심판을 받은 사람의 성년후견인을 **두어야 하고**(제929조), 성년후견인은 피성년후견인의 법정대리인이 된다(제938조 1항). 가정법원은 성년개시심판을 하면서 '**직권으로**'(과거에는 일정범위의 근친) 성년후견인을 선임하여야 한다(제929조, 제936조 1항).

(2) 성년후견인의 자격 및 인원수

성년후견인은 피성년후견인의 신상과 재산에 관한 모든 사정을 고려하여 '**여러 명**'을 둘 수 있으나(제930조 2항), 미성년후견인의 수는 '**한 명**'으로 제한하고 있다(제930조 1항). 성년후견인은 자연인뿐만 아니라 사회복지법인 등의 '**법인**'도 선임될 수 있으나(제930조 3항), 미성년후견의 경우 미성년자의 원만한 인격형성을 위하여 법인은 미성년후견인이 될 수 없고 '**자연인**'에 한한다.

(3) 성년후견인의 권한

1) 원칙

피성년후견인의 법률행위는 원칙적으로 언제나 취소할 수 있으므로 **성년후견인은 피성년후견인의 법률행위에 대한 동의권을 가지지 않고, 대리권과 취소권을 가질 뿐이다.** 따라서 피성년후견인은 성년후견인의 동의를 받고 한 행위에 대해서도 제한능력을 이유로 취소할 수 있다. 나아가 피성년후견인의 법률행위에 관하여 피성년후견인은 그의 법정대리인의 동의를 얻더라도 유효하게 추인할 수 없다(20소간).

2) 예외

성년후견인의 대리권은 원칙적으로 포괄적이지만, 가정법원에 의한 제한을 예정하고 있는 것이고(제10조 2항·3항 및 제938조 2항 참조), 피성년후견인의 행위능력이 인정되는 범위에서는 성년후견인의 대리권이 소멸한다고 보아야 할 것이다.

예를 들어 피성년후견인도 자신의 '신상'에 대해서는 그의 상태가 허락하는 범위에서 단독으로 결정하며(제947조의2 1항) 성년후견인의 대리는 허용되지 않는다. 물론 상태가 허락되지 않는다면 가정법원이 정하는 범위 내에서 성년후견인이 피성년후견인의 신상에 관한 결정을 한다(제938조 3항).

(4) 성년후견인의 감독

가정법원은 필요하다고 인정하면 직권으로 또는 일정한 자의 청구에 의하여 성년후견인을 감독할 '**성년후견감독인**'(과거에는 친족회)을 '**선임할 수 있다**'(제940조의4 1항). 그 밖에 미성년자의 법정대리인으로서 후견인에 관한 내용은 성년후견인에 대하여도 같다(제940조6 3항, 제949조의3, 제950조).

5. 성년후견의 종료

① 성년후견개시의 원인이 소멸된 경우에는 가정법원은 본인·배우자·4촌 이내의 친족·성년후견인·성년후견감독인·검사 또는 지방자치단체의 장의 청구에 의하여(직권이 아님을 유의) 성년후견종료의 심판을 한다(제11조)(18소간). 성년인 본인은 성년후견개시 심판의 청구권자이기도 하지만, 성년후견종료 심판의 청구권자이기도 하다(22경간).
② 가정법원이 피성년후견인에 대하여 한정후견개시의 심판을 할 때에는 종전의 성년후견의 종료 심판을 하여야 한다(제14조의3 2항).
③ 성년후견종료의 심판은 '**장래에 향하여**' 효력을 가진다(16소간). 따라서 그 심판이 있기 전에 행하여진 행위는 여전히 취소할 수 있다.

지문 OX

10 피후견인의 신상과 재산에 관한 모든 사정을 고려할 때, 성년후견인과 마찬가지로 미성년후견인도 여러 명 둘 수 있다.
×

11 성년후견인을 여러 명 두는 것도 가능하고, 다만 성년후견인은 자연인에 한하므로 법인은 성년후견인이 될 수 없다. ×

12 성년후견인은 피성년후견인의 신상에 관하여 포괄적 결정권한을 가지고 피성년후견인은 원칙적으로 자신의 신상에 대하여 단독으로 결정하지 못한다. ×

13 성년인 본인은 성년후견개시 심판의 청구권자이지만, 성년후견종료 심판의 청구권자는 아니다(22경간). ×

14 가정법원이 피성년후견인에 대하여 한정후견개시의 심판을 할 때에는 종전의 성년후견에 대한 종료심판을 할 필요가 없다. ×

Ⅳ. 피한정후견인

지문 OX

01 가정법원은 질병, 장애, 노령, 그 밖의 사유로 인한 정신적 제약으로 사무를 처리할 능력이 부족한 사람에 대하여 일정한 자의 청구로 성년후견개시의 심판을 한다.　　　　×

02 가정법원은 성년후견개시의 경우와는 달리 한정후견개시의 심판을 할 때에는 본인의 의사를 고려하지 않을 수 있다.　×

> **제12조【한정후견개시의 심판】** ① 가정법원은 질병, 장애, 노령, 그 밖의 사유로 인한 정신적 제약으로 사무를 처리할 능력이 부족한 사람에 대하여 본인, 배우자, 4촌 이내의 친족, 미성년후견인, 미성년후견감독인, 성년후견인, 성년후견감독인, 특정후견인, 특정후견감독인, 검사 또는 지방자치단체의 장의 청구에 의하여 한정후견개시의 심판을 한다.
> ② 한정후견개시의 경우에 제9조 제2항을 준용한다(즉, 가정법원이 한정후견개시의 심판을 할 때에도 본인의 의사를 고려하여야 한다)(22경간).

1. 의의

정신적 제약으로 **사무를 처리할 능력이 부족한 사람**에 대하여는, 가정법원은 일정한 자의 청구에 의해 한정후견개시의 심판을 하는데(제12조), 그 심판을 받은 자를 '피한정후견인'이라고 한다(18·21소간)(참고로 개정 전 제9조는 '심신이 박약하거나 재산의 낭비로 생활을 궁박하게 할 염려가 있는 자로서 법원으로부터 한정치산선고를 받은 자를 한정치산자라 하였는데, 동 제10조는 그의 행위능력에 대하여 미성년자에 관한 규정을 준용하였다).

2. 한정후견개시의 요건

① **실질적 요건**으로 질병, 장애, 노령, 그 밖의 사유로 인한 정신적 제약으로 사무를 처리할 능력이 부족한 사람이어야 한다(제12조 1항). 이 점에서 그 능력이 지속적으로 결여된 상태인 '성년후견'과 구별된다. ② **형식적 요건**은 성년후견에서와 같다(제12조 1항·2항).

3. 피한정후견인의 행위능력

> **제13조【피한정후견인의 행위와 동의】**(16·17·18·21소간, 20·21세무, 20·21법경) ① 가정법원은 피한정후견인이 한정후견인의 동의를 받아야 하는 행위의 범위를 정할 수 있다.
> ② 가정법원은 본인, 배우자, 4촌 이내의 친족, 한정후견인, 한정후견감독인, 검사 또는 지방자치단체의 장의 청구에 의하여 제1항에 따른 한정후견인의 동의를 받아야만 할 수 있는 행위의 범위를 변경할 수 있다.
> ③ 한정후견인의 동의를 필요로 하는 행위에 대하여 한정후견인이 피한정후견인의 이익이 침해될 염려가 있음에도 그 동의를 하지 아니하는 때에는 가정법원은 피한정후견인의 청구에 의하여 한정후견인의 동의를 갈음하는 허가를 할 수 있다.
> ④ 한정후견인의 동의가 필요한 법률행위를 피한정후견인이 한정후견인의 동의 없이 하였을 때에는 그 법률행위를 취소할 수 있다. 다만, 일용품의 구입 등 일상생활에 필요하고 그 대가가 과도하지 아니한 법률행위에 대하여는 그러하지 아니하다.

03 피한정후견인의 동의 없이 한정후견인이 행한 법률행위는 언제나 취소할 수 있다(22경간).　×

04 한정후견인의 동의가 있어야 하는 법률행위에 있어서 동의가 없으면 피한정후견인의 이익이 침해될 염려가 있음에도 동의하지 않는 경우, 피한정후견인이 동의 없이 법률행위를 하였다면 한정후견인은 이를 취소할 수 없다.　×

(1) 원칙

한정후견이 개시되면 피한정후견인의 행위능력이 제한된다. 즉 가정법원은 피한정후견인의 정신적 제약의 상태에 따라 한정후견인의 '**동의를 받아야 하는**' 행위의 범위를 정할 수 있다(제13조 1항). 그리고 일정한 자의 청구에 의해 가정법원이 그 범위를 변경할 수도 있다(제13조 2항). **동의가 필요한 행위를 피한정후견인이 단독으로 한 경우 이를 취소할 수 있다**(제13조 4항).

(2) 예외

피한정후견인의 동의 없이 한정후견인이 행한 법률행위는 '언제나'가 아니라 '원칙적'으로 취소할 수 있을 뿐이다(22경간). 즉, 일정한 경우 예외가 인정된다.

① 한정후견인의 동의가 필요한 행위에 대하여 한정후견인이 동의하지 않음으로써 피한 정후견인의 이익이 침해될 염려가 있을 때에는, 가정법원은 피한정후견인의 청구에 의하여 그 동의에 갈음하는 허가를 할 수 있다(제13조 3항).

② 가정법원이 동의를 요하는 것으로 정한 범위 밖의 행위를 피한정후견인이 독자적으로 할 수 있음은 물론이다. 나아가 타인의 대리행위, 근로계약의 체결과 임금의 청구 등도 피한정후견인이 독자적으로 할 수 있으며, **일용품의 구입 등 일상생활에 필요하고 그 대가 가 과도하지 아니한 법률행위**는 피한정후견인이 단독으로 할 수 있다(제13조 4항 단서).

③ 피한정후견인의 행위능력 제한은 '가족법상의 행위'에는 미치지 않는다. 다만 피한정후견인 의 신신결정 등에 관해서는 제947조의2가 한정후견사무를 정하는 제959조의6에 의하 여 준용됨에 따라 피성년후견인과 다르지 않다.

4. 한정후견인의 대리권

① 가정법원의 한정후견개시의 심판이 있는 경우에는 그 심판을 받은 사람의 한정후견인 을 두어야 한다(제959조의2). 그런데 **민법은 (성년)후견인은 피후견인의 법정대리인이 된 다고 정하면서도**(제938조 1항), 한정후견인에 대해서는 '가정법원은 한정후견인에게 대 리권을 수여하는 심판을 할 수 있다'고 규정하여(제959조의4 1항) **한정후견인을 당연한 법정대리인으로 취급하지 않는다.**

② 그 밖에 한정후견인 및 한정후견감독인에 관해서는 성년후견인 및 성년후견감독인에 관해 서술한 내용이 준용된다(제959조의3 2항, 제959조의4 2항, 제959조의5).

5. 한정후견개시의 종료

① 한정후견개시의 원인이 소멸된 경우에는 가정법원은 본인·배우자·4촌 이내의 친 족·한정후견인·한정후견감독인·검사 또는 지방자치단체의 장의 청구에 의하여 한 정후견종료의 심판을 한다(제14조). 즉, 직권으로 한정후견종료의 심판을 할 수 없다 (23경간).

② 가정법원이 피한정후견인에 대하여 성년후견개시의 심판을 할 때에는 종전의 한정후 견의 종료 심판을 한다(제14조의3 제1항)(17·18·20소간).

③ 한정후견종료의 심판은 '장래에 향하여' 효력을 가진다(20소간). 따라서 그 심판이 있기 전에 행하여진 행위는 여전히 취소할 수 있다.

V. 피특정후견인

제14조의2 【특정후견의 심판】① 가정법원은 질병, 장애, 노령, 그 밖의 사유로 인한 정 신적 제약으로 일시적 후원 또는 특정한 사무에 관한 후원이 필요한 사람에 대하여 본인, 배우자, 4촌 이내의 친족, 미성년후견인, 미성년후견감독인, 검사 또는 지방자 치단체의 장의 청구에 의하여 특정후견의 심판을 한다.
② 특정후견은 본인의 의사에 반하여 할 수 없다.
③ 특정후견의 심판을 하는 경우에는 특정후견의 기간 또는 사무의 범위를 정하여야 한다.
제14조의3 【심판 사이의 관계】① 가정법원이 피한정후견인 또는 피특정후견인에 대하 여 성년후견개시의 심판을 할 때에는 종전의 한정후견 또는 특정후견의 종료 심판을 한다.
② 가정법원이 피성년후견인 또는 피특정후견인에 대하여 한정후견개시의 심판을 할 때에는 종전의 성년후견 또는 특정후견의 종료 심판을 한다.

1. 의의

정신적 제약으로 '일시적 후원' 또는 '특정한 사무에 관한 후원'이 필요한 사람에 대하여는, 가정법원은 일정한 자의 청구에 의해 특정후견의 심판을 하는데(제14조의2), 그 심판을 받은 자를 '피특정후견인'이라고 한다.

2. 특정후견의 심판

① 가정법원이 특정후견의 심판을 하려면 '본인, 배우자, 4촌 이내의 친족, 미성년후견인, 미성년후견감독인, 검사 또는 지방자치단체의 장[8]'이 청구를 하여야 하고(제14조의2 1항)(20법경), 또 **본인의 의사에 반해서는 할 수 없다**(제14조의2 2항)(23경간, 17소간, 18·19·21세무).

② 특정후견은 지속적인 것이 아닌 일시적인 것이거나 특정한 사무에 관한 것이므로, **개시와 종료를 별도로 심판할 필요는 없고**, 특정후견의 기간이나 사무의 범위를 정하면 족하다(제14조의2 3항)(20세무). 이후 **기간이 지나거나 사무처리의 종결에 의해 특정후견도 자연히 종결**한다(19세무). 다만 가정법원이 피특정후견인에 대하여 성년후견개시 또는 한정후견개시의 심판을 할 때에는 '예외적'으로 특정후견종료의 심판을 하여야 하는데(제14조의3 1항·2항)(18소간, 20법경), 이는 장래에 향하여 효력을 가진다.

3. 피특정후견인의 행위능력

특정후견의 심판이 있어도 피특정후견인의 행위능력은 제한되지 않는다. 즉, 피특정후견인은 완전한 행위능력자이다(18·19·21세무). 그리고 특정한 법률행위를 위하여 특정후견인이 선임되고 그 범위에서 법정대리권이 부여된 경우(제959조의11 1항)에도 그 법률행위에 관하여 피특정후견인의 행위능력은 제한되지 않는다. 따라서 그러한 행위를 특정후견인의 동의 없이 직접할 수도 있다.

4. 특정후견인의 대리권

① 가정법원은 피특정후견인의 후원을 위하여 필요한 처분을 명할 수 있다(제959조의8). 그러한 것으로 가정법원은 기간이나 범위를 정하여 특정후견인에게 '대리권을 수여'하는 심판을 할 수 있고(제959조의11 1항)(19세무), 그 범위에서 특정후견인은 대리권을 가질 뿐이다. 한정후견인과 마찬가지로 특정후견인은 피특정후견인의 법정대리인으로 취급되지는 않는다[이에 반해 성년후견인은 피후견인의 법정대리인이 된다(제938조 1항)].

② 특정후견의 심판에 의하여 피특정후견인의 행위능력이 제한되지 않는다고 보아야 하므로, **특정후견인은 취소권 및 동의권을 가지지 않는다.** 가정법원은 필요하다고 인정하면 직권으로 또는 일정한 자의 청구에 의해 특정후견감독인을 선임할 수 있고(제959조의10 1항), 그에 대해서는 성년후견감독인에 대해 서술한 내용이 준용된다(제959조의10 2항, 제959조의12).

---

8) 지속적으로 보호를 받아야 하는 피성년후견인, 피한정후견인에 대하여 특정후견 심판을 청구하는 것은 부적당하여 성년후견인, 한정후견인은 청구권자에 포함되어 있지 않다. 미성년후견인, 미성년후견감독인이 청구권자로 규정되어 있는데, 미성년자는 미성년자로서 보호되는 것은 유지한 채 별도로 특정후견을 이용할 수 있다고 새겨야 할 것이다.

구분	성년후견	한정후견	특정후견	임의후견
사유	정신적 제약으로 사무처리능력의 지속적 결여	정신적 제약으로 사무처리능력의 부족	정신적 제약으로 일시적 후원 또는 특정 사무후원의 필요	정신적 제약으로 사무처리능력의 부족
개시	청구권자의 청구에 의한 성년후견개시 심판의 확정시(제9조 1항)	청구권자의 청구에 의한 한정후견개시 심판의 확정시(제12조 1항)	청구권자의 청구에 의한 특정후견개시 심판의 확정시(제14조의2 1항)	가정법원의 임의후견 감독인을 선임시(제959조의14 2항·3항)
본인의 의사	가정법원은 성년후견 개시의 심판을 할 때 본인의 의사를 고려하여야 한다(제9조 2항).	가정법원은 성년후견 개시의 심판을 할 때 본인의 의사를 고려하여야 한다(제9조 2항, 제12조 2항).	특정후견은 본인의 의사에 반하여 할 수 없다(제14조의2 2항).	가정법원, 임의후견인, 임의후견감독인 등은 후견계약을 이행·운영할 때 본인의 의사를 최대한 존중하여야 한다(제959조의14 4항).
본인의 행위능력	원칙적 행위능력 상실자. 다만, 가정법원은 취소할 수 없는 피성년후견인의 법률행위의 범위를 정할 수 있고(제10조 2항), 일용품의 구입 등 일상생활에 필요하고 그 대가가 과도하지 아니한 법률행위는 성년후견인이 취소할 수 없다(제10조 4항).	원칙적 행위능력자. 다만, 가정법원은 피한정후견인이 한정후견인의 동의를 받아야 하는 행위의 범위를 정할 수 있다(제13조 1항). 그러나 이 경우에도 일용품의 구입 등 일상생활에 필요하고 그 대가가 과도하지 아니한 법률행위에 대하여는 한정후견인이 취소할 수 없다(제13조 4항).	행위능력이 제한되지 않음	행위능력이 제한되지 않음
후견인의 선임	성년후견인의 선임은 필수적이고 가정법원이 직권으로 선임	한정후견인의 선임은 필수적이고 가정법원이 직권으로 선임	특정후견인의 선임은 임의적	임의후견인의 선임은 필수적
후견인의 권한	원칙적으로 포괄적 대리권(법원이 대리권의 범위를 정할 수 있음), 취소권(동의권 ×) 신상에 관한 결정은 그의 상태가 허락하는 범위에서 피상속인 단독으로 가능	법원이 정한 범위 내에서 대리권, 취소권, 동의권	법원이 정한 범위 내에서 대리권	계약에서 정한 바에 따름

Ⅵ. 제한능력자의 상대방 보호

1. 서설

(1) 제한능력자 상대방 보호의 필요성

제한능력자의 행위는 취소할 수 있는데 그 취소권은 제한능력자 측만이 갖고 있고, 또한 그 행사 여부도 자유이므로 상대방의 지위 내지 거래의 안전이 불안정해지는 문제가 발생한다(유동적 유효상태). 또한 취소에 따른 부당이득반환과 관련하여서도, 제한능력자는 선·악의를 불문하고 이익이 현존하는 한도 내에서만 반환의무를 부담하므로(제141조 단서), 이 또한 상대방 입장에서는 불리하다. 따라서 이러한 불확정한 상태를 가능한 속히 해소하여 상대방과 제3자를 보호할 수 있는 제도가 필요하게 된다.

(2) 민법의 태도

1) 취소권 일반

민법은 취소할 수 있는 행위 일반에 관한 상대방 보호수단으로서 ① 취소할 수 있는 법률행위의 추인(제143조), ② 취소권의 단기 제척기간(제146조), ③ 법정추인제도를 두고 있다(제145조). 그러나 단기 제척기간인 10년은 비교적 길고, 법정추인의 사유는 예외적이어서 별로 활용되지 못하고 있다.

2) 제한능력자 상대방의 경우 특칙

민법은 사기나 강박을 한 자와는 달리 그에게 책임을 물을 만한 사정이 없는 제한능력자의 상대방을 특별히 보호하기 위해 상대방의 확답을 촉구할 권리, 철회권, 거절권, 속임수에 의한 제한능력자의 취소권 배제를 규정하고 있다(제15조 내지 제17조).

2. 상대방의 확답을 촉구할 권리 … 소극적 권리

(1) 의의

상대방이 제한능력자 측에 대해 문제의 행위를 취소할 것인지 또는 추인할 것인지 여부의 확답을 물을 수 있는 권리이다(과거 '최고권'이란 표현 대신 개정민법은 '확답을 촉구할 권리'라고 표현하고 있다).

(2) 확답을 촉구할 방법과 상대방(제15조 1항 및 2항)

> 제15조【제한능력자의 상대방의 확답을 촉구할 권리】(20소간, 19·20세무) ① 제한능력자의 상대방은 제한능력자가 능력자가 된 후에 그에게 1개월 이상의 기간을 정하여 그 취소할 수 있는 행위를 추인할 것인지 여부의 확답을 촉구할 수 있다. 능력자로 된 사람이 그 기간 내에 확답을 발송하지 아니하면 그 행위를 추인한 것으로 본다.
> ② 제한능력자가 아직 능력자가 되지 못한 경우에는 그의 법정대리인에게 제1항의 촉구를 할 수 있고, 법정대리인이 그 정하여진 기간 내에 확답을 발송하지 아니한 경우에는 그 행위를 추인한 것으로 본다.
> ③ 특별한 절차가 필요한 행위는 그 정하여진 기간 내에 그 절차를 밟은 확답을 발송하지 아니하면 취소한 것으로 본다.

(3) 효과

① **확답이 있는 경우** 촉구를 받은 자가 유예기간 내에 추인 또는 취소의 확답을 한 때 추인 또는 취소의 효과가 생긴다. ② 그러나 **확답이 없는 경우**는 ⅰ) 제한능력자가 능력자로 된 후 유예기간 내에 확답을 '발송'하지 않으면 그 행위를 '추인'한 것으로 본다(제15조 1항)(22경간). 즉, 추인 여부의 확답에 대한 촉구는 미성년자에게 할 수 없다(22경간). ⅱ) 법정대리인이 촉구를 받았으나 기간 내에 확답을 '발송'하지 않은 때에는 그 행위를 '추인'한 것으로 본다(제15조 2항). 그러나 **특별한 절차를 요하는 행위**에 관하여는 '취소'한 것으로 본다(제15조 3항).

> [특별한 절차를 요하는 행위] 제한능력자의 법정대리인으로서 후견인이 일정한 행위, 즉 '영업·금전차용·의무부담·부동산 또는 중요한 재산에 관한 권리의 변동·소송행위·상속의 승인' 등에 대해 동의를 할 때에는 후견감독인이 있으면 그의 동의를 받아야 한다(제950조 1항). 따라서 위와 같은 행위와 관련하여 상대방이 제한능력자의 후견인에게 최고를 한 경우에도, 후견인은 단독으로 추인할 수 없고 후견감독인의 동의를 얻어서 하여야 하는 '특별한 절차'가 필요하다.

> [발신주의] 민법은 상대방 있는 의사표시에서는 그것이 상대방에게 도달한 때로부터 그 효력이 생기는 '도달주의'를 원칙으로 하는데(제111조 1항), 위 최고의 경우에는 최고기간 내에 발송하면 되는 '발신주의'를 예외적으로 채택하고 있다(제15조).

3. 상대방의 철회권과 거절권 … 적극적 권리

> **제16조【제한능력자의 상대방의 철회권과 거절권】**(19·20소간, 20·21세무) ① 제한능력자가 맺은 계약은 추인이 있을 때까지 상대방이 그 의사표시를 철회할 수 있다. 다만, 상대방이 계약 당시에 제한능력자임을 알았을 경우에는 그러하지 아니하다.
> ② 제한능력자의 단독행위는 추인이 있을 때까지 상대방이 거절할 수 있다.
> ③ 제1항의 철회나 제2항의 거절의 의사표시는 제한능력자에게도 할 수 있다.

(1) 의의

상대방이 스스로 행위의 효력발생을 부인하여 그 구속으로부터 벗어날 수 있도록 하는 제도이다. 촉구가 1개월 이상의 유예기간을 두어야 할 뿐만 아니라 법률행위의 효력이 제한능력자 쪽에 의하여 확정되는 것과 대조적이다. 또한 철회나 거절의 의사표시는 촉구와 달리 제한능력자에 대하여도 할 수 있다(제16조 3항). 그러나 **이러한 철회·거절권의 행사는 제한능력자 측의 추인이 있기 전에만 가능**하다.

(2) 계약의 상대방 철회권(제16조 1항)

(3) 단독행위의 상대방 거절권(제16조 2항)

✽ **확답을 촉구할 권리, 철회권, 거절권 비교**

구분	대상	행사의 상대방	상대방의 주관적 요건
확답을 촉구할 권리	법률행위	법정대리인 또는 능력자	선, 악 불문
철회권	계약	법정대리인 또는 제한능력자	선의
거절권	단독행위	법정대리인 또는 제한능력자	선, 악 불문

4. 제한능력자의 속임수와 취소권의 배제

> **제17조【제한능력자의 속임수】**(19소간, 18세무) ① 제한능력자가 속임수로써 자기를 능력자로 믿게 한 경우에는 그 행위를 취소할 수 없다.
> ② 미성년자나 피한정후견인이 속임수로써 법정대리인의 동의가 있는 것으로 믿게 한 경우에도 제1항과 같다.

(1) 의의 및 입법취지

속임수를 쓴 제한능력자의 상대방은 사기를 이유로 하여 의사표시를 취소하거나(제110조), 불법행위를 이유로 하여 손해배상을 청구할 수 있지만(제750조), 이것만으로는 제한능력자의 상대방을 보호하는데 충분치 못하다. 또한 제한능력자에 대한 보호는 보호할 가치가 있는 경우에 한하므로, 속임수 등을 써서 능력자로 믿게 하거나 법정대리인의 동의 있는 것으로 믿게 한 경우에는 제한능력자의 취소권을 배제할 필요가 있다.

(2) 취소권 배제의 요건

1) 능력자 또는 법정대리인의 동의 사칭

능력자임을 믿게 하려고 하였거나(제17조 1항) 또는 법정대리인의 동의가 있는 것으로 믿게 하려고 하였어야 한다(제17조 2항). '피성년후견인'의 법률행위는 원칙적으로 취소할 수 있으므로, 그가 속임수로써 법정대리인의 동의가 있는 것으로 믿게 하더라도 제17조 2항은 적용되지 않는다(23경간, 21법경). 그러나 피성년후견인이 속임수로써 능력자로 믿게 한 때에는 제17조 1항이 적용된다.

2) 제한능력자의 속임수(속임수의 의미)

'성년자로 군대에 갔다 왔다'고 말하거나, '자기가 사장이라고 말한 것'만 가지고는 속임수(개정 전 민법은 '사술'이라는 표현을 쓰고 있었다)이라고 할 수 없고(대판 1955.3.31, 4287민상77 ; 대판 1971.12.14, 71다2045: 18법경), 생년월일을 허위로 기재한 인감증명을 제시하는 등의 **'적극적인 사기수단'**을 써야 속임수에 해당한다(대판 1971.6.22, 71다940: 20세무). 다만 제한능력자의 속임수에 관하여는 그 상대방에게 증명책임이 있다(대판 1971.12.14, 71다2045).

3) 상대방의 오신(誤信)

제한능력자의 속임수에 의하여 상대방이 제한능력자를 능력자로 믿거나 법정대리인의 동의가 있는 것으로 믿었어야 한다. 오신에 대한 상대방의 과실 유무는 문제되지 않는다.

4) 상대방의 오신에 기한 법률행위(인과관계)

제한능력자의 속임수와 상대방의 신뢰 및 법률행위 사이에 인과관계가 있어야 한다. 상대방에게 손해가 발생했을 필요는 없다.

(3) 효과

1) 확정적 유효

이때 '취소할 수 없다'는 의미는 애초부터 취소권이 발생하지 않아 법률행위가 처음부터 확정적으로 유효라는 뜻이다(다수설). 그렇다면 상대방은 제16조에 정한 철회권 또는 거절권을 갖지 못한다.

2) 사기 또는 착오로 인한 취소 가부

① 속임수가 기망행위에 해당하는 등 제110조의 요건을 충족한다면 제17조와 중첩적으로 적용될 수 있다. ② 그러나 착오의 경우 대부분 동기의 착오에 불과하거나 상대방(표의자)의 중과실이 인정되어 (특히 미성년자인 경우) 착오에 기한 취소가 인정될 가능성은 적다(제109조).

3) 불법행위로 인한 손해배상청구 가부

미성년자가 책임능력이 있다면, 개별적 사안에 따라 상대방은 미성년자에 대해 불법행위로 인한 손해배상을 청구할 수 있다(제750조). 아울러 만약 미성년자가 책임능력이 없다면 경우에 따라서는 법정대리인에게 미성년자를 제대로 감독하지 못한 책임을 물을 수도 있다(제755조).

제5관 자연인의 주소

I. 서설

주소는 부재 및 실종의 기준(제22조, 제27조), 변제장소의 기준(제467조), 상속개시지(제998조), 재판관할의 표준(민소법 제3조)이 된다.

II. 민법상 주소

1. 주소

> 제18조 【주소】(16소간, 18세무) ① 생활의 근거되는 곳을 주소로 한다(실질주의).
> ② 주소는 동시에 두 곳 이상 있을 수 있다(복수주의).

① [실질주의] 본조 제1항은 '생활의 근거되는 곳'을 주소로 정한다. '생활의 근거되는 곳'이란 사람의 생활관계의 중심적 장소로서, 어떤 형식적인 표준이 아니라 실질적인 생활의 장소를 표준으로 하는 점에서 실질주의를 취하고 있다(19소간). 참고로 주소를 결정함에 있어 주민등록이 중요한 자료가 되기는 하지만 그것만으로 주소가 결정되는 것은 아니다(대판 1990.8.14, 89누8064).

② [객관주의] 생활의 근거되는 곳을 중심으로 주소를 정하고 따로 정주의 의사를 요구하지 않는 점에서 객관주의를 취한다(20소간).

③ [복수주의] 본조 제2항은 '주소는 동시에 두 곳 이상 있을 수 있다'고 하여 복수주의를 정하고 있다(19·20소간, 18세무).

2. 거소

(1) 거소의 의미

사람과 장소와의 밀접한 정도가 주소만 못한 곳을 거소라 한다. ① 주소가 없는 경우 또는 주소는 있지만 이를 알 수 없는 경우에는 거소를 주소로 보며(제19조)(16소간, 18세무), ② 외국에는 주소가 있지만 국내에는 주소가 없는 경우에는 법률관계의 불편을 고려하여 국내에 있는 거소를 주소로 본다(제20조)(16·19·20소간, 18세무).

(2) 현재지

거소보다 못한 곳을 현재지라고 한다.

3. 가주소

> 제21조 【가주소】 어느 행위에 있어서 가주소를 정한 때에는 그 행위에 관하여는 이를 주소로 본다.

당사자는 어떤 거래에 관하여 일정한 장소를 선정하여서 가주소로 삼을 수 있으며, 이 경우 그 거래관계에 한해서는 그 가주소를 주소로 본다(제21조)(16 · 19 · 20소간).

제6관 부재자 재산관리

I. 서설

1. 의의

'부재자'란 종래(과거부터 지금까지)의 주소 또는 거소를 떠나서 용이하게 돌아올 가능성이 없어서 그의 재산을 관리하여야 할 필요가 있는 자를 말한다(제22조 참조). 따라서 부재자는 실종선고의 경우와는 달리 반드시 생사불명일 필요는 없다(17 · 21소간). 아울러 부재자는 성질상 자연인에 한하며 법인은 이에 해당되지 않는다(대결 1953.5.21, 4286민재항7: 22 · 23경간).

> [관련판례] "해외유학생이 해외에서의 소재가 분명할 뿐만 아니라 부동산이나 그의 소유재산을 국내에 있는 사람을 통하여 직접 관리하고 있다면 부재자가 아니다"(대판 1960. 4.21, 4292민상252).

2. 부재자의 재산관리 개요

부재자제도는 근본적으로 부재자의 재산을 관리하기 위한 것이다. 따라서 부재자가 스스로 재산관리인을 두거나 부재자에게 법정대리인이 있는 경우에, 원칙적으로 법원이 관여할 필요가 없다. 민법도 부재자 자신이 재산관리인을 둔 경우와 그렇지 않은 경우를 나누어, 전자의 경우에 본인의 의사를 존중하여 부득이한 사정이 있어야 가정법원이 관여하도록 하고, 후자의 경우에는 부재자의 재산관리에 가정법원이 전면적으로 관여하도록 하고 있다.

II. 부재자가 재산관리인을 둔 경우

1. 원칙

① 부재자가 선임한 관리인은 부재자로부터 '위임'[9]을 받은 자(수임인)이며 '**임의대리인**'으로서, 그 권한 등은 부재자와의 계약에 의해 정해진다. 따라서 법원은 원칙적으로 간섭하지 않는다.

---

9) 제680조(위임의 의의) 위임은 당사자 일방이 상대방에 대하여 사무의 처리를 위탁하고 상대방이 이를 승낙함으로써 그 효력이 생긴다.

② 대리권의 범위는 본인의 수권행위에 의해 결정된다. 따라서 만약 재산관리인에게 **재산처분권까지 위임하였다면** 그 재산관리인은 법원의 허가 없이도 그 재산을 '처분'할 수 있다(대판 1973.7.24, 72다2136: 17·21소간). 만약 권한의 범위를 정하지 않았거나 수권행위의 해석을 통하여도 범위가 불분명한 경우에는 제118조에 따라 '보존행위'나 물건이나 권리의 성질을 변하지 아니하는 범위에서 그 '이용 또는 개량'하는 행위는 할 수 있으나, '처분행위'는 할 수 없다.

2. 예외

(1) 본인의 부재 중 관리인의 권한이 소멸한 때(제22조 1항 2문)

이때에는 처음부터 관리인을 정하지 않은 경우와 같은 조치를 취한다.

(2) 부재자의 생사가 분명하지 아니한 때(제23조)

① 부재자의 생사가 분명하지 아니한 때 부재자가 정한 관리인을 관리인·이해관계인 또는 검사의 청구에 의하여 법원이 '개임'할 수 있다(제23조)(16소간, 18·21세무). 즉 위임관재인을 선임관재인으로 개임하는 경우이다. 다만 "재산관리인을 바꾸어야 할 상황에 있다고 볼만한 특별한 사정이 엿보이지 않음에도 불구하고 별다른 조사과정도 없이 쉽사리 그 재산관리인을 개임한 것은 재량권을 매우 벗어난 것으로 위법하다"(대판 1986. 8.26, 86프1: 23경간). 개임된 재산관리인의 지위는 선임된 재산관리인의 지위와 같다.

② 한편 개임하지 않고서 유임시킨 채로 '감독'만 할 수도 있다. 즉 재산의 보존에 관한 처분을 명할 수 있고(제24조 3항), 부재자가 정한 재산관리인이 권한을 넘는 행위를 할 때에는 법원의 허가를 얻어야 한다(제25조 2문).

Ⅲ. 부재자가 재산관리인을 두지 않은 경우

> 제22조 【부재자의 재산의 관리】(21소간, 21세무) ① 종래의 주소나 거소를 떠난 자가 재산관리인을 정하지 아니한 때에는 법원은 이해관계인이나 검사의 청구에 의하여 재산관리에 관하여 필요한 처분을 명하여야 한다. 본인의 부재중 재산관리인의 권한이 소멸한 때에도 같다.
> ② 본인이 그 후에 재산관리인을 정한 때에는 법원은 본인, 재산관리인, 이해관계인 또는 검사의 청구에 의하여 전항의 명령을 취소하여야 한다.

1. 재산관리에 필요한 처분의 명령

부재자에게 재산관리인이 없고 법정대리인도 없는 경우에, 가정법원은 이해관계인 또는 검사의 청구가 있으면 재산관리에 필요한 처분을 명하여야 한다(제22조 1항). 재산관리에 필요한 처분으로 재산관리인의 선임과 잔류재산의 매각 등이 있으나, 일반적인 방법은 '재산관리인의 선임'이다.

2. 재산관리인

(1) 지위

① 법원이 선임한 재산관리인은 부재자의 의사와는 관계없이 선임된 자로서 일종의 '**법정대리인**'이다.

지문 OX

01 재산관리인은 불법하게 경료된 소유권이전등기의 말소를 법원의 허가 없이 청구할 수 있다.
○

☞ 제118조 1호의 보존행위

02 법원이 부재자의 재산관리인을 선임한 경우에는 재산관리인에게 포괄적인 처분권한을 부여한 것으로 볼 수 있다. ✕

03 법원이 선임한 甲의 재산관리인 丁이 甲의 재산에 대한 법원의 매각처분허가를 얻은 때에도 甲의 채무를 담보하기 위하여 甲의 부동산에 저당권을 설정하려면 다시 법원의 허가를 얻어야 한다. ✕

04 부재자로부터 재산처분권까지 위임받은 재산관리인은 그 재산을 처분함에 있어 법원의 허가를 받을 필요가 없다. ○

05 재산관리인의 처분행위에 대한 법원의 허가는 장래의 처분행위뿐만 아니라 과거의 처분행위에 대한 추인으로도 할 수 있다. ✕

06 부재자의 재산관리인이 법원으로부터 X건물의 매매를 허락받았다면, 특별한 사정이 없는 한, 부재자와 아무 관계가 없는 타인의 채무담보를 위해 그 건물에 저당권을 설정할 수 있다. ✕

07 부재자의 재산관리인이 법원의 허가를 얻어 처분행위를 한 때에는 언제나 본인에 대하여 효력이 있다. ✕

② 재산관리인은 부재자와 재산의 관리에 관해 위임계약을 맺은 것은 아니지만, 그 직무의 성질상 위임의 규정(제681조)[10]이 준용된다. 따라서 재산관리인은 부재자의 이익을 위해 선량한 관리자의 주의로써 그 재산을 관리하여야 한다(19세무).

③ 법원이 선임한 부재자 재산관리인이 그 관리대상인 부재자의 재산에 대한 범죄행위에 관하여 법원으로부터 고소권 행사에 관한 허가를 얻은 경우 부재자 재산관리인은 형사소송법 제225조 1항에서 정한 법정대리인으로서 적법한 고소권자에 해당한다(대판 2022.5.26, 2021도2488).

(2) 권한

재산관리인은 부재자의 재산에 관하여 제118조 소정의 **'관리행위'**(보존행위나 이용·개량행위)를 자유롭게 할 수 있으나, 이를 초과하는 **'처분행위'**를 하기 위하여 **가정법원의 허가**를 받아야 한다(21소간, 18·19세무). 부재자의 생사가 분명하지 아니한 경우에 부재자가 정한 재산관리인이 권한을 넘는 행위를 할 때에도 같다(제25조)(22경간).

1) 보존·이용·개량행위

① 법원에 의해 선임된 재산관리인은 '보존행위'나 물건이나 권리의 성질을 변하지 아니하는 범위에서 그 '이용 또는 개량'하는 행위는 법원의 허가 심판 없이도 할 수 있다(16·17소간).

② 따라서 ㉠ 부재자의 재산에 대한 임료청구 또는 불법행위로 인한 손해배상청구(대결 1957.10.14, 4290민재항104), ㉡ 부동산소유권이전등기 말소등기절차 이행청구나 인도청구(대판 1964.7.23, 64다108), ㉢ 재산관리인이 부재자를 위한 소송비용 때문에 A로부터 돈을 차용하고, 그 돈을 임대보증금으로 하여 본건 임야를 골프장을 하는 A에게 임대하는 행위(대판 1980.11.11, 79다2164) 등은 가정법원의 허가가 필요 없다.

2) 처분행위

① 재산의 매각에 관해 허가를 얻은 경우, 그 재산을 담보로 제공할 때에 다시 허가를 얻어야 하는 것은 아니며(대판 1957.3.23, 4289민상677), 부재자로부터 재산처분권까지 위임받은 재산관리인은 그 재산을 처분함에 있어 법원의 허가를 요하는 것은 아니다(대판 1973.7.24, 72다2136: 22경간).

② 한편, 법원의 허가결정은 그 허가를 받은 재산에 대한 장래의 처분행위뿐만 아니라 기왕의 매매를 추인하는 방법으로도 할 수 있다(22·23경간). 따라서 "부재자의 재산관리인에 의한 부재자소유 부동산매각행위의 추인행위가 법원의 허가를 얻기 전이어서 권한없이 행하여진 것이라고 하더라도, 법원의 재산관리인의 초과행위 결정의 효력은 그 허가받은 재산에 대한 장래의 처분행위뿐만 아니라 기왕의 처분행위를 추인하는 행위로도 할 수 있는 것이므로 그 후 법원의 허가를 얻어 소유권이전등기절차를 경료케 한 행위에 의하여 종전에 권한없이 한 처분행위를 추인한 것이라 할 것이다"(대판 2000.12.26, 99다19278).

③ 그러나 **법원의 허가를 얻어서 하는 처분행위의 경우에도, 그것은 부재자의 이익을 위해 처분되는 것을 전제**로 한다(대결 1976.12.21, 75마551). 즉, 부재자의 재산관리인이 법원의 허가를 얻어 처분행위를 한 때에도 언제나 본인에 대하여 효력이 있는 것은 아니다(22경간).

3) 권한 위반의 효과

① 법원의 허가심판은 일종의 수권행위에 해당하므로 재산관리인이 허가 없이 처분행위를 한 때에는 무권대리행위로 무효가 되어 부재자 본인에게 효력이 생기지 않고(23경간, 20소간), 判例에 따르면 **허가를 얻었더라도 부재자의 이익과는 무관한 용도로 처분한 경우에는 무권대리가 된다**(대결 1976.12.21, 75마551: 17소간)고 한다.

---

10) 제681조(수임인의 선관의무) 수임인은 위임의 본지에 따라 선량한 관리자의 주의로써 위임사무를 처리하여야 한다.

② 예컨대 부재자와 아무런 관련이 없는 제3자의 채무를 담보하기 위한 저당권설정행위는 비록 법원의 허가를 얻었더라도 무권대리에 해당하여 무효라고 한다. 다만, 재산관리인은 관리의 면에서는 법정대리권을 가지므로, 그 권한초과의 행위에 대해서는 재산관리인과 거래한 제3자에 대한 관계에서 '권한을 넘은 표현대리'(제126조)가 성립할 수는 있다.

(3) 권리와 의무

> **제24조【관리인의 직무】**(18 · 21세무) ① 법원이 선임한 재산관리인은 관리할 재산목록을 작성하여야 한다.
> ② 법원은 그 선임한 재산관리인에 대하여 부재자의 재산을 보존하기 위하여 필요한 처분을 명할 수 있다.
> ③ 부재자의 생사가 분명하지 아니한 경우에 이해관계인이나 검사의 청구가 있는 때에는 법원은 부재자가 정한 재산관리인에게 전2항의 처분을 명할 수 있다.
> ④ 전3항의 경우에 그 비용은 부재자의 재산으로써 지급한다.
>
> **제26조【관리인의 담보제공, 보수】**(19 · 20소간, 18 · 21세무) ① 법원은 그 선임한 재산관리인으로 하여금 재산의 관리 및 반환에 관하여 상당한 담보를 제공하게 할 수 있다.
> ② 법원은 그 선임한 재산관리인에 대하여 부재자의 재산으로 상당한 보수를 지급할 수 있다(22경간).
> ③ 전2항의 규정은 부재자의 생사가 분명하지 아니한 경우에 부재자가 정한 재산관리인에 준용한다.

(4) 재산관리의 종료

1) 취소사유

본인 스스로 재산관리를 할 수 있게 된 경우, 부재자가 후에 스스로 재산관리인을 둔 경우 또는 본인의 사망이 분명하게 되거나 **실종선고**가 있은 경우에, 가정법원은 본인 또는 이해관계인의 청구에 의하여 종전의 처분명령(가령 재산관리인 선임결정)을 취소하여야 한다(제22조 2항)(22경간). 취소가 없다면 재산관리는 종료하지 않는다(16소간).

2) 취소의 효과 – 특히 실종기간이 만료된 뒤 실종선고 전 재산관리인이 한 행위의 효력

① "법원에 의하여 일단 부재자의 재산관리인의 선임결정이 있었던 이상, 부재자가 그 이전에 사망하였음이 판명되거나 사망한 것으로 간주되더라도 법원의 별도의 결정에 의하여 **선임결정이 취소되지 않는 한** 재산관리인의 권한이 소멸되지 않을 뿐만 아니라(22경간)[따라서 이 경우 재산관리인은 계속하여 권한을 행사할 수 있다(대판 1970.1.27, 69다719 ; 대판 1981.7.28, 80다2668)], 그 **취소의 효력도 장래에 향해서만 미친다**"(대판 1970.1.27, 69다719)(20법경, 19세무).

② 그러므로 '**실종기간이 만료된 뒤 실종선고 전**'에 재산관리인이 권한초과행위의 허가를 받고 그 선임결정이 취소되기 전에 재산관리인의 위와 같은 법률행위의 효과는 부재자의 상속인에게 미친다(대판 1991.11.26, 91다11810: 따라서 재산관리인에 대한 선임결정이 취소되기 전에 재산관리인의 처분행위에 기하여 경료된 등기는 법원의 처분허가 등 모든 절차를 거쳐 적법하게 경료된 것으로 추정된다: 19세무, 20법경). 즉 재산관리인이 부재자의 상속인을 대리하여 행위한 것으로 본다.

지문 OX

08 부재자가 선임한 재산관리인과 달리 법원이 선임한 재산관리인은 관리할 재산목록을 작성할 필요가 없다.　　　×

09 부재자의 생사가 분명하지 않은 경우, 법원은 부재자가 정한 재산관리인에게 재산의 관리 및 반환에 관하여 상당한 담보를 제공하게 할 수 있다.　　　○

10 법원이 선임한 부재자의 재산관리인은 그 부재자의 사망이 확인되면 즉시 관리인으로서의 권한을 잃는다.　　　×

11 부재자 재산관리인이 선임된 이후 부재자에 대해 실종신고가 내려진 경우, 재산관리인이 이미 법원의 매각처분허가를 받았더라도 실종기간 만료 후에 이루어진 재산관리인의 처분행위는 무효이다.　　　×

12 재산관리인이 법원의 허가를 받아 행한 처분행위는 후에 그 허가가 취소되더라도 유효하다.　　　○

I. 실종선고

1. 의의

부재자의 생사불명 상태가 오랫동안 계속되어 사망의 개연성은 크지만 사망의 확증이 없는 경우에 이를 방치하면 이해관계인(배우자·상속인 등)에게 불이익을 준다. 여기서 민법은 일정한 요건하에 실종선고를 하고, 일정시기를 표준으로 하여 사망한 것과 같은 효과를 발생하게 하고 있다. 이를 '실종선고'제도라고 한다. 재산관리가 적절하게 이루어지고 있더라도 실종선고의 청구는 가능하다(18소간).

2. 실종선고의 요건

> 제27조 【실종의 선고】(23경간, 18·19소간, 18·20·21세무) ① 부재자의 생사가 5년간 분명하지 아니한 때에는 법원은 이해관계인이나 검사의 청구에 의하여 실종선고를 하여야 한다(보통실종).
> ② 전지에 임한 자, 침몰한 선박 중에 있던 자, 추락한 항공기 중에 있던 자 기타 사망의 원인이 될 위난을 당한 자의 생사가 전쟁종지후 또는 선박의 침몰, 항공기의 추락 기타 위난이 종료한 후 1년간 분명하지 아니한 때에도 제1항과 같다(특별실종).

(1) 실질적 요건

① 부재자의 '생사 불분명'이 일정기간 계속되어야 하는데, 보통실종(그 '기산점'에 관해 민법은 정하고 있지 않지만, 통설은 부재자의 생존을 증명할 수 있는 최후의 소식이 있었던 때를 기준으로 한다)의 경우에는 5년, 특별실종의 경우에는 1년이다. 생사가 분명하지 않다는 것은 생존의 증명도 사망의 증명도 할 수 없는 상태를 말한다.

② 判例에 따르면 "호적부의 기재사항은 이를 번복할 만한 명백한 반증이 없는 한 진실에 부합하는 것으로 추정되므로, 호적상 이미 사망한 것으로 기재되어 있는 자는 그 호적상 사망기재의 추정력을 뒤집을 수 있는 자료가 없는 한 그 생사가 불분명한 자라고 볼 수 없어 실종선고를 할 수 없다"(대결 1997.11.27, 97스4: 22·23경간, 21소간, 18·21세무).

③ 判例에 따르면 제27조 제2항에서 정하는 '사망의 원인이 될 위난'이란 "화재·홍수·지진·화산 폭발 등과 같이 일반적·객관적으로 사람의 생명에 명백한 위험을 야기하여 사망의 결과를 발생시킬 가능성이 현저히 높은 외부적 사태 또는 상황을 가리킨다고 할 것이다. 따라서 甲이 잠수장비를 착용한 채 바다에 입수하였다가 부상하지 아니한 채 행방불명되었다 하더라도, 이는 '사망의 원인이 될 위난'이라고 할 수 없다"(대결 2011.1.31, 2010스165: 즉 5년의 실종기간의 경과가 필요하다: 23경간, 17·21소간).

(2) 형식적 요건

① 이해관계인 또는 검사에 한해 실종선고를 청구할 수 있으며, 그 기간의 제한은 없다(제27조). 아울러 가정법원이 실종을 선고함에는 반드시 '공시최고'[11]의 절차를 거쳐야 하고(가사소송규칙 제53조), 공시최고 기일(공고종료일로부터 6개월)이 지나도록 그 신고가 없는 때에는 법원은 '반드시' 실종선고를 하여야 한다(제27조 1항).

---

11) 일정한 기간 내에 신고를 하지 않으면 권리를 상실한다고 경고하는 재판상의 절차. 법원의 게시판, 관보(官報) 등에 공고된다.

② '이해관계인'이란 법률상 이해관계를 가지는 자를 말한다. 부재자의 추정상속인·배우자·부양청구권을 갖는 친족·보증인·부재자 재산관리인 등이 이에 속한다. 判例에 따르면 "제27조의 실종선고를 청구할 수 있는 이해관계인이라 함은 부재자의 법률상 사망으로 인하여 직접적으로 신분상 또는 경제상의 권리를 취득하거나 의무를 면하게 되는 사람만을 뜻한다. 부재자의 제2순위 상속인에 불과한 자는 부재자에 대한 실종선고의 여부에 따라 상속지분에 차이가 생긴다고 하더라도 이는 부재자의 사망 간주시기에 따른 간접적인 영향에 불과하고 부재자의 실종선고 자체를 원인으로 한 직접적인 결과는 아니므로 부재자에 대한 실종선고를 청구할 이해관계인이 될 수 없다"(대판 1986.10.10, 86스20: 22·23경간, 19·21소간, 18법경, 18·20세무).

3. 실종선고의 효과

> 제28조 【실종선고의 효과】(17·19·20소간, 18세무) 실종선고를 받은 자는 전조의 기간이 만료한 때에 사망한 것으로 본다.

(1) 사망의 간주

① 실종선고를 받은 자는 사망한 것으로 '간주'된다(제28조)(18세무). 따라서 사망한 것으로 추정되는 경우와 달리, 실종자의 생존 기타 반대증거를 들어 선고의 효과를 다투지 못하며, 사망의 효과를 저지하려면 실종선고를 '취소'하여야 한다(대판 1995.2.17, 94다52751: 22경간, 18세무).

② 判例에 따르면 "실종선고를 받은 자는 실종기간이 만료한 때에 사망한 것으로 간주되는 것이므로, 실종선고로 인하여 실종기간 만료시를 기준으로 하여 상속이 개시된 이상 설사 이후 실종선고가 취소되어야 할 사유가 생겼다고 하더라도 **실제로 실종선고가 취소되지 아니하는 한, 임의로 실종기간이 만료하여 사망한 때로 간주되는 시점과는 달리 사망시점을 정하여 이미 개시된 상속을 부정하고 이와 다른 상속관계를 인정할 수는 없다**"(대판 1994.9.27, 94다21542).

(2) 사망으로 보는 시기

1) 원칙

민법은 '**실종기간이 만료**'(실종선고시가 아님)한 때에 사망한 것으로 본다(제28조). 예컨대 甲이 2000년 1월 1일에 항공기가 추락하면서 실종되고, 그 배우자가 2010년에 실종선고를 청구하여, 2011년에 甲에게 실종선고가 내려진 경우, 甲은 2001년 1월 1일 오후 24시에 사망한 것으로 된다.

2) 예외

가) 부재자재산관리인의 처분행위

제28조에 의하면 공시최고기간(6개월) 때문에 사망의제 시기가 실종선고 시기보다 필연적으로 앞서게 되어 부재자와 거래한 제3자가 피해를 입는 경우가 생길 수 있다. 따라서 앞서 부재자재산관리에서 살펴본 바와 같이 判例는 **거래안전을 고려하여** '실종기간이 만료된 뒤 실종선고 전'에 재산관리인이 권한초과행위의 허가를 받고 그 선임결정이 취소되기 전에 재산관리인의 위와 같은 법률행위의 효과는 부재자의 상속인에게 미친다(대판 1991.11.26, 91다11810: 19세무, 20법경)고 한다.

나) 소송절차

이미 사망한 자를 피고로 하여 소를 제기하였고 법원이 이를 간과하여 판결을 선고한 경우 원칙적으로 그 판결은 '당연무효'이다(대판 2017.5.17, 2016다274188). 그러나 判例는 **소송절차의 안정을 고려하여 실종선고의 효과를 실체법과 달리 실종선고가 확정된 시점에 사망한 것으로 보고 있다**(아래 판례 참고).

■ [민소법 쟁점] **실종기간이 만료된 실종자를 상대로 제기된 소의 적법 여부 등**

① [소송계속 중 실종선고된 경우] "부재자의 재산관리인에 의하여 소송절차가 진행되던 중 부재자 본인에 대한 실종선고가 확정되면 그 재산관리인으로서의 지위는 종료되는 것이므로 상속인 등에 의한 적법한 소송수계가 있을 때까지는 소송절차가 중단된다"(대판 1987.3.24, 85다카1151). 이 경우 소송절차가 중단되는 시기는 실종기간만료시가 아니라 실종선고 확정시이다(대판 1983.2.22, 82사18: 22경간).

② [판결확정 후 실종선고된 경우(실종기간이 만료된 실종자를 상대로 제기된 소)] "실종선고의 효력이 발생하기 전에는 실종기간이 만료된 실종자라 하여도 소송상 당사자능력을 상실하는 것은 아니므로 비록 실종자를 당사자로 한 판결이 확정된 후에 실종선고가 확정되어 그 사망간주의 시점이 소 제기 전으로 소급하는 경우에도 위 판결 자체가 소급하여 당사자능력이 없는 사망한 사람을 상대로 한 판결로서 무효가 된다고는 볼 수 없다"(대판 1992.7.14, 92다2455: 17소간, 18법경).

(3) 사망의 효과가 생기는 범위

실종선고가 사망의 효과를 발생시키기는 하지만, 사망에서와 같이 권리능력이 종국적·절대적으로 소멸하는 것은 아니다(실종선고는 취소될 수 있다). 그 **효과가 생기는 범위는 실종자의 '종래'의 주소**(또는 거소)**를 중심으로 하는 '사법적' 법률관계에 국한**된다. 즉 종래의 주소를 중심으로 한 법률관계만이 문제되는 것이므로, 돌아온 후의 법률관계나, 실종자의 다른 곳에서의 법률관계에 관하여는 사망의 효과가 미치지 않는다(22경간). 또한 사법적 법률관계만을 종료시키는 것이므로, 공법상의 법률관계, 예컨대 선거권·피선거권의 유무나 범죄의 성립 등은 실종선고와는 관계없이 결정된다(21세무).

(4) 실종선고와 생존추정(의제) 여부

1) 실종선고를 받은 경우

실종선고가 있은 경우에 실종자는 실종기간이 만료한 때 사망한 것으로 간주되며, 간주주의를 취하는 취지상 그때까지 그는 생존하는 것으로 '간주'된다고 할 것이다(대판 1977.3.22, 77다81).

2) 실종선고가 없는 경우

① 사람의 생사는 중요한 것이므로 실종기간이 아무리 길더라도 실종선고를 받지 않은 자는 특별한 사정이 없는 한 생존하고 있는 것으로 '추정'되며, 사망의 사실에 대한 증명책임은 이를 주장하는 자가 부담한다(22경간).

判例도 같은 취지인바, A는 1951.7.2. 사망하였으며 그의 장남 B는 1970.1.30. 실종선고에 의해 실종기간 만료일인 1950.8.1. 사망한 것으로 된 사안에서, 判例는 "**실종선고가 있기까지는 B가 '생존추정'을 받아 상속권을 주장할 수는 있으나**, 후에 실종선고가 있게 되면 실종기간 만료일에 사망한 것으로 간주(소급효)되므로 B는 A의 사망 이전에 사망한 것으로 되어 상속권을 주장할 수 없다"(대판 1982.9.14, 82다144)고 판시하였다(18법경, 18세무).

② 유의할 것은, 실종선고를 받지 않은 모든 경우에 생존이 항상 추정되는 것은 아니고, 시신의 확인은 없더라도 또 실종선고(인정사망)를 받지 않았더라도 경험칙상 사망한 것으로 보아야 하는 경우에는 사망한 것으로 다루어진다는 점이다(대판 1989.1.31, 87다카2954: 21소간).

II. 실종선고의 취소

1. 의의

실종선고의 취소는 '간주주의'를 채택한 우리 민법체계에서 실종선고의 효과를 번복하기 위한 제도이다. 실종자가 생환한 경우 실종선고 취소가 없더라도 당연히 권리능력은 인정되므로 새로운 법률관계를 맺는 데는 실종선고 취소 없이도 가능하나, 이미 상속된 재산을 반환받는 등의 효과를 누리기 위해서는 실종선고 취소가 있어야 한다. 즉, "실종선고로 인하여 실종기간 만료시를 기준으로 하여 상속이 개시된 이상 설사 이후 실종선고가 취소되어야 할 사유가 생겼다고 하더라도 실제로 실종선고가 취소되지 아니하는 한, 임의로 실종기간이 만료하여 사망한 때로 간주되는 시점과는 달리 사망시점을 정하여 이미 개시된 상속을 부정하고 이와 다른 상속관계를 인정할 수는 없다"(대판 1994.9.27, 94다21542: 17·18소간, 20법경).

2. 요건

> 제29조【실종선고의 취소】(18·19·20소간, 20세무, 18법경) ① 실종자의 생존한 사실 또는 전조의 규정과 상이한 때에 사망한 사실의 증명이 있으면 법원은 본인, 이해관계인 또는 검사의 청구에 의하여 실종선고를 취소하여야 한다. 그러나 실종선고후 그 취소전에 선의로 한 행위의 효력에 영향을 미치지 아니한다.
> ② 실종선고의 취소가 있을 때에 실종의 선고를 직접원인으로 하여 재산을 취득한 자가 선의인 경우에는 그 받은 이익이 현존하는 한도에서 반환할 의무가 있고 악의인 경우에는 그 받은 이익에 이자를 붙여서 반환하고 손해가 있으면 이를 배상하여야 한다.

(1) 실질적 요건

ⅰ) 실종자가 생존한 사실이나, ⅱ) 실종기간이 만료한 때와 다른 시기에 사망한 사실을 증명하여야 한다(제29조 1항)(22경간). ⅲ) 그밖에 명문의 규정은 없지만 실종기간의 기산점 이후 어느 시점에 생존하고 있던 사실의 증명이 있는 경우도 포함한다.

(2) 형식적 요건

본인·이해관계인 또는 검사의 청구가 있어야 한다(제29조 1항). 다만 실종선고의 경우와는 달리 공시최고는 필요하지 않다(22경간).

3. 효과

(1) 원칙

실종선고의 효과는 소급적으로 무효가 된다. 그러나 이를 관철할 경우 실종선고를 신뢰한 잔존자가 불측의 손해를 입을 염려가 있으므로 민법은 두 가지의 예외를 인정한다.

(2) 예외 1. 실종선고 후 그 취소 전에 '선의'로 한 행위의 효력(제29조 1항 단서)

1) 문제점

실종선고 후 그 취소 전에 선의로 한 행위에 영향을 미치지 않으므로 종전의 법률관계는 회복되지 않는다. '선의'란 실종선고가 사실에 반하는 것, 즉 실종자의 생존 또는 이시(異時) 사망을 알지 못하는 것이다. 거래안전 또는 신분관계의 안정과 실종자의 이익 보호라는 두 가지 상반되는 요청 속에서 제29조 1항 단서의 적용요건인 선의자의 범위가 문제된다.

2) 재산행위

가) 단독행위인 경우

단독행위의 경우에는 상대방은 의사표시의 상대방이 아니므로 그 행위자에 관하여만 선의·악의를 결정하면 된다고 본다(다수설). 따라서 상대방의 수령을 요하는 행위라 하더라도 그 행위자가 선의이면 비록 상대방이 악의라 하더라도 그 행위는 유효하다.

나) 계약인 경우

① 실종자의 이익 보호를 위해 양 당사자 모두의 선의를 요한다는 **쌍방선의설**(다수설), ② 거래안전 보호를 위해 각 당사자별로 개별적으로 판단해야 한다는 **상대적 효력설**, ③ 상대적 효력설을 기본으로 하되, '일단 선의의 자에게 재산이 귀속되면'(제29조 2항에 의해 상속인은 이에 해당하지 않는다) 제29조 1항 단서가 적용되어 최초의 양수인은 확정적으로 소유권을 취득하고 그 후의 전득자가 악의라도 유효하게 권리를 취득한다는 **절대적 효력설**(전득자 보호설)이 있다.

따라서 어느 견해에 따르든 실종선고 후 그 취소 전에 '쌍방이 선의로 한 행위의 효력'은 실종선고의 취소에 의해 영향을 받지 않는다(22경간).

3) 가족법상의 행위

가족법상의 행위로서 특히 문제가 되는 것은 잔존배우자의 재혼이다. 이 경우 **당사자 쌍방의 선의를 요한다**(통설). 그래서 당사자 쌍방이 선의이면 후혼이 유효하고 전혼은 부활하지 않는다고 한다. 그러나 재혼 당사자의 쌍방이나 일방이 악의인 경우에는 전혼은 부활하고 후혼은 중혼이 되어, 전혼에는 이혼원인이 생기고(실종자의 배우자가 악의인 경우에는 제840조 1호, 그 상대방만이 악의인 경우에는 동조 6호), 후혼은 혼인취소의 사유에 해당하여 법원에 그 취소를 청구할 수 있는 것으로 해석한다(제810조, 제816조 1호, 제818조).

(3) 예외 2. 실종선고를 '직접원인'으로 재산을 취득한 자의 반환의무(제29조 2항)

1) 요건

실종선고를 '직접원인'으로 하여 재산을 취득한 자라 함은 상속인, 수유자, 생명보험수익자 등을 가리킨다. 상속인으로부터 상속재산을 매수한 '전득자'는 이에 포함되지 않는다.

2) 효과

실종선고를 직접원인으로 재산을 취득한 자는 선의인 경우 현존이익을 반환하여야 하고, 악의인 경우 받은 이익에 이자를 가산하여 반환하고 손해가 있으면 배상하여야 한다(제29조 2항).

(4) 제29조 1항 단서와 2항과의 관계

양자는 **선택적 관계**에 있으므로 실종선고의 취소를 받은 자는 제29조 1항 단서에 의하여 보호되지 않는 전득자에 대해 반환청구를 하든지, 아니면 직접수익자에 대하여만 제29조 2항에 의한 부당이득반환청구를 할 수 있다.

(5) 선의자 내지 거래안전의 보호를 위한 다른 제도와의 관계

제29조 1항 단서는 거래안전의 보호를 위한 다른 제도의 적용을 배척하지 않는다. 따라서 취득시효(제245조)[12], 선의취득(제249조)[13] 등의 요건을 갖춘 취득자는 실종선고의 취소에 의하여 영향을 받지 않는다.

12) 제245조(점유로 인한 부동산 소유권의 취득기간) ①항 20년간 소유의 의사로 평온, 공연하게 부동산을 점유하는 자는 등기함으로써 그 소유권을 취득한다. ②항 부동산의 소유자로 등기한 자가 10년간 소유의 의사로 평온, 공연하게 선의이며 과실 없이 그 부동산을 점유한 때에는 소유권을 취득한다.

13) 제249조(선의취득) 평온, 공연하게 동산을 양수한 자가 선의이며 과실없이 그 동산을 점유한 경우에는 양도인이 정당한 소유자가 아닌 때에도 즉시 그 동산의 소유권을 취득한다.

제3절 법인

제1관 총설

Ⅰ. 법인제도

1. 법인의 개념

법인이란 일정한 목적을 위하여 결합된 사람의 단체 또는 일정 목적을 위하여 출연된 재산으로서 법에 의해 권리·의무의 주체가 될 수 있는 자격이 인정된 것을 말한다.

2. 법인제도의 목적

사단 또는 재단에 법인격을 부여하는 데에는 두 가지 목적이 있다. ① '법률관계 처리의 편의'와 ② '책임의 분리'이다. 즉, 단체 자체의 이름으로 재산을 가지고, 부동산의 경우에는 등기를 할 수 있다. 단체에 대한 채권자는 단체의 재산에 대해서만 집행할 수 있고 구성원의 개인재산에 대하여는 할 수 없다.

Ⅱ. 법인격의 부인

1. 의의

'법인격부인론'은 법인격이 형해화 또는 남용된 경우 **'특정 사안'**에 한해 해당 법인의 법인격을 부정하고(법인격을 일반적으로 부인하는 것은 아님), 법인과 실체를 이루는 개인 또는 다른 법인을 동일시하여 그 배후자들에게 책임을 묻고자 하는 이론이다. 실정법상 근거로는 일반적으로 제2조의 신의칙 내지는 권리남용의 금지를 든다(또는 회사의 법인성을 규정한 상법 제169조).

2. 법인격 형해(形骸)론(법인 형식을 이용하는 자와 법인이 실질적으로 동일하여 법인격이 형해화된 경우)

"회사가 외형상으로는 법인의 형식을 갖추고 있으나 법인의 형태를 빌리고 있는 것에 지나지 아니하고 실질적으로는 완전히 그 법인격의 배후에 있는 사람의 개인기업에 불과하거나, 그것이 배후자에 대한 법률적용을 회피하기 위한 수단으로 함부로 이용되는 경우에는, 비록 외견상으로는 회사의 행위라 할지라도 회사와 그 배후자가 별개의 인격체임을 내세워 회사에게만 그로 인한 법적 효과가 귀속됨을 주장하면서 배후자의 책임을 부정하는 것은 신의성실의 원칙에 위배되는 법인격의 남용으로서 심히 정의와 형평에 반하여 허용될 수 없고, 따라서 **회사는 물론 그 배후자인 타인에 대하여도 회사의 행위에 관한 책임을 물을 수 있다**"(대판 2008.9.11, 2007다90982).

3. 법인격 남용(濫用)론(법률의 적용을 회피하기 위해 법인격을 남용하는 경우)

"기존회사가 채무를 면탈하기 위하여 기업의 형태·내용이 실질적으로 동일한 신설회사를 설립하였다면, 신설회사의 설립은 기존회사의 채무면탈이라는 위법한 목적 달성을 위하여 회사제도를 남용한 것에 해당한다. 이러한 경우에 기존회사의 채권자에 대하여 위 두 회사가 별개의 법인격을 갖고 있음을 주장하는 것은 신의성실의 원칙상 허용될 수 없으므로, **기존회사의 채권자는 위 두 회사 어느 쪽에 대하여도 채무의 이행을 청구할 수 있다**"(대판 2008.8.21, 2006다24438).

Ⅲ. 법인의 종류

1. 영리법인과 비영리법인

> 제39조【영리법인】① 영리를 목적으로 하는 사단은 상사회사설립의 조건에 좇아 이를 법인으로 할 수 있다.
> ② 전항의 사단법인에는 모두 상사회사에 관한 규정을 준용한다.

지문 OX

01 민법상 법인은 영리를 목적으로 설립될 수 없다.　○

상법상의 법인은 영리법인이고, 민법상의 법인은 비영리법인이다(18세무). 전자는 설립등기를 함으로써 성립하는 데 비해(상법 제172조), 후자는 주무관청의 허가를 얻어 설립등기를 함으로써 성립하는 점(민법 제32조, 제33조)에서 구별된다.

02 민법상 영리를 목적으로 하는 재단법인이 인정된다.　×

영리법인은 구성원의 경제적 이익을 도모하는 것, 즉 법인의 이익을 구성원에게 분배하는 것을 목적으로 하는 법인이다. 따라서 구성원이 없는 재단법인은 성질상 영리법인이 될 수 없다.

2. 사단법인과 재단법인

① 일정한 목적을 위하여 결합한 '사람'의 단체(사단)를 실체로 하는 법인을 '사단법인'이라고 하고 ② 일정한 목적을 위하여 바쳐진 '재산'의 단체(재단)를 실체로 하는 법인을 '재단법인'이라고 한다. 사단법인은 단체의 의사에 기하여 자율적으로 활동하는 '자율적 법인'인데, 재단법인은 설립자의 의사에 의하여 타율적으로 구속되는 '타율적 법인'이라는 본질적인 차이가 있다.

제2관 법인의 설립

Ⅰ. 총설

03 법인은 법률의 규정에 의함이 아니면 성립하지 못한다.　○

04 학술, 종교, 자선, 기예, 사교 기타 영리 아닌 사업을 목적으로 하는 사단 또는 재단은 주무관청의 인가를 얻어 이를 법인으로 할 수 있다.　×

> 제31조【법인성립의 준칙】법인은 법률의 규정에 의함이 아니면 성립하지 못한다.
> 제32조【비영리법인의 설립과 허가】(21법경, 18세무) 학술, 종교, 자선, 기예, 사교 기타 영리 아닌 사업을 목적으로 하는 사단 또는 재단은 주무관청의 '허가'를 얻어 이를 법인으로 할 수 있다.
> 제33조【법인설립의 등기】(23경간, 19소간, 19ㆍ20세무) 법인은 그 주된 사무소의 소재지에서 설립등기를 함으로써 성립한다.

1. 법인의 성립시기

비영리법인은 설립행위와 주무관청의 허가 및 설립등기라는 요건을 갖춘 때 성립하고, 등기할 때까지는 법인이 아니다(제32조, 제33조).

2. 법인설립에 관한 입법주의

05 사적자치의 원칙에는 '단체 결성의 자유'도 포함되므로, 민법상 비영리법인의 경우 설립이나 설립 후의 활동이 관련 법령에 저촉되지 아니하면 족하고, 설립 자체에 주무관청의 허가 등이 필요한 것은 아니다.　×

비영리법인의 설립에 관하여 민법은 제31조에서 자유설립주의를 배제하고 '**법정주의**'를 채택하고 있으며(19세무), 제32조에서 '**허가주의**'를 채택하고 있으므로 행정청의 허가가 요구된다(18법경).

Ⅱ. 비영리사단법인의 설립

1. 설립의 요건

비영리사단법인의 설립에는 ⅰ) 목적의 비영리성(제32조), ⅱ) 설립행위(정관작성)(제40조), ⅲ) 주무관청의 허가(제32조), ⅳ) 설립등기(제33조)의 요건을 갖추어야 한다.

(1) 목적의 비영리성

'영리 아닌 사업'을 목적으로 하여야 한다(제32조). 비영리사업의 목적을 달성하기 위해 필요한 한도에서 영리행위를 하는 것은 허용되지만, 이 경우에도 그 수익은 사업의 목적을 위해 쓰여야 하고 구성원에게 분배되어서는 안 된다. 영리 아닌 사업이면 되고, 반드시 공익을 목적으로 할 필요는 없다.

(2) 설립행위(정관작성)

1) 의의

사단법인을 설립하려면, 설립자가 일정한 사항을 기재한 정관을 작성하여 기명날인하여야 한다(제40조). 민법은 설립자의 수에 관해 정하고 있지는 않으나, 사단의 성질상 2인 이상이어야 한다. 정관의 작성에는 설립자들이 기명날인[14]을 하여야 하며, 이것이 없는 정관은 무효이다.

2) 성질

① 정관작성에 의한 사단법인의 설립행위는 서면에 의하는 '**요식행위**'[15]이며(20·21세무), 그 성질은 장래에 성립할 사단에 법인격취득의 효과를 발생시키려는 법률행위이다. ② 설립자 전원이 합동하여 법인설립이라는 공동의 목적에 협력하는 점에서, 이를 단독행위 및 계약과 구별하여 '**합동행위**'라는 제3의 법률행위의 유형으로 파악한다.

> ❋ **사단법인의 동일성 판단기준**
>
> 어느 사단법인과 다른 사단법인이 동일한 것인지 여부는 그 구성원인 사원이 동일한지 여부에 따라 결정됨이 원칙이다. 다만, 사원 자격의 득실변경에 관한 정관의 기재사항이 적법한 절차를 거쳐서 변경된 경우에는 구성원이 다르더라도 그 변경 전후의 사단법인은 동일성을 유지하면서 존속하는 것이고, 이러한 법리는 법인 아닌 사단에 있어서도 마찬가지이다(대판 2008.9.25, 2006다37021).

> ❋ **사단법인 정관의 해석방법**
>
> 判例는 사단법인의 정관작성행위는 법률행위에 해당하나 일단 작성된 정관은 계약이 아닌 '자치법규'로서의 성질이 가진다고 보아 그 해석은 법률행위 해석의 방법이 아닌 법규해석의 방법에 따라야 하는 것으로 보았다. 따라서 작성자의 주관이나 해석 당시의 사원의 다수결에 의한 방법으로 자의적으로 해석될 수는 없다고 한다(대판 2000.11.24, 99다12437: 23경간, 18·21세무).

---

14) 기명날인: 성명을 기재하고 인장을 찍는 일. 타인이 본인을 대행하여 할 수도 있다.
15) 요식행위: 일정한 방식을 필요로 하는 법률행위. 불요식행위와 대응되는 개념이다.

3) 정관의 기재사항

가) 필요적 기재사항 (18세무)

정관에는 다음의 사항을 기재하여야 하고(제40조), 그 하나라도 빠지면 정관으로서의 효력이 생기지 않는다. 즉 '① 목적 ② 명칭 ③ 사무소의 소재지 ④ 자산에 관한 규정 ⑤ 이사의 임면에 관한 규정(18소간) ⑥ 사원자격의 득실에 관한 규정 ⑦ 존립시기나 해산사유를 정하는 때에는 그 시기 또는 사유'가 그것이다. 다만 이 중 ⑦은 그 존립시기나 해산사유를 정한 때에 한해 기재하면 된다.

나) 임의적 기재사항

정관에는 그 밖의 사항도 기재할 수 있고, 그 내용에 특별한 제한은 없다. 이를 임의적 기재사항이라고 하는데, 이것도 일단 정관에 기재되면 필요적 기재사항과 같은 효과가 있으며(20세무), 그 변경에는 정관변경의 절차(제42조)를 거쳐야 한다(19세무).

(3) 주무관청의 허가

민법은 법인의 설립에 관하여 허가주의를 채택하였고(제32조), 그 결과 민법상 비영리 법인의 설립을 위한 허가는 그 본질상 주무관청의 '자유재량'에 속하는 것이어서 그 허가 여부에 대해 다툴 수 없다.

(4) 설립등기

> 제33조 【법인설립의 등기】(18·21법경) 법인은 그 주된 사무소의 소재지에서 설립등기를 함으로써 성립한다.
>
> 제49조 【법인의 등기사항】(18·19세무) ① 법인설립의 허가가 있는 때에는 3주간내에 주된 사무소소재지에서 설립등기를 하여야 한다.
> ② 전항의 등기사항은 다음과 같다.
> 1. 목적
> 2. 명칭
> 3. 사무소
> 4. 설립허가의 연월일
> 5. 존립시기나 해산이유를 정한 때에는 그 시기 또는 사유
> 6. 자산의 총액
> 7. 출자의 방법을 정한 때에는 그 방법
> 8. 이사의 성명, 주소
> 9. 이사의 대표권을 제한한 때에는 그 제한

법인설립등기에는 다음의 사항을 기재하여야 하는바(제49조 2항), 법인의 그 밖의 등기가 제3자에 대한 대항요건인 데 비해(제54조 1항), 설립등기는 법인격을 취득하기 위한 성립요건인 점에서 차이가 있다.

즉, '① 목적 ② 명칭 ③ 사무소 ④ 설립허가의 연월일 ⑤ 존립시기나 해산이유를 정한 때에는 그 시기 또는 사유 ⑥ 자산의 총액 ⑦ 출자의 방법을 정한 때에는 그 방법 ⑧ 이사의 성명, 주소 ⑨ 이사의 대표권을 제한한 때에는 그 제한'을 등기해야 한다.

2. 발기인 조합과 설립 중의 사단법인

(1) 의의

사단법인이 설립되는 과정은 크게 ① 첫 번째로 법인설립을 준비하기 위한 설립자 상호간의 법률관계가 성립하는 '발기인 조합'단계이고, ② 두 번째로 정관을 작성하여 법인으로서의 실체를 갖추게 되는 '설립 중의 법인'단계이며, ③ 마지막으로 설립등기를 함으로써 법인격을 취득하는 단계이다.

(2) 발기인 조합

재단법인의 발기인은 법인설립인가를 받기 위한 준비행위로 재산의 증여를 받을 수 있다(대판 1973.2.28, 72다2344, 2345: 21세무).

설립 중의 회사로서의 실체가 갖추어지기 이전에 발기인이 취득한 권리, 의무는 구체적 사정에 따라 발기인 개인 또는 발기인 조합에 귀속되는 것으로서 이들에게 귀속된 권리의무를 설립 후의 회사에 귀속시키기 위하여는 양수나 채무인수 등의 특별한 이전행위가 있어야 한다(대판 1994.1.28, 93다50215).

> **[관련판례]** "교회가 그 실체를 갖추어 법인 아닌 사단으로 성립한 경우에 교회의 대표자가 교회를 위하여 취득한 권리의무는 교회에 귀속되나, 교회가 아직 실체를 갖추지 못하여 법인 아닌 사단으로 성립하기 전에 설립의 주체인 개인이 취득한 권리의무는 그것이 앞으로 성립할 교회를 위한 것이라 하더라도 바로 법인 아닌 사단인 교회에 귀속될 수는 없고, 또한 설립 중의 회사의 개념과 법적 성격에 비추어, 법인 아닌 사단인 교회가 성립하기 전의 단계에서 설립 중의 회사의 법리를 유추적용할 수는 없다"(대판 2008.2.28, 2007다37394, 37400: 18세무).

(3) 설립 중의 법인

조합의 설립 자체를 위한 비용에 한하여 이후 설립된 법인에게 당연승계가 이루어진다(대판 1965.4.13, 64다1940).

Ⅲ. 비영리재단법인의 설립

1. 설립의 요건

비영리재단법인의 설립에는 ⅰ) 목적의 비영리성(제32조), ⅱ) 설립행위(정관작성 및 재산의 출연)(제43조), ⅲ) 주무관청의 허가(제32조), ⅳ) 설립등기(제33조)의 요건을 갖추어야 한다.

2. 설립행위(정관작성 및 재산의 출연)

(1) 의의 및 성질

① 재단법인의 설립자는 재산을 출연하고, 일정한 사항이 기재된 정관을 작성하여 기명날인하여야 한다(제43조). 정관의 작성 이외에 반드시 '**재산을 출연**'하여야 하는 점에서, 사단법인의 경우와 다르다.

② 재단법인의 설립행위는 설립자가 일정한 재산을 출연하고 정관을 작성하여야 하는 요식행위이며, 그 성질은 재단의 설립을 목적으로 '**상대방 없는 단독행위**'인 법률행위이다. 수인의 설립자가 재산을 출연하는 경우에는 단독행위의 경합이 된다.

(2) 재산의 출연

① 재단법인 설립자의 출연행위는 '무상'인 점에서 증여나 유증과 유사하므로, 생전처분으로 재단법인을 설립하는 때에는 '증여'에 관한 규정을 준용하고, 유언으로 재단법인을 설립하는 때에는 '유증'에 관한 규정을 준용한다(제47조)(22경간, 18 · 21세무). 따라서 예컨대 유상행위에만 문제되는 담보책임에 관한 규정은 적용되지 않는다.

② 재단법인의 기본재산은 재단법인의 실체를 이루는 것이므로 **단지 형식적 소유명의만을 재단법인에게 귀속시키기로 하는 것은 허용되지 않는다.** 즉, 判例는 '이미 설립된' 재단법인에 명의신탁[16]하는 것은 가능하지만(대판 1991.5.28, 90다8558), 재단법인 설립과정에서 그 출연자들이 '장래 설립될' 재단법인의 기본재산으로 귀속될 부동산에 관하여 소유명

의만을 신탁하는 약정을 한 경우, 이러한 명의신탁계약은 새로 설립된 재단법인에게 효력이 미치지 않는다고 한다(대판 2011.2.10, 2006다65774).[17]

(3) 재단법인설립시 출연재산의 귀속시기(제48조)

> **제48조【출연재산의 귀속시기】**(19법경, 19소간) ① 생전처분으로 재단법인을 설립하는 때에는 출연재산은 법인이 성립된 때로부터 법인의 재산이 된다.
> ② 유언으로 재단법인을 설립하는 때에는 출연재산은 유언의 효력이 발생한 때로부터 법인에 귀속한 것으로 본다.

1) 문제점

① 제48조 1항에 의하면, 출연한 재산은 법인이 성립한 때, 즉 법인설립의 등기를 한 때부터(제33조) 재단법인에 귀속하는 것으로 된다. 제48조 2항에 의하면, 출연한 재산은 유언의 효력이 발생한 때, 즉 유언자가 사망한 때부터(제1073조 1항) 재단법인에 귀속하는 것으로 된다.

② 한편 민법은 법률행위에 의해 권리가 변동되는 경우에는 일정한 공시 내지 형식을 필요로 하는 형식주의를 취한다. 즉 부동산인 경우에는 등기(제186조), 동산인 경우에는 인도(제188조), 지시채권[18]은 배서[19] 및 교부(제508조), 무기명채권(채권자가 표시되지 않은 채권)은 교부(제523조)가 있어야 그 효력이 생기는 것으로 규정한다.

③ 그런데 재단법인의 설립행위, 즉 재산의 출연행위는 '상대방 없는 단독행위'로서, 그것은 법률행위이다. 요컨대 제48조의 규정과 법률행위에 의한 권리변동의 성립요건으로서 공시를 필요로 하는 규정(제186조) 간에 충돌이 발생하고, 그래서 제48조를 어떻게 해석할 것인지에 관해 문제된다.

2) 판례

① **[생전처분의 경우]** 判例는 "출연자와 법인 간에는(대내관계) 등기 없이도 제48조에서 규정하는 때에 법인에 귀속되지만, 법인이 그것을 가지고 제3자에게 '**대항**'하기 위해서는 (대외관계) 제186조의 원칙에 돌아가 그 등기를 필요로 한다"(대판 1979.12.11, 전합78다481: 20소간)고 판시하고 있다.

[판례해설] 判例의 경우 구체적 타당성을 기하려 하였으나, 형식주의를 취하고 있는 현행 민법하에서 **소유권의 상대적 귀속**을 인정한 점(대내관계와 대외관계의 소유권을 다르게 판단)에서 민법의 결단에 위배되는 측면이 있다(전합78다481 소수의견 및 학계의 통설).[20]

지문 OX

01 유언으로 재단법인을 설립하는 때에는 출연재산은 유언의 효력이 발생한 때로부터 법인에 귀속한 것으로 본다.   ○

02 출연재산은 출연자와 법인과의 관계에 있어서 그 출연행위에 터잡아 법인이 성립되면 그로써 출연재산은 민법 제48조에 의하여 법인성립시에 법인에게 귀속되어 법인의 재산이 되는 것이 원칙이나, 출연재산이 부동산인 경우 그 출연재산이 법인에 귀속되기 위해서는 제3자에 대한 관계에 있어서뿐만 아니라, 출연자와 법인과의 관계에 있어서도 위 요건(법인의 성립) 외에 등기를 필요로 한다.   ✕

03 유언으로 재단법인을 설립하는 때에는 출연재산은 유언의 효력이 발생한 때로부터 법인의 재산이 되는 것이므로, 유언으로 재단법인에 출연된 부동산에 관하여 재단법인 앞으로 소유권이전등기가 경료되지 않더라도 그 부동산은 재단법인의 소유가 되고, 따라서 유언자 사망 후 제3자가 유언자의 상속인으로부터 소유권이전등기를 경료받더라도 그 제3자는 소유권을 취득하지 못한다.   ✕

04 甲이 생전처분으로 지명채권을 출연한 경우, 지명채권은 출연행위를 한 날부터 乙법인에 귀속한다.   ✕

05 재단법인의 존립시기나 해산사유는 정관의 임의적 기재사항이다.   ○

06 재단법인의 설립자가 그 명칭이나 이사의 임면방법을 정하지 않고 사망한 경우, 주무관청이 이를 정할 수 있다.   ✕

---

16) '대내적'으로는 신탁자가 권리를 보유하여 목적물을 관리·수익하면서, '대외적'으로 그에 관한 등기는 수탁자의 명의로 경료해 두는 것을 명의신탁이라고 하며(대판 1965.5.18, 65다312), 判例에 의해 발전된 개념이다.

17) "재단법인의 기본재산은 재단법인의 실체를 이루는 것이므로, 재단법인 설립을 위한 기본재산의 출연행위에 관하여 그 재산출연자가 소유명의만을 재단법인에 귀속시키고 실질적 소유권은 출연자에게 유보하는 등의 부관을 붙여서 출연하는 것은 재단법인 설립의 취지에 어긋나는 것이어서 관할 관청은 이러한 부관이 붙은 출연재산을 기본재산으로 하는 재단법인의 설립을 허가할 수 없다".

18) 지시채권: 특정인 또는 그가 지시한 자에게 변제하여야 하는 증권적 채권을 말한다. 어음·수표·기명주식은 원칙적으로 지시채권이다.

19) 배서: 어음이나 증권 등의 뒷면에 누구에게 양도한다는 뜻의 글과 함께 서명을 하는 일

20) [학설] ① 제48조는 재단법인의 '재산적 기초'를 충실히 하기 위한 특별규정이므로, 제48조를 제187조의 '기타 법률의 규정'으로 보아서 재단법인 앞으로의 공시가 없어도 제48조가 정하는 시기에 권리가 귀속한다는 법인성립시설(제48조 1항 적용 ; 물권적 귀속설)과(다수설). ② '거래안전'의 보호에 치중하는 견해로서 법인의 성립 또는 설립자의 사망시에 법인에게 출연재산의 이전청구권이 생길 뿐이고, 그것이 현실로 재단법인 앞으로 귀속되는 때는 공시를 한 때라고 보는 이전등기시설(제186조 적용 ; 채권적 귀속설)이 대립한다.

② **[유언의 경우]** "유언으로 재단법인을 설립하는 경우에도 제3자에 대한 관계에서는 출연재산이 부동산인 경우는 그 법인에의 귀속에는 법인의 설립 외에 등기를 필요로 하는 것이므로, 재단법인이 그와 같은 등기를 마치지 아니하였다면 유언자의 상속인의 한 사람으로부터 부동산의 지분을 취득하여 이전등기를 마친 **선의의 제3자에 대하여 대항할 수 없다**"(대판 1993.9.14, 93다8054)라고 판시하고 있는바, **[판례해설]** 이러한 判例는 '악의의 제3자에게는 대항할 수 있다'라는 취지로 해석될 수 있다.

③ **'지명채권**(특정인을 채권자로 하는 채권)**의 양도'**에는 당사자의 합의 외에 다른 요건을 필요로 하지 않으므로, 제48조가 정하는 시기에 법인에 귀속한다는 데 문제가 없다(제450조[21]의 통지나 승낙은 대항요건에 불과하다).

(4) 정관의 작성 및 보충

> **제43조 【재단법인의 정관】**(18세무) 재단법인의 설립자는 일정한 재산을 출연하고 제40조 제1호 내지 제5호의 사항을 기재한 정관을 작성하여 기명날인하여야 한다.
>
> **제44조 【재단법인의 정관의 보충】**(18법경, 19소간, 18·20·21세무) 재단법인의 설립자가 그 명칭, 사무소 소재지 또는 이사 임면의 방법을 정하지 아니하고 사망한 때에는 이해관계인 또는 검사의 청구에 의하여 법원이 이를 정한다.

1) 정관의 작성

설립자는 일정한 사항을 기재한 정관을 작성하여 기명날인하여야 한다(제43조). '① 목적 ② 명칭 ③ 사무소의 소재지 ④ 자산에 관한 규정 ⑤ 이사의 임면에 관한 규정'은 필요적 기재사항이다. 정관의 필요적 기재사항(5가지) 중 하나라도 빠지면 그 정관은 효력이 없다(제43조). 사단법인에서 필요적 기재사항으로 되어 있는 '사원자격의 득실에 관한 규정'과 '법인의 존립시기나 해산사유'는 재단법인에서는 필요적 기재사항이 아니다(제43조).

2) 정관의 보충

재단법인의 설립자가 그 명칭, 사무소 소재지 또는 이사임면의 방법을 정하지 아니하고 사망한 때에는 '이해관계인 또는 검사의 청구'에 의하여 '법원'(주무관청 아님)이 이를 정한다(제44조).

참고로 사단법인에는 해당 규정이 없으며 목적과 자산은 정해진 상태이어야 한다. 즉, 필요적 기재사항 중 가장 중요한 목적과 자산을 정하지 않고 설립자가 사망한 때에는 정관의 보충이 인정되지 않는다.

---

21) 제450조(지명채권양도의 대항요건) ①항 지명채권의 양도는 양도인이 채무자에게 통지하거나 채무자가 승낙하지 아니하면 채무자 기타 제3자에게 대항하지 못한다. ②항 전항의 통지나 승낙은 확정일자 있는 증서에 의하지 아니하면 채무자 이외의 제3자에게 대항하지 못한다.

제3관 법인의 능력

법인의 경우에는, ① 법인에게 어떠한 범위의 권리·의무를 인정할 것인가를 전제로 하여(권리능력), ② 그것을 누가 어떠한 형식으로 하는가(행위능력), ③ 누구의 어떠한 불법행위에 대하여 법인 자신이 배상책임을 부담하는가(불법행위능력)의 관점에서 다루어진다.

I. 법인의 권리능력

1. 의의

> **제34조【법인의 권리능력】**(19·20법경, 19세무) 법인은 법률의 규정에 좇아 정관으로 정한 목적의 범위 내에서 권리와 의무의 주체가 된다.

법인의 권리능력은 제34조에 의해 '법률의 규정'과 '정관상 목적'에 의한 제한을 받는다. 또한 법문에는 없지만 법인은 '성질'상의 제한도 받는다고 해석된다(통설).

2. 권리능력의 제한

(1) 성질에 의한 제한

① 자연인을 전제로 하는 권리, 즉 생명권·상속권(다만 포괄유증을 받음으로써 동일한 효과를 거둘 수 있다. 즉 법인도 유증은 받을 수 있다: 21법경)·육체상의 자유권·사람의 신체적 특징에 관한 초상권(대판 2021.4.29, 2020다227455: 21법경) 등은 법인이 가질 수 없다.

② 그러나 재산권·명예권·성명권 등은 가질 수 있는바, 법인에게 법인의 목적사업 수행에 영향을 미칠 정도로 **법인의 사회적 명성, 신용**을 훼손하여 법인의 사회적 평가가 침해된 경우에는 그 법인에 대하여 불법행위를 구성하며(대판 1996.6.28, 96다12696), 이 경우 그 법인은 상대방에 대하여 불법행위로 인한 손해배상과 함께 명예 회복에 적당한 처분(사죄광고는 포함되지 않음)을 청구할 수 있다(대판 1997.10.24, 96다17851). 최근 判例는 비법인사단도 '**인격권**'의 주체가 되므로 명칭에 관한 권리를 가질 수 있고, 자신의 명칭이 타인에 의해 함부로 사용되지 않도록 보호받을 수 있다고 한다(대판 2022.11.17, 2018다249995).

(2) 법률에 의한 제한

> **제81조【청산법인】** 해산한 법인은 청산의 목적범위 내에서만 권리가 있고 의무를 부담한다.

현행법상 일반적으로 법인의 권리능력을 제한하는 법률은 없으며, 다만 제81조(청산법인)와 같이 개별적인 제한이 있을 뿐이다. 따라서 "청산절차에 관한 규정은 소위 강행규정이라고 해석되므로 만일 그 청산법인이나 그 청산인이 청산법인의 목적범위 외의 행위를 한 때는 무효라 아니할 수 없다"(대판 1980.4.8, 79다2036).

(3) 정관에 의한 제한

1) 제34조의 의미에 대한 해석론

① '대표권제한설'도 있으나, ② 제34조의 표제가 문언상 '권리능력'이라고 명시되어 있는 점에서 현행법의 해석론으로는 '**권리능력제한설**'(통설, 대판 1974.11.26, 74다310)이

지문 OX
01 법인은 법률의 규정에 좇아 정관으로 정한 목적 범위 내에서 권리와 의무의 주체가 된다. O

02 법인에게는 상속권이 인정되지 아니한다. O

03 재단법인은 포괄적 유증을 받을 수 있다. O

04 법인도 명예에 관한 권리를 가질 수 있다. O

05 법인의 청산에 관한 규정은 강행규정이다. O

타당하다. 이에 따르면 정관상의 목적 설정에 의해 법인의 권리능력이 제한되고, 이 범위에서 행위능력을 가지며, 그 목적을 넘은 경우에는 법인에 대한 관계에서 '**확정적 무효**'가 된다. 따라서 법인에게 계약상의 책임은 생기지 않는다. 그러나 법인의 불법행위책임(제35조 1항), 부당이득반환의무(제741조)는 문제될 수 있다.

2) 제34조의 '목적범위'에 대한 해석론

判例는 "목적을 수행하는 데 있어서 직접·간접으로 필요한 행위는 모두 포함한다"고 하며(대판 1991.11.22, 91다8821 등: 21세무). "목적수행에 필요한지 여부도 행위의 객관적 성질에 따라 추상적으로 판단할 것이지 행위자의 주관적, 구체적 의사에 따라 판단할 것은 아니다"(대판 1987.9.8, 86다카1349)라고 판시하고 있다. 따라서 대표기관의 주관적, 구체적 의사가 '대표권남용'의 의사였다고 하더라도 행위의 객관적, 추상적 성질이 법인이 목적수행에 필요한 행위라면 정관에서 정한 목적의 범위에 해당한다.

II. 법인의 행위능력

① 제34조가 법인의 권리능력을 제한한다는 권리능력제한설에 따르면 동조는 동시에 법인의 행위능력을 제한하는 것으로 이해된다. 따라서 이러한 제한을 넘는 대표기관의 행위는 법인의 행위가 아니라, 대표기관 개인의 행위일 뿐이다.
② '**적법한 대표권**'을 가진 자와 맺은 법률행위의 효과는 대표자 개인이 아니라 본인인 법인에 귀속하고, 마찬가지로 그러한 법률행위상의 의무를 위반하여 발생한 채무불이행으로 인한 손해배상책임도 대표기관 개인이 아닌 법인만이 책임의 귀속주체가 되는 것이 원칙이다(대판 2019.5.30, 2017다53265).

III. 법인의 불법행위능력

> 제35조 【법인의 불법행위능력】(18소간, 18·19세무) ① 법인은 이사 기타 대표자가 그 직무에 관하여 타인에게 가한 손해를 배상할 책임이 있다. 이사 기타 대표자는 이로 인하여 자기의 손해배상책임을 면하지 못한다.
> ② 법인의 목적범위 외의 행위로 인하여 타인에게 손해를 가한 때에는 그 사항의 의결에 찬성하거나 그 의결을 집행한 사원, 이사 및 기타 대표자가 연대하여 배상하여야 한다.

1. 제756조[22]와의 관계(법조경합)

제35조는 법인 자체의 책임인데 반해 제756조는 타인의 행위에 대한 책임이라는 점에서 책임구조를 달리하므로, 법인의 불법행위책임이 성립하는 경우에는 사용자책임은 성립하지 않는다(통설, 대판 1978.3.14, 78다132: 23경간).

그러나 '법인의 대표기관이 아닌 피용자'의 사무집행과 관련하여 타인에게 손해를 가한 때에는 제756조가 적용될 수 있다(대판 2009.11.26, 2009다57033: 17소간, 21세무).

---

22) 제756조(사용자의 배상책임) ①항 타인을 사용하여 어느 사무에 종사하게 한 자는 피용자가 그 사무집행에 관하여 제3자에게 가한 손해를 배상할 책임이 있다. 그러나 사용자가 피용자의 선임 및 그 사무감독에 상당한 주의를 한 때 또는 상당한 주의를 하여도 손해가 있을 경우에는 그러하지 아니하다.

06 법인의 권리능력은 설립근거가 된 법률과 정관에서 정한 목적범위 내로 제한되며, 그 목적을 수행함에 있어서 간접적으로 필요한 행위에 대해서는 권리능력이 인정되지 않는다.　×

07 법인은 권리능력의 범위 내에서 행위능력을 갖는다.　○

08 법인의 대표기관이 목적범위 외의 행위로 인하여 타인에게 손해를 가한 때에는 법인은 불법행위책임을 면한다.　○

09 법인이 대표자에 대한 선임·감독상의 주의의무를 다한 경우에는 민법 제35조에 의한 불법행위책임을 면할 수 있다.　×

10 법인의 대표자가 직무에 관해서 불법행위를 한 경우, 피해자는 민법 제35조(법인의 불법행위능력)에 따른 손해배상청구나 민법 제756조(사용자의 배상책임)에 따른 손해배상청구를 할 수 있다.　×

11 대표기관의 대리인의 가해행위가 있는 경우, 대리인은 대표기관이 아니므로 법인에게 민법 제35조상의 불법행위책임은 성립하지 않지만, 제756조의 사용자책임이 성립할 수는 있다. ○

2. 법인의 불법행위의 성립요건

(1) 대표기관의 행위

지문 OX

01 직무대행자 및 청산인은 법인의 대표기관에 해당한다.　○

02 감사는 법인의 대표기관이 아니지만, 감사업무의 중요성에 비추어 감사의 직무행위에 관하여 법인이 민법 제35조의 불법행위책임을 부담한다고 해석하는 것이 일반적이다.　×

03 법인은 이사 기타 대표자가 그 직무에 관하여 타인에게 가한 손해를 배상할 책임이 있고, 여기의 '이사 기타 대표자'에는 법인 등기부상 대표자로 등기된 자에 한한다.　×

04 대표권이 없는 이사가 그 직무에 관하여 타인에게 손해를 가한 경우에도 법인의 불법행위가 성립한다.　×

05 행위의 외형상 대표기관의 직무행위라고 인정될 수 있다면, 법령에 위반된 것이라도 직무에 관한 행위에 해당한다.　○

06 법인의 불법행위가 성립하려면 대표자의 상대방은 대표자의 행위가 직무집행에 관한 것이 아니라는 점에 관하여 선의이고 중대한 과실이 없어야 한다.　○

07 법인에 대한 손해배상책임 원인이 대표기관의 고의적인 불법행위인 경우 피해자의 과실을 참작할 수 없다(22경간).　×
☞ 과실상계의 경우 가해자의 고의, 과실을 불문하기 때문이다(제396조, 제763조).

08 법인의 불법행위책임을 인정하기 위해서는 외형상 대표기관의 직무행위라고 판단되는 행위가 있으면 족하고 일반불법행위의 요건까지 갖추어야 하는 것은 아니다.　×

09 대표자의 가해행위가 위법하지 않다면 손해가 발생하더라도 법인의 불법행위가 성립하지 않는다.　○

① 이사(제57조)·임시이사(제63조)(21세무)·직무대행자(제60조의2)·특별대리인(제64조)·청산인(제82조) 등이 그 대표기관이다. 따라서 **이사에 의해 선임된 특정행위에 대한 대리인**(제62조), **지배인, 사원총회, 감사**(18세무) 등은 대표기관에 해당하지 않는다.

② 여기서 '법인의 대표자'에는 그 명칭이나 직위 여하, 또는 대표자로 등기되었는지 여부를 불문하고 당해 법인을 실질적으로 운영하면서 **법인을 사실상 대표하여 법인의 사무를 집행하는 사람을 포함**한다(대판 2011.4.28, 2008다15438: 18법경, 17소간, 20세무).

　아울러 '**대표권이 없는 이사**'는 법인의 기관이기는 하지만 대표기관은 아니기 때문에 그들의 행위로 인하여 법인의 불법행위가 성립하지 않는다(대판 2005.12.23, 2003다30159: 23경간, 20법경, 18·20소간, 18·21세무).

(2) 직무에 관하여(직무관련성)

1) 직무관련성의 의미(外形理論)

① 통설·判例는 행위의 외형을 기준으로 직무관련성 여부를 판단한다. 즉 '직무에 관한 행위'인지 여부는 주관적·구체적으로 판단할 것이 아니라 객관적·추상적으로 판단하여야 하며, 여기에는 외형상 대표기관의 직무집행행위라고 볼 수 있는 행위 및 직무집행행위와 사회관념상의 관련성(견련성)을 가지는 행위를 포함한다.

② 구체적으로 **判例**는 외형상 법인의 직무행위라고 인정할 수 있는 것이라면, 대표자 개인의 **사리를 도모하기 위한 것이었거나**(대표권남용) **또는 법령의 규정에 위배된 것이었다**(강행규정 위반) 하더라도 직무에 관한 행위에 해당한다고 한다(대판 2004.2.27, 2003다15280: 17·18소간, 20세무).

2) 외형이론의 적용배제요건

'직무에 관하여'의 범위를 확장하는 것은 거래의 안전을 도모하기 위한 것이므로, 대표기관의 행위가 실질적으로 직무집행에 관한 것이 아니라는 점에 대하여 **상대방이 '선의'이고 '중대한 과실'이 없어야** 한다(대판 2003.7.25, 2002다27088: 23경간, 18법경, 20·21소간). 따라서 상대방이 '경과실'로 인하여 몰랐을 경우 상대방은 법인에 대하여 불법행위책임을 물을 수는 있지만, 과실상계(제396조[23], 제763조)가 적용되어 배상액이 감경될 수 있다.

　　[관련판례] "중대한 과실이라 함은 거의 고의에 가까운 정도의 주의를 결여하고, 공평의 관점에서 상대방을 구태여 보호할 필요가 없다고 봄이 상당하다고 인정되는 상태를 말한다"(대판 2003.7.25, 2002다27088).

(3) 불법행위의 일반적 요건

① 법인이 불법행위책임을 지기 위해서는 이사 기타 대표자의 행위가 일반불법행위의 성립요건(제750조)을 충족시켜야 한다. 즉 대표기관 개인에게 책임능력이 있어야 하고, 고의 또는 과실이 있어야 하며, 가해행위가 위법하여야 하고, '피해자가 손해'를 입어야 한다.

② 특히 '피해자의 손해' 요건과 관련하여 대법원은 대표기관의 임무해태(횡령) 등의 잘못으로 1차적으로 법인이 손해를 입고, 그 결과 사원의 경제적 이익이 침해되는 손해를 '간접적인 손해'라고 하면서, 이때 그 사원은 법인이 배상책임을 부담하는 타인의 범주에 해당하지 않는 것으로 보았다(대판 1999.7.27, 99다19384).

---

23) 제396조(과실상계) 채무불이행에 관하여 채권자에게 과실이 있는 때에는 법원은 손해배상의 책임 및 그 금액을 정함에 이를 참작하여야 한다.
　제763조(준용규정) 제396조의 규정은 불법행위로 인한 손해배상에 준용한다.

3. 불법행위의 효과

(1) 법인의 배상책임

법인은 피해자에게 손해를 배상해야 한다(제35조 1항 1문).

(2) 기관 개인의 책임

법인의 불법행위책임이 성립하는 경우는 대표기관과 법인이 (부진정)연대하여 불법행위책임을 부담하고(제35조 1항), **법인의 불법행위책임이 성립하지 않는 경우**(법인의 목적범위 외의 행위로 인하여 타인에게 손해를 가한 때) 그 사항의 의결에 찬성하거나 그 의결을 집행한 사원, 이사 및 기타 대표자가 연대하여 배상하여야 한다(제35조 2항). 아래에서 상세히 검토하기로 한다.

1) 법인의 불법행위가 성립하는 경우

가) 대표기관의 책임

① 법인이 배상책임을 지는 경우에도 대표기관은 자기의 손해배상책임을 면하지 못한다(제35조 1항 2문)(18법경, 18소간, 21세무). 이 경우 법인의 책임과 기관의 책임은 부진정연대채무의 관계에 있게 된다. ② 기관은 선량한 관리자의 주의로 그 의무를 행하여야 하므로(제61조), 법인이 피해자에게 손해를 배상한 경우에는 기관 개인에 대하여 구상권을 행사할 수 있다(제65조)(18세무).

> [관련판례] "재단법인 정관에서 일상적 사무를 처리하기 위해 사무총장, 사무국장 등의 명칭으로 상근 임원을 따로 두고 있는 경우, 비상근 또는 업무집행을 직접 담당하지 아니하는 이사도 단지 이사회에 상정된 의안에 대하여 찬부의 의사표시를 하는 데에 그치지 않고 상근 임원의 전반적인 업무집행을 감시할 의무가 있는 것이므로, 상근 임원의 업무집행이 위법하다고 의심할 만한 사유가 있음에도 불구하고 감시의무를 위반하여 이를 방치한 때에는 이로 말미암아 재단법인이 입은 손해에 대하여 배상책임을 면할 수 없다"(대판 2016.8.18, 2016다200088).

나) 사원 등의 책임

判例는 "사원총회, 대의원 총회, 이사회의 의결은 원칙적으로 법인의 내부행위에 불과하므로 특별한 사정이 없는 한 그 **사항의 의결에 찬성하였다는 이유만으로** 제3자의 채권을 침해한다거나 대표자의 행위에 가공 또는 방조한 자로서 제3자에 대하여 불법행위책임을 부담한다고 할 수는 없고, 대표자와 공동으로 불법행위를 저질렀거나 이에 가담하였다고 볼 만한 사정이 있을 때 제3자에 대하여 위 대표자와 연대하여 손해배상책임을 진다"(대판 2009.1.30, 2006다37465: 23경간, 20세무)고 한다.

2) 법인의 불법행위가 성립하지 않는 경우

① 기관 개인만이 제750조에 의해 불법행위책임을 진다. ② 민법은 피해자 보호를 위해 의사에 찬성하거나 그 의결을 집행한 사원·이사 및 기타 대표자는 그들 사이에 공동불법행위의 성립 여부를 불문하고 연대하여 배상하게 하고 있다(제35조 2항)(18법경, 18소간, 21세무).

> [관련판례] "노동조합의 간부들이 불법쟁의행위를 주도한 경우에 이러한 간부들의 행위는 조합의 집행기관으로서의 행위라 할 것이므로, 이 경우 **민법 제35조 1항의 유추적용에 의하여 노동조합은 그 불법쟁의행위로 인하여 사용자가 입은 손해를 배상할 책임이 있다**"(대판 1994.3.25, 93다32828, 32835).

I. 이사

1. 의의

> 제57조 【이사】 법인은 이사를 두어야 한다.

(1) 상설적 필요기관

이사는 대외적으로 법인을 대표(대표기관)하고, 대내적으로 법인의 업무를 집행하는(업무집행기관) 기관으로서 사단법인, 재단법인 모두의 **상설적 필요기관**이다(18법경, 19소간). 그 수에는 제한이 없으므로(제57조, 제58조) 정관에서 임의로 정할 수 있다(제40조, 제43조). 다만 자연인만이 이사가 될 수 있다(통설).

(2) 이사의 임면

이사의 '임면(任免)'에 관한 규정은 사단법인이나 재단법인이나 정관의 필요적 기재사항이다(제40조 5호, 제43조). 이사 선임행위의 성질은 법인과 이사 간의 일종의 '위임계약'이므로 정관에 특별한 정함이 없으면 위임의 규정이 적용된다. 마찬가지로 해임 · 퇴임도 정관에 의할 것이나, 규정이 없으면 위임의 규정이 적용된다(제127조, 제689조).

▌이사의 임면에 관한 판례

> **✳ 임기만료된 이사에게 후임 이사의 선임시까지의 업무수행권이 인정되는지 여부**(한정 적극)
>
> ㉠ "민법상 법인의 이사 전원 또는 그 일부의 ⅰ) 임기가 만료되었거나 사임하였음에도 불구하고 ⅱ) 그 후임 이사의 선임이 없거나 ⅲ) 또는 그 후임 이사의 선임이 있었다고 하더라도 그 선임결의가 무효이고, 남아 있는 다른 이사만으로는 정상적인 법인의 활동을 할 수 없는 경우, 임기 만료되거나 사임한 구 이사로 하여금 법인의 업무를 수행케 함이 부적당하다고 인정할 만한 특별한 사정이 없는 때에는, 구 이사는 후임 이사가 선임될 때까지 제691조의 규정을 유추하여 구 '종전'의 직무를 수행할 수 있다"(대판 2010.6.24, 2010다2107 등). 이는 비법인사단의 경우에도 마찬가지이다(대판 2021.1.14, 2018다286888). ㉡ 따라서 "이사 중 일부의 임기가 만료되었더라도 아직 임기가 만료되지 아니한 다른 이사들로 정상적인 활동을 할 수 있는 경우에는 임기만료된 이사로 하여금 이사로서 직무를 행사하게 할 필요가 없고, 이러한 경우에는 임기만료로서 당연히 퇴임하며, 법인의 정상적인 활동이 가능한지는 이사의 임기만료 시를 기준으로 판단하여야 하지 그 이후의 사정까지 고려할 수는 없다"(대결 2014.1.17, 2013마1801). ㉢ "사임한 대표자의 직무수행권은 법인이 '정상적인 활동을 중단하게 되는 처지를 피하기 위하여 보충적으로 인정'되는 것이다"(대판 2003.3.14, 2001다7599).

> **✳ 법인 이사의 사임의 의사표시의 법적 성질 및 철회가부**
>
> ㉠ "법인의 이사는 법인에 대한 일방적인 사임의 의사표시에 의하여 법률관계를 종료시킬 수 있고(상대방 있는 단독행위), 그 의사표시가 수령권한 있는 기관에 도달됨으로써 효력을 발생하는 것이며, 법인의 승낙이 있어야만 효력이 있는 것은 아니다"(대판 1992.7.24, 92다749: 20세무). "법인의 대표이사가 사임하는 경우에는 그 사임의 의사표시가 대표이사의 사임으로 그 권한을 대행하게 될 자에게 도달한 때에 사임의 효력이 발생하고 그 의사표시가 효력을 발생한 후에는 마음대로 이를 철회할 수 없으나, 사임서 제출 당시 그 권한 대행자에게 사표의 처리를 일임한 경우에는

권한 대행자의 수리행위가 있어야 사임의 효력이 발생하고, 그 이전에 사임의사를 철회할 수 있다"(대판 2007.5.10, 2007다7256). ⓛ 한편 이 경우, "그 의사표시가 효력을 발생한 이후에는 임의로 이를 철회할 수 없다"(대판 1993.9.14, 93다28799). ⓒ 따라서 법인이 정관에 이사 사임의 의사표시의 효력발생시기에 관하여 특별한 규정을 둔 경우, "이사가 사임의 의사표시를 하였더라도 정관에 따라 사임의 효력이 발생하기 전에는 그 사임의사를 자유롭게 철회할 수 있다"(대판 2008.9.25, 2007다17109: 21법경).

(3) 등기사항

이사의 성명 · 주소는 설립등기사항이다(제49조 2항 8호). 참고로 '설립등기'가 법인격을 취득하기 위한 성립요건인 데 비해(제33조), 그 밖의 등기는(제50조 분사무소설치 · 제51조 사무소이전 · 제52조 등기사항의 변경 · 제85조 해산) 제3자에 대한 대항요건이다(제54조 1항).

(4) 의무와 책임

이사는 선량한 관리자의 주의로 그 직무를 행하여야 한다(제61조)(19법경, 18소간). 이사가 임무를 해태한 때에는 그 이사는 법인에 대하여 연대하여 손해배상의 책임이 있다(제65조).

2. 대외적 권한

(1) 대표권

제59조 【이사의 대표권】(19 · 20소간) ① 이사는 법인의 사무에 관하여 각자 법인을 대표한다. 그러나 정관에 규정한 취지에 위반할 수 없고 특히 사단법인은 총회의 의결에 의하여야 한다.
② 법인의 대표에 관하여는 대리에 관한 규정을 준용한다.

이사는 법인의 사무에 관하여 각자 법인을 대표하며(제59조 1항 ; 각자대표의 원칙)(16소간), 법인의 대표에 관하여는 대리에 관한 규정을 준용한다(제59조 2항)(19법경).

(2) 대표권의 제한(위반시 무권대표 ⇒ 제126조의 표현대리)

1) 정관에 의한 제한(제7관 참고)

① 민법은 '이사의 대표권에 대한 제한은 정관에 기재하여야 효력이 있다'(제41조)(16소간, 19세무)고 하여 정관의 기재를 **효력요건**으로, ② '이사의 대표권 제한은 이를 등기하지 않으면 제3자에게 대항하지 못한다'(제60조)(16소간, 19세무)고 하여 등기를 **대항요건**으로 하고 있다.

사단법인의 경우 이사의 대표권은 사원총회의 의결에 의하여도 제한할 수 있다(제59조 1항 단서). 그러나 그 경우에도 대표권 자체를 박탈하는 것은 허용되지 않는다(대판 1958.6.26, 4290민상659).

3) 이익상반의 경우(제64조)

법인과 이사의 이익상반행위에 대하여는 대표권이 없으며(21세무), '특별대리인'이 법인을 대표한다(제64조). 이사가 제64조를 위반하여 법인을 대표한 경우에, 그 행위는 무권대표행위로서 법인에 대하여 효력이 없다. 다만 표현대리가 성립할 여지는 있다.

4) 복임권의 제한(제62조)

이사는 원칙적으로 자신이 스스로 대표권을 행사하여야 한다. 다만, 정관 또는 사원총회의 결의로 금지하지 않은 사항에 한하여 타인으로 하여금 '특정의 행위'를 대리하게 할 수 있다(제62조)(18·21소간).

따라서 이사는 '포괄적인 복임권'은 없다(19소간, 19·20세무). 만약 대표자가 타인에게 업무를 포괄적으로 위임한 경우 그 포괄적 수임인이 법인의 사무를 행하더라도 이는 제62조에 위반된 것이어서 그 효력이 법인에는 미치지 아니한다(대판 2011.4.28, 2008다15438).

그러나 이사가 직무상의 특정 행위를 위해 선임한 이러한 임의대리인은 '법인의 기관'이 아니지만, '법인의 대리인'이므로 그 대리행위의 효과는 법인에 귀속한다(23세무).

3. 대내적 권한

> **제58조 【이사의 사무집행】**(21법경, 20소간, 18·21세무) ① 이사는 법인의 사무를 집행한다.
> ② 이사가 수인인 경우에는 정관에 다른 규정이 없으면 법인의 사무집행은 이사의 과반수로써 결정한다.

이사는 정관의 규정 및 총회의 의결에 따라 모든 내부적 사무를 집행할 권한이 있으며(제58조 1항), 이사가 여럿인 경우에는 그 과반수로써 결정한다(제58조 2항). 그러나 이는 대내적인 제한일 뿐이며, 대외적으로는 각자대표가 원칙이므로(제59조 1항), 이사가 과반수의 결의 없이 단독으로 대외적인 대표행위를 하였더라도 유효하고, 다만 그 이사는 법인에게 채무불이행책임이나 불법행위책임을 진다.

▌이사의 사무집행에 관한 판례

> ㉠ "민법 제74조는 사단법인과 어느 사원과의 관계사항을 의결하는 경우 그 사원은 의결권이 없다고 규정하고 있으므로, 제74조의 유추해석상 민법상 법인의 이사회에서 법인과 어느 이사와의 관계사항을 의결하는 경우에는 그 이사는 의결권이 없다. 이때 의결권이 없다는 의미는 상법 제368조 4항, 제371조 2항의 유추해석상 이해관계 있는 이사는 이사회에서 의결권을 행사할 수는 없으나 의사정족수 산정의 기초가 되는 이사의 수에는 포함되고, 다만 결의 성립에 필요한 출석이사에는 산입되지 아니한다"(대판 2009.4.9, 2008다1521).
>
> ㉡ "민법상 법인의 필수기관이 아닌 이사회는 이사가 사무집행권한에 의해 소집하는 것이므로, 과반수에 미치지 못하는 이사는 특별한 사정이 없는 한 민법 제58조 2항에 반하여 이사회를 소집할 수 없다. 반면 과반수에 미치지 못하는 이사가 정관의 특별한 규정에 근거하여 이사회를 소집하거나 과반수의 이사가 제58조 2항에 근거하여 이사회를 소집하는 경우에는 법원의 허가를 받을 필요 없이 본래적 사무집행권에 기초하여 이사회를 소집할 수 있다. 법원은 민법상 법인의 이사회 소집을 허가할 법률상 근거가 없고, 다만 이사회 결의의 효력에 관하여 다툼이 발생하면 소집절차의 적법 여부를 판단할 수 있을 뿐이다"(대판 2017.12.1, 2017그661).

© "민법상 법인의 이사회의 결의에 부존재 혹은 무효 등 하자가 있는 경우 법률에 별도의 규정이 없으므로 이해관계인은 언제든지 또 어떤 방법에 의하든지 그 무효를 주장할 수 있다"(대판 2003.4.25, 2000다60197).

4. 임시이사

> 제63조 【임시이사의 선임】(21법경, 19세무) 이사가 없거나 결원이 있는 경우에 이로 인하여 손해가 생길 염려 있는 때에는 법원은 이해관계인이나 검사의 청구에 의하여 임시이사를 선임하여야 한다.

(1) 선임요건

① 민법 제63조에서 임시이사 선임의 요건으로 정하고 있는 '**이사가 없거나 결원이 있는 경우**'라 함은 이사가 전혀 없거나 정관에서 정한 인원수에 부족이 있는 경우를 말하고, '**이로 인하여 손해가 생길 염려가 있는 때**'라 함은 통상의 이사선임절차에 따라 이사가 선임되기를 기다릴 때에 법인이나 제3자에게 손해가 생길 우려가 있는 것을 의미한다(대결 2009.11.19, 전합2008마699).

② 임시이사의 선임은 손해의 방지를 위하여 긴급한 경우에 한해 인정된다. 한편, 대표권이 있는 이사가 해임·퇴임 등의 사유로 없게 된 때에는 다른 이사 중에서 새로 대표이사를 선임하면 되므로 본조의 적용은 없다(대판 1957.7.22, 4290민재항50).

(2) 권한 및 취소·변경

① 민법 제63조에 의하여 법원이 선임한 임시이사는 원칙적으로 정식이사와 동일한 권한을 가진다(대판 2013.6.13, 2012다40332).

② 민법 제63조에 의한 임시이사의 선임은 비송사건절차법의 규제를 받는 것인바, 법원은 임시이사 선임결정을 한 후에 사정변경이 생겨 그 선임결정이 부당하다고 인정될 때에는 이를 취소 또는 변경할 수 있다(대결 1992.7.3, 91마730: 18세무).

5. 특별대리인

> 제64조 【특별대리인의 선임】(19법경) 법인과 이사의 이익이 상반하는 사항에 관하여는 이사는 대표권이 없다. 이 경우에는 전조의 규정(법원은 이해관계인이나 검사의 청구)에 의하여 특별대리인을 선임하여야 한다.

(1) 이익상반행위

① "민법 제64조에서 말하는 법인과 이사의 이익이 상반하는 사항은 법인과 이사가 직접 거래의 상대방이 되는 경우뿐 아니라, 이사의 개인적 이익과 법인의 이익이 충돌하고 이사에게 선량한 관리자로서의 의무 이행을 기대할 수 없는 사항은 모두 포함한다고 할 것이고, 이 사건과 같이 형식상 전혀 별개의 법인 대표를 겸하고 있는 자가 양쪽 법인을 대표하여 계약을 체결하는 경우는 쌍방대리로서 특별한 사정이 없는 이상 이사의 개인적 이익과 법인의 이익이 충돌할 염려가 있는 경우에 해당한다"(대판 2013. 11.28, 2010다91831).

② "이사장 등 직무집행정지가처분에 의하여 선임된 사단법인의 이사장 직무대행자는 위 법인에 대하여 이사와 유사한 권리의무와 책임을 부담하므로, 위 법인의 이사장 직무대행자가 개인의 입장에서 원고가 되어 법인을 상대로 소송을 하는 경우에는 민법 제64조가 규정하는 이익상반 사항에 해당함이 분명하다"(대판 2003.5.27, 2002다69211).

지문 OX

06 이사의 결원으로 손해가 생길 염려가 있는 경우, 법원은 특별대리인을 선임하여야 한다(22 경간).　　　　　　×

07 법원은 임시이사 선임 결정을 한 후 사정변경이 생겨 그 선임결정이 부당하다고 인정될 경우에도 이를 취소할 수 없다. ×

08 검사는 법인의 특별대리인 선임을 청구할 수 없다.　　×

09 법인과 이사의 이익이 상반하는 사항에 관하여는 이사는 대표권이 없으므로, 임시이사를 선임하여야 한다.　　　×

10 법인과 이사의 이익이 상반하는 경우 이사의 대표권이 부정된다.　　　　　　○

11 사단법인의 이사장 직무대행자가 개인의 입장에서 사단법인을 상대로 소송을 하는 것은 이익상반 사항이다.　　○

(2) 위반의 효과

본조에 위반하여 이사가 대표행위를 한때에는 그것은 무권대리가 된다.

6. 직무대행자

> 제52조의2 【직무집행정지 등 가처분의 등기】 이사의 직무집행을 정지하거나 직무대행자를 선임하는 가처분을 하거나 그 가처분을 변경·취소하는 경우에는 주사무소와 분사무소가 있는 곳의 등기소에서 이를 등기하여야 한다.

(1) 지위

① 이사의 선임행위에 흠이 있어 직무집행정지의 가처분이 내려진 경우, 그에 이은 조치로 법원이 당사자의 신청에 의해 가처분으로 선임하는 자가 직무대행자이다.

② "가처분재판에 의하여 법인 등 대표자의 **직무대행자가 선임된 상태에서 피대행자의 후임자가 적법하게 소집된 총회의 결의에 따라 새로 선출되었다 해도 그 직무대행자의 권한은 위 총회의 결의에 의하여 당연히 소멸하는 것은 아니므로** 사정변경 등을 이유로 가처분결정이 취소되지 않는 한 직무대행자만이 적법하게 위 법인 등을 대표할 수 있고, 총회에서 선임된 후임자는 그 선임결의의 적법 여부에 관계없이 대표권을 가지지 못한다"(대판 2010.2.11, 2009다70395).

③ "법원의 직무집행정지 가처분결정에 의해 **회사를 대표할 권한이 정지된 대표이사가 그 정지기간 중에 체결한 계약은 절대적으로 무효**이고, 그 후 가처분신청의 취하에 의하여 보전집행이 취소되었다 하더라도 집행의 효력은 장래를 향하여 소멸할 뿐 소급적으로 소멸하는 것은 아니라 할 것이므로, 가처분신청이 취하되었다 하여 무효인 계약이 유효하게 되지는 않는다"(대판 2008.5.29, 2008다4537: 23경간).

(2) 권한(18세무)

① 직무대행자는 법인의 통상사무에 속하는 행위만을 할 수 있다. 통상사무가 아닌 행위도 할 수 있기 위해서는, 가처분명령에서 이를 허용하거나 또는 법원의 허가를 얻어야 한다(제60조의2 제1항).

② 다만, 직무대행자가 이에 위반한 행위를 한 경우에도 법인은 선의의 제3자에 대하여는 책임을 진다(제60조의2 제2항).

Ⅱ. 감사

> 제66조 【감사】(19·21소간, 18·20세무) 법인은 정관 또는 총회의 결의로 감사를 둘 수 있다.

주식회사에서는 감사가 필요적 상설기관이지만(상법 제409조 1항), 민법상의 법인에서는 **임의기관**으로 되어 있다. 따라서 감사의 성명과 주소는 정관의 필요적 기재사항은 아니다.

감사는 법인의 감독기관으로서 ① 법인의 재산상황의 감사, ② 이사의 업무집행상황의 감독, ③ 법인의 재산상황 또는 이사의 업무집행상황을 감사한 결과 부정·불비한 점의 발견시 총회 또는 주무관청에 보고, ④ **그 보고를 위하여 필요한 경우 총회의 소집 등을 할 수 있다**(20소간, 20세무)(제67조).

Ⅲ. 사원총회

1. 의의

사단법인에는 의사결정기관으로서 사원총회가 있다. 사원총회는 전사원으로 구성되는 의결기관이며 반드시 두어야 하는 필요기관으로서 정관에 의해서도 폐지할 수 없다.

2. 사원총회의 권한

사원총회는 정관으로 이사 또는 기타 임원에게 위임한 사항을 제외한 법인의 모든 사무에 대해 이를 결의할 권한이 있다(제68조)(21소간). 특히 '**정관의 변경**'(제42조) 및 '**임의해산**'(제77조 2항)은 총회의 법정전권사항으로서 정관에 의하여도 다른 기관의 권한으로 하지 못한다(20세무).

다만 총회의 권한에도 일정한 '한계'가 있다. 즉 소수사원권(제70조 2항)과 사원의 결의권(제73조)과 같은 고유권은 총회의 결의에 의하여도 박탈할 수 없다.

3. 사원총회의 종류

(1) 통상총회

사단법인의 이사는 매년 1회 이상 통상총회를 소집하여야 한다(제69조)(21세무).

(2) 임시총회 (16 · 21소간)

1) 이사에 의한 소집

이사는 필요하다고 인정한 때에는 임시총회를 소집할 수 있다(제70조 1항).

2) 소수사원에 의한 소집청구와 소집

① [소수사원의 소집청구] 총사원의 5분의 1 이상에 해당하는 사원은 회의의 목적사항을 제시하여 이사에게 임시총회의 소집을 청구할 수 있다. 이 정수는 정관으로 증감할 수 있다(제70조 2항).

② [소수사원에 의한 소집] 소수사원의 소집청구가 있는 때에는 이사는 임시총회를 소집하여야 한다(제70조 2항 1문). 그러나 그 청구가 있은 후 2주일 내에 이사가 임시총회소집의 절차를 밟지 아니한 때에는, 청구한 소수사원은 법원의 허가를 얻어 이를 소집할 수 있다(제70조 3항).

3) 감사에 의한 소집

재산상황 또는 업무집행에 관하여 부정·불비한 점을 발견하여 이를 보고할 필요가 있는 때에는 감사는 임시총회를 소집할 수 있다(제67조 4호).

> ※ 법원의 허가를 얻어 '임시총회'를 소집할 수 있도록 규정한 제70조 3항을 '이사회' 소집에 유추적용할 수 있는지 여부(소극)
>
> ㉠ "민법 제70조 3항은 사단법인의 최고의결기관인 사원총회의 구성원들이 사원권에 기초하여 일정한 요건을 갖추어 최고의결기관의 의사를 결정하기 위한 회의의 개최를 요구하였는데도 집행기관인 이사가 절차를 밟지 아니하는 경우에 법원이 후견적 지위에서 소수사원의 임시총회 소집권을 인정한 법률의 취지를 실효성 있게 보장하기 위한 규정이다. 따라서 위 규정을 구성과 운영의 원리가 다르고 법원이 후견적 지위에서 관여하여야 할 필요성을 달리하는 민법상 법인의 집행기관인 이사회 소집에 유추적용할 수 없다"(대결 2017.12.1, 2017그661).

ⓒ 따라서 "종중원들이 종중 재산의 관리 또는 처분 등을 위하여 종중의 규약에 따른 적법한 소집권자 또는 일반 관례에 따른 종중총회의 소집권자인 종중의 연고항존자에게 필요한 종중의 임시총회 소집을 요구하였음에도 그 소집권자가 정당한 이유 없이 이에 응하지 아니하는 경우에는 차석 또는 발기인이 소집권자를 대신하여 그 총회를 소집할 수 있는 것이고, 반드시 민법 제70조를 준용하여 감사가 총회를 소집하거나 종원이 법원의 허가를 얻어 총회를 소집하여야 하는 것은 아니다"(대판 2011.2.10, 2010다83199, 83205).

4. 사원총회의 소집

> 제71조 【총회의 소집】(20법경, 20소간, 20세무) 총회의 소집은 1주간 전에 그 회의의 목적사항을 기재한 통지를 발하고 기타 정관에 정한 방법에 의하여야 한다.

총회의 소집은 총회일 1주일 전에 그 회의의 목적사항을 기재한 통지를 발송하는 방식으로 하여야 한다(제71조). 따라서 서면통지가 원칙이다. 그리고 그 통지에는 '발신주의'를 취한다.

예를 들어 총회예정일이 2001.8.9. 14시라면, 늦어도 2001.8.1. 24시(8.2. 오전 0시)까지는 사원들에게 소집통지를 발송해야 한다(22경간)("빼기7, 0시"로 외울 것).

▌사원총회에 관한 판례

> ✽ 총회의 소집권자가 총회의 소집을 철회·취소하는 경우 반드시 총회의 소집과 동일한 방식으로 통지하여야 하는지 여부(소극)
>
> "법인이나 법인 아닌 사단의 총회에 있어서 총회의 소집권자가 총회의 소집을 철회·취소하는 경우에는 반드시 총회의 소집과 동일한 방식으로 그 철회·취소를 총회 구성원들에게 통지하여야 할 필요는 없고, 총회 구성원들에게 소집의 철회·취소결정이 있었음이 알려질 수 있는 적절한 조치가 취하여지는 것으로써 충분히 그 소집 철회·취소의 효력이 발생한다"(대판 2007.4.12, 2006다77593).
>
> ✽ 민법 제71조의 법정 유예기간 규정에 위반하여 소집한 종중총회 결의의 효력(무효)
>
> "종중원인 甲을 비롯한 10명의 종원이 1991.9.3. 연락 가능한 종원들에게 임시총회 소집통지를 한 다음 1991.9.8. 13:00경 종중총회를 개최하여 甲을 종중의 대표자로 선출하였다면, 그 종중총회의 소집절차는 '총회의 소집은 1주간 전에 통지를 발하고 기타 정관에 정한 방법에 의하여야 한다.'고 규정한 민법 제71조의 규정에 위반되어, 특별한 사정이 없는 한 그 종중총회의 결의는 그 효력이 없다"(대판 1995.11.7, 94다7669).
>
> ✽ 전화로 한 총회소집통지에 의해 소집된 총회결의의 효력(유효)
>
> "총회소집통지를 서면에 의하지 아니하고 전화로 하였다는 경미한 하자만으로는 총회의 결의를 무효라고 할 수 없다"(대판 1987.5.12, 86다카2705).

5. 사원총회의 결의

(1) 결의사항

① 총회는 '정관에 다른 규정이 없으면' 통지한 사항에 관하여만 결의할 수 있다(제72조). 즉, 사단법인의 총회는 소집통지에 의해 통지한 사항에 관하여서만 결의할 수 있으나, 정관으로 이와 달리 정할 수도 있다(22경간). 소집통지에 기재하지 않은 사항을 결의한 때에는 그 결의는 무효이다.

② "민법 제71조, 제72조는 사원이 결의를 할 목적사항을 사전에 알고서 회의 참석 여부나 결의사항에 대한 찬반의사를 미리 준비하게 하는 데에 그 취지가 있으므로, 회의의 목적사항은 사원이 안건이 무엇인지를 알 수 있도록 기재하여야 한다. 이와 같이 법인격을 전제로 하지 아니하는 민법 규정들은 원칙적으로 법인 아닌 사단의 경우에도 유추적용되므로, **법인 아닌 사단의 총회에서 회의 소집 통지에 목적 사항으로 기재하지 않은 사항에 관하여 결의한 때에는 구성원 전원이 회의에 참석하여 그 사항에 의하여 의결한 경우가 아닌 한 그 결의는 원칙적으로 무효다**"(대판 2015.2.16, 2011다101155).

(2) 결의권

① '정관에 다른 규정이 없는 한', 각 사원의 결의권은 평등으로 하며, 이 결의권은 서면이나 대리인을 통해 행사할 수 있다(제73조)(20세무). 그 경우 당해 사원은 출석한 것으로 한다(제75조 2항).

② 사단법인과 어느 사원과의 관계사항을 의결하는 경우에는, 그 사원은 결의권이 없다(제74조)(20·21세무). '관계사항'이란, 어느 사원이 사원인 지위와 관계없이 개인적으로 갖는 이해관계에 관한 사항을 말한다.

③ "민법 제74조는 사단법인과 어느 사원과의 관계사항을 의결하는 경우 그 사원은 의결권이 없다고 규정하고 있으므로, 민법 제74조의 유추해석상 민법상 법인의 이사회에서 법인과 어느 이사와의 관계사항을 의결하는 경우에는 그 이사는 의결권이 없다. 이때 의결권이 없다는 의미는 이해관계 있는 이사는 이사회에서 의결권을 행사할 수는 없으나 의사정족수 산정의 기초가 되는 이사의 수에는 포함되고, 다만 결의 성립에 필요한 출석이사에는 산입되지 아니한다고 풀이함이 상당하다"(대판 2009.4.9, 2008다1521: 20소간).

(3) 결의방법

① 총회의 결의는 민법 또는 정관에 다른 규정이 없으면 사원 과반수의 출석과 출석사원의 결의권의 과반수로써 한다(제75조 1항). 서면이나 대리인을 통해 결의권을 행사한 경우에는 출석한 것으로 한다(제75조 2항).

② 정관에 다른 규정이 없는 한, **'정관변경'**은 총사원의 3분의 2 이상(19소간, 19세무), **'임의해산'**은 총사원의 4분의 3 이상의 동의가 있어야 한다(제42조 1항, 제78조).

6. 사원권

> **제56조【사원권의 양도, 상속금지】** 사단법인의 사원의 지위는 양도 또는 상속할 수 없다.

"사단법인의 사원의 지위는 양도 또는 상속할 수 없다고 규정한 민법 제56조의 규정은 **강행규정이라고 할 수 없으므로,** 비법인사단에서도 **사원의 지위는 규약이나 관행에 의하여 양도 또는 상속될 수 있다**"(대판 1997.9.26, 95다6205: 21법경, 17·20소간, 18·19세무).

제5관 법인의 소멸

I. 서설

법인의 소멸이란 법인이 권리능력을 상실하는 것을 말하며, 자연인의 사망에 해당하는 것이다. 그런데 법인에는 자연인에서와 같은 상속제도가 없으므로, 법인의 소멸은 일정한 절차를 거쳐 단계적으로 이루어진다. ① 먼저 '**해산**'에 의해 법인의 본래의 활동을 정지하고, ② 이어서 재산을 정리하는 '**청산**'의 단계로 들어간다. 법인이 소멸하는 시점은 '해산'시가 아니라 '청산이 종료한 때'이다.

II. 해산

1. 사단법인 및 재단법인의 공통된 해산사유(존, 목, 파, 취)

> 제77조【해산사유】(16·19소간, 20세무) ① 법인은 존립기간의 만료, 법인의 목적의 달성 또는 달성의 불능 기타 정관에 정한 해산사유의 발생, 파산 또는 설립허가의 취소로 해산한다.

(1) 존립기간의 만료 기타 정관에 정한 해산사유의 발생

(2) 법인의 목적달성 또는 달성불능

(3) 파산

(4) 설립허가의 취소

법인이 ① 목적 이외의 사업을 하거나, ② 설립허가의 조건에 위반하거나, ③ 공익을 해하는 행위를 한 때에는, 주무관청은 그 설립허가를 취소할 수 있다(제38조)(19법경, 19소간, 18·19·21세무).

2. 사단법인 고유의 해산사유

(1) 사원이 없게 된 때

사원이 1명도 없게 된 때에는 사단법인은 해산한다(제77조 2항)(18세무).

> [관련판례] "법인 아닌 사단에 대하여는 사단법인에 관한 민법규정 가운데서 법인격을 전제로 하는 것을 제외하고는 이를 유추적용하여야 할 것인바, 사단법인에 있어서는 사원이 없게 된다고 하더라도 이는 해산사유가 될 뿐 막바로 권리능력이 소멸하는 것이 아니므로 법인 아닌 사단에 있어서도 구성원이 없게 되었다 하여 막바로 그 사단이 소멸하여 소송상의 당사자능력을 상실하였다고 할 수는 없고 청산사무가 완료되어야 비로소 그 당사자능력이 소멸하는 것이다"(대판 1992.10.9, 92다23087: 21소간, 21세무).

(2) 총회의 해산결의

사단법인은 총회의 결의에 의해 해산하며(제77조 2항), 이를 임의해산이라고 한다. 이것은 사원총회의 전권사항이고, 정관에 의해서도 달리 정할 수 없다. **해산결의에는 정관에 다른 규정이 없으면 총사원 4분의 3 이상의 동의가 있어야 한다(제78조).**

Ⅲ. 청산

1. 의의

청산이란 해산한 법인이 잔무를 처리하고 재산을 정리하여 완전히 소멸할 때까지의 절차를 말한다. 이러한 청산절차는 제3자의 이해관계에 중대한 영향을 미치기 때문에 모두 '**강행규정**'이며(대판 1995.2.10, 94다13473: 19·20세무), 정관에서 달리 정하더라도 그것은 무효이다(20소간, 18세무).

2. 청산법인의 능력

> 제81조 【청산법인】(18소간) 해산한 법인은 청산의 목적범위 내에서만 권리가 있고 의무를 부담한다.

① 해산한 법인은 청산법인이 되고 '**청산의 목적범위 내**'에서만 권리를 갖고 의무를 부담하므로(제81조), 청산이라는 목적을 변경하거나 해산 전의 본래의 적극적인 사업을 행하는 것은 청산법인의 권리능력의 범위를 벗어나는 것이 된다(16소간, 20세무).
② "청산절차에 관한 규정은 소위 강행규정이므로 만일 그 청산법인이나 그 청산인이 청산법인의 목적범위 외의 행위를 한 때는 무효이다"(대판 1980.4.8, 79다2036).

3. 청산법인의 기관

(1) 의의

청산법인은 해산 전의 법인과 동일성이 유지되므로 해산 전의 기관, 즉 사원총회(20소간)·감사 등의 기관은 그대로 존속하고 이사는 청산인이 된다.

(2) 청산인

1) 지위

법인이 해산하면 이사에 갈음하여 청산인이 청산법인의 집행기관이 된다. 따라서 청산법인의 능력의 범위 내에서 대외적으로 청산법인을 대표하고, 대내적으로는 청산사무를 집행한다(제87조 2항)(21세무).

2) 청산인의 선임·해임

가) 법정청산인

① 법인이 해산한 때에는 정관에서 청산인이 될 자를 정하지 않고 또 총회의 결의도 없으면 해산 당시의 이사가 청산인이 된다(제82조)(16·20소간, 18·19·21세무). 이와 관련하여 判例는 "회사가 해산한 경우 합병 또는 파산의 경우 외에는 정관에 다른 규정이 있거나 주주총회에서 따로 **청산인을 선임하지 아니하였다면 이사가 당연히 청산인이 되고 이사가 임기만료 되면 새로운 이사를 선임할 수 있다** 할 것이므로 청산법인의 주주총회에서 청산인을 선임하지 아니하고 이사를 선임하였다 하여 그 선임결의가 그 자체로서 무효가 된다고 볼 수 없다"(대판 1989.9.12, 87다카2691)고 한다.
② 파산의 경우에는 '채무자 회생 및 파산에 관한 법률'에 따라 법원에 의해 선임된 파산관재인이 파산재단을 대표한다(동법 제355조 이하).

지문 OX

01 청산법인이 청산 목적과 관계없이 한 행위는 특별한 사정이 없는 한 무효이다. ○

02 파산에 의하여 법인이 해산하는 경우에는 원칙적으로 파산선고 당시의 이사가 청산인이 된다. ×

03 법인이 파산한 때에는 이사가 청산인이 된다. ×

나) 법원에 의한 청산인의 선임

청산인이 될 자가 없거나 청산인의 결원으로 인하여 손해가 생길 염려가 있는 때에는, 법원은 직권 또는 이해관계인이나 검사의 청구에 의하여 청산인을 선임할 수 있다(제83조).

4. 청산사무(청산인의 직무권한)

> 제87조【청산인의 직무】① 청산인의 직무는 다음과 같다.
> 1. 현존사무의 종결
> 2. 채권의 추심 및 채무의 변제
> 3. 잔여재산의 인도
> ② 청산인은 전항의 직무를 행하기 위하여 필요한 모든 행위를 할 수 있다.

(1) 해산의 등기와 신고

> 제85조【해산등기】① 청산인은 파산의 경우를 제하고는 그 취임 후 3주간 내에 해산의 사유 및 년월일, 청산인의 성명 및 주소와 청산인의 대표권을 제한한 때에는 그 제한을 주된 사무소 및 분사무소 소재지에서 등기하여야 한다.
> ② 제52조의 규정은 전항의 등기에 준용한다.
> 제86조【해산신고】(21세무) ① 청산인은 파산의 경우를 제하고는 그 취임 후 3주간 내에 전조 제1항의 사항을 주무관청에 신고하여야 한다.
> ② 청산 중에 취임한 청산인은 그 성명 및 주소를 신고하면 된다.

(2) 현존사무의 종결(제87조 1항 1호)

이미 결정된 것이라도 아직 착수하지 않은 것은 개시하지 못한다.

(3) 채권의 추심(제87조 1항 2호)

(4) 채무의 변제(제87조 1항 2호)

1) 채권신고의 공고 및 최고

> 제88조【채권신고의 공고】① 청산인은 취임한 날로부터 2월내에 3회 이상의 공고로 채권자에 대하여 일정한 기간 내에 그 채권을 신고할 것을 최고하여야 한다. 그 기간은 2월 이상이어야 한다.
> ② 전항의 공고에는 채권자가 기간 내에 신고하지 아니하면 청산으로부터 제외될 것을 표시하여야 한다.
> ③ 제1항의 공고는 법원의 등기사항의 공고와 동일한 방법으로 하여야 한다.
> 제89조【채권신고의 최고】(16소간, 20·21세무) 청산인은 알고 있는 채권자에 대하여는 각각 그 채권신고를 최고하여야 한다. 알고 있는 채권자는 청산으로부터 제외하지 못한다.

2) 변제

> 제90조【채권신고기간내의 변제금지】청산인은 제88조 제1항의 채권신고기간 내에는 채권자에 대하여 변제하지 못한다. 그러나 법인은 채권자에 대한 지연손해배상의 의무를 면하지 못한다.
> 제91조【채권변제의 특례】① 청산중의 법인은 변제기에 이르지 아니한 채권에 대하여도 변제할 수 있다.
> ② 전항의 경우에는 조건있는 채권, 존속기간의 불확정한 채권 기타 가액의 불확정한 채권에 관하여는 법원이 선임한 감정인의 평가에 의하여 변제하여야 한다.

제92조【청산으로부터 제외된 채권】(18소간) 청산으로부터 제외된 채권자는 법인의 채무를 완제한 후 귀속권리자에게 인도하지 아니한 재산에 대하여서만 변제를 청구할 수 있다.

(5) 잔여재산의 인도

제80조【잔여재산의 귀속】(20세무) ① 해산한 법인의 재산은 정관으로 지정한 자에게 귀속한다.
② 정관으로 귀속권리자를 지정하지 아니하거나 이를 지정하는 방법을 정하지 아니한 때에는 이사 또는 청산인은 주무관청의 허가를 얻어 그 법인의 목적에 유사한 목적을 위하여 그 재산을 처분할 수 있다. 그러나 사단법인에 있어서는 총회의 결의가 있어야 한다.
③ 전2항의 규정에 의하여 처분되지 아니한 재산은 국고에 귀속한다.

① 잔여재산은 정관으로 지정한 자에게 귀속한다(제80조 1항). 그 지정은 직접적인 지정뿐만 아니라, 이사회의 결의에 의해 잔여재산을 처분하도록 하는 간접적인 지정, 즉 지정하는 방법을 정한 경우도 포함한다(대판 1995.2.10, 94다13473). 이에 위반하여 한 잔여재산의 처분행위는 무효이다(대판 1980.4.8, 79다2036).

② "해산한 법인이 해산시 잔여재산이 지정한 자에게 귀속한다는 정관 규정에 따라 구체적으로 확정된 잔여재산이전의무의 이행으로서 잔여재산인 토지를 그 귀속권리자에게 이전하는 것은 채무의 이행에 불과하므로 그 **귀속권리자의 대표자를 겸하고 있던 해산한 법인의 대표청산인에 의하여 잔여재산 토지에 관한 소유권이전등기가 그 귀속권리자에게 경료되었다고 하더라도 이는 쌍방대리금지 원칙에 반하지 않는다**"(대판 2000.12.8, 98두5279: 22경간).

(6) 파산신청

제93조【청산중의 파산】① 청산 중 법인의 재산이 그 채무를 완제하기에 부족한 것이 분명하게 된 때에는 청산인은 지체 없이 파산선고를 신청하고 이를 공고하여야 한다.
② 청산인은 파산관재인에게 그 사무를 인계함으로써 그 임무가 종료한다.
③ 제88조 제3항의 규정은 제1항의 공고에 준용한다.

(7) 청산종결등기와 신고

제94조【청산종결의 등기와 신고】(18소간) 청산이 종결한 때에는 청산인은 3주간 내에 이를 등기하고 주무관청에 신고하여야 한다.
제54조【설립등기이외의 등기의 효력과 등기사항의 공고】① 설립등기 이외의 본절의 등기사항은 그 등기후가 아니면 제3자에게 대항하지 못한다.
② 등기한 사항은 법원이 지체없이 공고하여야 한다.

법인이 소멸하는 시점은 해산등기나 청산종결등기시가 아니라 '청산사무가 종료한 때'이다. 그러므로 청산종결의 등기가 되었더라도 청산사무가 종결되지 않은 때에는 그 한도에서는 청산법인으로 존속한다(대판 1995.2.10, 94다13473: 23경간, 19·20·21세무). 다만, 설립등기 이외의 등기는 모두 대항요건에 해당하므로(제54조), **해산등기를 하지 않았다면 제3자에게 해산사실로 대항할 수 없다**(대판 1984.9.25, 84다카493).

Ⅰ. 사단법인의 정관변경

> 제42조 【사단법인의 정관의 변경】(23경간, 21법경, 19소간, 18·20세무) ① 사단법인의 정관은 총사원 3분의 2 이상의 동의가 있는 때에 한하여 이를 변경할 수 있다. 그러나 정수에 관하여 정관에 다른 규정이 있는 때에는 그 규정에 의한다.
> ② 정관의 변경은 주무관청의 허가를 얻지 아니하면 그 효력이 없다.

1. 의의

정관의 변경이란 법인이 그 동일성을 유지하면서 조직을 변경하는 것을 말한다. 사단법인은 자율적 법인이므로 그 법인의 '동일성을 유지하는 범위'에서 원칙적으로 정관변경이 가능하다. 가령 비영리의 목적을 영리의 목적으로 변경하는 경우와 같이 동일성을 해치거나 사단법인의 본질에 반하는 정관변경은 허용되지 않는다.

2. 사원총회의 결의

정관의 변경에는 그 정수에 관해 정관에 다른 규정이 없는 한, **총사원 3분의 2 이상의 동의가 있어야 한다**(제42조 1항)(21법경). ① 사단법인에서 정관변경은 사원총회의 전권사항이다. 따라서 정관에서 이사회의 결의로써 정관변경을 할 수 있다고 정하더라도 그것은 무효이다. ② 그리고 정관에 그 정관을 변경할 수 없다고 규정하고 있더라도 모든 사원의 동의가 있으면 정관을 변경할 수 있다고 본다.

3. 주무관청의 허가

정관의 변경은 주무관청의 허가를 얻지 않으면 그 효력이 없다(제42조).

Ⅱ. 재단법인의 정관변경

> 제45조 【재단법인의 정관변경】(19·20·21세무) ① 재단법인의 정관은 그 변경방법을 정관에 정한 때에 한하여 변경할 수 있다.
> ② 재단법인의 목적달성 또는 그 재산의 보전을 위하여 적당한 때에는 전항의 규정에 불구하고 명칭 또는 사무소의 소재지를 변경할 수 있다.
> ③ 제42조 제2항의 규정은 전2항의 경우에 준용한다.
> 제46조 【재단법인의 목적 기타의 변경】(21세무) 재단법인의 목적을 달성할 수 없는 때에는 설립자나 이사는 주무관청의 허가를 얻어 설립의 취지를 참작하여 그 목적 기타 정관의 규정을 변경할 수 있다.

1. 정관변경 가부

(1) 원칙

재단법인은 설립자의 의사에 의하여 타율적으로 구속되는 법인이므로 원칙적으로 정관변경이 불가능하다.

(2) 예외

그러나 ⅰ) 설립자가 정관 속에서 그 정관의 변경방법을 정하고 있는 경우(제45조 1항), ⅱ) 재단법인의 목적달성을 위하여 필요한 때에는 명칭 또는 사무소의 소재지를 변경할 수 있으며(제45조 2항), ⅲ) 재단법인의 목적을 달성할 수 없는 때에는 설립자나 이사는 주무관청의 허가를 얻어 설립의 취지를 참작하여 목적 기타 정관의 규정도 변경할 수 있다(제46조).

2. 주무관청의 허가

재단법인의 정관의 변경은 사단법인의 정관변경과 마찬가지로 **주무관청의 허가를 얻지 아니하면 그 효력이 없다**(제45조 3항, 제42조 2항)(22경간). 判例는 "제45조와 제46조에서 말하는 재단법인의 정관변경의 '허가'는 법률상의 표현이 허가로 되어 있기는 하나, 그 성질에 있어 법률행위의 효력을 보충해 주는 것이지 일반적 금지를 해제하는 것이 아니므로, 그 법적 성격은 '인가'로 보아야 한다"고 한다(대판 1996.5.16, 전합95누4810). 이에 따르면 그 불허가처분에 대해서는 행정소송으로 다툴 수 있다.

3. 기본재산의 처분·편입과 정관의 변경

(1) 의의

① 재단법인을 설립하기 위해 출연한 '기본재산'은 재단법인의 실체를 이루며, 이러한 '**기본재산의 처분**'은 정관의 필요적 기재사항이다(제43조)(22경간). 그러나 재단법인의 기본재산이 아닌 재산의 매각은 정관의 변경을 초래하는 것이 아니므로 주무관청의 허가를 필요로 하는 것이 아니다(대판 1967.12.19, 67다1337).

② 재단법인의 기본재산 처분에 대한 주무관청의 허가는 **반드시 사전에 받아야 하는 것이 아니라 이를 처분할 때까지 받으면 족하므로**, 소유권이전등기청구소송의 경우에는 늦어도 사실심변론종결시까지 허가를 받아야 한다(20세무)(대판 1974.4.23, 73다544 ; 대판 1998.7.24, 96다27988: 학교법인이 감독청의 허가 없이 기본재산에 관한 매매계약을 체결한 경우, 매수인은 감독청의 허가를 조건으로 소유권이전등기를 청구할 수 있다).

(2) 기본재산의 처분행위인지 문제되는 경우

1) 저당권설정행위(원칙적 소극)

기본재산에 관한 '저당권 설정행위'는 이에 해당하지 않으므로 주무관청의 허가가 필요 없다(대결 2018.7.20, 2017마1565: 20법경), 다만 정관에 '기본재산은 담보설정 등을 할 수 없으나 주무관청의 허가·승인을 받은 경우에는 이를 할 수 있다'고 정해진 경우에는, 기본재산에 관하여 근저당권을 설정하기 위하여 정관 규정에 따라 주무관청의 허가·승인을 받아야 하고, 다만 그와 같이 설정된 근저당권을 실행하여 기본재산을 매각할 때에는 주무관청의 허가를 다시 받을 필요가 없다(대결 2019.2.28, 2018마800). 아울러 전세권을 기본재산으로 하는 정관변경을 하면서 주무관청의 허가를 얻은 경우에도 전세권소멸통고에 대해서 다시 별도로 주무관청의 허가를 받을 필요가 없다(대판 2021.5.7, 2020다289828).

2) 경매절차에 의한 매각(적극)

경매절차에 의한 기본재산의 매각(기본재산에 대한 강제집행실시)도 기본재산의 처분행위이므로 주무관청의 허가가 필요하다. 다만 주무관청의 허가는 반드시 사전에 얻어야 하는 것은 아니므로, 재단법인의 정관변경에 대한 주무관청의 허가는 경매개시요건은 아니고 경락인의 소유권취득에 관한 요건이다(대결 2018.7.20, 2017마1565).

3) 명의신탁해지에 따른 원상회복(적극)

'이미 설립된' 재단법인에 명의신탁하여 기본재산으로 편입된 재산에 관하여 주무장관의 허가 없이 신탁해지만으로 반환을 구할 수 있는지 여부와 관련하여 判例는 "일단 주무장관의 허가를 얻어 기본재산에 편입하여 정관 기재사항의 일부가 된 경우에는 비록 그것이 명의신탁관계에 있었던 것이라 하더라도 이것을 처분(반환)하는 것은 정관의 변경을 초래하는 점에 있어서는 다를 바 없으므로 주무장관의 허가 없이 이를 이전등기할 수는 없다"(대판 1991.5.28, 90다8558)[24]고 하여 **명의신탁해지에 따른 원상회복도 기본재산의 처분**에 해당한다고 한다.

4) 기타

기본재산을 수동채권으로 상계하거나(대판 1998.12.11, 97다9970), 추가로 **기본재산에 '편입'**시키거나(대판 1982.9.28, 82다카499: 20법경, 21세무), 명의신탁해지에 따른 원상회복(위 90다8558 판결) 등과 같은 **기본재산의 증감도 모두 정관의 변경사항**이 되므로 주무관청의 허가를 얻어야 그 효력이 생긴다.

(3) 위반의 효과

재단법인의 '기본재산의 처분행위' 정관의 변경을 초래하는 것이므로 주무관청의 허가를 얻어야 그 효력이 생기고(제45조 3항), 그 허가 없이 한 **처분행위는 무효**가 된다(대판 1991.5.28, 90다8558). 그리고 주무관청의 허가 없는 기본재산의 처분을 금하는 법의 취지상 **채권계약으로서도 그 효력이 없다**(대판 1974.6.11, 73다1975).

Ⅲ. 법인의 주소

> 제36조 【법인의 주소】(16·19소간) 법인의 주소는 그 주된 사무소의 소재지에 있는 것으로 한다.

Ⅳ. 법인의 감독

1. 사무감독

법인의 설립에는 주무관청의 허가를 얻어야 하므로(제32조), 법인설립 후에도 법인의 사무는 주무관청이 검사·감독한다(제37조)(19법경, 18세무).

2. 해산·청산의 감독

'해산·청산'은 법원이 검사·감독한다(제95조)(18소간).

---

24) [사실관계] 甲교회는 당초 침례회에 가입하지 않았으나, 침례회 산하 乙재단법인으로부터 대출을 받기 위하여 甲교회가 예배당으로 사용하고 있던 X건물과 Y대지를 乙재단법인 앞으로 등기해 주고[교회의 예배당건물과 그 부지를 소속교단 명의로 등기한 것은 소속교단에 대한 신표(信標) 등의 취지로 한 것으로서 일종의 명의신탁에 해당한다]. 침례회에 가입하여 乙재단법인으로부터 대출을 받았다가 원리금을 모두 변제하였다. 乙재단법인은 X, Y부동산을 주무장관의 허가를 얻어 기본재산으로 편입하기는 하였으나, 甲교회가 그 부동산을 계속 사용, 수익함에 대하여 아무런 제한을 가하지 않았다. 그 후 甲교회는 교리 등의 문제로 침례회로부터 탈퇴하기로 적법하게 결의하고 그 사실을 침례회에 통보하였다. 이때 위 判例에 따르면 甲은 乙에 대해 당해 부동산에 관한 명의신탁해지를 원인으로 소유권이전등기절차의 이행을 청구하는 것은 정관의 변경을 초래하는 점에 있어서는 다를 바 없으므로 주무장관의 허가 없이 이를 이전등기할 수는 없다고 한다.

제7관 대표기관의 행위에 대한 법인의 책임관계

I. 문제점

ⅰ) 법인의 권리능력 내에서 ⅱ) 그리고 대표권의 범위 내에서 행한 대표기관의 행위는 제59조 2항에 의해 법인에게 그 효력이 귀속한다. 그리고 그 책임의 실질은 법률행위 (계약)책임이다. 문제는 위의 범위를 일탈한 대표기관의 행위의 경우 법인의 책임인바, ① 권리능력과 대표권의 범위 내의 행위이지만 사익을 도모하기 위한 행위인 경우, ② 권리능력 내의 행위이지만 대표권의 범위 외의 행위를 한 경우에 각각 법인의 계약책임(표현대리책임), 불법행위책임, 부당이득반환책임이 문제된다.

II. 대표기관이 법인의 권리능력과 대표권의 범위 내의 행위를 하였지만 그것이 자기 또는 제3자의 이익을 도모하기 위한 것인 행위인 경우(대표권 남용)

1. 문제점

대표권남용이론은 유권대표에 의한 것이든 표현대표에 의한 것이든 일단 법인에게 법률행위책임이 귀속되는 것으로 평가될 때 비로소 법인 측의 항변으로서 검토할 필요가 있다는 점을 유의해야 한다.

2. 법률행위(계약)책임

제59조 2항에 의해 대리권남용에 관한 이론이 그대로 적용된다. 다만 判例의 경우 대리권남용과 같이 대체로 제107조 1항 단서 유추적용설과 그 견해를 같이 하나, 주식회사의 대표이사의 대표권남용에 대해서는 신의칙설에 따라 판단한 것도 있다. 다만 후자의 경우 상대방에게 중대한 과실이 있는 경우에도 회사는 책임을 면할 수 없다고 설시하고 있다(대판 1987.10.13, 86다카1522 ; 대판 2016.8.24, 2016다222453). 즉 신의칙 위반 여부의 기준을 상대방의 악의에 한정해서 판단하고 있다.

3. 불법행위책임(제3관 법인의 능력 참고)

대표권남용이론은 법률행위의 효력과 관련된 문제로서 불법행위책임과는 별개의 문제이다. 즉 대표권남용이론에 의해 법인에게 법률효과가 귀속되지 않더라도 일정한 요건을 충족한다면 제35조 1항의 불법행위책임은 성립할 수 있다. 물론 법인에게 법률효과가 귀속된다면 다른 요건은 제쳐두고라도 손해발생이라는 요건이 갖추어지지 않아 불법행위에 기한 손해배상책임은 발생하지 않는다.

Ⅲ. 대표기관이 법인의 권리능력 내의 행위이지만 자신의 대표권의 범위 외의 행위를 한 경우(대표권의 유월·일탈)

1. 법령에서 규정된 절차를 위반한 경우

(1) 문제점

법인의 대표기관이 법령에서 규정된 절차를 위반하여 대표행위를 한 경우 법인이 계약상 이행책임을 부담하는지, 제35조의 불법행위책임을 부담하는지 문제된다. 이는 주로 법률규정의 성질이 **강행규정 중 효력규정**에 해당하는 경우에 문제된다.

(2) 판례

判例는 "사립학교법인인 피고가 감독청의 허가를 받지 않고 원고로부터 금원을 차용한 행위는 감독청의 허가를 받지 아니하여 **강행규정인 사립학교법 제28조**[25] 위반으로 **무효**라고 할 것이나, 객관적으로나 외형적으로 보아 그 법인의 목적범위와 관련된 직무집행행위라고 인정되므로 그로 인하여 원고에게 손해를 입혔다면 피고 법인이 이를 배상해야 할 책임이 있다"(대판 1987.4.28, 86다카2534)라고 판시하여 사립학교법 제28조를 법률행위의 효력발생요건으로 보고 있으며, "이사회의 심의·결정 없이 이사장이 한 학교법인의 기본재산 처분행위에 관하여는 **제126조의 표현대리에 관한 규정이 적용되지 아니한다**"(대판 1983.12.27, 83다548)고 하여 표현대리책임의 성립을 부정한다.

> ❋ **학교법인의 금전채권자가 학교법인을 대위하여 관할청에 기본재산의 처분허가신청을 할 수 있는지 여부**(소극)
>
> 사립학교법 제28조 제1항의 규정 취지 및 학교법인 기본재산에 대한 처분허가신청권의 법적 성격에 비추어 볼 때, 학교법인의 금전채권자는 학교법인을 대위하여 관할청에 기본재산의 처분허가신청을 할 수 없다고 보는 것이 타당하다(대판 2011. 12.8, 2011두14357).
>
> ❋ **무효인 명의신탁과 사립학교법상 관할청의 허가필요 여부**(소극)
>
> 명의신탁자가 학교법인의 기본재산으로 등기되어 있는 부동산에 관하여 부동산 실권리자명의 등기에 관한 법률에서 정한 유예기간 내에 실명등기 등을 하지 않아 종전의 명의신탁약정 및 그에 따른 물권변동이 무효가 되었음을 이유로 등기 말소 또는 진정명의회복을 원인으로 한 소유권이전등기절차이행을 구하는 경우, 사립학교법 제28조 제1항에서 정한 관할청 허가가 필요하다고 할 수 없다(대판 2013.8.22, 2013다31403).

---

25) 사립학교법 제28조 ①항 학교법인이 그 기본재산을 매도·증여·교환 또는 용도변경하거나 담보에 제공하고자 할 때 또는 의무의 부담이나 권리의 포기를 하고자 할 때에는 관할청의 허가를 받아야 한다.
　　判例에 따르면 사립학교법 제28조에 따라 학교법인이 용도변경이나 의무부담을 내용으로 하는 계약을 체결한 경우 반드시 계약 전에 관할청의 허가를 받아야만 하는 것은 아니고 '계약 후'라도 관할청의 허가를 받으면 유효하게 될 수 있다고 한다(대판 2022.1.27, 2019다289815).

2. 정관에서 규정된 절차를 위반한 경우

> **제41조 【이사의 대표권에 대한 제한】** 이사의 대표권에 대한 제한은 이를 정관에 기재하지 아니하면 그 효력이 없다.
>
> **제49조 【이사의 대표권에 대한 제한】**(18·19세무) ① 법인설립의 허가가 있는 때에는 3주간 내에 주된 사무소 소재지에서 설립등기를 하여야 한다.
> ② 전항의 등기사항은 다음과 같다.
> 1. 목적
> 2. 명칭
> 3. 사무소
> 4. 설립허가의 연월일
> 5. 존립시기나 해산이유를 정한 때에는 그 시기 또는 사유
> 6. 자산의 총액
> 7. 출자의 방법을 정한 때에는 그 방법
> 8. 이사의 성명, 주소
> 9. 이사의 대표권을 제한한 때에는 그 제한
>
> **제60조 【이사의 대표권에 대한 제한의 대항요건】** 이사의 대표권에 대한 제한은 등기하지 아니하면 제삼자에게 대항하지 못한다.

가령 정관에서 **'공동대표'**로 정한 경우에 이를 위반하여 단독으로 대표행위를 한 경우 또는 대표자가 법인의 채무를 부담하는 계약을 함에 있어서 **'이사회의 결의'**를 거쳐 주무관청의 인가를 받도록 정한 정관의 규정을 위반하여 이사회의 결의나 주무관청의 인가를 받지 않은 경우를 들 수 있다.

(1) 문제점

민법은 '이사의 대표권에 대한 제한은 정관에 기재하여야 효력이 있다'(제41조)고 하여 **정관의 기재를 효력요건**으로 하고 있고, '이사의 대표권제한은 이를 등기하지 않으면 제3자에게 대항하지 못한다'(제49조 2항 9호, 제60조)고 하여 **등기를 대항요건**으로 하고 있다. 여기에서 대표권이 정관에 의하여 제한되는 경우에 법인의 대표기관이 이러한 제한을 위반하여 대표행위를 한 경우 법인이 계약상 이행책임을 부담하는지, 제35조의 불법행위책임을 부담하는지 문제된다.

(2) 정관에 규정된 대표권제한의 성질

일반적으로 정관에서 정하고 있는 이사회 결의 요건 등은 대표기관의 대표권을 '대외적'으로 제한하는 효력이 있는 것으로 본다. 判例 역시 "재단법인의 대표자가 그 법인의 채무를 부담하는 계약을 함에 있어서 이사회의 결의를 거쳐 노회와 설립자의 승인을 얻고 주무관청의 인가를 받도록 정관에 규정되어 있다면 그와 같은 규정은 법인 대표권의 제한에 관한 규정에 해당한다"(대판 1992.2.14, 91다24564)고 판시하고 있다.

(3) 법률행위(계약)책임

1) 정관에 규정된 대표권 제한을 위배한 경우의 효력

대표기관이 정관에 규정된 대표권 제한을 위배한 경우는 원칙적으로 무권대표행위가 된다. 따라서 제126조의 표현대리의 성립이 문제된다. 그러나 이는 정관에 규정된 대표권 제한이 등기된 경우이고, 등기되지 않은 경우에는 제60조에 의하여 제3자에게 대항할 수 없으므로 유권대표행위가 되어 법인은 상대방에게 계약상 이행책임을 져야 한다.

2) 제60조의 제3자 범위

判例는 **"등기가 되어 있지 않는 한, 악의의 제3자에게도 대항할 수 없다"**(대판 1992.2.14, 91다24564: 20법경, 18·20소간, 20·21세무)고 한다.

(4) 불법행위책임

정관에 의한 대표권 제한 일탈행위가 외관상 직무집행의 외형을 가지는 행위로 볼 수 있는 경우에는 직무관련성이 인정되어 법인의 불법행위책임이 인정된다(다수설).

Ⅳ. 부당이득반환책임

1. 발생요건 및 판단기준

무효인 법률행위를 원인으로 법인이 직접 이익을 얻은 경우에는 법인의 부당이득반환의무가 생길 수 있다. 이러한 의무가 생기기 위해서는 법인에게 이득이 있었다고 할 수 있어야 하고, 이를 위해서는 목적 외의 행위에 의한 급여행위로서 목적물의 점유권 내지 소유권(화폐의 경우)을 취득하였음이 인정되지 않으면 안 된다.

이와 관련하여 判例는 무효인 법률행위에 기해 법인의 송금계좌로 대여금이 송금되는 순간 법인은 부당이득을 하였다고 인정되기 때문에, 나중에 대표기관이 위 돈을 무단으로 인출하여 처의 사업자금으로 활용하였다고 하더라도 법인의 부당이득반환의무에 영향을 미치지 않는다(대판 2002.2.5, 2001다66369)고 한다. **이때 부당이득반환의 범위는 대표자를 기준으로 결정된다**(제59조 2항, 제116조).

2. 불법행위책임과 부당이득반환책임의 관계

무효인 법률행위의 거래 상대방은 양자를 '**선택**'하여 행사할 수 있으나, '**중첩**'적으로 행사할 수는 없다. 가령 부당이득을 반환받은 한도에서는 손해배상의 범위가 감축된다(대판 1993.4.27, 92다56087). 그러나 부당이득반환책임의 경우에는 불법행위책임과는 달리 과실상계가 참작되지 않기 때문에, 경우에 따라서 거래 상대방으로서는 부당이득반환청구가 보다 효과적인 구제수단이 될 수 있다.

> [관련판례] "부당이득반환청구권과 불법행위로 인한 손해배상청구권 중 어느 하나에 관한 소를 제기하여 승소 확정판결을 받았으나 채권의 만족을 얻지 못한 경우 나머지 청구권에 관한 소를 제기할 수 있으나, 손해배상청구의 소를 먼저 제기하는 바람에 과실상계에 기한 책임재산에 따라 그 승소액이 제한된 경우 인정받지 못한 부분에 대한 부당이득반환청구권의 행사가 허용되지 않는 것도 아니다"(대판 2013.9.13, 2013다45457).

■ **대표기관의 행위에 대한 법인의 거래상대방에 대한 책임여하[26]**

Ⅰ. **계약책임: 제59조 2항에 따라 대리법리 적용**

1. **권리(행위)능력 내인지 여부(제34조)**
   행위자의 주관적, 구체적 의사가 아닌 행위의 객관적 성질에 따라 추상적으로 판단

2. **강행규정(사립학교법 제28조) 위반 여부, 무권리자 처분행위(제276조 1항) 등**
   위반시 확정적 무효이므로 표현대리의 법리를 적용할 여지가 없음

3. **대표권 범위 내인지 여부(제41조, 제60조)**
   대표권 제한의 '효력요건'인 정관기재(제41조) 및 '대항요건'인 등기기재(제60조) 위반
   여부

4-1. **대표권 범위 내이면 대표권남용 해당 여부(제107조 1항 단서 유추적용)**
   대표권남용이론은 유권대표에 의한 것이든 표현대리에 의한 것이든 일단 법인에게 법
   률행위 책임이 귀속되는 것으로 평가될 때 비로소 법인 측의 항변으로서 검토할 필요

4-2. **대표권 범위 밖이면 표현대리책임 인정 여부(제126조)**

Ⅱ. **법인의 불법행위책임: 주로 강행규정 위반 또는 대표권남용으로 무효가 되는 경우 검토**
   ① 제35조 1항 1문 요건 검토(특히 직무관련성 관련 외형이론 및 외형이론의 제한) →
   ② 구체적 손해배상책임의 범위(특히 과실상계)

Ⅲ. **법인이 부당이득반환책임: 주로 강행규정 위반 또는 대표권남용으로 무효가 되는 경우 검토**
   선·악 판단은 대표기관이 기준(제748조 2항), 강행법규 위반시 불법원인급여 해당 여부

Ⅳ. **불법행위책임과 부당이득반환책임과의 관계**
   피해자는 '선택적'으로 행사할 수 있으나(청구권 경합), '중첩적'으로 행사할 수 없다.
   다만 과실상계와 관련하여 부당이득반환책임이 피해자에게 일반적으로 '유리'

---

26) 따라서, 대표기관의 거래상대방에 대한 책임 및 대표기관의 법인에 대한 책임은 추가적인 논의를 요한다.

제8관 권리능력 없는 사단

I. 의의

1. 개념 및 존재이유

권리능력 없는 사단이란 사단으로서의 실체는 가지고 있지만, 주무관청의 허가를 얻지 못하거나 또는 설립등기를 마치지 않아 법인격을 갖지 못한 조직형태를 말한다. 이를 비법인사단이라고도 하는데 주무관청의 복잡한 규제를 받지 않기 위해 등기를 하지 않는 소규모 사단이 대부분이다.

> **❋ 권리능력 없는 재단**
>
> '권리능력 없는 재단'은 주무관청의 허가 및 설립등기는 없는 형태로 자선기금, 장학재단(육영회) 등을 들 수 있다. 비법인사단에서와 마찬가지로 재단법인에 관한 규정 중 법인격을 전제로 하는 것을 제외한 나머지 규정들은 유추적용된다. 특히 '재산의 귀속관계'와 관련하여 비법인재단에게 등기능력이 인정됨으로써, 등기를 필요로 하는 부동산에 관한 권리는 직접 비법인재단의 '단독소유'에 속한다(부동산등기규칙 제56조 참조).

2. 구별개념

(1) 사단법인

비법인사단은 사단법인과 실질상의 차이는 없으나, 사단법인은 주무관청의 허가를 거쳐 설립등기를 마친 법인격을 갖춘 사단이라는 점에서 비법인사단과 다르다.

(2) 조합(2인 이상이 상호출자하여 공동사업을 경영할 것을 약정한 계약관계)

조합은 비법인사단과 같이 법인격이 없는 사람들의 결합체이지만, 그 단체성의 정도에 있어서 사단과 차이가 있다. ① 비법인사단의 경우 구성원의 개성이 상실되고 단체를 위하여 행동하는 특별한 기관을 통해 활동하며 법률효과도 정관 등에 의해 총유 등 단체에게 발생하나, ② 조합의 경우에는 조합원 개개인의 개성이 유지되고 재산도 합유로 구성원에게 귀속되며 채무도 조합원 전원이 공동으로 부담한다.

判例도 조합과 비법인사단과의 구별은 명칭에 구애됨이 없이 일반적으로 그 **단체성의 강약을 기준**으로 판단해야 한다고 판시하고 있다(대판 1999.4.23, 99다4504 등). 가령 농협 협동조합 등은 조합의 명칭을 사용하나 그 성질은 특별법에 의한 법인이며, 재건축조합 등도 조합이 아니라 권리능력 없는 사단이다(대판 2001.5.29, 2000다10246 ; 당해 판결 이후 재건축조합은 도시 및 주거환경정비법 제18조 1항에 의해 법인화되었다).

II. 성립요건

1. 사단으로서의 실체적 요건 구비(사, 다, 변, 주)

判例는 "ⅰ) 어떤 단체가 고유의 목적을 가지고 사단적 성격을 가지는 규약을 만들어 이에 근거하여 의사결정기관 및 집행기관인 대표자를 두는 등의 조직을 갖추고 있고, ⅱ) 기관의 의결이나 업무집행방법이 다수결의 원칙에 의하여 행하여지며, ⅲ) 구성원의 가입, 탈퇴 등으로 인한 변경에 관계없이 단체 그 자체가 존속되고, ⅳ) 그 조직에 의하여 대표의 방법, 총회나 이사회 등의 운영, 자본의 구성, 재산의 관리 기타 단체로

지문 OX

01 권리능력 없는 사단은 대표자 등 조직을 갖출 것이 요구되지 않는다.　　　×

서의 주요사항이 확정되어 있는 경우에는 비법인사단으로서의 실체를 가진다"(대판 1999.4.23, 99다4504 등)고 한다. 다만, **종중과 같이 특별한 조직행위 없이도 자연적으로 성 립하는 경우는 예외이다.**

2. 주무관청의 허가 및 설립등기 등 형식적 요건 불구비

Ⅲ. 법적 지위

1. 사단법인에 관한 규정의 유추적용

(1) 일반론

민법은 권리능력 없는 사단의 법적 지위에 관한 규정을 두고 있지 않지만, 권리능력 없는 사단은 법인등기를 하지 않았을 뿐 법인의 실질을 갖고 있는 것이다. 따라서 **사 단법인에 관한 규정 중에서 법인격을 전제로 하는 것**(법인등기 등)**을 제외하고는 법인격 없는 사단에 유추적용해야 한다**(대판 1992.10.9, 92다23087).

구체적으로 *判例*는 법인의 권리능력(제34조)(대판 2010.5.27, 2006다72109: 23경간), **불법행 위능력(제35조)**(대판 2008.1.8, 2005다34711: 19법경, 17소간), 사원총회 결의방법(제73조 2항, 제75조 2항), 포괄위임금지 규정(제62조)(대판 2011.4.28, 2008다15438: 19법경, 17소간), 대표자의 업무집행(제40조, 제58조, 제68조), 청산인 선임(제82조), 사원권의 양도·상 속금지 규정(제56조), **임시이사의 선임(제63조)**(대판 2009.11.19, 전합2008마699: 21소간, 21 세무) 등이 유추적용된다고 한다.

(2) 비법인사단에서 정관에 의한 이사의 대표권 제한의 문제(제60조 vs 제126조)

① *判例*는 이사의 대표권 제한에 관한 제41조는 권리능력 없는 사단에 유추적용될 수 있 으나, 제60조는 성질상 권리능력 없는 사단에 적용될 수 없다고 한다(대판 2003.7.23, 2002다64780: 18·19법경, 21소간, 21세무).

② 최근에 *判例*는 이에 더하여서 "임원회의의 결의 등을 거치도록 한 규약은 대표권을 제한하 는 규정에 해당하는 것이므로, 거래 상대방이 그와 같은 대표권 제한 및 그 위반 사실을 알았 거나 과실로 인하여 이를 알지 못한 때에는 그 거래행위가 무효로 된다고 봄이 상당하며, 이 경우 그 거래 상대방이 대표권 제한 및 그 위반 사실을 알았거나 알지 못한 데에 과실이 있다는 사정은 그 **거래의 무효를 주장하는 측이 이를 주장·입증하여야 한다**"(대판 2007.4.19, 전합2004다60072, 60089)고 판시하고 있다(반면 반대의견은 위 규약을 제275조 2항 소정의 '정관 기타 계약'이라고 전제하였다).

[**판례해설**] *判例*가 거래 상대방의 악의·과실을 문제삼은 것은 법인 대표에 준용되는 (제59조 2항) 대리규정 가운데 제126조를 준용한 것으로 보인다. 다만, 제126조의 표현 대리의 정당한 사유의 증명책임은 '상대방'에게 있다고 판시한 내용과(대판 1968.6.18, 68다694) 모순되나, 제60조가 적용되는 법인의 경우 선·악 불문하고 거래상대방을 보 호하는 것과의 균형상 타당하다고 판단된다.

2. 대외적 법률관계에서의 지위

(1) 소송상 당사자 능력 및 등기능력

① 법인이 아닌 사단으로서 대표자 또는 관리인이 있는 경우에는 민사소송에 있어서 당사자능력이 있다(민사소송법 제52조)(21소간, 21세무). ② 또한 부동산 등기법은 권리능 력 없는 사단에 등기능력을 부여하여 권리능력 없는 사단의 재산귀속을 공시할 수 있 는 길을 열어두고 있다(동법 제26조 1항)(21세무).

(2) 권리능력(행위능력) 및 불법행위능력

사단의 권리능력(행위능력)(제34조)(23경간)·대표기관의 권한과 그 대표의 형식·대표기관의 불법행위로 인한 사단의 배상책임(제35조)의 규정은 비법인사단에게도 유추적용된다(통설, 제35조와 관련한 아래 2002다27088 판결: 19법경, 17소간). 判例도 종중의 점유에 의한 시효취득을 인정하고(대판 1970.2.10, 69다2013), 종중의 사회적 평가(명예권)가 저하된 것에 대해 불법행위로 인한 손해배상청구권을 인정한다(대판 1990.2.27, 89다카12775: 18세무).

3. 재산귀속관계(총유관계)(제275조 1항)

(1) 총유물의 관리 및 처분

1) 민법규정

권리능력 없는 사단의 재산소유는 '**총유**'로 하며(제275조 1항)(16소간, 19·21세무), 총유물의 관리 및 처분은 정관 기타 규약에 정한 바가 없으면 '**사원총회**'의 결의에 의한다(제275조 2항, 제276조 1항). 그리고 각 구성원들은 사용·수익만을 할 수 있다(제276조 2항). 즉 공유나 합유와 달리 구성원의 지분권이 없다.

2) 총유물의 관리·처분의 개념

"총유물의 관리 및 처분이라 함은 총유물 그 자체에 관한 이용·개량행위나 법률적·사실적 처분행위를 의미하는 것이므로, [보증계약과 같은] 단순한 채무부담행위는 총유물의 관리·처분행위라고 볼 수 없다"(대판 2007.4.19, 전합2004다60072, 60089: 23경간, 18법경, 17소간).

가) 총유물의 관리·처분에 해당하는 경우

① [매매계약] "비법인사단이 총유물에 관한 매매계약을 체결하는 행위는 총유물 그 자체의 처분이 따르는 채무부담행위로서 총유물의 처분행위에 해당하나, 그 매매계약에 의하여 부담하고 있는 채무의 존재를 인식하고 있다는 뜻을 표시하는 데 불과한 소멸시효 중단사유로서의 승인은 총유물 그 자체의 관리·처분이 따르는 행위가 아니어서 총유물의 관리·처분행위라고 볼 수 없다"(대판 2009.11.26, 2009다64383).

② [임대차계약] "총유물의 처분이라 함은 '총유물을 양도하거나 그 위에 물권을 설정하는 등의 행위'를 말하므로, 그에 이르지 않은 단순히 '총유물의 사용권을 타인에게 부여하거나 임대하는 행위'는 원칙적으로 총유물의 처분이 아닌 관리행위에 해당한다고 보아야 한다"(대판 2012.10.25, 2010다56586).[27]

---

27) [사실관계] 甲 종중이 대종중인 乙 종중에게, 甲 종중 소유 토지 위에 乙 종중의 재실 및 사당을 신축하여 토지를 무상으로 사용하도록 승낙한 사안에서, 甲 종중의 토지에 관한 무상사용 승낙행위는 원칙적으로 종중재산에 관한 처분행위가 아닌 관리행위에 해당한다고 보아야 하고, 甲 종중이 이사회 의결을 거쳐 위 토지를 을 종중이 무상으로 사용할 수 있도록 승낙한

③ **[분묘설치행위]** "종산에 대한 분묘설치행위는 단순한 사용수익에 불과한 것이 아니고 관습에 의한 지상권 유사의 물권을 취득하게 되는 처분행위에 해당된다할 것이므로 총유체인 종중의 결의가 필요하다"(대판 1967.7.18, 66다1600).

나) 총유물의 관리 · 처분에 해당하지 않는 경우

① **[설계용역계약]** "총유물의 관리 및 처분행위라 함은 총유물 그 자체에 관한 법률적 · 사실적 처분행위와 이용, 개량행위를 말하는 것으로서 재건축조합이 재건축사업의 시행을 위하여 **설계용역계약을 체결하는 것은 단순한 채무부담행위에 불과**하여 총유물 그 자체에 대한 관리 및 처분행위라고 볼 수 없다"(대판 2003.7.22, 2002다6478).

② **[채무승인]** "비법인사단이 총유물에 관한 매매계약을 체결하는 행위는 총유물 그 자체의 처분이 따르는 채무부담행위로서 총유물의 처분행위에 해당하나, 그 매매계약에 의하여 부담하고 있는 채무의 존재를 인식하고 있다는 뜻을 표시하는 데 불과한 **소멸시효 중단사유로서의 승인**(제168조 3호)은 **총유물 그 자체의 관리 · 처분이 따르는 행위가 아니어서 총유물의 관리 · 처분행위라고 볼 수 없다**"(대판 2009.11.26, 2009다64383).

③ **[중개수수료 약정]** "종중이 그 소유 토지의 매매를 중개한 중개업자에게 중개수수료를 지급하기로 약정을 체결하는 행위는 총유물 관리 · 처분행위에 해당하지 않는다"(대판 2012.4.12, 2011다107900).

3) 사원총회의 결의를 결한 총유물의 관리 · 처분

判例에 따르면 총회결의를 거치지 않은 총유물의 관리 및 처분행위는 '**무효**'이고(대판 2001.5.29, 2000다10246: 18법경), 이는 처분권한 없이 처분한 경우에 해당하므로 **표현대리가 적용될 여지도 없다**고 한다(대판 2009.2.12, 2006다23312 등: 23경간). 따라서 상대방이 선의였는지 여부는 문제되지 않는다.

> **[관련판례]** "종중 소유의 재산은 종중원의 총유에 속하는 것이므로 그 관리 및 처분에 관하여 먼저 종중 규약에 정하는 바가 있으면 이에 따라야 하고, 그 점에 관한 종중 규약이 없으면 종중 총회의 결의에 의하여야 하므로 비록 종중 대표자에 의한 종중 재산의 처분이라고 하더라도 그러한 절차를 거치지 아니한 채 한 행위는 무효이다"(대판 2000.10.27, 2000다22881).

> **[관련판례]** "비법인사단인 종중의 토지에 대한 수용보상금은 종원의 총유에 속하고, 위 수용보상금의 분배는 총유물의 처분에 해당하므로 정관 기타 규약에 달리 정함이 없는 한 종중총회의 분배결의가 없으면 종원이 종중에 대하여 직접 분배청구를 할 수 없으나, 종중 토지에 대한 수용보상금을 종원에게 분배하기로 결의하였다면, 그 분배대상자라고 주장하는 종원은 종중에 대하여 직접 분배금의 청구를 할 수 있다"(대판 1994.4.26, 93다32446: 18 · 20세무).

(2) 보존행위

총유의 경우에는 공유나 합유의 경우처럼 보존행위는 구성원 각자가 할 수 있다(제265조 단서, 제272조)는 규정이 없으므로 보존행위를 함에도 제276조 1항에 따른 **사원총회의 결의를 거치거나 정관이 정하는 바에 따른 절차**(제275조 2항 참조)를 거쳐야 한다(대판 2014.2.13, 2012다112299).

행위가 처분행위에 이르지 아니한 관리행위의 범위 내에서는 甲 종중 정관에 근거를 둔 것으로서(당해 종중 정관에 의하면 고정자산의 취득과 처분은 총회의결사항이나, 고정자산의 사용료 징수나 회장이 부의하는 사항은 이사회 의결사항이라는 것이므로 원고가 고정자산을 임대하는 경우는 물론이고 무상으로 사용하게 하는 경우에도 처분행위에 이르지 않은 관리행위의 경우에는 이사회 의결사항으로 봄이 상당하다)유효하다고 볼 여지가 있다고 한 사례이다.

지문 OX

07 중중 소유 임야에 종원이 분묘를 설치하기 위해서는 특별한 사정이 없는 한 종중총회의 결의가 필요하다. ○

08 권리능력 없는 사단인 재건축조합 A의 대표자 甲은 아파트 신축을 위하여 乙회사와 신축공사의 설계용역에 관한 도급계약을 체결하였다. 한편 A의 정관에는 'A의 부담이 따르는 결정사항에 관하여는 총회의 결의에 의하여야 한다'고 규정하고 있음에도 甲이 이러한 절차를 거치지 않았다면 이는 사원 총회의 결의를 거치지 아니한 총유물의 관리 및 처분행위로서 무효이다. ×
☞ 대표권 제한(제41조 유추) 위반행위로서 유동적 무효이다.

09 비법인사단이 총유물에 관하여 체결한 매매계약에 따라 소유권이전등기의무가 존재하고 있음을 시인하는 것은 그에 따라 소멸시효 중단사유로서 승인의 효과가 발생하므로 총유물의 관리 · 처분행위에 해당하여 사원총회의 결의를 거치지 않으면 효력이 없다. ×

10 종중의 대표자는 종중 규약에 대표권을 제한하는 다른 규정이 없는 한 종중총회의 결의가 없더라도 종중을 대표하여 종중 재산을 처분할 수 있다. ×

11 권리능력 없는 사단인 종중 소유의 재산에 대한 보존행위로서 소송을 하는 경우, 특별한 사정이 없는 한 총회의 결의를 거쳐야 하는 것은 아니다. ×

✱ 총유재산에 관한 소송 ★

① **[당사자적격]** 특히 총유재산에 관한 소송행위와 관련(당사자적격의 문제)하여 判例는 "총유재산에 관한 소송은 법인 아닌 사단이 그 명의로 사원총회의 결의를 거쳐 하거나(민사소송법 제52조 참조)(18법경) 또는 그 구성원 전원이 당사자가 되어 필수적 공동소송의 형태로 할 수 있을 뿐 총회의 결의를 거치더라도 (설령 대표자라도) 구성원 개인이 할 수는 없다"(대판 2005.9.15, 전합2004다44971: 23경간, 20세무)고 판시하고 있다. 그럼에도 불구하고 비법인사단의 대표자 개인이 총유재산의 보존행위로서 소를 제기한 때에는 법원은 당사자적격 흠결을 이유로 부적법 각하하여야 한다.

② **[채권자대위소송]** "그러나 이러한 절차는 비법인사단의 대표자가 비법인사단 명의로 총유재산에 관한 소를 제기하는 경우에 비법인사단의 의사결정과 특별수권을 위하여 필요한 내부적인 절차이다. 따라서 비법인사단이 총유재산에 관한 권리를 행사하지 아니하고 있어 비법인사단의 채권자가 채권자대위권에 기하여 비법인사단의 총유재산에 관한 권리를 대위행사하는 경우에는 (채권자대위권은 그 권리행사에 채무자의 동의를 필요로 하는 것은 아니므로) 사원총회의 결의 등 비법인사단의 내부적인 의사결정 절차를 거칠 필요가 없다"(대판 2014.9.25, 2014다211336).

③ **[채권자대위소송(권리불행사 요건)]** "비법인사단이 사원총회의 결의 없이 제기한 소는 소제기에 관한 특별수권(민법 제276조 1항)을 결하여 부적법하고, 그 경우 소제기에 관한 비법인사단의 의사결정이 있었다고 할 수 없다. 따라서 비법인사단인 채무자 명의로 제3채무자를 상대로 한 소가 제기되었으나 사원총회의 결의 없이 총유재산에 관한 소가 제기되었다는 이유로 '각하판결'을 받고 그 판결이 확정된 경우에는 채무자가 스스로 제3채무자에 대한 권리를 행사한 것으로 볼 수 없다"(대판 2018.10.25, 2018다210539).

(3) 단체의 채무와 사원의 책임

권리능력 없는 사단이 대외적으로 부담한 채무에 관해서는 사단 자체의 재산이 집행대상이 되고, 구성원인 사원은 개인적인 책임을 지지 않는다. 따라서 判例도 "구 주택건설촉진법에 따라 설립된 주택조합은 그 성질이 '비법인사단'이므로 사업을 수행하면서 부담하게 된 채무를 조합의 재산으로 변제할 수 없게 된 경우, 조합원이 곧바로 조합에 대해 지분 비율에 따른 분담금 채무를 부담하지 않는다고 한다(대판 2021.12.30, 2017다203299).

(4) 사원의 권리

각 구성원들은 사용·수익만을 할 수 있다(제276조 2항). 즉 공유나 합유와 달리 구성원의 지분권이 없다. 또한 비법인사단의 구성원의 지위를 상실하게 되면 그 총유재산에 대하여는 권리를 주장할 수 없다(제277조).

① 判例는 "비법인사단인 어촌계의 구성원은 총유재산에 대하여 특정된 지분을 가지고 있는 것이 아니라 사단의 구성원이라는 지위에서 총유재산의 관리 및 처분에 참여하고 있는 것에 불과하고, 그 신분을 상실하면 총유재산에 대하여 아무런 권리를 주장할 수 없는 것이므로, 비록 그가 어촌계의 계원으로 있을 당시 어촌계가 취득한 보상금이라 하더라도 그 분배결의 당시 계원의 신분을 상실하였다면 그 결의의 효력을 다툴 법률상의 이해관계가 없다"(대판 2000.5.12, 99다71931)고 하였다.

② 한편 判例는 ㉠ "고유의 의미의 종중의 경우에는 종중이 종중원의 자격을 박탈한다든지 종중원이 종중을 탈퇴할 수 없는 것이어서 공동선조의 후손들은 종중을 양분하는 것과 같은 종중분열을 할 수 없는 것이고(23경간), 따라서 한 개의 종중이 내분으로 인하여 사실상 2개로 분파된 상태에서 별도의 종중총회가 개최되어 종중대표자로 선임된 자는 그 분파의 대표자일 뿐 종중의 대표자로 볼 수는 없다"(대판 1998.2.27. 97도1993)고

하나, ㉡ "법인 아닌 사단의 구성원 중 일부가 탈퇴하여 새로운 법인 아닌 사단을 설립하는 경우에 종전의 법인 아닌 사단에 남아 있는 구성원들이 자신들이 총유의 형태로 소유하고 있는 재산을 새로이 설립된 법인 아닌 사단의 구성원들에게 양도하거나, 법인 아닌 사단이 해산한 후 그 구성원들이 나뉘어 여러 개의 법인 아닌 사단들을 설립하는 경우에 해산되기 전의 법인 아닌 사단의 구성원들이 자신들이 총유의 형태로 소유하고 있던 재산을 새로이 설립된 법인 아닌 사단들의 구성원들에게 양도하는 것은 허용된다"(대판 2008.1.31, 2005다60871)고 하여 사원의 권리를 인정한다.

Ⅳ. 판례에 나타난 권리능력 없는 사단의 구체적인 형태

1. 교회

(1) 법적 성격

교회의 법적 성질에 관하여 判例는 개별 지교회만을 법적 생활단위, 즉 소속 교단과 독립된 '권리능력 없는 사단'으로 인정하고, 교단은 종교적 내부관계에 있어서 지교회의 상급단체에 지나지 않는다고 본다(대판 1967.12.18, 67다2202).

(2) 교회의 분열을 인정할 수 있는지 여부

교회의 분열이란 종교적 신념 등 원인여하 불문하고 다수의 교인들이 종전의 교회에서 탈퇴하여 '동일성·계속성'을 인정할 수 없는 새로운 교회를 구성하는 것을 말한다. 이와 관련하여 과거 判例는 교회의 분열을 인정하였으나 최근 전원합의체 판결은 **"우리 민법이 사단법인에 있어서 구성원의 탈퇴나 해산은 인정하지만, 사단법인의 구성원들이 2개의 법인으로 나뉘어 각각 독립한 법인으로 존속하면서 종전 사단법인에게 귀속되었던 재산을 소유하는 방식의 사단법인의 분열은 인정하지 않기 때문에"** 법인 아닌 사단인 교회의 경우에도 분열을 인정할 수 없다는 입장으로 변경되었다(대판 2006.4.20, 전합 2004다37775: 19법경, 20세무).

(3) 집단적 탈퇴자의 법적 지위

변경된 判例는 교회의 분열을 인정하지 않는 바탕에서 "일부 교인들이 교회를 탈퇴하여 그 교회 교인으로서의 지위를 상실하게 되면 탈퇴가 개별적인 것이든 집단적인 것이든 이와 더불어 종전 교회의 총유 재산의 관리처분에 관한 의결에 참가할 수 있는 지위나 그 재산에 대한 사용·수익권을 상실하고, 종전 교회는 잔존 교인들을 구성원으로 하여 **실체의 동일성을 유지**하면서 존속하며 종전 교회의 재산은 그 교회에 소속된 잔존 교인들의 총유로 귀속됨이 원칙이다"(대판 2006.4.20, 전합2004다37775)라고 하여 **탈퇴한 교인들의 종전교회 재산의 사용·수익권을 원천적으로 부정**하고 있다.[28]

(4) 소속 교단의 탈퇴·변경

'소속 교단의 탈퇴·변경'이란 교회의 '동일성'을 유지한 채로 지교회가 그 소속 교단에서 탈퇴하거나 소속 교단을 변경하는 것을 말하는 것으로 이것이 허용된다는 데에는 다툼이 없지만 그 요건이 문제된다. 이와 관련하여 과거 判例는 교인 전원의 의사에 의하여만 가능하다고 하였으나, 변경된 判例는 **"소속 교단에서의 탈퇴 내지 소속 교단의 변경은 사단법인 정관변경에 준하여 의결권을 가진 교인 2/3 이상의 찬성에 의한 결의를 필요로 하고**(제42조 1항의 유추적용)(제78조의 유추적용에 따른 3/4 이상의 찬성이 필요한 '해산'사유가 아님), 그 결의요건

---

[28] [과거판례] 종전 判例는 교회의 분열을 인정하면서 교회는 권리능력 없는 사단이므로 교회가 분열된 경우라도 교회 재산은 특별한 정함이 없는 이상 분열 당시의 교인들 전원의 총유에 속한다고 한다(대판 1993.1.19, 전합91다1226).

을 갖추어 소속 교단을 탈퇴하거나 다른 교단으로 변경한 경우에 종전 교회의 실체는 이와 같이 교단을 탈퇴한 교회로서 존속하고 종전 교회 재산은 위 탈퇴한 교회 소속 교인들의 총유로 귀속된다"(대판 2006.4.20, 전합2004다37775)고 한다.

2. 종중

(1) 의의 및 설립

① 종중이란 공동선조의 후손들에 의하여 선조의 분묘수호 및 봉제사와 후손 상호 간의 친목을 목적으로 형성되는 '**자연발생적인 종족단체**'로서 선조의 사망과 동시에 후손에 의하여 성립하는 것이며, 종중의 규약이나 관습에 따라 선출된 대표자 등에 의하여 대표되는 정도로 조직을 갖추고 지속적인 활동을 하고 있다면 비법인사단으로서의 단체성이 인정된다(대판 1994.9.30, 93다27703). 이러한 종중은 관습상 당연히 성립하는 것으로 **조직행위를 요하지 않으며**(대판 2002.6.28, 2001다5296: 19세무), **대표자 선임이나 성문의 규약을 요구하지도 않는다**(대판 1997.11.14, 96다25715: 23경간).

② 이미 성립된 종중의 공동선조의 후손 중의 한 사람을 공동선조로 하여 또 하나의 종중이 성립될 수도 있다(대판 1972.9.12, 72다1090). 그리고 종중이 자연발생적 종족집단이기는 하나 종래 관습법에서도 입양된 양자가 양부가 속한 종중의 종원이 되는 등 종중 구성원의 변동이 허용되었으므로, 민법 제781조 제6항에 따라 자녀의 복리를 위하여 자녀의 성과 본을 변경할 필요가 있어 자녀의 성과 본이 모의 성과 본으로 변경되었을 경우, 성년인 그 자녀는 모가 속한 종중의 공동선조와 성과 본을 같이 하는 후손으로서 당연히 종중의 구성원이 된다(대판 2022.5.26, 2017다260940: 23경간).

> [비교판례] ＊ **비법인사단의 당사자능력(단, 대, 변, 종)**
> "비법인사단이 민사소송에서 당사자능력(민사소송법 제52조)을 가지려면 일정한 정도로 조직을 갖추고 지속적인 활동을 하는 단체성이 있어야 하고 또한 그 대표자가 있어야 하므로, 자연발생적으로 성립하는 고유한 의미의 종중이라도 그와 같은 비법인사단의 요건을 갖추어야 당사자능력이 인정되고 이는 소송요건에 관한 것으로서 사실심의 변론종결시를 기준으로 판단하여야 한다"(대판 2013.1.10, 2011다64607).

(2) 구성원 및 대표자

공동선조와 성과 본을 같이 하는 후손은 성년이 되면 **남녀를 불문하고 의사와 관계없이 당연히 구성원이 된다**. 따라서 종중도 종원을 축출할 수 없다(대판 1983.2.8, 80다1194: 19세무).

> [관련판례] ＊ **종중이 종원의 고유하고 기본적인 권리의 본질적인 내용을 침해하는 처분을 할 수 있는지 여부(소극)**
> "종중이 '종원 중 불미부정한 행위로 종중에 대하여 피해를 끼치거나 명예를 오손하게 한 종원은 이를 변상시키고 이사회의 결의를 거쳐 벌칙을 가하고 총회에 보고한다'는 내용의 종중 규약에 근거하여 종원에 대하여 10년 내지 20년간 종원의 자격(각종 회의에의 참석권·발언권·의결권·피선거권·선거권)을 정지시킨다는 내용의 처분을 한 것은 종원이 가지는 고유하고 기본적인 권리의 본질적인 내용을 침해하므로 그 효력을 인정할 수 없다"(대판 2006.10.26, 2004다47024).

(3) 종중총회

1) 소집권자

① 종중의 대표자는 문중규약에 규정이 있으면 그에 따르고 없으면 일반관습에 의하는데, 문중원 중 행렬이 가장 높고 나이가 많은 사람이 문장이 되어 종중원을 소집하고, 출석자의 과반수 결의로 대표자를 선출하는 것이 일반관습이라 한다(대판 1983.12.13, 83다119).

지문 OX

01 종중이 성립하기 위해서는 특별한 조직행위가 필요하다.
×

02 종중은 특별한 조직행위를 필요로 하지 않지만, 성문규약은 반드시 있어야 한다(23경간). ×

03 종중은 종중원의 신분이나 지위를 박탈시킬 수 없으나 종중원은 종중을 탈퇴할 수 있다.
×

04 특별한 결의나 약정에 의하여 일부 종원의 자격을 제한하거나 박탈할 수 있다. ×

② 다만, "종중원들이 종중 재산의 관리 또는 처분 등을 위하여 종중의 규약에 따른 적법한 소집권자 또는 일반 관례에 따른 종중총회의 소집권자인 종중의 **연고항존자에게 필요한 종중의 임시총회 소집을 요구하였음에도 그 소집권자가 정당한 이유 없이 이에 응하지 아니하는 경우에는 차석 또는 발기인**(위 총회의 소집을 요구한 발의자들)**이 소집권자를 대신하여 그 총회를 소집할 수 있는 것**이고, 반드시 민법 제70조를 준용하여 감사가 총회를 소집하거나 종원이 법원의 허가를 얻어 총회를 소집하여야 하는 것은 아니다"(대판 2011.2.10, 2010다83199). 같은 취지로 "종중의 대표 자격이 있는 연고항존자가 직접 종회를 소집하지 아니하였더라도 그가 다른 종중원의 종회 소집에 동의하여 그 종중원으로 하여금 소집케 하였다면 종회 소집을 전혀 권한 없는 자의 소집이라고 볼 수 없다"(대판 1996.6.14, 96다2729: 23경간).

2) 소집통지

① 소집통지의 방법은 반드시 직접 서면으로 하여야만 하는 것은 아니고 구두 또는 전화로 하여도 되고 다른 종중원이나 세대주를 통하여 하여도 무방하나(대판 2000.2.25, 99다20155: 19세무), **총회의 소집은 1주간 전에 그 회의의 목적사항을 기재한 통지를 발하고 기타 정관에 정한 방법에 의하여야 하는바**(제71조), **제71조의 법정 유예기간 규정에 위반하여 소집한 종중총회 결의는 무효이다**(대판 1995.11.7, 94다7669).

② 종중이 매년 정해진 날짜의 시제에 특별한 '소집절차' 없이 정기적으로 총회를 열어 종중 재산관리에 관하여 결의를 하여 왔다면 위 결의는 종중의 관례에 따른 것으로서 유효한 것으로 보아야 할 것이고(대판 2011.9.8, 2011다34743), 이는 종중 유사의 단체에도 적용된다(대판 2014.2.13, 2012다98843). 그러나 **종중의 규약이나 관례가 없는 한 일부 종원에 대한 소집통지를 결여한 채 개최된 종중총회의 결의는 효력이 없고**(대판 2007.3.29, 2006다74273), 이는 그 결의가 통지 가능한 종원 중 과반수의 찬성을 얻은 것이라 하여 달리 볼 수 없다(대판 1994.6.14, 93다45015).

③ 물론 소집통지를 받지 아니한 종원이 다른 방법에 의하여 이를 알게 된 경우에는 그 종원이 종중총회에 참석하지 않았다고 하더라도 그 종중총회의 결의를 무효라고 할 수 없고(대판 2010.12.9, 2010다77583), 소집절차에 하자가 있어 그 효력을 인정할 수 없는 종중총회의 결의라도 후에 적법하게 소집된 종중총회에서 이를 추인하면 처음부터 유효로 된다(대판 1996.6.14, 96다2729).

3) 결의방법

종중총회의 결의방법에 있어 종중규약에 다른 규정이 없는 이상 종원은 서면이나 대리인으로 결의권을 행사할 수 있으므로 일부 종원이 총회에 직접 출석하지 아니하고 다른 출석 종원에 대한 위임장 제출방식에 의하여 종중의 대표자 선임 등에 관한 결의권을 행사하는 것도 허용된다(대판 2000.2.25, 99다20155). 즉, 종중규약에 다른 규정이 없으면, 종원은 대리인을 통하여 결의권을 행사할 수 있다(23세무).

(4) 재산관계

종중재산은 종중원의 총유라고 보는 것이 통설 및 判例의 입장이다(대판 1996.8.20, 96다18656). 이러한 종중재산의 처분에 관하여는 '종중규약'에 정한 바가 있으면 그에 의하고, 종중규약이 없으면 적법한 '종중총회의 결의'가 있어야 한다(대판 1994.1.14, 92다28716). 따라서 종중총회의 결의가 무효라면, 처분권한 없이 처분한 경우에 해당하므로 표현대리가 적용될 여지도 없다.

① "총유물인 종중 토지 매각대금의 분배는 정관 기타 규약에 달리 정함이 없는 한 종중총회의 결의에 의하여만 처분할 수 있고 이러한 **분배결의가 없으면 종원이 종중에 대하여 직접 분배청구를 할 수 없다.** 따라서 종중 토지 매각대금의 분배에 관한 종중총회의 결의가 무효인 경우, 종원은 그 결의의 무효확인 등을 소구하여 승소판결을 받은 후 새로운 종중총회에서 공정한 내용으로 다시 결의하도록 함으로써 그 권리를 구제받을 수 있을 뿐이고 새로운 종중총회의 결의도 거치지 아니한 채 **종전 총회결의가 무효라는 사정만으로 곧바로 종중을 상대로 하여 스스로 공정하다고 주장하는 분배금의 지급을 구할 수는 없다**"(대판 2010.9.9, 2007다42310, 42327: 18·20세무).

② "비법인사단인 종중의 토지 매각대금은 종원의 총유에 속하고, 그 매각대금의 분배는 총유물의 처분에 해당하므로, 정관 기타 규약에 달리 정함이 없는 한 종중총회의 결의에 의하여 그 매각대금을 분배할 수 있고, 그 분배 비율, 방법, 내용 역시 결의에 의하여 **자율적으로 결정할 수 있다.** 그러나 종중은 공동선조의 분묘수호와 제사 및 종원 상호간의 친목 등을 목적으로 하여 구성되는 자연발생적인 종족집단으로 그 공동선조와 성과 본을 같이하는 후손은 그 의사와 관계없이 성년이 되면 당연히 그 구성원(종원)이 되는 종중의 성격에 비추어, **종중재산의 분배에 관한 종중총회의 결의 내용이 현저하게 불공정하거나 선량한 풍속 기타 사회질서에 반하는 경우 또는 종원의 고유하고 기본적인 권리의 본질적인 내용을 침해하는 경우 그 결의는 무효이다**"(대판 2010.9.9, 2007다42310, 42327).

③ "**종중재산을 분배함에 있어 단순히 남녀 성별의 구분에 따라 그 분배 비율, 방법, 내용에 차이를 두는 것**은 개인의 존엄과 양성의 평등을 기초로 한 가족생활을 보장하고, 가족 내의 실질적인 권리와 의무에 있어서 남녀의 차별을 두지 아니하며, 정치·경제·사회·문화 등 모든 영역에서 여성에 대한 차별을 철폐하고 남녀평등을 실현할 것을 요구하는 우리의 전체 법질서에 부합하지 아니한 것으로 정당성과 합리성이 없어 무효라고 할 것이다"(대판 2010.9.30, 2007다74775).

지문 OX

01 종중재산의 분배에 관한 종중총회의 결의 내용이 자율적으로 결정되었다고 하더라도 종원의 고유하고 기본적인 권리의 본질적인 내용을 침해하는 경우, 그 결의는 무효이다.   ○

3. 종중 유사단체

(1) 법적 성격

① 공동선조의 후손들 중 특정지역 거주자나 특정 범위 내의 자들만으로 구성된 '고유한 의미의 종중'은 있을 수 없고(대판 1999.8.24, 99다14228), 이는 '종중 유사의 단체'로 그 자체로 비법인사단이 될 수는 있다(대판 2007.6.29, 2005다69908). 예컨대 회원 자격이 함양박씨의 후손뿐만 아니라 그 배우자까지 포함하고 있다면 이는 '종중유사단체'이다(대판 2020.11.26, 2020다255900).

② 종중에 유사한 비법인사단 역시 종중과 마찬가지로 "반드시 총회를 열어 성문화된 규약을 만들고 정식의 조직체계를 갖추어야만 비로소 단체로서 성립하는 것이 아니고, 실질적으로 공동의 목적을 달성하기 위하여 공동의 재산을 형성하고 일을 주도하는 사람을 중심으로 계속적으로 사회적인 활동을 하여 온 경우에는, 이미 그 무렵부터 단체로서의 실체가 존재한다고 하여야 한다"(대판 1996.3.12, 94다5640).

(2) 남성만으로 구성원을 한정하는 성별제한 허용(적극)

"종중 유사단체는 그 목적이나 기능이 고유한 의미의 종중과 별다른 차이가 없지만, 공동선조의 후손 중 일부에 의하여 **인위적인 조직행위**를 거쳐 성립된 경우에는 사적 임의단체라는 점에서 자연발생적인 종족집단인 고유한 의미의 종중과 그 성질을 달리한다. 그러한 경우에는 **사적자치의 원칙 내지 결사의 자유에 따라** 그 구성원의 자격이나 가입 조건을 자유롭게 정할 수 있음이 원칙이다(대판 2019.2.14, 2018다264628). 따라서 그러한 종중 유사단체의 회칙이나 규약에서 공동선조의 후손 중 남성만으로 그 구성원을 한정하더라도 특별한 사정이 없는 한 이는 사적자치의 원칙 내지 결사의 자유의 보장범위에 포함되고, 위 사정만으로 그 회칙이나 규약이 양성평등 원칙을 정한 헌법 제11조 및 민법 제103조를 위반하여 무효라고 볼 수는 없다"(대판 2011.2.24, 2009다17783)고 한다. 결국 종중 유사단체의 경우에는 사적 임의단체로서 기본적으로 사적자치의 원칙과 결사의 자유가 보장되므로 사적단체의 구성원에 대한 평등권 침해의 문제는 일어나지 않는다.

(3) 재산의 귀속

"종중 유사의 권리능력 없는 사단의 경우 계속적으로 공동의 일을 수행하여 오던 일단의 사람들이 어느 시점에 이르러 비로소 창립총회를 열어 조직체로서의 실체를 갖추었다면, 그 실체로서의 조직을 갖추기 이전부터 행한 행위나 또는 그때까지 형성한 재산은 다른 특별한 사정이 없는 한, 모두 이 사회적 실체로서의 조직에게 귀속된다"(대판 2019.2.14, 2018다264628).

4. 기타

① **자연부락**이 그 부락주민을 구성원으로 하여 고유목적을 가지고 의사결정기관과 집행기관인 대표자를 두어 독자적인 활동을 하는 사회조직체라면 법인 아닌 사단으로서의 권리능력이 있다(대판 2008.1.31, 2005다60871). 따라서 **동·리회**는 비법인사단으로서 독립하여 재산을 소유할 수 없고 그 재산은 주민 전체의 총유에 속하는 것이며, 사후에 행정구역인 리가 면·군의 소속기관이 되었더라도 그 재산은 면·군의 재산으로 이전되는 것이 아니라고 한다(대판 1990.6.26, 90다카8692).

② **채권단의 청산위원회**는 비법인사단으로 인정했으나(대판 1968.7.16, 68다736), **부도난 회사의 채권자들이 조직한 채권단**은 비법인사단으로서의 실체를 갖추지 못한 것으로 판단했다(대판 1999.4.23, 99다4504).

③ 공동주택의 입주자가 구성한 '**입주자대표회의**'는 의사결정기관과 대표자의 정함이 있는 단체로서의 조직을 갖춘 비법인사단으로서 당사자능력이 있다고 판시하고 있고(대판 1991.4.23, 91다4478: 23경간), '**집합건물관리단**'(집합건물의 소유 및 관리에 관한 법률 제23조) 또한 마찬가지이다(대판 1991.4.23, 91다78).
관련하여 判例는 "법인 아닌 사단의 실체를 갖춘 아파트 부녀회의 수익금이 아파트 부녀회 회장의 개인 명의의 예금계좌에 입금되어 있는 경우, 위 수익금의 관리·사용권을 승계한 아파트입주자 대표회의가 수익금의 지급을 청구할 상대방은 회장 개인이 아니라 아파트 부녀회이다"(대판 2006.12.21, 2006다52723)라고 한다.

④ 조직의 내부기관이나 시설은 비법인사단이 아니다. 가령 외국법인 국내지점(대판 1982.10.12, 80누495), 대한불교조계종 총무원(대판 1967.7.4, 67다549) 등은 권리능력 없는 사단이 아니다. 그러나 사단법인의 하부조직의 하나라 하더라도 스스로 단체로서의 실체를 갖추고 독자적인 활동을 하고 있다면 사단법인과는 별개의 독립된 비법인사단으로 볼 수 있다(대판 2009.1.30, 2006다60908: 20세무).

⑤ "사찰이란 불교교의를 선포하고 불교의식을 행하기 위한 시설을 갖춘 승려, 신도의 조직인 단체로서 독립한 사찰로서의 실체를 가지기 위해서는 물적 요소인 불당 등의 사찰재산이 있고, 인적 요소인 주지를 비롯한 승려와 상당수의 신도가 존재하며, 단체로서의 규약을 가지고 사찰이 그 자체 생명력을 가지고 사회적 활동을 할 것을 필요로 한다"(대판 2020.12.24, 2015다222920).

제4장 / 권리의 객체

제1절 총설

권리의 객체는 권리의 종류에 따라 다르다. 예컨대, ① '물권'은 물건 또는 권리이고, ② '채권'은 채무자의 일정한 행위(급부행위)를, ③ '형성권'은 법률관계가 그 객체이고, ④ '항변권'은 항변의 대상이 되는 상대방의 청구권을, ⑤ '상속권'은 피상속인의 모든 권리·의무로서 상속재산을 그 객체로 한다. 민법은 권리의 객체 전반에 관해 일반규정을 두지 않고, '물건'에 관해서만 규정한다.

제2절 물건

제1관 서설

I. 의의

> 제98조 【물건의 정의】(19법경) 본법에서 물건이라 함은 유체물 및 전기 기타 관리할 수 있는 자연력을 말한다.
> 제99조 【부동산, 동산】 ① 토지 및 그 정착물은 부동산이다.
> ② 부동산 이외의 물건은 동산이다.

물권의 객체는 물건이다. 물건이라 함은 '유체물 및 전기 기타 관리할 수 있는 자연력'을 의미하며(제98조), 동산과 부동산이 이에 속한다(제99조).

1. 유체물 또는 관리할 수 있는 자연력

① 일반적인 의미에서 물건에는 '유체물'과 '무체물'이 있다. 유체물은 형체가 있는 물질이고(고체·액체·기체), 무체물은 형체가 없는 물질이다(전기·열·빛·음향·향기·에너지 등). 본조는 관리가 가능한 것을 전제로 하여 유체물은 물건으로 다룬다.
② 그러나 무체물은 그중에서도 '관리가능한 자연력'에 한해 물건으로 인정한다. 따라서 '권리'를 자연력이라고 할 수는 없으므로, 권리는 물건이 아니다.

2. 관리가능성(배타적 지배가능성)

유체물이든 무체물이든 물건은 '관리할 수 있는 것'이어야 한다. 이것은 **배타적 지배**를 할 수 있는 것을 의미한다. 따라서 유체물이라도 관리할 수 없는 것, 즉 배타적 지배할 수 없는 것은 물건이 아니다(태양·달·별 등).

3. 사람이 아닐 것(비인격성)

① 물건은 사람이 아닌 외계의 일부이어야 한다. 인위적으로 인체에 부착시킨 의치·의안·의수·의족 등도 신체에 부착되어 있는 한 신체의 일부가 된다. 그러나 인체의 일부이더라도 분리된 것은 물건으로 인정된다.

② 유체(遺體)·유골(遺骨)이 물건인지 문제되는바, 일반적으로 물건성은 인정하지만 ⊙ 그 내용은 보통의 소유권과 같이 사용·수익·처분(포기)할 수 없고 오로지 매장·제사 등의 권리와 의무를 내용으로 하는 '특수한 소유권'으로 보아야 하고, ⓒ 이러한 권리는 '제사를 주재하는 자'(상주)에게 귀속하며(제1008조의3)(20법경), ⓒ 사자(死者)가 생전에 자신의 유체·유골을 '처분'하는 의사를 표시한 경우에도 그것은 법정유언사항은 아니므로 제사주재자가 이에 법률적으로 구속되는 것은 아니며, 종국적으로는 제사주재자의 의사에 따르게 된다. 다만, 그 처분방법이 사회질서에 반하지 않는 한 사자의 유지에 따른 처분행위는 유효하다(대판 2008.11.20, 전합2007다27670).

4. 독립한 물건(독립성)

(1) 원칙

① 물건은 배타적 지배와의 관계상 '독립성'을 가져야 한다. 독립성의 유무는 물리적으로 결정되는 것이 아니라 사회통념에 따라 정해진다.

② 물권의 객체는 하나의 물건으로 다루어지는 '독립물'이어야 하며, 물건의 일부나 구성부분 또는 물건의 집단은 원칙적으로 물권의 객체가 되지 못한다. 이처럼 하나의 독립된 물건에 대해 하나의 물권을 인정하는 원칙을 '일물일권주의'(一物一權主義)라고 한다.

(2) 예외

① 물건의 일부나 집단에 대해 공시가 가능한 경우에는 예외적으로 그 자체가 하나의 물건이 될 수 있다. 부동산의 일부에 대한 '전세권, 지상권' 등은 물건의 일부에 대한 공시가 가능한 경우이다(부동산등기법 제69조)(22·23경간).

② 미분리의 천연과실과 수목의 집단은 토지의 일부이지만 명인방법이라는 공시방법을 갖춘 때에는 독립한 부동산으로서 소유권의 객체가 된다. 다만 토지에서 분리된 수목은 동산이다(23경간).

> ❋ 독립한 물건인지 여부
> ① 임야에 있는 자연석을 조각하여 제작한 석불이라도 그 임야의 일부분을 구성하는 것이라고는 할 수 없고 **임야와 독립된 소유권의 대상**이 된다(대판 1970.9.22, 70다1494: 22경간).
> ② 시설부지에 정착된 레일은 사회통념상 그 부지에 계속적으로 고착되어 있는 상태에서 사용된 시설의 일부에 해당하는 물건이라고 봄이 상당하다(대결 1972.7.27, 72마741).

II. 물건의 분류

1. 강학상 분류

(1) 융통물과 불융통물

사법상 거래의 객체가 될 수 있는 물건을 융통물이라 하고, 물건은 원칙적으로 이에 속한다. 불융통물에는 ① 국가나 공공단체의 소유에 속하며 공적 목적을 위해 국가나 공공단체의 사용에 제공되는 공용물, ② 일반 공중의 공동사용에 제공되는 공공용물, ③ 법령에 의해 거래가 금지되는 금제물이 있다.

4장

(2) 가분물 · 불가분물

물건의 성질 또는 가격을 현저하게 손상하지 않고도 분할할 수 있는 물건이 가분물이며, 그렇지 못한 물건이 불가분물이다.

(3) 소비물 · 비소비물

물건의 성질상 그 용도에 따라 1회 사용하면 다시 동일 용도에 사용할 수 없는 물건이나, 또는 금전 등과 같이 1회 사용하면 그 주체에 변경이 생겨 종전의 사용자가 다시 사용할 수 없는 물건이 소비물이고, 1회 사용하더라도 다시 동일 용도에 사용할 수 있는 물건이 비소비물이다.

(4) 대체물 · 부대체물

대체물은 '일반 거래관념'상 물건의 개성이 중시되지 않고 동종 · 동질 · 동량의 물건으로 바꾸어도 급부의 동일성이 바뀌지 않는 물건이고, 부대체물은 그 물건의 개성이 중시되어 대체성이 없는 물건이다.

(5) 특정물 · 불특정물

이것은 '당사자의 의사'를 기준으로 하는 분류이다. 특정물은 구체적인 거래에서 당사자가 특정의 물건을 지정하고 다른 물건으로 바꿀 것을 허용하지 않는 물건이고, 이에 대해 동종 · 동질 · 동량의 것이면 어느 것이라도 무방하다는 것이 불특정물이다.

2. 단일물 · 합성물 · 집합물

(1) 문제점

① 형태상 단일한 일체를 이루고 각 구성부분이 개성을 잃고 있는 물건을 '단일물'이라 하고, ② 각 구성부분이 개성을 잃지 않으면서 그들이 결합하여 하나의 형태를 이루는 물건을 '합성물'이라 하며, ③ 다수의 물건(단일물 또는 합성물)들이 집합하여 경제적으로 단일한 가치를 가지고 거래에서도 일체로 취급되는 물건을 '집합물'이라고 한다. **단일물과 합성물은 법률상 하나의 물건**으로 다루어진다. 이에 대해 '집합물'을 하나의 물건으로 볼 수 있는지 문제된다.

(2) 유동집합동산에 대한 양도담보[1]

원칙적으로 집합물은 하나의 물건이 아니므로 하나의 물권이 성립할 수 없다. 다만 예외적으로 일정한 집합물을 특별법상 하나의 물건으로 다루어지는 경우가 있다(공장 및 광업재단 저당법 등). 나아가 判例는 특별법이 없는 때에도 외부적 · 객관적으로 다른 물건과 구별할 수 있는 '특정성'이 인정된다면 집합물에 대한 양도담보의 성립을 인정한다(아래 판례 참고).

1) 유효성 및 효력이 미치는 범위

① 判例는 일반적으로 일단의 증감 변동하는 동산(양만장의 뱀장어, 농장의 돼지, 제강회사가 제품 생산에 필요하여 반입하는 원자재 등)을 '**하나의 물건으로 보아**' 이를 채권담보의 목적으로 삼으려는 이른바 유동집합물에 대한 양도담보설정계약체결도 가능하며, 이 경우 **그 목적동산이 담보설정자의 다른 물건과 구별될 수 있도록 그 종류 · 장소 또는 수량지정 등의**

---

1) ① '동산양도담보'란 채무자가 돈을 빌리면서 채권을 담보하기 위해 동산의 소유권을 채권자에게 양도하되 사용 · 수익은 채무자가 하고, 일정 기간 내에 변제하면 동산의 소유권을 반환받는 담보권의 일종이다. ② '<u>유동집합물의 양도담보</u>' 또는 '<u>내용이 증감변동하는 집합동산의 양도담보</u>'란 양도담보설정자가 특정한 장소에 있는 동산 전부를 양도담보로 제공하되, ⅰ) 양도담보설정자는 통상의 영업 범위에서 그 안에 있는 개개의 동산을 처분할 수 있고, ⅱ) 양도담보설정자가 통상의 영업 범위에서 그 안으로 반입하는 개개의 동산에 관하여는 그때그때 별도의 약정이 없더라도 당연히 양도담보의 효력이 미치는 것을 내용으로 하는 양도담보를 말한다.

방법에 의하여 '특정'되어 있으면 그 '전부를 하나의 재산권'으로 보아 이에 대해 유효한 담보권의 설정이 된 것으로 볼 수 있다고 한다(대판 1990.12.26, 88다카20224: 23경간, 20세무). 즉, 이는 소유권 기타의 물권은 하나의 '특정'한 물건에만 성립할 수 있다는 원칙인 '일물일권주의'에 반하지 않는다고 한다.

② 그리고 그 '동일성'을 유지하는 범위에서 양도담보의 효력은 항상 현재의 집합물 모두에 미치는 것으로 본다. 따라서 집합물의 동일성이 유지되지 않는 경우, 이를테면 유동집합물의 통상적인 방식에 따라 반출되고 반입되는 것이 아니라, 집합물을 제3자가 양수하면서 그의 자금으로 물건을 새로 반입한 것에 대해서는 본래의 집합물에 대한 물권(양도담보)의 효력이 미치지 않는다고 한다(대판 2004.11.22, 2004다22858).

2) 유동집합물 양도담보의 효력이 담보권설정 후의 산출물에도 미치는지

① [특약이 없는 경우] "점유개정에 의한 동산양도담보에 있어 목적물의 사용수익권은 특별한 사정이 없는 한 담보설정자에게 있으며, 천연과실의 수취권은 사용수익권자에게 있으므로 천연과실인 새끼돼지는 원물인 돼지의 사용수익권을 갖는 양도담보설정자에게 귀속한다(제102조 1항 참조)"(대판 1996.9.10, 96다25463)는 判例와 ② [특약이 있는 경우] 이와는 반대되는 취지로 새끼돼지가 양도담보의 목적물에 포함된다는 判例가 있다(대판 2004.11.22, 2004다22858).

Ⅲ. 부동산과 동산

부동산과 동산은 ① 공시방법(公示方法)[2]이 다르다(제186조, 제188조). ② 동산거래에서는 공신(公信)의 원칙[3]이 채용되어 있으나(제249조), 부동산 거래에서는 그렇지 않다. ③ 용익물권과 저당권은 부동산에만 설정될 수 있다. ④ 취득시효의 요건이 다르다.

1. 부동산(不動産)

(1) 의의

우리 민법은 부동산으로서 '토지'와 '토지의 정착물'의 두 가지를 인정한다(제99조 1항).

(2) 토지

① 토지의 소유권은 정당한 이익이 있는 범위 내에서 토지의 상하에 미친다(제212조). ② 일반적으로 '토석'은 토지의 기본적 구성요소로서 토석 그 자체의 굴취, 채취를 목적으로 하는 경우를 제외하고는 토지와 분리하여 별도로 권리 또는 거래의 객체로 되지는 못한다(대판 1989.6.27, 88다카25861: 17소간). ③ '지하수'는 토지의 구성부분일 뿐 독립한 물건이 아니다. 그리고 '온천수'도 토지의 구성부분일 뿐 독립한 권리의 객체가 되는 것은 아니다(대판 1972.8.29, 72다1243).

2) 물권의 변동을 외부에서 인식할 수 있는 표시방법을 의미하는 것으로 민법은 부동산의 경우에는 등기(제186조), 동산의 경우에는 인도(제188조)를 요구하고 있다.
3) 물권의 존재를 추측할 수 있는 표상, 즉 공시방법을 갖춘 경우에 그것이 진실한 권리관계와 일치하지 않더라도 그 공시방법을 신뢰하여 거래를 한 자는 보호되어야 한다는 원칙이다. 민법은 동산물권에서만 선의취득(善意取得)제도로서 이를 인정하고 있다(제249조).

1) 토지의 개수

토지의 개수는 편의상 인위적으로 지표를 구획하여 토지공부에 등록하고 지번(地番)으로 표시하여 **지적공부의 등록단위가 되는 필(筆)**로써 계산된다(대판 1997.7.8, 96다36517). '원칙적'으로 1필의 토지의 일부는 분필절차를 밟기 전에는 양도하거나 제한물권을 설정할 수 없다(일물일권주의 ; 一物一權主義). 물론 분필절차를 밟지 않더라도 1필의 토지의 일부 위에 '전세권, 지상권'을 설정할 수 있는 등 예외는 있다(22·23경간).

[관련판례] "지적법에 의하여 어떤 토지가 지적공부에 1필지의 토지로 등록되면 그 토지의 소재, 지번, 지목, 지적 및 경계는 다른 특별한 사정이 없는 한 이 등록으로서 특정되고 그 소유권의 범위는 현실의 경계와 관계없이 공부상의 경계에 의하여 확정되는 것이어서, 토지에 대한 매매는 매매당사자가 지적공부에 의하여 소유권의 범위가 확정된 토지를 매매할 의사가 아니고 사실상의 경계대로의 토지를 매매할 의사를 가지고 매매한 사실이 인정되는 등 특별한 사정이 없으면, 현실의 경계와 관계없이 지적공부상의 경계와 지적에 의하여 확정된 토지를 매매의 대상으로 하는 것으로 보아야 할 것이고, 또한 매매당사자가 그 토지의 실제의 경계가 지적공부상의 경계와 상이한 것을 모르는 상태에서 당시 실제의 경계를 대지의 경계로 알고 매매하였다고 해서 매매당사자들이 지적공부상의 경계를 떠나 현실의 경계에 따라 매매목적물을 특정하여 매매한 것이라고 볼 수는 없다"(대판 2015.5.28, 2015다5514).

2) 포락

바다 또는 하천에 인접한 토지가 태풍·해일·홍수 등에 의한 제방의 유실·하천의 범람·지표의 유실 또는 지반의 침하 등으로 침수되어 바다의 일부가 되거나 또는 하천의 바닥이 되는 일이 있는데, 이를 토지의 '포락'이라고 한다. 포락된 토지가 원상으로 되돌아오지 않으면 그 토지에 대한 소유권은 영구적으로 소멸한다.

그러나 때로는 그것이 다시 성토화 내지 토지화되는 경우도 있는데, 이때 그 토지가 원소유자에게 귀속하는지 문제된다. 判例는 포락을 두 경우로 나누어, 과다한 비용을 들이지 않고서 원상복구가 가능하고 또 그 원상복구를 할 경제적 가치가 있는 때에는 원소유자에게 귀속하지만, 그렇지 않은 경우 즉 토지로서의 효용을 상실한 때에는 종전 소유권은 소멸한다고 한다(대판 1972.9.26, 71다2488: 19세무).

(3) 토지의 정착물

1) 의의

토지의 정착물이란 토지에 고정되어 쉽게 이동할 수 없는 물건으로서, 그러한 상태대로 사용하는 것이 물건의 본래의 성질로 되는 것을 말한다. 토지의 정착물은 모두 부동산이지만, ① 토지와 별개의 독립된 부동산으로 되는 것(건물), ② 토지의 구성부분으로서 토지의 일부에 지나지 않는 것(담장·교량·도로의 포장), ③ 사안에 따라 토지의 일부로 되기도 하고 토지와는 독립된 별개의 물건으로 다루어질 수도 있는 것(수목·미분리의 과실·농작물)이 있다.

2) 건물

① 건물은 토지의 정착물로서 부동산이나, 민법은 건물을 토지와 별개의 부동산으로 다루고 있다. ② **최소한의 기둥과 지붕 그리고 주벽이 이루어지면 독립한 부동산**으로서의 건물의 요건을 갖춘 것이라고 보아야 한다(대판 2002.4.26, 2000다16350: 18법경). ③ 물리적으로는 건물의 일부라고 하더라도 그것이 독립된 건물로서 사용할 수 있는 때에는, '구분행위'(대표적으로 구분등기)가 있음을 전제로 독립된 건물로서 인정된다(예컨대 아파트와 같은 구분소유권: 대판 1999.7.27, 98다35020: 19세무).

지문 OX

01 1필 토지의 일부분이 별개의 부동산으로 되기 위해서는 원칙적으로 분필절차를 거쳐야 한다. O

02 바다에 인접한 토지가 태풍으로 인하여 침수되어 과다한 비용을 들이지 않고는 원상복구될 수 없었으나, 그 후 방파제가 건설되어 다시 성토된 경우 그 토지의 소유권은 회복되지 않는다. O

03 토지와 그 정착물은 부동산인데, 토지의 정착물 중 건물을 제외한 것은 토지와는 별개의 독립한 물건이 될 수 없다. ✕

04 건물은 토지에 부합한 물건이다. ✕

05 건축중의 건물이 어느 정도에 이르렀을 때에 독립부동산으로 볼 것인가는 획일적으로 결정할 수 없고 건물의 기능과 효용에 비추어 판단하여야 하는데, 적어도 기둥, 지붕 및 주벽은 있어야 한다. O

06 1동의 건물이 구분건물로 구성되어 있더라도 1동의 건물의 일부는 독립한 소유권의 객체가 되지 못한다. ✕

① 건물은 일정한 면적, 공간의 이용을 위하여 지상, 지하에 건설된 구조물을 말하는 것으로서, 건물의 개수는 토지와 달리 공부상의 등록에 의하여 결정되는 것이 아니라 사회통념 또는 거래관념에 따라 물리적 구조, 거래 또는 이용의 목적물로서 관찰한 건물의 상태 등 객관적 사정과 건축한 자 또는 소유자의 의사 등 주관적 사정을 참작하여 결정되는 것이다(대판 1997.7.8, 96다36517: 20세무).

② 채무(대지매수대금)의 담보를 위하여 채무자(대지의 매수인)가 자기의 비용과 노력으로 신축하는 건물의 건축허가 명의를 채권자(대지의 매도인)로 하기로 합의한 경우, 判例는 이를 '담보물권의 설정'과 동일하게 보아 완성된 건물의 소유권은 채무자(대지의 매수인)가 원시적으로 취득하고, 채권자(대지의 매도인) 명의로 소유권보존등기를 마침으로써 '담보목적의 범위 내'에서 채권자에게 소유권이 이전된다고 한다(대판 2002.4.26, 2000다16350 ; 대판 2002.7.12, 2002다19254).

③ 건축주의 사정으로 건축공사가 중단된 미완성의 건물을 인도받아 나머지 공사를 하게 된 경우에는 그 공사의 중단 시점에 이미 사회통념상 독립한 건물이라고 볼 수 있는 정도의 형태와 구조를 갖춘 경우(최소한의 기둥과 지붕 그리고 주벽이 이루어진 경우)에는 원래의 건축주가 그 건물의 소유권을 원시취득하고, 그렇지 않은 경우에는 이를 인도받아 자기의 비용과 노력으로 완공한 자가 그 건물의 원시취득자가 될 것이다(대판 2002.4.26, 2000다16350 ; 대판 2006.5.12, 2005다68783).

④ 건물의 신축공사를 도급받은 수급인이 사회통념상 독립한 건물이라고 볼 수 없는 정착물을 토지에 설치한 상태에서 공사가 중단된 경우에 위 정착물은 토지의 부합물에 불과하다(대결 2008.5.30, 2007마98: 22경간).

3) 수목

① ㉠ 토지에 식재된 수목은 '토지의 부합물'이므로 타인의 토지상에 '권원'없이 식재한 수목의 소유권은 토지소유자에게 귀속되고 '권원'에 의하여 식재한 경우에는 그 소유권이 식재한 자에게 있다(대판 1980.9.30, 80도1874)(제256조 참조)[4], ㉡ 명인방법(明認方法)[5]을 갖춘 **수목의 집단**이나 ㉢ '입목'(立木)은 토지와 독립된 별개의 물건으로 취급된다. 특히 토지에 부착된 수목의 집단에 대해 그 소유자가 '입목에 관한 법률'에 의해 입목등기부에 소유권보존등기를 한 것을 '입목'(立木)이라 하는데 입목은 이를 부동산으로 보고 입목의 소유자는 토지와 분리하여 입목을 양도하거나 또는 저당권의 목적으로 할 수 있다. 그러나 명인방법에 의해 공시되는 물권은 소유권에 한하므로, 즉 저당권은 공시할 수 없어 취득할 수 없다(20 · 21세무).

② "물권변동에 관한 성립요건주의를 채택하고 있는 민법에서 명인방법은 부동산의 등기 또는 동산의 인도와 같이 입목에 대하여 물권변동의 성립요건 또는 효력발생요건에 해당하므로 식재된 입목에 대하여 명인방법을 실시해야 그 토지와 독립하여 소유권을 취득한다. 이는 토지와 분리하여 입목을 처분하는 경우뿐만 아니라, 입목의 소유권을 유보한 채 입목이 식재된 토지의 소유권을 이전하는 경우에도 마찬가지이다"(대판 2021.8.19, 2020다266375).

---

4) 제256조(부동산에의 부합) 부동산의 소유자는 그 부동산에 부합한 물건의 소유권을 취득한다. 그러나 타인의 권원에 의하여 부속된 것은 그러하지 아니하다.

5) 지상에 생육하는 수목집단 또는 미분리의 과실 등에 관해 물권변동(예컨대 소유권변동)시 관습법에 의하여 인정되는 공시방법(公示方法)이다. 나무껍질을 깎아 거기에 소유자의 이름을 먹물로 써놓는 것, 과수원 주변에 새끼줄을 치고 소유자의 이름을 기재한 표찰을 붙여놓는 것 등이 그 예이다.

지문 OX

07 건물의 개수는 공부상의 등록에 의해서만 결정된다. ✕

08 명인방법을 갖추지 않거나 등기되지 않은 수목은 토지와 분리되지 않더라도 독립된 부동산으로 인정된다(22경간). ✕

09 명인방법을 갖춘 수목의 집단은 토지와는 별개의 부동산이 되며, 이에 대하여는 저당권의 설정이 가능하다. ✕

10 권원 없이 타인의 토지에 식재한 수목은 토지소유자에게 귀속한다. ○

11 물건의 용법에 따라 수취하는 산출물은 천연과실이다. ○

12 명인방법을 갖춘 미분리의 과실은 타인의 소유권의 객체가 될 수 있다(22경간). ○

13 다른 약정이 없는 한 천연과실은 그 원물로부터 분리하는 때에 이를 수취할 권리자에게 귀속된다. ○

14 물건의 소유자가 아니면 과실수취권을 가질 수 없다. ✕

15 남의 땅에 권한없이 경작 재배한 길이 4, 5센티미터 정도의 농작물의 소유권은 그 경작자에게 있다. ○

③ "경매의 대상이 된 토지 위에 생립하고 있는 채무자 소유의 미등기 수목은 토지의 구성 부분으로서 토지의 일부로 간주되어 특별한 사정이 없는 한 토지와 함께 경매되는 것이므로 그 수목의 가액을 포함하여 경매 대상 토지를 평가하여 이를 최저경매가격으로 공고하여야 하고, 다만 입목에 관한 법률에 따라 등기된 입목이나 명인방법을 갖춘 수목의 경우에는 독립하여 거래의 객체가 되므로 토지 평가에 포함되지 아니한다"(대결 1998.10.28, 98마1817: 23경간).

4) 미분리(未分離)의 천연과실

미분리과실(과수의 열매 등)은 독립한 물건이 아니므로 일반적으로 독립한 물권의 객체로 되지 못하지만, 명인방법을 갖추면 독립한 소유권의 객체로 된다(22경간, 20세무).

5) 농작물

判例는 적법한 경작권 없이 타인의 토지를 경작하였더라도, 그 경작한 입도(立稻)[6]가 **성숙**하여 독립한 물건으로서의 존재를 갖추었으면 입도의 소유권은 경작자에게 귀속한다고 한다. 심지어 **명인방법을 갖출 필요도 없다**고 한다(대판 1968.6.4, 68다613, 614).

2. 동산(動産)

(1) 의의

부동산 이외의 물건은 모두 동산이다(제99조 2항). 전기 기타 관리할 수 있는 자연력도 동산임은 물론이다(18·21세무, 18·21법경). 선박·자동차·항공기 등도 동산이지만, 특별법(상법·자동차저당법·항공기저당법 등)에 의해 부동산에 준하는 취급을 받을 뿐이다(등기·등록의 공시방법이 마련되어 있다).

(2) 특수한 동산(금전)

1) 금전의 특수성

금전은 동산의 일종이나 물질적인 이용가치는 없고 가치 그 자체라고 보기 때문에 금전의 소유권은 언제나 그것의 점유자에게 있다.

2) 적용규정

지문 OX

01 자기 소유의 금전을 타인이 점유한 경우에는 채권적 반환청구권을 행사할 수 있다.　　O

금전을 불법으로 점유하여도 그 소유권은 점유자에게 있고, 처음의 소유자는 그 금액만큼의 채권적인 반환청구권(부당이득반환청구권)만 가지게 될 뿐이며 물권적 반환청구권(제213조, 제214조)은 없다. 그러나 예외적으로 수집의 목적으로 특정금전을 매매하는 경우 등에는 금전이 물건으로 다루어지는 경우도 있다.

---

6) 베기 전에 논에 세워 둔 벼

I. 의의 및 제도적 취지

> 제100조【주물, 종물】① 물건의 소유자가 그 물건의 상용에 공하기 위하여 자기소유인 다른 물건을 이에 부속하게 한 때에는 그 부속물은 종물이다.
> ② 종물은 주물의 처분에 따른다.

물건의 소유자가 그 물건의 상용에 공하기 위하여 자기 소유인 다른 물건을 이에 부속하게 한 때에는 그 물건을 '주물'이라 하고, 주물에 부속된 다른 물건을 '종물'이라고 한다(제100조 1항).

이는 경제적 관계에 있어서의 물건의 주종적 결합체를 개인의 권리를 부당히 침해하지 않는 범위 내에서 동일한 법률적 운명에 따르도록 하여 그 **경제적 효용을 파괴하지 않으려는** 제도이다.

II. 종물의 요건(상, 부, 동, 독)

1. 주물의 상용에 이바지할 것

종물은 사회관념상 계속해서 주물의 경제적 효용을 다하게 하는 작용을 해야 한다. ㉠ 따라서 **일시적 용도에 쓰이는 물건은 종물이 아니며**(대판 1988.2.23, 87다카600), ㉡ 주물의 소유자나 이용자의 상용에 공여되고 있더라도 **주물 그 자체의 효용과는 직접 관계가 없는 물건**, 예컨대 TV·책상 등은 가옥의 종물이 아니다(22·23경간)(대판 1985.3.26, 84다카269: 호텔의 각 방실에 시설된 TV, 전화기 등의 집기는 호텔건물의 종물이 아니라는 사례)(20소간, 18·21세무, 19법경).

> [관련판례] 判例는 피해자 소유의 축사 건물 및 그 부지를 임의경매절차에서 매수한 사람이 위 부지 밖에 설치된 피해자 소유 소독시설을 통로로 삼아 위 축사건물에 출입한 사안에서, 위 소독시설은 축사출입차량의 소독을 위하여 설치한 것이기는 하나 별개의 토지 위에 존재하는 독립한 건조물로서 축사 자체의 효용에 제공된 종물이 아니므로, 위 출입행위는 건조물침입죄를 구성한다고 보기도 하였다(대판 2007.12.13, 2007도7247).

2. 주물에 부속된 것일 것

부속된 것으로 보기 위해서는 주물과 종물 사이에 어느 정도 밀접한 장소적 관계에 있어야 한다.

3. 주물로부터 독립된 물건일 것

① 종물은 주물의 구성부분이 아니며, 주물의 경제적 효용을 돕기 위하여 경제적으로 부속되어 있는 물건에 지나지 않으므로 법률상 '**독립한 물건**'이어야 한다(20소간, 19세무). 따라서 주물에 '**부합**[7]'된 물건·주물의 일부·주물의 구성부분은 개념상 종물이 될 수 없

---

7) 소유자를 달리하는 두 개 이상의 물건이 결합되어 물리적, 사회적, 경제적으로 보아 분리하지 못할 상태로 되는 것을 말한다. 제256조(부동산에의 부합) 부동산의 소유자는 그 부동산에 부합한 물건의 소유권을 취득한다. 그러나 타인의 권원에 의하여 부속된 것은 그러하지 아니하다.

01 주유기는 주유소 건물의 종물이 아니라 부합물이다.　　×

02 주유소의 지하에 매설된 유류저장탱크는 주유소 건물의 종물이다.　　×

03 건물을 축조하면서 건물의 사용에 필요한 부대시설인 정화조를 그 건물의 대지에 인접한 다른 필지의 지하에 부속하여 설치한 경우 위 정화조는 그 건물의 종물로 보아야 한다.　　×

04 몽리(蒙利)농지에 부속한 양수장시설은 특별한 사정이 없는 한 그 농지의 종물이다.　　○

05 횟집건물에 딸린 생선을 보관하기 위한 수족관 건물은 횟집건물의 종물로 볼 수 있다.　　○

06 백화점 건물의 지하 2층 기계실에 설치되어 있는 전화교환설비는 독립한 물건이기는 하나, 백화점 건물의 효용과 기능을 다하기에 필요불가결한 시설들로서, 위 건물의 상용에 제공된 종물이다.　　○

07 주물이 부동산인 경우, 종물은 반드시 동산이어야 한다(22경간).　　×

08 주택에 부속하여 지어진 연탄창고는 그 주택에서 떨어져 지어진 것일지라도 그 주택의 종물이다.　　○

09 주물과 다른 사람의 소유에 속하는 물건도 종물이 될 수 있다.　　×

☞ 판례에 따르면 원칙적으로 그러하나(단, 학설은 예외를 인정).

10 종물은 주물의 처분에 따른다고 하였을 때 처분에는 물권적 처분뿐만 아니라 채권적 처분도 포함된다.　　○

11 주물을 점유하여 시효취득하면 점유하지 않은 종물도 시효취득한다.　　×

다(23경간). 예를 들어 判例는 **주유소의 주유기는 주유소의 종물에 해당하지만, 주유소의 지하에 매설된 유류저장탱크는 토지에 '부합'하므로 종물이 아니라고 한다**(대판 1995.6.29, 94다6345). 따라서 부합물인 유류저장탱크와 종물인 주유기에는 토지 및 건물에 설정된 저당권의 효력이 미친다(제358조).[8]

㉠ **[독립성이 없다고 본 경우]** '정화조'는 건물의 종물이라기보다는 건물의 구성부분으로 본다(대판 1993.12.10, 93다42399: 19세무).

㉡ **[독립성이 있다고 본 경우]** 농지에 부속한 **'양수시설'**(揚水施設: 예컨대 스프링쿨러)은 농지의 종물이며(대판 1967.3.7, 66누176), 횟집으로 사용할 점포 건물에 붙여서 생선을 보관하기 위하여 신축한 **'수족관 건물'**은 점포 건물의 종물이고(대판 1993.2.12, 92도3234: 19법경), 백화점 건물의 지하 2층 기계실에 설치되어 있는 **'전화교환설비'**는 독립한 물건이기는 하나 백화점 건물의 효용과 기능을 다하기에 필요불가결한 시설들로서 위 건물의 상용에 제공된 종물이라고 한다(대판 1993.8.13, 92다43142).

㉢ 한편 **독립한 물건이면 되고 동산이어야 하는 것은 아니다**(22경간, 20·21소간). 判例는 낡은 가재도구 등의 보관장소로 사용되고 있는 방과 연탄창고 및 공동변소 등은 본채에서 떨어져 축조되어 있더라도 본채의 종물로 인정한다(대판 1991.5.14, 91다2779).

4. 주물·종물 모두 동일한 소유자에게 속할 것

주물과 종물은 동일한 법률적 운명에 따르므로 타인의 권리를 침해하는 일이 없도록 '원칙적'으로 모두 동일한 소유자에게 속해야 한다(대판 2008.5.8, 2007다36933, 36940: 22경간).

Ⅲ. 종물의 효과

1. 처분에 있어서의 수반성

(1) 의의

종물은 주물의 처분에 따른다(제100조 2항). 즉 종물은 주물과 법률적 운명을 같이 한다. 여기서 '처분'이라 함은 물권적 처분뿐만 아니라 채권적 처분도 포함하는 넓은 의미이다(19세무). 나아가 주물의 권리관계가 처분행위 이외에 공법상의 처분이나 법률규정에 의하여 생긴 경우에도 위 원칙이 적용된다. 그러나 '점유 기타 사실관계에 기한 권리의 득실·변경'에 대해서는 위 규정은 의미가 없다. 예컨대 **주물을 점유에 의하여 시효취득하여도 종물도 점유하지 않는 한 그 효력은 종물에 미치지 않는다.**

(2) 저당권의 경우

> 제358조 【저당권의 효력의 범위】(23경간, 21법경) 저당권의 효력은 저당부동산에 부합된 물건과 종물에 미친다. 그러나 법률에 특별한 규정 또는 설정행위에 다른 약정이 있으면 그러하지 아니하다.

---

8) [비교판례] 甲이 토지소유자 乙에게서 토지를 임차한 후 주유소 영업을 위하여 지하에 유류저장조를 설치한 사안에서, 대법원은 "유류저장조의 매설 위치와 물리적 구조, 용도 등을 감안할 때 이를 토지로부터 분리하는 데에 과다한 비용을 요하거나 분리하게 되면 경제적 가치가 현저히 감소되므로 토지에 부합된 것으로 볼 수 있으나, 사실상 분리복구가 불가능하여 거래상 독립한 권리의 객체성을 상실하고 토지와 일체를 이루는 구성 부분이 되었다고는 보기 어렵고, 또한 甲이 임차권에 기초하여 유류저장조를 매설한 것이므로, 위 유류저장조는 민법 제256조 단서에 의하여 설치자인 甲의 소유에 속한다"라고 하였다(대판 2012.1.26, 2009다76546).

법률에 특별한 규정 또는 설정행위에 다른 약정이 없는 한, 주물 위에 설정된 저당권[9]의 효력은 종물에도 미친다(제358조). **종물이 저당권 설정 후에 생긴 것이라도 저당권의 효력이 미친다**(대결 1972.12.10, 71마757).

① 判例는 제358조 본문의 규정은 저당부동산에 관한 '종된 권리'에도 유추적용되어 건물에 대한 저당권의 효력은 그 대지이용권인 (법정)지상권[10]이나(대판 1996.4.26, 95다52864) 임차권[11](대판 1993.4.13, 92다24950)에도 미친다고 한다.

> [관련판례] "제358조 본문을 유추하여 보면 건물에 대한 저당권의 효력은 그 건물에 종된 권리인 건물의 소유를 목적으로 하는 지상권에도 미치게 되므로, 건물에 대한 저당권이 실행되어 경락인이 그 건물의 소유권을 취득하였다면 경락 후 건물을 철거한다는 등의 매각조건에서 경매되었다는 등 특별한 사정이 없는 한, 경락인은 건물 소유를 위한 지상권도 제187조의 규정에 따라 등기 없이 당연히 취득하게 되고, 한편 이 경우에 경락인이 건물을 제3자에게 양도한 때에는, 특별한 사정이 없는 한 제100조 제2항의 유추적용에 의하여 건물과 함께 종된 권리인 지상권도 양도하기로 한 것으로 봄이 상당하다"(대판 1996.4.26, 95다52864).

② 判例는 "저당권의 실행으로 부동산이 경매된 경우에 그 부동산에 부합된 물건은 그것이 부합될 당시에 누구의 소유이었는지를 가릴 것 없이 그 부동산을 낙찰받은 사람이 소유권을 취득하지만(22경간), 그 부동산의 상용에 공하여진 물건일지라도 그 물건이 부동산의 소유자가 아닌 다른 사람의 소유인 때에는 이를 종물이라고 할 수 없으므로 부동산에 대한 저당권의 효력에 미칠 수 없어 부동산의 낙찰자가 당연히 그 소유권을 취득하는 것은 아니며, 그 소유권을 취득하기 위해서는 그 물건이 '경매의 목적물'로 되었고 낙찰자가 '선의이며 과실 없이' 그 물건을 '점유'하는 등으로 선의취득의 요건을 갖추어야 한다"고 한다(대판 2008.5.8, 2007다36933, 36940).

2. 종물에 대한 물권변동의 공시

주물에 대해 공시방법을 갖춘 경우에 종물에 대한 별도의 공시방법이 필요 없는지와 관련하여, 判例는 (법정)지상권이 딸린 건물을 매도한 경우 제100조 2항을 유추하여 건물의 소유권 뿐만 아니라 그 (법정)지상권도 양도한 것으로 보는데, ㉠ 다만 지상권이전등기가 있어야만 지상권이 건물양수인에게 이전하는 것이고 건물소유권 이전등기로써 당연히 (법정)지상권까지 이전되는 것은 아니라고 한다(제187조 단서 참조)[12](대판 1985.4.9, 전합84다카1131, 1132). ㉡ 그러나 주된 권리에 관하여 별도의 공시방법 없이 물권변동의 효과가 발생하는 경우(예컨대 경락으로 인한 소유권 취득)에는 종된 권리에 관하여도 별도의 공시방법 없이 물권변동의 효과가 발생한다(제187조 본문 참조)(아래 2012다73158 판결 참고).

> [관련판례] "저당권설정 당시 동일인의 소유에 속하고 있던 토지와 지상 건물이 경매로 인하여 소유자가 다르게 된 경우에 건물소유자는 건물의 소유를 위한 민법 제366조의 법정지상권을 취득한다. 그리고 건물 소유를 위하여 법정지상권을 취득한 사람으로부터 경매에 의하여 건물의 소유권을 이전받은 매수인은 매수 후 건물을 철거한다는 등의 매각조건하에서

9) 제356조(저당권의 내용) 저당권자는 채무자 또는 제3자가 점유를 이전하지 아니하고 채무의 담보로 제공한 부동산에 대하여 다른 채권자보다 자기채권의 우선변제를 받을 권리가 있다.
10) 제279조(지상권의 내용) 지상권자는 타인의 토지에 건물 기타 공작물이나 수목을 소유하기 위하여 그 토지를 사용하는 권리가 있다.
11) 제618조(임대차의 의의) 임대차는 당사자 일방이 상대방에게 목적물을 사용, 수익하게 할 것을 약정하고 상대방이 이에 대하여 차임을 지급할 것을 약정함으로써 그 효력이 생긴다.
12) 제187조(등기를 요하지 아니하는 부동산물권취득) 상속, 공용징수, 판결, 경매 기타 법률의 규정에 의한 부동산에 관한 물권의 취득은 등기를 요하지 아니한다. 그러나 등기를 하지 아니하면 이를 처분하지 못한다.

경매되는 경우 등 특별한 사정이 없는 한 건물의 매수취득과 함께 위 지상권도 당연히 취득하는데(제358조의 유추적용, 제187조 본문), 이러한 법리는 사해행위의 수익자 또는 전득자가 건물의 소유자로서 법정지상권을 취득한 후 채무자와 수익자 사이에 행하여진 건물의 양도에 대한 채권자취소권의 행사에 따라 수익자와 전득자 명의의 소유권이전등기가 말소된 다음 경매절차에서 건물이 매각되는 경우에도 마찬가지로 적용된다"(대판 2014.12.24, 2012다73158).

3. 임의규정성

지문 OX

01 당사자가 주물을 처분하면서 종물을 제외하기로 합의하더라도 주물의 매도인은 주물뿐만 아니라 종물의 소유권까지 매수인에게 이전하여야 한다(22경간). ✕

본조는 강행규정이 아니다. 따라서 당사자는 특약으로 주물을 처분할 때에 종물을 제외할 수 있고, 종물만을 따로 처분할 수 있다(대판 1978.12.26, 78다2028: 22·23경간, 17·20·21소간, 20·21세무, 18·20법경). 다만 저당권의 경우에는 이러한 취지를 등기하여야 제3자에게 대항할 수 있다(제358조 단서).

4. 강제집행의 경우

특별한 사정없이 종물만에 대하여 강제집행을 할 수 없다. 일괄매수하게 하는 것이 물건의 효용상 바람직하며, 또 그렇게 하더라도 채권자에게 특별히 불이익을 주는 것은 아니기 때문이다. 判例도 "민법 제100조 제2항의 에서의 처분은 처분행위에 의한 권리변동뿐 아니라 주물의 권리관계가 '압류'(강제집행)와 같은 공법상의 처분 등에 의하여 생긴 경우에도 적용된다"고 한다(대판 2006.10.26, 2006다29020).

Ⅳ. 주된 권리·종된 권리에의 유추적용

02 주물과 종물의 관계에 관한 민법상 법리는 물건 상호간에 적용되고 권리 상호간에는 적용되지 않는다. ✕

제100조가 규정하는 주물·종물은 물건 상호간의 관계에 관한 것이지만, 이러한 결합관계는 주된 권리·종된 권리 간에도 유추적용된다(통설)(21소간, 21법경). 그런데 이 경우에도 어떤 권리를 다른 권리에 대하여 종된 권리라고 할 수 있으려면 종물과 마찬가지로 다른 권리의 경제적 효용에 이바지하는 관계에 있어야 한다(대판 2014.6.12, 2012다92159: 20소간).

예컨대 ㉠ 원본채권이 양도되면 이자채권도 함께 양도되는 것이 원칙이다. 그러나 변제기가 이미 도래한 이자채권은 독립성이 강하므로, 원본채권이 양도되더라도 이미 변제기에 도달한 이자채권이 당연히 같이 양도되는 것은 아니다(대판 1989.3.28, 88다카12803: 22경간, 19세무). ㉡ **건물의 소유권이 이전되면 그 건물을 위한 대지의 임차권 내지 지상권도 함께 양도된다**(대판 1996.4.26, 95다52864).

03 건물에 대한 저당권이 실행된 경우, 건물의 소유권이 경락인에게 이전되더라도 그 건물의 소유를 위한 대지의 임차권은 함께 이전되지 않는다. ✕

I. 서설

> 제101조 【천연과실, 법정과실】(18소간, 20세무) ① 물건의 용법에 의하여 수취하는 산출물은 천연과실이다.
> ② 물건의 사용대가로 받는 금전 기타의 물건은 법정과실로 한다.
> 제102조 【과실의 취득】(18소간, 18세무, 19법경) ① 천연과실은 그 원물로부터 분리하는 때에 이를 수취할 권리자에게 속한다.
> ② 법정과실은 수취할 권리의 존속기간일수의 비율로 취득한다.

물건으로부터 생기는 수익을 '과실'이라 하고, 과실을 생기게 하는 물건을 '원물'이라고 한다. 천연과실이든 법정과실이든 물건이어야 하고, 또 물건인 원물로부터 생긴 것이어야 한다. 따라서 권리에 대한 과실이나(주식배당금·특허권의 사용료 등), 임금과 같은 노동의 대가, 원물의 사용대가로서 노무를 제공받는 것 등은 민법상의 과실이 아니다. 민법은 과실의 '종류'(제101조)와 과실의 '귀속주체'(제102조)에 관해 규정하고 있다.

지문 OX
04 임금은 법정과실이다. ×

II. 천연과실

1. 의의

천연과실이란 물건의 용법에 의하여 수취하는 산출물을 말한다(제101조 1항). '물건의 용법에 의하여'라 함은 원물의 경제적 용도에 따른다는 의미이다. 천연과실에는 유기물과 인공적·무기적으로 수취되는 물건도 포함된다(21세무).

2. 천연과실의 귀속

① 천연과실은 그 원물로부터 '**분리하는 때**'에 이를 수취할 권리자에게 속한다(제102조 1항)(22경간). 이는 임의규정에 불과하므로 별도의 합의를 통해 달리 정할 수 있다(20세무).

② 과실의 수취권자는 원칙적으로 원물의 소유자(제211조)이지만, 예외적으로 선의의 점유자(제201조)[13](21법경), 용익권자(지상권, 전세권, 지역권: 하나의 원물에 관하여 소유권자와 용익권자가 경합하는 경우 원칙적으로 용익권자의 과실수취권이 우선한다)(20·21세무), 담보권자[14], 매도인(제589조), 임차인(제618조), 친권자(제923조), 유증의 수증자(제1079조)에게도 수취권이 인정된다.

05 은비(隱祕)로 점유를 취득한 선의의 점유자는 점유물의 과실을 수취할 수 있다(22경간). ×

☞ 제201조 3항 참조

06 물건의 소유자가 아니면 과실수취권을 가질 수 없다. ×

3. 적용범위

① '물건의 용법'에 따르지 않은 산출물(일소의 우유, 승마용 말의 새끼, 관상용 화분의 열매)에 대하여도 천연과실의 개념은 원물에서 과실이 분리될 때에 귀속주체를 결정하는 데 의미가 있으므로 이 경우에도 유추적용된다.

② 미분리(未分離)과실은 독립한 물건이 아니므로 원칙적으로 독립한 물권의 객체로 되지 못하지만, 명인방법을 갖추면 독립한 소유권의 객체로 된다.

---

13) 제201조(점유자와 과실) ①항 선의의 점유자는 점유물의 과실을 취득한다. ②항 악의의 점유자는 수취한 과실을 반환하여야 하며 소비하였거나 과실로 인하여 훼손 또는 수취하지 못한 경우에는 그 과실의 대가를 보상하여야 한다. ③항 전항의 규정은 폭력 또는 은비에 의한 점유자에 준용한다.

14) 다만 담보권자 즉 유치권자, 질권자, 저당권자 등은 과실을 가지고 변제에 충당할 수 있는 변제충당권을 가지며 압류가 있은 후 담보권의 효력이 과실에 미치는 것에 불과하므로 다른 수취권자들과는 그 성질을 달리한다.

Ⅲ. 법정과실

1. 의의

① **[긍정예]** 법정과실이란 물건의 사용의 대가로 받는 금전 기타의 물건으로서(제101조 2항), 건물사용의 대가인 차임(18세무), 토지사용의 대가인 지료(20세무), 금전사용의 대가인 이자 등이 이에 속한다.

② **[부정예]** '물권'의 사용대가가 아닌 '노동'의 대가인 **임금**이나 '권리사용'의 대가인 **주식의 배당금·특허권의 사용료** 등은 법정과실이 아니며(18소간, 21세무, 21법경), **매매대금**도 사용대가가 아니므로 법정과실에 해당하지 않는다. **지연이자**도 금전채권의 이행지체로 생기는 지연배상으로 그 본질이 손해배상의 일종이므로 법정과실에 해당하지 않는다. 마지막가지로, '**국립공원의 입장료**'는 수익자 부담의 원칙에 따라 국립공원의 유지·관리비용의 일부를 입장객에게 부담시키는 것에 지나지 않고, 토지의 사용대가가 아닌 점에서 민법상의 과실은 아니다(대판 2001.12.28, 2000다27749: 22경간, 20법경, 18·20·21세무).

2. 법정과실의 귀속

법정과실은 수취할 권리의 '**존속기간일수**'의 비율로 취득한다(제102조 2항)(21세무). 법정과실의 계산이 주·월·년으로 정하여진 경우에도 일수비율로 분배된다.[15] 본조는 강행규정이 아니므로, 당사자가 이와 다른 특약을 맺은 때에는 그에 따른다(22경간).

3. 적용범위

(1) 사용이익

물건을 현실적으로 사용하여 얻는 이익을 '사용이익'이라고 한다. 예컨대 타인의 토지를 무단으로 점유하여 이를 사용하거나, 임차기간이 만료한 후에도 계속 건물을 사용하는 경우 등이 이에 속한다. 이러한 사용이익에 관해 통설과 判例는 과실에 준해 취급한다(18소간). 따라서 과실에 관한 민법의 규정(제102조, 제201조)도 유추적용될 수 있다.

> **[관련판례]** "건물을 사용함으로써 얻는 이득은 그 건물의 과실에 준하는 것이므로 선의의 점유자는 비록 법률상 원인없이 타인의 건물을 사용하여 그에게 손해를 입혔다고 하더라도 그 사용대가인 차임상당의 부당이득을 반환할 필요가 없다(제201조 1항, 대판 1996.1.26, 95다44290).

(2) 매매계약과 과실의 귀속

① 매매계약이 있은 후 매수인이 매도인에게 목적물을 '**인도**'받았는데 매수인 자신의 의무인 매매대금을 지급하고 있지 않은 경우라면 매수인은 매매대금 및 매매대금의 '**이자**'(과실)까지 매도인에게 지급해야 하고, ② 반대로 매도인이 매수인에게 대금을 지급받았는데 자신의 의무인 소유권이전등기를 경료하였더라도 목적물을 '**인도**'하고 있지 않다면 매도인은 목적물 및 목적물에 대한 '**사용이익**'(과실)까지 매수인에게 인도해야 한다(제587조)[16](22경간, 21법경).

---

15) 예를 들어 A가 자신의 X토지를 B에게 매달 30만원씩을 받고 그 해 1월 1일부터 1년간 빌려준 경우에, A가 C에게 X토지의 소유권을 9월 20일이 만료되는 시점에 넘겨주었다면, 9월분의 차임 30만원 중 20만원은 A가 취득하고 나머지 10만원은 C가 취득하게 된다(C가 임대차를 계속할 경우임). 그런데 이와 같은 법정과실의 취득규정도 역시 임의규정이므로 당사자가 다르게 약정할 수 있다. 그리하여 앞의 예에서 A·C 사이의 계약으로 9월분 차임은 C가 모두 받을 수 있는 것으로 정할 수 있다.

16) 제587조(과실의 귀속, 대금의 이자) 매매계약 있은 후에도 인도하지 아니한 목적물로부터 생긴 과실은 매도인에게 속한다. 매수인은 목적물의 인도를 받은 날로부터 대금의 이자를 지급하여야 한다. 그러나 대금의 지급에 대하여 기한이 있는 때에는 그러하지 아니하다.
이러한 제587조는 목적물의 사용이익과 대금의 이자 사이의 등가성을 선언한 것으로 이해되고 있다. 대법원도 민법 제587조는 매매당사자 사이의 형평을 꾀하기 위하여 매매목적물의 '인도시'를 기준으로 과실수취권의 귀속을 정하는 것이라고 한다(대판 2004.4.23, 2004다8210).

지문 OX

01 대출금에 대한 이자는 천연과실이다. ✕

02 물건의 임대료는 법정과실이다. ○

03 국립공원의 입장료는 토지의 사용대가라는 민법상의 과실로 볼 수 없다(22경간). ○

04 천연과실은 수취할 권리의 존속기간일수의 비율로 수취한다. ✕

05 법정과실의 귀속에 관한 민법규정은 강행규정이다(22경간 유사). ✕

06 건물을 사용함으로써 얻는 이득은 그 건물의 과실에 준한다. ○

07 특별한 사정이 없는 한, 매매목적물의 인도 전이라도 매수인이 매매대금을 완납한 때에 그 이후의 과실수취권은 매수인에게 귀속된다(22경간). ○

police.Hackers.com

제5장 / 권리변동

제1절 법률행위

제1관 법률행위 총설

I. 권리변동의 의미

법률관계는 결국 권리·의무의 관계이므로 법률관계의 변동은 권리·의무의 변동이라고 할 수 있으며, 민법은 권리 중심으로 규정하고 있으므로 법률관계의 변동은 권리의 변동(발생·변경·소멸)이라고 할 수 있다. 이러한 권리의 변동은 이를 권리의 주체의 면에서 본다면 권리의 득실변경(취득·상실·변경)이 된다.

II. 권리변동의 모습

권리의 취득	원시 취득	건물의 신축, 취득시효(제245조 등)(23경간), 선의취득(제249조), 무주물선점 (제252조). 매장물 발견(제254조)(23경간), 유실물습득(제253조)의 경우처럼 타인의 권리에 기초함이 없이 원시적으로 취득하는 것
	승계 취득 / 특정 승계	매매, 증여, 임대차, 제한물권(전세권, 저당권)(23경간)의 설정 또는 취 득의 경우처럼 개개의 권리가 각각의 취득원인에 의해 취득되는 것
	승계 취득 / 포괄 승계	상속(23경간)·포괄유증·회사의 합병의 경우처럼 하나의 취득원인에 의해 다수의 권리(및 의무)를 일괄해서 취득하는 것
권리의 변경		권리가 그 동일성을 잃지 않으면서 그 주체·내용·작용에 변경이 생기는 것
권리의 상실		목적물의 멸실에 의한 권리의 소멸, 소멸시효·변제 등에 의한 채권의 소멸

III. 권리변동의 원인

1. 법률요건

(1) 법률요건과 법률효과

대체로 민법의 규정은 일정한 '요건'이 충족되면 일정한 '효과'가 발생하는 것으로 정하는 방식을 취한다. 예컨대 매매계약은 매도인의 재산권이전과 매수인의 대금지급의 합의를 요건으로 하여(제563조), 재산권이전의무와 대금지급의무라는 효과가 생기는 것으로 정한다(제568조 1항). 또 불법행위의 요건이 충족되면 그 효과로서 피해자가 손해배상채권을 취득하는 것으로 정하는 것이 그러하다(제750조).

여기서 그 일정한 효과가 '법률효과'인데, 권리의 관점에서 보면 '권리의 변동'으로 나타난다. 그리고 그러한 법률효과 내지는 권리의 변동을 가져오는 요건(원인)을 '법률요건'이라고 한다.

(2) 법률요건으로서의 '법률행위'와 법률의 규정

① 권리의 변동을 가져오는 법률요건은 그 발생원인에 따라 둘로 나누어진다. 하나는 당사자의 '의사표시 내지 법률행위'이다. 다른 하나는 법률행위 이외의 그 밖의 모든 경우로서 민법이 권리의 변동이 생기는 것으로 정한 것인데, 이를 총칭하여 보통 '법률의 규정'이라고 부른다. 예컨대, 사무관리 · 부당이득 · 불법행위 등이 이에 해당하며, 민법에서 정한 바에 따라 일정한 요건이 충족되면 당사자의 의사와는 무관하게 권리를 취득하거나 잃게 된다.

② 즉, 권리변동은 '법률규정'(예를 들어 불법행위)에 의해 발생하기도 하지만 사법상의 대원칙인 '사적자치의 원칙'(내 권리변동은 내 '의사'대로 한다)에 따라 당사자의 자유로운 의사에 의해 변동되는 것이 일반적이다. 그래서 당사자의 '의사표시'에 의하여 행하는 모든 행위를 아우르는 개념으로 만들어진 것이 '법률행위'라는 개념이다. 즉, **법률행위란 의사표시를 불가결의 요소로 하는 사법상의 법률요건**이며, 의사표시란 일정한 법률효과의 발생을 목적으로 하는 의사의 표시행위로서, 법률행위의 본질적 구성부분이다.
민법에서 당사자가 원하는 대로 '법률효과'가 발생하는 '법률요건'은 오직 '법률행위'밖에 없다.

2. 법률사실

법률효과가 발생하는 데 필요충분조건을 다 갖춘 것이 법률요건이다. 그리고 이러한 법률요건을 구성하는 개개의 사실을 '법률사실'이라고 한다. 매매의 경우를 예로 들면 다음과 같이 정리된다. 청약 또는 승낙의 '의사표시'(법률사실) → 청약과 승낙의 합치에 의한 매매계약의 성립(법률요건) → 매매의 효과(법률효과 · 권리의 변동). 법률사실은 아래와 같이 분류될 수 있다.

(1) 사람의 정신작용에 기한 법률사실 – 용태

사람의 정신적 작용에 의거하는 법률사실을 용태라고 하는데, 이것은 다시 의사가 외부에 표현되는 '외부적 용태'(행위)와 외부에 나타나지 않는 '내부적 용태'(의식)로 나누어진다.

1) 외부적 용태(행위)
가) 적법행위

① **[법률행위]** 법률행위는 **단독행위와 계약, 합동행위**로 나누어진다. 어느 것이나 당사자가 의욕한 대로 법률효과가 생긴다는 점에서 그 본질이 있고, 사적자치가 허용되는 분야가 이것이다.

② **[준법률행위]** 준법률행위는 당사자가 의욕하는 대로 법률효과가 발생하는 것이 아니라 법률규정에 의하여 발생하는 것을 말한다. 준법률행위는 의사표시와 함께 적법행위에 속하는 법률사실이며, 그것은 의사의 통지 · 관념의 통지 등으로 나누어진다.

㉠ '의사의 통지'는 자기의 의사를 타인에게 통지하는 행위이다. 그런데 여기의 의사는 직접 법률효과에 향하여져 있는 것이 아닌 점에서 의사표시와 다르다. 즉, 의사의 통지에 대하여는 (모든 준법률행위에 관하여 그렇듯이)행위자의 의사를 묻지 않고 민법이 독자적인 평가에 의하여 법률효과를 부여하고 있다. 제한능력자의 상대방이 하는 추인여부의 확답의 최고(제15조), 무권대리행위의 상대방이 하는 추인여부 확답의 최고(제131조) 등이 그 예이다.

ⓒ '관념의 통지'는 어떤 사실(특히 과거 또는 장래의 사실)을 알리는 행위이며, 사실의 통지라고 도 한다. 사원총회 소집의 통지(제71조), 채권양도의 통지(제450조 1항), 채무의 승인 (제168조 3호)이 그 예이다.

ⓒ '사실행위'는 행위에 의하여 표시되는 의식의 내용이 무엇이냐를 묻지 않고서, 다만 행 위가 행하여져 있다는 것 또는 그 행위에 의하여 생긴 결과만이 법률에 의하여 법률상 의미가 있는 것으로 인정되는 행위를 말한다. 예를 들어 무주물 선점(제252조), 유실물 습득(제253조) 등을 들 수 있다.

나) 위법행위

위법행위는 법률이 허용할 수 없는 것으로 평가하여, 그러한 위법행위를 한 자에 대해 서는 불이익한 효과를 발생케 하는 법률사실이다. 채무불이행(제390조)과 불법행위 (제750조)가 있다.

2) 내부적 용태(의식)

내부적 의사 또는 내부적 관념이 내부적 용태이다. 다시 말하면 내심적 의식을 말한 다. 예컨대 선의·악의 등이 있다.

(2) 사람의 정신작용에 기하지 않는 법률사실 - 사건

사람의 출생과 사망·시간의 경과 등과 같이 사람의 정신작용과는 관계없는 사실로 서, 법률에 의하여 그 효과가 부여되는 법률사실이다.

제2관 법률행위의 요건 및 종류

I. 법률행위의 요건

구분	성립요건	효력요건
일반	① 당사자 ② 목적 ③ 의사표시	① 당사자가 능력(권리능력·행위능력·의사능력)을 갖출 것 ② 목적이 확정성·실현가능성·적법성·사회적 타당성 ③ 의사와 표시가 일치할 것
특별	가족법상의 각종 신고	대리행위에 있어서의 대리권의 존재, 조건부·기한부 법률행위에서의 조건의 성취·기한의 도래

1. 서설

(1) 성립요건과 효력요건

법률행위가 그 효과를 발생하려면 먼저 법률행위로서 '성립'하여야 하고(성립요건), 성 립된 법률행위가 '유효'한 것이어야 한다(유효요건 또는 효력요건).

(2) 구별의 실익

1) 추인, 전환, 일부무효 등

법률행위의 성립요건은 법률행위의 성립·불성립의 문제이다. 성립요건을 갖추지 못 한 경우 무효·취소는 문제되지 않으며, 따라서 무효행위의 추인이나 전환, 일부무효 는 문제될 여지가 없다.

2) 증명책임

법률행위의 성립요건은 법률행위의 효과를 주장하는 자가 이를 입증하여야 한다. 한편 법률행위가 성립하게 되면 그 효력을 발생하는 것이 원칙이므로, 그 효력요건의 부존재는 법률행위의 무효를 주장하는 자가 이를 입증하여야 한다.

2. 성립요건

성립요건은 법률행위의 존재가 인정되기 위하여 필요한 최소한의 형식적인 요건이다. 이러한 성립요건에는 ① 모든 법률행위에 공통적으로 요구되는 '**일반성립요건**'으로, ⅰ) 법률행위의 주체로서 '당사자', ⅱ) 법률행위의 내용으로서 '목적', ⅲ) 법률행위의 불가결한 요소로서 '의사표시'가 있어야 한다.
② 그리고 개별적인 법률행위에 대하여 특별히 요구되는 '특별성립요건'으로, 법률의 규정 또는 당사자 간의 약정에 의해 요구될 수도 있다(예컨대 가족법상의 법률행위의 성립에 필요한 각종 신고).

3. 효력요건

이미 성립한 법률행위가 법률상 효력을 발생하는 데에 필요한 요건을 말한다.
이러한 효력요건에는 ① 모든 법률행위에 대하여 공통적으로 요구되는 '**일반효력요건**'으로, ⅰ) 당사자가 능력(권리능력·의사능력·행위능력)을 갖출 것, ⅱ) 목적이 확정성·실현가능성·적법성·사회적 타당성을 갖출 것, ⅲ) 의사와 표시가 일치하고 의사표시에 하자가 없을 것을 요구한다.
② 그리고 개별적인 법률행위에 대하여 특별히 요구되는 '특별효력요건'으로, 대부분 법률에 규정되어 있으나 당사자 간의 약정에 의하여 요구될 수도 있다(예컨대 대리행위에 있어서 대리권의 존재, 조건부·기한부 법률행위에서의 조건의 성취·기한의 도래: 23경간).

> [관련판례] "농지법 제8조 제1항 소정의 농지취득자격증명은 농지를 취득하는 자가 그 소유권에 관한 등기를 신청할 때에 첨부하여야 할 서류로서(동조 제4항), 농지를 취득하는 자에게 농지취득의 자격이 있다는 것을 증명하는 것일 뿐 농지취득의 원인이 되는 법률행위의 효력을 발생시키는 요건은 아니다"(대판 1998.2.27, 97다49251: 23경간).

Ⅱ. 법률행위의 종류

1. 재산행위와 신분행위

법률행위에 의해 발생되는 효과가 재산상의 법률관계에 관한 것인지 또는 신분상의 법률관계에 관한 것인지에 따른 분류이다. 매매·임대차·채권양도 등은 재산행위이고, 혼인·인지·유언 등은 신분행위이다.

2. 단독행위·계약·합동행위

(1) 단독행위

① 하나의 의사표시만으로 성립하는 법률행위가 단독행위이다. 단독행위는 하나의 의사표시만으로 법률효과가 생기고, 특히 상대방 있는 단독행위에서는 그에 따라 상대방의 권리의무에 일방적으로 영향을 미치게 되므로, 누가 어느 경우에 이를 행사할 수 있는지는 법률로 정한다.

지문 OX

01 유효한 정지조건부 법률행위에서 '조건의 성취', 유효한 시기부 법률행위에서 '기한의 도래', 토지거래허가구역 내의 일반적인 토지매매계약에 관한 '관할 관청의 허가'는 법률행위의 효력발생요건이다(23경간).　　○
02 농지에 관한 매매계약에서 농지취득자격증명은 법률행위의 효력발생요건이다.　　×

② 단독행위는 상대방에 대한 통지를 요건으로 하는지에 따라 ⊙ **채무면제**(계약의 형태로도 할 수 있다)(23경간), **상계**[1](계약의 형태로도 할 수 있다), **취소, 해제·해지**(계약의 형태로도 할 수 있다)와 같은 '**상대방 있는 단독행위**'와 ⓒ 유언, 유증, 재단법인의 설립행위, 소유권 포기와 같은 '**상대방 없는 단독행위**'로 나뉜다(19소간).

지문 OX

01 재매매예약은 의무부담행위로서 단독행위이다(23경간). ×
☞ 매도인이 나중에 목적물을 다시 사겠다고 예약하는 것으로 당사자약정으로 성립하는 계약이다.

(2) 계약

계약이란 청약과 승낙이라는 서로 대립하는 의사표시의 합치에 의하여 성립하는 법률행위이다. 민법은 15종의 전형적인 채권계약에 관하여 규정하고 있지만, 계약자유의 원칙이 인정되므로 계약의 종류는 민법이 규정하는 바에 한정되는 것은 아니다.

(3) 합동행위

평행적·구심적으로 방향을 같이하는 두 개 이상의 의사표시가 합치하여 성립하는 법률행위를 계약과 구별하여 합동행위라고 한다. 예컨대 사단법인 설립행위를 들 수 있다.

3. 요식행위와 불요식행위

일정한 방식에 따라 행하여져야 그 효력이 인정되는 법률행위를 요식행위라 하고, 그러한 방식을 필요로 하지 않는 것을 불요식행위라고 한다. 법률행위의 자유에는 방식의 자유를 포함하기 때문에 불요식행위가 원칙이다. 다만 법인의 설립행위(23경간)·혼인·입양·유언 등은 요식행위이다.

4. 채권행위·물권행위·준물권행위

(1) 채권행위

채권·채무를 발생시키는 법률행위이다(증여·매매 등). 채권행위에서는 채무자가 일정한 급부를 이행하여야 할 의무를 지는 점에서, 이를 '의무부담행위'라고도 한다.

(2) 물권행위

직접 물권의 변동을 가져오는 법률행위로서 이행의 문제를 남기지 않는 점에 그 특색이 있다(부동산매매에서 매도인이 대금을 받고 등기서류를 교부한 때에는 당사자 간에는 소유권이 이전되는 것으로 합의한 것이 된다). 물권행위·준물권행위를 채권행위에 대하여 '처분행위'라고 한다.

(3) 준물권행위

물권 이외의 권리의 변동을 직접 가져오는 법률행위로서, **채권양도**(19소간)·채무면제 등이 이에 속한다.

5. 생전행위·사후행위

① 유언(제1073조), 사인증여(제562조)와 같이 행위 자체는 생전에 이루어지나 행위자의 사망으로 그 효력이 생기는 법률행위를 '사후행위' 또는 '사인행위'라고 하고(16소간),
② 그 이외의 행위를 '생전행위'라고 한다.

---

1) 채권자와 채무자가 서로 같은 종류의 채권·채무를 가지는 경우에 그 채권과 채무를 대등액에 있어서 소멸케 하는 의사표시를 말한다(제492조).

법률행위의 해석

I. 서설

1. 의의

법률행위의 해석이란 **불명확한 법률행위의 내용을 확정하는 것**을 말한다. 법률행위의 내용은 그 요소인 의사표시에 의해 결정되는 것이므로 법률행위의 해석은 결국 의사표시의 해석으로 귀결된다. 이러한 법률행위의 해석은 법률의 내용을 파악하는 '법률의 해석'과 구별된다.

2. 법률행위해석의 기능

① 법률행위의 해석은 '의사표시가 존재하는지 여부'를 확정하는 기능을 한다. ② 또한 의사표시의 내용을 명백히 함으로써 '계약(법률행위)이 성립'하였는지(숨은 불합의가 존재하는지) 여부를 정하는 데 있어 선결사항으로 기능하기도 한다. ③ 그리고 '법률행위의 유효성' 여부를 판단하는 데 있어서도 선결적 기능을 한다. 왜냐하면 법률행위의 유효성 여부에 대한 판단을 하기 위해서는 법률행위의 내용이 확정되어야 하기 때문이다.

II. 법률행위 해석의 주체와 객체

1. 주체

법률행위 해석의 주체는 궁극적으로 법원(판사)이다. 이러한 법관의 해석권은 당사자의 특약에 의하여 침해될 수 없다. 즉, 매매계약서에 계약사항에 대한 이의가 생겼을 때에는 매도인의 해석에 따른다는 조항은 법원의 법률행위 해석권을 구속하는 조항이라고 볼 수 없다(대판 1974.9.24, 74다1057: 20법경).

2. 객체(대상)

법률행위 해석의 기본목표는 당사자의 '의사'(진의)를 밝히는 데 있다. 그러나 그것은 당사자의 내심의 의사를 탐구하자는 것은 아니며, 그 의사의 객관적인 표현이라고 볼 수 있는 '표시행위'를 대상으로 하여 그에 부여된 객관적 의미를 밝히는 작업이라고 보아야 한다(다수설: 이른바 표시주의).[2] 判例의 주류도 같은 입장인 것으로 보인다(아래 2000다40858 판결 등).

> ✱ **법률행위 해석의 객체(대상)**
> ㉠ "법률행위의 해석은 당사자의 내심의 의사가 어떤지에 관계없이 그 문언의 내용에 의하여 당사자가 그 표시행위에 부여한 객관적 의미를 합리적으로 해석하여야 하는 것이고"(대판 2001.3.23, 2000다40858), ㉡ 의사표시 해석에 있어서 당사자의 진정한 의사를 알 수 없다면, 의사표시의 요소가 되는 것은 표시행위로부터 추단되는 효과의사, 즉 표시상의 효과의사이고 표의자가 가지고 있던 내심적 효과의사가 아니므로, 당사자의 내심의 의사보다는 외부로 표시된 행위에 의하여 추단된 의사를 가지고 해석함이 상당하다(대판 2002.6.28, 2002다23482).

---

2) 즉 표시주의를 취하는 다수설적인 학설은 법률행위 해석의 대상에 관하여 '표시상의 효과의사'를 탐구하는 반면, 의사주의 입장에서는 '내심의 효과의사'를 탐구한다는 점에서 차이를 보인다.

Ⅲ. 법률행위 해석의 방법

1. 의의

① '상대방 없는 의사표시'에서는 상대방에 대한 신뢰보호의 문제가 없으므로 표의자의 진정한 의사를 탐구하는 쪽으로 해석되어야 한다. ② 이에 대해 '상대방 있는 의사표시'에서는 표시를 신뢰한 상대방의 이익이 문제되므로 일정한 방법에 의한 해석이 요청된다. 그러한 해석방법으로 자연적 해석, 규범적 해석, 보충적 해석의 3가지가 인정된다.

2. 자연적 해석

(1) 의의

표현의 문자적·언어적 의미에 구속되지 않고 표의자의 진의, 즉 '내심의 효과의사'를 밝히는 것이다.

(2) 적용영역

① 유언과 같이 표의자의 이익만 중시되는(자기결정적 효력이 문제되는) 상대방 없는 단독행위, ② 의사표시의 당사자가 표시를 사실상 같은 의미로 이해한 경우, 즉 표의자의 잘못된 표시에도 불구하고 상대방이 표의자의 진의를 올바르게 파악하였을 때에는, 자연적 해석방법이 적용되어 표의자의 진의에 따른 법률효과가 주어지게 된다(誤表示 無害의 原則 ; falsa demonstratio non nocet).

(3) 판례

① [쌍방 공통하는 지번의 착오] 甲이 국가 소유인 X토지를 불하받는 과정에서 서로 간의 착오로 인접한 국가 소유의 Y토지로 잘못 표기하여 매매계약이 체결된 사안에서, 判例는 "계약의 해석에 있어서는 형식적인 문구에만 얽매여서는 아니되고 쌍방 당사자의 진정한 의사가 무엇인가를 탐구하여야 하는 것이므로, 계약서에 그 목적물을 X토지가 아닌 Y토지로 표시하였다 하여도, 위 X토지에 관하여 이를 매매의 목적물로 한다는 쌍방

지문 OX

01 매매계약의 쌍방 당사자가 계약의 목적물로 삼은 X토지의 지번에 착오를 일으켜 계약서에 목적물을 Y토지로 표시한 경우, 매매계약은 Y토지에 관하여 성립한다. ✕

02 계약당사자 쌍방이 A 물건을 계약 목적물로 삼았지만, 착오로 계약서에는 B 물건을 목적물로 기재한 경우, 계약서에 기재된 B 물건이 아닌 A 물건에 관한 계약이 성립한다(22경간). ○

---

3) '처분문서'란 증명하고자 하는 법률적 행위가 그 문서 자체에 의하여 이루어진 문서로서 각종 계약서·유언서·유가증권 등을 말한다.

당사자의 의사합치가 있는 이상, 위 매매계약은 **X토지에 관하여 '성립'**한 것으로 보아야 한다"(대판 1993.10.26, 93다2629: 22 · 23경간, 20법경, 21세무)고 보아 착오를 이유로 취소할 수 없다고 한다.

② **[쌍방 공통하는 계약상 지위의 착오]** 위의 법리는 계약 당사자들이 오류를 인지하지 못한 채 당사자들의 합치된 의사와 달리 착오로 '계약상 지위'가 잘못 기재된 계약서에 그대로 기명날인이나 서명을 한 경우에도 동일하게 적용된다고 한다(대판 2018.7.26 2016다242334).[4]

3. 규범적 해석

(1) 의의

내심적 효과의사와 표시행위가 일치하지 않는 경우에 표시행위의 객관적 의미 혹은 '상대방'이 그 표시에 부여한 의미를 탐구하는 해석방법이다.

(2) 적용영역

계약이나 상대방 있는 단독행위처럼 상대방의 신뢰를 보호하여야 할 법률행위의 경우에 적용된다. 이러한 경우라도 상대방의 신뢰가 정당한 경우에만 보호되므로 상대방이 표의자의 진의를 이해했거나 이해가 가능했을 경우에는 자연적 해석에 의하게 된다.

(3) 판례

채권자가 일부변제를 받으면서 '총완결'이라고 써 준 사안에서, 그것으로 모든 결제가 끝난 것으로 해석하는 것이 '영수증 작성자'(채권자)의 의사에 부합한다고 보았으며(대판 1969.7.8, 69다563), '최대한 노력하겠다'는 문언을 기재한 경우는, 법적으로는 부담할 수 없지만 사정이 허락하는 한 그 이행을 하여 주겠다는 취지로 해석함이 상당하다고 보았다(대판 1994.3.25, 93다32668).

4. 보충적 해석

(1) 의의

법률행위의 내용에 '틈'이 있는 경우 이를 보충하는 해석방법이다. 법률행위, 특히 계약에서 당사자가 약정하지 않은 사항에 관하여 분쟁이 생기는 수가 흔히 있다. 이러한 분쟁은 1차적으로 (사실인) 관습에 의하여 보충되고, (사실인) 관습이 없는 경우에는 임의규정에 의한다(제106조). 그러나 **임의규정도 없거나 임의규정에 의하여 보충될 수 없는 때에 비로소 보충적인 해석을 통해 당사자의 의사표시가 확정된다.**

(2) 적용영역

보충적 해석은 자연적 해석과 규범적 해석에 의하여 법률행위의 성립이 인정된 후에 비로소 문제된다. 모든 법률행위에 적용되나 주로 **쌍방의 공통하는 동기의 착오, 일부무효(제137조), 무효행위의 전환(제138조)에서 문제**된다.

---

4) [사실관계] 甲이 乙 주식회사로부터 신주인수권부사채를 인수하기로 하고, 그에 따라 乙 회사가 甲에게 부담하는 채무를 담보하기 위하여 丙 등은 연대보증을 하고 丁 등은 근질권을 설정해 주었는데, 乙 회사가 甲에게 사채원금 지급기한의 유예를 요청하자, 甲과 乙 회사가 기존의 변제기한을 유예하고 이율을 변경하는 내용의 합의서를 작성하면서 丙 등은 근질권설정자로 丁 등은 연대보증인으로 기명날인한 사안에서, 합의서에 따른 합의는 작성 당사자 모두 인수계약에서 정한 지위를 그대로 유지하면서 기존의 변제기한과 이율에 관한 사항만 변경하는 내용으로 유효하게 성립하였다고 판단한 사례

(3) 보충적 해석의 방법

보충적 해석이 탐구하는 것은 실제의 의사가 아니고 '**가정적 의사**'이다. 즉 법관은 만약 당사자들이 고려하지 않았던 사정을 고려하였다면 당사자들이 계약시에 어떻게 의욕 하였을 것인가를 살펴야 한다. 이에는 특히 신의성실의 원칙 및 거래관행이 중요한 해석 자료로 된다.

(4) 보충적 해석의 한계

보충적 해석은 사적자치 및 신의성실의 원칙의 존중 하에서 행하여져야 하며, 그것이 법관에게 자유로운 법창조의 권능을 부여하는 것은 아니다. 따라서 보충적인 해석에 서는 당사자의 의사와 계약의 내용으로부터 생기는 한계가 고려되지 않으면 안 된다 (대판 2010.7.15, 2009다50308 등). 따라서 법률행위가 불성립한 것을 보충적 해석에 의하 여 성립시키거나, 성립된 계약을 무효로 하는 것은 불가능하다. 또한 보충적 해석은 의사의 보충일 뿐 의사의 수정이 아니므로 사정변경의 원칙과는 구별된다.

Ⅳ. 법률행위 해석의 표준

1. 법률행위의 기초사정

당사자가 기도한 목적, 법률행위가 행하여진 시간과 장소, 당사자 간의 관계, 표의자의 특별한 어법 등이 이에 해당한다(대판 2001.3.23, 2000다40858 참고).

2. 사실인 관습

당사자의 의사가 명확하지 않을 때, 강행규정에 반하지 않는 임의규정과 다른 관습이 있을 경우에는 그 사실인 관습이 법률행위 해석의 기준이 된다(제106조).

3. 신의성실의 원칙(특히 예문해석)

(1) 의의

신의성실의 원칙을 법률행위 해석의 기준으로 하는 명문의 규정은 없으나 우리 민법 에 있어서도 법률행위 해석의 기준으로 인정해야 한다는 것이 통설이다. 이와 관련해 判例가 발전시킨 '예문해석'이 문제되는바, '예문해석'이란 계약서로 관용되는 서식에 경제적 강자에게 일방적으로 유리한 조항이 인쇄·삽입되어 있는 경우 그러한 조항을 예문, 즉 단순한 예로서 늘어놓은 문언이라고 보아 당사자를 구속하는 힘이 없다고 보는 것으로 判例가 발전시킨 해석원칙이다.

> [관련판례] 복수의 임대차계약서 중 어느 서면에 따라 계약 내용을 정할 것인지 여부에 관하여 判例는 "하나의 법률관계를 둘러싸고 각기 다른 내용을 정한 여러 개의 계약서가 순차 로 작성되어 있는 경우 당사자가 그러한 계약서에 따른 법률관계나 우열관계를 명확하 게 정하고 있다면 그와 같은 내용대로 효력이 발생한다. 그러나 여러 개의 계약서에 따른 법률관계 등이 명확히 정해져 있지 않다면 각각의 계약서에 정해져 있는 내용 중 서로 양립할 수 없는 부분에 관해서는 **원칙적으로 나중에 작성된 계약서에서 정한 대로 계약 내용이 변경되었다고 해석하는 것이 합리적이다**"(대판 2020.12.30, 2017다17603)라고 한다.

(2) 원칙

법률행위가 문서(계약서·합의서·각서 등)에 의해 이루어진 경우[소위 처분문서 ; 증명하고자 하는 법률적 행위(처분)가 그 문서 자체에 의하여 이루어지는 경우의 문서]에는 원칙적으로 그 기재내용대로 법률행위의 존재를 인정한다. 즉, 예문이라고 할 수 없다고 한다. 이것은 서식이나 약관의 경우에도 마찬가지이다(대판 1966.10.4, 66다1479 ; 대판 1970.12.29, 70다2449).

(3) 예외(예문해석)

① 합의 당시 예측하지 못한 중대한 결과가 발생한 경우, 그에 대해서는 합의의 효력이 미치지 않는 것으로 해석한다(대판 1972.8.22, 72다983). ② 은행에서 사용하는 약관, 즉 '근저당권설정계약서'에 의한 계약체결에 관해서는 특히 判例가 많은데, 이 경우에도 그 기재대로 효력을 발생하는 것이 원칙이지만, 그 기재가 부동문자로 되어 있는 점에서, **거래관행 등에 비추어 일정한 범위의 채무만을 담보하는 것으로 보아야 할 특별한 사정이 인정되는 경우**에는 그 계약서의 기재를 예문에 불과한 것으로 보아 그 구속력을 배제하는 해석을 한다(대판 1990.7.10, 89다카12152 ; 대판 2003.3.14, 2003다2109).

V. 법률행위의 해석과 착오와의 관계

1. 자연적 해석과 착오(소극)

자연적 해석에서는 표의자가 의욕한 대로 법률효과가 주어지므로 표의자가 표시와 진의의 불일치를 이유로 착오취소를 할 수 없다(誤表示 無害의 原則 ; falsa demonstratio non nocet). 그리고 상대방이 표의자의 진의에 동의를 한 경우에도 표의자는 착오를 이유로 의사표시를 취소할 수 없다.

2. 규범적 해석과 착오(적극)

표시행위의 객관적 의미 혹은 상대방이 그 표시에 부여한 의미를 탐구하는 해석방법이 규범적 해석이므로 그렇게 탐구된 의미가 표의자의 진정한 의사와 어긋나는 결과를 가져올 수 있고, 따라서 착오의 문제가 발생할 수 있다. 다만 착오에 의한 의사표시의 취소문제는 법률행위의 '성립'을 전제로 해서만 논의될 수 있는 것이므로, 만약 계약의 경우에 규범적 해석에 의해서도 합치를 인정할 수 없는 때에는 계약은 (숨은) 불합의가 되어 성립하지 못하고, 따라서 착오에 의한 취소문제도 생길 여지가 없다.

3. 보충적 해석과 착오(소극)

보충적 해석에서는 양 당사자의 진의가 아닌 당사자의 가정적 의사가 중시되므로 계약 유지가 우선한다는 점에서 착오에 의한 취소를 부정하는 것이 타당하다(다수설).

VI. 법률행위 해석의 소송법적 문제

"의사표시와 관련하여, 당사자에 의하여 무엇이 표시되었는가 하는 점과 그것으로써 의도하려는 목적을 확정하는 것은 사실인정의 문제이고, 인정된 사실을 토대로 그것이 가지는 법률적 의미를 탐구 확정하는 것은 이른바 의사표시의 해석으로서, **이는 사실인정과는 구별되는 법률적 판단의 영역에 속하는 것이다**"(대판 2011.1.13, 2010다69940: 21 세무).

제4관 계약의 당사자 결정

I. 타인의 명의를 사용한 법률행위

1. 개념 및 구별개념

타인의 명의를 사용한 법률행위란 법률행위자가 타인 명의를 언급하고 자신이 마치 그 명의인인 것처럼 행동하는 것을 말한다. 타인의 명의를 사용한 법률행위는 현명이 없다는 점에서 보통의 대리행위와 다르고, 또 자신의 이름으로 하는 통상의 법률행위와도 다르다.

2. 계약당사자 확정의 기준: 성립요건

타인의 명의를 사용하여 행한 법률행위의 경우에 대해 최근의 판결[5]들은 "누가 그 계약의 당사자인가를 먼저 확정하여야 할 것"이라고 보아 **법률행위 해석을 통한 당사자 확정의 문제**로 보고 있다(대판 2010.5.13, 2009다92487: 20법경, 19세무).

① 즉, 먼저 '**자연적 해석**'을 통하여 행위자와 상대방의 의사가 '일치'한 경우에는 그 일치하는 의사대로 행위자 또는 명의자의 행위로 확정한다.

> [관련판례] ㉠ "일방 당사자가 대리인을 통하여 계약을 체결하는 경우에 있어서 계약의 상대방이 대리인을 통하여 본인과 사이에 계약을 체결하려는 데 의사가 '일치'하였다면 대리인의 대리권 존부 문제와는 무관하게 상대방과 본인이 그 계약의 당사자라고 할 것이다"(대판 2009.12.10, 2009다27513: 19세무). ㉡ "부가가치세법에 따른 고유번호나 소득세법에 따른 납세번호를 부여받지 않은 **비법인단체의 경우 그 대표자가 단체를 계약의 당사자로 할 의사를 밝히면서 대표자인 자신의 실명으로 예금계약 등 금융거래계약을 체결**하고, 금융기관이 그 사람이 비법인단체의 대표자인 것과 그의 실명을 확인하였다면, 특별한 사정이 없는 한 당사자 사이에 단체를 계약의 당사자로 하는 의사가 '일치'되었다고 할 수 있어 금융거래계약의 당사자는 비법인단체라고 보아야 한다"(대판 2020.12.10, 2019다267204).

② 만약 그러한 일치하는 의사를 확정할 수 없는 경우에는 **규범적 해석**을 통하여 '**상대방**'이 행위자의 표시를 어떻게 이해했어야 하는가에 따라 당사자가 결정되어야 한다고 한다(대판 1995.9.29, 94다4912 등: 19세무) 이는 그 타인이 허무인인 경우에도 마찬가지라고 한다(아래 2011다12842 참조).

> [관련판례] ㉠ 甲이 허무인 乙 명의의 자동차운전면허증과 인장을 위조한 후 이를 이용하여 증권회사인 丙 주식회사에 乙 명의로 증권위탁계좌를 개설한 경우, 判例는 甲과 丙 회사 사이에 '명의자인 乙'을 계약당사자로 한 계좌 개설계약이 체결되었다고 할 수 있다고 한다. 다만 계약당사자인 乙이 허무인인 이상 丙 회사와 乙 사이에서도 유효한 계좌 개설계약이 성립하였다고 볼 수 없으므로 위 계좌에 입고된 주식은 이해관계인들 사이에서 부당이득반환 등의 법리에 따라 청산될 수 있을 뿐이라고 한다(대판 2012.10.11, 2011다12842). ㉡ 실제 계약을 체결한 행위자가 자신의 이름은 특정하여 기재하되 불특정인을 추가하는 방식으로 계약서상 당사자를 표시한 경우(즉, 실제 계약체결자의 이름에 '외 ○인'을 부가하는 형태), 그 계약서 자체에서 당사자로 특정할 수 있거나 상대방의 입장에서도 특정할 수 있는 특별한 사정이 인정될 수 있는 당사자만 계약당사자 지위를 인정할 수 있다(대판 2023.6.15, 2022다247422).

---

5) [과거 判例] 종래 대법원은 과거에 타인의 명의로 임야를 사정받거나(대판 1971.5.24, 71다512 등), 또는 타인 명의로 부동산을 매수한 경우(대판 1989.11.14, 88다카19033) 등에 명의신탁을 인정하였다(이들 경우에는 아마도 행위자와 명의인 사이에 명의신탁에 관한 합의가 존재하고 있었을 것이다). 또한 여러 사정을 종합하여 대리행위로 인정되는 한 대리의 성립을 긍정하고 있었다.

3. 계약명의자가 당사자로 확정되는 경우: 효력요건

(1) 구체적인 예

① 행위자와 상대방이 일치하여 법률행위 당사자를 '명의자'로 생각한 경우(자연적 해석) 와 ② ⅰ) 행위가 서면이나 전보로 행하여진 경우, ⅱ) **신용행위**(금전소비대차)나 계속적 거래행위, ⅲ) 전화로 이웃사람 이름으로 음식을 주문한 경우, ⅳ) **매매계약**, 보험계약, 분양계약과 같이 계약당사자의 명의가 중요시되는 거래에서는 규범적 해석에 의해 '명의자'가 당사자로 확정된다.

(2) 구체적 법률관계

법률행위 해석에 의하여 **계약명의자가 당사자로 확정되는 경우** 대리에 관한 규정이 (유추) 적용될 수 있다.

1) 행위자에게 대리권이 있거나 명의사용을 허락받은 경우

이 경우에는 일반적으로 행위자에게 대리의사가 있고, 判例는 현명의 경우 반드시 대리인임을 표시하여 행위하여야 하는 것은 아니고 '본인명의'로도 할 수 있다고 하므로 (대판 1963.5.9, 63다67: 19소간), 결국 **유권대리의 법률관계로 처리**된다.

> [관련판례] 甲이 부동산을 금융기관에 담보로 제공함에 있어 乙에게 그에 관한 대리권을 주었다면 乙이 금융기관과 근저당권설정계약을 체결하면서 대리관계를 표시함이 없이 마치 자신이 甲 본인인 양 행세하였다 하더라도 위 근저당권설정계약은 대리인인 위 乙이 그의 권한범위 안에서 한 것인 이상 그 효력은 본인인 甲에게 미친다(대판 1987.6.23, 86다카1411: 19세무).

2) 행위자에게 대리권이 없거나 타인명의를 무단으로 모용한 경우

① **[무권대리]** 이 경우에는 일반적으로 행위자에게 대리의사가 없고, 현명도 있다고 할 수 없지만 타인의 이름으로 법률행위를 하였다는 점에서 **무권대리 규정이 유추적용된다.** 따라서 거래상대방과 명의인 사이에 성립한 계약은 원칙적으로 무효가 되고, 행위자는 거래상대방에 대하여 무권대리인의 책임이나 불법행위책임을 질 수 있다(제135조 유추적용, 제750조).

② **[표현대리]** 한편 표현대리의 성립 여부와 관련해서 判例는 "사술을 써서 대리행위의 표시를 하지 아니하고 단지 본인의 성명을 모용하여 자기가 마치 본인인 것처럼 상대방을 기망하여 본인 명의로 직접 법률행위를 한 경우에는 **특별한 사정이 없는 한 제126조의 표현대리는 성립될 수 없지만**(23경간, 21소간, 21세무), ⅰ) 본인을 모용한 사람에게 본인을 대리할 '기본대리권'이 있었고, ⅱ) 상대방으로서는 위 모용자(행위자)가 본인(명의자) 자신으로서 본인의 권한을 행사하는 것으로 믿은 데 '**정당한 이유**'가 인정된다면 표현대리의 법리가 유추적용되어 본인에게 그 효력이 미친다"(대판 1993.2.23, 92다52436)고 한다.

> ❋ **특별한 사정을 부정하여 명의자의 표현대리책임을 부정한 사례**
> 判例는 처가 제3자를 남편으로 가장(주민등록증에 제3자의 사진을 붙인 다음 남편인 것처럼 가장)시켜 관련 서류를 위조하여 남편 소유의 부동산을 담보로 금원을 대출받은 경우, 제3자가 남편으로부터 어떠한 기본대리권도 받은 적이 없다는 이유로 남편에 대한 제126조 소정의 표현대리책임을 부정하였다(대판 2002.6.28, 2001다49814).

> ✳ **특별한 사정을 인정하여 명의자의 표현대리책임을 인정한 사례**
>
> 실제로는 위 '특별한 사정'을 인정하여 명의자의 표현대리 책임을 인정한 사례가 많다. 대표적으로 判例는 ① 본인으로부터 아파트에 관한 임대 등 일체의 관리권한을 위임받아 본인으로 가장하여 아파트를 임대한 바 있는 대리인이 다시 자신을 본인으로 가장하여 임차인에게 아파트를 매도한 경우(대판 1993.2.23, 92다52436), ② 대리인이 본인으로부터 받은 본인의 주민등록증, 인감증명서, 인감도장 및 등기권리증을 사용하여 본인임을 가장하여 본인 명의로 근저당설정등기를 마친 경우(대판 1988. 2.9, 87다카273: 본인성명모용), 각각 권한을 넘은 표현대리의 법리를 유추적용하여 본인에 대하여 그 행위의 효력이 미치는 것으로 보았다. ③ 또한 "다른 사람이 본인을 위하여 한다는 대리문구를 어음 상에 기재하지 않고 직접 본인 명의로 기명날인을 하여 어음행위를 하는 이른바 기관 방식 또는 서명대리 방식의 어음행위가 권한 없는 자에 의하여 행하여졌다면 이는 어음행위의 무권대리가 아니라 어음의 위조에 해당하는 것이기는 하나, 그 경우에도 ⅰ) 제3자가 어음행위를 실제로 한 자에게 그와 같은 어음행위를 할 수 있는 권한이 있다고 믿을 만한 사유가 있고, ⅱ) 본인에게 책임을 질 만한 사유가 있는 때에는 대리방식에 의한 어음행위의 경우와 마찬가지로 민법상의 표현대리 규정을 유추적용하여 본인에게 그 책임을 물을 수 있다"(대판 2000.3.23, 99다50385)[6]고 한다.

4. 계약행위자가 당사자로 확정되는 경우: 효력요건

(1) 구체적인 예

① 행위자와 상대방이 일치하여 법률행위 당사자를 '행위자'로 생각한 경우(자연적 해석)와 ② ⅰ) 고용·임대차(특히 임차인 ; 아래 74다165 판결)·조합계약처럼 계약 당사자의 인적 성질이 대단히 중요한 의미를 가지는 계약에 있어서, 상대방이 직접 대화를 하고 그것만을 기초로 하여 계약을 체결한 경우이거나, ⅱ) 호텔숙박계약과 같은 대량거래·현금거래·신속거래의 경우처럼 행위자의 이름이 법률행위의 상대방에게 아무런 의미도 없는 때에는 규범적 해석에 의해 '행위자'가 당사자로 확정된다.

> ✳ **임대차계약에서 '임차인' 확정**
>
> "甲이 임대차계약을 체결함에 있어서 임차인 명의를 乙명의로 하기는 하였으나 甲이 乙인 것 같이 행세하여 계약을 체결함으로써 상대방은 甲과 乙이 동일인인 것으로 알고 계약을 맺게 되었다면 설사 甲이 乙을 위하여 하는 의사로서 위 계약을 체결하였다 하더라도 위 계약의 효력은 乙에게 미치지 않는다"(대판 1974.6.11, 74다165).

(2) 구체적 법률관계

이때 명의인의 표시는 잘못된 표시(falsa demonstratio)에 불과하여 아무런 효력이 없게 된다. 따라서 법률행위의 효과는 당연히 행위자에게 귀속하며, 대리법리의 적용은 문제되지 않는다. 또한 명의인은 추인(제130조 유추적용)에 의하여 법률효과를 자기에게 귀속시킬 수도 없다.

Ⅱ. 구체적 검토

1. 명의신탁[7]

부동산 명의신탁에 있어서도 계약 당사자의 확정 문제는 결국 법률행위의 해석문제이다. 따라서 법률행위 해석(자연적, 규범적 해석)을 통해 '명의수탁자'가 계약의 당사자로 결정되는 경우에는 '계약명의신탁'에 해당할 것이지만, '명의신탁자'가 계약의 당사자로 결정되는 경우에는 '3자간 등기명의신탁'에 해당할 것이다. 따라서 비록 **명의수탁자의 명의로 계약을 체결하였다고 하여도** 명의신탁자를 계약의 당사자로 할 것에 관하여 계약 상대방과 사실상 의사의 일치가 있는 경우에는 '명의신탁자'가 계약당사자로 결정될 것이므로 결국 '3자간 등기명의신탁'이 된다(대판 2010.10.23, 2010다52799 ; 자연적 해석).

> [관련판례] ① "부동산의 명의수탁자가 신탁자와 함께 매매계약서의 매도인란에 자신의 서명 날인을 하고 매매대금 영수증에도 서명 날인을 하여 준 경우, 명의수탁자의 의사는 신탁자의 매매계약상의 매도인으로서의 의무를 자신이 공동으로 부담하겠다는 의미로 해석하여야 한다"(대판 2000.10.6, 2000다27923: 22경간). ② "어떤 사람이 타인을 통하여 부동산을 매수하면서 매수인 명의 및 소유권이전등기 명의를 타인 명의로 하기로 한 경우에, 매수인 및 등기 명의의 신탁관계는 그들 사이의 내부적인 관계에 불과하므로, 상대방이 '명의신탁자'를 매매당사자로 이해하였다는 등의 특별한 사정이 없는 한 대외적으로는 계약명의자인 타인을 매매당사자로 보아야 한다"(대판 2016.7.22, 2016다207928: 22경간).

지문 OX

02 甲이 乙을 통하여 丙의 부동산을 매수함에 있어 매수인 명의를 乙 명의로 하기로 甲·乙·丙이 합의하였다면 특별한 사정이 없는 한 대외적으로는 乙이 아닌 甲을 매매당사자로 보아야 함이 원칙이다(22경간). ✕

2. 타인 명의 예금계약과 예금주의 결정

예금계약의 당사자가 누가 되는지는 법률행위의 해석의 문제이다. 判例는 ① 과거 금융실명제가 시행되기 전에는 명의여하에 불구하고 은행에 실제로 예입한 **행위자**(출연자)를 당사자로 보았다(대판 1987.10.28, 87다카946). ② 그러나 현행 금융실명거래 및 비밀보장에 관한 법률 제3조 1항에 따르면 '금융기관은 거래자의 실지명의에 의하여 금융거래를 하여야 한다'고 규정하고 있어 判例는 아래와 같이 당사자를 확정하고 있다. 참고로 判例는 금융실명제하에서 타인 명의의 예금을 하는 경우 금융기관과의 예금계약은 유효하다고 본다(대판 2001.12.28, 2001다17565). 나아가 예금명의신탁약정을 한 경우 그 명의신탁약정도 유효로 본다(대판 2001.1.5, 2000다49091).

(1) 원칙(명의자)

금융기관으로서는 원칙적으로 주민등록증을 통하여 실명확인을 한 예금명의자를 거래자로 보아 그와 예금계약을 체결할 의도라고 보아야 한다고 해석하여 **명의자**를 예금계약의 당사자로 본다(대판 1996.4.23, 95다55986). 그리고 예금명의자 본인이 금융기관에 출석하여 예금계약을 체결한 경우뿐 아니라 예금명의자의 위임에 의하여 자금출연자 등의 제3자가 대리인으로서 예금계약을 체결한 경우에도 마찬가지로 예금명의자가 예금계약의 당사자로 된다고 한다(대판 2009.3.19, 전합2008다45828).

(2) 예외(출연자)

다만 출연자와 금융기관 사이에 예금명의인이 아닌 출연자에게 예금반환채권을 귀속시키기로 하는 특약이 있는 경우에는 출연자를 예금계약의 당사자로 본다. ① 그러한 특약에 대해 종전 判例는 명시적 약정 외에 묵시적 약정으로도 가능하다고 보았으나

03 예금명의자의 위임에 의하여 자금출연자가 대리인으로 예금계약을 체결한 경우, 예금계약의 반환청구권자는 자금출연자이다. ✕

---

7) '대내적'으로는 신탁자가 권리를 보유하여 목적물을 관리·수익하면서, '대외적'으로 그에 관한 등기는 수탁자의 명의로 경료해 두는 것을 명의신탁이라고 하며(대판 1965.5.18, 65다312), 判例에 의해 발전된 개념이다.

(대판 1998.11.13, 97다53359), ② 근래에는 이를 변경하여 예금명의자가 아닌 출연자 등을 예금계약의 당사자라고 볼 수 있으려면 예금명의자의 예금반환청구권을 배제하고 출연자 등과 예금계약을 체결하여 출연자 등에게 예금반환청구권을 귀속시키겠다는 **명확한 의사의 합치가 있는 극히 예외적인 경우로 제한되어야 한다**고 하며, 이러한 법리는 부부인 경우라도 마찬가지라고 하면서 甲이 실질적으로 자신이 마련한 금전을 배우자인 乙을 대리하여 금융기관과 乙의 실명확인 절차를 거쳐 乙명의로 A은행과 예금계약을 체결한 경우 실질적인 출연자가 甲이고 거래인감도 甲의 것이며 비밀번호의 등록·관리를 甲이 하였다는 등의 사정이 있더라도 그것만으로 예금명의자 乙이 아닌 출연자 甲을 예금계약의 당사자로 하기로 하는 A은행과 甲 간의 약정이 체결되었다고 볼 수는 없다고 판단하였다(대판 2009.3.19, 전합2008다45828).

3. 차명대출

(1) 문제점
借名貸出이란 금융기관으로부터 대출을 받음에 있어서 법령상 또는 사실상의 장애(동일인 대출액 한도초과 또는 신용불량자)로 인하여 자신의 명의로 대출을 받을 수 없는 사람이 다른 사람의 승낙을 얻어 다른 사람의 이름으로(타인 명의의 법률행위) 또는 다른 사람을 내세워(허수아비행위) 대출을 받는 경우에, 배후에 감추어진 실질대출자의 입장에서 부르는 대출유형을 일컫는 명칭으로 통용되고 있다. 이때 선결적으로 명의대여자와 명의차용자 중 누가 대출계약의 주채무자인지 문제된다.

(2) 명의대여자가 당사자로 되는 경우

1) 구체적인 예
① 명의대여자와 은행이 일치하여 명의대여자가 법률적 책임을 진다는 의사를 가진 경우에는 '자연적 해석'에 의해, ② 명의대여자는 법률적 책임을 질 의사가 없으나 은행은 명의대여자에게 법률적 책임을 지울 의사가 있었던 경우에는 '규범적 해석'에 의해 명의대여자가 당사자가 된다.

2) 비진의표시로 무효인지 여부
① 법률상 또는 사실상의 장애로 자기 명의로 대출받을 수 없는 자를 위하여 대출금채무자로서의 명의를 빌려준 자에게 그와 같은 채무부담의 의사가 없다고 할 수 없으므로 그 의사표시를 **비진의표시에 해당한다고 볼 수 없다**(23경간). ② 설사 비진의표시로 인정하더라도 비진의임을 상대방이 알았거나 알 수 있었어야 그 의사표시가 무효로 된다. 그러나 **여기서 말하는 '진의'는 채무부담이라는 법률상의 효과를 받지 않겠다는 의사를 의미하므로, 대출금을 타인이 사용한다는 것을 채권자가 아는 것만으로는 진의를 알았거나 알 수 있었다고 볼 수는 없다**(대판 1997.7.25, 97다8403 등: 21법경, 21세무).

3) 통정허위표시로 무효인지 여부
원칙적으로는 차명대출의 경우 통정허위표시로 볼 수 없으나(대판 1998.9.4, 98다17909), 判例는 예외를 인정하고 있다. 이 경우는 아래 **(3)**에서 검토하기로 한다.

지문 OX

01 법률상의 장애로 자기명의로 대출받을 수 없는 자를 위하여 대출금채무자로서 명의를 빌려준 자는 특별한 사정이 없는 한 채무부담의사를 가지지 않으므로 그가 행한 대출계약상의 의사표시는 비진의표시이다. ✕

02 甲이 乙로 하여금 금융기관에 대해 乙을 주채무자로 하는 금전소비대차계약을 체결하도록 하고 甲이 그 원리금을 상환하기로 한 경우, 특별한 사정이 없는 한 위 소비대차계약은 통정허위표시이다. ✕

(3) 명의차용자가 당사자로 되는 경우

1) 구체적인 예

명의대여자와 은행이 일치하여 명의대여자가 법률적인 책임을 지지 않는다는 의사를 가진 경우에는 자연적 해석에 의해 명의차용자가 당사자가 된다. 다만, 判例에 따르면 상대방이 대출명의를 명의대여자로 할 뿐 명의대여자에게 책임을 지우지 않는다는 '양해'를 하고 대출을 한 경우라면 명의대여자를 당사자로 한 의사표시는 통정허위표시로 무효가 되어 명의대여자가 책임을 면할 수 있으며(대판 1999.3.12, 98다48989: 통정허위표시를 긍정한 판례들은 '금융기관이 명의대여자에 대하여 기초적인 신용조사를 제대로 하지 않았다는 점'을 통정허위표시를 인정하기 위한 중요한 근거로 들고 있다), 이 경우 실제 채무자인 명의차용자가 채무자가 되어 상대방에게 책임을 진다고 한다(대판 1996.8.23, 96다18076).

> ✳ **양해하였다는 특별한 사정이 없는 경우(유효)**
>
> "통정허위표시가 성립하기 위해서는 의사표시의 진의와 표시가 일치하지 아니하고 그 불일치에 관하여 상대방과 사이에 합의가 있어야 하는데, 제3자가 금전소비대차약정서 등 대출관련서류에 주채무자 또는 연대보증인으로서 직접 서명·날인하였다면 제3자는 자신이 그 소비대차계약의 채무자임을 금융기관에 대하여 표시한 셈이고, 제3자가 금융기관이 정한 여신제한 등의 규정을 회피하여 타인으로 하여금 제3자 명의로 대출을 받아 이를 사용하도록 할 의사가 있었다거나 그 원리금을 타인의 부담으로 상환하기로 하였더라도, 특별한 사정이 없는 한 이는 소비대차계약에 따른 경제적 효과를 타인에게 귀속시키려는 의사에 불과할 뿐, 그 법률상의 효과까지도 타인에게 귀속시키려는 의사로 볼 수는 없으므로 제3자의 진의와 표시에 불일치가 있다고 보기는 어렵다"(대판 2008.6.12, 2008다7772, 7789).
>
> ✳ **양해하였다는 특별한 사정이 있는 경우(무효)**
>
> "동일인에 대한 대출액 한도를 제한한 구 상호신용금고법(1995.1.5. 법률 제4867호로 개정되기 전의 것) 제12조의 적용을 회피하기 위하여 실질적인 주채무자가 실제 대출받고자 하는 채무액 중 일부에 대하여 제3자를 형식상의 주채무자로 내세웠고 상호신용금고도 이를 양해하면서 제3자에 대하여는 채무자로서의 책임을 지우지 않을 의도하에 제3자 명의로 대출관계서류 및 약속어음을 작성받았음을 충분히 추단할 수 있는 경우, 제3자는 형식상의 명의만을 빌려 준 자에 불과하고 그 대출계약의 실질적인 당사자는 상호신용금고와 실질적 주채무자이므로, 제3자 명의로 되어 있는 대출약정 및 약속어음 발행은 상호신용금고의 양해하에 그에 따른 채무부담 의사 없이 형식적으로 이루어진 것에 불과하여 통정허위표시에 해당하는 무효"이다(대판 1996.8.23, 96다18076). 즉, 어음 발행행위에도 통정허위표시에 관한 제108조가 적용된다.

2) 명의대여자의 책임

이때 명의를 빌려준 점에 대해 명의대여자에게 보증책임을 지울 수 있느냐가 문제되나 判例는 주채무자를 위하여 보증인이 될 의사가 있었다는 등의 특별한 사정이 없는 한 보증의 의사가 있는 것으로 볼 수는 없다고 한다(대판 1996.8.23, 96다18076).

지문 OX

03 동일인에 대한 대출액 한도를 제한한 법령이나 금융기관 내부규정의 적용을 회피하기 위하여 실질적인 주채무자가 실제 대출받고자 하는 채무액에 대하여 제3자를 형식상의 주채무자로 내세우고, 금융기관도 이를 양해하여 제3자에 대하여는 채무자로서의 책임을 지우지 않을 의도하에 제3자 명의로 대출관계 서류를 작성받은 경우에 제3자는 형식상의 명의만을 빌려준 자에 불과하고 그 대출계약의 실질적인 당사자는 금융기관과 실질적 주채무자이므로 제3자 명의로 되어 있는 대출약정은 그 금융기관의 양해하에 그에 따른 채무부담의 의사 없이 형식적으로 이루어진 것에 불과하여 통정허위표시에 해당하는 무효의 법률행위이다. ○

제2절 법률행위의 목적

법률행위의 목적(법률행위의 내용)이란 '법률행위를 하는 자가 그 법률행위에 의해 발생시키려고 하는 법률효과'를 말한다. 법률행위가 유효하기 위해서는 목적의 확정성·실현가능성·적법성·사회적 타당성의 요건을 전부 충족해야 한다.

제1관 법률행위 목적의 확정

I. 의의

'법률행위의 해석'을 거쳐 그 내용을 확정할 수 있어야만 한다. 다만 목적의 확정은 법률행위의 성립 당시에 확정될 필요는 없고 목적이 실현된 시점까지 확정될 수 있으면 된다. 즉 判例는 "매매 목적물과 대금은 반드시 그 계약 체결 당시에 구체적으로 확정하여야 하는 것은 아니고 이를 사후에라도 구체적으로 확정할 수 있는 방법과 기준이 정하여져 있으면 족하다"(대판 1996.4.26, 94다34432)고 한다.

II. 확정성이 없는 경우의 효과

법률행위의 해석에 의해서도 내용을 확정할 수 없는 경우에는 그 법률행위는 '무효'가 된다는 것이 일반적인 견해이다. 다만 判例는 매매계약의 본질적인 부분을 이루는 매매대금이나 매매목적물에 관하여 확정성이 없는 경우는 계약의 '불성립'으로 본다(매매예약에서 본계약의 요소가 되는 내용이 불확정적인 경우 – 대판 1993.5.27, 93다4908 ; 매매목적물의 표시가 너무나 추상적인 경우 – 대판 1997.1.24, 96다26176).

제2관 법률행위 목적의 실현 가능

I. 서설

1. 불능의 판단기준

법률행위의 목적은 '실현가능한 것'이어야 하는바, '불능' 여부는 사회통념에 의하여 정하여진다. 즉 채무의 이행이 불가능하다는 것은 " i) 절대적·물리적으로 불가능한 경우만이 아니라 ii) 사회생활상 경험칙이나 거래상의 관념에 비추어 볼 때 채권자가 채무자의 이행의 실현을 기대할 수 없는 경우도 포함한다(가령 한강에 가라앉은 반지를 찾아주기로 하는 약정). iii) 이는 채무를 이행하는 행위가 법률로 금지되어 그 행위의 실현이 법률상 불가능한 경우에도 마찬가지이다"(대판 2017.8.29, 2016다212524 ; 대판 2017.10.12, 2016다9643: 사안은 1필지의 토지 중 일부를 특정하여 매매하였으나, 그 부분이 건축법에 따라 분할이 제한된 경우). iv) 그리고 불능은 '확정적'이어야 한다. 일시적으로 불능이더라도 장차 가능하게 될 가망이 있다면 불능이 아니다.

2. 불능의 유형

① 법률행위 성립 당시에 이미 법률행위의 목적이 불능인 원시적 불능, 법률행위 성립 당시에는 가능하였지만 이행 전에 불능으로 된 후발적 불능, ② 누구도 법률행위의 목적을 실현할 수 없는 객관적 불능, 당해 채무자만 실현할 수 없는 주관적 불능, ③ 법률행위의 목적이 전부 불능인 전부불능, 그 일부만이 불능인 일부불능으로 나눌 수 있다.

3. 민법의 태도

민법은 **원시적 불능은 원칙적으로 '무효'를 전제**로 이에 대한 손해배상은 계약체결상의 과실책임(제535조)이나 담보책임(제570조 이하)을 통해, **후발적 불능은 '유효'를 전제로** 채무불이행책임(제390조)이나 위험부담(제537조, 제538조)을 통해 규율하고 있다. 그러나 이에 따르면 불능의 시점이 계약 당시인지 아니면 그 이후인지 하는 우연한 사정에 의해 유·무효가 달라진다는 문제점이 있다.

Ⅱ. 불능의 효과

1. 원시적 불능의 효과

(1) 원시적 · 객관적 · 전부불능

이 경우 법률행위는 무효이므로(통설, 제535조 1항 참조),[8] 만일 그 계약이 유효임을 믿고 교부한 급부가 있다면 이는 부당이득으로 반환청구를 할 수 있다(제741조). 또한 채무자가 그 불능을 알았거나 알 수 있었을 때에는 상대방이 계약을 유효로 믿었기 때문에 받은 손해(신뢰이익)를 배상하여야 한다(제535조 1항).[9]

(2) 원시적 · 객관적 · 일부불능

이 경우 법률행위는 유효하게 성립하고, 다만 유상계약[10]의 채무자는 그 일부불능 부분에 대하여 담보책임을 진다(제574조, 제580조).[11] 이는 일부무효규정(제137조)에 대한 특칙이 된다. 따라서 일부무효임을 들어 이와 별도로 일반 부당이득반환청구를 하거나 그 부분의 원시적 불능을 이유로 민법 제535조가 규정하는 계약체결상의 과실에 따른 책임의 이행을 구할 수 없다(법조경합: 대판 2002.4.9, 99다47396).

---

8) 제535조 1항은 '목적이 불능한 계약을 체결할 때에 … 상대방이 그 계약의 유효를 믿었음으로 인하여 받은'이라고 규정하고 있는바, 이는 급부가 불능인 계약을 체결한 경우 그 계약은 무효임을 전제로 하고 있는 것이다. 여기서 말하는 '불능'이란 '원시적 · 객관적 · 전부 불능'만을 의미한다.

9) 제535조(계약체결상의 과실) ①항 목적이 불능한 계약을 체결할 때에 그 불능을 알았거나 알 수 있었을 자는 상대방이 그 계약의 유효를 믿었음으로 인하여 받은 손해를 배상하여야 한다. 그러나 그 배상액은 계약이 유효함으로 인하여 생길 이익액을 넘지 못한다. ②항 전항의 규정은 상대방이 그 불능을 알았거나 알 수 있었을 경우에는 적용하지 아니한다.

10) 유상계약(有償契約)은 계약의 당사자가 상호간에 대가적(對價的) 의의를 갖는 출연(出捐: 경제적 손실)을 하는 계약을 말하는 것으로, 대표적으로 매매를 들 수 있다. 아울러 유상계약이 아닌 계약을 무상계약(無償契約)이라고 하는바, 대표적으로 증여를 들 수 있다.

11) 계약상 의무의 이행으로 급부한 목적물에 권리와 물건의 하자가 있을 경우 이에 대해 부담하는 책임을 말한다. 민법은 매매계약에 있어 매도인의 담보책임에 관한 규정을 다른 모든 유상계약에 준용한다(제567조).

(3) 원시적·주관적 불능

이 경우 **법률행위는 유효하게 성립**하고, 다만 채무자는 그 권리를 취득하여 이전할 의무를 질 뿐이다(제569조). 이때 채무자가 권리를 취득하여 이전할 수 없을 경우, 전부가 타인의 권리일 경우에는 제570조에 의하여, 일부가 타인의 권리일 경우에는 제572조에 의하여 담보책임을 부담하게 된다.

2. 후발적 불능의 효과

(1) 채무불이행책임

후발적 불능이 '**채무자의 책임 있는 사유**'(고의 또는 과실)로 인한 경우에는 채무불이행책임이 문제된다(제390조). 이 경우 계약 자체는 유효하며 계약해제권·손해배상청구권 등이 발생한다.

(2) 쌍무계약[12]에서의 대가위험부담[13]

① 쌍무계약에 있어서 당사자 일방의 채무가 **쌍방의 책임 없는 사유**로 이행할 수 없게 된 때에는 채무자는 상대방의 이행을 청구하지 못한다(원칙적 채무자 위험부담주의). ② 그러나 **채권자의 책임 있는 사유 또는 채권자의 수령지체 중에 당사자 쌍방의 책임 없는 사유**로 이행할 수 없게 된 때에는 채무자는 상대방의 이행을 청구할 수 있다(예외적 채권자 위험부담주의).

제3관 | 법률행위 목적의 적법

I. 서설

민법상 '선량한 풍속 기타 사회질서'에 관한 규정을 강행규정이라 하고, 그렇지 않은 규정을 임의규정이라고 한다(통설). 강행규정에 반하는 법률행위는 무효이므로(제105조 참조)(16소간), 법률행위의 목적이 적법하다는 것은 강행규정에 반하지 않는다는 의미이다.

II. 강행규정과 단속법규와의 관계

1. 단속법규

'행정법규' 중에서 일정한 거래행위를 금지 또는 제한하고 그 위반에 대해 형벌이나 행정상의 불이익을 주는 규정을 '단속법규(금지법규)'라고 한다.

2. 강행규정과 단속법규의 관계

① 단속법규는 공법규정으로서 사법규정인 강행규정과 다르다는 별개설이 있으나, ② 비록 행정적인 목적에 의한 것일지라도 사법상의 법률관계에 관한 것이면 **실질적인 민**

---

12) 계약의 당사자가 상호간에 대가적(對價的)인 의미를 갖는 채무를 부담하는 계약이 쌍무계약(雙務契約)이며 그렇지 않은 계약이 편무계약(片務契約)이다. 전자의 예로는 대표적으로 매매를 들 수 있고, 후자의 예로는 대표적으로 증여를 들 수 있다.

13) 당사자 쌍방의 책임 없는 사유로 이행불능이 된 경우 '쌍무계약'에 있어서 대응하는 상대방의 채무는 어떻게 되는가의 문제이다. 다만 위험부담에 관한 규정은 임의규정이므로 당사자는 이들 규정과 다른 약정을 자유로이 할 수 있다.

법에 해당하며, 단속법규도 개인의 의사에 의해 배제할 수 없다는 점에서 강행규정에 속한다고 보는 포함설이 타당하다. 문제는 개인이 그 단속법규에서 정하고 있는 금지 내지 제한을 위반하여 다른 개인과 거래를 하였을 경우에 그 효력 여하이다. 이하에서 검토하기로 한다.

3. 효력규정과 단속규정과의 구별

(1) 고려요소

단속법규는 일반적 기준은 없으나, 당해 법규가 규제하려고 하는 것이 행위 자체를 금지하려고 하는지 아니면 어떤 행위의 효력의 발생을 금지하려고 하는지를 고려해서 일반적으로 전자의 경우에는 단속규정, 후자의 경우에는 효력규정으로 본다. 아울러 사법상의 효력을 부인하는 경우의 거래의 안전, 당해행위에 대한 사회적 비난의 정도 등을 고려하는데 이러한 요소들을 종합 판단해서 **무효로 해야 되면 효력규정, 유효로 해야 되면 단속규정**이 된다(대판 2010.12.23, 2008다75119 참고).

아울러 강행규정을 위반한 법률행위는 당사자의 주장이 없더라도 법원이 직권으로 판단할 수 있다(대판 2015.3.20, 2013다88829).

(2) 판례

判例는 효력규정을 '강행법규'라고도 부르고, 양자를 혼용해서 쓰고 있다. 아울러 判例는 "**단순한 단속규정**에 불과할 뿐 효력규정이라고 할 수 없어 당사자 사이에 이를 위반한 약정을 하였다고 하더라도 그 약정이 당연히 무효라고 할 수는 없으나, 당사자가 '**통정**'하여 위와 같은 단속규정을 위반하는 법률행위를 한 경우에 비로소 선량한 풍속 기타 사회질서에 위반한 사항을 내용으로 하는 법률행위에 해당하게 된다"(대판 2022. 7.14, 2021다281999, 282008)고 한다.

1) 단속규정으로 본 경우

① '부동산등기 특별조치법'상의 중간생략등기 금지 위반(대판 1995.12.26, 94다44675 ; 대판 1993.1.26, 92다39112), ② (구)상호신용금고법상 동일인 대출액 한도규정 위반(대판 1996.8.23, 96다18076), ③ 증권거래법상 일임매매제한규정[14]을 위반한 일임매매약정은 사법상으로는 유효하며, 묵시적인 의사표시에 의한 포괄적인 매매일임도 유효하다(대판 2002.3.29, 2001다49128 ; 대판 2019.6.13, 2018다258562). ④ 주택건설촉진법에 위반하여 주택을 전매한 경우에도 그 계약이 무효로 되지는 않는다고 한다(대판 1992.2.25, 91다44544 ; 대판 1993.1.26, 92다39112). ⑤ 금융실명제하에서 타인 명의의 예금을 하는 경우 금융기관과의 예금계약은 유효하다고 본다(대판 2001.12.28, 2001다17565). 나아가 예금명의신탁약정을 한 경우 그 명의신탁약정도 유효로 본다(대판 2001.1.5, 2000다49091). ⑥ 개업공인중개사 등이 중개의뢰인과 직접 거래를 하는 행위를 금지하는 '**공인중개사법**' 제33조 제6호는 단속규정이다(대판 2017.2.3, 2016다259677).

[⑥비교판례] ㉠ 부동산중개수수료의 한계를 정한 '부동산중개업법' 규정들은 부동산중개의 수수료 약정 중 소정의 한도액을 초과하는 부분에 대한 사법상의 효력을 제한함으로써 국민생활의 편의를 증진하고자 함에 그 목적이 있는 것이므로 이른바 '**강행법규**'에 속하는 것으로서 한도를 초과하는 수수료약정은 그 한도를 초과하는 범위 내에서 무효이다(대판 2007.12.20, 전합2005다32159: 일부무효). ㉡ 공인중개사 자격이 없는 자가 중개사무소 개설등록을 하지 아니한 채 부동산중개업을 하면서 체결한 중개수수료 지급약정의 효력에 관해,

---

14) 유가증권 매매의 위탁을 받은 경우 그 수량, 가격, 매매의 시기에 한하여 일임받아 거래할 수 있을 뿐 유가증권의 종류나 종목, 매매의 구분과 방법은 고객의 결정이 있어야 한다(동법 제107조).

대법원은 이에 관련되는 '**부동산중개업법**'을 강행법규로 보아, 이를 무효로 하였다(대판 2010.12.23, 2008다75119: 22경간). 다만 공인중개사 자격이 없는 자가 우연한 기회에 단 1회 타인 간의 거래행위를 중개한 경우와 같이 '중개를 업으로 한' 것이 아니라면, 그에 따른 중개수수료 지급약정이 강행법규에 위배되어 무효라고 할 것은 아니라고 한다(다만 그 약정이 부당하게 과다하여 신의칙 등에 반한다고 볼 만한 사정이 있는 경우에는 그에 따른 감액된 보수액만을 청구할 수 있다고 한다: 대판 2012.6.14, 2010다86525).

2) 효력규정으로 본 경우

① 퇴직금청구권을 미리 포기하는 것은 강행법규인 '**근로기준법**', 근로자퇴직급여 보장법에 위반되어 무효이다. 그러나 근로자가 퇴직하여 더 이상 근로관계에 있지 않은 상황에서 퇴직금청구권을 포기하기로 하는 약정의 효력은 유효이다(대판 2018.7.12, 2018다21821). ② '**사립학교법**'상 학교법인이 채무부담행위를 함에 있어 관할청의 허가를 요하는 규정(제28조 1항)을 위반하여 허가 없이 행한 금전차입행위는 무효이다(대판 1974.5.28, 74다244). ③ (구)'**국토이용관리법**'(현행 부동산 거래신고 등에 관한 법률)에 따라 토지거래허가를 요하는 경우 허가를 받지 못하면 부동산 매매계약은 무효이다. 단 '**유동적무효**'이다(대판 1991.12.24, 전합90다12243). ④ **부동산 실권리자 명의등기에 관한 법률 제4조 1항**에 따르면 부동산명의신탁약정은 원칙적으로 무효이므로 이 또한 효력규정이다(대판 2003.11.27, 2003다41722). ⑤ 증권회사 또는 그 임·직원의 부당권유행위를 금지하는 증권거래법상 손실보전약정(투자수익보장약정)금지규정에 위반한 투자수익보장약정은 무효이다(대판 1996.8.23, 94다38199). 이 경우 그 손실보전약정이 유효함을 전제로 일정기간동안 법적 조치 등을 취하지 않기로 하는 약정도 무효이다(대판 2003.1.24, 2001다2129). 그러나 투자수익보장약정이 무효라고 하여 주식매매거래계좌설정약정이나 일임매매약정까지 무효가 된다고 할 수는 없다(대판 1996.8.23, 94다38199).

> [⑤비교판례] "증권회사 및 그 임직원과 고객 사이가 아닌 **사인(私人)**들 사이에 이루어진 수익보장약정에 대하여 구 증권거래법상 수익보장금지 원칙을 곧바로 유추적용하기는 어렵고, 그 사법적 효력을 부인할 근거도 찾기 어렵다"(대판 2010.7.22, 2009다40547).

⑥ 공익법인이 기본재산의 처분행위를 함에 있어 주무관청의 허가를 요하는 규정(공익법인의 설립·운영에 관한 법률 제11조 3항)을 위반하여 허가 없이 행한 기본재산 처분행위는 무효이다(대판 2005.6.9, 2005다11046). ⑦ 의사와 의사 아닌 자가 각 그 재산을 출자하여 함께 병원을 개설한 후 그것을 운영하여 얻은 수입을 동등한 비율로 배분하기로 하는 내용의 약정은 강행법규인 의료법 제30조 2항 위반으로 무효이다(대판 2003.9.23, 2003두1493). ⑧ 변호사 아닌 자의 법률상담 등의 행위를 금지하는 변호사법 제109조 1호도 강행법규로서 같은 법조에서 규정하고 있는 이익취득을 목적으로 하는 법률행위는 그 자체가 반사회적 성질을 띠게 되어 사법적 효력도 부정된다(대판 2014.7.24, 2013다28728). ⑨ 세무사와 세무사 자격이 없는 사람 사이에 이루어진 세무대리의 동업 및 이익분배 약정은 강행규정에 위반되어 무효이다(대판 2015.4.9, 2013다35788: 17소간, 19세무).

Ⅲ. 강행규정 위반의 효과

1. 직접적 위반의 효과

(1) 무효

① 강행규정을 위반한 법률행위는 무효이다. 이에 따른 무효는 '절대적'이고 '확정적'이어서, **선의의 제3자에게도 대항할 수 있고**, 당사자의 추인에 의하여 유효로 될 수도 없다(대판 2006.9.22, 2004다56677). 다만 전득자는 독자적인 보호규정, 예컨대 선의취득 또는 취득시효의 요건을 갖춘 때에는 이에 의하여 권리를 취득하는 것이 가능하다.

② 또한 判例는 대리인이 강행규정에 위반되는 법률행위를 한 경우 표현대리를 적용할 수도 없다고 본다(대판 1996.8.23, 94다38199).

③ 그리고 判例는 신의칙(금반언)의 적용으로 '강행법규의 입법취지를 완전히 몰각시키는 결과'를 가져온다면 신의칙은 적용되지 않는다고 본다.

(2) 무효에 따른 반환청구

① **[부당이득반환청구(적극)]** 강행규정 위반으로 무효인 경우 이행이 있기 전이라면 이행할 필요가 없고, 이미 이행이 있었다면 이행한 것은 부당이득에 해당하므로 그 반환을 청구할 수 있다(제741조).

② **[별개의 반환약정에 기한 반환청구 가부(소극)]** 무효인 약정에 기하여 급부의 이행을 청구하는 것은 허용되지 않고, **이행을 구하는 급부의 내용을 새로운 약정의 형식을 통해 정리하거나 일부를 가감하였다 하더라도 무효인 약정이 유효함을 전제로 한 이상 그 급부의 이행청구가 허용되지 않음은 마찬가지**이다(대판 2011.1.13, 2010다67890). 예를 들어 매도인이 선의인 '계약명의신탁'(명의수탁자가 매수인이 되고, 명의신탁자는 매수자금을 명의수탁자에게 지급하는 형태의 명의신탁) 사안(부동산실명법 제4조 2항 단서 참조)에서 명의신탁약정이 부동산실명법에 위배되어 무효이면(부동산실명법 제4조 1항), 명의신탁자는 명의수탁자를 상대로 명의신탁약정에 기하여 명의신탁 부동산 자체의 반환을 구할 수 없음은 물론이고(제공한 매수대금을 부당이득으로 반환청구할 수는 있다), 나아가 명의신탁약정이 유효함을 전제로 하는 별개의 반환약정에 기하여도 명의신탁 부동산 자체의 반환을 구할 수 없다(대판 2006.11.9, 2006다35117).

③ **[불법원인급여(소극)]** 判例에 의하면 "설사 법률의 금지함(강행규정)에 위반한 경우라 할지라도 그것이 선량한 풍속 기타 사회질서에 위반하지 않는 경우에는 제746조[15]의 불법에 해당하지 않는다"고 보아 반환청구를 할 수 있다고 한다(대판 1983.11.22, 83다430). [관련판례] "강행규정인 (구)담배사업법 소정의 등록도매업자 또는 지정소매인이 아닌 자가 담배사재기를 위하여 한국담배인삼공사로부터 담배를 구입키로 하고 지급한 담배구입대금은 불법원인급여에 해당하지 않아 그 반환을 청구할 수 있다"(대판 2001.5.29, 2001다1782).

---

15) 제746조(불법원인급여) 불법의 원인으로 인하여 재산을 급여하거나 노무를 제공한 때에는 그 이익(부당이득)의 반환을 청구하지 못한다. 그러나 그 불법원인이 수익자에게만 있는 때에는 그러하지 아니하다.

2. 간접적 위반의 효과(탈법행위)

(1) 의의

'탈법행위'란 강행규정에 직접 위반하지는 않지만 강행규정이 금지하고 있는 실질적 내용을 다른 수단으로 달성하려는 행위를 뜻한다. 다만, 법률이 금지하는 것을 회피수단을 써서 달성하고자 하는 모든 행위가 탈법행위는 아니며, 그 가운데 무효로 되는 행위만 '탈법행위'에 해당한다.

(2) 판례

① **[탈법행위 부정]** 동산양도담보[16]는 제185조[17](물권법정주의), 제332조[18] 규정을 잠탈하는 탈법행위라는 견해가 있었으나, 判例는 일찍부터 동산저당의 필요성과 이에 대한 사회적 수요에 부응하여 양도담보의 유효성을 인정하여 왔다(대판 1999.9.7, 98다47283). 따라서 동산양도담보는 탈법행위가 아니다.

② **[탈법행위 긍정]** ㉠ (구)국유재산법 제7조는 국유재산 처분사무의 공정성을 도모하기 위하여 관련 직원의 국유재산 취득행위를 엄격하게 금지하고 있고 사법상 효력도 무효로 하고 있으므로, 국유재산에 관한 사무에 종사하는 직원이 타인의 명의로 국유재산을 취득하는 행위는 강행규정인 당해 규정의 적용을 잠탈하기 위한 '탈법행위'로서 '무효'라고 판시하고 있다(대판 1999.3.12, 98다12669).

㉡ 그 외에도 광업권자인 甲이 조광권자나 광업대리인이 아닌 乙에게 채굴의 권리 및 광업의 관리를 일임하여 광물을 채굴수익하게 하는 계약은 乙이 그의 자녀라거나 그 수익의 분배비율이나 임대차 여부 등에 관계없이 본래의 광업권자가 광업의 관리경영에 참여하지 아니하는 이상 광업자영주의를 규정한 강행규정인 광업법 제11조에 위배되어 무효이고, 나아가 위와 같은 목적을 위한 '탈법적인 방법'으로 광업권자와 채굴자의 공동명의로 광업권등록을 하기로 하는 약정도 역시 '무효'라고 판시하고 있다(대판 1995.5.23, 94다23500).

---

16) '동산양도담보'란 채무자가 돈을 빌리면서 채권을 담보하기 위해 동산의 소유권을 채권자에게 양도하되 사용·수익은 채무자가 하고, 일정 기간 내에 변제하면 동산의 소유권을 반환받는 담보권의 일종이다.

17) 제185조(물권의 종류) 물권은 법률 또는 관습법에 의하는 외에는 임의로 창설하지 못한다.

18) 제332조(설정자에 의한 대리점유의 금지) 질권자는 설정자로 하여금 질물의 점유를 하게 하지 못한다.

제4관 법률행위 목적의 사회적 타당성

제4-1관 선량한 풍속 기타 사회질서 위반행위

I. 서설

1. 개념

> **제103조【반사회질서의 법률행위】** 선량한 풍속 기타 사회질서에 위반한 사항을 내용으로 하는 법률행위는 무효로 한다.

선량한 풍속이란 '사회의 일반적인 도덕관념, 즉 모든 국민이 지켜야 할 최소한의 도덕률'을 뜻하며, 사회질서란 '국가사회의 공공질서 내지 일반적 이익'을 말한다. 다만 선량한 풍속도 사회질서의 일종으로 사회질서가 상위개념으로서 중심개념이 된다.

2. 적법성(강행법규)과의 관계

① 강행규정은 선량한 풍속 기타 사회질서를 법률로 구체화한 것이므로 양자는 동일하다는 견해도 있으나, ② 개별 강행규정에 위반되지 않더라도 일반규정인 제103조에 위반되는 경우도 있을 수 있으므로 '구별설'이 타당하다. 이는 주로 제746조(불법원인급여)와 관련하여 문제되는데, 判例도 **개별 강행규정에 위반하더라도 항상 제103조 위반이 되는 것은 아니라고 보아 구별설**과 동일한 입장이다(아래 2003다41722 판결 참고).

> [관련판례] "부동산실명법이 규정하는 명의신탁약정은 그 자체로 선량한 풍속 기타 사회질서에 위반하는 경우에 해당한다고 단정할 수 없을 뿐만 아니라, 위 법률이 비록 부동산등기제도를 악용한 투기·탈세·탈법행위 등 반사회적 행위를 방지하는 것 등을 목적으로 제정되었다고 하더라도, 무효인 명의신탁약정에 기하여 타인 명의의 등기가 마쳐졌다는 이유만으로 그것이 당연히 불법원인급여에 해당한다고 볼 수 없다"(대판 2003.11.27, 2003다41722). 이러한 법리는 농지법에 따른 제한을 회피하고자 명의신탁을 한 경우에도 마찬가지이다(대판 2019.6.20, 2013다218156).

Ⅱ. 반사회적 법률행위의 요건

1. 객관적 요건

법률행위의 내용이 선량한 풍속 기타 사회질서에 반하는 것이어야 한다. 이와 관련하여 判例는 "제103조에 의하여 무효로 되는 '법률행위'는 ① 법률행위의 내용이 선량한 풍속 기타 사회질서에 위반되는 경우뿐만 아니라, ② 그 내용 자체는 반사회질서적인 것이 아니라고 하여도 ⅰ) 법률적으로 이를 강제하거나(혼인하지 않기로 하고, 위반시 위약금을 지급하기로 하는 약정 등 자유로워야 할 법률행위를 법률적으로 강제하는 것), ⅱ) 법률행위에 반사회질서적인 조건(제151조 참조) 또는 ⅲ) 금전적인 대가가 결부됨으로써 반사회질서적 성질을 띠게 되는 경우 및 ⅳ) 표시되거나 상대방에게 알려진 법률행위의 동기가 반사회질서적인 경우를 포함한다"(대판 2001.2.9, 99다38613: 19법경, 19·21세무)고 판시한 바 있다.

본조의 반사회질서의 법률행위는 반드시 형사법규에 저촉되는 범죄행위에 국한되지 아니한다(대판 1972.10.31, 72다1455: 20법경).

지문 OX

01 다수의 문화재를 보유하고 있는 전통사찰의 주지직을 거액의 금품을 대가로 양도·양수하기로 하는 약정이 있음을 알고도 이를 묵인 혹은 방조한 상태에서 한 종교법인의 주지임명행위라고 하여 반사회질서의 법률행위라고 볼 수 없다. ○

02 어느 법률행위가 사회질서에 위반되어 무효인지 여부는 그 법률행위가 이루어진 때를 기준으로 판단하여야 한다. ○

03 보험계약자가 다수의 보험계약을 통하여 보험금을 부정 취득할 목적으로 보험계약을 체결한 경우는 제103조에 위반되어 무효이다(22경간 유사). ○

04 비자금을 소극적으로 은닉하기 위하여 임치한 것은 사회질서에 반하는 법률행위로 볼 수 없다. ○

05 강제집행을 면할 목적으로 부동산에 허위의 근저당권설정등기를 경료하는 행위는 반사회질서의 법률행위에 해당하지 않는다. ○

06 부동산매매계약을 체결하면서 매도인의 양도소득세를 면탈하기 위하여 소유권이전등기를 일정 기간 이후에 하기로 특약을 맺은 경우, 그 특약은 반사회적 행위에 해당되어 무효이다. ✕

07 무허가건물 소유자의 통상적인 임대행위는 반사회적 행위에 해당되어 무효이다(23경간). ✕

[**관련판례**] "전통사찰의 주지직을 거액의 금품을 대가로 양도·양수하기로 하는 약정이 있음을 알고도 이를 묵인 혹은 방조한 상태에서 한 종교법인의 주지임명행위는 그 임명행위 자체가 선량한 풍속 기타 사회질서에 반한다고 할 수는 없고, 법률적으로 이를 강제하거나, 법률행위에 반사회질서적인 조건이나 금전적 대가가 결부됨으로써 반사회질서적 성질을 띠게 되는 경우 또는 표시되거나 상대방에게 알려진 법률행위의 동기가 반사회질서적인 경우에도 해당한다고 보기도 어렵다"(대판 2001.2.9, 99다38613).

2. 주관적 요건

법률행위의 내용이 선량한 풍속 기타 사회질서에 반한다는 것까지 인식할 필요는 없으나, 적어도 선량한 풍속 기타 사회질서에 위반한다고 판단케 하는 '기초사정'을 인식하여야 한다.

3. 반사회성을 판단하는 시점

원칙적으로 '법률행위시'를 기준으로 한다(대판 2015.7.23, 2015다200111: 18소간). 다만 법률행위시에는 유효하였으나 그 후 사정변경으로 사회질서 위반으로 된 결과 그 이행의 요구가 신의칙에 위반되는 때에는 그 이행을 거절할 수 있다(대판 2001.11.9, 2001다44987).

Ⅲ. 반사회적 법률행위의 유형

1. 정의 관념에 반하는 행위

(1) 형법상 범죄로 되는 행위를 목적으로 하는 계약처럼 '법률행위 자체'가 정의 관념에 반하는 행위

① [**범죄목적**] 형법상 범죄로 되는 행위를 목적으로 하는 계약이 전형적인 것이며, 이에 한하지 않고 이에 준하는 부정행위를 하는 계약도 정의에 반하는 계약으로 무효가 된다. ㉠ 보험계약자가 다수의 보험계약을 통하여 보험금을 부정취득할 목적으로 보험계약을 체결한 경우, 이러한 보험계약은 선량한 풍속 기타 사회질서에 위반하여 무효이고(대판 2009.5.28, 2009다12115: 22경간, 17·20소간, 19법경, 18세무), 보험계약자가 위와 같은 목적으로 보험계약을 체결하였는지는 직접적인 증거가 없더라도 보험계약자의 직업, 재산상태 등 제반 사정에 기해 추인할 수 있다(대판 2018.9.13, 2016다255125). ㉡ 반사회적 행위에 의하여 조성된 재산인 이른바 비자금을 소극적으로 은닉하기 위하여 임치(보관)한 것이 사회질서에 반하는 법률행위로 볼 수 없다(대판 2001.4.10, 2000다49343).

② [**세금·강제집행 면탈 목적**] 그러나 범죄행위에 해당한다고 하여 모두 반사회적 법률행위에 해당하는 것은 아니다. 예컨대 **세금포탈, 강제집행 면탈 목적인 경우에 그 자체로 반사회적 법률행위에 해당하는 것은 아니다.**

㉠ 즉, 양도소득세의 일부를 회피할 '목적'으로 매매계약서에 실제로 거래한 가액을 매매대금으로 기재하지 아니하고 그보다 낮은 금액을 매매대금으로 기재한 경우(대판 2007.6.14, 2007다3285: 20법경, 17소간, 19·20세무), ㉡ 강제집행을 면할 '목적'으로 부동산에 허위의 근저당권설정등기를 마치거나(대판 2004.5.28, 2003다70041: 다만 제108조 1항에 해당하여 무효)(20법경, 17소간, 19·20세무), ㉢ 양도소득세를 회피할 '목적'으로 부동산을 명의신탁한 것이라 하더라도 그러한 이유 때문에 반사회적 법률행위로서 위 명의신탁이 무효라고 할 수 없다(대판 1991.9.13, 96다16334, 16341: 다만 부동산실명법 제4조 1항에 해당하여 무효).

(2) 원래는 사회통념상 정당한 행위임에도 불구하고 그에 대한 '대가가 결합'함으로써 정의 관념에 반하는 행위

① **[성공보수약정]** ㉠ 判例는 '형사사건의 성공보수약정'은 수사·재판의 결과를 금전적인 대가와 결부시킴으로써, 변호사 직무의 공공성을 저해하고, 사법제도에 대한 신뢰를 현저히 떨어뜨릴 위험이 있으므로, 선량한 풍속 기타 사회질서에 위배된다고 하나(대판 2015.7.23, 전합2015다200111: 23경간, 20소간), ㉡ 민사사건은 대립하는 당사자 사이의 사법상 권리 또는 법률관계에 관한 쟁송으로서 형사사건과 달리 그 결과가 승소와 패소 등으로 나누어지므로 사적 자치의 원칙이나 계약자유의 원칙에 비추어 보더라도 '민사사건의 성공보수약정'이 허용됨에 아무런 문제가 없다고 한다. 다만 약정된 보수액이 부당하게 과다한 경우에는 예외적으로 상당한 범위 내의 보수액만을 청구할 수 있다고 판시하고 있다(22경간)(대판 2009.7.9, 2009다21249 ; 대판 2018.5.17, 전합2016다35833: 다만 이러한 보수 청구의 제한은 어디까지나 계약자유의 원칙에 대한 예외를 인정하는 것이므로, 법원은 그에 관한 합리적인 근거를 명확히 밝혀야 한다). ㉢ 변호사 아닌 자가 승소를 조건으로 소송의뢰인으로부터 소송물 일부를 양도받기로 약정하는 행위는 그 자체가 반사회적 성질을 가진다(대판 1987.4.28, 86다카1802: 23경간).

② **[증언약정]** ㉠ 타인의 소송에서 사실을 증언하는 증인이 그 증언을 조건으로 그 소송의 일방 당사자 등으로부터 '통상적으로 용인'될 수 있는 수준을 넘어서는 대가를 제공받기로 하는 약정은 무효이며(대판 2010.7.29, 2009다56283: 20소간), ㉡ '대가제공의 내용에 기존 채무의 변제를 위한 부분이 포함'되어 있더라도, 전체적으로 통상 용인될 수 있는 수준을 넘는 급부를 하기로 한 것이라면, 당해 약정은 기존 채무를 제외한 부분만이 아니라 '전부'가 제103조 위반으로 무효이다(대판 2016.10.27, 2016다25140). ㉢ 다만 정당행위에 의하여 이익을 얻게 되는 자가 감사의 뜻으로 금전적 대가를 지급하는 것은 사회에서 흔히 있는 일이므로 이를 일률적으로 반사회적 행위로 볼 수는 없다. 그러나 '허위진술의 대가에 관한 약정'이라면 그 급부의 상당성 여부를 판단할 필요 없이 제103조에 위반된다(대판 2001.4.24, 2000다71999: 18법경, 17소간, 20세무).

③ **[종중임원에 대한 증여]** 종중임원 丙 등이 종중재산의 회복에 기여한 부분이 있다고 하더라도 이는 선관주의의무를 부담하는 종중의 임원으로서 당연히 해야 할 업무를 수행한 것에 지나지 않으므로 이들에게 실비를 변상하거나 합리적인 범위 내에서 보수를 지급하는 외에 이를 벗어나 회복한 종중재산의 상당 부분을 丙 등에게 분배하는 위 증여결의는 내용이 현저하게 불공정하거나 사회적 타당성을 결하여 무효이다(대판 2017.10.26, 2017다231249).[19]

④ **[청탁에 대한 대가]** 사용자가 노동조합 간부에게 조합원의 임금인상 등의 요구가 있을 때에 이를 적당히 무마하여 달라는 부탁을 하면서 그에 대한 보수를 지급하기로 한 약정(대판 1956.5.10, 4289민상115), 공무원의 직무에 관한 사항에 대하여 특별한 청탁을 하고 그에 대한 보수를 지급키로 하는 약정(대판 1971.10.11, 71다1645: 20·21법경) 등은 무효이다.

(3) '반사회질서적인 조건'이 결부됨으로써 반사회질서적 성질을 갖게 되는 경우

① **[긍정]** ㉠ '위임계약'이 행정청의 허가 등을 목적으로 하는 신청행위를 대상으로 하는 경우에 수임인이 허가를 얻기 위하여 공무원의 직무 관련 사항에 관하여 특별한 청탁

---

19) [사실관계] 甲 종중이 乙 등에게 명의신탁되어 있던 토지의 반환을 위하여 소제기 등에 필요한 모든 권한을 회장인 丙에게 위임하였고, 이에 丙이 甲 종중을 대표하여 종토반환소송을 제기하여 승소판결이 확정되었는데, 그 후 甲 종중이 '종토 환원을 위하여 사비를 출연하고 소송실무를 대행하여 종토 전부를 종중으로 환원하여 감사의 의미로 환수 종토의 일부를 증여하기로 한다'면서 丙 등에게 종토 일부를 증여하기로 하는 결의를 한 사안

08 민사소송에 관한 변호사선임 계약에서 부당하게 과다하지 않은 성공보수 약정은 특별한 사정이 없는 한 반사회질서의 법률행위에 해당하지 않는다(22경간).
×

09 형사사건에 관한 변호사 성공보수 약정은 재판의 결과를 금전적 대가와 결부시키는 것으로서 사회질서에 위배되는 것으로 평가할 수 있다.
○

10 소송에서 사실대로 증언하여 줄 것을 조건으로 어떠한 급부를 할 것을 약정한 경우, 그 급부가 통상적으로 용인될 수 있는 여비, 일실손해 등을 초과하는 것일지라도 급부약정이 무효라고 할 수는 없다. ×

11 민사소송의 증인에게는 법정 일당 및 여비가 지급되므로 증인이 위와 같은 일당이나 여비 등 외에 소송의 일방 당사자로부터 증언을 조건으로 돈을 받기로 약정하는 것은 그 금액의 다과와 실비변상 등 명목을 묻지 않고 반사회적 법률행위로서 무효이다.
×

12 참고인이 수사기관에 허위의 진술을 하는 대가로 일정한 급부를 받기로 한 약정은 제103조에 위반하여 무효이다. ○

13 공무원의 직무에 관한 사항에 대하여 특별한 청탁을 하게 하고, 그에 대한 보수로 금전을 지급하기로 하는 약정은 제103조의 반사회적 법률행위에 해당한다. ○

을 하면서 '뇌물공여 등 로비를 하는 자금이 보수액에 포함'되어 있다면 위임계약은 반사회질서적인 조건이 결부됨으로써 제103조에 따라 무효이고(제151조 1항 참조), 이 경우 수임인이 청구할 수 있는 보수액의 범위는 여러 사정을 고려할 때 약정보수액이 부당하게 과다하여 신의칙에 반한다고 볼 만한 특별한 사정이 있는 때에는 예외적으로 상당하다고 인정되는 범위 내의 보수액만을 청구할 수 있다(대판 2016.2.18, 2015다35560). ⓛ 지방자치단체가 골프장사업계획승인과 관련하여 사업자로부터 기부금을 지급받기로 한 증여계약은 공무수행과 결부된 금전적 대가로서 그 조건이나 동기가 사회질서에 반하므로 민법 제103조에 의해 무효이다(대판 2009.12.10, 2007다63966: 17·21소간).

② [부정] 그러나 매매계약에서 매도인에게 부과될 공과금을 매수인이 책임진다는 취지의 특약을 하였다 하더라도 이는 공과금이 부과되는 경우 그 부담을 누가 할 것인가에 관한 약정으로서 그 자체가 '불법조건'이라고 할 수 없고 이것만 가지고 사회질서에 반한다고 단정하기도 어렵다(대판 1993.5.25, 93다296).

(4) 부동산 이중매매 ★

부동산 이중매매는 '**계약자유**(자유경쟁)**의 원칙**'에 비추어 유효함이 원칙이다. 그러나 제2매수인이 매도인의 '**배임행위에 적극 가담**(권유)'한 경우에는 '**정의 관념**'에 반하므로 반사회질서 행위로서 무효이다(대판 1994.3.11, 93다55289: 19·21소간, 18·19세무). 따라서 제2매수인이 단순악의인 사정만으로는 이중매매가 제103조 위반으로 무효라고 볼 수 없다(22경간). 여기서 '적극 가담'이란 목적물이 제1양수인에게 양도된 사실을 제2양수인이 안다는 것만으로 부족하고, 적어도 양도인의 배임행위에 공모 내지 협력하거나 양도사실을 알면서 제2양도행위를 요청하거나 유도하여 계약에 이르게 하는 정도가 되어야 한다(대판 1994.3.11, 93다55289).

> ✳ **부동산 이중매매 이외에 판례가 취하는 '배임행위에 대한 적극 가담'의 법리**
> ① [제1매매 후 증여] 아버지가 그 소유 부동산을 원고에게 매도하여 원고로부터 등기독촉을 받고 있는 사정을 알면서 아버지로부터 위 부동산을 증여받은 경우(대판 1982.2.9, 81다1134), ② [명의신탁해지 후 매매] 수탁자가 단순히 등기명의만 수탁받았을 뿐 그 부동산을 처분할 권한이 없는 줄을 잘 알면서 수탁자에게 실질소유자 몰래 수탁재산을 불법 처분하도록 유도한 경우(대판 1992.3.1, 92다1148), ③ [점유취득시효 완성 후 매매] 부동산에 관한 취득시효가 완성된 후 부동산소유자에게 취득시효를 주장하였는데 소유자가 제3자에게 처분하고 제3자가 이에 적극 가담한 경우(대판 1993.2.9, 92다47892), ④ [제1매매 후 저당권설정] 이미 매도된 부동산임을 알면서도 금원을 대여하고 그 담보로 저당권설정을 해 줄 것을 요청 내지 유도하는 경우(대판 1997.7.25, 97다362), ⑤ [제1매매 후 강제경매신청] 제2매수인이 매도인에 대해 채권이 있는 것처럼 거짓으로 꾸며 가장채권에 기한 채무명의를 만들고 그에 따른 강제경매절차에서 제2매수인이 경락취득하는 방법을 취한 경우(대판 1985.11.26, 85다카1580), ⑥ [제1매매 후 상속재산분할협의] 공동상속인 중의 1인이 상속부동산을 타인에게 매도한 후 등기 전에 다른 상속인이 매도인의 배임행위에 적극가담하는 형태로 상속재산을 협의분할하여 받은 경우, 상속재산 협의분할 중 그 매도인의 법정상속분에 관한 부분은 반사회적 법률행위로서 무효라고 한다(제137조 단서의 일부무효 ; 대판 1996.4.26, 95다54426, 54433). ⑦ [이중의 임대차] 부동산 이중매매의 법리는 이중으로 임대차계약을 체결한 경우에도 적용된다(대판 2013.6.27, 2011다5813).

(5) 우월한 지위를 이용한 과도한 불이익

① [긍정] ㉠ 법률행위 목적의 불법의 한 경우로서 당사자의 일방이 그의 독점적 지위 내지 우월한 지위를 악용하여 자기는 부당한 이득을 얻고 상대방에게는 과도한 반대급부 또는 기타의 부당한 부담을 과하는 법률행위는 반사회적인 것으로서 무효이고(대판 1996.4.26, 94다34432), ㉡ 의무의 강제에 의하여 얻어지는 채권자의 이익에 비해 약정된 '위약벌'[20]이 과도하게 무거울 때에는 그 일부 또는 전부가 공서양속에 반하여 무효로 된다(대판 2015.12.10, 2014다14511: 계약이행의 대가인 58억원의 3배 가까이 되는 146억원을 위약벌로 정한 사안에서 제103조 위반으로 무효라고 판단한 사안)(17·21소간).

② [부정] 그러나 농성기간 중의 행위에 대하여 근로자들에게 민·형사상의 책임이나 신분상 불이익처분 등 일체의 책임을 묻지 않기로 노사간에 '면책합의'를 한 경우, 判例는 위 면책합의가 압력 등에 의하여 **궁지에 몰린 회사가 어쩔 수 없이 응한 것**이라고 하여도 그것이 민법 제104조 소정의 불공정한 법률행위로서 무효라고 봄은 별문제로 하고 민법 제103조 소정의 반사회질서행위라고 보기는 어렵다고 판시하였다(대판 1992.7.28, 92다14786). 왜냐하면 면책합의는 회사의 근로자들에 대한 민·형사상 책임추궁이나 고용계약상의 불이익처분을 하지 않겠다는 취지이지 회사에게 권한이 없는 법률상 책임의 면제를 약속한 취지는 아니기 때문이다.

2. 인륜에 반하는 행위

(1) 혼인질서나 가족질서에 반하는 계약

① [긍정] 일부일처제(제810조 참조)에 반하는 법률행위는 무효이다. 즉 첩계약은 처의 동의 유무에 관계없이 무효일 뿐만 아니라 본처에 대하여 불법행위가 성립한다[대판 1967.10.6, 67다1134: 다만 본처가 기왕의 부첩관계에 대하여 용서한 때에는 그것이 손해배상청구권의 포기라고 해석되는 한 유효하다(대판 1998.4.10, 96므1434)]. 아울러 **부첩관계의 종료를 해제조건으로 하는 증여계약**은 그 조건만이 무효인 것이 아니라 증여계약 자체가 무효이다(대판 1966.6.21, 66다530: 20소간, 18세무)(제151조 1항).

② [부정] 그러나 첩에게 재산을 증여하는 것이 불륜관계의 계속을 위해서가 아니라 첩계약을 '종료'시키면서 첩의 생존을 유지하고 출생한 자녀의 양육을 보장하기 위한 것인 때에는 유효하다(대판 1980.6.24, 80다458: 22경간, 20세무).

(2) 윤락행위와 관련한 약정

① 윤락행위를 목적으로 술을 파는 업소가 종업원에게 지급하였던 선불금에 따른 채권은 제103조 위반으로 무효이며, 이미 지급한 것은 불법원인급여에 해당하여 업주는 선불금의 반환을 청구할 수 없다(대판 2004.9.3, 2004다27488, 27495). ② 나아가 성매매의 직접적 대가로서 제공한 경제적 이익뿐만 아니라 **성매매를 전제하고 지급하였거나 성매매와 관련성이 있는 경제적 이익이면 모두 불법원인급여에 해당**하여 반환을 청구할 수 없다고 보아야 한다(대판 2013.6.14, 2011다65174). ③ 또한 윤락영업을 위한 금전차용에 대해 윤락행위자가 보증을 한 경우 채권자가 그 사정을 알고 있는 한 그 보증계약도 제103조 위반으로 무효로 될 수 있다(대판 2009.9.10, 2009다37251).

3. 개인의 자유를 극도로 제한하는 행위

① [긍정] 절대로 이혼하지 않겠다는 내용의 각서(대판 1969.8.19, 69므18), 영업의 자유나 거래활동을 극도로 제한하는 행위는 무효이다. 아울러 '단체협약'이 민법 제103조의 적용대상에서 제외될 수는 없으므로 단체협약의 내용이 선량한 풍속 기타 사회질서에

---

20) 위약벌은 당사자 사이에 의무이행을 확보하기 위하여 의무부담자에게 압력을 가하기 위한 수단으로 약정되는 '사적 제제(私的 制裁)'로서 채무불이행이 있으면 채무자는 손해의 유무를 묻지 않고 또 실제 손해가 있으면 위약벌 외에 이 손해도 배상하여야 한다.

위배된다면 그 법률적 효력은 배제되어야 한다. 다만 업무상 재해로 사망한 근로자의 직계가족 등 1인을 특별채용하기로 하는 단체협약은 선량한 풍속 기타 사회질서에 반하지 않는다(대판 2020.8.27, 전합2016다248998).

② [부정] 그러나 ㉠ 해외파견된 근로자가 귀국일로부터 일정기간 소속회사에 근무하여야 한다는 사규나 약정은 민법 제103조 또는 제104조에 위반된다고 할 수 없고, 일정기간 근무하지 않으면 해외 파견 소요경비를 배상한다는 사규나 약정은 근로계약기간이 아니라 경비반환채무의 면제기간을 정한 것이므로 근로기준법 제21조에 위배하는 것도 아니다(대판 1982.6.22, 82다카90: 18세무). ㉡ 부정행위를 용서받는 대가로 손해를 배상함과 아울러 가정에 충실하겠다는 서약의 취지에서 처에게 부동산을 양도하되, 부부관계가 유지되는 동안에는 처가 임의로 처분할 수 없다는 제한을 붙인 약정은 선량한 풍속 기타 사회질서에 위반되는 것이라고 볼 수 없다(대판 1992.10.27, 92므204, 211: 20소간).

4. 생존의 기초가 되는 재산의 처분행위

사찰이 그 존립에 필요 불가결한 재산인 임야를 증여하는 행위(대판 1976.4.13, 75다2234), 장차 취득하게 될 전 재산을 양도한다는 계약은 무효이다.

5. 지나치게 사행적인 행위

① [긍정] 도박자금에 제공할 '목적'(동기의 불법)으로 금전을 대여하는 계약(대판 1959.7.16, 4291민상260: 19세경), 도박으로 인한 채무의 변제로 토지를 양도하는 계약(대판 1959.10.15, 4291민상262)은 무효이다.

② [부정] 그러나 도박채무의 변제를 위하여 채무자로부터 부동산의 처분을 위임받은 채권자가 그 부동산을 제3자에게 매도한 경우는 제103조 위반이라고 할 수 없다. 즉, "도박채무의 변제를 위하여(동기의 불법) 채무자 甲으로부터 부동산의 처분을 위임받은 채권자 乙이 그 부동산을 제3자 丙에게 매도한 경우, ⅰ) 도박채무 부담행위 및 ⅱ) 그 변제약정이 제103조의 선량한 풍속 기타 사회질서에 위반되어 무효라 하더라도, 그 무효는 변제약정의 이행행위에 해당하는 위 부동산을 제3자에게 처분한 대금으로 도박채무의 변제에 충당한 부분에 한정되고, ⅲ) 위 변제약정의 이행행위에 직접 해당하지 아니하는 부동산 처분에 관한 대리권을 도박채권자에게 수여한 행위나(수권행위) ⅳ) 위임계약까지 무효라고 볼 수는 없으므로, 위와 같은 사정을 알지 못하는 거래 상대방인 제3자 丙이 도박채무자 甲으로부터 그 대리인인 도박채권자 乙을 통하여 위 부동산을 매수한 행위까지 무효가 된다고 할 수는 없다"(대판 1995.7.14, 94다40147).

6. 법률행위의 성립과정에서 강박이라는 불법적 방법이 사용된 경우(부정)

① 강박행위는 그것 자체가 사회질서에 반할지라도 법률행위가 제110조에 의하여 취소될 수 있을 뿐 원칙적으로 제103조에 해당하여 무효로 되지는 않는다(대판 1993.7.16, 92다41528, 92다41535: 23경간, 21세무). ② 동일한 취지에서 강박행위의 주체가 국가 공권력이고 그 공권력 행사의 내용이 기본권을 침해하는 것이라고 하여 그 **강박에 의한 의사표시가 항상 반사회성을 띠게 되어 당연히 무효로 된다고 볼 수 없다**(대판 1996.12.23, 95다40038).

7. 법률행위의 동기가 불법적인 경우

判例는 "제103조는 **표시되거나 상대방에게 알려진** 법률행위의 동기가 반사회질서적인 경우를 포함한다"고 판시하고 있다(대판 2001.2.9, 99다38613: 21소간, 21세무).

지문 OX

01 도박자금에 제공할 목적으로 금전을 대여하는 행위는 제103조의 반사회적 법률행위에 해당한다. ○

02 도박채무의 변제를 위하여 채무자로부터 부동산의 처분을 위임받은 도박 채권자가 그 부동산을 제3자에게 매도한 경우, 그 제3자가 도박 채권자를 통하여 그 부동산을 매수한 행위는 그 제3자가 계약 당시 위와 같은 사정을 알지 못하였더라도 반사회질서의 법률행위로서 무효이다. ✕

03 법률행위가 단지 그 성립과정에서 불법적인 방법이 사용된 데 불과한 때에도 반사회질서의 법률행위로 무효이다. ✕

04 국가기관이 헌법상 보장된 국민의 기본권을 침해하는 위헌적인 공권력을 행사한 결과 국민이 그 공권력의 행사에 외포되어 자유롭지 못한 의사표시를 한 경우 그 강박에 의한 의사표시는 항상 반사회성을 띠게 되어 당연 무효이다. ✕

05 동기가 사회질서에 위반하는 경우에는 상대방이 이를 알았거나 알 수 있었을 경우 법률행위는 무효가 된다. ✕

☞ "표시되거나 알려진"이란 상대방이 악의라는 뜻이고, "알 수 있었을 경우"란 선의인데 과실이 있다는 뜻이므로 의미가 다르다.

Ⅳ.반사회질서 법률행위의 효과

1. 무효

① 사회질서에 위반된 법률행위는 무효이다(제103조). 이에 따른 무효는 '절대적'이고 '확정적'이어서 당사자의 추인에 의하여 유효로 될 수 없고(대판 1973.5.22, 72다2249), 선의의 제3자에게도 대항할 수 있다(18소간, 21세무).

② 이러한 법률행위의 무효는 이를 주장할 이익이 있는 자는 누구든지 무효를 주장할 수 있다 (18·21소간). 따라서 예컨대 반사회질서 법률행위를 원인으로 하여 부동산에 관한 소유권이전등기를 마쳤다 하더라도 그 등기는 원인무효로서 말소될 운명에 있으므로 등기명의자가 소유권에 기한 물권적 청구권을 행사하는 경우에, 그 권리행사의 상대방은 (계약당사자 이외의 제3자도) 위와 같은 법률행위의 무효를 항변으로서 주장할 수 있다(대판 2016.3.24, 2015다11281).

> ✳ **반사회적 법률행위에 따른 무효와 해지·취소의 경합여부**(적극)
>
> "보험계약자가 다수의 보험계약을 통하여 보험금을 부정취득할 목적으로 보험계약을 체결한 경우 보험계약은 민법 제103조의 선량한 풍속 기타 사회질서에 반하여 무효이다. 보험계약을 체결하면서 중요한 사항에 관한 보험계약자의 고지의무 위반이 사기에 해당하는 경우에는 보험자는 상법의 규정에 의하여 계약을 해지할 수 있음은 물론 보험계약에서 정한 취소권 규정이나 민법의 일반원칙에 따라 보험계약을 취소할 수 있다. 따라서 보험금을 부정취득할 목적으로 다수의 보험계약이 체결된 경우에 민법 제103조 위반으로 인한 보험계약의 무효와 고지의무 위반을 이유로 한 보험계약의 해지나 취소는 그 요건이나 효과가 다르지만, 개별적인 사안에서 각각의 요건을 모두 충족한다면 위와 같은 구제수단이 **병존적으로 인정**되고, 이 경우 보험자는 보험계약의 무효, 해지 또는 취소를 선택적으로 주장할 수 있다"(대판 2017.4.7, 2014다234827).

2. 부당이득반환

① 사회질서에 위반된 법률행위의 결과 상대방에게 부동산 소유권이전등기를 한 경우 이는 제746조의 불법원인급여에 해당하여 반환청구가 허용되지 않으며(23경간, 21법경), 그 결과 '반사적 효과'로서 상대방에게 그 소유권이 귀속된다(대판 1979.11.13, 전합79다483: 19소간). 따라서 급여한 물건의 소유권이 여전히 자기에게 있다고 하여 소유권에 기한 반환청구도 할 수 없다(대판 1979.11.13, 전합79다483).

② 그러나 주의할 것은 그렇다고 **불법원인 급여를 받은 상대방이 제3자에게 소유권에 기한 물권적 청구권을 행사할 수 있는 것은 아니다.** 만약 甲이 乙회사 직원의 배임행위에 적극가담하여 그에게 별도의 대가제공을 약속하면서 원래 공매대상이었던 乙회사 소유 X건물을 저렴하게 매수하고 甲명의로 소유권이전등기를 마쳤다면(제103조 위반) 그 후 甲이 X건물을 매매계약 전부터 사용하고 있는 불법점유자 丙을 상대로 소유권에 기해 X건물의 인도를 구하는 소를 제기하더라도 이는 인용될 수 없다(대판 2016.3.24, 2015다11281).

3. 제3자 보호

이중매매계약이 제103조에 해당하여 '절대적 무효'인 경우, 당해 부동산을 제2매수인으로부터 다시 취득한 제3자는 설사 제2매수인이 당해 부동산의 소유권을 유효하게 취득한 것으로 믿었더라도 이중매매계약이 유효하다고 주장할 수 없다(대판 1996.10.25, 96다29151). 다만 전득자는 독자적인 보호규정, 예컨대 선의취득(제249조) 또는 취득시효(제245조)의 요건을 갖춘 때에는 이에 의하여 권리를 취득하는 것이 가능하다.

지문 OX

06 반사회적 법률행위에 의한 무효를 가지고 선의의 제3자에게는 대항할 수 없다.　　×

🔵 부동산 이중매매

1. 서설

'부동산의 이중매매'란 매도인이 특정부동산에 관하여 매매계약을 체결하고 중도금까지 수령한 상태에서 다른 사람(제2매수인)과 동일 목적물에 관한 매매계약을 체결한 후 제2매수인에게 소유권을 이전(등기)하는 경우를 말한다.

2. 이중매매의 유효성 판단의 기준

부동산 이중매매는 '**계약자유의 원칙**'에 비추어 유효함이 원칙이다. 그러나 제2매수인이 매도인의 '**배임행위에 적극 가담**'한 경우에는 반사회질서 행위로서 무효가 된다(대판 1977.4.12, 75다1780: 23경간).

3. 이중매매가 유효한 경우의 법률관계: 제1매수인의 매도인에 대한 구제수단

(1) 채무불이행(이행불능)책임

① 제2매수인이 소유권을 취득한 결과 매도인의 제1매수인에 대한 소유권이전의무는 사회통념상 '이행불능'상태에 빠지게 된다. 따라서 제1매수인은 매도인에게 채무불이행에 따른 손해배상청구가 가능하다(제390조). ② 매도인의 이행불능으로 인하여 제1매수인은 계약을 해제할 수 있으며(제546조), 해제는 손해배상청구에 영향을 미치지 않는다(제551조).

(2) 대상청구권

'이행불능'과 동일한 원인으로 채무자가 목적물의 이익(代償)을 얻을 수 있는 경우에 채권자가 채무자에 대하여 그 이익의 상환을 청구할 수 있는 권리를 '대상청구권'이라 하는바, 명문에 규정은 없으나 判例에 의해 인정되는 청구권이다. 제1매수인은 매도인이 제2매수인에게 받을(또는 받은) 매매대금을 부동산 소유권에 대신하여 청구할 수 있는 대상청구권을 가진다.

(3) 불법행위책임

매도인이 중도금까지 수령한 단계라면 형법상 배임죄가 성립하는 경우로서 불법행위책임이 성립할 수 있다(제750조).

4. 이중매매가 무효인 경우의 법률관계: 제1매수인의 소유권 취득방안

(1) 매도인의 제2매수인에 대한 등기말소청구권을 제1매수인이 채권자대위권[21]을 행사할 수 있는지

제1매수인은 매도인에 대한 소유권이전등기청구권이라는 '채권'을 보전하기 위해서 매도인의 제2매수인에 대한 등기말소청구권을 '대위'할 수 있는지 문제된다.

반사회질서의 법률행위로 무효가 되는 경우에 있어서, 등기의 이전은 급여에 해당하고 매도인과 제2매수인 모두에게 불법의 원인이 있다고 보여지므로 제746조 본문이 적용된다고 할 수 있다. 따라서 매도인은 제2매수인의 등기의 말소를 청구할 수 없게 되고 결국 제1매수인은 '대위할 권리'가 없게 되어 소유권을 취득할 수 없게 되는 것이 아닌가 하는 의문이 있다.

---

21) 제404조(채권자대위권) ①항 채권자는 자기의 채권을 보전하기 위하여 채무자의 권리를 행사할 수 있다. 그러나 일신에 전속한 권리는 그러하지 아니하다.

이에 대해 判例는 "반사회적인 이중매매의 경우에 제1매수인은 매도인을 대위하여 제2매수인에 대해 등기의 말소를 청구할 수 있다"(대판 1983.4.26, 83다카57: 23경간, 19소간)고 하였다. 그러나 구체적인 논거는 제시하지 않았다.

(2) 매도인의 제2매매계약을 사해행위를 이유로 제1매수인이 채권자취소권[22]을 행사할 수 있는지

判例는 채권자취소권이 총채권자를 위한 책임재산의 보전제도라는 점을 들어 소유권 이전등기청구권과 같은 '특정채권'을 보전하기 위하여는 행사될 수 없다고 한다(대판 1999.4.27, 98다56690: 23경간)(제407조[23] 참고).

(3) 제1매수인이 제2매수인에게 채권침해를 이유로 손해배상 또는 원상회복을 청구할 수 있는지

1) 제3자의 채권침해를 이유로 한 불법행위책임

判例는 "독립한 경제주체 간의 경쟁적 계약관계에 있어서는 단순히 제3자가 채무자와 채권자 간의 계약내용을 '알면서' 채무자와 채권자 간에 체결된 계약에 위반되는 내용의 계약을 체결한 것만으로는 제3자의 고의·과실 및 위법성을 인정하기에 부족하고, ⅰ) 제3자가 채무자와 적극 공모하였다거나 또는 ⅱ) 제3자가 기망·협박 등 사회상규에 반하는 수단을 사용하거나 ⅲ) 채권자를 해할 의사로 채무자와 계약을 체결하였다는 등의 특별한 사정이 있는 경우에 한하여 제3자의 고의·과실 및 위법성을 인정하여야 한다"(대판 2001.5.8, 99다38699)고 한다.

따라서 제2매수인이 매도인의 배임행위에 적극 가담하여 제103조 위반으로 매매행위가 무효에 이르렀다면 위법성이 인정되어 제1매수인은 제2매수인에게 불법행위에 따른 손해배상을 청구할 수 있다(제750조).

2) 불법행위를 이유로 제2매수인에게 매도인에게로 등기를 원상회복하라고 청구할 수 있는지 여부

判例는 제394조(다른 의사표시가 없으면 손해는 금전으로 배상한다)에 따라 법률에 다른 규정이 있거나 당사자가 다른 의사표시를 하는 등 특별한 사정이 없는 이상 불법행위자에 대하여 원상회복청구는 할 수 없다(대판 1997.3.28, 96다10638)고 한다.

5. 무효인 이중매매에서 전득자 보호방안

예외적으로 권리자가 부실등기를 알면서 방치한 경우에는 민법 제108조 2항 유추적용이 가능하나(대판 1991.12.27, 91다3208), 判例에 따르면 제103조 위반으로 무효가 되면 이는 '절대적 무효'이므로 그 무효인 당사자로부터 목적물을 전득한 제3자도 보호받지 못한다고 한다(대판 2008.3.27, 2007다82875: 20법경, 19소간, 19세무). 다만 취득시효(제245조) 등을 통해 예외적으로 취득할 수 있다는 점에 대해서는 이견이 없다.

---

22) 제406조(채권자취소권) ①항 채무자가 채권자를 해함을 알고 재산권을 목적으로 한 법률행위를 한 때에는 채권자는 그 취소 및 원상회복을 법원에 청구할 수 있다. 그러나 그 행위로 인하여 이익을 받은 자나 전득한 자가 그 행위 또는 전득당시에 채권자를 해함을 알지 못한 경우에는 그러하지 아니하다.

23) 제407조(채권자취소의 효력) 전조의 규정에 의한 취소와 원상회복은 모든 채권자의 이익을 위하여 그 효력이 있다.

제4-2관 불공정한 법률행위

I. 서설

> 제104조 【불공정한 법률행위】(16소간) 당사자의 궁박, 경솔 또는 무경험으로 인하여 현저하게 공정을 잃은 법률행위는 무효로 한다.

1. 의의

상대방으로 하여금 자기의 급부에 비하여 현저하게 균형을 잃은 반대급부를 하게 함으로써 부당한 재산적 이익을 얻는 행위를 불공정한 법률행위 또는 폭리행위라 하며, 제104조는 이러한 행위의 효력을 부정하고 있다. 다만 제104조는 사적자치의 원칙에 대한 제한원리이므로 '**공경매**'에는 적용되지 않는다(대결 1980.3.21, 80마77: 22·23경간, 21법경, 18소간, 19·20·21세무).

2. 제103조와의 관계

통설과 判例는 제104조가 제103조의 예시에 지나지 않는 것으로 해석한다. 따라서 제104조의 요건을 완전히 갖추지 못한 법률행위라도 제103조에 의해 무효로 될 수 있다. 예컨대 判例에 따르면 행정기관에 진정서를 제출하여 상대방을 궁지에 빠뜨린 다음 이를 취하하는 조건으로 거액의 급부를 제공받기로 하는 '조건부 증여계약'을 체결한 경우, 반대급부가 없어 제104조를 논할 수 없지만 이는 '반사회질서적인 조건 또는 금전적 대가'가 결부됨으로써 제103조의 반사회적 법률행위에 해당한다(대판 2000.2.11, 99다56833 참고: 17세무).

II. 요건

1. 객관적 요건

(1) 급부와 반대급부 간의 현저한 불균형(21법경, 21소간)

判例는 급부와 반대급부 사이에 2배 정도의 불균형이 있는 정도로는 현저한 불균형으로 인정하지 않는 등 제104조를 적용함에 있어 신중한 태도를 보이고 있다.

그리고 어떠한 법률행위가 불공정한 법률행위에 해당하는지는 '**법률행위시**'를 기준으로 판단하여야 한다(대판 2013.9.26, 2010다42075: 19법경, 19소간, 18·21세무). 따라서 "계약 체결 당시를 기준으로 전체적인 계약 내용에 따른 권리의무관계를 종합적으로 고려한 결과 불공정한 것이 아니라면, 사후에 외부적 환경의 급격한 변화에 따라 계약당사자 일방에게 큰 손실이 발생하고 상대방에게는 그에 상응하는 큰 이익이 발생할 수 있는 구조라고 하여 그 계약이 당연히 불공정한 계약에 해당한다고 말할 수 없다"(대판 2013.9.26, 전합2011다53683 등: 사정변경의 원칙에 의한 해지권 등 문제).

지문 OX

01 불공정한 법률행위에 관한 민법 제104조는 공경매에도 적용된다(22경간). ×

02 행정기관에 진정서를 제출하여 상대방을 궁지에 빠뜨린 다음 이를 취하하는 조건으로 거액의 급부를 제공받기로 약정한 경우, 민법 제103조 소정의 반사회질서의 법률행위에 해당한다. ○

03 급부와 반대급부 사이의 현저한 불균형은 구체적, 개별적 사안에서 거래행위 당사자의 의사를 기준으로 결정하여야 한다. ×

04 어떠한 법률행위가 불공정한 법률행위에 해당하는지는 계약 체결 당시가 아니라 계약당사자 일방에게 손해가 발생한 때를 기준으로 판단하여야 한다. ×

05 계약체결시를 기준으로 불공정한 행위가 아니라면 그 후 외부환경의 급격한 변화로 계약당사자 일방에게 큰 손실이 발생하고 상대방에게 그에 상응하는 큰 이익이 발생한다 하더라도 불공정한 법률행위가 되지 않는다. ○

(2) 피해자의 궁박 · 경솔 · 무경험

① '궁박'이란 벗어날 길이 없는 어려운 상태를 말하며, 경제적인 어려움에 한정되지 않고 신체적 · 정신적 어려움도 포함(대판 1996.6.14, 94다46374: 19 · 21법경, 19소간, 20세무)되며 일시적인 경우도 해당된다. '경솔'이란 특정행위를 하기로 의사를 결정할 때에 그 행위의 결과에 대해서 보통인이 기울이는 주의를 하지 않는 심적상태를 의미한다. '무경험'이란 어느 특정 영역에 있어서의 경험부족이 아니라 거래일반에 대한 경험부족을 뜻한다(대판 2002.10.22, 2002다38927: 20소간).

> [관련판례] 노동조합 및 노동관계조정법 제3조, 제4조에 의하여 노동조합의 쟁의행위는 헌법상 보장된 근로자들의 단체행동권의 행사로서 그 정당성이 인정되는 범위 내에서 보호받고 있는 점에 비추어, 단체협약이 노동조합의 쟁의행위 끝에 체결되었고 사용자 측의 경영상태에 비추어 그 내용이 다소 합리성을 결하였다고 하더라도 그러한 사정만으로 이를 '궁박'한 상태에서 이루어진 불공정한 법률행위에 해당한다고 할 수 없다(대판 2007.12.14, 2007다18584).

② 피해자의 궁박 · 경솔 · 무경험은 모두 갖추어져야 하는 요건이 아니고 어느 하나만 갖추어져도 충분하다(대판 1993.10.12, 93다19924: 19법경, 16소간, 21세무).

③ 또한 **피해자의 대리인에 의한 법률행위의 경우** 법률행위시를 기준으로 경솔 · 무경험은 대리인을 기준으로 하여야 하고, 궁박은 본인을 기준으로 하여야 한다(대판 1972.4.25, 71다2255: 18 · 21법경, 16 · 18 · 19 · 21소간, 19 · 20 · 21세무).

2. 주관적 요건

判例는 "피해당사자가 궁박 · 경솔 또는 무경험의 상태에 있었다고 하더라도 그 상대방 당사자에게 피해당사자의 사정을 **알면서 이를 이용하려는 의사**, 즉 폭리행위의 악의가 없었다면 불공정한 법률행위는 성립하지 않는다"(대판 1986.12.23, 86다카536)고 판시함으로써 **원칙적으로 폭리자의 의도(악의)를 요구**하고 있다(18 · 20소간, 18 · 20세무). 다만 判例는 알고 있을 것, 편승할 것, 인식하고 있을 것 등 다양한 표현을 쓰고 있다.

3. 증명책임

법률행위가 현저하게 공평을 잃었다고 해서 곧 그것이 궁박 · 경솔 또는 무경험에 기인한 것으로 추정되지는 않으므로, 무효를 주장하는 자가 주관적 · 객관적 요건 모두를 주장 · 입증하여야 한다(대판 1970.11.24, 70다2065: 18소간). 또한 객관적 요건이 존재한다고 하여 당연히 주관적 요건의 존재가 추정되지는 않는다는 것이 判例(대판 1969.12.30, 69다1873 등)의 기본적인 태도이다. 다만 **대법원 판시내용 중에는 객관적 요건에 비중을 두면서 이를 통해**(간접사실 등을 통해) **주관적 요건을 추인하려는 태도를 보인 것들이 적지 않다**(아래 91다40351 판결 등).

> ✳ **폭리자의 악의를 추정한 판례**
>
> 대판 1992.2.25, 91다40351은 목적물의 매매대금이 시가의 15%, 감정가의 30%에도 미치지 못하는 점에 중점을 두고, 이로부터 경솔 또는 무경험의 상태에서 계약을 체결한 것으로 추인된다고 보았고(물론 고령이고 농촌에서 농사만을 지은 점도 고려되었다), 계약금으로 매매대금의 1/3 이상을 지급하고 그 다음날 중도금을 지급한 것은 부동산매매에서 상당히 이례적인 것인 점에서, 즉 피해자 측의 해제를 봉쇄하려는 의도가 엿보인다는 점에서, 폭리자의 악의가 추인(추정)된다고 보았다.

지문 OX

06 궁박은 경제적으로 급박한 곤궁을 의미하며 정신적 또는 심리적 원인에 기인한 것을 포함하지 않는다. ✕

07 무경험은 생활체험의 부족을 의미하는 것으로, 거래일반에 대한 경험부족이 아니라 특정영역에 있어서의 경험부족을 의미한다. ✕

08 단체협약이 노동조합의 쟁의행위 끝에 체결되었고 사용자 측의 경영상태에 비추어 그 내용이 다소 합리성을 결하였다고 하더라도 그러한 사정만으로 이를 궁박한 상태에서 이루어진 불공정한 법률행위에 해당한다고 할 수 없다. ○

09 대리인에 의한 법률행위에서 경솔은 본인을 기준으로 판단하여야 한다. ✕

10 폭리행위가 성립하기 위해서 피해자의 궁박, 경솔 또는 무경험의 사정을 이용하려는 의사가 폭리자에게 있어야 하는 것은 아니다. ✕

11 불공정한 법률행위를 이유로 무효를 주장하는 자는 궁박, 경솔이나 무경험의 존재, 상대방의 악의, 급부와 반대급부의 현저한 불균형을 모두 입증하여야 한다. ○

12 급부와 반대급부 사이에서 현저한 불균형이 있으면 당사자의 궁박, 경솔 또는 무경험으로 인한 법률행위가 추정된다. ✕

Ⅲ. 효과

1. 무효

(1) 절대적 무효

불공정한 법률행위는 절대적, 확정적 무효이다(제104조)(16·21소간). 따라서 목적부동산이 제3자에게 이전된 경우에 제3자가 선의라 하여도 그 소유권을 취득하지 못하고(대판 1963.11.7, 63다479), 추인에 의해서도 그 법률행위가 유효로 될 수 없다(대판 1994.6.24, 94다10900: 23경간, 21소간, 20세무).

(2) 무효행위전환의 법리

判例는 매매대금의 과다로 말미암아 불공정한 법률행위에 해당하는 매매계약에 대해서, 선행하는 조정절차에서 제시된 금액을 기준으로 당사자의 '가정적 의사'를 추론하여 그 매매대금을 '적정한 금액'으로 감액하여 매매계약의 유효성을 인정하였다. 즉, **제104조에 해당하여 무효인 경우에도 제138조**(무효행위의 전환)**가 적용될 수 있다고 한다**(대판 2010.7.15, 2009다50308: 19소간, 18·20·21세무).[24]

(3) 부제소합의

매매계약과 같은 쌍무계약이 급부와 반대급부와의 불균형으로 말미암아 민법 제104조에서 정하는 '불공정한 법률행위'에 해당하여 무효라고 한다면, 그 계약으로 인하여 불이익을 입는 당사자로 하여금 위와 같은 불공정성을 소송 등 사법적 구제수단을 통하여 주장하지 못하도록 하는 **부제소합의**(소를 제기하지 않기로 하는 합의) **역시 다른 특별한 사정이 없는 한 무효이다**(대판 2010.7.15, 2009다50308: 18소간, 18세무).

2. 부당이득반환

아직 이행이 없었다면 이행할 필요가 없다. 그런데 이미 이행을 한 경우에 불공정한 법률행위 또한 반사회적 법률행위의 일종이므로 제746조(불법원인급여)[25]가 적용된다. 다만 불법의 원인이 폭리행위자에게만 있으므로 상대방, 즉 **피해자는 제746조 단서에 의해 이행한 것의 반환을 청구할 수 있는 데 반해**, 폭리행위자는 제746조 본문에 의해 자기가 이행한 것의 반환을 청구할 수 없다(16소간).

---

24) "매매계약이 약정된 매매대금의 과다로 말미암아 민법 제104조에서 정하는 '불공정한 법률행위'에 해당하여 무효인 경우에도 무효행위의 전환에 관한 민법 제138조가 적용될 수 있다. 따라서 당사자 쌍방이 위와 같은 무효를 알았더라면 대금을 다른 액으로 정하여 매매계약에 합의하였을 것이라고 예외적으로 인정되는 경우에는, 그 대금액을 내용으로 하는 매매계약이 유효하게 성립한다고 할 것이다. 이때 당사자의 의사는 매매계약이 무효임을 계약 당시에 알았다면 의욕하였을 가정적(假定的) 효과의사로서, 당사자 본인이 계약 체결시와 같은 구체적 사정 아래 있다고 상정하는 경우에 거래관행을 고려하여 신의성실의 원칙에 비추어 결단하였을 바를 의미한다. 이와 같이 여기서는 어디까지나 당해 사건의 제반 사정 아래서 각각의 당사자가 결단하였을 바가 탐구되어야 하는 것이므로, <u>계약 당시의 시가와 같은 객관적 지표는 그러한 가정적 의사의 인정에 있어서 하나의 참고자료로 삼을 수는 있을지언정 그것이 일응의 기준이 된다고도 쉽사리 말할 수 없다. 이와 같이 가정적 의사에 기한 계약의 성립 여부 및 그 내용을 발굴·구성하여 제시하게 되는 법원으로서는 그 '가정적 의사'를 함부로 추단하여 당사자가 의욕하지 아니하는 법률효과를 그에게 또는 그들에게 계약의 이름으로 불합리하게 강요하는 것이 되지 아니하도록 신중을 기하여야 한다."</u>

25) 제746조(불법원인급여) 불법의 원인으로 인하여 재산을 급여하거나 노무를 제공한 때에는 그 이익(부당이득)의 반환을 청구하지 못한다. 그러나 그 불법원인이 수익자에게만 있는 때에는 그러하지 아니하다.

Ⅳ. 적용범위

1. 단독행위에의 적용 여부(적극)

구속된 남편을 구하기 위하여 궁박한 상태에서 '**채권을 포기하는 행위**'(단독행위)는 불공정한 법률행위에 해당한다고 판시한 바 있다(대판 1975.5.13, 75다92). 즉, 단독행위의 경우에도 대가관계를 상정할 수 있는 한 제104조가 적용될 수 있다(23경간).

2. 무상행위에의 적용 여부(원칙적 소극)

① [**원칙**] 判例는 "기부행위(증여계약)와 같이 아무런 대가관계 없이 일방이 상대방에게 일방적인 급부를 하는 법률행위는 그 공정성 여부를 논의할 수 있는 성질의 법률행위가 아니다"(대판 2000.2.11, 99다56833)라고 판시함으로써 편무·무상계약은 '원칙적'으로 제104조가 적용되지 않는다는 입장을 취하고 있다(23경간, 19법경, 16·19소간, 18세무).

② [**예외**] 그러나 외형상 당사자 일방이 상대방에게 일방적인 급부를 하는 경우라 하더라도 그 이면에 실질적인 반대급부가 있으면 제104조가 적용될 수 있다. 물론 그 반대급부는 '**대가적인 재산상 이익**'으로 평가될 수 있는 것이어야 한다. 따라서 判例는 ㉠ 상간자(相姦者)에 대하여 간통으로 인한 위자료청구권을 포기하는 대신에 그로부터 일정한 돈을 받기로 한 경우에는 제104조가 적용될 수 있지만(대판 1997.3.25, 96다47951), ㉡ 제3자로서 진정한 것을 취하하는 대가로 피진정인에게서 일정한 돈을 받기로 한 경우에는 '진정이나 그 취하는 국민으로서 가지는 청원권의 행사 및 그 철회에 해당하여 성질상 대가적 재산적 이익'으로 평가될 수 없으므로 제104조가 적용될 수 없다(대판 2000.2.11, 99다56833)고 한다.

제3절 의사표시

제1관 총설

I. 서설

1. 의사표시

의사표시는 '일정한 법률효과의 발생을 목적으로 하는 의사의 표시행위'로서, '법률행위의 본질적 구성부분'이다. 의사표시는 단독으로 또는 다른 의사표시 기타의 '법률사실'과 결합하여 '법률행위'를 형성한다.

2. 의사표시의 구성요소

의사표시는 ① 일정한 법률효과의 발생을 의욕하는 '**효과의사**'와 ② 효과의사를 외부에 표시하는 '**표시행위**'로 구성된다.[26]

3. 효과의사[27]의 본질

상대방에게 전달되는 것은 표의자의 진의인 '내심적 효과의사'가 아니라, 표시행위로부터 추단(추측)되는 표시상의 효과의사이기 때문에 의사표시의 요소가 되는 것은 '표시상의 효과의사'뿐이라는 判例의 견해(표시상 효과의사설)가 타당하다.

> [관련판례] "의사표시 해석에 있어서 당사자의 진정한 의사를 알 수 없다면, 의사표시의 요소가 되는 것은 표시행위로부터 추단되는 효과의사, 즉 표시상의 효과의사이고 표의자가 가지고 있던 내심적 효과의사가 아니므로, 당사자의 내심의 의사보다는 외부로 표시된 행위에 의하여 추단된 의사를 가지고 해석함이 상당하다"(대판 2002.6.28, 2002다23482).

II. 흠 있는 의사표시

1. 법률행위와 의사표시

법률행위가 유효하려면 그 불가결의 구성요소인 의사표시에 있어서 의사와 표시가 일치하여야 하며, 의사형성과정에 하자가 없어야 한다. 만일 의사표시에 흠이 있는 경우에는 법률행위가 무효로 되거나 취소될 수 있다.

---

26) 예를 들어 乙이 X토지를 1억 원에 매수하기 위해 '청약의 의사표시'를 하는 데에는 보통 다음의 단계를 거치게 된다. 즉, ① 투자의 목적이나 집을 지을 목적으로 X토지를 매수하려는 동기를 가지고(동기), ② 그 동기에 기초하여 X토지를 1억 원에 매수하려는 의사를 가지며(내심의 효과의사), ③ 그 의사를 토지의 소유자에게 알리려는 의사하에(표시의사), ④ 마지막으로 매수의 의사를 문서나 구두로 상대방에게 표시한다(표시행위). 다만 위 예에서 '동기'와 '표시의사'는 의사표시의 요소로 삼지 않는 것이 다수설이다. 따라서 '동기'나 '표시의사'에 문제가 생겨도 원칙적으로 의사표시의 유·무효에 영향을 받지 않는다.

27) 예를 들어 만약 A가 그의 그림을 980만원에 팔겠다고 편지를 쓰려고 하였으나, 잘못하여 890만원에 팔겠다고 썼다고 하자. 이 경우에는 A는 자신의 의사를 표시하려고 하는 의사(표시의사)는 가지고 있다. 그러나 그가 실제로 보낸 편지, 즉 890만원에 팔겠다는 내용의 '효과의사'는 없다. 이와 같이 효과의사가 없는 경우에 대하여 민법은 명문의 규정을 두고 있다. 제107조 내지 제109조가 그것이다. 민법은 이들 규정에서 일정한 경우에는 효과의사가 없음에도 불구하고 일단 표시된 대로 효력을 발생시키고 있다. 위에서 든 그림매매의 예의 경우에는 A의 착오가 존재하는 것이 되어, 제109조가 적용되며, 그 결과 A의 청약은 일단 유효하되 취소될 수 있다.

2. 민법의 태도

① 흠 있는 의사표시는, 의사와 표시가 일치하지 않는 의사표시(진의 아닌 의사표시, 통정허위표시, 착오로 인한 의사표시)와 하자 있는 의사표시(사기·강박에 의한 의사표시)로 대별할 수 있다.

② 진의 아닌 의사표시(제107조)와 통정허위표시(제108조)는 표의자가 그 불일치를 알고 있는 경우이며, 착오로 인한 의사표시(제109조)는 표의자가 그 불일치를 알지 못하는 경우이다. 또한 사기·강박에 의한 의사표시(제110조)는 의사와 표시는 일치하지만, 그 의사의 형성과정에 하자가 있는 경우를 말한다.

제2관 비진의표시

I. 서설

> **제107조【진의 아닌 의사표시】**(17소간, 18세무) ① 의사표시는 표의자가 진의 아님을 알고 한 것이라도 그 효력이 있다. 그러나 상대방이 표의자의 진의 아님을 알았거나 이를 알 수 있었을 경우에는 무효로 한다.
> ② 전항의 의사표시의 무효는 선의의 제3자에게 대항하지 못한다.

'비진의표시'란 표시행위의 의미가 표의자의 진의와 다르다는 것, 즉 의사와 표시의 불일치를 표의자 스스로 알면서 하는 의사표시를 말한다. 비진의표시는 표시와 다른 진의를 마음속에 보유(유보)하고 있다는 의미에서 심리유보(心裡留保)라고도 한다. 상대방과의 통정이 없다는 점에서 허위표시와 구별되며, 표시가 진의와 다름을 표의자가 알고 있다는 점에서 착오와 구별된다.

II. 요건

진의 아닌 의사표시로 되기 위하여는, ① 의사표시가 존재하여야 하고, ② 표시와 진의가 일치하지 않아야 하며, ③ 표의자가 그러한 사실을 알고 있어야 한다.

1. 의사표시의 존재

진의 아닌 의사표시로 되기 위하여 우선 일정한 효과의사를 추단할 만한 행위가 있어야 한다. 따라서 법률효과의 발생을 의욕하지 않는 것이 분명한 경우(연극배우의 대사)에는 문제되지 않는다. 그러나 상대방 또는 제3자가 진의 아님을 이해하리라는 기대하에 하는 의사표시, 즉 농담도 하나의 의사표시임에 주의하여야 한다(통설).

2. 표시와 진의의 불일치

① 표시행위의 의미에 대응하는 표의자의 효과의사, 즉 '진의'가 존재하지 않아야 한다. '진의'의 의미와 관련하여 判例에 따르면 **"특정한 내용의 의사표시를 하고자 하는 표의자의 생각을 말하는 것이지 표의자가 진정으로 마음속에서 바라는 사항을 뜻하는 것은 아니(다)"**(대판 2004.4.25, 99다34475: 23경간, 20·21세무)라고 한다.

② 그러므로, 표의자가 의사표시의 내용을 진정으로 마음속에서 바라지는 아니하였다고 하더라도 당시의 상황에서는 그것을 최선이라고 판단하여 그 의사표시를 하였을 경우에

는 이를 내심의 효과의사가 결여된 진의 아닌 의사표시라고 할 수 없다(대판 2004.4.25, 99다34475: 19·20법경, 16소간, 19세무).

따라서 ㉠ "비록 재산을 강제로 뺏긴다는 것이 표의자의 본심으로 잠재되어 있었다 하여도 표의자가 강박에 의하여서나마 증여를 하기로 하고 그에 따른 증여의 의사표시를 한 이상 증여의 내심의 효과의사가 결여된 것이라고 할 수는 없다"(대판 1993. 7.16, 92다41528: 22경간, 21법경). ㉡ 또한 "영수증의 작성 경위가 그렇게 기재하지 않으면 돈을 주지 않겠다고 하기에 궁박한 사정 아래서 우선 돈을 받기 위해 거짓 기재한 것이라 해도 그것 자체만으로 '총완결'이라는 의사표시가 당연무효가 되는 것은 아니다"(대판 1969.7.8, 69다563: 20법경).

■ 근로자의 사직의사를 무효로 본 판례: 사용자의 지시 또는 강요가 있는 경우

㉠ 근로자가 '회사의 경영방침에 따라' 사직원을 제출하고 회사가 이를 받아 들여 퇴직처리를 하였다가 즉시 재입사하는 형식을 취함으로써 근로자가 계속 근무하였다면 그 사직원 제출은 근로자가 퇴직을 할 의사 없이 퇴직의사를 표시한 것으로서 비진의 의사표시에 해당하고, 회사 또한 그와 같은 진의 아님을 알고 있었다고 봄이 상당하다 할 것이므로 위 사직원 제출과 퇴직처리에 따른 퇴직의 효과는 생기지 아니한다(대판 1988.5.10, 87다카2578).

㉡ 근로자들이 의원면직의 형식을 빌렸을 뿐 실제로는 '사용자의 지시'에 따라 진의 아닌 사직의 의사표시를 하였고 사용자가 이러한 사정을 알면서 위 사직의 의사표시를 수리하였다면 위 사직의 의사표시는 민법 제107조에 해당하여 무효라 할 것이고 사용자가 그중 일부만을 선별수리하여 이들을 의원면직처리한 것은 정당한 이유나 정당한 절차를 거치지 아니한 해고조치로서 근로기준법 제27조 등의 강행법규에 위배되어 당연무효이다(대판 1992.5.26, 92다3670: 22경간, 20법경, 19세무).

■ 근로자의 사직의사를 유효로 본 판례: 진정으로 바란 것은 아니라고 할지라도 스스로

㉠ 물의를 일으킨 사립대학교 조교수가 사직의 의사가 없으면서도 사태수습의 방안으로 '스스로' 사직서를 낸 경우처럼 사용자 측의 지시 내지 강요가 없었던 때에는, 그것은 비진의 표시이지만 학교법인이 그 사정을 알았거나 알 수 있었다고 볼 수 없다는 이유로 그 표시대로 사직의 효과가 생기는 것으로 본다(대판 1980.10.14, 79다2168).

㉡ '공무원'이 사직의 의사표시를 하여 의원면직처분을 하는 경우, 비록 사직원제출자의 내심의 의사가 사직할 뜻이 아니었다고 하더라도 진의 아닌 의사표시에 관한 민법 제107조는 공법행위에는 준용되지 아니하므로 그 의사가 외부에 표시된 이상 그 의사는 표시된 대로 효력을 발생한다(대판 1997.12.12, 97누13962: 23경간, 21법경, 16·20소간, 19세무).

㉢ 원고들이 그 당시의 국내 경제상황, 퇴직할 경우와 계속 근무할 경우에 있어서의 이해관계 등을 종합적으로 고려하여 '심사숙고한 결과 당시의 상황으로는 희망퇴직을 하는 것이 최선이라고 판단'하여 본인의 의사에 기하여 희망퇴직신청원을 제출한 것이라고 봄이 상당하다 할 것이므로, 원고들의 희망퇴직신청이 피고의 강요에 의하여 어쩔 수 없이 내심의 의사와 다르게 이루어진 것이라고 할 수는 없고, 따라서 원고들과 피고 사이의 근로관계는 원고들이 피고의 권유에 따라 희망퇴직의 의사표시를 하고 피고가 이를 받아들임으로써 유효하게 합의해지 되었다(대판 2005.9.9, 2005다34407).

㉣ 명예퇴직을 신청한다는 내용의 사직원을 제출한 것은 진정으로 마음속에서 명예퇴직을 바란 것은 아니라고 할지라도 그 당시 상황에서 명예퇴직을 하는 것이 '최선이라고 판단하여 스스로의 의사'에 기하여 사직원을 제출한 것이라고 봄이 상당하다(대판 2003.4.25, 2002다11458).

3. 표의자가 그러한 사실을 알고 있을 것(20소간, 18세무)

진의 아닌 의사표시를 하게 된 이유나 동기는 불문한다. 따라서 상대방이 진의가 아님을 이해하리라는 기대를 갖고 한 의사표시도 비진의 의사표시가 될 수 있다(16소간).

Ⅲ. 효과

1. 원칙

비진의표시는 원칙적으로 표시된 대로 효력을 발생한다(제107조 제1항 본문)(23경간, 19법경, 19·20소간, 18세무). 따라서 표의자는 원칙적으로 의사표시의 무효를 상대방에게 주장할 수 없다.

2. 예외

(1) 상대방에 대한 효과

상대방이 표의자의 진의 아님을 알았거나(악의) 알 수 있었을 경우(경과실)에는 비진의표시는 무효이다(제107조 제1항 단서)(22경간, 19소간, 18·21세무).

어떠한 의사표시가 비진의 의사표시로서 무효라고 주장하는 경우에 그 입증책임은 그 주장자에게 있다(대판 1992.5.22, 92다2295: 19법경, 16·19소간). 따라서 비진의표시에 해당한다는 점 및 상대방이 알았거나 알 수 있었다는 점 모두 표의자가 증명하여야 한다.

(2) 제3자에 대한 효과 … 재항변 사유

비진의표시가 예외적으로 무효로 되는 경우에도 그 무효는 선의의 제3자에게 대항하지 못한다(제107조 2항)(상대적 무효: 19법경, 16소간, 18세무). 선의이면 충분하고 무과실까지 요구되지는 않는다(20세무).

당해 조항은 등기에 공신력을 부여하지 않는 우리 민법체계에서는 사실상 등기에 공신력을 부여하는 기능을 한다. '제3자'·'선의'·'대항할 수 없다' 등의 의미에 관하여는 허위표시에서 살피기로 한다.

3. 적용범위

(1) 준법률행위, 신분행위, 공법행위 등

① 제107조는 준법률행위에 관하여도 유추적용된다. ② 그러나 당사자의 진의가 절대적으로 존중되는 가족법상의 행위(비진의표시는 항상 무효: 의사주의), **공법상**(대판 2000.11.14, 99두5481 등)·**소송법상 의사표시** 및 거래의 안전이 중시되는 주식인수의 청약(상법 제302조 3항) 등에 대하여는 **제107조가 적용되지 않는다**(비진의표시는 항상 유효: 표시주의)(20·21세무).

(2) 단독행위

① 계약뿐만 아니라 취소·해제·상계 등 상대방 있는 단독행위에도 제107조가 적용된다(18세무). ② 그러나 유언·재단법인의 설립행위와 같은 상대방 없는 단독행위의 경우에는 제107조 1항 본문은 적용되나 단서는 적용될 여지가 없으므로 항상 유효하다(통설).

(3) 제107조 1항 단서의 유추적용

제107조 1항 단서는 형평에 부합하는 규정이므로 이해관계가 유사한 경우에 이를 유추적용함으로써 그 적용범위를 확대하는 것이 바람직하다는 것이 判例와 학설의 태도이다. 특히 대표권남용 및 대리권남용의 사례에서 동 조항이 유추적용되고 있다.

제3관 통정한 허위의 의사표시

I. 서설

> 제108조 【통정한 허위의 의사표시】 ① 상대방과 통정한 허위의 의사표시는 무효로 한다.
> ② 전항의 의사표시의 무효는 선의의 제3자에게 대항하지 못한다.

1. 개념

'허위표시' 혹은 '통정허위표시'란 표의자가 진의 아닌 허위의 의사표시를 하면서 그에 관하여 상대방과의 사이에 합의가 있는 경우를 말한다. 허위표시를 요소로 하는 법률행위를 가리켜 '가장행위'(假裝行爲)라고 한다.

2. 구별개념

(1) 은닉행위

① 당사자가 가장행위를 하는 목적 내지 형태로 크게 보아, 단순히 일정한 외관을 작출하기 위한 경우와 어떤 내용을 은폐하기 위한 경우의 2가지가 있을 수 있다. 이 중 후자와 같이 가장행위 속에 실제로 다른 행위를 할 의사가 감추어진 경우(가령 증여를 매매로 가장한 경우)에, 그 감추어진 행위를 은닉행위라고 한다.

② 그런데 은닉행위의 효력에 대하여는 그 행위 자체에 관한 규정(즉 증여에 관한 규정)이 적용되어야 할 것이다(자연적 해석). 따라서 가장행위인 매매가 무효이더라도, 은닉행위인 증여는 유효이고, 서면에 의하지 않았다면 제555조에 의해 해제될 수 있을 뿐이다(대판 1991.9.10, 91다6160).[28]

> [관련판례] "매매계약상의 대금 8천원이 적극적 은닉행위를 수반하는 허위표시라 하더라도, 실지 지급하여야 할 매매대금의 약정이 있는 이상 위 매매대금에 관한 외형행위가 아닌 내면적 은닉행위는 유효하고, 따라서 실지 매매대금에 의한 위 매매계약은 유효하다"(대판 1993.8.27, 93다12930: 21법경).

(2) 신탁행위, 명의신탁

① 신탁행위는 법률행위의 하나로서 일정한 '경제상의 목적'을 위해 '권리이전'의 형태를 취하는 점에 그 특색이 있다. 양도담보나 추심을 위한 채권양도가 이러한 구성을 취한다. 여기서는 그 경제상의 목적, 즉 담보나 추심을 위해 권리를 이전한다는 점에 대해 당사자 간에 진정한 합의가 있다는 점에서 허위표시가 아니다(19세무).

② ㉠ '대내적'으로는 신탁자가 권리를 보유하여 목적물을 관리·수익하면서, '대외적'으로 그에 관한 등기는 수탁자의 명의로 경료해 두는 것을 명의신탁이라고 하며(대판 1965.5.18, 65다312), 判例에 의해 발전된 개념이다. ㉡ 명의신탁에 관해서는 통정허위표시로서 무효라는 견해도 있으나, 명의신탁에도 신탁행위에 준하는 경제적 목적이 있고 이를 달성하기 위한 법적 효과를 의욕하는 것이기 때문에, 대내적 신탁관계상의 채권적 의무를 부담하는 것과는 별개로 명의신탁 자체는 유효하다고 보는 유효설이 타당하다(다수설).

---

28) "서면에 의한 증여란 증여계약 당사자 간에 있어서 증여자가 자기의 재산을 상대방에게 준다는 증여의사가 문서를 통하여 확실히 알 수 있는 정도로 서면에 나타난 증여를 말하는 것으로서 비록 서면 자체는 매매계약서, 매도증서로 되어 있어 매매를 가장하여 증여의 증서를 작성한 것이라고 하더라도 증여에 이른 경위를 아울러 고려할 때 그 서면이 바로 증여의사를 표시한 서면이라고 인정되면 이는 민법 제555조에서 말하는 서면에 해당한다".

判例도 명의신탁이 통정허위표시가 아님을 전제로 그 유효성을 인정하고 있고, 내부적 소유권은 신탁자에게 있으나 외부적 소유권은 수탁자에게 이전된다고 보고 있다(대판 1994.2.8, 92다31675). 그런데 1995년 부동산실명법을 제정하면서 '명의신탁약정은 무효로 한다'고 규정한 결과(동법 제4조 1항), 위와 같은 견해의 대립은 그 실익이 없게 되었다.

Ⅱ. 요건

통정허위표시가 되기 위해서는 ① 의사표시의 존재, ② 표시와 의사의 불일치, ③ 표의자가 표시와 의사의 불일치를 알고 있을 것, ④ 상대방과의 '통정'이 있을 것을 요한다.

1. 의사표시의 존재

허위표시가 인정되려면 우선 의사표시가 있어야 한다. 허위표시는 본래 제3자를 속이기 위한 목적으로 행하여지는 것이 대부분이기 때문에 증서의 작성이나 등기·등록과 같은 외형을 수반하는 경우가 많다.

2. 표시와 의사의 불일치

표시, 즉 의사표시의 외관으로부터 추단되는 효과의사가 당사자 사이에 존재하지 않아야 한다. 그런데 증서에 기재된 일부 내용이 사실과 다르더라도 그러한 기재행위가 자신의 의욕에 의해 이루어졌다면 이는 허위표시는 아니라고 보아야 한다(대판 1989. 9.12, 88다카34117 참고).

3. 표의자가 진의와 표시의 불일치를 알고 있을 것

4. 상대방과의 '통정'이 있을 것
(1) '통정'의 의미

여기서 '통정'이란 진의가 없는 의사표시의 외형만을 서로 짜고 일치시키는 것을 말하는 것으로 상대방과의 '합의'를 의미하고, 상대방이 단순히 이를 '인식'하고 있는 것만으로는 부족하다(대판 2003.4.8, 2002다38675).

(2) 통정의 추정

이 요건은 무효를 주장하는 자가 증명해야 하는데, 실제로 이를 증명하기가 쉽지 않아서 간접사실·보조사실에 의하여 추정되는 것이 보통이다. **判例**는 장인과 사위 사이의 농지매매(대판 1965.5.31, 65다623), 부부 간의 부동산매매도 특단의 사정이 없는 한 허위표시로 추정된다고 한다(대판 1978.4.25, 78다226: 20법경).

Ⅲ. 효과

1. 당사자 사이의 효과
(1) 무효

허위표시는 당사자 사이에서는 언제나 무효이다(제108조 1항)(17·19소간). 원칙적으로 누구든지 그 무효를 주장할 수 있다(대판 2003.3.28, 2002다72125: 18·21세무).

5장 민법총칙

[관련판례] "채권자가 주택임대차보호법 제3조 1항의 대항력을 취득하는 방법으로 기존 채권을 우선변제 받을 목적으로 주택임대차계약의 형식을 빌려 기존 채권을 임대차보증금으로 하기로 하고 주택의 인도와 주민등록을 마침으로써 주택임대차로서의 대항력을 취득한 것처럼 외관을 만들었을 뿐 실제 주택을 주거용으로 사용·수익할 목적을 갖지 아니 한 계약은 주택임대차계약으로서는 통정허위표시에 해당되어 무효라고 할 것이므로 이에 주택임대차보호법이 정하고 있는 대항력을 부여할 수는 없다"(대판 2002.3.12, 2000다24184, 24191: 21법경).

(2) 불법원인급여(제746조), 손해배상청구권과의 관계

① 예를 들어 강제집행을 면할 목적으로 부동산에 허위의 근저당설정등기를 경료하는 행위는 제103조 위반의 반사회적 행위라고 할 수 없다. 따라서 가장행위에 의하여 급부한 당사자는 부당이득 또는 소유권에 기하여 물권적 청구권을 청구할 수 있으며, 허위표시 자체가 제746조의 '불법'은 아니기 때문에 제746조[29]는 적용되지 않는다(대판 2004. 5.28, 2003다70041: 20법경, 19소간, 18세무).

② (통정한 허위의 의사표시로서) 무효인 법률행위는 그 법률행위가 성립한 당초부터 당연히 효력이 발생하지 않는 것이므로, 무효인 법률행위에 따른 법률효과를 침해하는 것처럼 보이는 위법행위나 채무불이행이 있다고 하여도 법률효과의 침해에 따른 손해는 없는 것이므로 그 손해배상을 청구할 수는 없다(대판 2003.3.28, 2002다72125: 18소간, 18세무).

(3) 채권자취소권(제406조)[30]과의 관계

통설 및 判例(대판 1984.7.24, 84다카68: 20법경, 17소간, 18세무)는 허위표시도 제406조(채권자취소권)의 '법률행위'에 해당하는 것으로 해석한다. 왜냐하면 무효와 취소의 '이중효'[31]의 이론적 측면뿐만 아니라 통정허위표시의 경우에는 사해행위의 전형적 방법으로 쓰이고 있다는 현실적인 측면과 통정허위표시의 경우 제3자의 보호법리(제108조 2항)에 의해 채무자의 재산이 일탈될 가능성이 있어 채권자가 사해행위를 주장하여 그 취소를 구할 실익이 있기 때문이다.

2. 제3자에 대한 관계

(1) 제108조 2항 … 재항변 사유

허위표시의 무효는 선의의 제3자에게 대항하지 못한다(제108조 2항). 허위표시의 외관을 신뢰한 제3자의 이익을 보호하기 위한 것이다. 민법과 같이 등기의 공신력이 인정되지 않는 법제에서는 **제108조 2항은 부동산의 거래에 있어서 사실상 등기에 공신력을 인정하는 것**이 되어 중요한 의의를 가진다.

---

29) 제746조(불법원인급여) 불법의 원인으로 인하여 재산을 급여하거나 노무를 제공한 때에는 그 이익의 반환을 청구하지 못한다. 그러나 그 불법원인이 수익자에게만 있는 때에는 그러하지 아니하다.

30) 제406조(채권자취소권) ①항 채무자가 채권자를 해함을 알고 재산권을 목적으로 한 법률행위를 한 때에는 채권자는 그 취소 및 원상회복을 법원에 청구할 수 있다. 그러나 그 행위로 인하여 이익을 받은 자(수익자)나 전득한 자가 그 행위 또는 전득당시에 채권자를 해함을 알지 못한 경우에는 그러하지 아니하다.

31) 무효와 취소의 '이중효'란 무효와 취소는 논리필연적으로 구분되는 것은 아니며, 무효와 취소는 법률효과를 뒷받침하는 근거로서 결국 입법정책의 문제에 속한다고 할 수 있으며, 무효인 행위라도 법적으로 '無'는 아니다. 따라서 무효인 법률행위도 취소의 대상의 된다는 이론이다.

(2) 제3자

1) 일반론

가) 의미

일반적으로 제3자란 당사자와 그의 포괄승계인 이외의 자를 말하지만, 허위표시를 기초로 하여 별개의 법률원인에 의하여 고유한 법률상의 이익을 갖는 법률관계에 들어간 자를 보호한다는 취지에 따라, 제108조 제2항의 제3자는 **당사자 및 포괄승계인 이외의 자로서 '허위표시에 의하여 외형상 형성된 법률관계를 토대로 ⅰ) 실질적으로 ⅱ) 새로운 ⅲ) 법률상 이해관계를 맺은 자'**로 한정된다는 것이 통설과 判例(대판 2003.3.28, 2002다72125)의 입장이다.

나) 범위

제3자로부터의 전득자는 제3자가 선의라면 전득자는 선·악을 불문하고 보호되는바, 이는 제108조 2항이 문제되는 것은 아니다[선의의 제3자의 개입에 의하여 허위표시의 하자는 치유되었다고 보아야 한다(엄폐물의 법칙)](19세무). 반면 제3자가 악의이고 전득자가 선의인 경우에는 제108조 2항에 의하여 전득자가 보호될 수 있다(대판 2013.2.15, 2012다49292: 23경간, 18·21세무).

[사실관계] 甲이 乙의 임차보증금반환채권을 담보하기 위하여 통정허위표시로 乙에게 전세권설정등기를 마친 후 丙이 이러한 사정을 알면서도 乙에 대한 채권을 담보하기 위하여 위 전세권에 대하여 전세권근저당권설정등기를 마쳤는데(제371조 참조), 그 후 丁이 丙의 전세권근저당권부 채권을 가압류하고 압류명령을 받은 사안에서, 丁이 통정허위표시에 관하여 선의라면 비록 丙이 악의라 하더라도 허위표시자는 그에 대하여 전세권이 통정허위표시에 의한 것이라는 이유로 대항할 수 없다고 본 사례(대판 2013.2.15, 2012다49292).

2) 제3자에 해당하는 경우

① **가장양수인으로부터 목적부동산을 양수한 자**(대판 1996.4.26, 94다12074: 17소간)가 제3자의 전형적인 예이다. 이와 관련하여 **가장양도인으로부터의 양수인과 가장양수인으로부터의 양수인의 우열**이 문제되는 사안에서 判例는 "가장양수인으로부터의 양수인이 가장매매로 인한 가등기[32] 및 이에 대한 본등기의 원인이 된 각 의사표시가 허위임을 알지 못하였다면, 가장양도인으로부터의 양수인은 이러한 선의의 제3자에게 허위표시의 무효를 주장할 수 없고, 따라서 가장양수인으로부터의 양수인 명의의 소유권이전등기는 유효하다"(대판 1996.4.26, 94다12074: 21소간)고 한다.

② **가장양수인으로부터 저당권·지상권 등을 설정받은 자**도 제3자에 해당한다(16소간, 20세무). 이와 관련하여 대법원은 전세권설정계약이 없으면서도 임대차계약에 기한 임차보증금반환채권을 담보할 목적으로 또는 금융기관으로부터 자금을 융통할 목적으로 임차인과 임대인이 합의하여 임차인 명의로 전세권설정등기를 마친 경우, 그 전세권설정은 통정허위표시에 해당하여 무효이나 ⅰ) 그 전세권에 근저당권을 설정한 채권자(대판 2008.3.13, 2006다58912: 17소간, 20세무)(제371조 참조), ⅱ) 그 전세권부채권을 가압류한 채권자(대판 2010.3.25, 2009다35743: 16소간)에 대하여는 무효를 주장할 수 없다고 한다.

③ 대법원은 **채무자와 허위표시에 기초한 채무에 대해 보증을 한 자가 보증채무를 이행하여 채무자에 대해 구상권[33]**을 취득한 경우, 그 구상권 취득에는 보증채무의 부종성으로 인하여 주채무가 유효하게 존재할 것이 필요하므로, 결국 그 보증인은 채무자의 채권자에 대한

---

32) '가등기'는 '본등기의 순위보전을 위하여 하는 예비등기'를 말한다(부동산등기법 제88조).
33) '구상권'은 타인을 위하여 변제를 한 사람이 그 타인에 대하여 가지는 반환청구의 권리를 말한다.

지문 OX

05 허위표시의 무효는 선의의 제3자에게 대항하지 못하는데, 여기에서 제3자라고 함은 허위표시행위를 기초로 하여 새로운 이해관계를 맺은 자만을 의미한다. ○

06 가장매매의 매수인으로부터 매매예약에 기하여 소유권이전청구권 보전을 위한 가등기권을 취득한 자는 제108조 2항의 제3자에 해당한다(23경간). ○

01 가장소비대차의 대주가 파산선고를 받은 경우 선의의 파산관재인은 허위표시의 무효로 대항할 수 없는 제3자에 해당한다.　○

02 파산자가 상대방과 통정한 허위의 의사표시를 통하여 가장채권을 보유하고 있다가 파산이 선고된 경우, 파산관재인은 그 허위표시에 따라 외형상 형성된 법률관계를 토대로 실질적으로 새로운 법률상 이해관계를 가지게 된 제3자에 해당하므로, 그 선의·악의도 파산관재인 개인의 선의·악의를 기준으로 판단하여야 한다.　×

03 차주와 통정하여 금전소비대차를 체결한 금융기관으로부터 계약을 인수한 자는 법률상 새로운 이해관계를 가지게 된 제3자에 해당한다.　×

04 통정한 허위표시에 의하여 형성된 법률관계로 생긴 채권을 가압류한 채권자가 있는 경우, 그 가압류채권자가 선의라 하더라도, 그에게 허위표시의 무효를 가지고 대항할 수 있다.　×

05 허위표시에서 선의의 제3자로부터 권리를 전득한 자는 전득 시 악의이더라도 유효하게 권리를 취득한다.　○

06 甲이 통정허위표시로 乙에게 전세권설정등기를 마친 후 丙이 이러한 사정을 알면서도 전세권근저당권설정등기를 마쳤다. 위 사실을 모르는 丁이 丙의 전세권근저당권부 채권을 압류하면 甲은 丁에게 대항할 수 없다.　○

07 채권의 가장양도에서 가장양수인에게 채무를 변제하고 있지 않던 채무자는 허위표시의 무효로 대항할 수 없는 제3자가 아니다.　○

08 채권의 가장양도에 있어서 채무자의 상속인은 제108조 2항의 제3자에 해당한다(22경간).　×

채무부담행위라는 허위표시에 기초하여 구상권 취득에 관한 법률상 이해관계를 가지게 되었다고 보아야 하므로 제3자에 해당한다고 한다(대판 2000.7.6, 99다51258: 다만, 보증 채무부담행위 그 자체만으로는 제108조 2항의 제3자에 해당하지 않는다)(18법경, 17소간). 그러나 가장채무의 보증인이 선의이지만 '중과실'로 가장채권자에게 보증채무를 이행한 사안에서, 보증인은 가장채무자(통정허위표시의 당사자)에게는 구상권을 행사할 수 있지만, 선의의 구상보증인들(통정허위표시의 무효를 주장하는 다른 제3자)에게까지 구상보증채무의 이행을 구하는 것은 권리남용에 해당하여 허용되지 않는다고 한다(위 99다51258의 재상고심 판결).

④ 대법원은 "**가장소비대차의 대주가 파산한 경우의 파산관재인**[34]은 파산자와는 독립한 지위에서 파산채권자 전체의 공동의 이익을 위하여 직무를 행하게 됨을 이유로 제3자에 해당한다"고 보고 있다(대판 2005.5.12, 2004다68366: 18·20법경, 20세무). 그리고 "**파산관재인의 선의는 추정되고, 다만 파산관재인 개인의 선의·악의를 기준으로 할 수는 없고 총파산채권자 중 1인이라도 선의이면 파산관재인은 선의로 다루어진다**"고 하는데(22경간), 이는 만일 파산관재인 개인을 기준으로 선의 여부를 판단하게 되는 경우 파산관재인이 누가 되는가에 따라 가장채권이 파산재단에 속하는지 여부가 달라지게 되는 불합리가 생기기 때문이다(대판 2006.11.10, 2004다10299). 이러한 법리는 제110조 3항의 제3자에 대한 판단에서도 마찬가지이다(대판 2010.4.29, 2009다96083).[35]

⑤ **가장매매에 기한 대금채권의 양수인 기타 가장채권의 양수인도** 제3자에 해당한다고 할 것이다(대판 2011.4.28, 2010다10035: 23경간, 16소간). 이와 관련하여 대법원은 통정허위표시에 의하여 금융기관과의 사이에 대출명의인이 된 자는(**차명대출 사안**) 제108조 2항에 의해 그 금융기관으로부터 그 채권을 양수한 한국자산관리공사에 대하여 대출계약의 무효를 주장할 수 없다고 한다. 다만 이와 달리 구 상호신용금고법에 따라 '계약이전'(**계약인수**)을 받은 금융기관은 제3자에 해당하지 않는다고 하였다(대판 2004.1.15, 2002다31537: 16소간, 20세무).

⑥ 대법원은 "**통정한 허위표시에 의하여 외형상 형성된 법률관계로 생긴 채권을 가압류한 경우**, 그 가압류권자는 허위표시에 기초하여 새로운 법률상 이해관계를 가지게 되므로 제108조 2항의 제3자에 해당한다"(대판 2004.5.28, 2003다70041: 22경간)고 한다.

⑦ **채권의 가장양도에서 채무자는** ⅰ) 채권의 양도인이 채무자에게 채무의 이행을 청구할 때 선의의 채무자는 채권 양수인에게 변제하여야 함을 이유로 거절할 수 없다(22경간). 이 경우 채무자는 가장양도에 터 잡아 새로운 이해관계를 맺은 바가 없기 때문이다(대판 1983.1.18, 82다594 ; 이 판결은 채무자가 가장양수인에게 지급하지 않고 있는 동안에 양도가 허위표시에 기한 것임이 밝혀진 경우를 전제로 하고 있음을 주의해야 한다)(17소간). ⅱ) 그러나 채권의 가장양도인이 채무자에게 채무의 이행을 청구하였는데 채무자는 이미 채권의 양도가 유효한 것으로 믿고 채권 양수인에게 채무를 이행해 버린 경우, 채무자는 채권의 가장양도에 터 잡아 '채무의 변제'라는 새로운 이해관계를 맺었기 때문에 제3자에 해당하는 것으로 보아야 한다(다수설). 따라서 채무자는 이를 이유로 변제를 거절할 수 있다.

---

34) 법원에 의해 선임되어 파산 재단의 관리 및 처분, 파산 채권의 조사와 확정, 재단 채권의 변제 등 파산 절차상의 중심적 활동을 행하는 공공 기관

35) "특별한 사정이 없는 한 <u>파산관재인은</u> 사기에 의한 의사표시에 따라 외형상 형성된 법률관계를 토대로 실질적으로 새로운 법률상 이해관계를 가지게 된 <u>민법 제110조 제3항의 제3자에 해당한다고 보아야 할 것이고, 파산채권자 모두가 악의로 되지 않는 한 파산관재인은 선의의 제3자라고 할 수밖에 없을 것이다</u>".

[비교판례] 채권의 가장양수인으로부터 '추심을 위하여' 채권을 양수한 자는 제3자라고 할 수 없으나(23경간), 이에 반해 가장양도된 채권에 대하여 그 양수인의 채권자가 채권 압류 및 '추심명령'을 받은 경우에는 단순히 추심권을 취득한 자에 불과한 것이 아니라, 허위의 양도계약을 기초로 실질적으로 새로운 법률상 이해관계를 맺은 제3자에 해당한다고 한다(대판 2014.4.10, 2013다59753: 18법경, 18소간, 20세무).

⑧ 통정한 허위표시에 의하여 외형상 형성된 법률관계로 생긴 채권(사안에서는 근저당권부채권)을 가압류한 경우, 그 가압류권자는 제108조 2항의 제3자에 해당하나(21법경, 16·17·19소간), '기본계약이 부존재'(근저당권설정계약과 기본계약은 별개이다)하는 경우 '가압류결정의 무효'를 이유로 당해 가압류권자는 등기상 이해관계 있는 제3자로서 근저당권의 말소에 대한 승낙의 의사표시를 할 의무가 있다(부동산등기법 제57조 1항)고 한다(대판 2004. 5.28, 2003다70041).

3) 제3자에 해당하지 않는 경우

① [계약상 지위인수] 앞서 **2)** ⑤에서 살핀 바와 같이 가장채권의 양도인으로부터 개별채권이 아닌 '계약이전'(계약인수)을 받은 금융기관은 제3자에 해당하지 않는다(대판 2004.1.15, 2002다31537: 16소간, 20세무).

② [채권의 가장양도에서 기존 채무자] 앞서 **2)** ⑦에서 살핀 바와 같이 **채권의 가장양도에서 채무자**는 채권의 양도인이 채무자에게 채무의 이행을 청구할 때 선의의 채무자는 채권 양수인에게 변제하여야 함을 이유로 거절할 수 없다(22경간). 이와 관련하여 判例는 동일한 취지로 "퇴직금 채무자는 원채권자인 소외(甲)이 소외(乙)에게 퇴직금채권을 양도했다고 하더라도 그 퇴직금을 양수인에게 지급하지 않고 있는 동안에 위 양도계약이 허위표시란 것이 밝혀진 이상 위 허위표시의 선의의 제3자임을 내세워 진정한 퇴직금전부채권자에게 그 지급을 거절할 수 없다"고 한다(대판 1983.1.18, 82다594: 17소간). 즉, 가장의 채권양도에서 아직 채무를 변제하지 않은 채무자는 민법 제108조 제2항의 제3자에 해당하지 않는다.

③ [형식상으로만 가장양수인으로부터 가등기를 경료한 자] A가 B로부터 금전을 차용하고 그 담보로 A의 부동산에 가등기를 하기로 약정하였는데, 채권자들의 강제집행을 우려하여 C에게 가장양도하고 이를 B 앞으로 가등기를 해 준 경우, B는 형식상은 가장양수인(C)으로부터 가등기를 한 것이지만 실질적으로 새로운 법률원인에 의한 것이 아니므로 제3자에 해당하지 않는다. 다만 B의 가등기는 실체관계에 부합하는 것으로서, C 앞으로의 소유권등기가 허위표시임을 B가 알았건 몰랐건 간에, 실제의 소유자인 A는 B에 대한 채무를 이행하지 않고서는 B 명의의 가등기의 말소를 구할 수 없다(즉 B가 보호받는 것은 제108조의 선의의 제3자 보호와는 별개의 것이다 ; 대판 1982.5.25, 80다1403: 18법경).

④ [가등기에 대한 통정 철회 후 임의로 본등기한 자로부터의 매수인] 통정한 허위의 의사표시에 기하여 허위 가등기가 설정된 후 그 원인이 된 **통정허위표시가 당사자 간에 철회**되었으나 그 외관인 허위 가등기가 미처 제거되지 않고 잔존하는 동안에 가등기 명의인이 임의로 소유권이전의 본등기를 마친 것이라면, 위 본등기를 토대로 다시 소유권이전등기를 마친 자는 **제108조 제2항의 '제3자'에 해당하지 않는다**(대판 2020.1.30, 2019다280375).

⑤ 자신의 채권을 보전하기 위하여 가장양도인의 가장양수인에 대한 권리를 대위행사하는 채권자는 제3자에 해당하지 않는다(통설: 23경간).

지문 OX

09 임대차보증금반환채권이 양도된 후에 양수인의 채권자가 임대차보증금반환채권에 대하여 압류 및 추심명령을 받았는데, 임대차보증금반환채권의 양도계약이 허위표시로서 무효인 경우, 위 채권자는 통정허위표시에 관한 민법 제108조 제2항의 제3자에 해당한다. ○

(3) 제3자의 선의

선의란 의사표시가 허위표시임을 모르는 것을 말한다. 제3자는 선의로 추정되므로 제3자가 악의라는 사실은 그것을 주장하는 자가 입증해야 한다(대판 1970.9.29, 70다466: 17·18소간). 무과실은 요건이 아니다(대판 2004.5.28, 2003다70041: 23경간, 18·21소간, 19·21세무).

(4) 선의의 제3자에게 '대항하지 못한다'

① '대항하지 못한다'는 것은 허위표시의 무효를 주장할 수 없다는 뜻으로, 선의의 제3자에게 대항하지 못하는 자는 '당사자 및 포괄승계인'에 한정되지 않고, **그 누구도 허위표시의 무효를 대항하지 못한다**(대판 1996.4.26, 94다12074 등).

② 다만 통정허위표시의 당사자가 아닌 다른 선의의 이해관계인은 허위의 외관작출에 관여하지 않았으므로, 判例에 따르면 통정허위표시의 선의의 제3자에게 '중과실'이 있는 경우에는 이러한 제3자가 통정허위표시의 당사자가 아닌 다른 선의의 이해관계인에게 계약의 유효를 주장하는 것은 권리남용에 해당하여 허용되지 않는다고 한다(대판 2006.3.10, 2002다1321).

(5) 허위표시의 철회

허위표시는 당사자 간의 합의로 철회할 수 있는지가 문제되나, 허위표시도 제3자에 대한 관계에서는 유효할 수 있고 따라서 허위표시의 존재를 제거할 실익이 있다는 점에서 통설은 이를 긍정한다. 다만 그 철회로써 선의의 제3자에게는 대항하지 못하는 것으로 해석한다.

Ⅳ. 적용범위

1. 단독행위

계약뿐만 아니라 상대방 있는 단독행위의 경우에도 제108조의 적용이 인정된다(19세무). 다만, 상대방 없는 단독행위의 경우에는 상대방과 통정 자체를 할 수 없으므로 제108조가 적용되지 않는다(통설).

2. 신분행위

본인의 의사가 절대적으로 존중되는 가족법상의 행위에 대하여는 제108조가 적용되지 않는다. 예를 들어 가장의 혼인신고나 입양신고는 제815조 제1호와 제883조 제1호에 의하여 각 무효로 된다. 다만, 예외적으로 상속재산분할의 협의(제1013조), 상속의 포기(제1041조) 등 재산관계와 밀접한 신분행위에는 본조의 적용을 긍정하여야 할 것이다.

3. 제108조 2항의 유추적용(주로 무권리자 처분행위에서 문제)

判例는 "예외적으로 권리자가 부실등기(대표적으로 위조등기)를 알면서 방치한 경우에는 민법 제108조 2항 유추적용이 가능하다"(아래 91다3208 참조)고 하여 제한적으로 긍정한다.

[관련판례] "乙이 甲으로부터 부동산에 관한 담보권설정의 대리권만 수여받고도 그 부동산에 관하여 자기 앞으로 소유권이전등기를 하고 이어서 丙에게 그 소유권이전등기를 경료한 경우, 丙은 乙을 甲의 대리인으로 믿고서 위 등기의 원인행위를 한 것도 아니고, 甲도 乙 명의의 소유권이전등기가 경료된 데 대하여 이를 통정·용인하였거나 이를 알면서 방치하였다고 볼 수 없다면 이에 민법 제126조나 제108조 제2항을 유추할 수는 없다"(대판 1991.12.27, 91다3208: 18법경).

쟁점구조

■ 동기가 상대방으로부터 제공되었으나 상대방도 착오에 빠진 경우(표의자와 상대방의 법률관계)

I. 하자담보책임 성부
착오와 담보책임이 동시에 문제되는 경우 최근 判例(대판 2018.9.13, 2015다78703)는 경합을 인정

II. 착오를 이유로 한 취소가부(적극)
1. 착오의 종류(결론은 법률행위 내용의 착오가 아닌 동기의 착오)
2. 쌍방이 공통된 동기의 착오를 일으킨 경우(결론은 보충적 해석에 의한 계약의 수정불가)
3. 동기가 상대방으로부터 제공되거나 유발된 경우(결론은 제109조에 의한 취소가능)

III. 사기를 이유로 한 취소 가부

III-1. 착오와 사기의 경합(착오취소와 사기취소의 요건을 모두 충족하는 경우)

IV. 취소권 행사의 효과
1. 부당이득반환
   ① 부당이득반환(제201조 또는 제748조) → ② 동시이행의 항변권(판례)
2. 표의자의 경과실 착오 취소시 상대방에 대한 신뢰이익 배상책임 인정 여부(소극)
   判例에 따르면 취소자의 손해배상책임(제750조)을 부정하는 것이 타당

甲은 공장을 짓기 위한 임야를 매수할 목적으로 乙소유의 X임야가 적합하다고 생각되어 교섭을 시작하였다. 그런데 X임야가 도시계획상 공원구역에 포함되어 있어 공장신축이 불가능하자, 소유자 乙은 비용을 들여 관계공무원에게 공원구역 해제 여부를 문의하였더니 곧 공원구역에서 해제되어 공장신축이 가능할 것이라는 답변을 듣고 이를 甲에게 고지하였다. 이에 甲은 공장신축이 가능하다는 乙의 말만 믿고 乙에게 위 임야에 공장을 짓는 것이 가능하다는 점을 계약서에 특별히 기재하자고 하였으나 乙은 이를 거절하였고, 이에 따라 매매대금도 통상의 임야와 같은 가격인 1억원으로 결정하였다. 그 후 甲 앞으로의 소유권이전등기와 매매대금의 지급을 완료하였다. 그러나 예상과는 달리 X임야는 공원구역에서 해제되지 않았다(단, 이와 관련하여 甲과 乙은 모두 경과실이 있었다고 가정한다). 甲은 이에 따라 착오와 사기를 이유로 위 매매계약을 취소하고 매매대금 1억원 및 乙이 받은 날로부터 이 사건 소장부본 송달일까지는 (민법 제397조의 민사법정이율인)연 5%의, 소장부본 송달일 다음날부터 완제일까지는 (소송촉진 등에 관한 특례법 제3조 1항에서 정한)연 12%의 비율에 의한 금원을 지급하라는 내용의 소를 제기하였다.

법원은 甲의 乙에 대한 청구에 대하여 '피고 乙은 원고 甲에게 100,000,000원을 반환하라.'는 원고일부승소판결을 하여야 한다.

I. 서설

1. 민법의 태도

지문 OX

01 의사표시는 법률행위의 내용의 중요부분에 착오가 있는 때에는 취소할 수 있으나 그 착오가 표의자의 과실로 인한 때에는 취소할 수 없다.　　×

☞ 민법상 '과실'은 경과실을 의미하는 것이 원칙이다.

02 법률행위의 내용의 중요부분에 착오가 있더라도 그 착오가 과실에 의한 경우는 취소할 수 없다.　　×

03 착오로 인한 취소권의 행사는 당사자들의 합의에 의하여 배제할 수 없다(22경간 유사).　×

> 제109조 【착오로 인한 의사표시】(20세무) ① 의사표시는 법률행위의 내용의 중요부분에 착오가 있는 때에는 취소할 수 있다. 그러나 그 착오가 표의자의 중대한 과실로 인한 때에는 취소하지 못한다.
> ② 전항의 의사표시의 취소는 선의의 제3자에게 대항하지 못한다.

민법은 표의자가 착오를 이유로 의사표시를 취소할 수 있도록 하되, 그 요건을 제한한다(제109조 1항). 즉 법률행위의 중요부분에 착오가 있고, 또 그 착오에 중과실이 없어야 한다. 이러한 착오규정은 '**임의규정**'으로 당사자의 합의로 착오로 인한 의사표시 취소에 관한 민법 제109조 제1항의 적용을 배제할 수 있다(대판 2016.4.15, 2013다97694: 22경간, 18법경, 19 · 21세무).

2. 착오의 개념

착오의 개념에 대해 학설이 대립하나 이러한 학설대립의 원인은 제109조의 '법률행위 내용'의 착오에 동기의 착오를 포함하여 이해할 것인가와 관련된 것이므로 뒤에서 검토하기로 한다.

① 判例는 일반적으로 착오를 의사표시의 내용과 내심의 의사가 일치하지 않는 것을 표시자가 모르는 것이라고 한다(대판 1985.4.23, 84다카890). 특히 **判例는 '장래의 불확실한 사실 자체'에 관한 것이라도 착오에 해당한다고 한다**(대판 1994.6.10, 93다24810: 장래에 부과될 양도소득세 등의 세액에 관한 착오).

04 착오의 존재 여부는 의사표시 당시를 기준으로 판단하므로, 장래의 불확실한 사실은 착오의 대상이 되지 않는다.　×

② **이와 달리 단순히 '장래의 미필적 사실의 발생에 대한 기대나 예상'이 빗나간 것에 불과한 것은 착오라고 할 수 없다고 한다**(대판 2011.6.24, 2008다44368 등). 예컨대 매매계약 당시 장차 도시계획이 변경되어 호텔 등의 신축에 대한 인 · 허가를 받을 수 있을 것이라고 생각하였으나 그 후 생각대로 되지 않은 경우, 이는 법률행위 당시를 기준으로 장래의 미필적 사실의 발생에 대한 기대나 예상이 빗나간 것에 불과할 뿐 착오라고 할 수는 없다고 한다(대판 2007.8.23, 2006다15755: 21법경).

3. 착오의 유형

① 예컨대, 청약서에 300달러라고 표기하려고 생각하고 있었는데, 30달러라고 잘못 표기한 경우와 같은 내심적 효과의사를 기준으로 할 때 표시행위를 잘못하는 '**표시상의 착오**'

② 예컨대, 미화 300달러와 홍콩 300달러의 가치가 같다고 오해하여 미화 300달러를 홍콩 300달러라고 표시한 경우, 보증인이 신원보증 서류로 알고 서명날인을 하였는데 실제로는 연대보증 서류이었던 경우(대판 2005.5.27, 2004다43824), 물상보증인이 근저당권설정계약에서 채무자의 동일성에 대하여 착오를 일으킨 경우(대판 1995.12.22, 95다37087)와 같이 표의자가 표시행위 자체에는 착오가 없었으나 표시행위 자체의 의미를 잘못 이해하는 '**내용(의미)의 착오**'

③ 법률행위에 관계되는 '**사람 또는 물건의 성질(성상)에 관한 착오**', 이러한 성질의 착오는 동일성의 착오와 구별된다(동일성의 착오는 법률행위 내용의 착오에 해당한다). 동일성의 착오는 법률행위에 관계하는 사람 또는 물건 자체가 표의자가 생각한 것과 다른 데 반해, 성질의 착오는 동일성은 갖지만 그 성질이 표의자가 생각한 것과 다른 점에서 차이가 있다. 이러한 성질의 착오는 일반적으로 동기의 착오에 해당함을 전제로 하여 법률행위의 내용의 중요부분이 될 수 있는지 여부의 문제로 다뤄진다.

Ⅱ. 취소권 발생의 요건

착오를 이유로 의사표시를 취소하는 자(표의자)는 ① 법률행위의 내용에 착오가 있었다는 사실과 함께 ② 그 착오가 의사표시에 결정적인 영향을 미쳤다는 점, 즉 만약 그 착오가 없었더라면 의사표시를 하지 않았을 것이라는 점을 증명하여야 한다(대판 2008.1.17, 2007다74188: 19법경, 21세무). ③ 이에 반해 표의자에게 중대한 과실이 없을 것은 상대방 측의 (재)항변 사유이므로 표의자의 상대방이 입증해야 한다(제109조 1항 단서)(대판 2005.5.12, 2005다6228: 22·23경간, 18소간, 18세무).

1. 의사표시에서 착오의 존재(법률행위 내용의 착오)

(1) 의의

의사표시가 존재하고, 그 의사표시를 함에 있어서 표의자의 착오가 있어야 한다. 착오는 법률행위의 해석을 통해 법률행위가 유효하게 성립한 것을 전제로 하여 의사와 표시가 일치하지 않는 경우로서 문제되는 것이다. 따라서 비록 외형상 의사와 표시의 불일치가 있더라도 '자연적 해석'의 결과 일치하는 것으로 되는 때에는 착오는 성립하지 않는다(오표시 무해의 원칙). 또 합의가 있다고 볼 수 없어 계약이 성립하지 않거나, 법률행위가 무효인 경우에도 착오가 성립할 여지는 없다. 그리고 대리인이 의사표시를 한 경우 착오의 존재 여부는 '대리인'을 기준으로 판단한다(제116조 참조).

(2) 당사자 일방의 동기의 착오

1) 문제점

동기의 착오란 표시상의 효과의사에 대응하는 내심의 효과의사 자체는 존재하지만(의사=표시), 내심의 의사를 결정하도록 한 동기 또는 연유가 인식사실과 일치하지 않는 경우를 말한다. 이러한 동기는 법률행위 내용 그 자체는 아니지만, 효과의사를 결정하는 이유라는 점에서 법률행위의 내용과 전혀 무관하다고 할 수 없어 제109조의 착오에 동기의 착오를 포함시킬 것인가가 문제된다.

2) 판례

① "동기를 당해 의사표시의 내용으로 삼을 것을 상대방에게 표시하고, 제109조의 나머지 요건까지 충족하였다면 그 착오를 이유로 계약을 취소할 수 있다"고 보아 기본적으로 동기표시설의 입장이다(대판 2000.5.12, 2000다12259 등: 19·20법경, 21소간, 18세무). 다만, 의사표시의 해석상 그 동기가 법률행위의 내용으로 되어 있다고 인정되면 충분하고, 당사자들 사이에 별도로 그 동기를 의사표시의 내용으로 삼기로 하는 '합의'까지 이루어질 필요는 없다고 한다(대판 2000.5.12, 2000다12259: 18소간, 19세무).

② 그러나 동기가 상대방으로부터 제공되거나 유발된 경우 判例는 동기의 표시 여부를 묻지 않고 대부분 법률행위의 중요부분을 인정하여 취소를 인정한다(대판 1996.7.26, 94다25964 등).

> **＊ 상대방에 의해 유발되거나 제공된 동기의 착오**
>
> ① 국가 귀속재산이 아닌데도 공무원이 귀속재산이라고 하여 토지소유자가 토지를 국가에 증여한 사안(대판 1978.7.11, 78다719), ② 공무원의 법령오해로 인해 토지소유자가 토지를 국가에 증여한 사안(대판 1990.7.10, 90다카7460: 일부취소 참고), ③ 매매대상에 포함되었다는 시 공무원의 말을 믿고 매매계약을 체결한 사안(대판 1991.3.27, 90다카27740), ④ 채무자가 과거 연체가 없었다는 채권자의 진술을 믿고 신용보증기금이 신용보증을 선 사안(대판 1992.2.25, 91다38419)에서 判例는 법률행위의 중요부분을 인정하여 취소를 인정하였다.

지문 OX

05 착오를 이유로 의사표시를 취소하는 자는 법률행위의 내용에 착오가 있었다는 사실과 함께 그 착오가 중요부분에 관한 착오라는 것을 증명하여야 한다.　　　○

06 의사표시자가 착오를 이유로 의사표시를 취소하기 위해서는 중과실이 없음을 증명하여야 한다(22경간).　　　×

07 상대방이 착오자의 진의에 동의한 것으로 인정될 때에는 계약의 취소가 허용되지 않는다.　　　○

08 대리인의 표시 내용과 본인의 의사가 다른 경우, 본인은 착오를 이유로 의사표시를 취소할 수 없다.　　　○
☞ 대리인의 표시 내용과 대리인의 의사가 다른 경우 취소할 수 있다(제116조 참조).

09 당사자가 의사표시의 내용으로 삼은 동기에 착오가 있고 그 착오가 상대방에 의해 유발된 경우, 의사표시자는 법률행위 내용의 중요부분에 대한 착오가 없더라도 동기의 착오를 이유로 그 의사표시를 취소할 수 있다(22경간).　　　×

10 동기의 착오가 법률행위의 내용의 중요부분의 착오에 해당함을 이유로 표의자가 법률행위를 취소하려면 그 동기를 당해 의사표시의 내용으로 삼을 것을 상대방에게 표시하고 당사자들 사이에 그 동기를 의사표시의 내용으로 삼기로 하는 합의가 필요하다.　　　×

11 귀속재산이 아닌데도 공무원이 귀속재산이라고 하여 토지소유자가 토지를 국가에 증여한 경우, 이는 상대방에 의해 유발된 동기의 착오로서 착오에 의한 취소가 인정된다.　　　○

(3) 당사자 쌍방의 공통하는 동기의 착오

1) 문제점

당사자 일방만이 아닌 상대방까지 착오에 빠진 경우에도 제109조가 그대로 적용되는 지는 의문이다. 왜냐하면 **쌍방이 일치하여 착오에 빠진 경우에는 계약내용을 개별적인 관계에 맞게 '수정'하는 것이 당사자의 의사나 이익에 부합하는 때가 많은가 하면**, 계약의 구속력으로부터 전혀 벗어나지 못하게 하는 것이 부당한 경우도 있는데, 그러한 경우에는 제109조가 예정한 경우가 아니어서 기존의 동기의 착오에 관한 이론을 그대로 적용하기는 어렵다고 보아야 하기 때문이다.[36]

2) 판례

判例의 경우 최근에 명시적으로 '보충적 해석'에 의한 수정가능성을 인정하였으나, 실제로 대부분의 判例에서는 의사표시가 법률행위의 중요부분일 경우 취소를 인정하여 왔다. 즉, 대법원은 **계약취소에 앞서** 당사자의 의사를 보충하여 계약을 해석할 것을 요구하고 있는바, 여기서 '보충되는 당사자의 의사'란 "당사자의 실제 의사 또는 주관적 의사가 아니라 계약의 목적, 거래관행, 적용법규, 신의칙 등에 비추어 객관적으로 추인되는 정당한 이익조정 의사(가정적 의사)를 말한다"(아래 2005다13288 판결: 23경간)고 한다.

> [사실관계] ① 매매에 따른 양도소득세를 매수인이 부담하기로 하고 그 세액을 매수인이 계산하여 따로 지급하였는데(그 과정에서 전문회계사 및 세무공무원에 의한 세액 계산 및 확인과정이 있어 매도인이 이를 믿고 합의한 사안) 후에 **양도소득세가 더 부과된 사안**에서, "매도인이 그와 같이 착오를 일으키게 된 계기를 제공한 원인이 매수인에게 있을 뿐만 아니라 매수인도 그 세액에 관하여 동일한 착오에 빠져 있었다면, 매도인의 착오는 매매계약의 중요부분에 관한 것에 해당하여 착오를 이유로 취소할 수 있다"(대판 1994.6.10, 93다24810)고 하였으며, ② 甲이 국가 소유 대지 위에 건물을 신축하여 국가에 기부채납하는 대신 위 대지 및 건물을 일정기간 무상 사용하기로 약정하였는데, 그 후 기부채납한 건물에 대해 甲 앞으로 1억원 상당의 부가가치세가 부과되었는데, **甲이나 국가나 기부채납이 부가가치세 과세대상인 것은 알지 못한 사안**에서, "계약당사자 쌍방이 계약의 전제나 기초가 되는 사항에 관하여 같은 내용으로 착오를 하고 이로 인하여 그에 관한 구체적 약정을 하지 아니하였다면, 당사자가 그러한 착오가 없을 때에 약정하였을 것으로 보이는 내용으로 당사자의 의사를 보충하여 계약을 해석할 수 있다"(대판 2006.11.23, 2005다13288)고 하면서, 다만 부가가치세의 부담에 관한 별도의 약정이 없을 경우에 관행이나 계약내용 등을 고려할 때 부가가치세를 국가가 부담하기로 하는 의사가 있다고 단정할 수는 없다고 하여 국가에 대하여 부가가치세 부담을 명한 원심판결을 파기하였다.

2. 법률행위 내용의 중요부분에 착오가 있을 것

(1) 판단기준

① 이에 대한 판단은 判例에 따르면 이른바 '이중적 기준설'에 따라 행하여진다(대판 2003.4.11, 2002다70884 등). ⊙ 우선 표의자가 그러한 착오가 없었더라면 그 의사표시를 하지 않았으리라고 생각될 정도로 중요한 것이어야 한다(주관적 현저성). ⓒ 다음으로, 일반인도 표의자의 입장에 섰더라면 그러한 의사표시를 하지 않았으리라고 생각될 정도로 중요한 것이어야 한다(객관적 현저성)(20세무). 즉, 표의자의 내심의 의사가 판단기준이 아니다(16소간).

---

36) 주의할 점은 ① 당사자 쌍방이 착오한 내용이 상이하다면 제109조를 적용하여 해결하면 족하고 이 경우에는 취소권의 경합이 문제된다. ② 또한 당사자 쌍방이 공통하는 표시·내용상의 착오를 일으킨 경우에는 당사자의 진의가 일치하므로 자연적 해석에 의하여 표시된 대로, 이해한 내용대로 계약이 성립되므로 이 경우에는 착오가 문제되지 않는다고 해야 한다.

② 다만 최근에는 객관적 표준만을 제시하는 판결도 보인다(대판 2006.12.7, 2006다41457). 즉 착오로 인하여 **표의자가 경제적 불이익을 입은 것이 아니라면**, 이를 법률행위 내용의 중요부분의 착오라 할 수 없다(23경간, 18법경)고 하였는데, 이는 객관적 현저성이 결여되었음을 의미하는 것으로 보인다.

> ❊ **경제적 불이익**
>
> ㉠ 양도소득세에 관한 법률의 내용에 착오를 일으켜 토지를 매도하였지만 그 후 법률의 개정으로 불이익이 소멸된 경우(대판 1995.3.24, 94다44620: 19세무)[그러나 '법률에 관한 착오'(양도소득세가 부과될 것인데도 부과되지 아니하는 것으로 오인)라도 그것이 법률행위의 내용의 중요부분에 관한 것인 때(경제적 불이익이 인정되는 경우)에는 착오를 이유로 취소할 수 있다(대판 1981.11.10, 80다2475: 20법경)], ㉡ 기부채납한 시설물의 부지에 대한 소유권의 귀속에 착오가 있었지만 표의자가 그 시설물을 약정대로 사용하는 데에 사실상 아무런 문제가 없는 경우(대판 1999.2.23, 98다47924), ㉢ 기술신용보증기금이 심사대상기업의 사업장에 가압류되어 있었음에도 이를 모르고 보증을 하였으나 그 가압류가 피보전권리 없이 부당하게 발령된 것으로 밝혀진 경우에(대판 1998.9.22, 98다23706), 각각 착오가 있었다고 하여 그로 인하여 표의자가 무슨 경제적 불이익을 입은 것도 아니라는 이유로 중요부분의 착오에 해당하지 않는다고 보았다.

(2) 중요부분의 착오에 관한 판례의 유형화

1) 사람에 관한 착오

가) 동일성에 관한 착오

근저당권설정계약상 채무자의 동일성에 관한 물상보증인의 착오(대판 1995.12.22, 95다37087: 18법경), 보증계약상 주채무자의 동일성에 관한 보증인의 착오(대판 1993.10.22, 93다14912)와 같이 그 사람이 누구인지를 중시하는 법률행위에서는 중요부분의 착오가 될 수 있다.

> [비교판례] "근저당권설정계약 또는 보증계약을 맺음에 있어서 채무자가 누구인가에 관한 착오는 중요부분에 관한 착오라고 볼 것이나, 근저당권설정자 또는 보증인이 그 계약서에 나타난 채무자가 마음속으로 채무자라고 본 사람의 이름을 빌린 것에 불과하여 계약당시에 위 두 사람이 같은 사람이 아닌 것을 알았더라도 그 계약을 맺을 것이라고 보여지는 등 특별한 사정이 있는 경우에는 형식상 사람의 동일성에 관한 착오가 있는 것처럼 보이더라도 이를 가지고 법률행위의 중요부분에 관한 착오라고는 볼 수 없다"(대판 1986.8.19, 86다카448: 21법경).

나) 성질에 관한 착오

① **[보증계약]** 실무상 많이 문제되는 것은 보증계약에서 주채무자의 신용상태에 관한 착오인바, 보증제도는 본질적으로 주채무자의 무자력으로 인한 채권자의 위험을 인수하는 것이므로 원칙적으로 보증계약에서 '**채무자의 신용 유무**' 또는 '**다른 담보의 존재**'에 관한 착오는 보증계약의 중요부분의 착오라고 할 수 없다. 따라서 보증인이 주채무자의 변제자력 또는 다른 담보가치에 관하여 착오하였더라도(동기의 착오), 보증의 의사표시를 취소할 수 없다(대판 1998.7.24, 97다35276 참고).

> [관련판례] "주채무자의 차용금반환채무를 보증할 의사로 공정증서에 연대보증인으로 서명·날인하였으나 그 공정증서가 주채무자의 기존의 구상금채무 등에 관한 준소비대차계약의 공정증서이었던 경우, 소비대차계약과 준소비대차계약의 법률효과는 동일하므로 공정증서가 연대보증인의 의사와 다른 법률효과를 발생시키는 내용의 서면이라고 할 수 없어 표시와 의사의 불일치가 객관적으로 현저한 경우에 해당하지 않을 뿐만 아니라, 연대보증인은

지문 OX

04 채권자와 제3자 간의 근저당권설정계약에 있어서 채무자의 동일성에 관한 착오는 일반적으로 법률행위 내용의 중요부분에 관한 착오에 해당한다.　○

지문 OX

01 주채무자의 차용금반환채무를 보증할 의사로 주채무자의 기존의 구상금채무를 보증한 것은 중요부분의 착오이다. ✕

02 주채무자의 차용금반환채무를 보증할 의사로 공정증서에 연대보증인으로 서명·날인하였으나 그 공정증서가 주채무자의 기존의 구상금채무 등에 관한 준소비대차계약의 공정증서였던 경우, 연대보증인은 주채무자가 채권자에게 부담하는 차용금반환채무를 연대보증할 의사가 있었다하더라도, 그 피담보채무를 달리하므로 연대보증계약의 중요 부분의 착오가 있는 때에 해당한다. ✕

03 토지매매계약에 있어 토지의 현황·경계에 관한 착오는 중요부분에 관한 착오이므로 이를 이유로 취소할 수 있다. ○

04 상린관계에 있는 토지 소유자 甲과 乙이 토지 경계에 관한 다툼을 하던 중, 乙의 경계선을 침범하였다는 강력한 주장에 의하여 甲이 착오로 그간의 경계 침범에 대한 보상금 지급을 약정한 경우, 위 경계선의 착오는 동기의 착오이나 그 착오가 乙로부터 연유한 것으로서 甲의 위 금원 지급의 의사표시는 그 내용의 중요부분에 착오가 있는 것이 되어 취소할 수 있다. ○

주채무자가 채권자에게 부담하는 차용금반환채무를 연대보증할 의사가 있었던 이상 착오로 인하여 경제적인 불이익을 입었거나 장차 불이익을 당할 염려도 없으므로 위와 같은 착오는 연대보증계약의 중요 부분의 착오가 아니다"(대판 2006.12.7, 2006다41457: 18세무).

그러나 ㉠ 신용보증기금에 의한 신용보증을 하는 데 기업의 신용유무는 중요부분의 착오이며(대판 2005.5.12, 2005다6228 ; 주력적 판례와 다른 취지의 판결로 대판 1987.11.10, 87다카192), ㉡ 채권자가 주채무자의 신용상태에 대한 보증인의 착오를 유발하였다면 착오를 이유로 취소할 수도 있다(대판 1989.1.17, 87다카1271 참고). 그리고 앞서 살핀 바와 같이 **'주채무자의 동일성이나 주채무의 내용'**에 관한 착오는 보증계약의 중요부분의 착오이다.

② **[소유권 귀속의 착오]** 타인의 소유일지라도 매매의 목적이 될 수 있는 것이므로(제569조 참조), 매매목적물의 소유권에 관한 착오는 중요부분의 착오가 아니다(대판 1959.9.24, 4290민상627). 같은 취지로 임대차에서 목적물이 임대인의 소유일 것이 요건은 아니므로(제618조 참조), 임대인의 소유일 것을 계약의 내용으로 삼지 않은 한 중요부분에 착오가 있다고 할 수 없다(대판 1975.1.28, 74다2069).

2) 법률행위의 객체에 관한 착오

가) 동일성에 관한 착오

부동산중개업자가 매매목적인 점포를 다른 점포로 잘못 소개하여 매수인이 오인한 것은 법률행위 내용의 중요부분의 착오에 해당하며, 중과실도 부정된다(대판 1997.11.28, 97다32772, 32789: 21세무).

나) 성질에 관한 착오

① **[법령상의 제한 등에 관한 착오]** 일정한 사용목적을 위하여 토지를 매입하였는데 법령상의 제한으로 인하여 그 토지를 의도한 목적대로 사용할 수 없게 된 경우에, 그러한 목적은 동기를 이룰 뿐이어서 매수인의 착오는 동기의 착오에 불과하다(대판 1990.5.22, 90다카7026).

② **[보험계약의 중요사항에 관한 착오]** "보험회사(보험모집종사자)가 설명의무를 위반하여 고객이 보험계약의 중요사항에 관하여 제대로 이해하지 못한 채 착오에 빠져 보험계약을 체결한 경우, 그러한 착오가 동기의 착오에 불과하다고 하더라도 그러한 착오가 없었더라면 보험계약을 체결하지 않았거나 적어도 동일한 내용으로 보험계약을 체결하지 않았을 것이 명백하다면, 이러한 착오는 보험계약의 내용의 중요부분에 관한 것이므로 이를 이유로 보험계약을 취소할 수 있다"(대판 2018.4.12, 2017다229536).

③ **[토지의 현황·경계에 관한 착오]** 토지의 현황과 경계에 착오가 있어 계약을 체결하기 전에 이를 알았다면 계약의 목적을 달성할 수 없음이 명백하여 계약을 체결하지 않았을 것으로 평가할 수 있을 경우에 계약의 중요부분에 관한 착오가 인정된다(대판 2020.3.26, 2019다288232: 20법경, 21소간). ㉠ 토지 1,389평을 전부 경작할 수 있는 농지인 줄 알고 매수하고 소유권이전등기를 하였으나 측량결과 약 600평이 하천을 이루고 있는 경우(대판 1968.3.26, 67다2160), ㉡ 인접 대지의 경계선이 자신의 대지의 경계선과 일치하는 것으로 잘못 알고 그 경계선에 담장을 설치하기로 합의한 경우(대판 1989.7.25, 88다카9364), ㉢ 약 325평의 토지를 매수하면서 '그 토지에 인접한 매실나무 밭 바로 앞부분 약 80평이 포함되고 인접한 도로 부분 약 40평이 포함되지 않는다'고 토지의 경계를 잘못 인식한 경우(대판 2020.3.26, 2019다288232), ㉣ 매매대상 토지 중 20~30평 정도만 도로에 편입될 것이라는 중개인의 말을 믿고 주택 신축을 위하여 토지를 매수하였고, 그와 같은 사정이 계약체결과정에서 현출되어 매도인도 이를 알고 있었는데, 실제로는 전체 면적의 약 30%에 해당하는 197평이 도로에 편입된 경우(대판 2000.5.12, 2000다12259), 각각 **'법률행위 내용의 중요부분의 착오'**에 해당하는 것으로 보아 취소를 인정하였다.

④ **[매매목적물의 수량이나 면적의 부족]** ⑦ **수량지정매매인 경우**에는 담보책임에 관한 규정 (제574조)이 착오취소의 특칙규정이라고 할 수 있어 담보책임이 성립하는 범위 내에서는 착오취소 규정이 적용되지 않는다. ⑥ 그러나 **수량지정매매가 아닌 경우**, 예컨대 '특정된 토지 전부'를 매수하였으나 표시된 '지적이 실제면적보다 적은 경우'라도 그 매매계약의 중요부분에 착오가 있다고 할 수 없으며(대판 1969.5.13, 69다196: 20세무), 설령 매수인이 그 목적물의 면적이 계약서에 표시된 면적이 있는 것으로 오신을 하였더라도 이는 동기의 착오로 될 수는 있을 뿐(대판 1956.2.23, 4288민상559), 그 차이가 근소한 때에는 법률행위의 중요부분에 관한 착오라고 할 수 없다(대판 1984.4.10, 83다카 1328, 1329). 다만 그 면적차이가 현저하게 큰 때에는 중요부분에 관한 착오가 될 수 있다(통설). 이와 별개로 만약 경계를 착오한 경우(공부상의 경계와 다른 것을 경계라고 오신한 경우)에는 '법률행위 내용의 중요부분의 착오'로 취소할 수 있다(대판 1993.9.28, 93다 31634, 31641).[37]

⑤ **[시가의 착오]** 매매거래에 있어서 매도인이 매도당시 목적물의 시가를 몰라서 대금과 시가에 간격이 생겨도 이는 의사결정의 연유(동기)의 착오에 불과하다(대판 1992.10.23, 92다29337). 이것은 매수인이 목적물의 시가를 모르고 매수하는 경우에도 같다(대판 1985.4.23, 84다카890). 다만 **매매목적물의 시가는 중요부분의 착오가 아니나**(대판 1984.4.10, 81다239: 17소간), **시가차이가 현저한 경우 중요부분의 착오가 될 수 있고**, 이때에는 '**일부취소**'가 가능하다(대판 1998.2.10, 97다44737: 18법경).

3. 표의자에게 '중대한 과실'이 없을 것 … 재항변 사유

(1) 의의

표의자에게 중대한 과실이 인정되는 경우에는 원칙적으로 착오를 이유로 취소할 수 없다(제109조 1항 단서)(18·19·21소간, 19법경).

여기서 '중대한 과실'이란 표의자의 직업, 행위의 종류, 목적 등에 비추어 당해 행위에 일반적으로 요구되는 **주의를 현저하게 결여한 것**을 말한다(대판 2000.5.12, 2000다12259). 중대한 과실의 유무는 구체적 사실관계에서 보통인이 베풀어야 할 주의를 표준으로 객관적으로 판단되어야 하나(추상적 경과실), 표의자의 직업 등 개인사정이 당해 거래에 영향을 주는 경우(예금거래에서 은행원의 착오)에는 그것도 고려하여야 한다.

(2) 판례에 나타난 '중대한 과실'

① **[중과실 긍정]** 공장을 경영하는 자가 새로운 공장을 설립할 목적으로 토지를 매수함에 있어 토지상에 공장을 건축할 수 있는지 여부를 관할 관청에 알아보지 아니한 경우(대판 1993.6.29, 92다38881), 신용보증기금의 신용보증서를 담보로 금융채권자금을 대출해 준 금융기관이 위 대출자금이 모두 상환되지 않았음에도 착오로 신용보증기금에게 신용보증서 담보설정 해지를 통지한 경우(대판 2000.5.12, 99다64995)에는 중대한 과실이 있으므로 취소할 수 없다.

지문 OX

05 부동산 매매에서 시가에 관한 착오는 원칙적으로 동기의 착오에 불과할 뿐 법률행위의 중요부분의 착오에 해당한다고 할 수 없다. ○

06 착오에 의한 의사표시에서 표의자의 중대한 과실이라 함은 표의자의 직업, 행위의 종류, 목적 등에 비추어 보통 요구되는 주의를 현저히 결여하는 것을 의미한다. ○

07 공장을 경영하는 자가 공장이 협소하여 새로운 공장을 설립할 목적으로 토지를 매수함에 있어 토지상 공장건축 가능성 여부를 알아보지 아니한 경우 착오를 이유로 매매계약을 취소할 수 없다. ○

08 금융기관 甲은 신용보증기금 乙의 신용보증서를 담보로 금융채권자금을 대출해 주었는데, 甲은 대출자금이 모두 상환되지 않았음에도 착오로 乙에게 신용보증담보설정의 해지를 통지한 경우, 그 해지의 의사표시는 민법 제109조 제1항 단서 소정의 중대한 과실에 해당하지 아니한다. ✕

09 甲은 乙로부터 고려청자로 알고 도자기를 매수하였는데, 그 도자기가 진품이 아닌 것으로 밝혀진 경우, 개인소장자인 매수인 甲이 그 출처의 조회나 전문적 감정인의 감정 없이 매수한 점만으로는 중과실이 인정되지 않으므로 착오를 이유로 계약을 취소할 수 있다. ○

10 특별한 사정이 없는 한 甲은 X토지가 지적도와 정확히 일치하는지 여부를 미리 확인하여야 할 주의의무가 있다. ✕

---

37) "외형적인 경계(담장)를 기준으로 하여 甲, 乙 사이에 인접토지에 관한 교환계약이 이루어졌으나 그 경계가 실제의 경계와 일치하지 아니함으로써, 결국 乙이 그 소유대지와 교환으로 제공받은 甲의 대지 또한 그 대부분이 乙의 소유인 것으로 판명되었다면, 이는 토지의 경계(소유권의 귀속)에 관한 착오로서 특단의 사정이 없는 한 법률행위의 중요부분에 관한 착오라 봄이 상당하다".

② **[중과실 부정]** 골동품도자기 매매계약을 체결함에 있어 매수인이 전문적 감정인의 감정을 거치지 아니한 채 매매계약을 체결한 경우(대판 1997.8.22, 96다26657: 고려청자로 알고 매수한 도자기가 진품이 아닌 것으로 밝혀진 사례), 토지매매에서 매수인이 매매목적물과 지적도와의 일치를 미리 확인하지 않은 경우(대판 2020.3.26, 2019다288232: 20세무), 건축사 자격이 없이 건축연구소를 개설한 건축학 교수와 재건축아파트 설계용역계약을 체결한 재건축조합이 상대방의 건축사 자격 유무를 조사하지 아니하여 그의 무자격을 알지 못한 경우(대판 2003.4.11, 2002다70884)에는 중대한 과실이 없다고 한다.

(3) 예외(상대방이 표의자의 착오를 알면서 이용한 경우)

상대방이 표의자의 착오를 알면서 이를 이용한 경우에, 표의자에게 중대한 과실이 있더라도 표의자는 그 의사표시를 취소할 수 있다(대판 1955.11.10, 4288민상321 ; 대판 2014.11.27, 2013다49794: 23경간, 19법경, 18세무). 제109조 1항 단서가 상대방의 이익을 보호하기 위한 것이지만 이러한 경우에는 상대방의 보호가치가 부정되므로 그 규정의 적용이 배제되어야 하기 때문이다.

[사실관계] 미래에셋증권의 직원이 거래 당일 개장 전인 08:50경 이 사건 계약의 매수주문을 입력하면서 주문가격란에 0.80원을 입력하여야 함에도 80원으로 잘못 입력하였는데, 상대방은 그것이 주문자의 착오로 인한 것임을 충분히 알 수 있었음에도 이를 이용하여 다른 사람들보다 먼저 매매계약을 체결한 사안이다.

Ⅲ. 착오의 효력

1. 취소권의 발생

착오에 의한 의사표시는 취소할 수 있고(제109조 1항), 취소되면 처음부터 무효로 된다(제141조).

2. 제3자에 대한 관계 ⋯ 재항변 사유

착오로 인한 법률행위의 취소는 선의의 제3자에게 대항할 수 없다(제109조 2항). '제3자'·'선의'·'대항할 수 없다' 등의 의미에 관하여는 허위표시에서 살핀 바와 같다.

3. 경과실[38] 표의자의 상대방에 대한 손해배상책임

判例는 전문건설공제조합이 경과실로 인하여 착오에 빠져 계약보증서를 발급하고 그 착오를 이유로 보증계약을 취소하자 상대방(채권자)이 제750조의 불법행위로 인한 손해배상을 청구한 사안에서 "ⅰ) (경)과실로 인하여 착오에 빠져 계약을 체결한 것과, ⅱ) 그 착오를 이유로 계약을 취소한 것 모두 '위법'하다고는 할 수 없다"(대판 1997.8.22, 97다13023: 19·21세무)고 하여 불법행위책임을 부정한다.

Ⅳ. 적용범위

1. 상대방 없는 단독행위

判例는 재단법인의 설립행위는 상대방 없는 단독행위인데 설립자가 착오를 이유로 출연의 의사표시를 취소할 수 있다고 한다(대판 1999.7.9, 98다9045: 18·19소간).

---

38) 표의자가 과실 없이 착오에 빠진 경우에도 신뢰이익배상 의무를 인정하는 것은 과실책임의 원칙에 어긋나기 때문에, 명문의 규정이 없는 우리 민법의 경우에는 표의자가 '경과실'을 이유로 법률행위를 취소하는 경우에만 문제된다.

2. 화해계약

화해는 당사자가 사실에 반한다는 것을 감수하면서 서로 양보하여 분쟁을 종료시키는 데에 목적을 두는 계약이므로, 화해의 목적인 '분쟁사항'이 사실과 다르더라도 착오를 이유로 취소하는 것은 허용되지 않는다(제733조 본문). 따라서 '분쟁 이외의 사항'에 착오가 있는 때에는, 착오를 이유로 화해계약을 취소할 수 있다(제733조 단서). 여기서 '분쟁 이외의 사항'이라 함은 분쟁의 대상이 아니라 그 분쟁의 전제 또는 기초가 된 사항으로서, 쌍방 당사자 사이에 다툼이 없어 양보의 대상이 되지 않았던 사실을 말한다(대판 1997.4.11, 95다48414).

그리고 화해계약의 의사표시에 있어 중요 부분에 관한 착오의 존재 및 이것이 당사자의 자격이나 목적인 분쟁 이외의 사항에 관한 것이라는 점은 착오를 이유로 화해계약의 취소를 주장하는 자가 입증하여야 한다(대판 2004.8.20, 2002다20353).

3. 소송행위

절차안정이 요구되는 소송행위에는 제109조가 적용되지 않으므로 소송행위를 착오를 이유로 취소하지 못한다. 따라서 判例는 '소를 취하한 경우'(대판 1971.7.27, 71다941: 재판 외에서 행하는 당사자의 소취하합의는 사법계약인 반면 소취하는 소송행위이다), **소송상 화해**(대판 1979.5.15, 78다1094: 재판 외에서 행하는 화해계약은 사법계약인 반면 소송상 화해는 소송행위이다), 상소포기(대판 1980.4.4, 80모11) 등의 경우에 그러한 행위에 착오가 있더라도 이를 이유로 취소할 수 없다고 한다.

> [비교판례] '소취하합의'가 민법상의 화해계약에 해당하는 경우에는 당사자는 착오를 이유로 취소하지 못하고 다만 화해 당사자의 자격 또는 화해의 목적인 분쟁 이외의 사항에 착오가 있는 때에 한하여 이를 취소할 수 있으나(제733조 단서), 민법상의 화해계약에 이르지 않은 법률행위에 해당하는 경우에는 민법 제109조에 따라 법률행위의 내용의 중요 부분에 착오가 있는 때에 취소할 수 있다(대판 2020.10.15, 2020다227523, 227530).

V. 다른 제도와의 관계

1. 법률행위 해석

① '규범적 해석'이 이루어진 경우에만 착오취소가 가능하다. ② '자연적 해석'에서는 표의자의 의사(진의)대로 법률효과가 주어지고, ③ '보충적 해석'에서는 진의가 아니라 가정적 의사가 중시되므로 진의와 표시의 불일치는 발생할 수 없기 때문이다.

2. 사기에 의한 의사표시의 취소(제110조)와의 경합 여부

判例는 ① 타인의 기망행위에 의하여 '동기의 착오'가 발생한 때에는 사기와 착오의 경합을 인정하나, ② 타인의 기망행위에 의하여 '표시상의 착오'가 발생한 경우에는 사기를 이유로 취소할 수 없고(제110조), 착오를 이유로만 취소할 수 있다고 한다(대판 2005.5.27, 2004다43824).

3. 해제[39]와의 경합 여부

判例는 '매도인'이 매수인의 중도금 지급 채무불이행을 이유로 매매계약을 적법하게 해제한 후에도(소급적 소멸), '매수인'이 착오를 이유로 취소권을 행사하여 매매계약 전

---

39) 해제할 수 있는 권리(해제권)를 갖고 있는 계약당사자의 일방적 의사 표시에 의해 이미 유효하게 성립한 '계약'을 소급적으로 해소하여 처음부터 계약이 체결되지 않았던 것과 같은 법률효과를 발생하게 하는 것을 말한다. 그 발생원인에는 대표적으로 채무불이행책임 또는 담보책임 등을 들 수 있다.

체를 무효로 돌릴 수 있다고 판시하여 경합을 인정한다(대판 1996.12.6, 95다24982: 23경간, 20법경, 16소간, 19세무). 왜냐하면 무효와 취소의 '이중효'의 이론적 측면뿐만 아니라 이를 인정할 경우 매수인으로서는 계약해제의 효과로서 발생하는 손해배상책임을 지는 불이익(제548조, 제551조)을 피할 수 있는 실익도 있기 때문이다.

4. 담보책임[40]과의 경합 여부

判例[41]는 "**착오로 인한 취소 제도와 매도인의 하자담보책임 제도는 취지가 서로 다르고, 요건과 효과도 구별**된다. 따라서 매매계약 내용의 중요 부분에 착오가 있는 경우 매수인은 매도인의 하자담보책임이 성립하는지와 상관없이 착오를 이유로 매매계약을 취소할 수 있다"(대판 2018.9.13, 2015다78703)고 판시하여 **제580조**(물건의 하자담보책임)[42]**와 제109조의 경합을 처음으로 명시적으로 인정**하였다. 따라서 이러한 判例에 따르면 설령 하자를 안 날로부터 6개월이 지났더라도(제582조), 제146조의 제척기간이 지나지 않았다면 착오를 이유로 취소할 수 있다.

제5관 사기 혹은 강박에 의한 의사표시 … 권리소멸의 항변(취소)

I. 서설

> **제110조 【사기, 강박에 의한 의사표시】**(18·21소간, 19법경, 20세무) ① 사기나 강박에 의한 의사표시는 취소할 수 있다.
> ② 상대방 있는 의사표시에 관하여 제3자가 사기나 강박을 행한 경우에는 상대방이 그 사실을 알았거나 알 수 있었을 경우에 한하여 그 의사표시를 취소할 수 있다.
> ③ 전2항의 의사표시의 취소는 선의의 제3자에게 대항하지 못한다.

사기 혹은 강박에 의하여 행하여진 의사표시는 의사와 표시의 불일치가 존재하는 경우는 아니지만 의사의 형성과정에 하자, 즉 타인의 부당한 간섭이 존재하는 경우이다.

II. 사기에 의한 의사표시

1. 의의

"사기에 의한 의사표시란 타인의 기망행위로 말미암아 '**착오**'에 빠지게 된 결과 어떠한 의사표시를 하게 되는 경우이므로 거기에는 의사와 표시의 불일치가 있을 수 없고, 단지 의사의 형성과정 즉 **의사표시의 동기에 착오가 있는 것에 불과**하며, 이 점에서 고유한 의미의 착오에 의한 의사표시와 **구분된다**"(대판 2005.5.27, 2004다43824: 20세무).

---

40) '담보책임'이란 계약상 의무의 이행으로 급부한 목적물에 권리와 물건의 하자가 있을 경우 이에 대해 부담하는 책임을 말한다. 민법은 매매계약에 있어 매도인의 담보책임에 관한 규정을 다른 모든 유상계약에 준용한다(제507조). 이러한 책임에 기해 매수인은 매도인에게 손해배상책임을 묻거나 또는 매매계약을 '해제'할 수 있다.

41) [학설] 통설은 '하자담보책임에 관한 규정'(제580조)은 착오에 관한 규정에 대한 특별규정으로서 매도인의 담보책임이 성립하는 범위 내에서 우선적으로 적용되어야 한다고 한다. 즉, 통설은 그 논거로서 착오를 이유로 한 취소권은 10년 또는 3년의 제척기간에 걸리는데 비해 담보책임에 따른 권리는 1년 또는 6월의 제척기간에 걸리는바, 일상 가장 빈번하게 행해지는 매매 기타 유상계약을 오랫동안 불확정한 상태에 두는 것은 옳지 않다는 점을 들고 있다.

42) 제580조(매도인의 하자담보책임) ①항 매매의 목적물에 하자가 있는 때에는 제575조 1항의 규정(손해배상청구 및 계약해제권)을 준용한다. 그러나 매수인이 하자있는 것을 알았거나 과실로 인하여 이를 알지 못한 때에는 그러하지 아니하다.

2. 요건(고, 기, 위, 인)

(1) 사기자의 고의

사기자에게 표의자를 기망하여 '착오'에 빠지게 하려는 고의와, 그 '착오'에 기하여 표의자로 하여금 의사표시를 하게 하려는 '고의'가 있어야 한다(2단의 고의). 따라서 상대방도 '과실'에 기초하여 기망행위를 하였고 그에 속아 표의자가 의사표시를 한 경우 표의자는 사기를 이유로 취소할 수는 없다(21소간, 19세무).

(2) 기망행위(사기)

기망행위란 표의자(피기망자)로 하여금 사실과 다른 그릇된 관념을 가지게 하거나 이를 강화 또는 유지하려는 모든 행위를 말한다. 적극적으로 허위의 사실을 날조하는 것뿐만 아니라, 소극적으로 진실한 사실을 숨기는 것도 기망행위이다. 다만 **부작위에 의한 기망은 고지 또는 설명의무가 전제되어야** 한다(19세무). 判例에 따르면 고지의무의 대상이 되는 것은 직접적인 법령의 규정뿐 아니라 널리 **계약상·관습상 또는 조리상 일반원칙에 의하여도 인정될 수 있다**고 한다(아래 2005다5812 ; 2004다48515 등).

> ✳ **신의칙상 고지의무가 없는 경우**
>
> 判例에 따르면 ① 부동산 분양계약에 있어서 분양자가 수분양자의 전매이익에 영향을 미칠 가능성이 있는 사항들에 관하여 분양자가 가지는 정보를 밝혀야 할 신의칙상의 의무는 없다고 하며(대판 2010.2.25, 2009다86000), ② 상대방이 고지의무의 대상이 되는 사실을 이미 알고 있거나 스스로 이를 확인할 의무가 있는 경우 또는 거래 관행상 상대방이 당연히 알고 있을 것으로 예상되는 경우 등에는 고지의무가 없다고 한다(대판 2014.7.24, 2013다97076).

> ✳ **신의칙상 고지의무가 있는 경우 ★**
>
> 判例에 따르면 ① "우리 사회의 통념상으로는 공동묘지가 주거환경과 친한 시설이 아니어서 분양계약의 체결 여부 및 가격에 상당한 영향을 미치는 요인일 뿐만 아니라, 대규모 공동묘지 가까이에서 조망할 수 있는 곳에 아파트단지가 들어선다는 것은 통상 예상하기 어렵다는 점을 감안할 때, 아파트 분양자는 아파트단지 인근에 **공동묘지가 조성되어 있는 사실을 수분양자에게 고지할 신의칙상의 의무가 있다**"(대판 2007.6.1, 2005다5812, 5829, 5836: 22경간)고 하며 ② 같은 취지의 것으로, 아파트 분양자는 아파트 단지 인근에 쓰레기 매립장이 건설예정인 사실을 분양계약자에게 고지할 신의칙상 의무가 있다고 한다(대판 2006.10.12, 2004다48515). 따라서 이 경우 분양자가 그 고지를 하지 않은 경우 부작위에 의한 기망행위에 해당하여 수분양자는 분양계약을 취소하고 분양대금의 반환을 구할 수도 있고, 사기에 의한 불법행위를 이유로 손해배상을 청구할 수도 있다고 한다. ③ 또한 임차권의 양도에 있어서 그 임차권의 존속기간, 임대기간 종료 후의 재계약 여부, 임대인의 동의 여부는 그 계약의 중요한 요소를 이루는 것이므로 양도인으로서는 이에 관계되는 모든 사정을 양수인에게 알려주어야 할 신의칙상의 의무가 있는데, 몇 차례에 걸쳐 명도요구를 받고 있었던 임차권 양도인이 그 여부를 확인하여 양수인에게 설명하지 아니한 채 임차권을 양도한 행위는 기망행위에 해당한다고 한다(대판 1996.6.14, 94다41003).

(3) 기망행위의 위법성

상품의 선전·광고에 있어 다소의 과장이나 허위가 수반되는 것은 그것이 일반 상거래의 관행과 신의칙에 비추어 시인될 수 있는 한 기망성이 결여된다고 하겠으나, **거래에 있어서 중요한 사항에 관하여 구체적 사실을 신의성실의 의무에 비추어 비난받을 정도의 방법으로 허위로 고지한 경우**에는 기망행위에 해당한다(대판 2009.4.23, 2009다1313: 22경간, 19법경, 18소간).

구체적으로 判例는 ① **매매계약**(대판 2014.4.10, 2012다54997)[43] 또는 **교환계약**[44](대판 2002.9.4, 2000다54406, 54413)**에서의 시가에 대한 묵비의 경우 위법성을 부정**하였으나(23경간), ② 백화점의 이른바 변칙세일광고, 즉 상품의 판매가격을 실제보다 높이 책정한 후 이 가격을 기준으로 할인가격을 정하여 실제는 상품의 정상가격으로 판매한 사안에서, 이러한 변칙세일은 물품구매동기에서 중요한 요소인 가격조건에 관하여 기망이 이루어진 것으로서 그 사술의 정도가 사회적으로 용인될 수 있는 상술의 정도를 넘어선 위법한 것으로 판결하였다(대판 1993.8.13, 92다52665).

(4) 인과관계

기망행위와 착오 사이에 그리고 착오와 의사표시 사이에 인과관계가 존재하여야 한다. 그런데 여기의 인과관계는 주관적인 것으로 족하다.

Ⅲ. 강박에 의한 의사표시

1. 의의

강박에 의한 의사표시라 함은 타인의 강박행위로 인하여 '공포심'에 빠져서 한 의사표시를 말한다(18세무).

2. 요건(고, 강, 위, 인)

(1) 강박자의 고의

표의자에게 공포심을 일으키려는 고의와, 그 공포심에 기해 의사표시를 하게 하려는 고의가 있어야 한다(2단의 고의). 따라서 강박행위는 강박자의 고의에 의해서만 성립하고, 과실에 의해서는 성립하지 않는다(22경간, 20세무).

(2) 강박행위

① 공포심을 일으키게 하는 것이면 아무런 제한이 없다. 그러나 어떤 해악의 고지가 아니라 단지 각서에 서명·날인할 것을 강력히 요구하는 행위는 강박행위가 아니며(대판 1979.1.16, 78다1968), 형사상 적법절차의 고지 역시 강박행위가 되지 않는다(대판 1972. 11.14, 72다1127).

② 그리고 "상대방 또는 제3자의 강박에 의하여 의사결정의 자유가 완전히 박탈(절대적 강박)된 상태에서 이루어진 의사표시는 효과의사에 대응하는 내심의 의사가 결여된 것이므로 무효라고 볼 수밖에 없으나, 강박이 의사결정의 자유를 완전히 박탈하는 정도에 이르지 아니하고 이를 제한하는 정도에 그친 경우에는 그 의사표시는 취소할 수 있음에 그치고 무효라고까지 볼 수 없다"(대판 1984.12.11, 84다카1402: 22경간, 20·21세무, 17소간).

---

43) "일반적으로 매매거래에서 매수인은 목적물을 염가로 구입할 것을 희망하고 매도인은 목적물을 고가로 처분하기를 희망하는 이해상반의 지위에 있으며, 각자가 자신의 지식과 경험을 이용하여 최대한으로 자신의 이익을 도모할 것으로 예상되기 때문에, 당사자 일방이 알고 있는 정보를 상대방에게 사실대로 고지하여야 할 신의칙상 의무가 인정된다고 볼만한 특별한 사정이 없는 한, 매수인이 목적물의 시가를 묵비하여 매도인에게 고지하지 아니하거나 혹은 시가보다 낮은 가액을 시가라고 고지하였다 하더라도, 상대방의 의사결정에 불법적인 간섭을 하였다고 볼 수 없으므로 불법행위가 성립한다고 볼 수 없다"(다만 사안의 경우 시가의 착오는 동기의 착오에 해당하나, 判例는 예외는 있지만 시가의 착오는 일반적으로 중요부분의 착오가 아니라고 한다).

44) 교환은 당사자 쌍방이 금전 이외의 재산권을 서로 이전할 것을 약정함으로써 성립하는 계약이다(제596조 참조). 당사자 간에 서로 '금전 이외의 재산권'을 이전하는 점에서, 재산권 이전의 대가로 매수인이 금전을 지급하는 매매와 구별된다.

(3) 강박행위의 위법성

判例는 "강박에 의한 의사표시라고 하려면 상대방이 불법으로 어떤 해악을 고지함으로 말미암아 공포를 느끼고 의사표시를 한 것이어야 하는바, 여기서 어떤 해악을 고지하는 강박행위가 위법하다고 하기 위하여는, 강박행위 당시의 거래관념과 제반 사정에 비추어 ⅰ) **해악의 고지로써 추구하는 이익이 정당하지 아니하거나**(21법경)(예컨대 다른 사람으로부터 개발이 예상되는 그 소유의 토지를 헐값에 매수하기 위하여 그 사람의 토지와 관련한 탈세 사실을 신고하겠다고 위협하는 경우), ⅱ) 강박의 수단으로 상대방에게 고지하는 해악의 내용이 법질서에 위배되는 경우(예컨대 죽여버리겠다고 위협하는 경우), ⅲ) 어떤 해악의 고지가 거래관념상 그 해악의 고지로써 추구하는 이익의 달성을 위한 수단으로 부적당한 경우(범죄행위를 한 자를 고소 또는 고발하겠다고 위협하였는데 범죄행위와 추구된 목적이 전혀 관계가 없는 경우. 예컨대 채권자가 채무자에게 채무를 이행하지 않으면 과거에 우연히 목격한 적이 있는 교통사고 사실을 경찰에 신고하겠다고 위협하는 경우) 등에 해당하여야 한다"(대판 2000.3.23, 99다64049 등)라고 판시하고 있다.

> [관련판례] "일반적으로 부정행위에 대한 고소, 고발은 그것이 부정한 이익을 목적으로 하는 것이 아닌 때에는 정당한 권리행사가 되어 위법하다고 할 수 없으나, 부정한 이익의 취득을 목적으로 하는 경우에는 위법한 강박행위가 되는 경우가 있고 목적이 정당하다 하더라도 행위나 수단 등이 부당한 때에는 위법성이 있는 경우가 있을 수 있다"(대판 1992.12.24, 92다25120: 22경간, 19소간). 즉, 목적과 수단이 모두 정당해야 위법성이 부정될 수 있다.

(4) 인과관계

강박행위와 공포 및 공포와 의사표시 사이에 각각 인과관계가 있어야 한다. 이때의 인과관계 역시 주관적인 것에 지나지 않아도 상관없다(대판 2003.5.13, 2002다73708).

Ⅳ. 사기·강박에 의한 의사표시의 효과

1. 취소권의 발생

(1) 상대방의 사기·강박의 경우

표의자는 그의 의사표시를 취소할 수 있다(제110조 1항)(23경간).

(2) 제3자의 사기·강박이 있은 경우

표의자는 상대방이 그 사실을 알았거나 알 수 있었을 경우에 한하여 그 의사표시를 취소할 수 있다(제110조 2항)(22경간).

(3) 제110조 2항의 '제3자'의 범위

判例는 "제110조 2항에서 정한 제3자에 해당되지 아니한다고 볼 수 있는 자란 **'그 의사표시에 관한 상대방의 대리인 등 상대방과 동일시 할 수 있는 자'** 만을 의미하고(제116조 참조), 단순히 상대방의 피용자이거나 상대방이 사용자책임을 져야 할 관계에 있는 **피용자에 지나지 않는 자는 상대방과 동일시할 수는 없어 이 규정에서 말하는 제3자에 해당한다고 보아야 한다"**고 판시하고 있다(대판 1998.1.23, 96다41496: 23경간, 18법경, 17·18·20소간, 20세무).
구체적으로 ㉠ 회사의 '대리권 없는 기획실 과장'의 사기가 문제된 경우에는 제3자성을 인정하였고(대판 1998.1.23, 96다41496), ㉡ '상법상 지배인에 해당하는 은행의 출장소장'의 사기가 문제된 경우에는 제3자성을 부정하였다(대판 1999.2.23, 98다60828: 18·19세무). ㉢ 만약 기망행위를 한 자가 피용자 겸 대리인인 경우에도 제3자의 사기가 아니므로 제110조 1항이 적용된다.

2. 취소의 효과

(1) 소급적 무효

사기·강박에 의한 의사표시가 취소되면, 그 의사표시를 요소로 하는 법률행위가 소급적으로 무효로 된다(제141조). 다만 최근 判例 중에는 소급효를 제한하여 근로계약이 사기에 의한 것으로 취소되면 이미 제공된 근로자의 노무를 기초로 형성된 취소 이전의 법률관계까지 효력을 잃는 것은 아니라고 하여 '**장래효**'를 인정하기도 한다(대판 2017.12.22, 2013다25194, 25200).

(2) 제3자에 대한 관계

1) 선의의 제3자에 대한 취소효과의 제한

사기 혹은 강박을 이유로 한 의사표시의 취소는 선의의 제3자에게 대항하지 못한다(제110조 3항). 이 규정의 의의, 선의, 제3자, 대항하지 못한다는 것은 허위표시의 경우와 같다. 즉, "사기를 이유로 한 법률행위의 취소로써 대항할 수 없는 제110조 제3항 소정의 제3자라 함은 사기에 의한 의사표시의 당사자 및 포괄승계인 이외의 자로서 **사기에 의한 의사표시를 기초로 하여 새로운 법률원인으로써 이해관계를 맺은 자를 의미한다**"(대판 1997.12.26, 96다44860 ; 대판 2010.4.29, 2009다96083[45]). 다만, 부동산의 양도계약이 사기에 의한 의사표시에 해당하는 경우에 있어서는 공시 방법인 소유권이전등기를 '**마친**' 기망행위자와 사이에 새로운 법률원인을 맺어 이해관계를 갖게 된 자만이 민법 제110조 제3항 소정의 제3자에 해당한다고 볼 수는 없다(대판 1997.12.26, 96다44860).

2) '제3자'의 범위

제110조 3항의 제3자는 원칙적으로 '취소의 의사표시가 있기 전에' 이해관계를 맺은 자를 의미한다. 그런데 외부에서는 의사표시가 취소할 수 있는 것인지, 취소되었는지도 잘 알 수가 없기 때문에 判例는 **취소 후 말소등기 전에 이해관계를 맺은 선의의 제3자도 보호**된다고 한다(대판 1975.12.23, 75다533: 20소간).

V. 적용범위

① '화해계약'은 화해당사자의 자격 또는 화해의 목적인 분쟁 이외의 사항에 착오가 있는 경우를 제외하고는 착오를 이유로 취소하지 못하지만(제733조), 화해계약이 사기로 인하여 이루어진 경우에는 화해의 목적인 분쟁에 관한 사항에 착오가 있는 때에도 민법 제110조에 따라 이를 취소할 수 있다고 할 것이다(대판 2008.9.11, 2008다15278).

② '가족법상의 법률행위'에는 본조는 적용이 없으며, 따로 가족법에서 특칙을 정하고 있다(제816조, 제823조, 제884조 참조).

③ '정형적인 거래행위'에서는 본조의 적용이 부정되는 수가 있다. 상법(제320조)에 회사 성립 후의 주식인수에 관해 이러한 취지의 규정이 있다.

④ '**소송행위**'에도 특별한 사정이 없는 한 민법상의 법률행위에 관한 규정은 적용이 없는 것이므로 소송행위가 강박에 의하여 이루어진 것임을 이유로 취소할 수는 없다(대판 1997.10.10, 96다35484: 23경간, 17소간, 19세무).

45) "특별한 사정이 없는 한 <u>파산관재인</u>은 사기에 의한 의사표시에 따라 외형상 형성된 법률관계를 토대로 실질적으로 새로운 법률상 이해관계를 가지게 된 <u>민법 제110조 제3항의 제3자</u>에 해당한다고 보아야 할 것이고, 파산채권자 모두가 악의로 되지 않는 한 파산관재인은 선의의 제3자라고 할 수밖에 없을 것이다".

Ⅵ. 다른 제도와의 관계

1. 제103조, 제104조와의 관계

判例는 강박행위는 그것 자체가 사회질서에 반할지라도 법률행위가 제110조에 의하여 취소될 수 있을 뿐 원칙적으로 제103조 또는 제104조에 의하여 무효로 되지는 않는다고 한다(대판 1993.7.16, 92다41528, 92다41535).

2. 착오와의 관계

① **[경합긍정]** 判例는 타인의 기망행위에 의하여 '동기의 착오'가 발생한 때에는 사기와 착오의 경합을 인정한다(대판 1969.6.24, 68다1749: 16·19소간).

② **[경합부정]** 그러나 타인의 기망행위에 의하여 '표시상의 착오'가 발생한 경우에는 사기를 이유로 취소할 수 없고, 착오를 이유로만 취소할 수 있다고 한다. 즉, "사기에 의한 의사표시란 타인의 기망행위로 말미암아 착오에 빠지게 된 결과 어떠한 의사표시를 하게 되는 경우이므로 거기에는 의사와 표시의 불일치가 있을 수 없고, 단지 의사의 형성과정 즉 의사표시의 동기에 착오가 있는 것에 불과하며, 이 점에서 고유한 의미의 착오에 의한 의사표시와 구분되는데, **제3자의 기망행위에 의하여 신원보증서류에 서명날인한다는 착각에 빠진 상태로 연대보증의 서면에 서명날인한 경우 이른바 표시상의 착오에 해당하므로**, 상대방이 그러한 제3자의 기망행위 사실을 알았거나 알 수 있었을 경우가 아닌 한 의사표시자가 취소권을 행사할 수 없다는 제110조 2항의 규정을 적용할 것이 아니라, 착오에 의한 의사표시에 관한 법리만을 적용하여 취소권 행사의 가부를 가려야 한다"(대판 2005.5.27, 2004다43824: 18·19법경, 17·20소간, 20세무)고 한다.

3. 담보책임과의 관계(제570조[46]와 경합인정)

判例는 "민법 제569조가 타인의 권리의 매매를 유효로 규정한 것은 선의의 매수인의 신뢰이익을 보호하기 위하여 규정한 것이므로 매수인이 매도인의 기망에 의하여 타인의 물건을 매도인의 것으로 잘못 알고 매수한다는 의사표시를 한 것이고 만일 **타인의 물건인줄 알았더라면 매수하지 아니하였을 사정이 있는 경우에는 매수인은 민법 제110조에** 의하여 매수의 의사표시를 취소할 수 있다"(대판 1973.10.23, 73다268)고 한다.

4. 불법행위책임과의 관계

제110조는 취소권을 주어서 계약의 구속에서 해방시키는 제도이고 제750조는 피해자에게 손해를 배상시키는 제도라는 점에서 양자는 고유한 목적을 갖는 별개의 제도이므로, 사기·강박이 불법행위의 요건을 갖춘 때에는 채권자는 양자를 '선택적'으로 행사할 수 있다(**청구권 경합**).

> [관련판례] "기망에 의한 손해배상책임이 성립하기 위해서는 거래당사자 중 일방에 의한 고의적인 기망행위가 있고 이로 말미암아 상대방이 착오에 빠져 그러한 기망행위가 없었더라면 사회통념상 하지 않았을 것이라고 인정되는 법률행위를 하여야 한다"(대판 2018.6.15, 2016다212272).

46) 제570조(매도인의 담보책임) 전조(타인권리매매)의 경우에 매도인이 그 권리를 취득하여 매수인에게 이전할 수 없는 때에는 매수인은 계약을 해제할 수 있다. 그러나 매수인이 계약당시 그 권리가 매도인에게 속하지 아니함을 안 때에는 손해배상을 청구하지 못한다.

① 다만, **법률행위를 취소**하여 부당이득반환을 받은 때에는 그 반환받은 범위 내에서는 손해가 회복되므로 그 반환받은 범위 내에서는 손해배상청구권을 '**중첩적**'으로 행사할 수 없다(대판 1993.4.27, 92다56087: 23경간, 17소간). ② 그러나 **법률행위를 취소하지 않은 경우**에도 불법행위를 원인으로 한 손해배상청구권은 가지나, 그 손해액을 계산함에 있어서는 피기망자(피강박자)가 법률행위의 효력으로써 보유하게 된 급부의 가액을 공제하여야 할 것이다(대판 1980.2.26, 79다1746).

[관련판례] "제3자의 사기행위로 인하여 피해자가 주택건설사와 사이에 주택에 관한 분양계약을 체결하였다고 하더라도 제3자의 사기행위 자체가 불법행위를 구성하는 이상, 제3자로서는 그 불법행위로 인하여 피해자가 입은 손해를 배상할 책임을 부담하는 것이므로, 피해자가 제3자를 상대로 손해배상청구를 하기 위하여 반드시 그 분양계약을 취소할 필요는 없다"(대판 1998.3.10, 97다55829: 19법경, 18·21소간, 20세무).

제6관 의사표시의 효력발생

I. 상대방 있는 의사표시의 효력발생시기(제111조)

제111조【의사표시의 효력발생시기】(18·19법경, 17소간, 18·21세무) ① 상대방이 있는 의사표시는 상대방에게 도달한 때에 그 효력이 생긴다.
② 의사표시자가 그 통지를 발송한 후 사망하거나 제한능력자가 되어도 의사표시의 효력에 영향을 미치지 아니한다.

1. 의의

① 상대방 있는 의사표시의 효력이 언제 발생하느냐 하는 것은, 가령 의사표시의 부도달(不到達) 또는 연착의 경우에 표의자와 상대방 중 누가 그에 따른 위험을 부담할 것인가와 관련하여 실천적인 의미를 가진다.

② 상대방 없는 의사표시에서는 의사표시를 수령할 특정의 상대방이 없기 때문에 '표시행위가 완료'된 때에 효력을 발생하게 되며(22경간, 18세무)(표백주의), 특별한 문제가 없다.

2. 도달주의

(1) 민법의 태도

민법은 상대방 있는 의사표시는 그 통지가 상대방에 도달한 때로부터 그 효력이 생긴다고 하여 '**도달주의**'를 채택하고 있다(제111조 1항). 다만 도달주의의 원칙을 정한 제111조는 임의규정이다. 따라서 당사자의 약정에 의하여 의사표시의 효력발생시기를 달리 정할 수 있다.

(2) 도달의 개념

① 이때 '도달'이란 **상대방의 지배권 내에 들어가 사회통념상 일반적으로 알 수 있는** 객관적 **상태에 이른 것**을 말하고, 상대방이 현실적으로 수령하였거나 내용을 알았을 것까지 요하지는 않는다(대판 1997.11.25, 97다31281: 18·21법경, 17·21소간, 18·21세무). 이는 **채권양도의 통지와 같은 준법률행위의 도달의 경우에도 마찬가지**이다(대판 1983.8.23, 83다카439: 21법경).

② [도달긍정] 편지가 우편수신함에 투입되어 있거나, 동거하는 가족 등에게 교부된 때에는 도달된 것으로 본다.

02 상대방 있는 의사표시는 그 통지가 상대방에게 발송한 때로부터 효력이 발생한다. ✕
03 상대방 있는 의사표시는 상대방에게 도달한 때에 그 효력이 생기므로, 의사표시가 그 통지를 발송한 후 사망하는 경우 그 의사표시는 효력이 발생하지 않는다. ✕

04 상대방 있는 의사표시는 원칙적으로 그 통지가 상대방에 도달한 때로부터 그 효력이 생긴다. O
05 의사표시가 상대방에게 도달되었다고 보기 위해서는 사회관념상 상대방이 그 통지의 내용을 알 수 있는 객관적 상태에 놓여졌다고 인정되면 충분하다. O
06 채권양도의 통지와 같은 준법률행위의 도달은 의시표시와 마찬가지로 사회 관념상 채무자가 통지의 내용을 알 수 있는 객관적 상태에 놓여졌을 때를 말한다. O

③ [도달부정] 그러나 ㉠ 슬그머니 수령자의 주머니 속에 넣거나, 쉽게 발견될 수 없는 상태로 문서를 삽입한 상품을 송부한 경우, ㉡ **채권양도통지서가 들어 있는 우편물을 채무자의 가정부가 수령한 직후에 한 집에 거주하고 있던 채권양수인이 그 우편물을 바로 회수해 간 경우**, "그 통지의 그 우편물의 내용이 무엇이었는지를 가정부가 알고 있었다는 등의 특별한 사정이 없는 이상, 그 통지는 사회관념상 채무자가 그 통지의 내용을 알 수 있는 객관적 상태에 놓여졌던 것이라고 볼 수 없어 '도달'되었다고 볼 수 없다"(대판 1983.8.23, 83다카439: 20소간). ㉢ 또 일간신문에 공고를 낸 경우에는 상대방이 그 공고를 알았다고 인정할 수 없고, 그 공고된 의사표시가 실제로 상대방에게 도달되었다는 점을 따로 입증하여야 한다(대판 1964.10.30, 64다65).

(3) 수령거절의 경우

도달주의의 취지상 상대방이 정당한 사유 없이 통지의 수령을 거절한 경우에는, 상대방이 그 통지의 내용을 알 수 있는 **'객관적 상태에 놓여 있는 때'**에 의사표시의 효력이 생기는 것으로 보아야 한다(대판 2008.6.12, 2008다19973: 21법경, 21소간).

같은 취지에서 상대방이 부당하게 등기취급 우편물의 수취를 거부함으로써 우편물의 내용을 알 수 있는 **'객관적 상태의 형성을 방해'한 경우**, 그러한 상태가 형성되지 아니하였다는 사정만으로 발송인의 의사표시 효력을 부정할 수는 없다. 이 경우 **의사표시의 효력 발생 시기는 수취 거부시**이며, 우편물의 수취 거부가 신의성실의 원칙에 반하는지 판단하는 방법 및 우편물의 수취를 거부한 것에 정당한 사유가 있는지에 관한 증명책임의 소재는 수취 거부를 한 상대방에게 있다(대판 2020.8.20, 2019두34630).

(4) 증명책임

도달에 대한 증명책임은 그 도달을 주장하는 자에게 있다. 判例는 ㉠ **'내용증명[47](배달증명) 등 등기취급'**으로 발송한 때에는 반송되지 않는 한 도달된 것으로 추정되지만(대판 1997.2.25, 96다38322: 23경간, 18법경, 20세무), ㉡ **'보통우편'**으로 발송한 때에는 비록 반송된 사실이 없더라도 우편제도상 도달된 것으로 추정할 수 없다고 한다(대판 2002.7.26, 2000다25002: 18·19법경, 21소간). 즉, "우편물이 수취인 가구의 우편함에 투입되었다고 하더라도 분실 등을 이유로 그 우편물이 수취인의 수중에 들어가지 않을 가능성이 적지 않게 존재하는 현실에 비추어, 아파트 경비원이 집배원으로부터 우편물을 수령한 후 이를 우편함에 넣어 둔 사실만으로 수취인이 그 우편물을 수취하였다고 추단할 수 없다"(대판 2006.3.24, 2005다66411).

(5) 도달주의의 효과

① [철회불가] 의사표시는 상대방에게 도달한 때에 그 효력이 생기므로, 발송 후라도 도달 전에는 그 의사표시를 '철회'할 수 있다(18·20세무). 따라서 의사표시가 도달된 이후에는 상대방이 이를 알기 전이라도 표의자가 이를 '철회'하지 못한다(제527조)(23경간).

② [불착, 연착] 의사표시의 불착·연착은 모두 표의자의 불이익으로 돌아간다(20소간).

③ [발신 후 사정변경] 표의자가 그 통지를 '발신'한 후 사망하거나 제한능력자가 되어도 의사표시의 효력에 영향을 미치지 아니한다(제111조 2항)(22·23경간, 20·21세무). 가령 승낙의 의사표시를 발신한 후 승낙자가 사망하였는데, 그 의사표시가 승낙기간 내에 청약자에게 도달하였다면, 계약은 유효하게 성립하고, 승낙자의 상속인이 계약상의 권리·

47) 내용증명은 발송인이 언제, 누구에게, 어떤 내용의 문서를 발송했는지 우체국장이 공적인 입장에서 증명해 주는 우편 제도이다. 내용증명우편은 통상우편으로는 증명을 할 수 없으므로 반드시 등기우편으로 하여 기록을 남겨야 한다. 또한 일반적으로 같은 내용의 우편을 3통 작성하여 1통은 내용 문서의 원본으로 수취인이 가지고, 2통은 우체국과 발송인이 1통씩 보관한다.

지문 OX

07 의사표시의 상대방이 정당한 사유 없이 통지의 수령을 거절한 경우 상대방이 그 통지의 내용을 알 수 있는 객관적 상태에 놓여 있는 때에 의사표시의 효력이 발생한다. ○

08 의사표시의 도달사실에 대한 증명책임은 상대방에게 있다. ×

09 의사표시가 기재된 내용증명 우편물이 발송되고 반송되지 않았다면, 특별한 사정이 없는 한, 그 무렵에 송달되었다고 볼 수 있다. ○

10 통상우편으로 발송된 의사표시는 상당기간 내에 도달한 것으로 추정된다. ×

11 특별한 사정이 없는 한, 아파트 경비원이 집배원으로부터 우편물을 수령한 후 이를 아파트 공동 출입구의 우편함에 넣어 두었다는 사실만으로도 수취인이 그 우편물을 수취하였다고 추단할 수 있다. ×

12 설령 의사표시가 도달되었다 하더라도 상대방이 요지하기 전이라면 철회할 수 있다. ×

13 표의자는 의사표시의 부도달 또는 연착으로 인한 불이익을 부담한다. ○

14 상대방이 있는 의사표시는 상대방에게 도달한 때에 그 효력이 생기므로, 의사표시자가 그 통지를 발송한 후 사망하는 경우 그 의사표시는 효력이 발생하지 않는다. ×

의무를 상속한다. 그러나 반대로 표의자의 상대방이 도달 전에 사망한 경우에는 그의 상속인이 이를 승계할 성질의 것이냐에 의해 결정하여야 하고, 상대방이 행위능력을 상실한 때에는 의사표시의 수령능력의 문제로 된다.

(6) 예외적 발신주의(무, 사, 채, 격, 제한)

① **[최고에 대한 확답]** 제한능력자의 상대방의 최고에 대한 제한능력자 측의 확답(제15조), 무권대리인의 상대방의 최고에 대한 본인의 확답(제131조), 채무인수에서 채무자의 최고에 대한 채권자의 확답(제455조)에서는, 일정한 기간 내에 그 확답을 '발송'하지 않으면 일정한 효과가 발생하는 발신주의를 취한다.

② **[총회소집의 통지]** 사원총회의 소집은 1주간 전에 그 통지를 '발송'하여야 한다(제71조). 예를 들어 총회예정일이 2019.3.15. 오전 10시라면, 늦어도 2019.3.8. 오전 0시까지는 사원들에게 소집통지를 발송해야 한다("빼기7, 0시"로 외울 것).

③ **[격지자 간의 계약]** 격지자 간의 계약은 '승낙'의 통지를 '발송'한 때에 성립한다(제531조)(21소간). 유의할 것은 격지자와 대화자의 구별은 거리적·장소적 관념이 아니라 시간적 관념이라는 점이다.

지문 OX
01 의사표시의 수령자가 제한능력자인 경우 표의자는 수령자에 대하여 그 의사표시로써 대항할 수 없다. ○
02 제한능력자에 대하여 의사표시를 한 경우, 표의자는 법정대리인이 그 도달 사실을 알았더라도 그 의사표시로써 제한능력자에게 대항할 수 없다. ✕

Ⅱ. 의사표시의 수령능력(제112조)

> **제112조 【제한능력자에 대한 의사표시의 효력】**(21법경, 16·20소간, 18세무) 의사표시의 상대방이 의사표시를 받은 때에 제한능력자인 경우에는 의사표시자는 그 의사표시로써 대항할 수 없다. 다만, 그 상대방의 법정대리인이 의사표시가 도달한 사실을 안 후에는 그러하지 아니하다.

민법은 제한능력자를 수령제한능력자로 하고 있다. 그러나 제한능력자가 예외적으로 행위능력을 가지는 경우에는 수령능력도 인정된다.

① 의사표시의 상대방이 이를 받은 때에 제한능력자인 경우에는 의사표시자는 그 의사표시로써 '대항'할 수 없다(제112조 본문). 표의자가 의사표시의 도달, 즉 효력의 발생을 주장할 수 없다는 것이므로 제한능력자가 그 도달을 주장하는 것은 무방하다(21소간).

② 상대방이 제한능력자이더라도, 그의 법정대리인이 의사표시가 도달한 사실을 안 후에는 그 효력을 주장할 수 있다(제112조 단서). 다만 그 효력발생시기는 법정대리인이 그 도달을 안 때부터이고, 도달한 때로 소급하는 것은 아니다.

Ⅲ. 의사표시의 공시송달(제113조)

> **제113조 【의사표시의 공시송달】**(19법경, 20소간, 21세무) 표의자가 과실없이 상대방을 알지 못하거나 상대방의 소재를 알지 못하는 경우에는 의사표시는 민사소송법 공시송달의 규정에 의하여 송달할 수 있다.

03 표의자가 중과실 없이 상대방을 알지 못하거나 상대방의 소재를 알지 못하는 경우 의사표시는 민사소송법 공시송달의 규정에 의하여 송달할 수 있다. ✕
04 표의자가 상대방의 소재를 알지 못하는 경우 의사표시는 민사소송법 공시송달의 규정에 의하여 송달할 수 있다. ○

공시송달에 의한 의사표시는 그 사유를 게제한 날로부터 2주일을 경과하면 그 효력이 생긴다(민사소송법 제196조 1항). 다만 동일 당사자에 대한 그 후의 공시송달은 게시한 다음날로부터 그 효력이 생긴다(동법 제196조 1항 단서).

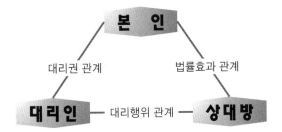

| 쟁점구조 |

■ 상대방이 본인을 피고로 한 경우

A. ① 본인의 무권대리 항변(부인) 검토 → ② 상대방의 표현대리 재항변 검토 → ③ 본인의 대리권 남용 재재항변 검토[48]

B. ① 상대방의 유권대리 인정시 → ② 본인의 대리권 남용의 재항변 검토[49]

제1관 대리권 총설

I. 서설

1. 대리의 의의

대리란 타인(대리인)이 본인의 이름으로 의사표시를 하거나 의사표시를 수령함으로써 그 법률효과가 직접 본인에게 귀속되도록 하는 제도를 말한다. 이처럼 대리제도는 대리인이 의사표시를 하거나 수령하지만 그가 행한 법률행위의 효과는 표의자 아닌 다른 사람에게 직접 귀속된다는 점에서 '법률행위의 효과가 법률행위를 한 자에게 귀속된다'는 원칙에 대한 중대한 예외를 이룬다.

2. 대리의 사회적 기능

① 고도로 전문화·분업화된 현대사회에서 각자가 자기의 모든 법률관계를 스스로 형성함은 현실적으로 거의 불가능하다. 이러한 상황에서 대리에 의하여 각자의 활동영역이 확정될 수 있다(사적자치의 확장).

---

48) 표현대리의 성립요건으로서 '선의·무과실'의 인식 대상은 '대리권의 존재(범위·존속)'임에 반해서 대리권 남용이론에서 악의 또는 과실의 인식 대상은 '대리인의 대리권남용 의사'여서 양자의 인식 대상이 다르기 때문에 표현대리가 성립하는 경우에도 대리권남용이 있을 수 있다는 견해가 유력하다(86다카1004 참고).

49) 표현대리는 무권대리의 일종이기 때문에 여기에는 다시 표현대리 성립여부를 검토하지 않는다.

② 나아가 제한능력자는 독자적으로 법률행위를 할 수 없으므로, 법정대리인의 행위를 매개하여 비로소 권리를 취득하고 의무를 부담함으로써 법적 거래에 참가할 수 있다. 이때 대리제도는 제한능력자의 행위능력을 보충하여 주는 기능도 담당한다(사적자치의 보충).

Ⅱ. 대리가 인정되는 범위

① 대리는 사적자치와 관련되는 제도이므로, 원칙적으로 의사표시를 요소로 하는 '법률행위'에 한해 인정된다(제114조). 그러나 준법률행위 중에서 '의사의 통지'(최고)와 '관념의 통지'(채권양도통지, 채무승인 등)에 관하여는 의사표시에 관한 규정이 유추적용되므로 대리도 가능하다(대판 1997.6.27, 95다40977).
② 그러나 사실행위나 불법행위에 대해서는 대리가 허용되지 않는다. 그리고 혼인, 유언 등 가족법상 법률행위도 일반적으로 대리가 허용되지 않는다.

Ⅲ. 대리의 종류

1. 임의대리와 법정대리

대리권의 발생원인에 따른 분류이다. 임의대리는 본인의 의사에 의해 대리권이 수여되는 것이고, 법정대리는 본인의 의사와는 상관없이 법률의 규정에 의해 일정한 자에게 대리권이 부여되는 경우이다(제한능력자에 대한 친권자·후견인).

2. 능동대리와 수동대리

민법은 대리인이 제3자(상대방)에 대해 의사표시를 하는 경우(제114조 1항)와, 제3자의 의사표시를 수령하는 경우(제114조 2항)를 규정한다. 전자를 능동대리라고 부르고, 후자를 수동대리라고 한다.

3. 유권대리와 무권대리

대리권을 가진 것이 유권대리이고, 그렇지 않은 경우가 무권대리이다. 무권대리는 다시 표현대리(제125조·제126조·제129조)와 협의의 무권대리(제130조~제136조)로 나누어진다.

Ⅳ. 사자(대리와 구별되는 제도)

구분	사자	대리
효과의사결정	본인	대리인
본인의 능력	행위능력은 필요	권리능력만 있으면 의사능력 없어도 무방
사자, 대리인의 능력	의사능력 불요	의사능력만 있으면 행위능력 없어도 가능
의사표시 하자 유무	본인	대리인(원칙)
의사를 잘못 전달	의사표시 부도달	의사표시 효력에 영향(×)
인정범위	법률행위(○) 사실행위(○)	법률행위(○) 사실행위(×)

1. 의의

사자(使者)란 본인이 결정한 내심적 의사를 '표시'하거나 '전달'함으로써 표시행위의 완성에 협력하는 자를 말한다. 이에는 전달기관으로서의 사자와 표시기관으로서의 사자가 있다.

2. 대리와의 차이점

① 사자는 본인이 효과의사를 결정하나, 대리는 대리인 자신이 효과의사를 결정한다는 점에서 본질적인 차이가 있다. ② 대리는 원칙적으로 의사표시를 요소로 하는 법률행위에서 인정되나, 사자는 사실행위 완성에 협력할 뿐이므로 원칙적으로 사실행위에서 인정된다. ③ 사자는 본인이 효과의사를 결정하므로 본인은 행위능력자이어야 하나, 사자는 권리능력으로 족하다(의사능력마저 없어도 무방하다). 그러나 대리는 대리인이 효과의사를 결정하므로 본인은 제한능력자라도 되나, 대리인의 의사능력은 필요하다. 다만 대리의 경우 법률효과가 본인에게 귀속된다는 점에서 대리인도 행위능력자일 필요가 없다(제117조). ③ 의사표시의 하자유무를 대리에서는 대리인을 표준으로 하고(제116조 1항), 사자에서는 본인을 표준으로 한다.

3. 대리규정의 유추적용 가부

(1) 사자가 선의인 경우

① 전달기관으로서의 사자가 의사표시를 잘못 전달하였다면 착오가 아니라(제109조) '의사표시의 부도달'이 문제된다(19세무). ② 반면 표시기관으로서의 사자가 본인의 의사표시를 잘못 전달한 경우 이는 '표시상의 착오'로 제109조의 요건을 충족한다면 본인이 취소할 수 있다(제109조).

그러나 사자가 아니라 대리인이 본인의 의사와 달리 표시한 경우에는, 대리인의 의사표시만이 그 기준이 되므로(제116조 참조), 설사 본인의 의사와 다르더라도 착오가 문제되지는 않는다.

(2) 사자가 악의인 경우

사자가 본인의 의사를 전달하지 아니하고 '의도적으로' 자기 자신의 의사표시를 하는 경우(예컨대 보증인이 1,000만원의 채무를 보증하겠다는 효과의사를 갖고 주채무자에게 그 전달을 위임하였는데, 주채무자가 보증인의 대리인으로 1억원의 채무를 보증하는 것으로 보증계약서를 작성한 경우)에는 원칙적으로 본인에게 효력이 없다. 다만 상대방을 보호하기 위해 표현대리 규정이 유추적용될 수 있는지가 문제되는바, 判例는 "제126조의 표현대리 규정은 일반적인 권리외관 이론에 그 기초를 두고 있는 것이므로 **사실행위를 하는 사자에게도 유추적용할 수 있다**"는 입장이다(대판 1962.2.8, 61다192).

I. 서설

1. 의의

대리권이란 타인이 본인의 이름으로 의사표시를 하거나(능동대리) 의사표시를 받음으로써(수동대리) 직접 본인에게 법률효과를 귀속시킬 수 있는 타인의 본인에 대한 법률상의 지위 또는 자격을 말한다. 즉 대리권은 대리 '권리'가 아니라 대리 '권한'이다.

2. 증명책임

① **[일반적인 경우]** 일반적으로 대리권이 있다는 점에 대한 입증책임은 그 대리행위의 효과를 주장하는 자에게 있다. 따라서 대리행위의 상대방이 본인에게 계약의 이행을 청구하는 경우에는 상대방이 대리인에게 대리권이 있음을 입증하여야 하고(대판 1994. 2.22, 93다42047), 본인은 대리권 수여를 부정하고 대리인은 대리행위의 효과를 주장하는 경우에는 **대리인이 자신에게 대리권이 있다는 것을 입증**하여야 한다(대판 2008.9.25, 2008다42195: 21세무).

② **[등기된 부동산의 경우]** 그러나 부동산거래의 대리행위에서 등기가 있는 경우에는 '**등기의 추정력**'[50]에 의해 그 등기의 무효를 주장하는 자가 대리인에게 대리권 없음을 입증하여야 한다(대판 1993.10.12, 93다18914). 예를 들어 乙이 甲의 대리인이라 칭하여 甲소유의 토지를 丙에게 매도하여 丙명의의 소유권이전등기가 경료된 후, 甲이 丙을 상대로 丙명의의 위 소유권이전등기가 원인무효임을 이유로 그 말소를 구한 소송을 제기한 경우, 대리행위의 효과를 주장하는 자는 丙이나, 丙은 현등기명의인이고 등기의 추정력은 전등기명의인에게까지 미치므로, 등기가 적법절차에 의해 이루어졌다는 추정을 깨려면 등기의 무효를 주장하는 甲이 乙에게 대리권이 없었음을 입증하여야 한다.

II. 대리권의 발생원인

1. 법정대리권의 발생원인

법정대리권은 본인의 의사와는 관계없이 법률의 규정에 의해 직접 발생한다. 그 유형으로는 ① 본인과 일정한 신분관계에 있는 자가 당연히 대리인이 되는 경우로서, 일상가사대리권이 있는 부부(제827조) · 친권자(제911조, 제920조) 등이 있고, ② 일정한 자의 지정으로 대리인이 되는 경우로서, 지정후견인(제931조) · 지정유언집행자(제1093조, 제1094조) 등이 있으며, ③ 법원에 의해 선임된 자가 대리인이 되는 경우로서, 부재자재산관리인(제22조, 제23조) · (미성년 · 성년 · 한정)후견인(제932조, 제936조, 제959조의3) · 상속재산관리인(제1023조, 제1040조, 제1044조, 제1047조, 제1053조) · 유언집행자(제1096조) 등이 있다.

2. 임의대리권의 발생원인

(1) 수권행위의 의의

임의대리권은 본인이 대리인에게 대리권을 수여하여야 발생하는바, **본인이 대리인에게 대리권을 수여하는 행위를 '수권행위'라고 한다.** 判例에 따르면 "수권행위는 불요식의 행위로서 명시적인 의사표시에 의함이 없이 묵시적인 의사표시에 의하여 할 수도 있으

지문 **OX**

01 대리권은 대리행위의 효과가 본인에게 미치는 대외적 자격을 말한다. ○

02 대리권의 존재는 원칙적으로 대리행위가 유효하다고 주장하는 자가 증명하여야 한다. ○

03 대리행위를 한 자에게 대리권이 있다는 점에 대한 증명책임은 대리행위의 효과를 주장하는 자에게 있다. ○

50) '등기의 추정력'이란 어떤 등기가 있으면 그에 대응하는 '실체적 권리관계'가 존재하는 것으로 추정되는 효력을 의미한다. 예를 들어 甲명의로 소유권이전등기가 경료되어 있으면 甲에게 '소유권'이 있는 것으로 추정되는 효력이다.

며(19세무), 어떤 사람이 대리인의 외양을 가지고 행위하는 것을 본인이 알면서도 이의를 하지 아니하고 방임하는 등 사실상의 용태에 의하여 대리권의 수여가 추단되는 경우도 있다"(대판 2016.5.26, 2016다203315: 19·21세무)고 한다.

(2) 수권행위의 법적 성질

① '수권행위의 법적 성질'은 수권행위에 대리인이 될 자의 승낙이 필요한지, 대리인의 의사표시에 하자가 있는 경우 수권행위에 영향을 미치는지 등과 관련이 있다. 이와 관련하여 ㉠ 위임과 유사한 '계약'으로 보는 견해도 있으나, ㉡ 수권행위는 대리인에게 일정한 지위 또는 자격을 부여하는 것에 불과하고 어떤 권리나 의무를 부여하는 것이 아닌 점[따라서 민법은 '대리인은 행위능력자임을 요하지 않는다'고 규정하고 있다(제117조)] 등을 고려할 때 '상대방 있는 단독행위'로 보는 것이 타당하다(대판 1997.12.12, 95다20775). 따라서 수권행위에 대리인의 승낙은 필요치 않다.

② 아울러 수권행위는 상대방 있는 단독행위이므로 상대방인 대리인 측의 사정에 영향을 받지 않는다. 그러므로 예를 들어 본인의 사기로 대리인이 수권행위를 '승낙'하더라도 대리인이 '수권행위'를 취소할 수 있는 것은 아니다(다만, 대리인인 수임인이 '위임계약'을 사기를 이유로 취소할 수는 있다). 그러나 대리인의 사기로 본인이 수권행위를 한 경우 본인은 사기를 이유로 수권행위를 취소할 수 있다.

(3) 수권행위의 독자성 인정 여부(적극)

> 제128조【임의대리의 종료】법률행위에 의하여 수여된 대리권은 전조(대리권의 소멸사유)의 경우 외에 그 원인된 법률관계의 종료에 의하여 소멸한다. 법률관계의 종료 전에 본인이 수권행위를 철회한 경우에도 같다.

① ㉠ 대리권은 원인된 법률관계(대표적으로 위임계약)에 의하여 직접 발생하며 이와 별도로 수권행위의 개념을 인정할 필요가 없다는 견해(부정설)도 있지만, ㉡ 대리가 항상 원인된 법률관계를 전제로 하는 것이 아닐 뿐만 아니라, 대리의 '원인된 법률관계'라는 제128조의 문언에 비추어 대리는 원인된 법률관계(기초적 내부관계)로부터 독립된 별개의 제도로 이해되어야 한다. 그러나 보통은 원인된 법률관계가 있고 그에 기한 의무를 이행하게 하기 위하여 수권행위가 행하여진다. 예를 들면 A가 B에게 그의 집을 팔아 달라고 위임하면서 매매에 관한 대리권을 수여하는 경우가 그렇다.

② 判例도 "위임과 대리권수여는 별개의 독립된 행위로서, 위임은 위임자와 수임자 간의 내부적인 채권·채무관계를 말하고, 대리권은 대리인의 행위의 효과가 본인에게 미치는 대외적 자격을 말하는 것"(대판 1962.5.24, 4294민상251)[51]이라고 하여 **독자성을 긍정**하고 있다.

(4) 수권행위의 유인성(有因性) 인정 여부(적극)

원인된 법률관계가 종료하면 임의대리권도 그때부터 소멸한다(제128조 전문). 문제는 원인된 법률관계가 무효·취소되어 실효되면, (그 자체로는 흠 없는) 수권행위도 실효되는지 문제된다.

---

51) "부동산을 매각하는 일을 해 주기로 위임계약을 체결한 경우 위임계약은 위임인과 수임인 간의 내부적 관계만을 규정할 뿐 제3자와 법률행위를 할 수 있는 대리권이 수임인에게 당연히 발생하는 것은 아니며, 반대로 위임과 대리권이 모두 존재하는 경우 위임종료사유가 존재하는 경우에 그 사유를 상대방에게 통지하거나 상대방이 안 때가 아니면 위임종료로서 상대방에게 대항하지 못하나(제692조), 그와 무관하게 위임종료사유에 의해 대리권은 소멸한다(제128조 전문)".

이와 관련하여 ㉠ 수권행위의 독자성을 이유로 그 영향을 받지 않는다는 '무인설'도 있으나, ㉡ **제128조 전문** 및 당사자의 의사를 고려할 때 '유인설'이 타당하다. 이 경우 소급효가 있는지 여부가 문제되나, 소급효를 인정하는 입장에 의하면 상대방은 표현대리의 법리에 의하여 보호받을 수 있다.

(5) 방식

수권행위는 보통 위임장을 작성·교부하는 방식으로 행하여진다. 수권행위로써 백지위임장이 교부되면 ① **'성명백지'**의 경우 백지위임장 작성자의 의도와는 달리 그 위임장이 전전 유통되어 대리인의 성명이 보충되었다면 제125조 표현대리가, ② **'내용백지'**의 경우 대리인이 본인으로부터 부탁받지 않은 사항을 보충하였다면 제126조의 표현대리가 성립할 수 있다.

예컨대 A가 B에게 1억원을 차용할 것을 부탁하면서 수임인 및 위임사항이 백지로 된 위임장을 교부하였는데, B가 다시 C에게 위 위임장을 교부하여 C가 A를 대리하여 D로부터 돈을 빌린 경우, C는 A를 대리할 권한이 없기 때문에 C의 대리행위는 무권대리행위가 된다. 이때 C가 1억원 범위 내에서 차용했으면 제125조, 1억원을 초과해서 차용했으면 제126조가 중첩적으로 적용된다.

(6) 수권행위의 하자

① 수권행위의 하자는 '본인'을 기준으로 제107조 이하의 규정에 따라 규율된다. 수권행위가 무효, 취소된 경우 그 수권행위에 기초한 대리행위는 소급적으로 무권대리행위가 되나, 상대방은 표현대리 또는 제3자 보호규정(제109조 2항 등)이 있는 경우 그에 의해 보호될 것이다.

② 그 외의 경우, 예컨대 본인이 수권행위를 제한능력을 이유로 취소한 경우 또는 수권행위가 선량한 풍속 기타 사회질서에 위반되어 무효인 경우(대판 1995.7.14, 94다40147)[52] 에는 선의의 제3자에게도 대항할 수 있기 때문에 비록 무권대리행위라고 하더라도 표현대리의 법리(제129조 또는 제125조)는 적용되지 않는다고 보는 것이 타당하다. 즉 제한능력자 보호라는 민법의 근본적 결단 또는 제103조의 취지에 비추어 대리행위의 상대방은 불이익을 감수할 수밖에 없다고 할 것이다.[53]

(7) 수권행위의 철회

본인은 내부적 법률관계가 종료하기 전이라도 수권행위를 철회할 수 있으며(제128조 후단), 이로써 임의대리권은 소멸한다.

Ⅲ. 대리권의 범위

1. 법정대리권의 범위

법정대리권의 범위에 관하여는 각종의 법정대리인에 관하여 규정이 있으므로, 이들 법규의 해석으로 그 범위가 결정된다.

---

52) "도박채무 부담행위 및 그 변제약정이 반사회질서 위반으로 무효라 하더라도, 그 무효는 변제약정의 이행행위에 해당하는 위 부동산을 제3자에게 처분한 대금으로 도박채무의 변제에 충당한 부분에 한정되고, <u>부동산 처분에 관한 대리권을 도박채권자에게 수여한 행위 부분까지 무효라고 볼 수는 없으므로,</u> 위와 같은 사정을 알지 못하는 거래 상대방인 제3자가 도박채무자로부터 그 대리인인 도박 채권자를 통하여 위 부동산을 매수한 행위까지 무효가 된다고 할 수는 없다".
53) 지원림, 민법강의(13판), 2-294d

2. 임의대리권의 범위

(1) 원칙

임의대리권의 범위는 수권행위에 의해 정해진다. 따라서 그 구체적인 범위는 '**수권행위의 해석**'을 통해 결정된다.

① [긍정] ㉠ 判例는 임의대리권은 그 권한에 부수하여 상대방의 의사표시를 수령하는 이른바 수령대리권을 포함하고(19소간, 21세무), ㉡ 매매계약체결의 대리권을 수여받은 대리인은 중도금과 잔금을 수령할 권한을 가지며(대판 1994.2.8, 93다39379: 22경간, 18·21법경, 18·19소간, 20세무), ㉢ 매매계약의 체결과 이행에 관하여 '**포괄적**'으로 대리권을 수여받은 대리인은 상대방에 대해 약정된 매매대금 지급기일을 연기하여 줄 권한도 가진다고 한다(대판 1992.4.14, 91다43107: 22·23경간, 19소간, 18·20세무).

② [부정] 그러나 ㉠ 대여금의 영수권한만을 위임받은 대리인이 그 대여금 채무의 일부를 면제하기 위하여는 본인의 특별수권이 필요하고(대판 1981.6.23, 80다3221: 22경간, 20세무), ㉡ 예금계약의 체결을 위임받은 자가 가지는 대리권에 당연히 그 예금을 담보로 하여 대출을 받거나 이를 처분할 수 있는 대리권이 포함되어 있는 것은 아니라고 할 것이며(대판 1995.8.22, 94다39365: 18법경, 20세무), ㉢ 특별한 사정이 없는 한 본인을 대리하여 금전소비대차 내지 그를 위한 담보권설정계약을 체결할 권한을 수여받은 대리인에게 본래의 계약관계를 '**해제**'(취소)할 대리권까지 있다고 볼 수는 없다(대판 1993.1.15, 92다39365 ; 대판 2008.6.12, 2008다11276: 22·23경간, 19소간). ㉣ 아파트 분양형 토지신탁계약을 체결하면서 수탁자인 신탁회사가 신탁자인 건설회사에게 아파트 분양업무를 위임한 경우, 신탁자인 건설회사는 자신의 채권에 대한 대물변제를 위하여 아파트분양계약을 체결할 권한이 없다(대판 2002.3.15, 2000다52141).

(2) 대리권의 범위가 명백하지 않은 경우

> **제118조 【대리권의 범위】**(18·21법경, 16·18·21소간, 18·20·21세무) 권한을 정하지 아니한 대리인은 다음 각호의 행위만을 할 수 있다.
> 1. 보존행위
> 2. 대리의 목적인 물건이나 권리의 성질을 변하지 아니하는 범위에서 그 이용 또는 개량하는 행위

① 대리권이 있기는 하지만 수권행위의 해석을 통해서도 그 범위를 명백히 정할 수 없는 경우에 그 대리인은 보존행위(제118조 1호)[54]와 '물건이나 권리의 성질을 변하지 아니하는 범위'에서 이용행위·개량행위(제118조 2호)[55]만을 할 수 있다(22·23경간). 따라서 예금을 주식으로 바꾸거나, 은행예금을 찾아 개인에게 빌려주는 것은 할 수 없다.

② 이때 제118조가 규정하는 행위에 해당하는지 여부는 본인에게 이익이 되는지 여부와는 상관없이 문제된 행위의 성질 자체에 의해서 판단하여야 한다. 따라서 물건이나 권리의 성질을 변하게 한 이용 또는 개량행위는 본인에게 이익이 되더라도 그것은 무권대리가 된다. 따라서 본인이 그 효과를 받으려면 따로 추인을 하여야 한다(제130조).

---

54) [구체적 예] 재산의 가치를 현상 그대로 유지하는 행위로서, 대리인은 보존행위를 무제한으로 할 수 있다(제118조 1호). 가옥의 수선·소멸시효의 중단·미등기부동산의 등기신청·기한이 도래한 채무의 변제·부패하기 쉬운 물건의 처분 등이 이에 속한다.

55) [구체적 예] 이용행위란 재산의 수익을 올리는 행위로서, 물건을 임대하거나 금전을 이자부로 대여하는 것이 이에 속한다. 개량행위란 사용가치 또는 교환가치를 증가시키는 행위로서, 무이자의 금전대여를 이자부로 하는 경우와 같다.

③ 대리권의 범위가 명백하거나 표현대리가 성립할 때에는 제118조는 적용되지 않는다(대판 1964.12.8, 64다968 참조).

Ⅳ. 대리권의 제한

1. 자기계약·쌍방대리의 금지

> 제124조【자기계약, 쌍방대리】(21법경, 18·21소간, 19·21세무) 대리인은 본인의 허락이 없으면 본인을 위하여 자기와 법률행위를 하거나 동일한 법률행위에 관하여 당사자쌍방을 대리하지 못한다. 그러나 채무의 이행은 할 수 있다.

(1) 원칙적 금지

① '자기계약'이란 대리인이 본인을 대리하면서 자기 자신이 상대방이 되어 계약을 맺는 것이고, ② '쌍방대리'란 동일인이 쌍방의 대리인이 되어 대리행위를 하는 것이다. 이러한 자기계약 또는 쌍방대리는 본인의 보호를 위해 금지되며(제124조), 이에 위반한 행위는 무권대리행위가 된다.

(2) 자기계약 쌍방대리가 허용되는 경우

① 본인이 자기계약 또는 쌍방대리를 '**허락**'하는 경우에 대리행위는 유효하다(제124조 본문)(22경간, 16소간, 21세무). 이때 본인에게 대리행위의 목적인 법률관계에 관하여 처분권한이 있어야 함은 물론이다.

判例는 대주와 차주가 사채알선업자에게 쌍방을 대리하여 금전 소비대차계약을 체결하도록 승낙한 경우, 특별한 사정이 없는 한 차주의 변제를 수령할 권한도 사채알선업자에게 인정된다고 한다(대판 1997.7.8, 97다12273).

② ㉠ 이미 확정되어 있는 법률관계를 단순히 결제하는 데 불과하고, 새로운 이해관계를 창설하는 것이 아닌 '**채무의 이행**'에 관하여는 자기계약 또는 쌍방대리가 허용된다(제124조 단서)(18소간, 21세무). 예컨대 법무사가 등기권리자와 등기의무자 쌍방을 대리하여 등기를 신청하는 경우가 그러하다. 상계나 채무면제도 채무이행에 준하는 것이므로 자기계약·쌍방대리가 허용된다. ㉡ 다만 채무의 이행이라도 새로운 이해관계를 생기게 하는 대물변제(제466조)[56]나 경개(제500조)[57] 또는 기한이 도래하지 않은 채무의 이행의 경우에는 자기계약 또는 쌍방대리가 허용되지 않는다.

> [관련판례] "해산한 법인이 해산시 잔여재산이 지정한 자에게 귀속한다는 정관 규정에 따라 구체적으로 확정된 잔여재산이전의무의 이행으로서 잔여재산인 토지를 그 귀속권리자에게 이전하는 것은 '채무의 이행'에 불과하므로 그 귀속권리자의 대표자를 겸하고 있던 해산한 법인의 대표청산인에 의하여 잔여재산 토지에 관한 소유권이전등기가 그 귀속권리자에게 경료되었다고 하더라도 이는 **쌍방대리금지 원칙에 반하지 않는다**"(대판 2000.12.8, 98두5279).

---

56) 제466조(대물변제) 채무자가 채권자의 승낙을 얻어 본래의 채무이행에 갈음하여 다른 급여를 한 때에는 변제와 같은 효력이 있다.
57) 제500조(경개의 요건, 효과) 당사자가 채무의 중요한 부분을 변경하는 계약을 한 때에는 구채무는 경개로 인하여 소멸한다.

(3) 위반의 효과

제124조에 위반한 대리행위는 절대적 무효로 되는 것이 아니라 무권대리행위로 되며, 따라서 본인은 이를 추인할 수 있다(제130조). 判例는 부동산 입찰절차에서 동일물건에 관하여 이해관계가 다른 2인 이상의 대리인이 된 경우에는 그 대리인이 한 입찰은 원칙적으로 무효라고 한다(대결 2004.2.13, 2003마44: 21세무).

(4) 적용범위

① 자기계약·쌍방대리의 금지는 임의대리와 법정대리에 모두 적용된다. 그리고 제124조는 자기계약과 쌍방대리만을 금지하고 있기 때문에 그 밖에 대리인과 본인 사이에 '사실상 이해충돌'이 발생할 수 있는 경우에도 제124조는 적용되지 않고, 이때에는 대리권남용이론에 의해 해결해야 할 것이다.

② 아울러 ㉠ 친권자의 이해상반행위(제921조), ㉡ 법인대표에서 이익상반행위(제64조)의 경우에는 제124조가 적용되지 않는다. 예를 들어 법정대리인인 친권자가 부동산을 매수하여 이를 그 子에게 증여하는 행위는 미성년자인 子에게 이익만을 주는 행위이므로 친권자와 자 사이의 이해상반행위에 속하지 아니하고, 또 자기계약이지만 유효하다(대판 1981.10.13, 81다649).

2. 공동대리

> 제119조【각자대리】 대리인이 수인인 때에는 각자가 본인을 대리한다. 그러나 법률 또는 수권행위에 다른 정한 바가 있는 때에는 그러하지 아니하다.

(1) 의의 및 취지

① 대리인이 수인인 때에는 각자가 본인을 대리한다(제119조 본문)(22경간, 19법경, 16·18소간, 19·20세무). 즉 '각자대리'가 원칙이다. 추정되는 본인의 의사와 거래의 편의를 고려한 규정이다.

② 그러나 법률(예컨대, 친권의 부모 공동행사 ; 제909조 2항[58]) 또는 수권행위에서 달리 정한 때, 즉 수인의 대리인이 공동으로만 대리할 수 있는 것으로 정한 때에는 공동으로만 대리하여야 한다. 공동대리를 설정하는 취지는 대리인들로 하여금 상호견제하에 의사결정을 신중히 함으로써 본인을 보호하고자 함에 있다.

(2) '공동'의 의미

공동대리에서 '공동'의 의미와 관련하여 **의사결정의 공동**인지, 의사표시의 공동인지가 문제되나, 공동대리제도의 취지상 일반적으로 전자로 해석된다. 따라서 공동대리인 간에 의사의 합치가 있는 이상, 반드시 전원이 공동으로 의사표시를 할 필요는 없으며 그중 1인에게 의사표시의 실행을 위임할 수 있다.

---

58) 제909조(친권자) ①항 부모는 미성년자인 자의 친권자가 된다. 양자의 경우에는 양부모(養父母)가 친권자가 된다. ②항 친권은 부모가 혼인 중인 때에는 부모가 공동으로 이를 행사한다. 그러나 부모의 의견이 일치하지 아니하는 경우에는 당사자의 청구에 의하여 가정법원이 이를 정한다.

(3) 위반의 효과

공동대리에 위반한 대리행위는 무권대리행위가 된다. 다만 본인의 추인이 있으면 유효로 되고, 나아가 제126조의 표현대리가 성립할 여지가 많을 것이다.

(4) 적용범위

수동대리에서도 공동으로 상대방의 의사표시를 수령하여야 하는지 문제된다. 이와 관련하여 반대설도 있지만 일반적으로 상대방의 보호와 거래상의 편의라는 점에서 각 대리인이 단독으로 수령할 수 있는 것으로 해석된다.

V. 대리권의 남용 ··· 상대방에 대한 본인의 최후의 항변(무효)

1. 의의

대리권의 남용이란 대리인이 '형식적'으로는 대리권의 범위 내에서 한 행위이지만(보다 정확하게는 대리인이 한 대리행위의 효과가 유권대리든 표현대리든 일단 본인에게 귀속하지만) '실질적'으로는 자기 또는 제3자의 이익을 도모하기 위하여 대리행위를 하는 경우를 말한다.

2. 대리권남용의 법률구성

(1) 문제점

대리행위의 현명주의는 대리인이 '본인의 이익을 위한 의사'가 있을 것까지 요구하고 있지 않기 때문에 대리권이 남용된 경우라도 일단 본인에게 법률효과가 귀속된다(제114조). 그러나 이는 본인에게 가혹할 수 있기 때문에, 본인의 항변수단으로 당해 대리행위의 효과가 본인에게 귀속될 수 없다고 이론구성할 수 있는지 문제된다.

(2) 학설[59] 및 판례

대리권남용의 법률구성으로는 ① 제107조 1항 단서 유추적용설(非眞意表示說), ② 권리남용설(信義則說), ③ 무권대리설(代理權否認說)이 있으며, 判例는 대체로 대리인의 진의가 사익 도모에 있다는 것을 상대방이 알았거나 알 수 있었을 경우에는 제107조 1항 단서를 유추하여 '무효'로 보아야 한다는 제107조 1항 단서 유추적용설과 그 견해를 같이 하나(대판 1987.11.10, 86다카371: 17소간, 19·20세무), 주식회사의 대표이사의 '대표권남용'에 대해서는 대리권남용 행위 자체는 '유효'하지만, 상대방이 '악의'로 취득한 권리를 행사하는 것은 신의칙상 허용되지 않는다고 판단한 것도 있다(대판 1987.10.13, 86다카1522 ; 대판 2016.8.24, 2016다222453).

> [관련판례] "진의 아닌 의사표시가 대리인에 의하여 이루어지고 그 대리인의 진의가 본인의 이익이나 의사에 반하여 자기 또는 제3자의 이익을 위한 배임적인 것임을 그 상대방이 알았거나 알 수 있었을 경우에는 민법 제107조 제1항 단서의 유추해석상 그 대리인의 행위는 본인의 대리행위로 성립할 수 없다 하겠으므로 본인은 대리인의 행위에 대하여 아무런 책임이 없다"(대판 1987.7.7, 86다카1004).

59) [학설] 구체적으로 ① 대리인의 진의가 사익 도모에 있다는 것을 상대방이 알았거나 알 수 있었을 경우에는 제107조 1항 단서를 유추하여 '무효'로 보아야 한다는 제107조 1항 단서 유추적용설(非眞意表示說), ② 대리권 남용 행위 자체는 '유효' 하지만, 상대방이 악의 또는 중과실(권리남용설 중 다수설)로 취득한 권리를 행사하는 것은 신의칙 또는 권리남용금지의 원칙상 허용되지 않는다는 권리남용설(信義則說), ③ 대리권에는 '본인의 이익을 위하여 행사되어야 한다'는 내재적 제한이 있는 것으로 보고, 대리권 남용행위는 무권대리행위이므로 상대방이 대리권 남용에 대해 악의 또는 정당한 이유 없이 알지 못한 경우에는 표현대리도 성립하지 않아 '무권대리'가 된다는 무권대리설(代理權否認說)의 대립이 있다.

3. 법정대리에 적용할 수 있는지 여부

(1) 제107조 1항 단서의 유추적용

친권자의 친권행사도 일종의 법정대리권의 행사인 이상 대리권 남용이론이 동일하게 적용되어야 하며, 단지 친권의 상실제도(제924조 이하)가 있다는 특수성이 있을 뿐이다. 判例도 "법정대리인인 친권자의 대리행위가 객관적으로 볼 때 미성년자 본인에게 는 경제적인 손실만을 초래하는 반면, 친권자나 제3자에게는 경제적인 이익을 가져오는 행위이고, 그 행위의 상대방이 이러한 사실을 알았거나 알 수 있었을 때에는, 민법 제107조 제1항 단서의 규정을 유추적용하여 그 행위의 효과는 자(子)에게는 미치지 않는다고 해석함이 상당하다"(대판 2011.12.22, 2011다64669[60])고 하여, 친권의 남용에도 임의대리권의 남용에 관한 논의를 적용할 수 있음을 분명히 하였다. 다만 **과거 判例는 친권의 행사에는 넓은 재량이 인정되므로 최종적으로 친권의 남용 여부를 판단할 때 신중한 태도를 보였다**(아래 비교판례).

> [비교판례] 判例는 ① "미성년자의 (단독)친권자인 母가 미성년자에게는 오로지 불이익만을 주는데도 자기 오빠의 사업을 위하여 미성년자 소유의 부동산을 제3자에게 담보로 제공하였고(형식적 판단설인 判例에 따르면 이는 제921조의 이해상반행위에 해당하지 않는다), 제3자도 그와 같은 사정을 잘 알고 있었다고 하더라도, 그와 같은 사실만으로 母의 근저당권 설정행위가 바로 친권을 남용한 경우에 해당한다고는 볼 수 없다"(대판 1991.11.26, 91다32466)라고 판단하거나, ② 친권자(망인의 처)가 미성년자인 딸과 공동으로 상속받은 토지를 망인의 형에게 증여한 사안에서, 친권자의 처분행위가 친권의 남용에 해당하기 위해서는 "그것이 사실상 자(子)의 이익을 무시하고 친권자 본인 혹은 제3자의 이익을 도모하는 것만을 목적으로 하여 이루어졌다고 하는 등 **친권자에게 자(子)를 대리할 권한을 수여한 법의 취지에 현저히 반한다고 인정되는 사정이 존재하여야 한다**"(대판 2009.1.30, 2008다73731)고 하여 그 요건을 엄격히 하였고, 그에 따라 위 증여행위는 망인 명의의 토지가 명의신탁된 것이었을 가능성이 있다는 점 등을 고려할 때 친권의 남용에 해당하지 않는다고 판단하였다.

(2) 제107조 2항의 유추적용

아울러 최근 判例는 친권남용의 경우 제107조 1항 단서뿐만 아니라 **제107조 2항의 규정**(선의 제3자 보호규정)도 유추적용될 수 있다는 입장이다. 즉, "법정대리인인 친권자의 대리행위가 객관적으로 볼 때 미성년자 본인에게는 경제적인 손실만을 초래하는 반면, 친권자나 제3자에게는 경제적인 이익을 가져오는 행위이고 행위의 상대방이 이러한 사실을 알았거나 알 수 있었을 때에는 민법 제107조 제1항 단서의 규정을 유추적용하여 행위의 효과가 자(子)에게는 미치지 않는다고 해석함이 타당하나, 그에 따라 외형상 형성된 법률관계를 기초로 하여 **새로운 법률상 이해관계를 맺은 선의의 제3자에 대하여는 같은 조 제2항의 규정을 유추적용하여 누구도 그와 같은 사정을 들어 대항할 수 없으며, 제3자가 악의라는 사실에 관한 주장·증명책임은 무효를 주장하는 자에게 있다**"(대판 2018.4.26, 2016다3201).

---

60) [사실관계] "미성년자 甲 소유의 부동산에 대해 법정대리인 乙이 자신의 유흥비를 마련하기 위해 시세보다 훨씬 저렴한 가격으로 甲을 대리하여 丙과 매매계약을 체결한 경우, 丙이 그러한 사정을 알았거나 알 수 있었다면 그 매매계약의 효력은 甲에게 미치지 않는다".

4. 표현대리 성립시 대리권남용 주장 가부

대리인이 '대리권 없이' 대리행위를 하였지만 표현대리가 성립된 경우, 본인이 다시 표현대리인이 자신 또는 제3자의 이익을 위하여 법률행위를 하였음을 이유로 대리권남용의 항변을 할 수 있는지 여부가 문제된다.

견해의 대립은 있으나 표현대리의 성립요건으로서 '선의·무과실'의 인식 대상은 '대리권의 존재(범위·존속)'임에 반해서 대리권남용이론에서 악의 또는 과실의 인식 대상은 '대리인의 대리권남용 의사'여서 양자의 인식 대상이 다르기 때문에 표현대리가 성립하는 경우에도 대리권남용이 성립할 수 있다는 견해가 타당하다(아래 86다카1004 참고).

> [관련판례] 대법원은 소위 '명성사건'에서 제126조의 표현대리가 성립한 경우에도 대리권 남용의 이론을 적용한 바 있다. 즉 "이 사건 이 예금계약이 위 지점장 대리인 위 김동겸과 원고 사이에 이루어졌고 또 위 김동겸이 당좌담당대리여서 예금업무에 관하여는 피고은행을 대리할 권한이 없다고 하더라도 상대방인 원고로서는 위 김동겸에게 그와 같은 권한이 있는 것으로 믿는 데에 정당한 이유가 있다고 보여지므로 위 예금계약은 일응 피고은행에게 그 효력이 있는 것(제126조의 표현대리 성립)으로 보여지겠지만, 위 김동겸이가 한 대리행위가 본인인 피고은행의 의사나 이익에 반하여 예금의 형식을 빌어 사채를 끌어모아 위 김철호의 사업자금을 마련함으로써 자기와 위 김철호의 이익을 도모하려 한 것이고, 원고가 위 김동겸의 예금계약의사가 진의 아님을 알았거나 이를 알 수 있었다면, 위 김동겸이가 한 이 사건 예금계약은 피고은행의 대리행위로 성립할 수 없으므로 피고은행은 이에 대하여 아무런 책임이 없게 된다 할 것이다(대리권남용의 항변 인정)"(대판 1987.7.7, 86다카1004).

5. 대표권의 남용

법인의 대표에 관하여는 대리에 관한 규정을 준용하므로(제59조 2항) 대표권남용의 경우에도 대리권남용의 법리가 적용된다(통설·判例). 다만 대표권남용이론에 의해 법인에게 법률효과가 귀속되지 않더라도, 상대방은 법인에게 제35조 1항의 불법행위책임을 물을 수 있다. 물론 判例에 따르면 상대방이 법인에게 불법행위책임을 묻기 위해서는, 대표기관의 행위가 직무집행에 관한 것이 아니라는 점에 대하여 상대방이 '선의'이고 '중대한 과실'이 없어야 한다.

Ⅵ. 대리권의 소멸

> 제127조 【대리권의 소멸사유】(18·20세무) 대리권은 다음 각 호의 어느 하나에 해당하는 사유가 있으면 소멸된다.
> 1. 본인의 사망
> 2. 대리인의 사망, 성년후견의 개시 또는 파산
>
> 제128조 【임의대리의 종료】(19소간) 법률행위에 의하여 수여된 대리권은 전조의 경우 외에 그 원인된 법률관계의 종료에 의하여 소멸한다. 법률관계의 종료 전에 본인이 수권행위를 철회한 경우에도 같다.

1. 임의대리권, 법정대리권에 공통된 소멸 사유(제127조)

① 본인의 사망, ② 대리인의 사망, 성년후견의 개시, 파산
따라서 본인의 성년후견의 개시와 파산은 대리권 소멸사유가 아니다.

2. 임의대리에 특유한 소멸사유(제128조)

① 원인된 법률관계의 종료, ② 수권행위의 철회

제3관 | 대리행위(대리인·상대방 사이의 관계)

I. 대리의사의 표시(현명주의)

1. 의의 및 취지

> 제114조 【대리행위의 효력】(19법경, 16·17·21소간, 19·21세무) ① 대리인이 그 권한 내에서 본인을 위한 것임을 표시한 의사표시는 직접본인에게 대하여 효력이 생긴다.
> ② 전항의 규정은 대리인에게 대한 제3자의 의사표시에 준용한다.

① 대리인이 그 권한 내에서 한 의사표시가 직접 본인에게 그 효력이 생기려면 '본인을 위한 것임을 표시'하여야 한다(제114조 1항). 즉 대리인의 대리행위시 법률행위의 귀속주체가 본인임을 표시하는 현명을 요구하는 것을 '현명주의'라고 한다. 이는 법률행위의 당사자를 명확히 밝혀 법적 안정성을 도모하기 위함이다. 다만 여기서 '**본인을 위한다는 것**'은 본인에게 **법률효과를 귀속시키려는** 의사를 의미하고, 본인의 이익을 위해서라는 뜻은 아니다.

② 수동대리에서는 상대방 쪽에서 본인에 대한 의사표시임을 표시하여야 한다(제114조 2항)(22경간).

2. 현명의 방식

(1) 원칙('甲 대리인 乙'로 표시)

'甲 대리인 乙'이라고 표시하는 것이 보통이지만, 반드시 그러한 형식을 갖추어야만 하는 것은 아니다. 당해 법률행위의 경위와 제반사정에 비추어 본인, 대리인, 대리관계를 알 수 있도록 하면 된다. 즉, 묵시적으로도 가능하다(20세무).

> [관련판례] 甲 회사의 대표이사인 乙이 그 재직기간 중 수표에 배서함에 있어서 회사의 대표이사의 자격으로 "甲 주식회사, 乙"이라고만 기재하고, 그 기명 옆에는 "甲 주식회사 대표이사"라고 조각된 인장을 날인하였다면 그 수표의 회사 명의의 배서는 乙이 甲 회사를 대표한다는 뜻이 표시되어 있다고 판단함이 정당하다(대판 1994.10.11, 94다24626).

(2) 본인의 표시

1) 대리인임을 밝혔으나 본인의 성명은 유보한 경우('대리인 乙'로 표시)

예를 들어 '매매위임장'을 제시하고 매매계약을 체결하면서 매매계약서에 대리인의 이름만을 기재하더라도, 그것은 소유자(본인)를 대리하여 매매계약을 체결한 것으로 보아야 한다(제115조 단서 참조)(대판 1982.5.25, 81다1349, 81다카1209: 23경간, 21세무).

2) 서명대리 또는 대행방식에 의한 경우('甲'으로 표시)

判例는 반드시 대리인임을 표시하여 행위하여야 하는 것은 아니고 '**본인명의**'로도 할 수 있다는 입장이다(대판 1963.5.9, 63다67: 19소간).

즉 대리인이 본인으로부터 대리권을 수여받아 마치 본인인 것처럼 행세하여 상대방과 법률행위를 한 경우 이는 결국 법률행위 해석을 통한 당사자 확정의 문제라고 하겠다. 따라서 행위자의 개성이 특히 의미를 갖는 경우가 아니라면 통상 명의자인 본인이 법률행위의 당사자가 되고 이때 대리인의 행위는 유권대리가 되어 그 효과가 본인에게 귀속한다(대판 1987.6.23, 86다카1411).

[관련판례] 甲이 부동산을 금융기관에 담보로 제공함에 있어 乙에게 그에 관한 대리권을 주었다면 乙이 금융기관과 근저당권설정계약을 체결하면서 대리관계를 표시함이 없이 마치 자신이 甲 본인인 양 행세하였다 하더라도 위 근저당권설정계약은 대리인인 위 乙이 그의 권한범위 안에서 한 것인 이상 그 효력은 본인인 甲에게 미친다(대판 1987.6.23, 86다카1411: 19세무).

3. 현명하지 않은 경우의 효과('乙'로 표시)

> 제115조 【본인을 위한 것임을 표시하지 아니한 행위】(19법경, 18·20·21세무) 대리인이 본인을 위한 것임을 표시하지 아니한 때에는 그 의사표시는 자기를 위한 것으로 본다. 그러나 상대방이 대리인으로서 한 것임을 알았거나 알 수 있었을 때에는 전조 제1항의 규정을 준용한다.

(1) 원칙

대리인이 본인을 위한 것임을 표시하지 아니한 경우(대리인의 성명만이 표시된 경우)에는 그 의사표시는 자기(대리인)를 위한 것으로 **본다**(제115조 본문)(추정이 아닌 간주). 이 경우 대리인은 그의 내심의 의사와 표시가 일치하지 않음을 이유로 착오(제109조)를 주장하지 못한다.

(2) 예외

① 그러나 상대방이 대리인으로서 한 것임을 알았거나 알 수 있었을 때에는 본인에 대하여 효력이 발생한다(제115조 단서). 이와 관련하여 判例는 채권양도의 경우 채권양도 통지는 본래 채권양도인이 채무자에게 하여야 하나(제450조 1항), 채권양수인도 양도인을 '대리'하여 양도통지를 할 수 있는데, 이때 양수인이 양도인을 대리하여 통지를 하면서 현명을 하지 않은 경우에도 같은 법리를 적용한다(대판 2004.2.13, 2003다43490: 21세무). 즉, 현명은 묵시적으로도 할 수 있다.

② 다만 상대방이 대리관계를 알았거나 알 수 있었더라도 대리행위의 효력이 인정되기 위해서는 대리인에게 대리권이 있어야 한다(대판 2008.2.14, 2007다77569).

4. 현명주의의 예외

① 수동대리의 경우에는 대리인이 현명하여 수령하는 것은 불필요하므로 제115조는 적용이 없어 상대방이 본인에 대한 의사표시임을 표시해야 한다.

② 상행위의 경우에는 당사자의 개성이 중시되지 않기 때문에 현명주의 적용이 없다(상법 제48조).

> [관련판례] 민법상 조합의 경우 법인격이 없어 조합 자체가 본인이 될 수 없으므로, 이른바 조합대리에 있어서는 본인에 해당하는 모든 조합원을 위한 것임을 표시하여야 하나, 반드시 조합원 전원의 성명을 제시할 필요는 없고, 상대방이 알 수 있을 정도로 조합을 표시하는 것으로 충분하다(대판 2009.1.30, 2008다79340).

Ⅱ. 대리행위의 하자

> **제116조【대리행위의 하자】**(19·20법경, 16·18·19·20·21소간, 18·19세무) ① 의사표시의 효력이 의사의 흠결, 사기, 강박 또는 어느 사정을 알았거나 과실로 알지 못한 것으로 인하여 영향을 받을 경우에 그 사실의 유무는 대리인을 표준하여 결정한다.
> ② 특정한 법률행위를 위임한 경우에 대리인이 본인의 지시에 좇아 그 행위를 한 때에는 본인은 자기가 안 사정 또는 과실로 인하여 알지 못한 사정에 관하여 대리인의 부지를 주장하지 못한다.

1. 원칙

의사표시의 효력이 의사의 흠결, 사기, 강박 또는 어느 사정을 알았거나 과실로 알지 못한 것으로 인하여 영향을 받을 경우에 그 사실의 유무는 **대리인을 표준**으로 하여 결정한다(제116조 1항). 그러나 **대리행위의 하자로부터 생기는 효과(무효·취소)는 본인**에게 귀속한다.
① '부동산의 이중매매'에서 제2매수인의 대리인이 매도인의 배임행위에 적극가담한 경우, 본인이 그러한 사정을 몰랐거나 반사회성을 야기한 것이 아니라고 할지라도 그 매매계약은 제103조 위반으로 무효가 된다(대판 1998.2.27, 97다45532: 20세무).
② 대리인의 '비진의표시'는 표시된 대로 효력을 발생한다. 그러나 상대방이 비진의표시임을 알았거나 알 수 있었을 때에는 무효이다(제107조 1항)(22경간).
③ 대리인과 상대방이 '허위표시'를 한 경우에는 본인의 선의·악의에 상관없이 허위표시는 무효이다(제108조 1항). 이 경우 본인은 선의의 제3자에 해당하지 않는다(제108조 2항)(22경간).
④ 대리행위에 '착오'가 있는지 또는 표의자(대리인)에게 중대한 과실이 있는지의 여부는 대리인을 기준으로 판단한다(제116조 1항). 따라서 대리인의 표시 내용과 본인의 의사가 불일치하는 경우에도 본인은 착오를 이유로 의사표시를 취소하지 못한다(20세무). 그러나 대리행위의 취소권은 본인에게 있다. 다만 대리인은 본인의 취소권의 행사를 수권받아 그 의사표시를 대리할 수 있다.
⑤ 判例에 따르면 ㉠ 대리인이 사기나 강박을 당하지 않는 한 본인이 사기나 강박을 당했더라도 본인은 대리행위를 취소할 수 없다고 한다(제116조 1항)(23경간). ㉡ 그러나 대리인의 사기나 강박에 의하여 상대방이 의사표시를 한 경우에 상대방은 본인이 그 사실을 알았는지 여부를 묻지 않고 제110조 1항에 의하여 취소할 수 있다(대리인은 제110조 2항에서 정하는 '제3자'가 아니다)(22경간).

2. 예외

① '특정한' 법률행위를 위임한 경우에 대리인이 '본인의 지시'에 좇아 그 행위를 한 때에는 본인은 자기가 안 사정 또는 과실로 인하여 알지 못한 사정에 관하여 대리인의 부지(不知)를 주장하지 못한다(제116조 2항)(23경간).
② 이는 법인의 경우에도 마찬가지인바, 법인의 대표자가 어떠한 사정에 관하여 악의이거나 과실이 있으면 법인이 악의이거나 과실이 있는 것으로 다루어진다(제59조 2항, 제116조 1항). 이는 대표자가 법인에 대한 관계에서 배임적 행위를 하는 경우에도 마찬가지이다. 예컨대 대표자가 법인을 대표하여 무효인 법률행위를 하고 급부를 수령한 경우, 대표자가 악의이면 법인은 악의의 수익자(제748조 2항)에 해당한다(대판 2005.12.23, 2003다30159).[61]

---

61) "법인이 피해자인 경우 법인의 업무에 관하여 일체의 재판상 또는 재판 외의 행위를 할 권한이 있는 법률상 대리인이 가해자인 피용자의 행위가 사용자의 사무집행행위에 해당하지 않음을 안 때에는 피해자인 법인이 이를 알았다고 보아야 하고, 이러한 법리는 그 법률상 대리인이 본인인 법인에 대한 관계에서 이른바 배임적 대리행위를 하는 경우에도 마찬가지라고 할 것이다".

Ⅲ. 대리인의 능력

> 제117조 【대리인의 행위능력】(16소간, 19·21세무) 대리인은 행위능력자임을 요하지 아니한다.

1. 대리인의 행위능력

대리인은 대리행위를 하여야 하므로 권리능력과 의사능력은 있어야 하나, 대리행위의 경우 그 법률효과가 본인에게 귀속되므로 대리인은 행위능력자임을 요하지 않는다(제117조).

2. 수권행위의 문제

제117조는 본인과 상대방간의 관계를 규율하는 것이고 본인과 대리인 간의 관계를 규율하는 것은 아니다. 따라서 본인은 상대방에게 대리인이 제한능력자임을 이유로 대리행위의 취소를 주장할 수 없으나(제117조), 본인과 대리인 사이의 관계, 즉 '수권행위'와 '원인된 법률관계'(대표적으로 위임계약)에서의 대리인의 행위능력 문제는 제117조가 적용되지 않고 수권행위의 법적 성질 혹은 원인된 법률관계(위임계약)의 법리에 의한다.

제4관 대리의 효과(본인·상대방 사이의 관계)

대리인이 한 의사표시의 효과는 모두 '**직접**' 본인에게 생기는바(19소간), 대리인이 한 의사표시가 직접 본인에게 그 효력이 생기려면 ⅰ) 대리권의 범위 내에서, ⅱ) 본인을 위한 것임을 표시하여야 한다(제114조). 이때 직접 본인에게 귀속하는 것은, 당사자가 원한 바의 효과뿐만 아니라 손해배상청구권이나 취소권 등도 본인에게 귀속된다.

예를 들어 "계약이 적법한 대리인에 의하여 체결된 경우에 대리인은 다른 특별한 사정이 없는 한 본인을 위하여 계약상 급부를 변제로서 수령할 권한도 가진다. 그리고 **대리인이 그 권한에 기하여 계약상 급부를 수령한 경우에, 그 법률효과는 계약 자체에서와 마찬가지로 직접 본인에게 귀속되고 대리인에게 돌아가지 아니한다**(23경간). 따라서 계약상 채무의 불이행을 이유로 계약이 상대방 당사자에 의하여 유효하게 해제되었다면, 해제로 인한 원상회복의무는 대리인이 아니라 계약의 당사자인 본인이 부담한다. 이는 본인이 대리인으로부터 그 수령한 급부를 현실적으로 인도받지 못하였다거나 해제의 원인이 된 계약상 채무의 불이행에 관하여 대리인에게 책임 있는 사유가 있다고 하여도 다른 특별한 사정이 없는 한 마찬가지라고 할 것이다"(대판 2011.8.18, 2011다20871: 18세무). 반면 대리인은 대리행위에 따른 권리를 취득하지도, 의무를 부담하지도 않는다.

제5관 복대리

I. 서설

1. 의의

복대리인은 '대리인이 그의 권한 내의 행위'를 하게 하기 위하여 '대리인 자신의 이름'으로 선임한 '본인의 대리인'이다. 여기서 대리인이 복대리인을 선임할 수 있는 권한을 '복임권'이라 하고, 그 선임행위를 '복임행위'라고 한다.

2. 법적 성질

① 복대리인은 대리인이고, 또 대리인의 대리인이 아닌 '본인의 대리인'이다(제123조 1항)(16·19소간, 21세무). 따라서 복대리인도 스스로 의사를 결정하여 표시할 수 있으며, 대리인의 단순한 사자가 아니다.

② 복대리인은 '대리인'이 자신의 권한 및 이름으로 '선임'한 자이다(18소간). 따라서 복대리인 선임행위는 '수권행위'이지 대리행위가 아니며(21법경, 16소간), 대리인의 선임행위가 필요하므로 복대리인은 언제나 임의대리인이다(18세무).

③ 대리인이 복대리인을 선임하더라도 대리인의 대리권은 소멸하는 것이 아니라 존속한다(16소간, 18·20세무). 그래서 복임행위는 대리권의 '병존적 설정행위'라고 보는 것이 통설적 견해이다.

④ 복대리인은 대리인의 지휘·감독을 받을 뿐만 아니라, 복대리인의 대리권은 대리인의 대리권에 의존하므로 대리인의 대리권이 소멸하면 복대리인의 대리권도 소멸한다(21소간, 18세무). 그리고 복대리인의 대리권의 범위는 대리인의 대리권 범위 내이어야 한다.

II. 복대리인의 선임과 책임

구분	임의대리인	법정대리인
복임권	① 원칙 부정 ② 본인의 승낙, 부득이한 사유가 있는 때	언제든지 가능
책임	① 선임 감독상 과실에 대해서만 책임 ② 본인이 복대리인 지명한 경우는 불성실 등 통지를 태만한 때에만 책임	① 모든 책임 부담 ② 단, 부득이하게 선임한 경우는 선임 감독상의 과실만 책임

1. 임의대리인의 복임권

> 제120조 【임의대리인의 복임권】(16·18·19·20·21소간) 대리권이 법률행위에 의하여 부여된 경우에는 대리인은 본인의 승낙이 있거나 부득이한 사유있는 때가 아니면 복대리인을 선임하지 못한다.

지문 OX

01 대리의 목적인 법률행위의 성질상 대리인 자신에 의한 처리가 필요하지 아니한 경우에는 본인이 복대리 금지의 의사를 명시하지 아니하는 한 복대리인의 선임에 관하여 묵시적인 승낙이 있는 것으로 볼 수 있다. ○

02 甲이 채권자를 특정하지 않은 채 부동산을 담보로 제공하면서 금원을 차용해 줄 것을 乙에게 위임하였다면, 甲의 의사에는 '복대리인 선임에 관한 승낙'이 포함되어 있다. ○

03 임의대리인이 본인의 승낙을 받아 복대리인을 선임한 경우, 본인에 대하여 그 선임감독에 대한 책임을 진다. ○

04 임의대리인이 본인의 지명에 의하여 복대리인을 선임한 경우, 본인의 승낙이 있거나 부득이한 사유로 복대리인을 선임한 경우보다 본인에 대한 대리인의 그 선임·감독상 책임이 감경된다. ○

05 임의대리인이 복대리인을 선임한 경우 그 부적임 또는 불성실함을 알고 본인에 대한 통지나 그 해임을 해태한 때에가 아니면 책임이 없다. ×

06 법정대리인에 의해 선임된 복대리인은 임의대리인이다. ○

07 친권자나 후견인은 법원의 허가 또는 부득이한 사유가 있는 때에 한하여 복임권이 있다. ×

08 법정대리인은 본인의 승낙이 있거나 부득이한 사유가 있을 때가 아니면 복대리인을 선임할 수 없다. ×

09 법정대리인은 복대리인을 선임한 경우 본인에 대하여 그 선임 감독의 잘못에 관하여 책임을 진다. ×

10 법정대리인이 부득이한 사유로 복대리인을 선임한 경우, 본인에 대하여 그 선임감독에 대한 책임을 지지 않는다. ×

> **제121조【임의대리인의 복대리인선임의 책임】**(20법경, 16·18·20소간) ① 전조의 규정에 의하여 대리인이 복대리인을 선임한 때에는 본인에게 대하여 그 선임감독에 관한 책임이 있다.
> ② 대리인이 본인의 지명에 의하여 복대리인을 선임한 경우에는 그 부적임 또는 불성실함을 알고 본인에게 대한 통지나 그 해임을 태만한 때가 아니면 책임이 없다.

(1) 범위

① 임의대리인은 본인의 승낙이 있거나 또는 부득이한 사유가 있는 때에 한하여 예외적으로 복임권을 가질 뿐이다(제120조). 따라서 원칙적으로 임의대리인에게는 복임권이 없다. 왜냐하면 임의대리인은 본인의 신임을 받는 자이며 언제든지 사임할 수 있는 자이기 때문이다.

② 다만 判例는 "대리의 목적인 법률행위의 성질상 대리인 자신에 의한 처리가 필요하지 아니한 경우(예를 들어 단순업무)에는 본인이 복대리 금지의 의사를 명시하지 아니하는 한 복대리인의 선임에 관하여 묵시적인 승낙이 있는 것으로 보는 것이 타당하다"(대판 1996. 1.26, 94다30690: 20법경, 20·21세무)라고 판시함으로써 복대리의 인정에 관대한 태도를 취하고 있다.

> [묵시적 승낙 판례] ① [긍정] 判例는 "채권자를 특정하지 아니한 채 부동산을 담보로 제공하여 금원을 차용해 줄 것을 위임한 자의 의사에는 복대리인 선임에 관한 승낙이 포함되어 있다"(대판 1993.8.27, 93다21156)고 해석한다. ② [부정] 그러나 오피스텔의 분양업무(대판 1996.1.26, 94다30690)나 아파트의 분양업무(대판 1999.9.3, 97다56099)는 그 성질상 분양 위임을 받은 수임인의 능력에 따라 그 분양사업의 성공 여부가 결정되는 사무로서, 본인의 명시적인 승낙 없이는 복대리인의 선임이 허용되지 아니하는 경우로 보아야 한다고 한다(23경간).

(2) 책임

임의대리인이 '본인의 승낙'이나 '부득이한 사유'로 복대리인을 선임한 때에는 본인에 대하여 그 선임 및 감독에 대해서 책임을 져야 한다(제121조 1항)(22경간). 그러나 본인의 지명에 따라서 복대리인을 선임한 경우에는 책임이 경감된다. 즉 그 부적임 또는 불성실함을 알고 본인에 대한 통지나 그 해임을 게을리한 때에 한해서 책임을 진다(제121조 2항)(22경간).

2. 법정대리인의 복임권

> **제122조【법정대리인의 복임권과 그 책임】**(20법경, 18·19·20·21소간, 18·19·20세무) 법정대리인은 그 책임으로 복대리인을 선임할 수 있다. 그러나 부득이한 사유로 인한 때에는 전조 제1항에 정한 책임만이 있다.

(1) 범위

법정대리인은 언제든지 복임권이 있다(제122조 본문)(21세무).

(2) 책임

법정대리인은 복대리인의 행위에 대해서는 자신에게 선임 및 감독상의 과실이 있든 없든 전적인 책임(무과실책임)을 져야 한다(제122조 본문)(21세무). 단 부득이한 사유로 복대리인을 선임한 경우에는 임의대리인의 책임과 같은 범위로 책임이 경감된다(제122조 단서, 제121조 1항).

3. 복대리인의 복임권 인정 여부

> 제123조 【복대리인의 권한】(20법경, 18·19·21소간, 18세무) ① 복대리인은 그 권한 내에서 본인을 대리한다.
> ② 복대리인은 본인이나 제3자에 대하여 대리인과 동일한 권리의무가 있다.

복대리인은 본인이나 제3자에 대하여 대리인과 동일한 권리의무가 있다(제123조 2항)(22경간). 아울러 복대리인이 다시 복대리인을 선임해야 할 실제적인 필요성도 있기 때문에 복대리인의 복임권을 긍정하는 견해가 일반적이다. 다만 복대리인은 임의대리인이기 때문에 본인의 승낙이 있거나 부득이한 사유가 있는 경우에만 다시 복대리인을 선임할 수 있다.

Ⅲ. 복대리의 삼면관계(복대리인의 지위)

1. 대리인에 대한 관계

복대리인은 대리인의 복임권에 기하여 선임된 자이므로 대리인의 감독을 받을 뿐 아니라 대리인의 대리권의 존재 및 범위에 의존한다. 따라서 대리인의 대리권보다 그 범위가 넓을 수 없고 대리권이 소멸하면 복대리권도 소멸한다. 다만 복대리인이 선임된 경우에도 대리인의 대리권은 존속한다(각자 대리).

2. 상대방에 대한 관계

복대리인은 본인의 대리인이므로(제123조 1항) 직접 본인의 이름으로 대리하고, 제115조, 제116조, 제117조의 적용을 받는다. 임의대리인이 제120조를 위반한 복임행위는 무효이며, 그 복대리인이 한 대리행위는 무권대리행위이다(표현대리의 법리의 적용 여부는 각 표현대리 참고).

3. 본인에 대한 관계

복대리인은 본인의 대리인이지만 대리인에 의해 선임된 자이므로 이론상으로는 본인과의 사이에 본인의 대리인이라는 사실 외에는 어떠한 내부관계도 발생하지 않는다. 그러나 민법 제123조 2항은 편의상 본인과 복대리인 사이에도 본인과 대리인 사이에 있어서와 마찬가지의 내부관계가 생기는 것으로 의제하고 있다. 따라서 예컨대 대리인이 수임인인 경우에 복대리인도 본인에 대해서 수임인으로서의 권리의무를 지게 된다.

Ⅳ. 복대리권의 소멸

복대리권은 ① 본인에 대한 대리권이므로 대리권 일반의 소멸사유(제127조)에 의하여, ② 대리인·복대리인 간의 수권관계 소멸에 의하여, ③ 대리인의 대리권(모권)의 소멸에 의하여 소멸한다(22경간).

제6관 표현대리

I. 표현대리 총설

1. 표현대리의 개념

표현대리란, ⅰ) 대리인에게 대리권이 없음에도 불구하고, ⅱ) 마치 그것이 있는 것과 같은 외관이 존재하고, ⅲ) 본인이 그러한 외관의 형성에 관여하였다든가 그 밖에 본인이 책임져야 할 사정이 있는 경우에, 그 무권대리행위에 대하여 본인에게 책임을 지우는 제도이다.

2. 표현대리의 성립

① 표현대리가 성립하기 위해서는 ㉠ 첫째는 대리인에게 대리권이 없음에도 불구하고 있는 것과 같은 '**외관**'이 존재하여야 하고, 이와 같은 외관의 형성에 관해 '**본인에게 책임**'을 물을 만한 사정이 존재하여야 한다. ㉡ 둘째는 상대방이 대리권의 외관을 믿은 것에 대해 보호할 만한 가치가 있어야 한다. 민법이 **상대방의 '선의·무과실'**(제125조·제129조) 혹은 '정당한 이유'(제126조)를 요구하는 것은 그러한 표현이다.

② 표현대리가 성립하기 위해서는 '**표현대리행위 자체는 유효**'한 것을 전제로 한다. 따라서 강행규정에 위배되어 확정적·절대적 무효인 경우에는 상대방이 선의·무과실이라 하더라도 표현대리법리가 적용될 여지가 없다(21법경, 20소간, 18·19·20·21세무). 예컨대, 判例는 "증권회사 또는 그 임직원의 부당권유행위를 금지하는 증권거래법은 강행법규로서 이에 위배되는 주식거래에 관한 투자수익보장 약정은 무효이고, 그 약정이 **강행법규에 위반되어 무효**인 이상, 증권회사의 지점장에게 그와 같은 약정을 체결할 권한이 수여되었는지 여부에 불구하고 표현대리의 법리가 준용될 여지가 없다"고 한다(대판 1996.8.23, 94다38199: 22경간).

3. 표현대리의 유형

표현대리에 관하여 민법은 ① 대리권수여의 표시에 의한 표현대리(제125조), ② 권한을 넘은 표현대리(제126조), ③ 대리권 소멸 후의 표현대리(제129조) 세 가지를 규정하고 있다. 判例는 민법이 규정한 유형 이외의 표현대리를 인정하지 않는다(대판 1955.7.7, 4287민상366).

4. 표현대리의 근거

표현대리제도는 대리제도의 신뢰유지와 거래의 안전보호에 존재이유가 있다. 判例도 '**일반적인 권리외관이론**'(예를 들어 선의취득, 취득시효제도 등)에 기초를 두고 있다고 한다(대판 1998.5.29, 97다55317).

5. 표현대리의 본질(무권대리인가 유권대리인가)

① 표현대리는 외관을 신뢰한 선의·무과실의 제3자를 보호하고 거래의 안전을 보장하며, 대리제도의 신용을 유지하기 위한 제도로서 무권대리의 일종이다(통설). 判例도 "표현대리가 성립된다고 하여 무권대리의 성질이 유권대리로 전환되는 것은 아니므로(19·20세무), 양자의 구성요건 해당사실 즉 주요사실은 서로 다르다고 볼 수밖에 없다.

그러므로 유권대리에 관한 주장 가운데 무권대리에 속하는 표현대리의 주장이 포함되어 있다고 볼 수 없다"(대판 1983.12.13, 83다카1489: 19법경, 17 · 20소간, 20 · 21세무)고 판시하여 표현대리가 무권대리임을 분명히 밝혔다. 따라서 당사자가 유권대리에 관한 주장만 한 경우, 법원은 표현대리의 성립여부에 관한 판단을 할 수 없다.

② 그리고 判例는 상대방이 표현대리의 세 가지 유형별로 따로 이를 적시하여 주장할 것을 요구하지는 않는다. 즉 상대방이 표현대리를 주장하더라도 그것이 이를테면 제125조 내지 제126조에 관련되는 것인 때에는 어느 한쪽의 요건에 해당하지 않더라도 다른 쪽의 요건을 갖춘 경우에는 그것에 대한 주장도 포함한 것으로 보아 그것도 같이 심리하여야 한다(대판 1987.3.24, 86다카1348 ; 대판 1963.6.13, 63다191).

6. 표현대리와 (협의의) 무권대리의 관계

(1) 학설 검토

표현대리가 성립할 경우 무권대리에 관한 제130조 내지 제135조의 규정을 적용할 것인가와 관련하여 표현대리는 (광의의) 무권대리의 일종이나 표현대리의 성립으로 상대방은 소기의 목적을 달성할 수 있으므로 무권대리인의 상대방에 대한 책임규정인 제135조만은 적용되지 않는다는 **부분적용설**이 타당하다(다수설 ; 대법원은 앞서 검토한 바와 같이 표현대리가 무권대리임을 분명히 밝혔다. 그러나 구체적으로 전부적용설을 따를 것인지 부분적용설을 따를 것인지에 대한 判例는 보이지 않는다).

(2) 부분적용설에 따른 효과

부분적용설에 따르면 표현대리가 성립하는 경우라도 상대방이 이를 주장하지 않는 동안에는 무권대리로서의 성격을 가지므로 본인은 추인할 수 있고(제130조), 상대방은 본인에게 추인 여부의 확답을 최고할 수 있고(제131조), 상대방은 대리권 없는 자가 한 계약을 본인이 추인하기 전에 철회할 수 있다(제134조). 그러나 상대방은 무권대리인에게 계약의 이행 또는 손해배상을 청구할 수 없다(제135조).

7. 표현대리의 적용범위

① 절차안정이 요청되는 '소송행위'에는 민법상의 표현대리 규정이 적용 또는 준용될 수 없는바(22경간, 20세무), 判例도 "공정증서가 채무명의로서 집행력을 가질 수 있도록 하는 집행인낙 표시는 공증인에 대한 소송행위로서 이러한 소송행위에는 민법상의 표현대리 규정이 적용 또는 준용될 수 없다"(대판 1994.2.22, 93다42047)고 하고, "이행지체가 있으면 즉시 강제집행을 하여도 이의가 없다는 강제집행 수락의사표시는 소송행위라 할 것이고, 이러한 소송행위에는 민법상의 표현대리규정이 적용 또는 유추적용될 수는 없다"(대판 1983.2.8, 81다카621)고 한다.

② '공법상 행위'에도 원칙적으로 표현대리는 적용될 수 없다. 다만, 지방자치단체가 사경제의 주체로서 법률행위를 하였을 때에는 표현대리에 관한 법리가 적용된다고 한다(대판 1961.12.28, 4294민상204). 또한 判例는 공법상의 대리권도 기본대리권이 될 수 있으므로 등기신청의 대리권을 가지고 있는 자가 대물변제를 한 경우에도 제126조의 표현대리의 성립을 인정한다(대판 1965.3.30, 65다44: 20 · 21법경, 18소간).

8. 표현대리의 효과

(1) 본인의 표현대리행위에 대한 책임

본인은 표현대리행위에 대해 그 효과를 받는다. 判例는 "표현대리가 성립하는 경우에 그 본인은 표현대리행위에 의하여 전적인 책임을 져야 하고, 상대방에게 과실이 있다고 하더라도 과실상계의 법리를 유추적용하여 본인의 책임을 경감할 수 없다"고 한다 (대판 1996.7.12, 95다49554: 22·23경간, 19법경, 17·20소간, 19·21세무).

(2) 상대방의 표현대리의 주장

표현대리는 상대방이 이를 주장한 경우에 비로소 문제가 된다. 상대방이 주장하지 않는데 본인이 이를 주장할 수는 없다. 표현대리는 어디까지나 상대방의 보호 내지 거래 안전을 위하여 본인을 구속하는 제도이기 때문이다.

제6-1관 제125조의 표현대리

I. 의의

> **제125조【대리권수여의 표시에 의한 표현대리】** 제3자에 대하여 타인에게 대리권을 수여함을 표시한 자는 그 대리권의 범위 내에서 행한 그 타인과 그 제3자간의 법률행위에 대하여 책임이 있다. 그러나 제3자가 대리권 없음을 알았거나 알 수 있었을 때에는 그러하지 아니하다.

즉 제125조는 본인이 타인에게 대리권을 실제로는 주지 않았으나 주었다고 표시함으로써 '성립의 외관'이 존재하는 경우에 관한 것이다.

II. 요건(표, 내, 상, 선)

1. 대리권수여의 표시

(1) 수권표시의 법적 성질

제125조의 대리권수여의 표시는 수권행위 그 자체는 아니고 수권행위가 있었다는 뜻의 '관념의 통지'로 볼 수 있다(18법경). 判例도 "제125조의 표현대리는 본인과 대리행위를 한 자 사이의 기본적인 법률관계의 성질이나 그 효력의 유무와는 관계없이 어떤 자가 본인을 대리하여 제3자와 법률행위를 함에 있어 본인이 그 자에게 대리권을 수여하였다는 표시를 제3자에게 한 경우에 성립한다"(대판 2007.8.23, 2007다23425: 21소간, 21세무)고 하여 명확하지는 않으나 관념의 통지로 보고 있는 듯하다.

(2) 수권표시의 방법

'표시'의 방법에는 제한이 없다. 위임장 작성이 보통이지만, 구두 또는 묵시적 방법도 무방하다. 불특정 다수인에게도 할 수 있으며, 대리인을 통해서도 할 수 있다.

지문 OX

01 민법 제125조가 규정하는 대리권 수여의 표시에 의한 표현대리는 본인과 대리행위를 한 자 사이의 기본적인 법률관계의 성질이나 그 효력의 유무와는 관계없이 어떤 자가 본인을 대리하여 제3자와 법률행위를 함에 있어 본인이 그 자에게 대리권을 수여하였다는 표시를 제3자에게 한 경우에 성립한다. ○

1) 명의대여(명의사용을 허락 또는 묵인한 경우)

① 본인이 다른 사람에게 자기 명의를 사용하여 법률행위를 할 것을 허락한 경우에는 보통 대리권(엄밀히는 대행권)을 수여한 것으로 해석된다. 그리고 설령 본인의 의사가 대리권을 수여하고자 하는 것이 아니었다 하더라도 이는 제125조의 '표시'에 해당한다. 이와 관련해 判例는 "본인에 의한 대리권수여의 표시는 반드시 대리권 또는 대리인이라는 말을 사용하여야 하는 것이 아니라 사회통념상 대리권을 추단할 수 있는 직함이나 명칭(예를 들어 지배인, 관리자) 등의 사용을 승낙 또는 묵인한 경우에도 대리권수여의 표시가 있은 것으로 볼 수 있다"(대판 1998.6.12, 97다53762: 22경간, 19법경, 19세무)고 한다.

② 다만, 判例는 타인 간의 거래에서 단지 세무회계상의 필요로 자기의 납세번호증을 이용케 하거나 단순히 인감증명서만 교부한 경우 대리권수여의 표시가 있다고 할 수 없다고 한다(대판 1978.6.27, 78다864: 18법경, 21세무).

2) 백지위임장의 교부

① 백지위임장의 교부는 이를 임의로 보충해도 좋다는 의미가 담긴 묵시적 수권행위에 해당되어 원칙적으로 '**유권대리**'라는 견해도 있으나, ② 백지위임장 작성자의 의도와는 달리 그 위임장이 전전 유통되어 대리인의 성명이 보충된 경우에는 **제125조의 '표시'**가 있는 것으로 이해하는 것이 타당하다(그러나 '내용백지'의 경우 대리인이 본인으로부터 부탁받지 않은 사항을 보충하였다면 제126조의 표현대리가 성립할 수 있다).

3) 사실행위

사실행위 등을 하게 하는 것은 대리권수여의 표시가 될 수 없다. 判例도 중개인에게 오피스텔 분양에 대해 중개를 부탁하고 수수료 지급을 약속한 것은 사실행위에 지나지 않기 때문에 제125조의 대리권수여의 표시가 아니라고 한다(대판 1997.3.25, 96다51271).

[관련판례] 判例는 "금융기관의 직원이 고객관리차원에서 장기간 동안 고객의 예금을 파출수납의 방법으로 입금 및 인출하여 오던 중 고객으로부터 예금인출 요구를 받지 않았음에도 불구하고 인출을 요구받아 파출업무를 수행하는 것처럼 가장하여 금융기관의 영업부 직원에게 구두로 출금을 요구하여 돈을 받은 후 고객 몰래 인장을 찍어둔 인출청구서에 고객의 서명을 위조하여 위 영업부 직원에게 교부하는 방법으로 여러 차례에 걸쳐 금원을 인출한 경우, **파출수납의 방법에 의한 예금 입·출금은 금융기관 직원 자신의 직무를 수행하는 것에 불과하고, 고객이 직원에게 예금 입·출금과 관련한 대리권을 수여하였다거나 그 수여의 의사를 표시한 것으로 볼 수는 없다**"(대판 2001.2.9, 99다48801)고 하였다. 이 사례에서는 제125조와 제126조의 표현대리를 인정하지 않았으므로 금융기관은 출금행위의 유효성을 주장할 수 없고 따라서 예금 전액을 반환해 주어야 한다. 이 경우 예금주가 인장관리를 소홀히 한 점과 입·출금 확인을 하지 않은 과실을 근거로 과실상계를 할 수도 없다고 보았다. 이는 불법행위나 채무불이행을 이유로 한 손해배상청구가 아니라 예금계약에 따른 본래의 급부의 이행을 청구(예금반환청구)하는 것이므로 과실상계를 적용할 수 없다고 본 것이다.

2. 표시된 대리권의 범위 내에서 한 행위

제125조는 '그 대리권의 범위 내'에서 한 행위에 대해 본인이 그 책임을 지는 것으로 정한다. 따라서 **수여된 대리권의 범위를 초과한 경우, 그 부분에 대하여는 중첩적으로 제126조의 표현대리**가 문제된다.

3. 표시의 통지를 받은 상대방과의 대리행위

대리권의 수여를 불특정 다수인에게 표시한 경우에는 불특정 다수인이 보호될 수 있지만, 특정인에게 표시한 경우에는 표시를 통지받은 상대방만이 보호된다. 따라서 후자의 경우 그러한 통지가 있음을 우연히 알게 된 제3자와의 사이에 대리행위가 행하여졌더라도 제125조의 적용은 없다.

4. 상대방의 선의 · 무과실

상대방은 대리권 없음을 알지 못하고 또 알지 못하는 데 과실이 없어야 한다. 判例는 저당권설정계약 당시 본인의 인감증명서와 인감도장만을 소지하였을 뿐 대리인으로서 통상 제시될 것이 기대되는 **등기권리증을 소지하지 않은 사안**에서 상대방의 과실을 인정하였다(대판 1984.11.13, 84다카1204). 상대방의 악의 · 과실의 증명책임은 본인에게 있다는 것이 통설적 견해이다. 왜냐하면 표현대리제도는 상대방의 신뢰보호를 그 근거로 하기 때문이다. 상대방의 과실 유무는 무권대리행위 당시의 제반 사정을 객관적으로 판단하여 결정하여야 한다(대판 1974.7.9, 73다1804).

지문 OX

01 대리권수여의 표시에 의한 표현대리에 해당하여 대리행위의 효과가 본인에게 귀속하기 위해서는 대리행위의 상대방의 선의 이외에 무과실까지 요하는 것은 아니다. ✕

Ⅲ. 적용범위

1. 법정대리(소극)

'대리권을 수여'한다는 본조의 문언상 본조는 임의대리에 한하며 법정대리에는 그 적용이 없다. 判例 중에도 호적(가족관계등록부)상으로만 친권자로 되어 있는 자가 미성년자의 법정대리인으로서 '소송위임'에 관하여 대리행위를 한 사안에서, 그 행위를 대리권 흠결로 보아 무효로 보면서도 제125조의 표현대리의 적용을 부정한 것이 있다(대판 1955.5.12, 4287민상208).

2. 복대리(적극)

복대리에 관해서도 제125조는 적용된다. 判例도 복임권이 없는 (임의)대리인이 복대리인을 선임하여 그 복대리인이 본인의 이름으로 대리행위를 한 경우 복대리인 선임행위가 대리권수여의 표시에 해당하는 것으로 보아 제125조의 표현대리를 적용하고 있다(대판 1979.11.27, 79다1193).[62]

Ⅳ. 법률효과

본인은 무권대리인의 대리행위에 대하여 책임이 있다(제125조).

---

62) "A가 그 소유 토지를 丙에게 매도한 후 그 매수인 丙이 타인 乙과 함께 A의 대리인 甲에게 와서 소유권이전등기를 할 수 있는 서류를 해주면 딴 데 융통하여서 잔대금을 지급하겠다고 하자, A의 대리인 甲이 그들에게 등기권리증과 A의 인감증명, 주민등록표, 근저당권설정계약서 등의 서류를 해주어 乙이 위 토지에 대하여 丁명의로 근저당권 설정등기를 경료한 경우 丁은 乙을 A의 대리인으로 믿은 데 정당한 사유가 있다 할 것이다".

I. 의의

> **제126조【권한을 넘은 표현대리】**(20법경) 대리인이 그 권한 외의 법률행위를 한 경우에 제3자가 그 권한이 있다고 믿을 만한 정당한 이유가 있는 때에는 본인은 그 행위에 대하여 책임이 있다.

즉 제126조는 대리권의 범위를 넘었으나 그 범위 내의 것으로 믿을 만한 대리권 '범위의 외관'이 존재하는 경우에 관한 것이다.

II. 성립요건(기, 넘, 정)

1. 기본대리권의 존재

대리인이 일정한 범위의 대리권, 즉 기본대리권을 가지고 있어야 한다. 원칙적으로 전혀 대리권이 없는 자의 행위에는 표현대리가 성립하지 않는다(대판 1984.10.10, 84다카780: 19소간). '기본대리권'과 관련하여 해석상 문제되는 것으로 다음의 것이 있다.

(1) 인장을 보관시키는 것

① 判例는 단순히 타인에게 '인장'을 보관시킨 것이나 '인감증명서'만의 교부는 처분에 관한 기본대리권이 주어졌다고 보지 않는다. 예컨대 부동산을 관리시키면서 그 인감도장을 보관시킨 사실이 있다고 하여 처분권한을 수여하였다 할 수 없으므로 표현대리가 성립될 수 없다(대판 1973.6.5, 72다2617 ; 대판 1978.10.10, 78다75).

② 그러나 예컨대 보증을 하는 것을 위임하면서 '인감도장과 인감증명서'를 교부하였는데, 이를 이용하여 본인 부동산에 저당권을 설정한 경우와 같이 특정행위에 사용하도록 하기 위해 인장을 보관시킨 것은 기본대리권의 수여가 있는 것으로 본다(대판 1994.11.8, 94다29560).

(2) 사실행위

① 判例는 "증권회사로부터 위임받은 고객의 유치, 투자상담 및 권유, 위탁매매약정실적의 제고 등의 업무는 사실행위에 불과하므로 이를 기본대리권으로 하여서는 권한초과의 표현대리가 성립할 수 없다"(대판 1992.5.26, 91다32190: 18·20법경, 18소간)고 판시하여 사실행위에 대한 권한수여는 기본대리권이 될 수 없다고 한다(다만 회사의 불법행위책임으로 제756조의 사용자책임은 인정하였다).

② 그러나 과거 判例 중에는 사실행위를 위한 使者인 경우에도 기본대리권의 존재를 긍정한 것이 있다(대판 1962.2.8, 61다192). **[판례해설]** 이러한 判例의 태도는 모순되는 것이 아니라, 사실행위를 위한 使者의 경우에는 상대방의 입장에서 볼 때 사자인지 아니면 대리인인지를 구별하는 것이 어려워 제126조의 표현대리를 인정해야 할 필요성이 훨씬 크기 때문에 예외를 인정한 것이다.

01 대리권 소멸 후의 표현대리가 성립된 경우에도 그 표현대리의 권한을 넘는 대리행위가 있을 때에는 권한을 넘은 표현대리가 성립할 수 있다. ○

02 甲이 대리권 없이 乙의 대리인으로서 丙과 매매계약을 체결한 경우 甲의 대리행위가 대리권 소멸 후의 표현대리로 인정되는 경우라면 권한을 넘은 표현대리는 성립할 수 없다. ×

03 복임권 없는 대리인이 임의로 선임한 복대리인을 통하여 권한 외의 법률행위를 한 경우, 이러한 복대리인의 권한도 권한을 넘은 표현대리(민법 제126조)의 기본대리권이 될 수 있다. ○

04 대리인이 사자 내지 임의로 선임한 복대리인을 통하여 권한 외의 법률행위를 한 경우에는 기본대리권이 흠결되어 권한을 넘은 표현대리가 인정될 수 없다. ×

05 부부 간의 일상가사대리권은 권한을 넘은 표현대리의 기본대리권이 될 수 있다. ○

06 사실혼 관계에 있는 부부간에는 일상가사대리권을 기본대리권으로 하는 권한을 넘은 표현대리가 성립할 여지가 없다(23경간). ×

(3) 표현대리권(표현대리의 중첩적용 문제)

제125조 또는 제129조의 표현대리가 성립할 수 있다면 그에 기하여 대리권이 존재하는 것처럼 다루어지므로, 표현대리제도의 취지에 비추어 볼 때 제125조 또는 제129조의 범위를 넘는 때에는 제126조가 중첩적으로 적용된다고 보는 것이 타당하다(대판 2008.1.31, 2007다74713: 23경간, 19·21소간).

(4) (임의)대리인이 임의로 선임한(무효인 복임행위에 기한) 복대리인이 권한 외의 대리행위를 한 경우

判例는 "대리인이 사자 내지 임의로 선임한 복대리인을 통하여 권한 외의 법률행위를 한 경우, 상대방이 그 행위자를 대리권을 가진 대리인으로 믿었고 또한 그렇게 믿는 데에 정당한 이유가 있는 때에는, **복대리인 선임권이 없는 대리인에 의하여 선임된 복대리인의 권한도 기본대리권이 될 수 있을 뿐만 아니라**, 그 행위자가 사자라고 하더라도 대리행위의 주체가 되는 대리인이 별도로 있고 그들에게 본인으로부터 기본대리권이 수여된 이상, 제126조를 적용함에 있어서 기본대리권의 흠결 문제는 생기지 않는다"(대판 1998.3.27, 97다48982)고 한다. 즉, 判例는 대리인이 임의로 선임한 복대리인을 통하여 권한 외의 법률행위를 한 경우 제126조의 표현대리가 성립할 수 있다는 입장이다(22경간, 20소간, 21세무).

(5) 부부 간의 일상가사대리권

1) 의의

부부는 일상의 가사에 관하여 서로 대리권이 있으며(제827조 1항), 부부의 일방이 일상가사에 관하여 제3자와 법률행위를 한 때에는 다른 일방은 이에 대하여 연대책임을 진다(제832조). 여기서 일상가사라 함은 부부가 가정공동생활을 영위함에 있어서 필요로 하는 통상의 사무를 말한다(대판 1997.11.28, 97다31229).

2) 일상가사대리권을 기본대리권으로 한 제126조 표현대리의 인정 여부

대법원은 부부가 일상가사의 범위를 벗어난 사항에 대한 대리행위를 한 경우 일상가사대리권을 기본대리권으로 하여 제126조의 표현대리를 직접적용한다(대판 1968.11.26, 68다1727, 1728). 이는 사실혼 관계에 있는 부부 간에도 마찬가지이다(대판 1984.6.26, 81다524: 23경간).

그러나 대법원은 '부부별산제(민법 제830조: 부부의 일방이 혼인 전부터 가진 고유재산과 혼인 중 자기의 명의로 취득한 재산은 그 특유재산으로 한다)의 취지'에 비추어 제126조의 요건인 정당한 이유의 유무를 판단함에 있어 엄격하게 판단하는바, 부부일방이 배우자 소유 부동산에 관하여 매매 등의 '처분행위'를 한 경우에 제126조의 표현대리가 인정되려면 배우자에게 일상가사대리권(법정대리권)이 있었다는 것만이 아니라 상대방이 그 배우자에게 그 행위에 관한 대리의 권한을 주었다(임의대리권)고 믿었음을 정당화할 만한 '객관적 사정'이 있어야 한다고 본다(대판 1998.7.10, 98다18988 등).

3) 판례에 나타난 제126조에 있어서 정당한 이유

① [원칙] 判例는 남편이 아내에게 '부동산처분의 대리권'을 주는 것이나 '타인의 채무를 보증함에 필요한 대리권'을 주는 것은 사회통념상 이례에 속한다고 한다(대판 1969.6.24, 69다633 ; 대판 1998.7.10, 98다18988[63]). 그리고 부부관계인 경우에는 부부의 일방이 거래에 필요한 서류를 가지고 있더라도, 이와 같은 서류의 입수가 용이하다는 것을 이유로 **원칙적으로 정당한 이유를 인정하지 않는다**(대판 1981.8.25, 80다3204).

---

63) [사실관계] 처가 임의로 남편의 인감도장과 용도란에 아무런 기재 없이 대리방식으로 발급받은 인감증명서를 소지하고 남편을 대리하여 친정 오빠의 할부판매보증보험계약상의 채무를 연대보증한 경우, 남편의 표현대리 책임을 부정한 사례

② **[예외]** 그러나 본인과 대리인이 부부관계인 경우에도, 처분행위가 아닌 채무부담행위 (담보설정행위)인 경우에는 비교적 용이하게 정당한 이유를 인정한다(대판 1981.6.23, 80다 609).[64] 그리하여 '부동산 처분행위'에 대한 부부 간 일상가사대리에 있어서 제126조의 표현대리는 다음과 같은 경우에 한정하여 인정하고 있다. ㉠ 夫가 장기간 외국 또는 지방에 체류하여 살림 일체를 맡긴 경우(대판 1982.9.28, 82다카177), ㉡ 夫가 정신병원에 입원하여 처가 부동산을 매각하여 입원비·생활비 등에 충당한 경우(대판 1970.10.30, 70다1812), ㉢ 처가 남편의 인감도장 등을 가지고 있었고 처의 인척을 통해 부부 사이가 원만하며 남편이 처를 통해 금전을 차용하고자 한다는 말을 듣고 돈을 빌려주고 담보권을 설정한 경우(대판 1981.6.23, 80다609) 등이 있다.

2. 권한을 넘은 표현대리행위의 존재

(1) 대리인의 대리행위

제126조가 적용되기 위하여 대리인의 대리행위가 있어야 하고, 대리행위로 인정될 만한 것이 없다면, 비록 상대방의 신뢰가 있더라도, 제126조가 적용될 여지는 없다. 즉, 본인을 위한다는 의사를 명시 혹은 묵시적으로 표시하거나 대리의사를 가지고 권한 외의 행위를 하는 경우에 성립한다.

① **[무권리자의 처분행위]** 따라서 관리에 관한 대리권한을 가진 대리인이 자기 명의로 원인무효의 등기를 한 후 이를 제3자에게 매도하는 경우에는 "계약의 당사자는 대리인과 제3자로서 그 대리인이 본인의 대리인으로서 그러한 계약을 하였다고는 볼 수 없으므로 **제126조의 표현대리가 적용될 여지가 없다**"(대판 1972.5.23, 71다2365 등).

> **[관련판례]** ㉠ "乙이 甲으로부터 부동산에 관한 담보권설정의 대리권만 수여받고도 그 부동산에 관하여 자기 앞으로 소유권이전등기를 하고 이어서 丙에게 그 소유권이전등기를 경료한 경우, 丙은 乙을 甲의 대리인으로 믿고서 위 등기의 원인행위를 한 것도 아니고, 甲도 乙명의의 소유권이전등기가 경료된 데 대하여 이를 통정·용인하였거나 이를 알면서 방치하였다고 볼 수 없다면 이에 민법 제126조나 제108조 제2항을 유추할 수는 없다"(대판 1991.12.27, 91다3208).
> ㉡ "甲이 乙에게 자기의 부동산을 담보로 금 2,000만원의 차용을 부탁하면서 담보설정용인감증명서, 등기필증, 인감인장 등을 교부하였다면 甲이 乙에게 제3자로부터 금 2,000만원을 차용하여 줄 것을 위임하면서 乙에게 甲을 대리하여 위 금전을 차용하고 그 담보설정을 하는 법률행위를 할 권한을 수여함과 동시에 그 대리권 수여의 범위도 위 담보부동산에 의하여 담보되는 피담보채무의 범위가 금 2,000만원인 이상 그 담보의 형식이 무엇이든 그 차용의 형식이 어떠하던지 무방하다는 뜻이 포함된 것으로 볼 것인바, 乙이 위 수권의 범위를 넘어 위 담보부동산에 관하여 丙을 채무자로, 甲을 물상보증인으로 하고 그 피담보최고액을 금 1억 3,000만원으로 하여 근저당권설정계약을 체결한 경우에 있어서는 위 근저당권설정행위가 무권대리행위에 해당한다 할지라도 甲이 차용을 부탁한 금 2,000만원의 한도 내에서는 乙이 수여받은 대리권의 범위 내에 속하는 것이므로 위 근저당권설정계약은 위 금 2,000만원을 담보하는 범위 내에서는 乙의 대리행위에 의하여 본인인 甲에게 그 효력을 미치는 유효한 것이라고 보아야 할 것이다"(대판 1987.9.8, 86다카754).

---

64) **[관련판례]** 즉 다년간 처와 별거하고 있는 남편이 자기의 인장과 부동산에 관한 권리증을 처에게 보관시켰는데 처가 이를 이용하여 '담보로 제공'한 사안에서는, 남편이 처에게 위와 같은 서류 등을 장기간 보관시킨 것은 어떤 대리권을 수여한 것으로 봄이 타당하다고 하고, 이에 기초하여 제126조에 의한 표현대리를 인정하기도 한다(대판 1968.8.30, 68다1051 ; 대판 1982.9.28, 82다카177).

01 대리행위의 표시를 하지 아니하고 본인인 것처럼 기망하여 본인 명의로 직접 법률행위를 한 경우에는 특별한 사정이 없는 한 권한을 넘은 표현대리가 성립할 수 없다.　　　　○

02 대리인이 본인임을 사칭하고 본인을 가장하여 은행과 근저당권설정계약을 체결한 행위에 대하여는 권한을 넘은 표현대리의 법리를 유추적용할 수 없다.　　　　×

03 본인으로부터 아파트에 관한 임대 등 일체의 관리권한을 위임받아 본인으로 가장하여 아파트를 임대한 자가 다시 자신을 본인으로 가장하여 그 임차인에게 아파트를 매도한 경우, 그 매매계약은 본인에게 효력이 있다.　　　　○

04 민법 제126조에 규정된 권한을 넘은 표현대리에 있어 '권한을 넘은 행위'는 대리인이 가지고 있는 진실한 대리권에 의하여 허용된 행위와 같은 종류여야만 한다.　　　　×

05 민법 제126조 표현대리에 있어서 정당한 이유의 유무는 사실심의 변론종결시, 즉 정당한 이유의 유무를 판단할 때까지 존재하는 일체의 사정을 고려하여 판단하여야 한다.　　　　×

② **[타인명의를 사용한 법률행위]** 그러나 대리인이 현명하지 않은 채 본인인 것처럼 가장하여 월권행위를 한 경우에, 判例는 원칙적으로 현명을 요구하지만, 특별한 사정이 있으면 현명이 없더라도 제126조의 유추적용을 긍정한다.

즉, "사술을 써서 대리행위의 표시를 하지 아니하고 단지 본인의 성명을 모용하여 자기가 마치 본인인 것처럼 상대방을 기망하여 본인 명의로 직접 법률행위를 한 경우에는 **특별한 사정이 있는 경우에 한하여 민법 제126조의 표현대리의 법리를 유추적용할 수 있다**(23경간). 여기서 특별한 사정이란 ⅰ) 본인을 모용한 사람에게 본인을 대리할 '기본대리권'이 있었고, ⅱ) 상대방으로서는 위 모용자가 본인 자신으로서 본인의 권한을 행사하는 것으로 믿은 데 '정당한 사유'가 있었던 사정을 의미한다"(대판 1993.2.23, 92다52436: 22경간).

(2) 상대방의 범위

표현대리에 관한 규정에 의해 보호받을 수 있는 상대방은 '대리인과 직접 법률행위를 한 자'에 한정된다. 그로부터 전득한 자는 이에 해당하지 않는다(대판 1994.5.27, 93다21521: 18소간).

이러한 법리는 어음·수표행위와 같이 거래안전이 매우 요구되는 거래의 경우에서도 마찬가지이다(대판 1997.11.28, 96다21751).

(3) 월권행위

기본대리권이 권한을 벗어난 행위와 같은 종류의 대리권이거나 비슷한 것일 필요는 없다(대판 1978.3.28, 78다282). 그리고 그 행위가 대리권과 아무런 관계가 없어도 무방하다(대판 1963.11.21, 63다418: 19소간, 18세무). 다만 '정당한 이유'의 판정에 영향을 줄 수는 있다.

3. 정당한 이유의 존재

(1) 정당한 이유의 의미 및 판단시기

判例는 표현대리는 대리행위 당시에 대리권이 존재한다고 믿은 선의의 제3자를 보호하기 위한 것이므로 ⅰ) 무권대리행위시를 기준으로 ⅱ) 정당한 이유의 의미를 '상대방이 대리권이 있다고 믿은 데 과실이 없는 것', 즉 **선의·무과실**로 해석한다(대판 1989.4.11, 88다카13219). 또한 이는 계약 성립 당시의 제반사정을 객관적으로 판단하여 결정하여야 하고 표현대리인의 주관적 사정을 고려하지 말아야 한다(대판 1989.4.11, 88다카13219: 18·21세무).

[관련판례] "표현대리의 효과를 주장하려면 상대방이 자칭 대리인에게 대리권이 있다고 믿고 그와 같이 믿는데 정당한 이유가 있을 것을 요건으로 하는 것인바, 여기의 **정당한 이유의 존부는 자칭 대리인의 대리행위가 행하여 질 때에 존재하는 제반사정을 객관적으로 관찰하여 판단하여야 하는 것이지 당해 법률행위가 이루어지고 난 훨씬 뒤의 사정을 고려하여 그 존부를 결정해야 하는 것은 아니다**"(대판 1987.7.7, 86다카2475: 22경간).

(2) 정당한 이유의 증명책임

判例는 상대방에게 정당한 이유의 증명책임이 있다고 하는바(대판 1968.6.18, 68다694: 18소간), 검토하건데 다른 표현대리에 비해서 외관에 대한 상대방의 신뢰가치의 정도가 낮고 또 제126조의 법문상 표현대리를 주장하는 상대방에게 증명책임을 지우는 判例의 태도는 타당하다(다수설).

Ⅲ. 적용범위

1. 다른 표현대리유형과의 중첩 적용 가부(기본대리권에서 검토)

2. 복대리(기본대리권에서 검토)

3. 제한능력자를 위한 법정대리에 제126조의 표현대리가 성립할 수 있는지 여부(적극)

권한을 넘은 표현대리 규정은 거래의 안전을 도모하여 거래상대방의 이익을 보호하려는 데에 그 취지가 있으므로 **임의대리뿐만 아니라 법정대리에도 적용**된다(22·23경간, 19법경, 18·19소간, 18·19세무). 이와 관련하여 判例도 "한정치산자의 후견인이 친족회(개정 민법은 종전의 친족회제도를 폐지하고, 가정법원이 사안에 따라 후견감독인을 선임할 수 있는 것으로 바꾸었다)의 동의 없이 피후견인의 부동산을 처분한 경우(제950조 1항 4호 참조)에도 거래의 상대방이 친족회의 동의가 갖추어진 것이라고 믿을만한 정당한 이유가 있는 때에는, 본인인 한정치산자에게 그 효력이 있고 제950조 2항(현행법 제950조 3항)에 따른 취소권을 행사할 수 없다"(대판 1997.6.27, 97다3828 ; 다만 이 判例에서는 친족회의 동의 여부를 확인하지 않은 잘못을 물어 상대방의 과실을 인정하였다)고 판시하여 긍정설을 취하고 있다.

Ⅳ. 법률효과

본인은 무권대리인의 대리행위에 대하여 책임이 있다(제126조).

I. 의의

> **제129조 【대리권소멸후의 표현대리】** 대리권의 소멸은 선의의 제3자에게 대항하지 못한다. 그러나 제3자가 과실로 인하여 그 사실을 알지 못한 때에는 그러하지 아니하다.

즉 제129조의 표현대리는 이전에 대리권을 가졌다는 점에 기인하여 현재도 대리권이 있다고 믿은 대리권 '존속의 외관'이 존재하는 경우에 관한 것이다.

> ❈ **제692조, 제470조(제471조)와 제129조의 관계**
>
> "위임종료의 사유는 이를 상대방에게 통지하거나 상대방이 이를 안 때가 아니면 이로써 상대방에게 대항하지 못한다"는 제692조는 제129조와 같이 제3자를 보호하기 위한 규정이 아니며, 단지 위임종료의 사유(예를 들어 제690조의 위임인 또는 수임인의 사망에 따른 종료)가 있더라도 상대방(위임인 또는 수임인)이 선의·무과실이라면 위임자와 수임자 사이에 위임관계에 의한 권리관계가 존속한다는 취지에 불과하다. 물론 그와 무관하게 위임종료사유에 의해 대리권은 소멸한다(제128조 전문)(대판 1962.5.24, 4294민상251 참고).
>
> 나아가 채권의 준점유자에 대한 변제(제470조)나 영수증소지인에 대한 변제(제471조)는 변제자가 선의·무과실이라면 변제로서의 효력을 가진다. 그런데 가령 점원이 해고된 후 상점의 청구서나 영수증을 가지고 고객으로부터 수금하였다면 제129조와 위 조문들은 경합할 것인바, 고객은 제129조에 의하여 또는 제470조나 제471조의 요건을 증명하여 변제의 효력을 주장할 수 있다.

II. 성립요건(소, 내, 선)

1. 존재하였던 대리권의 소멸

대리인이 과거에 대리권을 가지고 있었다가 소멸한 경우이어야 하므로 처음부터 전혀 대리권이 없었던 경우에는 '원칙적'으로 제129조가 적용될 수 없다(예외로 III. 제129조의 적용범위 2. 참고). 특히 수권행위가 철회·취소된 경우뿐만 아니라 원인된 법률관계가 소멸한 경우에도 대리권은 소멸하기 때문에 제129조의 표현대리가 적용될 수 있다.

2. 대리인이 권한 내의 행위를 할 것

대리행위를 할 당시에 대리권은 이미 소멸하였지만 대리행위는 과거에 갖고 있던 대리권의 범위 내에서 이루어져야 한다. 따라서 무권대리행위가 소멸된 대리권의 내용과 다른 경우에는 제129조와 제126조가 중첩적으로 적용된다(대판 1971.12.21, 71다2024: 23 경간).

3. 상대방의 선의·무과실

상대방은 대리행위의 직접 상대방만을 가리키는데, 상대방은 대리인이 과거에 대리권을 가지고 있었기 때문에 현재에도 역시 대리권이 '존속'한다고 믿고, 그렇게 믿은 데 과실이 없어야 한다. 이에 대한 증명책임에 관해 제129조의 법문상(선의를 본문에, 과실을 단서에 정한 것) 선의는 상대방이 입증해야 하고 상대방에게 과실이 있다는 점은 본인이 입증해야 함이 타당하다(이에 관한 명시적인 판례는 없다).[65]

Ⅲ. 적용범위

1. 법정대리

법정대리에 대해서도 제129조가 적용된다는 것이 다수설이고 判例이다(20소간). 예를 들어 대법원은 친권자가 미성년자의 재산관리를 해왔는데, 미성년자가 성년이 된 이후에 그 子의 재산을 처분한 사안에서 제129조의 성립을 긍정하였다(대판 1975.1.28, 74다1199).

2. 대리인이 대리권 소멸 후 선임한(무효인 복임행위에 기한) 복대리인이 대리행위를 한 경우

判例는 "대리인이 대리권 소멸 후 복대리인을 선임하여 대리행위를 시킨 경우에도, 표현대리의 법리는 거래의 안전을 위하여 일반적인 권리외관 이론에 그 기초를 두고 있는 것인 점에 비추어 볼 때 제129조에 의한 표현대리가 성립할 수 있다"(대판 1998.5.29, 97다55317: 18·19·20·21세무)고 한다.

3. 상법상 주식회사의 대표이사가 퇴임하고 퇴임등기까지 된 경우(적용 부정)

"상법에 의하여 등기할 사항은 이를 등기하지 아니하면 선의의 제3자에게 대항하지 못하나, 이를 등기한 경우에는 제3자가 등기된 사실을 알지 못한 데에 정당한 사유가 없는 한 선의의 제3자에게도 대항할 수 있는 점(상법 제37조) 등에 비추어, 대표이사의 퇴임등기가 된 경우에 대하여 민법 제129조의 적용 내지 유추적용이 있다고 한다면 상업등기에 공시력을 인정한 의의가 상실될 것이어서, 이 경우에는 민법 제129조의 적용 또는 유추적용을 부정할 것이다"(대판 2009.12.24, 2009다60244).

Ⅳ. 법률효과

본인은 무권대리인의 대리행위에 대하여 책임이 있다(제129조).

지문 OX

02 대리권 소멸 후의 표현대리에 관한 민법 제129조는 임의대리권이 소멸한 경우만이 아니라 법정대리인의 대리권 소멸에 관하여도 그 적용이 있다.　○

03 대리인이 대리권 소멸 후 복대리인을 선임하여 복대리인으로 하여금 상대방과 사이에 대리행위를 하도록 한 경우에도 민법 제129조에 의한 표현대리가 성립할 수 있다.　○

04 대리인이 대리권 소멸 후 복대리인을 선임하여 복대리인으로 하여금 상대방과 사이에 대리행위를 하도록 한 경우에는, 상대방이 대리권 소멸사실을 알지 못하여 복대리인에게 적법한 대리권이 있는 것으로 믿었고 또한 그렇게 믿은 데 과실이 없다하더라도 제129조에 의한 표현대리가 성립할 수 없다.　×

---

[65] '判例(대판 1983.12.13, 전합83다카1489)는 표현대리를 주장하는 자에게 무과실의 증명책임이 있다고 한 원심판결은 위법하지 않다고 판단한 것으로 보아 표현대리를 주장하는 상대방에게 무과실의 증명책임을 지우는 듯하다'고 보는 견해도 있다(지원림).

제7관 협의의 무권대리

I. 서설

협의의 무권대리란 무권대리인이 대리권 없이 대리행위를 한 경우에 **표현대리가 성립하지 않는 경우**를 말한다. 협의의 무권대리는 그 대리행위가 계약이냐 단독행위냐에 따라 효과에 차이가 있으므로 경우를 나누어 검토하기로 한다.

II. 계약의 무권대리

1. 본인과 상대방 사이의 효과

(1) 유동적 무효

제130조【무권대리】(19법경, 21소간, 19세무) 대리권 없는 자가 타인의 대리인으로 한 계약은 본인이 이를 추인하지 아니하면 본인에 대하여 효력이 없다.

대리권 없는 자가 타인의 대리인으로 한 계약은 본인이 이를 추인하지 아니하면 본인에 대하여 효력이 없다(제130조). 따라서 본조는 무권대리를 확정적으로 무효로 하지 않고 본인이 추인 또는 추인거절을 하는 것에 따라 본인에 대한 효력 유무를 결정한다**(유동적 무효)**(19세무).

(2) 본인의 추인권

제132조【추인, 거절의 상대방】 추인 또는 거절의 의사표시는 상대방에 대하여 하지 아니하면 그 상대방에 대항하지 못한다. 그러나 상대방이 그 사실을 안 때에는 그러하지 아니하다.

1) 법적 성질

무권대리행위에 대한 본인의 추인은 유동적 무효상태의 행위에 대하여 그 행위의 효과를 자기에게 직접 발생케 하는 것을 목적으로 하는 단독행위로서(17소간), 사후의 대리권 수여는 아니며, 형성권의 일종이다(제130조)(대판 1990.4.27, 89다카2100: 21소간). 다만, 반드시 본인만 추인을 할 수 있는 것은 아니고 그의 적법한 대리인이나 상속인 등도 추인권을 행사할 수 있다(19세무). 나아가 무권대리인도 본인으로부터 특별수권을 받았다면, 적법하게 추인권을 행사할 수 있다.

2) 방법

가) 묵시적 추인

무권대리행위의 추인은 ⅰ) 무권대리행위가 있음을 알고 ⅱ) 그 행위의 효과를 자기에게 귀속시키도록 하는 단독행위로서 **묵시적인 방법으로도 할 수 있으므로**(19·21법경, 17·21소간, 20세무), 본인이 그 행위로 처하게 된 법적 지위를 충분히 이해하고 그럼에도 진의에 기하여 그 행위의 결과가 자기에게 귀속된다는 것을 승인한 것으로 볼 만한 사정이 있는 경우에는 묵시적으로 추인한 것으로 볼 수 있다(대판 2011.2.10, 2010다83199, 83205).[66]

---

66) "이 사건 종중의 종원들이 이 사건 매매계약 체결 사실을 알고 있는 상태에서 이 사건 매매계약이 유효함을 전제로 그 대금을 종원들에게 분배하기로 하는 결의를 하였고, 이에 따라 실제 분배까지 이루어졌다면, 이 사건 종중은 적어도

① **[긍정]** ㉠ 매매계약을 체결한 무권대리인으로부터 '**본인이 매매대금의 전부 또는 일부를 받은 경우**'(대판 1963.4.11, 63다64: 21법경, 17소간, 21세무), ㉡ 무권대리인이 매도한 부동산을 '**본인이 명도**'하여 주고 8년간이나 이의를 제기하지 않은 경우(대판 1968.11.19, 68다1795, 1796), ㉢ 무권대리인이 차용한 금원의 변제기일에 채권자가 본인에게 그 변제를 독촉하자 '**본인이 그 유예를 요청**'한 경우(대판 1973.1.30, 72다2309, 2310), ㉣ 무권대리인이 임대차계약을 체결한 것에 대해 본인이 무권대리인에게 차임의 일부를 지급한 경우(대판 1984.12.11, 83다카1531), ㉤ 무권대리인이 상호신용금고로부터 대출받은 사실을 본인이 알고도 3년이 지나도록 아무런 이의를 제기하지 않고, 그 동안 지급의 연기를 구하고 채무의 일부를 변제한 경우(대판 1991.1.25, 90다카26812) 등이 그러하다.

② **[부정]** ㉠ 무권대리행위에 대해 본인이 '**장기간 이의**'를 제기하지 아니하고 '**방치**'한 것만으로는 묵시적 추인이 있다고 할 수 없다고 한다(대판 1990.3.27, 88다카181: 17소간). ㉡ "무권대리행위가 범죄가 되는 경우에 대하여 그 사실을 알고도 장기간 '**형사고소**'를 하지 아니하였다 하더라도 그 사실만으로 묵시적인 추인이 있었다고 할 수는 없는바, 권한 없이 기명날인을 대행하는 방식에 의하여 약속어음을 위조한 경우에 피위조자가 이를 묵시적으로 추인하였다고 인정하려면 추인의 의사가 표시되었다고 볼 만한 사유가 있어야 한다"(대판 1998.2.10, 97다31113: 20법경). ㉢ "당사자가 변론기일에 불출석하여 매매사실에 관하여 '**의제자백**'(자백간주)[67]한 것으로 간주되었다 하여도 그로써 그 당사자가 소외인의 무권대리매매를 추인한 것이라고 볼 수 없다"(대판 1982.7.13, 81다648).

나) 일부추인

① **[긍정]** '**일부추인**'은 원칙적으로 허용되지 않지만 예외적으로 **상대방의 동의가 있으면 허용**된다고 할 것이다(대판 1982.1.26, 81다카549: 20법경, 18·21세무).

② **[부정]** 그러나 "무권대리인이 행한 소송행위의 추인은 특별한 사정이 없는 한 소송행위의 전체를 대상으로 하여야 하고, 그중 일부의 '**소송행위**'만을 추인하는 것은 절차안정을 고려해 상대방의 동의유무와 상관없이 허용되지 아니한다"(대판 2008.8.21, 2007다79480).

3) 상대방

추인의 의사표시는 무권대리인, 무권대리 행위의 직접의 상대방 및 그 무권대리 행위로 인한 권리 또는 법률관계의 승계인에 대하여도 할 수 있다(대판 1981.4.14, 80다2314: 22경간, 17·19소간, 19·20·21세무).

다만 무권대리인에 대해 한 경우에는 상대방이 추인이 있었던 사실을 알지 못한 때에는 그에 대해 추인의 효과를 주장하지 못한다(제132조)(18·20소간, 21세무). 따라서 그 사실을 상대방이 모른 경우에는, 그때까지 상대방은 무권대리인과 맺은 계약을 철회할 수 있고(제134조)(20법경), 또 무권대리인에 대한 추인이 있었음을 주장할 수도 있다(대판 1981.4.14, 80다2314).

묵시적으로나마 종중재산 처분에 관한 종전 결의 및 이 사건 매매계약을 추인하였다고 보아야 할 것이다".

67) 민사소송법에서 당사자가 상대편이 주장한 사실에 대하여 반박하지 않거나 당사자 중 한쪽이 정해진 날에 출석하지 않은 경우에, 그 사실을 자백한 것으로 인정하는 일

지문 OX

01 무권대리계약을 추인하면 추인시로부터 그 무권대리행위는 유효하게 된다.   ×

02 본인의 추인거절권의 행사가 있으면 본인은 다시 추인할 수 없으며, 상대방도 최고권이나 철회권을 행사하지 못한다. ○

03 대리권 없이 타인의 부동산을 매도하고 소유권이전등기를 마쳐준 자가 그 부동산을 단독상속한 후 소유자의 지위에서 자신의 대리행위가 무효임을 주장하여 등기말소를 구하는 것은 신의칙상 허용되지 않는다.   ○

04 甲이 乙명의의 주식에 관하여 처분권한 없이 A은행과 담보설정계약을 체결한 이후 甲의 사망으로 인하여 乙이 甲을 상속한 경우, 乙이 위 담보설정계약에 따른 의무의 이행을 거절하더라도, 특별한 사정이 없는 한 신의칙에 반한다고 할 수 없다. ○

4) 효과

> **제133조【추인의 효력】**(21법경, 16·17·18·19소간) 추인은 다른 의사표시가 없는 때에는 계약시에 소급하여 그 효력이 생긴다. 그러나 제3자의 권리를 해하지 못한다.

가) 원칙

추인으로 무권대리행위는 '소급'하여 확정적으로 유효하게 된다(제133조 본문).

나) 예외

① '본인과 상대방 사이의 계약'으로 다른 의사표시가 있으면 소급효가 배제된다(제133조 본문).

② 추인의 소급효는 '제3자의 권리'를 해하지 못하는바(제133조 단서), 이때 **소급효가 제한되는 것은 무권대리행위의 상대방이 취득한 권리와 제3자가 취득한 권리가 모두 배타적 효력을 가지는 경우에 한한다**(대판 1963.4.18, 62다223). 따라서 물권변동에 있어서는 등기 또는 인도(제186조, 제188조), 채권양도에 있어서는 확정일자 있는 통지나 승낙을 먼저 갖추는 자(제450조 2항)가 우선한다.

③ '대리권 혹은 대표권 없는 자에 의해 이루어진 소송행위에 대한 추인'에 대해서는 민사소송법에서 소급효만 규정하고 있으므로(동법 제60조, 제97조), 소급효를 제한하는 민법 제133조 단서는 적용되지 않는다(아래 관련판례 91다25383 판결 참고).

> **[관련판례]** "종중을 대표할 권한 없는 자가 종중을 대표하여 한 소송행위는 그 효력이 없으나 나중에 종중이 총회결의에 따라 위 소송행위를 추인하면 그 행위시로 소급하여 유효하게 되며(민사소송법 제60조, 제97조) 이 경우 민법 제133조 단서의 규정은 무권대리행위에 대한 추인의 경우에 있어 배타적 권리를 취득한 제3자에 대하여 그 추인의 소급효를 제한하고 있는 것으로서 위와 같은 **하자있는 소송행위에 대한 추인의 경우에는 적용될 여지가 없는 것이다**"(대판 1991.11.8, 91다25383).

(3) 본인의 추인거절권

본인은 추인을 거절할 수 있으며, 거절방법은 추인의 경우와 같다(제132조). 추인을 거절하면 무권대리행위는 확정적으로 무효로 된다.

(4) 무권대리와 상속

1) 문제점[68]

상속에 의해 무권대리인의 지위와 본인의 지위가 동일인에게 귀속되는 경우, 무권대리행위가 지위의 혼동에 의해 유효하게 되는지 아니면 본인의 지위에서 추인(거절)이 가능한지 문제된다.

2) 무권대리인이 본인을 상속한 경우

甲이 대리권 없이 乙소유 부동산을 丙에게 매도하고 丙은 丁에게 매도하여 그 소유권이전등기가 되었는데, 그 후 乙이 사망하여 그의 父 甲이 상속을 한 사안에서, 判例는 "본래 甲은 乙의 무권대리인으로서 丙에게 부동산에 대한 소유권이전등기를 이행할 의무를 지므로(제135조 1항), 따라서 상속을 통해 그러한 의무를 이행하는 것이 가능하게 된 甲이 자신의 매매행위가 무권대리행위여서 무효라고 주장하여 丙과 丁명의의 등기의 말소를 청구하거나 부동산의 점유로 인한 부당이득금의 반환을 구하는 것은 금반언의 원칙이나 신의칙에 반하여 허용되지 않는다"고 한다(대판 1994.9.27, 94다20617).

---

68) [학설] ① 상속으로 인해 무권대리인이 본인의 지위를 갖게 되어 양 지위의 혼동으로 무권대리행위는 당연히 유효하게 되고, 본인의 지위에서 추인을 거절하지 못한다는 '당연유효설'과 ② 양 지위는 병존하지만 추인거절은 '신의칙' 위반으로 불가능하다고 보는 '병존설'(비당연유효설) 등으로 나뉜다.

즉, 判例는 병존설을 전제로 하여, **상대방이 선의·무과실인 경우**는 무권대리인이 본인의 상속인 지위에서 추인거절권을 행사하는 것은 금반언의 원칙에 반한다고 하였으나 (대판 1994.9.27, 94다20617: 18·20법경, 20소간, 19·21세무), **상대방이 악의인 경우**는 추인거절권을 행사할 수 있다고 한다(대판 1992.4.28, 91다30941).

> [비교판례: 권리자가 무권리자를 상속한 경우] 무권리자의 처분행위(타인권리매매)와 관련하여 判例는 권리자가 무권리자의 의무(소유권이전의무)를 상속하게 되었더라도 특별한 사정이 없는 한 권리자는 의무의 이행을 거절하여도 신의칙에 반하지 않는다고 한다(대판 2001.9.25, 99다19698).

3) 본인이 무권대리인을 상속한 경우

본인인 子가 무권대리인 父를 상속한 경우, 子는 본인의 자격에서 추인을 거절할 수 있다. 신의칙에 반하는 것이 아니기 때문이다. 추인을 거절한 경우에 子는 무권대리인 父의 책임(제135조 1항)을 승계하므로 거절의 실익은 크지 않지만, 상대방이 악의(과실)인 때에는 그 책임을 부담하지 않는 점(제135조 2항)에서 거절의 실익이 없다고 단정할 수는 없다.

(5) 상대방에 대한 효과

> **제131조【상대방의 최고권】**(21법경, 16·17·18·19·20·21소간, 18·20·21세무) 대리권 없는 자가 타인의 대리인으로 계약을 한 경우에 상대방은 상당한 기간을 정하여 본인에게 그 추인여부의 확답을 최고할 수 있다. 본인이 그 기간내에 확답을 발하지 아니한 때에는 추인을 거절한 것으로 본다.
>
> **제134조【상대방의 철회권】**(19법경, 16소간) 대리권 없는 자가 한 계약은 본인의 추인이 있을 때까지 상대방은 본인이나 그 대리인에 대하여 이를 철회할 수 있다. 그러나 계약당시에 상대방이 대리권 없음을 안 때에는 그러하지 아니하다.

1) 최고권

무권대리행위의 상대방은 상당한 기간을 정하여 추인 여부를 확답할 것을 본인에게 최고할 수 있다. 그 기간 내에 확답을 '발송'하지 않은 경우에는 추인을 거절한 것으로 본다(제131조)**(제15조와 비교)**.

2) 철회권

① 최고와는 달리 무권대리인임을 알지 못한 **선의 상대방은 본인이 추인하고 있지 않은 동안에 철회가 가능하다**(제134조)(16·18·19소간, 18세무). 따라서 악의의 상대방에게도 인정되는 최고권과는 구별된다(17·20소간, 18·19·21세무).

② 한편 判例는 제134조에서 정한 상대방의 철회권은 '선의의 상대방을 보호하기 위하여 상대방에게 부여된 권리'로서, 상대방이 유효한 철회를 하면 **무권대리행위는 '확정적으로 무효'**가 되어 그 후에는 본인이 무권대리행위를 추인할 수 없다고 한다(대판 2017.6.29, 2017다213838: 18·20·21세무). 한편 상대방이 대리인에게 대리권이 없음을 알았다는 점에 대한 주장·입증책임은 철회의 효과를 다투는 본인에게 있다(대판 2017.6.29, 2017다213838).

2. 상대방과 (무권)대리인 사이의 효과

> **제135조【무권대리인의 상대방에 대한 책임】**(16·20소간) ① 다른 자의 대리인으로서 계약을 맺은 자가 그 대리권을 증명하지 못하고 또 본인의 추인을 받지 못한 경우에는 그는 상대방의 선택에 따라 계약을 이행할 책임 또는 손해를 배상할 책임이 있다.
> ② 대리인으로서 계약을 맺은 자에게 대리권이 없다는 사실을 상대방이 알았거나 알 수 있었을 때 또는 대리인으로서 계약을 맺은 사람이 제한능력자일 때에는 제1항을 적용하지 아니한다.

(1) 무권대리인의 책임(대, 표, 선, 행, 철)

ⅰ) 대리인이 대리권을 증명할 수 없을 것(증명책임은 무권대리인에게 있다 ; 대판 1962.4.12, 61다1021), ⅱ) **상대방이 무권대리인에게 대리권이 없음을 알지 못하고**(선의), **또한 알지 못하는 데 과실이 없을 것**(18·19소간)(증명책임은 무권대리인에게 있다 ; 대판 2018.6.28, 2018다210775), ⅲ) 본인의 추인이 없거나[69] 표현대리가 성립하지 않을 것(다수설), ⅳ) 상대방이 아직 철회권을 행사하고 있지 않을 것, ⅴ) 무권대리인이 행위능력자일 것의 요건이 필요하다(19법경, 20소간, 21세무)(제135조).

(2) 책임의 성질(무과실책임)

"제135조에 따른 무권대리인의 상대방에 대한 책임은 **무과실책임**으로서 대리권의 흠결에 관하여 대리인에게 과실 등의 귀책사유가 있어야만 인정되는 것이 아니고, **무권대리행위가 제3자의 기망이나 문서위조 등 위법행위로 야기되었다고 하더라도 책임은 부정되지 아니한다**"(대판 2014.2.27, 2013다213038: 23경간, 17소간).

[사실관계] 甲은 A를 사칭하는 X로부터 대리권을 수여받아 선의, 무과실의 乙에게 A소유 토지에 관하여 근저당권설정등기를 마쳐주었다. 그런데 실제 A가 나타나 乙을 상대로 근저당권설정등기가 무효라는 이유로 말소청구소송을 제기하여 승소판결을 받음으로써 乙이 손해를 입게 되었다. 어차피 X가 甲의 개입 없이 직접 A를 사칭하여 乙과 근저당권설정계약을 체결하였어도 乙은 피해를 볼 수밖에 없었을 것이므로, 甲에게 별도의 과실이 없다면 乙은 甲을 상대로 민법 제135조 1항에 의한 무권대리인의 책임을 묻지 못하는지 문제된 사안이다.

☞ 위 判例에 따르면 제135조의 규정에 따른 무권대리인의 상대방에 대한 책임은 무과실책임으로서 대리권의 흠결에 관하여 대리인에게 과실 등의 귀책사유가 있어야만 인정되는 것이 아니므로, 甲의 무권대리행위가 제3자 X의 기망 등 위법행위로 야기되었더라도 甲이 A에게(규범적 해석에 따라 위임계약의 당사자는 A와 甲이다) 사기를 이유로 위임계약을 취소(제110조 2항)하거나 甲이 X에게 사기를 이유로 불법행위책임(제750조)을 묻는 것은 별론으로 乙에 대한 제135조 책임이 부정되는 것은 아니다. 참고로 사안의 경우 본인 A는 대리권 수여를 표시한 적도 없고(제125조), 기본대리권이 甲에게 있지도 않으며(제126조), 甲의 대리권한이 있다가 소멸한 적도 없으므

---

69) "무권대리인이 본인 소유의 부동산에 대해 제3자와 매매계약을 체결하였는데, 후에 본인이 이를 타인에게 매도하고 타인명의로 소유권이전등기가 마쳐진 때에도 이에 해당하는 것으로 볼 것이다"(대판 1965.8.24, 64다1156).

로(제129조) 즉, 본인 A가 甲의 무권대리행위에 대해 책임져야 할 사정이 전혀 없으므로 비록 상대방 乙이 선의, 무과실이지만 표현대리가 성립하지 않는다.[70] 따라서 甲이 한 대리행위는 표현대리가 성립하지 않은 '협의의 무권대리행위'로서 근저당권설정행위는 본인 A가 추인하지 않는 한 무효이다.

(3) 책임의 내용

1) 계약상 채무 또는 손해배상책임

'상대방의 선택'(16·20소간)에 좇아 이행 또는 손해배상의 책임을 진다(제135조 1항 ; 선택채권). "이때 상대방이 계약의 이행을 선택한 경우 무권대리인은 마치 자신이 계약의 당사자가 된 것처럼 계약에서 정한 채무를 이행할 책임을 지는 것이다. 따라서 위 계약에서 채무불이행에 대비하여 손해배상액의 예정에 관한 조항을 둔 때에는 무권대리인은 조항에서 정한 바에 따라 산정한 손해액을 지급하여야 한다. 이 경우에도 손해배상액의 예정에 관한 제398조가 적용됨은 물론이다"(대판 2018.6.28, 2018다210775).

2) 소멸시효

계약이행 또는 손해배상청구권의 소멸시효는 그 '선택권을 행사할 수 있는 때'(선택권을 행사한 때가 아님)로부터 진행하고(제166조 1항)(18세무), 이는 대리권의 증명 또는 본인의 추인을 얻지 못한 때를 의미한다(대판 1965.8.24, 64다1156). 그리고 그 시효기간은 무권대리행위가 유권대리라면 상대방이 본인에게 가졌을 청구권의 성질에 따라 정해진다.

3. 본인과 (무권)대리인 사이의 효과

① '본인의 추인이 없으면' 본인과 대리인 사이에는 원칙적으로 아무런 효과도 생기지 않는다. 다만 원인된 법률관계에 기해 채무불이행책임이나 일반원칙에 의하여 불법행위(제750조)나 부당이득(제741조)이 문제될 수 있다.

② 그러나 '본인이 추인하면' 사무관리가 성립한다. 따라서 대리인은 그 행위로 취득한 물건이나 권리를 본인에게 이전하여야 하고(제738조, 제684조), 대리인은 본인에게 비용상환청구를 할 수 있다(제739조). 그밖에 일반원칙에 의하여 불법행위(제750조)나 부당이득(제741조)이 문제될 수 있다. 이와 관련하여 判例는 피용자가 권한 없이 사용자를 대리하여 한 법률행위가 상대방에 대한 관계에서 기망에 의한 불법행위에 해당하여 사용자가 손해배상책임(제756조)을 지는 경우에, 사용자가 피용자의 무권대리행위를 추인하였다고 하더라도 그것만으로는 이미 성립된 사용자책임이 소멸되는 것이라고 볼 수 없다고 한다(대판 2009.6.11, 2008다79500).

---

70) 표현대리란 ⅰ) 대리인에게 대리권이 없음에도 불구하고, ⅱ) 마치 있는 것과 같은 외관이 존재하고, ⅲ) 본인이 책임져야 할 사정이 있는 경우에 그 무권대리행위에 대하여 본인에게 책임을 지우는 것을 말한다.

Ⅲ. 단독행위의 무권대리

> **제136조【단독행위와 무권대리】** 단독행위에는 그 행위당시에 상대방이 대리인이라 칭하는 자의 대리권없는 행위에 동의하거나 그 대리권을 다투지 아니한 때에 한하여 전6조의 규정을 준용한다. 대리권 없는 자에 대하여 그 동의를 얻어 단독행위를 한 때에도 같다.

1. 상대방 없는 단독행위

소유권의 포기 · 재단법인의 설립행위와 같은 상대방 없는 단독행위의 무권대리는 언제나 무효이며, 본인이 추인이 있더라도 아무런 효력이 생기지 않는다.

2. 상대방 있는 단독행위

계약의 해제 · 채무의 면제와 같은 상대방 있는 단독행위는 원칙적으로 무효이다. 다만 다음의 경우에는 예외이다. 즉, ① '능동대리의 경우' 상대방이 대리권 없는 행위에 동의한 경우나, 그 '대리권을 다투지 아니한 경우'에는 계약에서와 마찬가지의 효과가 생긴다(제136조 전문). ② '수동대리의 경우' 상대방이 무권대리인의 '동의를 얻어' 행위를 한 경우에 한하여 계약에서와 마찬가지의 효과가 생긴다(제136조 후문).

제5절 법률행위의 무효와 취소

제1관 법률행위의 무효와 취소 총설

I. 법률행위의 무효와 취소의 차이

구분	무효	취소
주장권자	누구라도 주장가능, 주장유무를 불문하고 처음부터 효력 불발생	취소권자에 한하여 주장가능, 취소권자 주장이 있어야 비로소 효력이 없어진다.
법률행위의 효력	처음부터 효력이 없는 것으로 다루어진다.	취소하기 전까지는 일단 유효. 취소권 행사 후에는 소급하여 무효로 된다(제141조 본문).
추인여부	무효인 법률행위는 추인하여도 그 효력이 생기지 않는 것이 원칙. 다만 무효임을 알고 추인한 때에는 새로운 법률행위로 본다(제139조).	취소할 수 있는 법률행위를 추인하면 그 이후에는 더 이상 취소할 수 없고 유효한 법률행위로 확정된다(제143조 1항).
권리행사 기간	무효는 아무리 시간이 경과하더라도 무효일 뿐 유효인 것으로 되지 못한다.	취소는 일정한 기간 내에 취소권자가 취소권을 행사하지 않으면 취소권 자체가 소멸하여 그 이후에는 유효한 법률행위로 확정된다(제146조).
부당이득 반환	법률행위를 취소하면 처음부터 무효가 되므로, 취소한 때에는 그 결과에서 무효와 같게 된다. 따라서 그 법률행위에 의해 급부가 있은 때에는 부당이득반환의무가 발생하게 되는데, 다만 제한능력을 이유로 한 취소의 경우에는 제한능력자는 현존이익 범위 내에서 반환책임을 진다는 특칙이 있다(제141조 단서).	
민법 규정	① 의사무능력자의 법률행위 ② 원시적 불능인 법률행위(제535조 참조) ③ 반사회질서행위(제103조) ④ 불공정한 법률행위(제104조) ⑤ 강행법규 위반의 법률행위(제105조 참조) ⑥ 비진의표시(제107조 1항 단서) ⑦ 허위표시(제108조 1항) ⑧ 불법조건이 붙은 경우(제151조)	① 제한능력자의 행위(제5조 등) ② 착오에 의한 의사표시(제109조 1항) ③ 사기, 강박에 의한 의사표시(제110조)

Ⅱ. 무효와 취소의 경합(이중효)

무효와 취소는 논리필연적으로 구분되는 것은 아니며, 무효와 취소는 법률효과를 뒷받침하는 근거로서 결국은 입법정책의 문제에 속한다고 할 수 있으며, 무효인 행위라도 법적으로 '無'는 아니다. 따라서 무효인 법률행위도 취소의 대상의 된다. 문제는 취소에 따른 실익이다.

1. 의사무능력과 제한능력의 경합

예를 들어 의사무능력자인 미성년자가 법정대리인의 동의없이 계약을 체결한 경우, 제한능력을 이유로 취소할 수 있다고 하면 현존이익 반환의 특칙(제141조 단서)이 적용되는 '실익'이 있다. 다만 의사무능력을 이유로 무효가 되는 경우에도 제141조 단서가 유추적용된다는 判例(대판 2009.1.15, 2008다58367)에 따르면 이러한 실익은 거의 없다.

2. 해제와 취소의 경합

判例(대판 1996.12.6, 95다24982)에 따르면 매도인이 매수인의 채무불이행을 이유로 매매계약을 적법하게 해제한 후, 매수인이 착오를 이유로 취소권을 행사하여 매매계약 전체를 무효로 돌릴 수 있다고 하여 경합을 인정한다. 이 경우 매수인은 채무불이행의 효과로서 발생하는 손해배상책임을 지는 불이익(제551조)을 피할 수 있는 '실익'이 있다.

3. 통정허위표시와 채권자취소권의 경합

통설과 判例(대판 1996.12.6, 95다24982)는 통정허위표시도 채권자취소권(제406조)의 대상이 될 수 있다고 한다. 이 경우 제3자가 허위표시에 관해 선의이더라도(제108조 2항) 사해의 의사가 있는 경우에는 채권자는 제3자를 상대로 채권자취소권을 행사할 수 있는 '실익'이 있다.

제2관 | 법률행위의 무효

Ⅰ. 법률행위의 무효

1. 의의

법률행위의 무효란 법률행위가 성립한 때부터 법률상 당연히 그 효력이 없는 것으로 확정된 것을 말한다.

① 법률행위의 무효는 법률행위가 성립된 것을 전제로 하며, 법률행위의 불성립의 경우에는 법률행위의 무효에 관한 일반규정이 적용될 여지가 없다.

② 무효인 법률행위는 그 법률행위가 성립한 당초부터 당연히 효력이 발생하지 않는 것이므로, 무효인 법률행위에 따른 법률효과를 침해하는 것처럼 보이는 위법행위나 채무불이행이 있다고 하여도 법률효과의 침해에 따른 손해는 없는 것이므로 그 손해배상을 청구할 수는 없다(대판 2003.3.28, 2002다72125: 22·23경간). 다만 불법행위에 기한 손해배상청구권은 유효, 무효를 불문하므로 무효인 법률행위에도 성립할 수 있다.

2. 무효의 종류

(1) 절대적 무효와 상대적 무효

① 법률행위를 한 당사자 외에 제3자에 대한 관계에서도 무효인 것을 '절대적 무효'라고 하는데, 의사무능력자의 법률행위·강행법규에 위반하는 법률행위(제105조)·반사회질서의 법률행위(제104조, 제103조)가 이에 속한다.

② 법률행위의 당사자 간에는 무효이지만 선의의 제3자에 대하여는 그 무효를 주장할 수 없는 것을 '상대적 무효'라고 하는데, (상대방이 알았거나 알 수 있었던) 진의 아닌 의사표시 또는 허위표시는 당사자 간에는 무효이지만, 이 무효로써 선의의 제3자에게 대항하지 못하는 것이 그러하다(제107조 1항 단서, 제108조 2항).

(2) 전부무효와 일부무효(이하 검토)

(3) 확정적 무효와 유동적 무효(이하 검토)

II. 일부무효

> 제137조 【일부무효】 법률행위의 일부분이 무효인 때에는 그 전부를 무효로 한다. 그러나 그 무효부분이 없더라도 법률행위를 하였을 것이라고 인정될 때에는 나머지 부분은 무효가 되지 아니한다.

1. 일부무효가 되기 위한 요건(일, 분, 가)

민법상 일부무효는 전부무효가 원칙이다(제137조 본문). 그러나 일부무효가 예외적으로 일부무효가 되기 위해서는 ⅰ) 법률행위의 일체성과 분할가능성이 인정되어야 하고, ⅱ) 당사자들이 그 무효부분이 없더라도 법률행위를 하였을 것이라는 가정적 의사가 인정되어야 한다(제137조 단서).

(1) 일체로서 법률행위

하나의 법률행위가 있어야 한다. 예를 들어 복수의 법률행위가 동시에 행하여졌다면 법률행위의 일체성을 인정할 수 있다. 그러나 법률행위가 일체인지 여부는 무엇보다도 법률행위 당사자의 의사에 의하여 판단되어야 한다.

나아가 **복수의 법률행위가 상호 밀접한 관련성을 가지는 경우**(금전소비대차와 저당권설정계약 또는 보증계약)**에도 일체성이 인정**된다. 즉, 여러 개의 계약이 체결된 경우에 그 계약 전부가 경제적, 사실적으로 일체로서 행하여져서 하나의 계약인 것과 같은 관계에 있는 경우에도 적용된다(대판 2022.3.17, 2020다288375).

> [주의] ① [부종성과의 구별] 예를 들어 저당권설정계약이나 보증계약이 금전소비대차와 일체로 체결된 경우 전자만 무효인 경우 후자가 무효인지 여부는 '일부무효'의 문제이지만, 후자가 무효인 경우 전자가 무효인지 여부는 '부종성'의 문제이다. ② [종된 행위와의 구별] 또한 보증금(권리금)계약만 무효인 경우 임대차계약이 무효인지 여부는 '일부무효'의 문제이지만(대판 2013.5.9, 2012다115120), 후자가 무효인 경우 전자가 무효인지 여부는 '주물·종물이론의 유추적용'의 문제이다(제100조 2항의 유추적용).

(2) 법률행위의 가분성(분할가능성)

일체로서 법률행위가 가분적이어야 한다. 여기서 가분성 내지 분할가능성이란 무효부분이 없더라도 **나머지 부분이 독립한 법률행위로 존재할 수 있는 경우**를 의미한다.

지문 OX
03 법률행위의 일부분이 무효인 때에는 원칙적으로 그 부분만이 무효가 된다.   ×

지문 **OX**

01 민법상 법률행위의 일부분이 무효인 때에는 그 전부를 무효로 하지만, 그 무효부분이 없더라도 법률행위를 하였을 것이라고 인정될 때에는 나머지 부분은 무효가 되지 아니한다.　　○

02 복수의 당사자 사이에 어떠한 합의를 한 경우 그 합의는 전체로서 일체성을 가지는 것이므로, 그중 한 당사자의 의사표시가 무효인 것으로 판명된 경우 나머지 당사자 사이의 합의가 유효한지의 여부는 민법 제137조에 정한 바에 따라 당사자가 그 무효 부분이 없더라도 법률행위를 하였을 것이라고 인정되는지의 여부에 의하여 판정되어야 한다.　　○

03 선택채권에 있어서 채권의 목적으로 선택할 수개의 행위 중에 처음부터 불능한 것이나 또는 후에 이행불능하게 된 것이 있는 경우 일부무효의 법리에 따른다.　　×

☞ 일부무효의 법리에 따라 '전부불능'이 되는 것이 아니라(제137조 본문) 실현가능한 다른 잔존하는 것에 채권이 존속한다.

04 약관의 일부가 무효인 경우 유효한 부분만으로 계약의 목적달성이 불가능하거나 일방당사자에게 부당하게 불리하지 않은 한, 계약은 나머지 부분만으로 유효하게 존속한다.　　○

☞ 약관의 규제에 관한 법률 제16조

05 대주가 일반 개인이며, 대차원금이 1천만원인 금전소비대차계약에서의 약정이자율이 이자제한법에서 정하는 최고이자율을 초과한 경우에 그 초과부분은 (일부)무효이다(22경간).　　○

06 민법 제137조는 임의규정으로서 의사자치의 원칙이 지배하는 영역에서 적용된다고 할 것이므로, 법률행위의 일부가 강행법규인 효력규정에 위반되어 무효가 되는 경우에는 언제나 적용되지 않는다.　　×

(3) 당사자들이 그 무효부분이 없더라도 법률행위를 하였을 것

법률행위 당시를 기준으로 당사자들이 추구하는 목적 등을 고려하여 당사자가 일부무효인 사정을 알았더라면 어떤 합의를 하였을 것인지 당사자들의 '가정적 의사'에 의하여 판단한다. 결국 일부무효는 '보충적 해석'이 적용되는 경우이다.

> **[관련판례]** ✱ 복수 당사자 사이의 합의 중 일부 당사자의 의사표시가 무효인 경우
> "복수의 당사자 사이에 어떠한 합의를 한 경우 그 합의는 전체로서 일체성을 가지는 것이므로, 그중 한 당사자의 의사표시가 무효인 것으로 판명된 경우 나머지 당사자 사이의 합의가 유효한지의 여부는 민법 제137조에 정한 바에 따라 당사자가 그 무효 부분이 없더라도 **법률행위를 하였을 것이라고 인정되는지의 여부에 의하여 판정되어야** 하고(23경간), 그 당사자의 의사는 실재하는 의사가 아니라 법률행위의 일부분이 무효임을 법률행위 당시에 알았다면 당사자 쌍방이 이에 대비하여 의욕하였을 가정적 의사를 말하는 것이지만, 한편 그와 같은 경우에 있어서 나머지 당사자들이 처음부터 한 당사자의 의사표시가 무효가 되더라도 자신들은 약정내용대로 이행하기로 하였다면 무효가 되는 부분을 제외한 나머지 부분만을 유효로 하겠다는 것이 당사자의 의사라고 보아야 할 것이므로, 그 당사자들 사이에서는 가정적 의사가 무엇인지 가릴 것 없이 무효 부분을 제외한 나머지 부분은 그대로 유효하다고 할 것이다"(대판 2010.3.25, 2009다41465).

2. 일부무효 법리의 적용범위

(1) 개별 규정

법률에서 일부무효의 효과를 개별적으로 정하는 것이 있는데(민법 제385조 1항, 근로기준법 제20조, 약관의 규제에 관한 법률 제16조, 이자제한법 제2조 3항), 이 경우에는 본조가 적용되지 않는다. 대표적으로 금전대차에 관한 계약상의 최고이자율은 연 25%를 초과하지 아니하는 범위 안에서 대통령령으로 정하는데(제2조 1항), 그에 따라 연 20%를 최고이자율로 정하였다(개정 시행령 21.7.7. 시행). 이 최고한도를 초과하는 부분은 제2조 3항에 따라 무효로 한다(**일부무효**)(22경간).

(2) 강행법규와의 관계

일부만이 강행규정에 위반하는 경우 *判例*는 "제137조는 임의규정으로서 원칙적으로 사적자치의 원칙이 지배하는 영역에서 적용되므로 ⅰ) 법률이 별도로 일부무효의 효과를 규정하는 경우에는 이에 의하고, ⅱ) 그러한 규정이 없다면 원칙적으로 제137조가 적용될 것이나, 나머지 부분을 무효로 한다면 당해 효력규정의 취지에 명백히 반하는 결과가 초래되는 경우에는 나머지 부분까지 무효가 된다고 할 수는 없다"(대판 2007.6.28, 2006다38161, 38178 ; 대판 2013.4.26, 2011다9068)고 한다. 즉, 판례는 법률행위 일부가 효력규정을 위반하여 일부무효의 법리가 적용되는 경우, 당사자의 가정적 의사를 탐구할 때 그 효력규정의 입법취지도 함께 고려하여야 한다고 한다.

예컨대 *判例*는 "상호신용금고의 담보제공약정이 효력규정인 (구)상호신용금고법 제18조의2 제4호에 위반하여 무효라고 하더라도, 그와 일체로 이루어진 대출약정까지 무효로 된다고는 할 수 없다"(대판 2004.6.11, 2003다1601)고 한다.

3. 일부무효인지 전부무효인지가 문제되는 경우

① **[토지매매와 건물매매: 전부무효]** 국토계획법상의 허가대상 토지와 그 지상의 건물에 대해 매매계약을 체결하였으나, 아직 그 허가를 받지 못한 경우 매수인 甲이 매도인 乙을 상대로 토지거래 허가신청절차의 이행을 구하고, 한편 국토계획법의 적용을 받지 않는 건물에 대해 소유권이전등기절차의 이행을 청구한 사안에서, "**일반적으로 토지와**

그 지상의 건물은 법률적인 운명을 같이하는 것이 거래의 관행이고 당사자의 의사나 경제의 관념에도 합치되는 것이므로, 토지에 관한 당국의 거래허가가 없으면 건물만이라도 매매하였을 것이라고 볼 수 있는 '특별한 사정이 인정되는 경우에 한하여' 토지에 대한 매매거래허가가 있기 전에 건물만의 소유권이전등기를 할 수 있고, 그렇지 않는 경우에는 토지에 대한 거래허가가 있어 그 매매계약의 전부가 유효한 것으로 확정된 후에 토지와 함께 이전등기를 할 수 있는 것"(대판 1992.10.13, 92다16836)이라고 하여 **원칙적으로 전부무효**임을 확인하였다.

② **[금전소비대차계약과 담보권설정계약: 일부무효]** 저당권 등의 말소청구와 관련하여 判例는 "채권담보의 목적으로 소유권이전등기를 한 경우에는 그 채권의 일부가 무효라고 하더라도 나머지 채권은 유효하다"고 보아 일부무효를 인정하였고, "나머지 채권이 유효한 이상 채무자는 그 채무를 변제함이 없이 말소등기절차를 구할 수 없다"(대판 1970.9.17, 70다1250)고 하는바, **[판례해설]** 이는 담보물권의 불가분성(제370조, 제321조)[71]에 비추어 타당하다.

4. 일부취소

(1) 허용 여부

민법상 명문의 규정은 없으나 일부무효의 법리에 관한 제137조를 법률행위의 일부취소에 관하여도 유추적용할 수 있다(통설·判例).

(2) 허용요건

1) 법률행위의 존재

어떤 목적(물)에 대한 법률행위가 존재하여야 한다. 따라서 判例에 따르면 매매계약 체결시 토지의 일정부분을 매매 대상에서 제외시키는 특약을 한 경우, 그 특약만을 취소할 수는 없다고 한다. 왜냐하면 이는 매매계약의 대상 토지를 특정하여 그 일정부분에 대하여는 매매계약이 체결되지 않았음을 분명히 한 것으로 그 부분에 대한 어떠한 법률행위가 이루어진 것으로는 볼 수 없기 때문이다(대판 1999.3.26, 98다56607: 23경간, 21법경, 17소간).

2) 일부무효의 요건 유추적용

민법상 일부취소의 규정이 없으므로 일부무효의 법리에 따라 그 요건을 추출해야 한다. 따라서 判例가 판시하는 바와 같이 하나의 법률행위의 일부분에만 취소사유가 있다고 하더라도 ⅰ) 그 법률행위가 **가분적**이거나 그 목적물의 일부가 **특정**될 수 있다면, ⅱ) 그 나머지 부분이라도 이를 유지하려는 당사자의 **가정적 의사**가 인정되는 경우 그 **일부만의 취소도 가능**하다(아래 2002다21509 판결). 判例는 일부무효와는 달리 법률행위의 가분성과 선택적으로 '목적물의 일부가 특정될 수 있음'도 들고 있다.

> **[관련판례]** "채권자와 연대보증인 사이의 연대보증계약이 주채무자의 기망에 의하여 체결되어 적법하게 취소되었으나, 그 보증책임이 금전채무로서 채무의 성격상 가분적이고 연대보증인에게 보증한도를 일정 금액으로 하는 보증의사가 있었으므로, 연대보증인의 연대보증계약의 취소는 그 일정 금액을 초과하는 범위 내에서만 효력이 생긴다"(대판 2002.9.10, 2002다21509).

---

71) 담보물권은 채권 전부의 변제를 받을 때까지 목적물 전부에 그 권리를 행사할 수 있는데, 이를 '불가분성'이라고 한다(제321조 참조). 목적물이 수개의 물건인 경우에는 그 전부가 채권 전부를 담보할 뿐 아니라 그 각각의 물건도 채권 전부를 담보하게 된다.

지문 OX

07 하나의 계약이라도 가분성을 가지거나 목적물의 일부가 특정 가능하고 나머지 부분이라도 이를 유지하려는 당사자의 가상적 의사가 인정되는 경우 일부취소도 가능하고 그 일부취소는 계약의 일부에 관하여 효력이 생긴다. ○

08 채권자와 연대보증인 사이의 연대보증계약이 주채무자의 기망에 의하여 체결되어 적법하게 취소되었으나, 그 보증책임이 금전채무로서 채무의 성격상 가분적이고 연대보증인에게 보증한도를 일정 금액으로 하는 보증의사가 있는 경우 연대보증인의 연대보증계약의 취소는 그 일정 금액을 초과하는 범위 내에서만 효력이 생긴다. ○

(3) 일부취소권자의 선택가능성

취소권자에게 선택가능성을 무한히 주는 것은 상대방의 지위가 불안정해질 수 있다.

① 따라서 **일부취소의 요건을 갖춘 경우** 취소권자는 전부취소를 할 수 없고 ⅰ) 일부취소를 하거나, ⅱ) 취소권의 불행사·추인 등으로 법률행위 전부를 유효로 할 수 있을 뿐이다(대판 1990.7.10, 90다카7460 참고).

② 만약 **일부취소의 요건이 갖추어지지 않은 경우** 취소권자는 그 일부만을 취소할 수 없다. 다만 법률행위 전부를 취소할 수 있는지에 관하여 判例는 법률행위의 일부분에만 있는 취소 사유가 전체 법률행위에 있어 '중요성'을 가지고 있는지에 따라 판단한다(대판 2002.9.4, 2002다18435 참고).

(4) 일부취소인지 전부취소인지 문제되는 경우

① **[금전소비대차계약과 담보권설정계약: 전부취소]** 甲이 지능이 박약한 乙을 꾀어 돈을 빌려 주어 유흥비로 쓰게 하고 실제 준 돈의 두 배가량을 채권최고액으로 하여 자기 처인 丙 앞으로 근저당권을 설정한 사안에서, 判例는 "근저당권설정계약은 독자적으로 존재하는 것이 아니라 금전소비대차계약과 결합하여 그 전체가 일체로서 행하여진 것이므로, 甲의 기망을 이유로 한 乙의 근저당권설정계약취소의 의사표시는 법률행위의 일부무효이론과 궤를 같이 하는 법률행위의 일부취소의 법리에 따라 소비대차계약을 포함한 전체에 대하여 취소의 효력이 있다"(대판 1994.9.9, 93다31191)고 판시하였다. 나아가 判例는 취소의 결과 발생한 丙의 근저당권설정등기말소의무와 乙의 부당이득반환의무는 동시이행관계에 있다고 보았다.

② **[권리금계약과 임대차계약: 전부취소]** 점포 임차권의 양수인 甲이 양도인 乙의 기망행위(매출액을 적극적으로 과장)를 이유로 乙과 체결한 권리금계약을 각 취소(해제)한다고 주장한 사안에서, "이 사건 임차권양도계약과 권리금계약72)의 체결 경위, 계약 내용 등을 참작할 때, 이 사건 권리금계약은 임차권양도계약과 결합하여 그 전체가 경제적, 사실적으로 일체로서 행하여진 것으로 보아야 하고, 어느 하나의 존재 없이는 당사자가 다른 하나를 의욕하지 않았을 것으로 보이므로, 권리금계약 부분만 따로 떼어 이를 취소할 수는 없다. 따라서 원심으로서는 **권리금계약에 취소사유가 있다고 판단한 경우라면 마땅히 임차권양도계약까지도 취소하였어야** 한다"[대판 2013.5.9, 2012다115120 ; 전부취소를 긍정한 사안(제137조 본문 유추적용)]고 판시하였다.

③ **[목적물 일부를 매매대상에서 제외특약: 일부취소 불가]** "매매계약 체결시 토지의 일정 부분을 매매 대상에서 제외시키는 특약을 한 경우, 이는 매매계약의 대상 토지를 특정하여 그 일정 부분에 대하여는 매매계약이 체결되지 않았음을 분명히 한 것으로써 그 부분에 대한 어떠한 법률행위가 이루어진 것으로는 볼 수 없으므로, 그 특약만을 기망에 의한 법률행위로서 취소할 수는 없다"(대판 1999.3.26, 98다56607)고 하였다. **[판례해설]** 이는 법률행위 일부취소의 요건으로서 어떤 목적 혹은 목적물에 대한 법률행위가 존재함을 그 전제로 한다는 것을 밝힌 것으로서 중요한 의미를 가지는 판결이다.

---

72) 권리금은 '임대차 목적물인 상가건물에서 영업을 하는 자 또는 영업을 하려는 자가 영업시설·비품, 거래처, 신용, 영업상의 노하우, 상가건물의 위치에 따른 영업상의 이점 등 유형·무형의 재산적 가치의 양도 또는 이용대가로서 임대인, 임차인에게 보증금과 차임 이외에 지급하는 금전 등의 대가를 말한다'(상가건물 임대차보호법 제10조의3).

④ **[시가착오: 일부취소]** 대법원은 토지의 매매가를 감정기관의 착오로 가격을 지나치게 높게 초과해서 청구한 경우, 정당한 감정가보다 '초과된 부분'만의 착오취소(제109조)를 긍정하였다(대판 1998.2.10, 97다44737).[73]

⑤ **[기부채납[74] 대상착오: 일부취소]** 甲시는 도시계획결정에 따라 A구역을 공원지역으로 지정하자, A구역에 X토지를 소유한 乙은 공원에 휴게소를 설치 및 운영할 목적으로 관계공무원에게 문의하였고, 관계공무원이 X토지 전부와 휴게소 건물을 市에 기부채납(증여)하면 설치 및 운영을 허가해 줄 수 있다고 하여 X토지 전부와 휴게소 건물을 甲시에 기부채납하였다. 그러나 실제로는 X토지 전부가 아니라 휴게소 부지 및 건물만 기부채납하면 되는 경우이었다. 이 경우 **乙의 착오는 동기의 착오로 甲으로부터 유발된 경우**인바, 判例에 따르면 착오를 이유로 취소할 수 있다. 다만 甲은 휴게소부지 및 건물을 제외한 나머지 X토지에 대해서만 일부취소할 수 있다고 하였다(대판 1990.7.10, 90다카7460).

Ⅲ. 유동적 무효

1. 서설

(1) 개념

'유동적 무효'란 법률행위의 효력이 **현재는 무효**이나 추후 허가(또는 추인)에 의해 소급하여 유효한 것으로 될 여지가 있는 유동적인 상태를 말한다.

이와 구별하여 ① '유동적 유효'란 일단 유효이나 후에 효력이 부정될 수 있는 상태를 말한다. 취소할 수 있는 법률행위, 종기부 법률행위, 해제조건부 법률행위 등이 이에 해당한다. ② '확정적 무효'란 법률행위의 무효는 확정적으로 또 계속적으로 효력이 발생하지 않으며, 후에 추인을 하더라도 효력이 생기지 않는다(제139조 본문).

(2) 유동적 무효의 예

민법의 규정상 그 법적 근거로는 무권대리의 추인에 관한 규정(제130조 이하), 정지조건부 법률행위의 효력(제147조 1항) 및 시기부 법률행위의 효력에 관한 규정(제152조 1항)을 들 수 있다.

(3) 판례

(구)국토이용관리법(현재는 부동산 거래신고 등에 관한 법률로 변경되었다)은 투기를 방지하기 위해 허가구역 내의 토지에 대해 '대가를 받고 소유권을 이전하는 계약'(유상계약)에 대해서는 시장 등의 허가를 받아야 하고, 그 허가를 받지 아니하고 체결한 계약은 무효로 정하고 있다(동법 제21조의3 1항·7항). 이에 대해 判例는 '유동적 무효'의 법리를 전개하고 있는바, 이하에서는 이러한 判例의 태도를 중심으로 살펴보고자 한다.

---

73) "매매대금은 매매계약의 중요 부분인 목적물의 성질에 대응하는 것이기는 하나 분량적으로 가분적인 데다가 시장경제하에서 가격은 늘 변동하는 것이어서, 설사 매매대금액 결정에 있어서 착오 인하여 다소간의 차이가 나더라도 보통은 중요 부분의 착오로 되지 않는다. 그러나 이 사건은 <u>정당한 평가액을 기준으로 무려 85%나 과다하게 평가된 경우</u>로서 그 가격 차이의 정도가 현저할 뿐만 아니라, 원고는 지방자치단체로서 법령의 규정에 따라 정당하게 평가된 금액을 기준으로 협의매수를 하고 또한 협의가 성립되지 않는 경우 수용 등의 절차를 거쳐 사업에 필요한 토지를 취득하도록 되어 있다. 이러한 사정들에 비추어 볼 때, 원고 시로서는 위와 같은 동기의 착오가 없었더라면 그처럼 과다하게 잘못 평가된 금액을 기준으로 협의매수계약을 체결하지 않았으리라는 점은 명백하다. 따라서 원고의 매수대금액 결정의 동기는 이 사건 협의매수계약 내용의 중요한 부분을 이루고 있다고 봄이 상당하다".

74) 기부채납(寄附採納, contributed acceptance): 사업자가 사업부지의 일부를 국가나 자치단체에 무상으로 제공하는 것을 말한다. 기부채납된 땅은 도로·공원 등 공공시설 용지로 쓰인다. 기부채납에는 대개 층수·용적률 완화 등의 인센티브가 주어진다.

2. 토지거래허가 없이 체결한 계약의 효력

(1) 유동적 무효인 경우

㉠ 토지거래 허가규정은 효력규정이며 (구)국토이용관리법의 입법목적의 달성을 위해 허가없이 체결한 매매계약은 채권계약도 무효라는 견해가 있으나(절대적 무효설 ; 대법원 소수의견), ㉡ 허가를 전제로 한 토지거래의 경우에는 투기거래에 대한 위험이 없다 할 것이므로 "허가가 있기 전에는 채권계약 자체도 무효이지만 **허가를 받을 것을 전제로 한 계약은 유동적 무효로 보아 허가가 있으면 소급적으로 유효한 계약이 된다**"(대판 1991.12.24, 전합90다12243)고 보는 判例의 태도가 타당하다(유동적 무효설).

(2) 처음부터 확정적 무효인 경우

규제지역에서 토지거래허가를 받기 전의 거래계약이 **처음부터 허가를 '배제'하거나 '잠탈'하는 내용의 계약일 경우 확정적 무효로서 유효로 될 여지가 없다**(대판 1991.12.24, 전합90다12243). 따라서 허가받을 의사 없이 '**중간생략등기**'의 합의 아래 전매차익을 얻을 목적으로 전전매매한 경우 그 각각의 매매계약은 모두 확정적으로 무효이고, 전득자는 중간자의 토지거래허가신청절차 협력청구권을 대위행사할 수도 없다(대판 1996.6.28, 96다3982).

[관련판례] 判例에 따르면 토지거래허가구역 내의 토지가 토지거래허가 없이 최초 매도인으로부터 중간자, 최종매수인에게 순차로 매도되었다면 ⅰ) 각 매매계약의 당사자는 각각의 매매계약에 관하여 토지거래허가를 받아야 하며, ⅱ) '중간생략등기의 합의'가 있었다고 하여 최초의 매도인과 최종 매수인 사이에 매매계약이 체결되었다고 볼 수 없고, 최종 매수인이 자신과 최초 매도인을 당사자로 하는 토지거래허가를 받았더라도 이는 적법한 허가없이 경료된 등기로서 '처음부터 확정적 무효'라고 본다(대판 1997.3.14, 96다22464).

3. 유동적 무효상태에서의 당사자 간 법률관계

(1) 소유권이전등기의무와 대금지급의무의 존부(소극)

① 허가받기 전의 유동적 무효상태에서는 채권적 효력도 전혀 발생하지 아니하여 계약의 이행청구를 할 수 없어 매수인의 대금지급의무나 매도인의 소유권이전등기의무가 없다(대판 1991.12.24, 전합90다12243). 따라서 허가를 받기 전의 상태에서 상대방의 거래계약상 채무불이행을 이유로 거래계약을 해제하거나 그로 인한 손해배상을 청구할 수도 없다(대판 1997.7.25, 97다4357).

② 그러나 당사자 사이에 '별개의 약정'으로 매매 잔금이 그 지급기일에 지급되지 아니하는 경우 매매계약을 자동적으로 해제하기로 약정하는 것은 가능하다(대판 2010.7.22, 2010다1456).

(2) 허가조건부 소유권이전등기청구 가부(소극)

① 判例는 허가가 있기까지 채권계약의 효력이 발생하지 아니하므로 허가가 있을 것을 조건으로 한 장래이행의 소(민사소송법 제251조)[75]로서의 소유권이전등기청구는 할 수 없다고 한다(대판 1991.12.24, 전합90다12243).

---

75) 제251조(장래의 이행을 청구하는 소) 장래에 이행할 것을 청구하는 소는 미리 청구할 필요가 있어야 제기할 수 있다.

② 또한 이행청구를 허용하지 않는 취지에 비추어 볼 때 그 매매계약에 기한 소유권이전 등기청구권 또는 토지거래계약에 관한 허가를 받을 것을 조건으로 한 소유권이전등기 청구권을 피보전권리로 한 부동산처분금지가처분신청 또한 허용되지 않는다고 한다 (대결 2010.8.26, 2010마818: 23경간).

(3) 토지거래허가신청절차 이행청구(적극) 및 그 불이행에 대한 손해배상청구의 가부(적극)

① 유동적 무효상태의 계약당사자는 그 계약이 효력 있는 것으로 완성될 수 있도록 서로 **'협력할 의무'**를 부담하므로 계약당사자들은 공동으로 관할관청의 허가를 신청할 의무 가 있고, 상대방은 협력의무의 이행을 소송으로 구할 이익이 있다(대판 1991.12.24, 전합 90다12243).

② 한편 이러한 협력의무 불이행시 상대방은 **손해배상을 청구할 수 있다**(대판 1995.4.28, 93다 26397 ; 이러한 의무는 견해대립이 있으나 신의칙상 의무이므로 법적 근거는 제750조). 그러나 유동적 무효의 상태에 있는 거래계약의 당사자는 상대방이 그 거래계약의 효력이 완성되도록 협력할 의무를 이행하지 아니하였음을 들어 일방적으로 유동적 무효의 상태에 있는 거래계약 자체를 **해제할 수 없다**(대판 1999.6.17, 전합98다40459).

③ 그리고 토지거래허가구역에 있는 토지의 매수인은 **채권보전의 필요성이 있다면**(채권자대 위권의 행사가 채무자의 자유로운 재산관리행위에 대한 부당한 간섭이 된다는 등의 특별한 사정이 있는 경우에는 보전의 필요성을 인정할 수 없다)토지거래허가 신청절차의 협력의무 이행청구권을 보전하기 위하여 매도인의 권리를 대위하여 행사할 수 있다(대판 2013.5.23, 2010다 50014 등).

④ 또한 "매도인의 토지거래계약허가 신청절차에 협력할 의무와 토지거래허가를 받으면 매매계약 내용에 따라 매수인이 이행하여야 할 매매대금 지급의무나 이에 부수하여 매수인이 부담하기로 특약한 양도소득세 상당 금원의 지급의무 사이에는 **상호 이행상 의 견련성이 있다고 할 수 없으므로**, 매도인으로서는 그러한 의무이행의 제공이 있을 때 까지 그 협력의무의 이행을 거절할 수 있는 것은 아니다"(대판 1996.10.25, 96다23825).

(4) 부당이득반환청구의 가부(원칙적 소극)

매수인이 지급한 계약금은 그 계약이 유동적 무효상태로 있는 한 이를 부당이득으로 반환을 구할 수 없고, 유동적 무효상태가 확정적으로 무효로 되었을 때 비로소 부당이 득으로 그 반환을 구할 수 있다(대판 1993.7.27, 91다33766).

(5) 계약금 또는 손해배상의 약정(원칙적 적극)

계약금을 받은 매도인은 유동적 무효인 상태에서도 제565조[76]에 따라 계약금의 배액을 상환하고 적법하게 계약을 해제할 수 있으나, 당연히 제565조에 따라 당사자 일방이 '이행에 착수하기 전'에만 허용된다(대판 1997.6.27, 97다9369). 그리고 당사자는 상대방 에게 일정한 손해액을 배상하기로 하는 약정을 유효하게 할 수 있다(대판 1997.2.28, 96다 49933).[77]

---

76) 제565조(해약금) ①항 매매의 당사자일방이 계약당시에 금전 기타 물건을 계약금, 보증금 등의 명목으로 상대방에게 교부한 때에는 당사자간에 다른 약정이 없는 한 당사자의 일방이 '이행에 착수할 때까지' 교부자는 이를 포기하고 수령자는 그 배액을 상환하여 매매계약을 해제할 수 있다.

77) "토지거래허가 구역 내의 토지에 관한 매매계약을 체결함에 있어서 토지거래허가를 받을 수 없는 경우 이외에 당사자 일방의 계약 위반으로 인한 손해배상액의 약정에 있어서 계약위반이라 함은 당사자 일방이 협력의무를 이행하지 아니하거나 매매계 약을 일방적으로 철회하여 그 매매계약이 확정적으로 무효 된 경우를 포함하는 것으로 봄이 상당하다".

✻ 유동적 무효상태에서 '이행에 착수하기 전'의 의미

① "허가구역으로 지정된 구역 안에 위치한 토지에 관하여 매매계약이 체결된 경우 당사자는 그 매매계약이 효력이 있는 것으로 완성될 수 있도록 서로 협력할 의무가 있지만, 이러한 의무는 그 매매계약의 효력으로서 발생하는 매도인의 재산권 이전의무나 매수인의 대금지급의무와는 달리 신의칙상의 의무에 해당하는 것이어서 당사자 쌍방이 위 협력의무에 기초해 토지거래허가신청을 하고 이에 따라 관할 관청으로부터 그 허가를 받았다 하더라도, 아직 그 단계에서는 당사자 쌍방 모두 매매계약의 효력으로서 발생하는 의무를 이행하였거나 이행에 착수하였다고 할 수 없고"(대판 2009.4.23, 2008다62427), ② "매수인이 매도인의 (토지거래허가 협력)의 무이행을 촉구하였거나 매도인이 그 (토지거래허가 협력)의무 이행을 거절함에 대하여 의무이행을 구하는 소송을 제기하여 1심에서 승소판결을 받은 것만으로는 매수인이 그 계약의 이행에 착수하였다고 할 수 없고, 또한 매도인이 계약금의 배액을 상환하고 매매계약을 해제하는 것을 신의칙에 반하는 것이라고 할 수 없다"(대판 1997.6.27, 97다9369).

(6) 계약상 지위인수

① 매도인과 매수인 및 제3자 사이에 **매수인의 지위를 이전받기로 한 합의는 매도인과 매수인 사이의 매매계약에 대한 관할 관청의 허가가 있어야 효력이 발생**하고, 그 허가가 없는 이상 그 세 당사자 사이의 합의만으로 유동적 무효상태의 매매계약의 매수인 지위가 제3자에게 이전하여 제3자가 매도인에 대하여 직접 토지거래허가신청절차 협력의무의 이행을 구할 수는 없다(대판 1996.7.26, 96다7762). 제3자의 매수인 지위 인수를 허용하면 사실상 허가 전의 토지에 대한 거래를 용인하는 것이 되기 때문이다.

② 따라서 이와는 달리 제3자가 허가를 받기 전의 토지 매매계약상 **매도인 지위를 인수하는 경우**에는, 토지거래허가제도가 투기적 거래를 방지하고자 하는 데에 있는 점에 비추어, 애초의 매매계약에 대해 관할 관청의 허가가 있어야만 그 인수계약의 효력이 생기는 것은 아니다(대판 2013.12.26, 2012다1863).

(7) 규제구역 내의 토지와 건물을 '일괄'하여 매매한 경우에 건물만에 대한 소유권이전등기청구의 가부

判例는 "일반적으로 토지와 그 지상의 건물은 법률적인 운명을 같이하는 것이 거래의 관행이고 당사자의 의사나 경제의 관념에도 합치되는 것이다. 그러므로 토지에 관한 당국의 거래허가가 없으면 건물만이라도 매매하였을 것이라고 볼 수 있는 특별한 사정이 인정되는 경우에 한하여 토지에 대한 매매거래허가가 있기 전에 건물만의 소유권이전등기를 할 수 있다"(대판 1992.10.13, 92다16836)라고 하여 **원칙적으로 전부무효**임을 확인하였다.

4. 토지거래계약이 사후적으로 확정적 무효로 되는 경우

거래계약이 확정적으로 무효가 된 경우에는 거래계약이 확정적으로 무효로 됨에 있어서 귀책사유가 있는 자라고 하더라도 그 계약의 무효를 주장할 수 있다(대판 1997.7.25, 97다4357, 4364: 23경간).

① [사후적 확정적 무효 긍정] ㉠ 관할 관청의 **불허가 처분**이 있는 때(대판 1993.7.27, 91다33766), ㉡ 당사자 '일방'이 유동적 무효의 무효·취소 사유를 주장하여 거래허가신청협력에 대한 거절의사를 명백히 한 때(대판 1997.11.14, 97다36118: 유동적 무효 상태에 있는 거래

계약에 관하여도 사기 또는 강박에 의한 계약의 취소를 주장할 수 있다)(23경간). ⓒ 당사자 '쌍방'이 허가신청을 하지 아니하기로 의사표시를 명백히 한 경우(대판 1993.7.27, 91다33766), ⓔ 거래계약상 일방의 채무가 이행불능임이 명백하고 나아가 그 상대방이 거래계약의 존속을 더 이상 바라지 않고 있는 경우(대판 2010.8.19, 2010다31860, 31877)에는 확정적으로 무효가 된다. ⓜ 만약 **토지거래허가가 나지 아니한 상태에서 당해 토지에 관한 경매절차가 개시되어** 제3자에게 소유권이 이전되었다면, 위 토지거래계약에 기한 소유권이전의무는 특별한 사정이 없는 한 이행불능 상태에 이르렀다고 보아야 하고, 이로써 유동적 무효 상태에 있던 위 토지거래계약은 '확정적으로 무효'가 된다고 할 것이다(대판 2011.6.24, 2011다11009). 따라서 토지거래허가 없이 체결된 매매예약에 기하여 소유권이전청구권 보전을 위한 가등기가 경료되어 있는 상태에서 당해 토지가 제3자에게 낙찰되어 소유권이 이전된 경우에는 그 후 그 가등기에 기한 본등기까지 경료되었더라도 이는 **효력이 없는 무효의 등기**라 할 것이다(유동적 무효 아님: 대판 2013.2.14, 2012다89900).

② **[사후적 확정적 무효 부정]** 그러나 ⓐ 토지거래허가구역 내 토지에 관한 매매계약 체결 당시 일정한 기간 안에 토지거래허가를 받기로 약정한 경우, 그 **약정기간이 경과하였다는 사정만으로 곧바로** 매매계약이 확정적으로 무효가 되는 것은 아니라고 한다(대판 2009.4.23, 2008다50615). ⓑ 토지거래허가를 받지 아니하여 유동적 무효의 상태에 있는 매매계약이라고 하더라도 일단 토지거래허가신청을 하여 불허가되었다면 특별한 사정이 없는 한 불허가된 때로부터 그 매매계약은 확정적으로 무효가 되지만, **그 불허가의 취지가 미비된 요건의 보정을 명하는 데에 있고 그러한 흠결된 요건을 보정하는 것이 객관적으로 불가능하지도 아니한 경우라면 그 불허가로 인하여 매매계약이 확정적으로 무효가 되는 것은 아니다**(대판 2010.2.11, 2008다88795, 88801). ⓒ "거래허가신청이 불허가되어 거래계약이 확정적으로 무효가 되었다고 하기 위하여는 거래허가신청이 국토이용관리법 제21조의3 제1항, 같은법 시행령 제24조 제1항에서 규정한 적법한 절차(당사자가 협력하여 공동으로 신청하거나 당사자 일방이 이에 응하지 아니할 때에는 그 협력을 명하는 판결을 얻어서 하여야 한다)를 거쳐 이루어진 신청에 한한다 할 것이므로, **당사자 일방이 임의적으로 거래허가신청을 하였다가 불허가받았다 하더라도 그 불허가로 인하여 거래계약이 확정적으로 무효가 되는 것은 아니다**"(대판 1997.9.12, 97다6971).

5. 토지거래계약이 사후적으로 확정적 유효로 되는 경우

① 토지거래허가를 최종적으로 받은 경우, ② 토지거래허가구역 지정을 해제하였거나, 허가구역지정기간이 만료되었음에도 허가구역 재지정을 하지 않은 경우(대판 1999.6.17, 전합98다40459), 허가구역 해제 후 재지정된 경우(대판 2002.5.14, 2002다12635),[78] **판례는 처음부터 허가를 잠탈하거나 배제하여 확정적으로 무효가 된 경우를 제외하고는** 더 이상 허가를 받을 필요 없이 확정적으로 유효라고 보았다(대판 2019.1.31, 2017다228618).

지문 OX

06 매매계약 체결 당시 일정한 기간 안에 토지거래허가를 받기로 약정하였다고 하더라도, 특별한 사정이 없는 한 그 약정기간이 경과하였다는 사정만으로 곧바로 매매계약이 확정적으로 무효가 된다고 할 수 없다. ○

07 국토이용관리법상의 토지거래허가제도가 폐지되지 않고 존치되어 있는 이상 허가구역 지정기간 중에 허가구역 안의 토지에 관하여 체결된 거래계약은 허가구역 지정해제 등이 된 이후에도 유동적 무효로서 허가를 받아야 유효로 된다. ×

---

78) "토지거래허가구역으로 지정된 토지에 관하여 매매계약이 체결될 당시 관할행정청의 토지거래허가를 받지 아니하였다 하더라도, 그 계약이 처음부터 토지거래허가를 배제하거나 잠탈하는 내용의 것으로서 확정적으로 무효라고 볼 수 없는 이상 그 후 토지거래허가구역지정이 해제된 때는 그 계약은 더 이상 관할행정청으로부터 토지거래허가를 받을 필요가 없이 확정적으로 유효로 되고, 일단 유효로 된 이상 그 후 그 토지가 토지거래허가구역으로 재지정되었다 하여 다시 토지거래허가를 받아야 되는 것은 아니다".

Ⅳ. 무효행위의 전환

1. 의의

> 제138조【무효행위의 전환】무효인 법률행위가 다른 법률행위의 요건을 구비하고 당사자가 그 무효를 알았더라면 다른 법률행위를 하는 것을 의욕하였으리라고 인정될 때에는 다른 법률행위로서 효력을 가진다.

무효행위의 전환은 일부무효의 특수한 형태로서(다수설), 제137조의 양적 일부무효에 대비되는 질적 일부무효로 보아야 할 것이다.

2. 요건(무, 전, 다)

(1) 일단 성립한 법률행위가 무효일 것

무효행위의 전환은 일단 성립한 법률행위가 무효인 경우에 비로소 문제되므로, 법률행위가 성립하지 않은 경우에는 문제될 여지가 없다.

(2) 전환의사의 존재

당사자가 그 무효를 알았더라면 다른 법률행위를 하는 것을 의욕하였으리라는 '가정적 (효과)의사'가 인정되어야 한다. 이러한 전환의 의사는 전환의 시점이 아니라 행위의 시점이 기준이 되고, 이러한 가정적 (효과)의사는 "당사자가 법률행위 당시와 같은 구체적 사정 아래 있다고 상정하는 경우에 거래관행을 고려하여 신의성실의 원칙에 비추어 결단하였을 바를 의미하고(대판 2010.7.15, 2009다50308), 이는 그 결과가 한쪽 당사자에게 일방적인 불이익을 주거나 거래관념과 형평에 반하는 것이어서는 안 된다"(대판 2016.11.18, 전합2013다42236 ; 대판 2022.5.26, 2016다255361).

(3) 다른 법률행위의 요건을 갖출 것

① 判例는 혼인 외의 출생자를 혼인 중의 출생자로 출생신고를 한 경우 그 신고는 친생자 출생신고로서는 무효이지만 '인지(認知)[79]신고'로서는 효력이 있다고 한다(대판 1971.11.15, 71다1983 ; 가족관계의 등록 등에 관한 법률 제57조).

② 타인의 子를 자기의 子로서 출생신고한 경우에도, 당사자 사이에 친생자관계를 창설하려는 명백한 의사가 있고 기타 입양의 성립요건이 모두 구비된 때에는 '입양'의 효력은 있다고 한다(대판 1977.7.26, 전합77다492).

③ 상속인 중 일부의 상속포기가 무효인 경우(제1019조의 기간 도과 후 신고)에 '상속재산의 협의분할'[80]로 전환되어 그 효력이 인정될 수 있다고 한다(대판 1989.9.12, 88누9305).

④ 매매대금의 과다로 말미암아 '불공정한 법률행위'에 해당하는 매매계약에 대해서, 선행하는 조정절차에서 제시된 금액을 기준으로 당사자의 가정적 의사를 추론하여 그 매매대금을 '적정한 금액'으로 감액하여 매매계약의 유효성을 인정하였다(대판 2010.7.15, 2009다50308).

---

79) '인지'란 혼인 외에 출생한 자녀에 대하여 친아버지나 친어머니가 자기 자식임을 확인하는 일로써 인지를 통해 법률상의 친자관계가 발생한다.

80) '상속재산분할'은 상속개시로 인하여 생긴 공동상속인 사이에 있어서의 상속재산의 공유관계를 종료시키고 상속분에 따라 이를 배분하여 각자의 단독소유로 확정하기 위한 포괄적 분배절차를 가리킨다(상속재산분할자유의 원칙, 제1013조 1항).

⑤ 법률행위가 '강행법규에 위반되어 무효'가 되는 경우에 그 법률행위가 다른 법률행위의 요건을 구비하고 당사자 쌍방이 위와 같은 무효를 알았더라면 다른 법률행위를 하는 것을 의욕하였으리라고 인정될 때에는 제138조에 따라 다른 법률행위로서 효력을 가진다고 한다(대판 2022.5.26, 2016다255361).

⑥ "임금은 법령 또는 단체협약에 특별한 규정이 있는 경우를 제외하고는 통화로 직접 근로자에게 그 전액을 지급하여야 한다(근로기준법 제43조 제1항). 따라서 사용자가 근로자의 임금 지급에 갈음하여 사용자가 제3자에 대하여 가지는 채권을 근로자에게 양도하기로 하는 약정은 그 전부가 무효임이 원칙이다. 다만 당사자 쌍방이 위와 같은 무효를 알았더라면 임금의 지급에 갈음하는 것이 아니라 그 지급을 위하여 채권을 양도하는 것을 의욕하였으리라고 인정될 때에는 무효행위 전환의 법리(민법 제138조)에 따라 그 채권양도 약정은 임금의 지급을 위하여 한 것으로서 효력을 가질 수 있다"(대판 2012.3.29, 2011다101308).

3. 효과

위 요건들이 갖추어지면 무효인 법률행위는 '다른' 법률행위로서의 효력을 발생한다. 즉, 무효인 법률행위가 새롭게 유효로 되는 것은 아니다.

V. 무효행위의 추인

1. 의의

> 제139조【무효행위의 추인】무효인 법률행위는 추인하여도 그 효력이 생기지 아니한다. 그러나 당사자가 그 무효임을 알고 추인한 때에는 새로운 법률행위로 본다.

2. 요건(무, 알, 새)

(1) 무효인 법률행위의 존재

일단 성립한 법률행위가 무효이어야 한다.

(2) 무효임을 알고 추인

추인은 의사표시이므로 법률행위가 무효임을 알고 하여야 하는데, 이에 대한 증명책임은 새로운 법률행위의 성립을 주장하는 자에게 있다(대판 1992.5.12, 91다26546: 22경간). 무효로 된 '계약'을 추인할 때는 쌍방의 합의를 요한다.

(3) 추인시에 새로운 법률행위로서 유효요건 구비

① 추인은 무효사유가 종료된 후에 하여야 하고(대판 1997.12.12, 95다38240: 22경간), 추인시에 새로운 법률행위로서 유효요건을 갖추어야 한다. 따라서 새로운 법률행위가 요식행위이면 그 요식성을 갖추어야 한다.

② 그러나 사회질서에 반하는 법률행위(제103조, 제104조)나 강행규정 위반(제105조)의 경우와 같은 '절대적 무효'의 경우에는 추인에 의하여 유효로 될 수 없다(대판 2002.3.15, 2001다77352: 22경간). 예를 들어 "취득시효 완성 후 경료된 제103조 위반의 무효인 제3자 명의의 등기에 대하여 시효완성 당시의 소유자가 무효행위를 추인하여도 그 제3자 명의의 등기는 그 소유자의 불법행위에 제3자가 적극 가담하여 경료된 것으로서 사회질서에 반하여 무효이다"(위 2001다77352 판결).

지문 OX

02 사용자가 근로자의 임금 지급에 갈음하여 사용자가 제3자에 대하여 가지는 채권을 근로자에게 양도하기로 하는 약정은 그 전부가 무효임이 원칙이나, 당사자 쌍방이 위와 같은 무효를 알았더라면 임금의 지급에 갈음하는 것이 아니라 그 지급을 위하여 채권을 양도하는 것을 의욕하였으리라고 인정될 때에는 무효행위 전환의 법리에 따라 그 채권양도 약정은 임금의 지급을 위하여 한 것으로서 효력을 가질 수 있다. ○

03 당사자가 무효임을 모르고 추인하여도 새로운 법률행위를 한 것으로 본다. ✕

04 반사회질서행위는 추인하여도 효력이 없으나 불공정한 법률행위는 추인하면 효력이 있다. ✕

05 부동산 이중매매에서 매도인의 배임행위에 제2매수인이 적극 가담한 경우, 제2매수인의 매매계약은 무효이고 추인에 의하여 유효로 되지 않는다. ○

3. 방식

(1) 묵시적 추인

① **[긍정]** 判例는 만 15세가 된 후 망인(亡人)과 자신 사이에 입양이 무효임을 알면서도 망인이 사망할 때까지 아무런 이의를 하지 않고 망인을 친부모처럼 극진히 섬겼다면 묵시적으로 '**입양**'을 추인한 것으로 보았다(제869조 참조)(대판 1977.7.26, 전합77다492: 2013년 7월 1일부터는 양자가 될 사람이 만 '13세 미만'인 경우에는 법정대리인이 그를 갈음하여 입양을 승낙한다). 다만 判例는 무효인 신고행위에 상응하는 신분관계가 실질적으로 형성되어 있지 않은 경우에는 추인의 의사표시만으로 그 무효행위의 효력을 인정할 수 없다고 한다(대판 2004.11.11, 2004므1484).

② **[부정]** 判例는 ㉠ 일방적 혼인신고 후 혼인의 실체 없이 육체관계를 맺고 출산하였다 하여 무효인 혼인을 추인한 것으로 볼 수는 없다고 하였고(대판 1993.4.19, 93므430), ㉡ **당사자가 이전의 법률행위가 존재함을 알고 그 유효함을 전제로 하여 이에 터 잡은 후속행위를 하였다고 해서 그것만으로 이전의 법률행위를 묵시적으로 추인하였다고 단정할 수는 없고, 묵시적 추인을 인정하기 위해서는 이전의 법률행위가 무효임을 알거나 적어도 무효임을 의심하면서도 그 행위의 효과를 자기에게 귀속시키도록 하는 의사로 후속행위를 하였음이 인정되어야 한다**(대판 2014.3.27, 2012다106607: 23경간)고 한다.

(2) 일부추인

判例는 "이른바 집합채권의 양도가 양도금지특약을 위반하여 무효인 경우 채무자는 일부 개별 채권을 특정하여 추인하는 것이 가능하다"고 보아 일부 추인을 긍정한다(대판 2009.10.29, 2009다47685).

4. 효과

(1) 원칙적 장래효

추인에는 원칙적으로 '**소급효가 없다**'. 즉 추인한 때부터 새로운 법률행위를 한 것으로 간주될 뿐이다(제139조). 判例는 무효인 채권양도를 추인한 경우에도 소급효가 없다고 하며(대판 2000.4.7, 99다52817), 무효인 가등기를 유효한 등기로 전용키로 한 약정도 그 때부터 유효하고 이로써 가등기가 소급하여 유효한 등기로 전환될 수 없다고 한다(대판 1992.5.12, 91다26546).

(2) 예외적 소급효

당사자의 합의에 의하여 당사자 간에 있어서만 소급하여 행위시로부터 유효하였던 것으로 다룰 수 있는 '**채권적 · 소급적 추인**'이 인정된다(통설). 한편 判例는 입양 등의 '**신분행위의 경우**'에 대체행위로서의 유효요건을 갖추지 못하여 무효행위의 전환이 인정되지 않더라도(제138조 참조), 그 내용에 맞는 신분관계가 실질적으로 형성되어 당사자 쌍방이 이의 없이 그 신분관계를 계속하여 왔다면 '**소급적**' 추인을 인정한다(대판 2000.6.9, 99므1633, 1640).

Ⅵ. 무권리자의 처분행위에 대한 권리자의 추인

1. 무권리자 처분행위의 의의

타인의 권리를 처분할 권한이 없는 자가 타인의 권리를 **자신의 이름으로** 처분하는 것을 '무권리자 처분행위'라 한다. 이는 권리의 '처분'과 관련된 개념으로서 타인의 권리에 관하여 자신의 이름으로 '의무를 부담'하는 것과는 구별된다(제569조 참조). 그리고 이는 타인의 권리를 '자신의 이름'으로 처분하는 것이기 때문에 '무권대리행위'와도 구별된다.

2. 무권리자 처분행위의 효력 및 거래상대방 보호

(1) 효력

처분행위(직접적으로 권리의 변동을 생기게 하는 행위로 물권행위)는 처분권한이 있는 자가 해야만 효력이 있기 때문에, 처분권한이 없는 자가 한 처분행위(**물권행위**)는 상대방이 공시방법(등기 또는 점유)을 갖추었다고 하더라도 원칙적으로 효력이 없다(18세무). 즉 '어느 누구도 자기가 가지는 것 이상의 권리를 타인에게 줄 수 없다'는 로마법상의 원칙은 근대민법의 원칙으로 유지되고 있기 때문이다. 그러나 참고로 **채권행위**의 경우에는 이행기까지 권리를 취득하여 이행을 하면 되므로, 우리 민법은 타인 권리의 매매도 유효하다는 입장이다(제569조 참조).

(2) 거래상대방 보호

무권리자의 처분행위로 무효가 된 경우 거래상대방의 보호가 문제되는바, ① 동산의 경우에는 제249조의 선의취득[81]이 가능하다. ② 그러나 부동산의 경우에는 보호규정이 없어 문제된다. ㉠ 이에 判例는 무권리자의 처분행위에 대해서 **표현대리가 적용될 여지가 없다**고 하나, ㉡ **예외적으로 권리자가 부실등기를 알면서 방치한 경우에는** 제108조 2항의 유추적용이 가능하다고 한다(대판 1991.12.27, 91다3208 등).[82]

3. 무권리자 처분행위에 대한 권리자의 추인

(1) 의의 및 법적 성질

타인재산을 처분할 권한이 없는 자가 계약의 당사자로서 이를 처분한 경우 무권리자 처분행위에 대한 권리자의 추인을 말한다. 이러한 추인은 권리자가 무권리자에게 사후에 자기의 권리에 대한 처분권을 부여하는 것으로서 그 법적 성질은 '사후적 권한부여'의 의사표시라고 할 수 있다.[83]

지문 OX

04 타인의 권리를 자기의 이름으로 처분하거나 또는 자기의 권리로 처분한 경우에 본인이 후일 그 처분행위를 인정하면 특단의 사유가 없는 한 그 처분행위의 효력이 본인에게 미친다.   ○

---

81) 제249조(선의취득) 평온, 공연하게 동산을 양수한 자가 선의이며 과실 없이 그 동산을 점유한 경우에는 양도인이 정당한 소유자가 아닌 때에도 즉시 그 동산의 소유권을 취득한다.

82) "乙이 甲으로부터 부동산에 관한 담보권설정의 대리권만 수여받고도 그 부동산에 관하여 자기 앞으로 소유권이전등기를 하고 이어서 丙에게 그 소유권이전등기를 경료한 경우, 丙은 乙을 甲의 대리인으로 믿고서 위 등기의 원인행위를 한 것도 아니고, 甲도 乙 명의의 소유권이전등기가 경료된 데 대하여 이를 통정·용인하였거나 이를 알면서 방치하였다고 볼 수 없다면 이에 민법 제126조나 제108조 제2항을 유추할 수는 없다".

83) [구별개념] 이는 ① 무권리자의 '처분행위'를 추인하는 점에서 무권리자의 '의무부담행위'(채권행위)를 추인하는 것과는 구별된다. 전자에 대해서는 그 유효성이 일반적으로 긍정되지만 후자에 대해서는 무권리자와 거래한 상대방이 법률행위의 당사자가 누구인지에 대하여 갖는 이익을 보호하기 위해 허용되지 않는다고 보는 것이 일반적이다. ② '무권리자'의 처분행위를 추인하는 점에서 '무권대리인'의 처분행위를 추인하는 것과는 구별된다. 전자의 경우 권리자는 처분행위의 당사자가 아니지만 후자의 경우에는 권리자가 처분행위의 당사자가 되기 때문이다. ③ 무권리자의 처분행위도 무효이지만 '무효행위의 추인'과는 구별된다. 제139조가 규정하는 무효행위의 추인은 무효행위의 당사자가 추인하는 것이지만, 무권리자 처분행위의 추인은 처분행위의 당사자가 아닌 권리자가 추인하는 것이기 때문이다.

(2) 법적 근거

종래 判例는 무권대리의 추인으로 이론구성하는 입장이었으나(대판 1981.1.13, 79다2151), **최근에 判例**는 "무권리자가 타인의 권리를 자기의 이름으로 또는 자기의 권리로 처분한 경우에, 권리자는 후일 이를 추인함으로써 그 처분행위를 인정할 수 있고, 특별한 사정이 없는 한 이로써 권리자 본인에게 위 처분행위의 효력이 발생함은 **사적자치의 원칙에 비추어 당연하고**"(대판 2001.11.9, 2001다44291)라고 판시함으로써 무권리자 처분행위에 대한 추인의 근거를 사적자치의 원리에서 구하고 있다.

(3) 추인의 방법

추인은 명시적으로뿐만 아니라 묵시적인 방법으로도 가능하며 그 의사표시는 무권리자나 그 상대방 어느 쪽에 하여도 무방하다(대판 2001.11.9, 2001다44291)(**제132조와 구별**).[84]

(4) 추인의 대상

추인의 대상은 처분행위임이 원칙이나, 무권리자 처분행위에 대한 추인을 인정하는 근거가 사적자치에 있는 이상 반드시 처분행위에 한정할 것은 아니다. 判例도 채권자 아닌 제3자의 변제수령행위에 대해 채권자가 추인하면 변제로 채무는 소멸한다고 한다(대판 1966.10.21, 66다1596).

(5) 추인의 효과

1) 권리자와 상대방 사이의 법률관계(물권적 효과의 귀속)

무권리자의 처분행위에 대해 권리자가 추인을 한 경우 그 처분의 효력은 권리자에게 미치는데(대판 2001.11.9, 2001다44291 등), 그 의미는 권리자와 상대방 사이에 직접 권리·의무가 발생하는 일은 없고, 권리자는 단지 권리 그 자체를 포기함에 그친다는 것을 뜻한다.

2) 권리자와 무권리자 사이의 법률관계

권리자는 자기의 손해(추인 당시의 목적물의 시가 상당액)를 한도로 하여 무권리자가 받은 이득의 반환을 청구할 수 있다(대판 2001.11.9, 2001다44291).

3) 무권리자와 상대방 사이의 법률관계(소급효)

判例에 따르면 "권리자가 무권리자의 처분을 추인하면 무권대리에 대해 본인이 추인을 한 경우와 당사자들 사이의 이익상황이 유사하므로, **무권대리의 추인에 관한 제130조, 제133조 등을 무권리자의 추인에 유추적용할 수 있다.** 따라서 무권리자의 처분이 계약으로 이루어진 경우에 권리자가 이를 추인하면 원칙적으로 그 계약의 효과가 계약을 체결했을 때에 '소급'하여(추인한 때가 아님) 권리자에게 귀속된다고 보아야 한다"(대판 2017.6.8, 2017다3499: 23경간)고 한다.

지문 OX

01 무권리자가 타인의 권리를 처분한 경우에는 특별한 사정이 없는 한 권리가 이전되지 않고, 무권리자의 처분이 계약으로 이루어진 경우에 권리자가 이를 추인하더라도 그 계약의 효과가 계약을 체결했을 때에 소급하여 권리자에게 귀속되는 것은 아니다.
×

---

84) 제132조(추인, 거절의 상대방) 추인 또는 거절의 의사표시는 상대방에 대하여 하지 아니하면 그 상대방에 대항하지 못한다. 그러나 상대방이 그 사실을 안 때에는 그러하지 아니하다.

제3관 법률행위의 취소

I. 법률행위의 취소

1. 의의

일단 유효하게 성립된 법률행위를 제한능력 또는 의사표시의 결함(착오 · 사기 · 강박)을 이유로 행위시에 소급하여 소멸케 하는 특정인(취소권자)의 의사표시이다.

2. 취소의 종류

① 민법 제140조 이하의 규정이 적용되는 협의의 취소는 원칙적으로 제한능력이나 착오 · 사기 · 강박에 의한 의사표시에 기하는 것에 한한다. ② 민법 제140조 이하의 규정이 적용되지 않는 광의의 취소는 ㉠ 재판 또는 행정처분의 취소(제11조, 제14조 등), ㉡ 완전히 유효한 법률행위의 취소(제8조 2항, 제406조 등), ㉢ 가족법상 법률행위의 취소(제978조) 등을 말한다.

3. 구별개념

취소는 ① 법률행위의 효과가 발생하기 '전'에 그 효력을 저지하는 철회와 ② 유효하게 성립한 '계약'의 효력을 소멸시키는 해제와 구별된다.

II. 취소권

1. 취소권자

> **제140조 【법률행위의 취소권자】** 취소할 수 있는 법률행위는 제한능력자, 착오로 인하거나 사기 · 강박에 의하여 의사표시를 한 자, 그의 대리인 또는 승계인만이 취소할 수 있다.

① 제한능력자는 '단독으로' 법률행위를 취소할 수 있다. ② 착오로 인하거나 사기 · 강박에 의하여 의사표시를 한 자, ③ 발생한 **취소권의 행사를 수여받은** 임의대리인이나, 법정대리인도 취소권자이다. ④ 포괄승계인(상속)(23경간)이나 취소할 수 있는 행위에 의하여 취득한 권리의 특정승계인도 취소권자이다(제140조).

2. 취소의 방법

① 취소권은 형성권이므로 단독의 일방적 의사표시에 의한다. 상대방이 확정되어 있는 경우에는 상대방에 대한 의사표시로써 한다(제142조). 그러므로 상대방이 그 권리를 제3자에게 양도한 경우 취소의 의사표시는 제3자가 아닌 원래의 상대방에게 하여야 한다. 아울러 이러한 취소권은 재판 외에서 의사표시를 하는 방법으로도 행사할 수 있다(대판 2008.9.11, 2008다27301, 27318: 22경간).
② 그리고 判例는 "취소의 의사표시란 반드시 명시적이어야 하는 것은 아니고, 취소자가 그 착오를 이유로 자신의 법률행위의 효력을 처음부터 배제하려고 한다는 의사가 드러나면 족한 것이며, 취소원인의 진술 없이도 취소의 의사표시는 유효한 것이므로, 신원보증서류에 서명날인하는 것으로 잘못 알고 이행보증보험약정서를 읽어보지 않은 채 서명날인한 것일 뿐 연대보증약정을 한 사실이 없다는 주장은 위 연대보증약정을 착오를 이유로 취소한다는 취지로 볼 수 있다"(대판 2005.5.27, 2004다43824)고 하여, **법률행위의 취소를 당연한 전제로 한 소송상의 이행청구나 이행거절에는 취소의 의사표시가 포함되어 있다고 본다.**

지문 OX

02 매매계약을 취소한 경우에는 처음부터 무효인 것으로 본다. ○

03 제한능력자는 법정대리인의 동의가 없더라도 단독으로 법률행위를 취소할 수 있다. ○

04 임의대리인은 취소권 행사에 대한 수권이 없더라도 당연히 취소할 수 있다. ✕

05 착오에 의한 의사표시를 한 자가 사망한 경우에는 그 상속인이 피상속인의 착오를 이유로 그 의사표시를 취소할 수 있다(23경간). ○

06 취소권자의 상속인은 법률행위를 취소할 수 있다. ○

07 취소권은 그 제척기간 내에 소를 제기하는 방법으로 재판상 행사하여야만 하는 것이 아니라, 재판 외에서 취소의 의사표시를 하는 방법으로도 행사할 수 있다. ○

08 甲이 乙의 사기로 토지를 乙에게 헐값에 판 후 乙이 丙에게 전매한 경우, 사기로 인한 법률행위의 취소의 상대방은 乙이다. ○

09 법률행위의 취소를 전제로 한 소송상의 이행청구나 이를 전제로 한 이행거절에는 취소의 의사표시가 포함되어 있다. ○

Ⅲ. 취소권의 소멸

1. 취소권의 소멸원인 일반

취소권은 취소권의 행사·포기·추인·법정추인 및 기간의 경과로 소멸한다.

2. 취소할 수 있는 법률행위의 추인

> 제143조【추인의 방법, 효과】① 취소할 수 있는 법률행위는 제140조에 규정한 자가 추인할 수 있고 추인 후에는 취소하지 못한다.
> ② 전조의 규정은 전항의 경우에 준용한다.
> 제144조【추인의 요건】① 추인은 취소의 원인이 소멸된 후에 하여야만 효력이 있다.
> ② 제1항은 법정대리인 또는 후견인이 추인하는 경우에는 적용하지 아니한다.

(1) 의의

취소할 수 있는 법률행위를 취소하지 않겠다는 확정적인 의사표시, 즉 취소권의 포기이다(제143조, 제144조). 따라서 더 이상 취소할 수 없고 '확정적으로 유효'로 된다.

(2) 추인의 요건(취, 소, 알)

취소할 수 있는 법률행위를 추인하기 위한 요건은 ⅰ) 제140조가 규정하는 취소권자가, ⅱ) 취소원인이 소멸한 후에, ⅲ) 취소할 수 있는 것임을 알고 취소하지 않겠다는 의사표시를 해야 한다.

1) 추인권자

제140조가 규정하는 취소권자와 같다. 여러 명의 추인권자 중 1인의 추인으로 다른 추인권자의 추인권은 소멸한다.

2) 취소원인의 소멸

추인은 취소원인이 소멸한 후에 하여야 한다. 즉, 제한능력자는 능력자가 된 뒤, 착오, 사기·강박으로 의사표시를 한 자는 비정상적인 상태에서 벗어난 뒤에 해야 한다. 다만 법정대리인은 언제나 추인할 수 있다(제144조 2항).

3) 추인권자의 인식

추인은 그 행위가 취소할 수 있는 것임을 알고 하여야 한다(대판 1997.5.30, 97다2986).

(3) 추인의 방법

취소와 동일하게 추인은 취소할 수 있는 법률행위의 상대방에 대한 의사표시로 한다(제142조, 제143조 2항). 묵시적 추인이 가능하나, 判例에 따르면 개정 전 민법상 "한정치산자가 '횡령죄의 고소를 취소한다'는 고소취소장을 제출하였다고 하더라도 한정치산선고가 취소되지 않은 이상 추인할 수 있는 행위능력이 없을 뿐만 아니라, 고소취소는 수사기관 또는 법원에 대한 의사표시이므로 사법상 법률행위의 취소권을 포기한 것으로 보기 어렵다"(대판 1997.6.27, 97다3828)고 한다.

(4) 추인의 효과

추인이 있으면 그 후로는 취소할 수 없고 그 법률행위는 완전히 유효한 것으로 확정된다(제143조 1항)(23경간).

(5) 관련문제: 취소된 법률행위의 추인

判例는 취소한 법률행위는 무효인 법률행위의 추인의 요건과 효력으로서 추인할 수는 있는바, **무효(취소)원인이 소멸한 후에 하여야 그 효력이 있다**고 한다(아래 95다38240 판결 ; 제139조).

> ✷ **취소 후 추인의 성격 및 효력**
>
> 강박에 의한 의사표시를 이유로 취소한 후 다시 이를 추인할 수 있는지에 관해, 判例는 "취소한 법률행위는 처음부터 무효인 것으로 간주되므로, 취소할 수 있는 법률행위가 일단 취소된 이상 그 후에는 취소할 수 있는 법률행위의 추인에 의하여 이미 취소되어 무효인 것으로 간주된 당초의 의사표시를 다시 확정적으로 유효하게 할 수는 없고, 다만 무효인 법률행위의 추인의 요건과 효력으로서 추인할 수는 있으나, 무효행위의 추인은 그 무효원인이 소멸한 후에 하여야 그 효력이 있으므로, 강박에 의한 의사표시임을 이유로 일단 유효하게 취소되어 당초의 의사표시가 무효로 된 후에 추인한 경우, 그 추인이 효력을 가지기 위하여는 그 무효원인이 소멸한 후일 것을 요한다고 할 것인데, 그 무효원인이란 바로 위 의사표시의 취소사유라 할 것이므로 결국 무효원인이 소멸한 후란 것은 당초의 의사표시의 성립과정에 존재하였던 취소의 원인이 종료된 후, 즉 강박상태에서 벗어난 후라고 보아야 한다"(대판 1997.12.12, 95다38240)고 한다.

지문 OX

07 취소할 수 있는 법률행위는 취소한 후에는 무효행위의 추인 요건을 갖추더라도 다시 추인할 수 없다. ✕

3. 법정추인

> **제145조【법정추인】** 취소할 수 있는 법률행위에 관하여 전조의 규정에 의하여 추인할 수 있는 후에 다음 각호의 사유가 있으면 추인한 것으로 본다. 그러나 이의를 보류한 때에는 그러하지 아니하다.
> 1. 전부나 일부의 이행
> 2. 이행의 청구
> 3. 경개
> 4. 담보의 제공
> 5. 취소할 수 있는 행위로 취득한 권리의 전부나 일부의 양도
> 6. 강제집행

08 취소할 수 있는 법률행위에 관하여 취소권자가 전부나 일부의 이행, 담보의 제공 등을 하였다면 이의보류 여부를 불문하고 당연히 법정추인으로 의제되고 취소권자는 더 이상 취소권을 행사할 수 없다. ✕

(1) 의의

취소할 수 있는 법률행위에 관하여 일정한 사유가 있는 때에 취소권자의 의사여하를 불문하고 법률상 당연히 추인한 것으로 간주하는 것을 말한다(제145조). 법정추인은 제146조와 더불어 '취소할 수 있는 법률행위의 상대방'을 보호하고 '거래의 안전'을 유지하기 위한 제도로서 추인의 일종이라기보다는 취소권 배제의 한 태양이라고 할 수 있다.

(2) 요건(소, 이, 사)

법정추인이 되기 위한 요건은 ⅰ) 원칙적으로 취소원인이 소멸한 후에, ⅱ) 이의를 보류하지 않고(이의를 제기하면서 추인을 보류하지 않고), ⅲ) 법정추인의 사유가 있어야 한다. 통상의 추인과 달리 취소권자가 취소할 수 있는 것임을 알아야 하는 것이 아니며, 추인의 의사가 있어야 할 필요도 없다(제145조).

09 취소권자가 전부나 일부의 이행, 이행의 청구, 담보의 제공 등을 한 경우에는 취소의 원인이 종료되기 전에 한 것이라도 추인한 것으로 보아야 한다. ✕

1) 법정추인의 사유(제145조)

① 전부나 일부의 이행(상대방으로부터 이행을 수령한 경우도 포함된다), ② 이행의 청구(이행의 청구를 받는 것은 포함되지 않는다), ③ 경개(제500조 참조, 취소권자가 채권자인지 채무자인지를 불문한다), ④ 담보의 제공(취소권자가 채무자로서 제공하거나 채권자로서 제공받는 경우를 포함한다), ⑤ 취소할 수 있는 행위로 취득한 권리의 전부나 일부의 양도(상대방이 양도한 경우는 포함되지 않는다), ⑥ 강제집행(취소권자가 채권자로서 집행하거나 채무자로서 집행을 받는 경우를 포함한다)

2) 취소원인의 종료

위 사유는 추인할 수 있은 후, 즉 취소원인이 종료한 후에 하여야 한다(제145조 본문). 따라서 예컨대 미성년자가 법정대리인의 동의 없이 계약을 체결하고 성년이 되기 '전'에 채무의 일부를 이행하였다면 그 계약을 추인한 것으로 볼 수 없다(22경간).

3) 이의의 보류

이의를 보류한 때에는 명시적으로 추인하지 않겠다는 것이므로 법정추인의 사유가 있어도 법정추인이 되지 않는다(제145조 단서). 예컨대 취소할 수 있는 법률행위에 의해 부담한 채무에 대해 강제집행을 면하기 위해 일단 변제를 하면서 그것이 추인은 아니라고 표시하였다면 법정추인은 발생하지 않는다.

4) 추인의 의사 여부

통상의 추인과 달리 취소권자가 취소할 수 있는 것임을 알아야 하는 것이 아니며, 추인의 의사가 있어야 할 필요도 없다.

(3) 효과

법정추인이 있으면 다시 취소할 수 없고 그 법률행위는 완전히 유효한 것으로 확정된다.

4. 기간의 경과
(1) 민법의 규정

> 제146조【취소권의 소멸】취소권은 추인할 수 있는 날로부터 3년 내에 법률행위를 한 날로부터 10년 내에 행사하여야 한다.

'추인할 수 있는 날'이란, 취소의 원인이 종료되고 또 취소권행사에 관한 법률상의 장애가 없어져서 취소권자가 취소의 대상인 법률행위를 추인할 수도 있고 취소할 수도 있는 상태가 된 때를 가리킨다(대판 1998.11.27, 98다7421). 통설·判例(대판 1996.9.20, 96다25371)는 일치하여 제146조가 규정하는 기간을 '제척기간'이라고 본다. 어느 것이든 먼저 경과하는 때에 취소권은 소멸한다.

(2) 취소에 따른 부당이득반환청구권의 권리행사기간

위 기간 내에 취소권을 행사하면 부당이득반환청구권이 생기는바(제741조 이하), 그 청구권은 언제까지 행사하여야 하는지와 관련하여 취소에 따른 부당이득반환청구권은 취소권을 행사한 때부터 별개의 '소멸시효'에 걸린다고 보는 것이 타당하다. 判例도 취소권에 관한 것은 없으나, 다만 형성권인 환매권[85]에 관하여, 환매권의 행사로 발생한 소유권이전등기청구권은 환매권을 행사한 때로부터 일반채권과 같이 10년의 소멸시효가 진행된다고 판시한 바 있다(대판 1991.2.22, 90다13420).

---

85) '환매권(還買權)'이란 원소유자가 매도하였거나 수용당한 재물을 다시 매수할 수 있는 권리를 말한다. 형성권이므로 환매의 의사표시를 함으로써 매매계약이 성립하게 된다. 그리고 매매계약의 법률효과로서 환매권자는 사업시행자에 대하여 소유권이전등기청구권을 갖게 된다.

지문 OX

01 미성년자가 매매계약을 체결한 후 친권자의 동의를 얻어 상대방에 대하여 이행을 청구한 경우 계약을 추인한 것으로 볼 수 있다. ○

02 취소의 원인이 종료한 후 취소할 수 있는 법률행위에 관하여 이의 없이 경개계약을 체결한 경우, 그 법률행위를 추인한 것으로 본다. ○

03 제한능력자로부터 부동산을 매수한 자가 목적물의 인도청구권을 양도한 경우는 법정추인에 해당하지 않는다. ○

04 취소권자가 채권자로서 강제집행을 하는 것은 법정추인사유에 해당한다. ○

05 법정대리인의 동의 없이 자기 소유의 토지를 매도한 제한능력자가 능력자가 된 후 그 대금청구권을 제3자에게 양도하였다면 그 매매계약을 추인한 것으로 본다. ○

06 취소할 수 있는 법률행위에 대하여 추인할 수 있는 자가 이의를 보류하면서 전부 이행한 경우에는 추인한 것으로 보지 않는다. ○

07 취소권자가 이의의 보류 없이 상대방으로부터 일부의 이행을 수령한 경우에도 법정추인이 되지 않는다. ✕

08 법정추인이 인정되기 위해서는 추인권자에게 추인의 의사가 있을 필요는 없으나 추인권자는 취소권의 존재를 인식하여야 한다. ✕

09 취소권은 법률행위를 한 날로부터 3년 내에 행사하여야 한다. ✕

10 제146조의 취소권이 적법한 기간 내에 행사되었는지의 여부는 당사자의 주장에 관계없이 법원이 당연히 조사하여 고려하여야 할 사항이다(23경간). ○

11 취소권의 행사의 결과로 발생하는 부당이득반환청구권은 그 취소권의 행사기간 내에 행사하여야 한다. ✕

법률행위의 무효·취소에 따른 급부의 청산관계

Ⅰ. 문제점

甲과 乙 사이에 토지매매계약이 성립되고 이행되어, 매수인 乙은 이전등기를 마치고 이를 점유·사용하고 있었고 매도인 甲은 매매대금을 수령하였다. 그 후 甲이 토지매매계약을 적법하게 취소하였다면 그에 따른 주된 급부인 토지와 매매대금의 반환은 어떻게 해야 하는지, 부수적 급부인 토지의 사용이익과 대금의 이자는 어떻게 해야 하는지, 반환의무의 법적 성질을 살펴보고 그에 따른 구체적 범위를 검토하기로 한다.

Ⅱ. 매도인의 매수인에 대한 권리

1. 주된 급부의 반환(목적물의 반환 및 소유권이전등기의 말소청구)

법률행위가 무효 또는 취소된 경우 매도인은 ㉠ 급부부당이득반환청구권(제741조 ; 점유 자체 또는 등기 자체도 '이득'으로 인정)과 ㉡ 소유권에 기한 물권적 청구권(제213조, 제214조)을 근거로 토지의 반환 및 소유권이전등기의 말소등기청구를 할 수 있다.

2. 부수적 급부의 반환(사용이익 반환)

> **제748조【수익자의 반환범위】** ① 선의의 수익자는 그 받은 이익이 현존한 한도에서 전조의 책임이 있다.
> ② 악의의 수익자는 그 받은 이익에 이자를 붙여 반환하고 손해가 있으면 이를 배상하여야 한다.
>
> **제201조【점유자와 과실】** ① 선의의 점유자는 점유물의 과실을 취득한다.
> ② 악의의 점유자는 수취한 과실을 반환하여야 하며 소비하였거나 과실로 인하여 훼손 또는 수취하지 못한 경우에는 그 과실의 대가를 보상하여야 한다.

(1) 선의의 점유자(매수인)

다수설, 判例는 점유를 전제로 한 부당이득에 있어서는 제201조 1항이 제748조 1항의 특칙으로 적용된다고 한다(점유부당이득론 ; 대판 2003.11.14, 2001다61869). 즉, 선의의 점유자는 점유물의 과실을 취득하는데(제201조 1항), 여기서 '선의'란 과실수취권을 포함하는 본권(소유권·지상권·전세권·임차권)을 가지고 있다고 적극적으로 오신하는 점유자를 가리키며(대판 1992.12.24, 92다22114), 그와 같이 믿은 데에 정당한 이유가 있는 것(무과실)을 의미한다(대판 1996.1.26, 95다44290). 아울러 '과실'에는 물건의 사용이익이 포함된다. 따라서 선의·무과실의 매수인은 사용이익을 반환할 의무가 없다.

(2) 악의의 점유자(매수인)

判例에 따르면 **악의의 점유자가 타인 소유물을 권원 없이 점유함으로써 얻은 사용이익을 반환하는 경우** 제201조 2항은 제748조 2항의 특칙이 아니므로 악의 수익자가 반환하여야 할 범위는 제748조 2항에 따라 정하여지는 결과 ⅰ) 임료 상당의 부당이익(사용이익) 및 ⅱ) 그에 따른 법정이자와 ⅲ) 위 부당이득 및 이자액에 대한 지연이자의 지급도 청구할 수 있다(제387조 2항 참조)고 한다(대판 2003.11.4, 2001다61869).[86]

---

86) "타인 소유물을 권원 없이 점유함으로써 얻은 사용이익을 반환하는 경우 민법은 선의 점유자를 보호하기 위하여 제201

지문 OX

12 법률행위가 취소된 경우 그 법률행위에 기하여 이미 급부가 행하여진 경우에는 부당이득이 되므로 반환되어야 한다. ○

Ⅲ. 매수인의 매도인에 대한 권리

1. 주된 급부의 반환(매매대금 반환)

금전의 경우 점유가 있는 곳에 소유권이 있다는 법리에 의하여, 매매계약이 실효되어도 이미 지급한 매매대금의 소유권이 매수인에게 귀속되지 않는다. 따라서 매수인은 소유권에 기한 물권적 청구권을 행사할 수 없고, 오직 급부부당이득을 이유로 매매대금의 반환청구를 할 수 있을 뿐이다.

2. 부수적 급부의 반환(법정이자 또는 운용이익의 반환)

(1) 선의의 매도인

앞서 검토한 점유부당이득론의 형식논리에 따르자면 선의의 매수인은 제201조 1항이 적용되어 임료상당의 사용이익을 반환할 필요가 없으나, 선의의 매도인은 제748조 1항이 적용되어 매매대금의 법정이자까지 반환해야 된다(현존이익에는 과실이 포함되기 때문이다).[87] 그러나 이와 같은 결론은 쌍무·유상계약에서의 당사자의 공평성에 문제가 있을 수 있다.

따라서 判例는 "**쌍무계약이 취소된 경우** 선의의 매수인에게 제201조가 적용되어 과실취득권이 인정되는 이상 **선의의 매도인에게도 제587조의 유추적용에 의하여 대금의 운용이익 내지 법정이자의 반환을 부정함이 형평에 맞다**"(대판 1993.5.14, 92다45025)고 판시하여 계약당사자 사이에 발생할 수 있는 불공평을 제거하기 위하여 제587조(계약법)의 유추적용을 인정하고 있다.

(2) 악의의 매도인

1) 법정이자

"계약무효의 경우 각 당사자가 상대방에 대하여 부담하는 반환의무는 성질상 부당이득반환의무로서 악의의 수익자는 그 받은 이익에 법정이자를 붙여 반환하여야 하므로(제748조 제2항), **매매계약이 무효로 되는 때에는 매도인이 악의의 수익자인 경우** 특별한 사정이 없는 한 매도인은 반환할 매매대금에 대하여 민법이 정한 연 5%의 **법정이율에 의한 이자를 붙여 반환하여야** 한다. 그리고 위와 같은 법정이자의 지급은 부당이득반환의 성질을 가지는 것이지 반환의무의 이행지체로 인한 손해배상이 아니므로, **매도인의 매매대금 반환의무와 매수인의 소유권이전등기 말소등기절차 이행의무가 동시이행의 관계에 있는지 여부와는 관계가 없다**"(대판 2017.3.9, 2016다47478).

1항을 두어 선의 점유자에게 과실수취권을 인정함에 대하여, 이러한 보호의 필요성이 없는 <u>악의 점유자에 관하여는 제201조 2항을 두어 과실수취권이 인정되지 않는다는 취지를 규정하는 것으로 해석되는바</u>, 따라서 악의 수익자가 반환하여야 할 범위는 제748조 2항에 따라 정하여지는 결과 그는 받은 이익에 이자를 붙여 반환하여야 한다. 위 조문에서 규정하는 이자는 당해 침해행위가 없었더라면 원고가 위 임료로부터 통상 얻었을 법정이자 상당액을 말하는 것이므로, 악의 수익자는 위 이자의 이행지체로 인한 지연손해금도 지급하여야 할 것이다. 즉, 악의 점유자는 과실을 반환하여야 한다고만 규정한 민법 제201조 2항이, 민법 제748조 2항에 의한 악의 수익자의 이자지급의무까지 배제하는 취지는 아니기 때문에, 악의 수익자의 부당이득금 반환범위에 있어서 <u>민법 제201조 2항이 민법 제748조 2항의 특칙이라거나 우선적으로 적용되는 관계를 이루는 것은 아니다</u>".

87) 지원림, 민법강의(13판), 5-256

2) 운용이익

"수익자가 자신의 노력 등으로 부당이득한 재산을 이용하여 남긴 이른바 운용이익도 그것이 사회통념상 수익자의 행위가 개입되지 아니하였더라도 부당이득된 재산으로부터 손실자가 당연히 취득하였으리라고 생각되는 범위 내의 것이 아닌 한 수익자가 반환하여야 할 이득의 범위에서 공제되어야 한다"(대판 1995.5.12, 94다25551). 다만 매매계약이 무효인 경우에 매도인이 매매대금으로 받은 금전을 '정기예금에 예치하여 얻은 이자'를 통상 취득하였으리라고 생각되는 범위 내의 이익으로 보아, 반환해야 할 이득의 범위에 포함되는 것으로 판단한 것도 있다(대판 2008.1.18, 2005다34711).

> ✳ **계약해제의 경우**
>
> 判例는 계약해제에 따른 '원상회복'에 관한 제548조[88]의 규정은 부당이득에 관한 특칙이라고 본다(대판 1998.12.23, 98다43157). 그러므로 해제의 경우 반환범위에 대해서는 제548조가 적용될 뿐 부당이득에 관한 제748조가 적용되는 것이 아니며 원물반환의 경우라도 제201조 등이 적용되는 것도 아니다. 따라서 매도인은 제548조 2항에 의하여 반환할 금전에 그 받은 날로부터 이자를 가하여 반환해야 하며 매수인도 역시 반환할 물건의 사용이익을 반환해야 한다고 본다(제548조 2항의 유추해석).

Ⅳ. 동시이행관계

判例는 민법 제549조의 취지 및 공평, 신의칙을 근거로 매도인의 반환의무와 매수인의 반환의무는 동시이행관계에 있다고 한다(대판 1993.5.14, 92다45025).

Ⅴ. 제한능력을 이유로 취소한 경우의 특칙

> **제141조【취소의 효과】** 취소된 법률행위는 처음부터 무효인 것으로 본다. 다만, 제한능력자는 그 행위로 인하여 받은 이익이 현존하는 한도에서 상환(償還)할 책임이 있다.

제한능력자는 그 행위로 인하여 받은 이익이 현존하는 한도에서 상환할 책임이 있다(제141조 단서). 여기서 현존하는 한도라 함은 제한능력자가 취소되는 행위에 의하여 얻은 이익이 원형대로 또는 그 형태를 바꾸어서 남아 있는 한도라는 뜻이다. 예를 들어 유흥비에 지출한 경우 현존이익이 없다고 보나, 생활비·학비 등 '필요한 비용'을 지출한 때에는 다른 비용의 지출을 면한 것이므로 현존하는 것으로 된다(지출절약의 법리). 判例는 신용카드이용계약이 제한능력을 이유로 취소되는 경우, 제한능력자가 반환하여야 할 부당이득반환의 대상은 신용카드가맹점과의 거래계약을 통하여 취득한 물품이 아니라 신용카드사가 가맹점에 대신 지급함으로써 '**면제받은 물품대금채무 상당액**'이고, 그와 같은 이익으로 **금전상의 이익**으로 다른 특별한 사정이 없는 한 현존하고 있는 것으로 '**추정**'된다고 한다(대판 2005.4.15, 2003다60297 등).

---

88) 제548조(해제의 효과, 원상회복의무) ①항 당사자일방이 계약을 해제한 때에는 각당사자는 그 상대방에 대하여 원상회복의 의무가 있다. 그러나 제3자의 권리를 해하지 못한다. ②항 전항의 경우에 반환할 금전에는 그 받은 날로부터 이자를 가하여야 한다.

I. 서설

1. 의의

① '조건'이란 법률행위의 효력의 발생 또는 소멸을 '장래의 불확실한 사실의 성부(成否)'에 의존케 하는 법률행위의 부관[89]이다. 이러한 조건이 붙은 법률행위를 조건부 법률행위라고 한다. 조건은 법률행위의 특별효력요건이며, 당사자가 임의로 정한 것이어야 한다.

② 조건은 법률행위의 부관으로서 당해 법률행위를 구성하는 의사표시의 일체적인 내용을 이루는 것이므로, "의사표시의 일반원칙에 따라 조건의사와 그 표시가 필요하며, 그것이 **표시되지 않으면 법률행위의 동기에 불과**하다"(대판 2003.5.13, 2003다10797: 22·23경간). 다만, "조건을 붙이고자 하는 의사의 표시는 그 방법에 관하여 일정한 방식이 요구되지 않으므로 묵시적 의사표시나 묵시적 약정으로도 할 수 있다"(대판 2018.6.28, 2016다221368).

> [조건을 정할 것으로 볼 수 없는 경우] 甲과 乙이 빌라 분양을 甲이 대행하고 수수료를 받기로 하는 내용의 분양전속계약을 체결하면서, 특약사항으로 '분양계약기간 완료 후 미분양 물건은 甲이 모두 인수하는 조건으로 한다'라고 정한 사안에서, 判例는 위 특약사항은 甲이 분양계약기간 만료 후 미분양 세대를 인수할 의무를 부담한다는 계약의 내용을 정한 것에 불과하고, 이와 달리 계약의 효력발생이 좌우되게 하려는 법률행위의 부관으로서 조건을 정한 것이라고 보기 어렵다고 판시하였다(대판 2020.7.9, 2020다202821).

2. 종류

(1) 정지조건 · 해제조건

① 법률행위의 효력을 그 성취에 의하여 '발생'하게 하는 조건을 정지조건이라고 하고, ② 이미 발생한 법률행위의 효력을 그 성취에 의하여 '소멸'하게 하는 조건을 해제조건이라고 한다.

① [정지조건] ㉠ 동산의 매매계약을 체결하면서 매도인이 대금을 모두 지급받기 전에 목적물을 매수인에게 인도하지만 대금이 모두 지급될 때까지 목적물의 소유권은 매도인에게 유보하는 내용의 소유권유보의 특약을 한 경우, 대금이 모두 지급되는 것을 '정지조건'으로 하여 소유권이전의 합의를 한 것이 된다(대판 1996.6.28, 96다14807). 즉, 물권행위에 조건을 붙이는 것을 긍정하는 것이 판례이다. ㉡ 소정의 기간 내에 이행이 없으면 계약은 당연히 해제된 것으로 한다는 뜻을 포함하고 있는 이행청구는 이행청구와 동시에 그 기간 내에 이행이 없는 것을 '정지조건'으로 하여 미리 해제의 의사를 표시한 것으로 볼 수 있다(대판 1992.12.22, 92다28549: 23경간).

---

[89] 법률행위의 '부관'(附款)이란 법률행위의 효과의 발생 또는 소멸에 관하여 이를 제한하기 위하여 당해 법률행위의 내용으로서 부가되는 약관을 가리킨다. 이러한 법률행위의 부관에는 조건·기한·부담의 세 가지가 있다. 그런데 민법은 이들 가운데 조건과 기한에 관하여만 일반적 규정을 두고 있다.

② **[해제조건]** ⊙ 약혼예물의 수수는 약혼의 성립을 증명하고 혼인이 성립한 경우 당사자 내지 양가의 정리를 두텁게 할 목적으로 수수되는 것으로 '**혼인의 불성립을 해제조건으로 하는 증여**'와 유사한 성질을 가진다(대판 1996.5.14, 96다5506). ⓒ 매수한 토지 중 후에 공장 및 도로부지에 편입되지 않은 부분은 매도인에게 원가로 반환하기로 한 약정, 건축허가를 받지 못할 때에는 토지매매계약을 무효로 하기로 한 약정 등은 '**해제조건**'의 예이다(대판 1983.8.23, 83다카552). ⓒ 주택건설을 위한 원·피고 간의 토지매매계약에 앞서 양자 간의 협의에 의하여 건축허가를 필할 때 매매계약이 성립하고 건축허가 신청이 불허되었을 때에는 이를 무효로 한다는 약정 아래 이루어진 계약은 해제조건부계약이다(대판 1983.8.23, 83다카552: 23경간).

(2) 수의조건 · 비수의조건

조건의 성취 여부가 당사자의 일방적 의사에만 의존하는 것이 수의조건이고, 그렇지 않은 것이 비수의조건이다.

判例는 **제작물공급계약의 당사자들이 보수의 지급시기에 관하여** '수급인이 공급한 목적물을 도급인이 검사하여 합격하면, 도급인은 수급인에게 그 보수를 지급한다'는 내용으로 한 약정은 도급인의 수급인에 대한 보수지급의무와 동시이행관계에 있는 수급인의 목적물 인도의무를 확인한 것에 불과하므로, 법률행위의 효력 발생을 장래의 불확실한 사실의 성부에 의존하게 하는 법률행위의 부관인 '**조건'에 해당하지 아니할 뿐만 아니라**, 조건에 해당한다 하더라도 검사에의 합격 여부는 도급인의 일방적인 의사에만 의존하지 않고 그 목적물이 계약내용대로 제작된 것인지 여부에 따라 객관적으로 결정되므로 '**순수수의조건'에 해당하지 않는다**(대판 2006.10.13, 2004다21862)고 한다.

(3) 가장조건

> **제151조【불법조건, 기성조건】** ① 조건이 선량한 풍속 기타 사회질서에 위반한 것인 때에는 그 법률행위는 무효로 한다(불법조건).
> ② 조건이 법률행위의 당시 이미 성취한 것인 경우에는 그 조건이 정지조건이면 조건없는 법률행위로 하고 해제조건이면 그 법률행위는 무효로 한다(기성조건).
> ③ 조건이 법률행위의 당시에 이미 성취할 수 없는 것인 경우에는 그 조건이 해제조건이면 조건없는 법률행위로 하고 정지조건이면 그 법률행위는 무효로 한다(불능조건).

① 법정조건, ② 불법조건(제151조 1항), ③ 기성조건(제151조 2항), ④ 불능조건(제151조 3항)은 엄밀한 의미의 조건이 아니다.

① 법률이 요구하는 요건인 '법정조건'은 법률행위의 부관으로서의 조건이 아니다.

② 불법조건이란 조건이 '선량한 풍속 기타 사회질서에 반하는' 경우를 말한다. 불법조건이 붙어 있는 법률행위는 그 **조건은 물론 법률행위 자체도 무효**이다(제151조 1항)(22경간). 따라서 부첩관계의 종료를 해제조건으로 부동산을 증여한 경우 위 해제조건은 부첩관계의 종료를 방해하는 것으로 선량한 풍속 기타 사회질서에 위반하여 무효이고, 따라서 증여계약 자체도 무효가 된다(대판 1996.6.21, 66다530).

③ 기성조건이 정지조건이면 조건없는 법률행위가 되지만 기성조건이 해제조건이면 그 법률행위는 무효이다(제151조 2항)(**기.해.무**)(22경간).

④ 불능조건이 정지조건이면 그 법률행위는 무효이다(제151조 3항)(**불.정.무**).

Ⅱ. 조건을 붙일 수 없는 법률행위

1. 그 효과가 확정적으로 발생할 것이 요구되는 경우

① 어음·수표행위는 객관적 획일성이 요구되므로 조건을 붙일 수 없음이 원칙이며(다만 어음보증에 조건을 붙이는 것은 어음거래의 안정성을 해치지 않으므로 허용한다 ; 대판 1986.9.9, 84다카2310), ② 신분행위도 법률행위 즉시 효과가 발생해야 하므로 원칙적으로 조건을 붙일 수 없다(다만 조건이 공서양속에 반하지 않는 경우에는 허용된다).

2. 조건을 붙이면 상대방의 지위를 현저하게 불리하게 하는 경우

단독행위의 경우 ① 상대방의 동의, ② 상대방에게 이익만을 주는 경우(채무면제·유증), ③ 상대방이 결정할 수 있는 사실을 조건으로 한 경우(예컨대 이행지체에 빠진 상대방에게 일정한 기간을 정하여 채무의 이행을 최고하면서 그 기간 내에 이행하지 않을 경우 계약을 해제한다는 정지조건부 계약해제의 의사표시 ; 대판 1970.9.29, 70다1508)가 아닌 한 원칙적으로 조건을 붙일 수 없다.

3. 효과

① "조건부 법률행위에 있어 조건의 내용 자체가 불법적인 것이어서 무효일 경우 또는 조건을 붙이는 것이 허용되지 아니하는 법률행위에 조건을 붙인 경우 그 조건만을 분리하여 무효로 할 수는 없고 그 법률행위 전부가 무효로 된다"(대결 2005.11.8, 2005마541).

② "민법 제675조에 정하는 현상광고라 함은, 광고자가 어느 행위를 한 자에게 일정한 보수를 지급할 의사를 표시하고 이에 응한 자가 그 광고에 정한 행위를 완료함으로써 그 효력이 생기는 것으로서, 그 광고에 정한 행위의 완료에 조건이나 기한을 붙일 수 있다"(대판 2000.8.22, 2000다3675).

Ⅲ. 조건의 성취와 불성취

1. 증명책임

① 법률행위가 조건의 성취시 그 효력이 발생하는 정지조건부 법률행위에 해당한다는 사실은, 즉 **조건의 '존재' 사실**은 그 법률행위로 인한 법률효과의 발생을 저지하는 사유로서, 그 법률효과의 발생을 다투는 자에게 그 입증책임이 있다(대판 1993.9.28, 93다20832). ② 이에 대해 그 **조건이 '성취'되었다는 사실**은 그 효력을 주장하는 자에게 그 입증책임이 있다(대판 1983.4.12, 81다카692 ; 대판 1984.9.25, 84다카967[90]: 23경간).

예컨대 甲이 그 소유 자동차를 정지조건부로 乙에게 증여한 경우, 乙은 증여의 성립을 이유로 甲에게 자동차의 인도를 청구할 수 있고, 甲이 이를 거절하기 위해서는 조건의 존재를 입증하여야 하며, 乙은 조건의 성취를 입증하여야 자동차의 인도를 청구할 수 있다.

---

90) "원고가 피고에게 증여를 원인으로 부동산의 소유권이전등기를 청구할 때 피고가 항변으로 '위 증여계약에 정지조건이 붙어 있음'을 주장, 증명하면 원고가 재항변으로 '그 정지조건의 성취'를 주장, 증명하여야 한다".

2. 조건의 성취와 불성취 의제

> 제150조【조건성취, 불성취에 대한 반신의행위】 ① 조건의 성취로 인하여 불이익을 받을 당사자가 신의성실에 반하여 조건의 성취를 방해한 때에는 상대방은 그 조건이 성취한 것으로 주장할 수 있다.
> ② 조건의 성취로 인하여 이익을 받을 당사자가 신의성실에 반하여 조건을 성취시킨 때에는 상대방은 그 조건이 성취하지 아니한 것으로 주장할 수 있다.

① 조건성취, 불성취에 대한 반신의행위에 대해 **상대방은 손해배상청구권을 선택적으로 행사할 수 있다(제148조).** 判例는 조건성취의 방해에 대해 고의뿐만 아니라 '과실'에 의한 경우도 포함된다고 하고, 이 경우 조건이 성취된 것으로 의제되는 시점은 신의성실에 반하는 행위가 있었던 시점이 아니라 '신의성실에 반하는 행위가 없었더라면 조건이 성취되었으리라고 추산되는 시점'이라고 한다(대판 1998.12.22, 98다42356[91]: 23경간).

② 조건성취에 대한 반신의행위의 효과를 규정하는 민법 제150조 제1항은 계약 당사자 사이에서 정당하게 기대되는 '협력'을 신의성실에 반하여 거부함으로써 계약에서 정한 사항을 이행할 수 없게 된 경우에 유추적용될 수 있다(대판 2021.1.14, 2018다223054).

③ 일방 당사자의 신의성실에 반하는 방해행위 등이 있었다는 사정만으로 곧바로 민법 제150조 제1항에 의해 그 상대방이 발생할 것으로 희망했던 결과까지 의제된다고 볼 수는 없으므로, 여기서 말하는 '조건의 성취를 방해한 때'란 사회통념상 일방 당사자의 방해행위가 없었더라면 조건이 성취되었을 것으로 볼 수 있음에도 방해행위로 인하여 조건이 성취되지 못한 정도에 이르러야 하고, 방해행위가 없었더라도 조건의 성취가능성이 현저히 낮은 경우까지 포함되는 것은 아니다(대판 2022.12.29, 2022다266645).

Ⅳ. 효력

1. 조건성취 전의 효력

(1) 조건부권리의 보호

조건의 성취 전이라도 당사자 일방은 조건의 성취로 일정한 이익을 받을 기대를 갖는데(기대권), 민법은 이러한 '조건부권리'를 보호하는 규정을 두고 있다.

(2) 소극적 보호

1) 손해배상책임

> 제148조【조건부권리의 침해금지】 조건있는 법률행위의 당사자는 조건의 성부가 미정한 동안에 조건의 성취로 인하여 생길 상대방의 이익을 해하지 못한다.

제148조에 따라 **당사자 일방이 조건부 권리를 침해하는 행위를 한 경우 상대방은 손해배상을 청구할 수 있다.** 이때 상대방은 제150조에 의한 조건의 (불)성취를 '선택적'으로 주장할 수 있다. 손해배상을 받으면 조건(불)성취의 목적은 달성되는 것이고, 조건(불)성취를 주장하면 손해는 없는 것으로 되기 때문이다.

---

[91] "상대방이 하도급받은 부분에 대한 공사를 완공하여 준공필증을 제출하는 것을 정지조건으로 하여 공사대금채무를 부담하거나 위 채무를 보증한 사람은 위 조건의 성취로 인하여 불이익을 받을 당사자의 지위에 있다고 할 것이므로, 이들이 위 공사에 필요한 시설을 해주지 않았을 뿐만 아니라 공사장에의 출입을 통제함으로써 위 상대방으로 하여금 나머지 공사를 수행할 수 없게 하였다면, 그것이 고의에 의한 경우만이 아니라 과실에 의한 경우에도 신의성실에 반하여 조건의 성취를 방해한 때에 해당한다고 할 것이므로, 그 상대방은 민법 제150조 제1항의 규정에 의하여 위 공사대금채무자 및 보증인에 대하여 그 조건이 성취된 것으로 주장할 수 있다".

지문 OX

12 어느 법률행위에 어떤 조건이 붙어 있었는지 여부는 법률행위 해석의 문제로서 당사자가 주장하지 않더라도 법원이 직권으로 판단한다. ✕

13 정지조건부 증여계약에서 그 조건이 성취되었다는 사실은 이에 의하여 권리를 취득하고자 하는 자에게 그 증명책임이 있다. ○

14 조건의 성취로 인하여 이익을 받을 당사자가 신의성실에 반하여 조건을 성취시킨 때에는 상대방은 그 조건이 성취하지 아니한 것으로 주장할 수 있다. ○

15 조건의 성취로 인하여 불이익을 받을 당사자의 지위에 있는 사람이 신의성실의 원칙에 반하여 조건의 성취를 방해한 경우라도 그것이 과실에 의한 때에는 그 상대방은 조건이 성취된 것으로 주장할 수 없다. ✕

16 조건의 성취에 의해 불이익을 받게 될 자가 신의성실에 반하여 조건성취를 방해한 경우, 상대방이 조건성취를 주장한 시점에 조건이 성취된 것으로 본다. ✕

17 당사자는 조건의 성부가 미정인 동안에 조건의 성취로 인하여 생길 상대방의 이익을 해하지 못한다. ○

2) 처분행위의 무효(이른바 중간처분무효의 법리)[92]

'의무자'가 조건부권리를 침해하는 '처분행위'(물권행위 등)를 한 경우에 그 처분행위의 효력이 어떻게 되는지가 문제된다. 判例(아래 관련판례 92다5584 참조)와 통설에 따르면 '그러한 처분행위는 조건부권리를 침해하는 범위에서 무효이다' 이렇게 새겨도 제3자를 해치지는 않는바, 제3자에 대한 관계에서는 조건부권리가 (가)등기[93]되어야 무효를 주장할 수 있기 때문이다(동산의 경우에는 선의취득이 인정된다). 그리고 위의 효과(손해배상책임·처분행위의 무효)는 조건의 성취 여부가 결정될 때까지는 조건부로 발생한다고 해석하여야 한다.

> [관련판례] "해제조건부증여로 인한 부동산소유권이전등기를 마쳤다 하더라도 그 해제 조건이 성취되면 그 소유권은 증여자에게 복귀한다고 할 것이고, 이 경우 당사자간에 별단의 의사표시가 없는 한 그 조건성취의 효과는 소급하지 아니하나, 조건성취 전에 수증자가 한 처분행위는 조건성취의 효과를 제한하는 한도 내에서는 무효라고 할 것이고, 다만 그 조건이 등기되어 있지 않는 한 그 처분행위로 인하여 권리를 취득한 제3자에게 위 무효를 대항할 수 없다"(대판 1992.5.22, 92다5584).

(3) 적극적 보호

> 제149조【조건부권리의 처분등】조건의 성취가 미정한 권리의무는 일반규정에 의하여 처분, 상속, 보존 또는 담보로 할 수 있다.

2. 조건성취 후의 효력

> 제147조【조건성취의 효과】① 정지조건 있는 법률행위는 조건이 성취한 때로부터 그 효력이 생긴다.
> ② 해제조건 있는 법률행위는 조건이 성취한 때로부터 그 효력을 잃는다.
> ③ 당사자가 조건성취의 효력을 그 성취전에 소급하게 할 의사를 표시한 때에는 그 의사에 의한다.

① 정지조건부 법률행위는 조건이 성취한 때로부터 효력이 생기고(제147조 1항), ② 해제조건부 법률행위는 조건이 성취된 때로부터 효력을 잃는다(제147조 2항). ③ 이러한 **조건성취의 효과는 원칙적으로 소급하지 않으나**, 당사자가 조건성취의 효력을 그 성취 전에 소급하게 할 의사를 표시한 때에는 그 의사에 의한다(제147조 3항)(22경간). 다만, 제3자의 권리를 해하지 못한다(통설).

지문 OX

01 해제조건부 증여로 인한 부동산소유권이전등기를 마쳤다 하더라도 그 해제조건이 성취되면 그 소유권은 증여자에게 복귀한다고 할 것이고, 이 경우 당사자간에 특별한 의사표시가 없는 한 그 조건성취의 효과는 소급한다. ×

02 조건의 성취가 아직 미정인 권리는 이를 상속, 보존, 담보의 대상으로 삼을 수 있으나 조건이 성취되기 전에 이를 처분할 수는 없다. ×

03 정지조건부 증여계약은 그 조건이 성취한 때로부터 그 효력이 생긴다. ○

04 해제조건 있는 법률행위는 다른 의사표시가 없으면 법률행위를 한 때로부터 그 효력을 잃는다. ×

05 해제조건부 법률행위를 원인행위로 하여 소유권이전등기를 마친 경우, 그 조건이 성취된 때에는 소유권이 법률행위시에 소급하여 원상회복된다. ×

06 해제조건이 성취되면 그 조건부 법률행위는 불성립한 것으로 본다. ×

07 정지조건부 법률행위의 당사자가 조건성취의 효력을 그 성취전으로 소급시키기로 합의하더라도 이는 효력이 없다. ×

---

92) 조건부 권리를 침해하는 처분행위의 효력은 조건이 성취되기 전에는 유효하지만, 나중에 조건이 성취된 경우 조건부 권리를 침해하는 처분행위는 조건성취에 따른 효력과 모순되는 범위에서는 그 효력이 상실된다는 법리이다.

93) 부동산등기법 제88조(가등기의 대상) 가등기는 제3조 각 호의 어느 하나에 해당하는 권리의 설정, 이전, 변경 또는 소멸의 청구권을 보전하려는 때에 한다. 그 청구권이 시기부 또는 <u>정지조건부일 경우나</u> 그 밖에 장래에 확정될 것인 경우에도 같다.
부동산등기법 제54조(권리소멸약정의 등기) 등기원인에 권리의 소멸에 관한 약정이 있을 경우 신청인은 그 약정에 관한 등기를 신청할 수 있다.

제2관 기한부 법률행위

I. 의의

'기한'이란 법률행위의 효력의 발생 또는 소멸을 '장래의 확실한 사실의 성부(成否)'에 의존케 하는 법률행위의 부관이다.

한편 '법률행위 부관으로서 기한'(제152조, 제154조, 제428조 2항)과 '채무의 이행에 붙은 기한'(제153조, 제468조, 제387조)은 개념상 구별되어야 한다. 시기부 법률행위에서는 아직 채권이 발생하지 않은 것임에 비하여, 채무의 이행에 기한이 붙은 법률행위에서는 이미 채권은 발생하였으나 그 이행기가 아직 도래하지 않은 것이다.

II. 기한의 종류

1. 시기와 종기

법률행위의 효력의 발생 또는 채무이행의 시기를 위 사실에 의존케 하는 기한이 '시기'이고(제152조 1항), 법률행위의 효력의 소멸을 위 사실에 의존케 하는 기한이 '종기'이다(제152조 2항).

2. 확정기한과 불확정기한

발생하는 시기가 확정되어 있는 기한을 '확정기한'이라 하고, 확정되어 있지 않은 것을 '불확정기한'이라고 한다.

3. 구별개념: 조건과 불확정기한

(1) 구별기준

장래의 일정한 사실의 발생 여부가 불확실한 경우가 '조건'이고, 발생이 확실한 경우가 '기한'이다. 그러나 '불확정기한'은 조건과 구별하는 것이 쉽지 않으므로 법률행위의 해석에 의하여 결정한다. 判例에 따르면 "① 부관이 붙은 법률행위에 있어서 부관에 표시된 사실이 발생하지 않으면 채무를 이행하지 아니하여도 된다고 보는 것이 상당한 경우에는 '조건'으로 보아야 하고, ② 표시된 사실이 발생한 때에는 물론이고 반대로 발생하지 아니하는 것이 확정된 때에도 그 채무를 이행하여야 한다고 보는 것이 상당한 경우에는 표시된 사실의 발생여부가 확정되는 것을 '불확정기한'으로 정한 것으로 보아야 한다"(대판 2003.8.19, 2003다2421: 22경간)고 한다.

[불확정기한의 변제기 도래여부] 判例는 "이미 부담하고 있는 채무의 변제에 관하여 일정한 사실이 부관으로 붙여진 경우에는 특별한 사정이 없는 한 그것은 변제기를 유예한 것으로서 그 사실이 발생한 때 또는 발생하지 아니하는 것으로 확정된 때에 기한이 도래한다"(대판 2003.8.19, 2003다2421: 22·23경간)고 한다. 判例는 이 경우(불확정기한) "부관으로 정한 사실의 실현이 주로 채무를 변제하는 사람의 성의나 노력에 따라 좌우되고, 채권자가 사실의 실현에 영향을 줄 수 없는 경우에는 사실이 발생하는 때는 물론이고 사실의 발생이 불가능한 것으로 확정되지는 않았더라도 합리적인 기간 내에 사실이 발생하지 않는 때에도 채무의 이행기한은 도래한다"(대판 2018.4.24, 2017다205127)고 본다.

(2) 조건으로 본 경우

소송 진행 중 원고가 피고로부터 물품대금 해당 금액을 지급받으면, 소를 취하하고 어떠한 이의도 제기하지 않기로 하면서 '위 모든 합의사항의 이행은 원고가 피고로부터 돈을 모두 지급받은 후 그 효력이 발생한다'고 합의한 사안에서 대법원은 장래 발생 여부가 불확실한 사실로서 조건으로 볼 여지가 있고, 이 사건 합의가 화해계약의 성격을 가진다고 하여 달리 볼 이유가 없다고 판단하였다(대판 2018.6.28, 2018다201702).

(3) 불확정기한으로 본 경우

㉠ 대법원은 "임대차계약이 해지된 후 보증금 반환에 관하여 **'타인에게 임대가 되면 임차보증금을 반환하겠다'**는 약정을 했는데 1년 5개월이 지나도록 임대가 되지 않고 타인의 창고로 이용되고 있는 경우 이는 **불확정기한부 법률행위이다**"(대판 1989.6.27, 88다카10579)고 한다. 즉 당해 판결은 위 약정을 영원히 반환하지 않을 수도 있다는 취지가 아니라 일시적으로 연기한다는 의미로 파악하여 불확정기한을 정한 것으로 보았다. 따라서 불확정기한부 법률행위에서는 그 정한 사실발생이 불가능한 경우로 판단되면, 이행기가 도래한 것으로 보기 때문에 그 즉시 보증금반환청구가 가능하다.

> [비교판례] 그러나 대법원은 토지임대차에서 그 임대기한을 '그 토지를 임차인에게 매도할 때까지'로 약정한 사안에서, 그 기한이 도래할지 여부가 불확실한 것이므로 이는 기한을 정한 것이라 할 수 없고, 따라서 그 임대차계약은 기간의 약정이 없는 것으로 보았다(결국 당사자는 제635조[94]에 의해 언제든지 계약해지의 통고를 할 수 있다: 대판 1974.5.14, 73다631).

㉡ "도급계약의 당사자들이 **'수급인이 공급한 목적물을 도급인이 검사하여 합격하면, 도급인은 수급인에게 보수를 지급한다.'고 정한 경우** 도급인의 수급인에 대한 보수지급의무와 동시이행관계(제665조 1항)[95]에 있는 수급인의 목적물 인도의무를 확인한 것에 불과하고 '검사 합격'은 법률행위의 효력 발생을 좌우하는 조건이 아니라 **보수지급시기에 관한 불확정기한이다**"(대판 2019.9.10, 2017다272486, 272493: 따라서 수급인이 도급계약에서 정한 일을 완성한 다음 검사에 합격한 때 또는 검사 합격이 불가능한 것으로 확정된 때 보수지급청구권의 기한이 도래한다)고 하였다.

㉢ "재건축사업을 추진하던 자들과 사업 진행에 필요한 운전자금을 출자하고 사업상의 이익에 참여하기로 하는 등의 공동사업계약을 체결하고 그들에게 운전자금을 지급한 자가, 그 후 사업진행이 순조롭지 않자 공동사업관계에서 탈퇴하면서 '스폰서가 영입되거나 사업권을 넘길 경우나 사업을 진행할 때'에는 위 출자금을 반환받기로 하는 청산약정을 체결한 사안에서, 위 부관의 법적 성질을 거기서 정해진 사유가 발생하지 않는 한 언제까지라도 위 투자금을 반환할 의무가 성립하지 않는 정지조건이라기보다는 불확정기한으로 보아, 출자금반환의무는 위 약정사유가 발생하는 때는 물론이고 상당한 기간 내에 위 약정사유가 발생하지 않는 때에도 성립한다고 해석하는 것이 타당하다"(대판 2009.5.14, 2009다16643).

㉣ "중도금 지급기일을 '1층 골조공사 완료시'로 정한 것은 중도금 지급의무의 이행기를 장래 도래할 시기가 확정되지 아니한 때, 즉 불확정기한으로 이행기를 정한 경우에 해당한다"(대판 2005.10.7, 2005다38546: 23경간).

---

94) 제635조(기간의 약정없는 임대차의 해지통고) 임대차기간의 약정이 없는 때에는 당사자는 언제든지 계약해지의 통고를 할 수 있다.

95) "민법 제665조 제1항은 도급계약에서 보수는 완성된 목적물의 인도와 동시에 지급해야 한다고 정하고 있다. 이때 목적물의 인도는 단순한 점유의 이전만을 의미하는 것이 아니라 도급인이 목적물을 검사한 후 목적물이 계약 내용대로 완성되었음을 명시적 또는 묵시적으로 시인하는 것까지 포함하는 의미이다"(同 判例).

Ⅲ. 기한과 친하지 않은 법률행위

① 신분행위는 법률행위 즉시 효과가 발생해야 하므로 시기를 붙일 수 없다. ② 어음·수표행위에 조건은 붙일 수 없지만 시기를 붙이는 것은 허용된다(왜냐하면 시기를 붙여도 법률관계를 불확실하게 하지 않기 때문이다). ③ 취소·추인과 같은 소급효가 있는 법률행위에는 시기를 붙이면 소급효가 무의미해지기 때문에 시기를 붙이지 못한다.

Ⅳ. 효력

1. 기한도래 전의 효력

조건부 권리가 보호를 받는 만큼 기한부 권리도 보호를 받아야 한다. 따라서 기한부 권리에도 조건부 권리의 침해금지 및 처분 등에 관한 규정(제148조, 제149조)을 준용한다(제154조).

2. 기한도래 후의 효력

① 시기 있는 법률행위는 기한이 도래한 때로부터 그 효력이 생기고, ② 종기 있는 법률행위는 기한이 도래한 때로부터 그 효력을 잃는다(제152조). 그리고 **기한도래의 효과는 기한도래시부터 생기며 절대로 소급효가 없다.** 당사자가 소급효의 특약을 하여도 마찬가지이다. 기한에 소급효를 인정하면 기한이 무의미해지기 때문이다.

Ⅴ. 기한의 이익

> **제153조【기한의 이익과 그 포기】** ① 기한은 채무자의 이익을 위한 것으로 추정한다.
> ② 기한의 이익은 이를 포기할 수 있다. 그러나 상대방의 이익을 해하지 못한다.

1. 의의

'기한의 이익'이란 기한이 도래하지 않음으로써 그동안 당사자가 받는 이익을 말하는 것으로 **기한은 채무자의 이익을 위한 것으로 추정한다**(제153조 1항).
예컨대 ① 채무자만이 이익을 갖는 경우로는 무이자 소비대차에서의 차주이고, ② 채권자만이 이익을 갖는 경우로는 무상임치에서의 임치인이고, ③ 쌍방이 이익을 갖는 경우로는 이자 있는 정기예금에서의 예금주와 은행이다.

2. 기한이익의 포기

기한의 이익은 포기할 수 있다. 그러나 상대방의 이익을 해하지 못한다(제153조 2항). 따라서 이자부 소비대차에서는 '이행기'까지의 이자를 지급하여 기한 전에 반환할 수 있다(제468조). 예컨대, 甲이 乙로부터 금전을 차용하면서 이자를 월 2%로 하고 변제기를 1년 후로 약정하였는데 甲이 8개월 후에 차용금을 반환하는 경우, 甲은 원금과 8개월분 이자 외에 乙이 입은 손해로서 변제기까지의 4개월분 이자를 배상하여야 하는데, 이를 4개월 앞서 지급하는 것이므로 그에 따른 중간이자를 공제하여야 한다.
　[관련판례] "임대인의 임대차보증금반환채무는 장래에 실현되거나 도래할 것이 확실한 임대차계약의 종료시점에 이행기에 도달하는 것이 원칙이나, 임대인은 임대차계약 존속 중 기한의 이익을 포기하고 임대차보증금반환채권을 수동채권으로 하여 상계할 수 있고, 임대

지문 OX
01 조건이나 기한은 당사자의 특약으로 소급효를 인정할 수 있다.　×

02 기한의 이익은 채권자를 위한 것으로 추정된다.　×
03 무이자 소비대차의 경우, 채권자가 기한의 이익을 가진다.　×
04 이자부 소비대차에서 기한의 이익이 채권자에게도 있는 경우, 채무자는 채권자의 손해를 배상하고 기한 전에도 변제할 수 있다.　○

차 존속 중 임대인이 상계의 의사표시를 한 경우 임대차보증금반환채무에 관한 '기한의 이익'을 포기한 것으로 볼 수 있다"(대판 2017.3.15, 2015다252501).

다만 포기의 효과는 상대적이기 때문에 연대채무자 중의 1인이 기한의 이익을 포기해도 그 효력은 다른 연대채무자에게 미치지 않고(제423조), 보증채무에 있어서 주채무자의 이익의 포기는 보증인에게 효력이 미치지 않는다(제433조 2항).

3. 기한의 이익의 상실

(1) 법정 기한이익 상실 사유

민법은 채무자가 담보를 손상·감소·멸실케 한 경우 등과 같이 **채무자를 더 이상 신용할 수 없는 경우**에 채무자의 기한의 이익을 상실시킴으로써 채무자가 기한 전의 이행청구를 거절하지 못하도록 하고 있다(제388조 각 호의 1).[96] 다만, "기한의 이익의 상실에 관한 민법 제388조는 임의규정이므로 당사자 사이에 위 규정과 다른 내용의 약정이 있는 경우에는 그 약정에 따라 기한의 이익의 상실 여부를 판단하여야 한다"(대판 2001.10.12, 99다56192).

(2) 기한이익 상실 특약(주로 동산 할부거래, 소유권유보부 매매에서 문제)

1) 정지조건부 기한이익 상실 약정

일정한 사유가 발생하면 곧바로 채무자의 기한의 이익이 상실되어 채무의 이행기가 도래하는 약정이다.

2) 형성권적 기한이익 상실 약정

일정한 사유가 발생하면 곧바로 채무자의 기한의 이익이 상실되는 것이 아니라, 채권자가 기한이익 상실의 의사표시를 해야만 채무자의 기한의 이익이 상실되어 채무의 이행기가 도래하는 약정이다.

3) 구별 기준

예를 들어 '채무자가 약정한 이행의무(할부금채무)를 한 번이라도 지체하였을 때에는 기한의 이익을 잃고, 즉시 채무금 전액을 변제할 것'을 특약한 경우 判例는 "기한이익 상실의 특약이 위의 양자 중 어느 것에 해당하느냐는 당사자의 의사해석의 문제이지만 일반적으로 기한이익 상실의 특약이 채권자를 위하여 둔 것인 점에 비추어 명백히 정지조건부 기한이익 상실의 특약이라고 볼 만한 특별한 사정이 없는 이상 형성권적 기한이익 상실의 특약으로 추정하는 것이 타당하다"(대판 2002.9.4, 2002다28340: 22·23경간)[97]고 한다.

(3) 효과

1) 법정 기한이익 상실 사유가 발생한 경우

채무자는 '기한의 이익을 주장하지 못한다'(제388조). 따라서 채권자는 그의 선택에 따라 이행을 청구할 수도 있고 또는 채무자의 이행을 거절하여 기한까지의 이자를 청구할 수도 있다. 그러나 기한도래를 의제하는 것이 아니므로 당연히 이행지체가 되는 것은 아니며 청구가 있어야 이행지체가 된다(제387조 2항 참조).

---

96) ① 채무자가 담보를 손상하거나 감소·멸실하게 한 때(제388조 1호), ② 채무자가 담보제공의무를 이행하지 않은 때(제388조 2호), ③ 채무자가 파산 선고를 받은 때(채무자 회생 및 파산에 관한 법률 제425조)

97) [판례해설] 기한의 이익은 채무자의 이익으로 추정되지만(제153조 1항) 실제 거래계에서는 이자부 금전소비대차와 같이 채권자와 채무자 모두에게 기한의 이익이 있는 경우가 일반적이다. 즉, 이 경우 채권자에게도 변제기(기한) 도래 전까지 이자를 받을 수 있는 기한이 이익이 있다. 따라서 정지조건부 기한이익 상실의 특약과 같이 즉시 이행기가 도래되는 것보다 채권자가 즉시 나머지 할부금을 청구할 지 아니면 할부기간 동안 이자를 받을지 선택할 수 있는 형성권적 기한이익 상실약정이 채권자에게 유리하다.

2) 기한이익 상실 약정이 있는 경우

가) 정지조건부 기한이익 상실 약정

정지조건부 기한이익 상실약정을 하였을 경우에는 그 약정에 정한 **기한이익 상실사유가 발생함과 동시에** 이행기 도래의 효과가 발생하고, ⅰ) 채무자는 특별한 사정이 없는 한 그때부터 이행지체의 상태에 놓이게 된다(대판 1999.7.9, 99다15184). ⅱ) 따라서 채권의 소멸시효도 그때부터 진행된다.

나) 형성권적 기한이익 상실 약정

① [이행지체책임] 일정한 사유가 발생한 것만으로 곧바로 기한의 도래가 의제되지는 않고, **채권자가 기한이익 상실의 의사표시를 한 때** 비로소 기한의 도래가 의제된다. 그 구체적 효과는 법정기한이익 상실 사유가 발생한 경우와 같다.

② [소멸시효의 기산점] 判例는 "이른바 형성권적 기한이익 상실의 특약이 있는 경우에는 그 특약은 채권자의 이익을 위한 것으로서 기한이익의 상실 사유가 발생하였다고 하더라도 채권자가 나머지 전액을 일시에 청구할 것인가 또는 종래대로 할부변제를 청구할 것인가를 자유로이 선택할 수 있으므로, 이와 같은 기한이익 상실의 특약이 있는 할부채무에 있어서는 1회의 불이행이 있더라도 각 할부금에 대해 그 각 변제기의 도래시마다 그때부터 순차로 소멸시효가 진행하고 채권자가 특히 **잔존 채무 전액의 변제를 구하는 취지의 의사를 표시한 경우에 한하여 전액에 대하여 그때부터 소멸시효가 진행하는 것이다**"(대판 2002.9.4, 2002다28340)고 한다.[98]

(4) 효과의 제한

포기와 마찬가지로 기한의 이익의 상실로 인해 다른 사람의 이익을 해하지 못한다. 즉 연대채무자 중 1인의 기한이익의 상실은 다른 연대채무자에 영향이 없고(제423조), 주채무자의 기한이익 상실은 보증인에게 영향이 없다(제433조 2항).

제3관 기간

Ⅰ. 의의

기간이란 어느 시점에서 다른 시점까지 계속된 시간을 말한다.

Ⅱ. 적용범위

> **제155조【본장의 적용범위】** 기간의 계산은 법령, 재판상의 처분 또는 법률행위에 다른 정한 바가 없으면 본장의 규정에 의한다.

민법에서 정한 기간의 계산방법은 사법관계뿐만 아니라 공법관계에도 통칙적으로 적용된다. 다만 당사자의 특약으로 기간의 계산방법을 달리 정할 수 있다(대판 2007.8.23, 2006다62942: 22경간). 따라서 기간의 계산에 관한 민법의 규정은 강행규정은 아니다.

---

98) [판례평석] 소멸시효는 권리를 행사할 수 있는 때로부터 진행한다(제166조 1항)고 규정하고 있는 점에 비추어 보면, 기한이익 상실 사유가 발생하면 채권자는 곧바로 나머지 전액의 지급을 청구할 수 있으므로 그때로부터 나머지 전액에 대한 소멸시효가 진행한다고 보는 것이 타당하다[양창수, 민법주해(제9권), p.147 ; 엄동섭, '기한이익상실약관과 소멸시효', 고시연구 (제375호), p.67 등 다수견해].

Ⅲ. 기간의 계산방법

1. 기간을 시, 분, 초로 정한 때

지문 OX

01 기간을 시, 분, 초로 정한 때에는 즉시로부터 기산한다. ○

> **제156조【기간의 기산점】** 기간을 시, 분, 초로 정한 때에는 즉시로부터 기산한다.

예를 들어 4월 1일 오전 9시부터 10시간은 4월 1일 오후 7시이다.

2. 기간을 일, 주, 월 또는 연으로 정한 때

(1) 기산점

02 기간을 일, 주, 월 또는 년으로 정한 때에는 그 기간이 오전 0시로부터 시작하는 때에도 초일은 산입하지 아니한다. ×

03 연령계산에는 출생일을 산입하지 아니한다. ×

04 1990년 8월 20일 오전 10시에 출생한 자는 2008년 8월 20일 오전 0시에 민법상 성년으로 된다. ×

☞ 현행법상 성년은 19세가 달하여야 한다(제4조). 따라서 1990년 8월 20일 오전 10시에 출생한 자는 2009년 8월 20일 오전 0시에 민법상 성년으로 된다(제158조, 제159조).

> **제157조【기간의 기산점】** 기간을 일, 주, 월 또는 연으로 정한 때에는 기간의 초일은 산입하지 아니한다. 그러나 그 기간이 오전 영시로부터 시작하는 때에는 그러하지 아니하다.
>
> **제158조【나이와 계산의 표시】** 나이는 출생일을 산입하여 만 나이로 계산하고, 연수로 표시한다. 다만, 1세에 이르지 아니한 경우에는 월수로 표시할 수 있다.

"민법 제157조는 '기간을 일, 주, 월 또는 년으로 정한 때에는 기간의 초일은 산입하지 아니한다'고 규정하여 초일 불산입을 원칙으로 정하고 있으나, 민법 제155조에 의하면 법령이나 법률행위 등에 의하여 위 원칙과 달리 정하는 것도 가능하다"(대판 2007.8.23, 2006다62942).

1) 원칙

기간을 일·주·월·년으로 정한 때에는 기간의 초일은 산입하지 않는다(제157조 본문).

2) 예외

다음의 두 경우에는 초일을 산입한다. 즉, ① 기간이 오전 0시로부터 시작하는 때이다(제157조 단서). ② 연령의 계산에는 출생일을 산입한다(제158조)(22경간).

(2) 만료점

05 무권리자 甲으로부터 부동산을 매수하여 1998.8.10. 소유권이전등기를 경료받고, 2000.3.20. 오전 11시경 점유를 이전받은 乙은 2008.8.10.이 만료하면 그 부동산의 등기부 시효취득에 필요한 10년의 기간이 경과한다. ×

☞ 부동산의 소유자로 등기한 자가 10년간 소유의 의사로 평온 공연하게 선의이며 과실없이 그 부동산을 점유한 때에는 소유권을 취득한다(제245조 제2항). 따라서 2010년 3월 20일 24시에 기간이 만료하게 된다(제160조 제2항).

06 기간을 월(月) 또는 연(年)으로 정한 경우에 최종의 월에 해당일이 없는 때에는 그 월의 말일로 기간이 만료한다. ○

> **제159조【기간의 만료점】** 기간을 일, 주, 월 또는 연으로 정한 때에는 기간말일의 종료로 기간이 만료한다.
>
> **제160조【역에 의한 계산】** ① 기간을 주, 월 또는 연으로 정한 때에는 역에 의하여 계산한다.
> ② 주, 월 또는 연의 처음으로부터 기간을 기산하지 아니하는 때에는 최후의 주, 월 또는 연에서 그 기산일에 해당한 날의 전일로 기간이 만료한다.
> ③ 월 또는 연으로 정한 경우에 최종의 월에 해당일이 없는 때에는 그 월의 말일로 기간이 만료한다.
>
> **제161조【공휴일 등과 기간의 만료점】** 기간의 말일이 토요일 또는 공휴일에 해당한 때에는 기간은 그 익일로 만료한다.

1) 말일의 종료

① 기간을 일·주·월·년으로 정한 때에는, 기간 말일의 '종료'로 기간이 만료한다(제159조). 따라서 예컨대 2010.3.12. 17시에 금전을 대여하면서 그 계약 기간을 2년으로 한 경우, 그 기간은 2012.3.12. 17시가 아니라 24시에 만료한다(22경간).

② 정년이 53세라 함은 특별한 사정이 없는 한, 만 53세에 달하는 날을 말하는 것이지 만 53세가 만료되는 날을 의미하지 아니한다(대판 1973.6.12, 71다2669).

2) 말일의 계산

① 기간을 '주·월 또는 년'으로 정한 때에는 이를 일로 환산하지 않고 역에 의하여 계산 한다(제160조 1항).

② 주·월 또는 년의 도중에서부터 기산하는 때에는 최후의 주·월 또는 년에서 그 기산 일에 해당한 날의 전일로 기간이 만료한다(제160조 2항). 예를 들어 2월 28일 오후 3시 부터 1개월 후의 말일은 3월 1일이 기산일이 되고 그로부터 1개월 후인 4월 1일의 전일 의 만료, 즉 3월 31일 24시가 된다.

③ 월 또는 년으로 정한 경우에 최종의 월에 해당일이 없는 때에는 그 월의 말일로 기간 이 만료한다(제160조 3항). 예를 들어 1월 30일 오후 3시부터 1개월 후의 말일은 2월 31일이 되지만, 2월에는 31일이 없으므로 2월 말이 된다.

④ 기간의 말일이 토요일 또는 공휴일에 해당한 때에는 그 다음날로 만료한다(제161조). 그러나 기간의 '초일'이 공휴일인 경우에는 그 적용이 없으며(대판 1982.2.23, 81누204), 공휴일이 기간 도중에 있는 때에도 마찬가지이다(즉 공휴일이 기간 도중에 있는 것은 기간의 계산과는 무관하다). 또 공휴일에는 국경일 및 일요일뿐만 아니라 임시공휴일 도 포함된다(대판 1964.5.26, 63다958).

예를 들어 甲은 乙로부터 2009년 2월 13일 14시에 카메라를 구입하면서 매매대금은 4개월 내에 지급하기로 하였다면(2009년 6월 13일은 토요일임), 甲은 2009년 6월 15일 24시(자정)까지 그 대금을 완납해야 한다. 즉, 원칙은 6월 13일 24시까지 지급해야 하지 만 6월 13일이 토요일이고 14일이 공휴일이므로 15일 24시까지 대금을 완납하면 된다.

3. 기간의 역산

민법상 기간의 계산방법은 일정한 기산일로부터 소급하여 과거에 역산되는 기간에도 적용된다(대판 1989.4.11, 87다카2901).

제6장 / 소멸시효

제1절 총설

│ 쟁점구조 │

▌의무자의 소멸시효 완성의 항변

Ⅰ. 의무자의 소멸시효 완성의 항변

예를 들어 대여금채권의 시효소멸을 주장하기 위해서는 ⅰ) 대주가 **특정시점에서 당해 권리를 행사할 수 있었던 사실**(기산점), ⅱ) 그때로부터 소멸시효기간이 도과한 사실(시효기간)을 주장·증명하면 족하고, 원용권자가 상대방에게 시효원용의 의사표시를 한 사실을 증명할 필요는 없다. 다만, 시효소멸의 이익을 받을 자가 실제 소송에 있어서 그 이익을 받겠다는 항변을 하지 않는 이상 그 의사에 반하여 재판할 수 없음은 변론주의 원칙상 당연하다(대판 1979.2.13, 78다2157).

1. 권리를 행사할 수 있음에도 불행사할 것(기산점)

특정시점에서 당해 권리를 행사할 수 있었던 사실은 소멸시효의 기산점에 관한 사실로서 '주요사실'이므로 '당사자'가 주장하지 않은 때를 기산점으로 하여 소멸시효의 완성을 인정하게 되면 변론주의 원칙에 위배된다(대판 1995.8.25, 94다35886: 21세무).

2. 권리불행사의 상태가 일정기간 계속될 것(시효기간)

민법 제162조 내지 제165조는 각종 채권의 소멸시효에 관하여 규정하고 있는데, 문제된 채권의 소멸시효기간에 관한 근거사실은 당사자가 주장·증명하여야 하는 것이지만, 어떤 시효기간의 적용을 받는가에 관한 당사자의 주장은 '법률상의 견해'에 불과하므로 법원은 이에 구속되지 않는다(대판 1997.9.13, 77다832 ; 대판 2006.11.10, 2005다35516: 23경간, 19소간).

Ⅱ. 권리자의 소멸시효 관련 재항변 등(중, 포, 남)

1. 시효중단(제168조 각호)

시효소멸의 항변에 대하여 원고는 제168조 소정의 사유를 들어 '시효중단'의 재항변을 할 수 있다. 그리고 원고의 이러한 시효중단의 재항변에 대하여 피고는 제170조 내지 제176조에서 규정하고 있는 시효중단의 효력이 없는 경우에 관한 사실을 주장하며 '**재재항변**'을 할 수 있다. 대표적으로 의무자는 소송의 각하, 기각 또는 취하된 사실(재판상의 청구의 시효중단 효력상실사유: 제170조 1항), 압류·가압류·가처분이 권리자의 청구에 의하여 또는 법률의 규정에 따르지 아니함으로 인하여 취소된 사실(제175조), 승인이 '관리능력'이나 '관리권한'이 없는 자에 의한 것(제177조)임을 이유로 재재항변을 할 수 있다.

2. 소멸시효의 이익포기(제184조 1항의 반대해석)

시효소멸의 항변에 대하여 원고는 채무자가 '소멸시효의 이익을 포기'하였음을 주장할 수 있다. 시효이익의 포기는 시효완성의 사실을 알면서 하는 것이어야 하는데, 判例에 의하면 예를 들어 시효완성 후에 채무를 승인한 때에는 시효완성을 사실을 알고 그 이익을 포기한 것이라고 추정할 수 있다고 하므로, 시효완성 후 채무승인한 사실을 주장하면서 시효이익포기의 재항변을 할 경우에는 채무자가 당시 시효완성사실을 알고 있었던 사실을 별도로 증명할 필요는 없다.

지문 OX

01 소멸시효의 기산점은 변론주의의 대상이 아니므로 당사자의 주장과는 관계없이 본래 소멸시효의 기산일을 기준으로 계산하여야 한다. ✕

02 어떤 권리의 소멸시효기간이 얼마나 되는지에 관한 주장은 단순한 법률상의 주장에 불과하므로 변론주의의 적용대상이 되지 않고 법원이 직권으로 판단할 수 있다. ○

3. 소멸시효의 남용(제2조 2항)

최후의 재항변사유로서 원고는 채무자가 '소멸시효완성의 남용'을 하고 있다고 주장할 수 있다. 다만, 소멸시효의 남용은 소멸시효 제도에 대한 예외적인 제한에 그쳐야 하므로 "채권자는 그러한 사정이 있는 때부터 '시효정지'의 경우에 준해 단기간 내에 권리를 행사하여야만 채무자의 소멸시효의 항변을 저지할 수 있다"(대판 2013.5.16, 전합2012다202819). 따라서 권리자의 소멸시효의 남용재항변에 대해 의무자는 시효정지기간(6개월)의 경과사실로써 재재항변을 할 수 있다.

Ⅰ. 서설

1. 의의

소멸시효란 권리자가 권리행사를 할 수 있음에도 불구하고 일정기간 동안 권리불행사의 상태가 계속된 경우에 그 권리를 소멸하게 하는 제도이다.

2. 시효제도의 존재이유 및 법적 성질

① 대법원과 헌법재판소는 소멸시효제도의 존재이유로서 ㉠ 법적 안정성의 확보, ㉡ 입증곤란의 구제, ㉢ 권리행사의 태만에 대한 제재를 들고 있다(헌재 2010.4.29, 2009헌바120 ; 대판 1993.3.18, 98다32175).

② 시효에 관한 규정들은 원칙적으로 편면적 강행규정에 해당한다(제184조 2항)(17소간). 따라서 채무자에게 불리한 변경은 무효이나, 채무자에게 유리한 변경은 허용된다.

> [심화] 시효제도는 법적 안정성 등을 위한 불가피한 사권의 제한 내지 희생일 뿐만 아니라, 경우에 따라서는 의무자가 의무를 이행하지 않는 수단으로 악용될 소지도 없지 않다. 그래서 判例는 대체로 소멸시효를 인정하는 데 엄격하다(이 점은 취득시효의 경우에도 마찬가지이다. 즉 判例는 그 요건인 '소유의 의사'를 엄격하게 해석하여 그 성립을 쉽게 인정하지 않는다). 즉 소멸시효에 걸리지 않는 경우를 확대하고, 시효중단의 사유를 확대하며, 소멸시효의 기산점을 권리자 측에 유리하게 해석하고, 시효이익의 포기를 엄격하게 해석하지 않는 것이 그러하다. 한편 소멸시효가 완성하였더라도 소송에서는 이를 주장한 때에 비로소 고려된다는 것도 같은 범주에 있는 것인데, 判例는 여기서 더 나아가 권리의 소멸에 의해 직접 이익을 받는 사람(직접수익자)에 한해 소멸시효를 원용할 수 있는 것으로 제한할 뿐 아니라, 소멸시효를 원용할 수 있는 경우에도 그러한 원용이 신의칙에 반하는 때에는 권리남용에 해당하여 허용되지 않는다는 태도를 보인다.[1]

Ⅱ. 소멸시효와 유사한 제도

1. 실효의 원칙(신의칙 참고)

2. 제척기간(除斥期間)

(1) 의의

제척기간이란 법률에서 정한 일정한 권리의 행사기간을 말한다. 제척기간 내에 권리를 행사하지 않으면 그 권리는 당연히 소멸한다. 제척기간을 두는 이유는 일정한 권리에 대해 행사기간을 정해 그 법률관계를 조속히 확정하려는 것에 있고, 주로 형성권에서 문제가 된다.

---

[1] 김준호, 민법강의(18판), p.414

(2) 제척기간의 권리행사 방법

判例는 원칙적으로 제척기간 내에 반드시 소를 제기하는 방법으로 권리를 재판상 행사해야 할 필요 없이 재판 외에서 의사표시를 하는 방법으로도 권리를 행사할 수 있다고 한다(대판 1993.7.27, 92다52795 등: 16소간, 21세무). 결국, 제척기간 중에는 출소(出訴)기간에 해당하지 않는 것도 있고, 출소기간에 해당하는 경우도 있다(18법경).

1) 형성권

① **[기간경과]** 제척기간은 주로 형성권행사에서 인정되는바, 채권자취소권과 같은 형성소권의 제척기간은 '제소기간'으로 경과시 '**소각하**'사유, 취소권(제146조)·매매예약완결권(제564조)과 같은 형성권의 제척기간은 '재판 외 행사기간'으로 경과시 '**청구기각**'사유가 된다.

> **[관련판례]** "예약완결권은 재판상이든 재판외이든 그 기간 내에 행사하면 되는 것으로서, 예약완결권자가 예약완결권 행사의 의사표시를 담은 소장 부본을 상대방에게 송달함으로써 재판상 행사하는 경우에는 그 소장 부본이 상대방에게 도달한 때에 비로소 예약완결권 행사의 효력이 발생하여 예약완결권자와 상대방 사이에 매매의 효력이 생기므로, **예약완결권 행사의 의사표시가 담긴 소장 부본이 제척기간 내에 상대방에게 송달되어야만**(소장을 제척기간 내에 법원에 제출한 때가 아님) **예약완결권자가 제척기간 내에 적법하게 예약완결권을 행사하였다고 볼 수 있다**"(대판 2019.7.25, 2019다227817).

② **[재판상 행사한 경우]** 判例는 ㉠ "보험계약의 해지권은 형성권이고, 해지권 행사기간은 제척기간이며, 해지권은 재판상이든 재판외이든 그 기간 내에 행사하면 되는 것이나 해지의 의사표시는 민법의 일반원칙에 따라 보험계약자 또는 그의 대리인에 대한 일방적 의사표시에 의하며, 그 의사표시의 효력은 상대방에게 도달한 때에 발생하므로 해지권자가 해지의 의사표시를 담은 소장 부본을 피고에게 송달함으로써 **해지권을 재판상 행사하는 경우에는 그 소장 부본이 피고에게 도달할 때에 비로소 해지권 행사의 효력이 발생한다 할 것이어서, 해지의 의사표시가 담긴 소장 부본이 제척기간 내에 피고에게 송달되어야만 해지권자가 제척기간 내에 적법하게 해지권을 행사하였다고 할 것이고, 그 소장이 제척기간 내에 법원에 접수되었다고 하여 달리 볼 것은 아니다**"(대판 2000.1.28, 99다50712)라고 하며, ㉡ "강박에 의한 의사표시에 대한 취소권은 형성권의 일종으로서 그 행사기간을 제척기간으로 보아야 하고, 위 취소권은 재판상이든 재판외이든 그 기간 내에 행사하면 되는 것으로서, 취소권자가 취소의 의사표시를 담은 반소장 부본을 원고에게 송달함으로써 취소권을 재판상 행사하는 경우에는 반소장 부본이 원고에게 도달한 때에 비로소 취소권 행사의 효력이 발생하여 취소권자와 원고 사이에 취소의 효력이 생기므로, **취소의 의사표시가 담긴 반소장 부본이 제척기간 내에 송달되어야만 취소권자가 제척기간 내에 적법하게 취소권을 행사였다고 할 것이다**"(대판 2008.9.11, 2008다27301, 27318)라고 판시하였다.

2) 청구권

① **[제소기간]** 判例는 ㉠ "**상속회복의 소**(제999조)는 상속권의 침해를 안 날로부터 3년, 상속개시된 날로부터 10년 내에 제기하도록 제척기간을 정하고 있는바, 이 기간은 제소기간으로 볼 것이다"(대판 1993.2.26, 92다3083)라고 하며, ㉡ **점유보호청구권**(제204조 3항, 제205조 2항·3항)의 제척기간도 제소기간(대판 2002.4.26, 2001다8097, 8103)으로 본다.

② **[재판외 행사기간]** 判例는 ㉠ 하자담보책임에 따른 권리의 제척기간(제582조 등)은 재판 외 행사기간이라고 한다(대판 2000.6.9, 2000다15371). 그리고 **전원합의체 판결에 따르면 하자담보책임에 따른 손해배상청구권과 관련하여 채권양도의 통지는 양도인이 채권이 양도되었다는 사실을 채무자에게 알리는 것에 그치는 행위이므로, 그것만으로 제척기간 준수에 필요한 권리의 재판외 행사에 해당한다고 할 수 없다**고 한다(대판 2012.3.22, 전합 2010다28840). ㉡ "가등기담보 등에 관한 법률 제11조[2])의 내용과 제척기간 제도의 본질에 비추어 보면, 채무자 등이 위 제척기간이 경과하기 전에 피담보채무를 변제하지 아니한 채 또는 변제를 조건으로 담보목적으로 마친 소유권이전등기의 말소를 청구하더라도 이를 제척기간 준수에 필요한 권리의 행사에 해당한다고 볼 수 없으므로, 채무자 등의 위 말소청구권은 제척기간의 경과로 확정적으로 소멸한다. 이러한 법리는 채무자 등이 피담보채무를 변제하지 아니한 채 또는 변제를 조건으로 위 소유권이전등기의 말소등기를 청구하는 소를 제기한 경우에도 마찬가지로 적용된다"(대판 2014.8.20, 2012다47074)고 한다. 다만, "가등기담보법 제11조 단서에 정한 제척기간이 경과함으로써 채무자 등의 말소청구권이 소멸하고 이로써 채권자가 담보목적부동산의 소유권을 확정적으로 취득한 때에는 채권자는 가등기담보법 제4조에 따라 산정한 청산금을 채무자 등에게 지급할 의무가 있고, 채무자 등은 채권자에게 그 지급을 청구할 수 있다"(대판 2018.6.15, 2018다215947).

(3) 소멸시효와의 관계

구분	소멸시효	제척기간
소급효	인정	부정
중단	인정	부정
포기	시효완성 후에만 가능	부정
소송상	변론주의 사항	직권으로 참작
기간의 단축	인정	부정
구별	법조문에서 소멸시효는 '소멸시효가 완성한다, 시효로 인하여 소멸한다'고 표현한 데 비해, 제척기간은 '행사(제기)하여야 한다'고 표현하고, 이를 가지고 원칙적으로 양자를 구별한다.	

1) 소멸시효와의 구별기준

어느 권리를 소멸시효의 대상으로 할지 아니면 제척기간으로 할지는 입법정책에 속하는 것인데, 법조문에서 소멸시효는 '소멸시효가 완성한다, 시효로 인하여 소멸한다'고 표현하는 데 비해(제162조, 제766조 1항), 제척기간은 '행사하여야 한다'고 표현하고(제146조, 제406조 2항), 이를 가지고 원칙적으로 양자를 구별한다는 것이 통설이다.

2) 소멸시효와의 차이점

① 소멸시효의 기산점은 '**권리를 행사할 수 있을 때**'부터이지만(제166조 1항), 제척기간은 그 기간의 경과 자체만으로 곧 권리소멸의 효과를 가져오게 하는 것이므로 그 기간 진행의 기산점은 특별한 사정이 없는 한 원칙적으로 '**권리가 발생한 때**'이다(대판 1995.11.10, 94다22682, 22699).

② 소멸시효는 그 기산일에 '**소급**'하여 효력이 생기지만(제167조), 제척기간에서는 기간이 경과한 때로부터 장래에 대하여 소멸하므로 소급효가 없다.

---

2) 가등기담보 등에 관한 법률 제11조(채무자등의 말소청구권) 채무자등은 청산금채권을 변제받을 때까지 그 채무액(반환할 때까지의 이자와 손해금을 포함한다)을 채권자에게 지급하고 그 채권담보의 목적으로 마친 소유권이전등기의 말소를 청구할 수 있다. 다만, 그 채무의 변제기가 지난 때부터 10년이 지나거나 선의의 제3자가 소유권을 취득한 경우에는 그러하지 아니하다.

③ 소멸시효는 '**중단**'될 수 있지만, 제척기간은 그렇지 않다(대판 2003.1.10, 2000다26425: 23 경간).

④ 소멸시효와 제척기간은 당사자약정으로 그 기간을 연장할 수 없다는 점은 같으나, 소멸시효는 '**단축·경감**'할 수 있고(제184조 2항), 제척기간은 단축·경감할 수 없다는 점에서 다르다.

⑤ 소멸시효에서는 '**변론주의**'[3]의 원칙상 당사자의 주장이 있어야 법원이 이를 판단하게 되지만, 제척기간에서는 기간의 경과에 의한 권리의 소멸이 절대적인 것이므로 소송에서 당사자가 이를 주장하지 않더라도 법원이 '직권'으로 판단하여야 한다(대판 1996.9.20, 96다25371).

⑥ 소멸시효이익은 완성 후 '**포기**'할 수 있지만(제184조 1항의 반대해석), 제척기간은 그렇지 않다.

> [비교판례] "상법 제814조 제1항에서 정한 제척기간이 지난 뒤에 그 기간 경과의 이익을 받는 당사자가 기간이 지난 사실을 알면서도 기간 경과로 인한 법적 이익을 받지 않겠다는 의사를 명확히 표시한 경우, 민법 제184조 제1항을 유추적용하여 제척기간 경과로 인한 권리소멸의 이익을 포기한 것으로 인정할 수 있다"(대판 2022.6.9, 2017다247848).

3) 소멸시효와의 중첩적용 가부

判例에 따르면 하자담보책임에 기한 매수인의 손해배상청구권은 매수인이 그 사실을 안 때부터 6월의 제척기간(제582조)에 걸리는 동시에 매수인이 매매의 '목적물을 인도받은 때부터' 10년의 소멸시효(제162조 1항)에도 걸린다고 한다(대판 2011.10.13, 2011다10266).

> [관련판례] "수급인의 담보책임에 기한 하자보수에 갈음하는 손해배상청구권에 대하여는 민법 제670조 또는 제671조의 제척기간이 적용되고, 이는 법률관계의 조속한 안정을 도모하고자 하는 데에 취지가 있다. 그런데 이러한 도급인의 손해배상청구권에 대하여는 권리의 내용·성질 및 취지에 비추어 민법 제162조 제1항의 채권 소멸시효의 규정 또는 도급계약이 상행위에 해당하는 경우에는 상법 제64조의 상사시효의 규정이 적용되고, 민법 제670조 또는 제671조의 제척기간 규정으로 인하여 위 각 소멸시효 규정의 적용이 배제된다고 볼 수 없다"(대판 2012.11.15, 2011다56491: 23경간).

제2절 소멸시효의 요건

I. 소멸시효완성의 요건(대, 행, 기)

시효로 인하여 권리가 소멸하려면, ⅰ) 소멸시효의 대상이 될 수 있는 권리일 것(대상적격), ⅱ) 권리를 행사할 수 있음에도 불행사할 것(기산점), ⅲ) 권리불행사의 상태가 일정기간 계속될 것을 요한다(시효기간).

---

3) 민사소송에서 소송의 해결이나 심리 자료의 수집을 법원의 직권으로 하지 아니하고 당사자에게 맡기는 주의

II. 대상적격(소멸시효의 대상이 될 수 있는 권리일 것)

1. 소멸시효의 대상이 되는 권리

민법은 채권이 소멸시효의 대상임을 규정하는 외에 소유권을 제외한 재산권이 소멸시효의 대상임을 밝히고 있다(제162조). 조세의 부과권도 소멸시효의 대상이 된다(대판 1984.12.26, 전합84누572). 그 외에 지상권·지역권 등의 용익물권이 소멸시효의 대상이 된다. 참고로 전세권은 그 존속기간이 10년을 넘지 못하므로(제312조 1항), 20년의 소멸시효(제162조 2항)에 걸리는 일은 없다.

> [관련판례] "예탁금제 골프회원권을 가진 자는 회칙이 정하는 바에 따라 골프장 시설을 우선적으로 이용할 수 있는 권리인 시설이용권과 회원자격을 보증하는 소정의 입회금을 예탁한 후 회원을 탈퇴할 때 그 원금을 반환받을 수 있는 권리인 예탁금반환청구권과 같은 개별적인 권리를 가지는데, 그중 개별적인 권리로서의 시설이용권이나 예탁금반환청구권은 채권으로서 소멸시효의 대상이 된다"(대판 2015.1.29, 2013다100750).

2. 소멸시효의 대상이 되지 않는 권리

(1) 소유권

소유권은 그 '절대성 내지 항구성'의 성질에 따라 소멸시효에 걸리지 않는다(제162조 참조). 다만 타인이 취득시효로 인해 소유권을 취득함으로써 소유권을 잃을 수는 있지만, 이것은 소멸시효가 적용되어서가 아니라 취득시효의 효과 때문이다.

(2) 점유권 및 유치권

점유를 그 권리취득의 요건으로 하는 점유권(18세무) 및 유치권은 소멸시효의 대상이 아니다.

(3) 담보물권

담보물권(유치권·질권·저당권)은 채권을 담보하기 위해 존재하는 것이므로, 피담보채권의 소멸로써 담보물권이 소멸할 뿐이고(부종성, 제369조 참조)(18세무), 피담보채권이 존속하는 데 담보물권만이 독립하여 소멸시효에 걸리지는 않는다.

3. 소멸시효의 대상 여부가 문제되는 것

취소권의 경우에도 그것이 무효임을 확인하는 성질의 것인 때에는 시효로 소멸하지 않는다(대판 1989.4.11, 87다카131). 또한 **공유물분할청구권은 공유관계에서 수반되는 형성권이므로 공유관계가 존속하는 한 그 분할청구권만이 독립하여 시효소멸될 수 없다**(대판 1981.3.24, 80다1888: 23경간, 16소간, 18세무). 특히 등기청구권 및 물권적 청구권의 소멸시효 대상 여부가 문제되는바 아래에서 살펴보기로 한다.

(1) 매매에 기한 소유권이전등기청구권의 소멸시효

1) 원칙

매매에 기한 등기청구권의 성질을 채권적 청구권으로 보는 견해에 의하면 제162조 1항에 의해 10년의 소멸시효에 걸린다(다수설, 判例).

2) 매수인이 목적물을 인도받아 사용·수익하고 있는 경우

判例는 "시효제도의 존재이유에 비추어 보아 부동산 매수인이 그 목적물을 인도받아서 이를 사용수익하고 있는 경우에는 그 매수인을 '권리 위에 잠자는 것'으로 볼 수도 없고 또 매도인 명의로 등기가 남아 있는 상태와 매수인이 인도받아 이를 사용수익하고 있는 상태를 비교하면 매도인 명의로 잔존하고 있는 등기를 보호하기 보다는 매수인의 사용수익상태

지문 **OX**
02 소유권의 소멸시효기간은 20년이다. ✕

03 점유권과 유치권은 성질상 소멸시효에 걸리지 않는다. ○

04 유치권, 질권, 저당권 등의 담보물권은 피담보채권과 독립하여 소멸시효의 적용대상이 되지 아니한다. ○

05 공유물분할청구권은 그 기초가 되는 법률관계가 존재하더라도 독립하여 소멸시효의 대상이 된다. ✕

지문 OX

01 부동산 매수인의 소유권이 전등기청구권은 매수인이 부동산을 인도받아 사용하는 경우 소멸시효에 걸리지 않는다. ○

02 부동산 매수인이 부동산을 인도받아 사용·수익하다가 제3자에게 그 부동산을 처분하고 점유를 승계하여 준 경우, 매수인의 소유권이전등기청구권은 소멸시효에 걸리지 않는다. ○

를 더욱 보호하여야 할 것이므로 그 매수인의 등기청구권은 다른 채권과는 달리 소멸시효에 걸리지 않는다"(대판 1976.11.6, 전합76다148: 16소간, 21법경)고 판시하고 있다.[4]

3) 매수인이 목적물을 인도받아 점유하다가, 다른 사람에게 처분하여 점유를 승계해 준 경우

判例는 "부동산 매수인이 부동산을 인도받아 사용·수익하다가 '보다 적극적인 권리행사'의 일환으로 다른 사람에게 그 부동산을 처분하고 점유를 승계해 준 경우에도, 부동산을 스스로 계속 사용수익하고 있는 경우와 마찬가지이므로 소멸시효는 진행되지 않는다"(대판 1999.3.18, 전합98다32175)고 판시하고 있다.[5]

(2) 점유취득시효완성에 의한 소유권이전등기청구권의 소멸시효

점유취득시효완성에 의한 등기청구권(제245조 1항) 역시 채권적 청구권으로 보는 것이 통설적인 입장이나 앞서 검토한 전합98다32175 判例의 취지와는 달리 "토지에 대한 취득시효완성으로 인한 소유권이전등기청구권은 그 토지에 대한 점유가 계속되는 한 시효로 소멸하지 아니하고, 그 후 점유를 상실하였다고 하더라도 이를 **시효이익의 포기로 볼 수 있는 경우가 아닌 한** 이미 취득한 소유권이전등기청구권은 바로 소멸되는 것은 아니나, 그 점유자가 점유를 상실한 때로부터 10년간 등기청구권을 행사하지 아니하면 소멸시효가 완성한다"(대판 1996.3.8, 95다34866)고 보아 **점유취득시효 완성자가 부동산의 점유를 이전한 경우 그 자의 등기청구권은 점유상실시로부터 소멸시효가 진행된다**고 한다. 즉 전합98다32175 判例에서 위 판결을 폐기하지 않아 점유취득시효에 관한 위 判例는 유지되고 있다.

(3) 물권적 청구권과 소멸시효(의 대상적격)

1) 학설

점유권에 기한 점유보호청구권에 대해서는 제척기간이 있으나(제205조 2항·3항), 본권에 기한 물권적 청구권에 대하여는 아무런 규정이 없어 물권적 청구권이 소멸시효에 걸리는지 문제된다. 이에 대해 통설적인 입장은 **소유권에 기한 것이든 제한물권에 기한 것이든 모두 소멸시효에 걸리지 않는다**고 한다. 왜냐하면 물권적 청구권만 시효소멸 한다면 물권이 그 실질을 상실하게 되는 문제점이 발생하므로, 물권의 침해상태가 계속되는 한 이 청구권이 부단히 발생하여 시효가 완성될 여지가 없다고 보아야 한다. 다만 제한물권처럼 물권이 시효로 소멸하는 경우(제162조 2항)에는 물권적 청구권도 소멸한다고 볼 수 있지만 이는 물권적 청구권의 부종성에 기인한 것이지(제183조) 물권적 청구권이 시효로 소멸한 것이라고는 할 수 없다(통설).

2) 판례

03 소유권과 소유권에 기초한 물권적 청구권은 소멸시효에 걸리지 않는다. ○

① 소유권은 소멸시효의 대상에 해당하지 않는다(제162조 2항). 또한 소유권에 기한 물권적 청구권 역시 소멸시효의 대상이 아니다(18세무). 따라서 ㉠ 진정명의회복을 원인으로 한 소유권이전등기청구권(대판 1993.8.24, 92다43975)이나 ㉡ "채권담보의 목적으로 이루어지는 부동산 양도담보의 경우에 있어서 그 부동산의 등기명의가 양도담보권자 앞으로 되어 있다 할지라도 그 실질적 소유권은 양도담보권설정자에게 남아 있다고 할 것이므로 피담보채무가 변제된 이후에 설정자가 행사하는 등기청구권은 위 실질적 소유권에 기한 물권적 청구권으로서 따로이 시효소멸되는 것은 아니다"(대판 1979.2.13, 78다2412).

---

4) [판례해설] 검토하건대, 소멸시효제도의 입법취지나 매도인과 매수인의 이익형량을 고려할 때 매수인의 등기청구권은 다른 채권과는 달리 소멸시효에 걸리지 않는다고 보는 判例의 태도는 타당하다.
5) [판례해설] 검토하건대, 궁극적으로 매도인 명의의 등기를 보호하기보다는 제3자(현재 점유중인 매수인)의 사용·수익 상태를 더욱 보호하여야 할 것이므로 判例의 태도는 타당하다.

② **해제를 원인으로 한 원상회복청구권**은 경우를 나누어 검토할 필요가 있다. ⊙ 해제의 효과와 관련한 통설·判例의 입장에 따르면 "(합의)해제에 따른 매도인의 원상회복청구권은 소유권에 기한 물권적 청구권이라 할 것이고, 따라서 이는 소멸시효의 대상이 아니다"(대판 1982.7.27, 80다2968)라고 한다. ⓒ 다만 분양계약의 이행불능을 이유로 매수인이 적법하게 분양계약을 해제하고 매도인을 상대로 이미 지급한 매매대금의 일부에 원상회복청구권을 행사하는 경우와 같이 금전에 대한 원상회복청구권은 그 본질이 채권적 청구권에 불과하므로 소멸시효의 대상에 해당하며, 이때 소멸시효는 해제 가능시가 아닌 해제시, 즉 원상회복청구권이 발생한 때부터 진행한다고 한다(대판 2009.12.24, 2009다63267).

Ⅲ. 기산점(권리를 행사할 수 있음에도 불행사할 것)

1. '권리를 행사할 수 있는 때'의 의미

(1) 원칙(법률상 장애의 부존재)

소멸시효는 '권리를 행사할 수 있는 때'(권리를 행사한 때나 권리가 발생한 때가 아님)로부터 진행한다(제166조 1항)(18·21소간). 이때 '권리를 행사할 수 있는 때'란 권리를 행사하는 데 있어 **'법률상의 장애'**가 없음을 말한다(이행기의 미도래·정지조건의 불성취 등)(17·21소간, 20세무). 따라서 **'사실상의 장애', 즉 권리자의 개인적 사정이나 권리자가 권리의 존재를 모르거나, 모르는데 과실이 없다고 하여도 이러한 사유는 시효의 진행을 막지 못한다**(대판 2006.4.27, 2006다1381: 21소간). 사실상의 장애를 인정하게 되면 소멸시효의 기산점이 불명확하게 되어 법적 안정성의 면에서 문제가 있기 때문이다(대판 1984.12.26, 전합84누572).

> [관련판례] ⊙ "건물에 관한 소유권이전등기청구권에 있어서 그 목적물인 건물이 완공되지 아니하여 이를 행사할 수 없었다는 사유는 법률상의 장애사유에 해당한다"(대판 2007.8.23, 2007다28024, 28031). ⓒ "건설공사에 관한 도급계약이 상행위에 해당하는 경우 그 도급계약에 근거한 수급인의 하자담보책임은 상법 제64조 본문에 의하여 원칙적으로 5년의 소멸시효에 걸리고, 그 소멸시효기간은 민법 제166조 제1항에 따라 그 권리를 행사할 수 있는 때인 하자가 발생한 시점부터 진행하는 것이 원칙이나, 그 하자가 건물의 인도 당시부터 이미 존재하고 있는 경우에는 이와 관련한 '하자보수를 갈음하는 손해배상채권의 소멸시효기간은 건물을 인도한 날'부터 진행한다"(대판 2021.8.12, 2021다210195). ⓒ 변호사의 성공보수채권의 소멸시효 기산점은 당사자 사이의 특약이 없는 한, 해당 심급의 판결을 송달받은 때이다(대판 2023.2.2, 2022다276307).

(2) 예외

권리자가 권리의 발생 여부를 알기 어려운 객관적 사정이 있고 권리자가 과실 없이 알지 못하는 경우에도 위의 원칙을 관철하면 정의와 형평의 이념에 반할 뿐만 아니라 소멸시효제도의 존재이유에 부합된다고 할 수 없기 때문에 判例는 일정한 경우에 예외를 인정한다(아래 관련판례 참고).

> [관련판례] ① "보험금청구권은 원칙적으로 보험사고가 발생한 사실을 알았는지 여부를 묻지 않고 보험사고가 발생한 때부터 소멸시효가 진행하나(대판 2015.3.26, 2012다25432 등)[6], 보험사고가 발생하였는지 여부가 객관적으로 분명하지 아니하여 객관적으로 보아 보험사고가 발생한 사실을 확인할 수 없는 사정이 있는 경우에는 보험금청구권자가 보험사고의 발생을 알았거나 알 수 있었던 때로부터 소멸시효가 진행한다"(대판 2001.4.27, 2000다31168: 21법경). ② "법인의 이사회결의가 부존재함에 따라 발생하는

---

[6] [관련판례] "보험금청구권의 소멸시효 기산점은 특별한 사정이 없는 한 보험사고가 발생한 때이고, 하자보수보증보험계약의

지문 OX

04 민법 제166조 1항에서 말하는 소멸시효의 기산점인 '권리를 행사할 수 있는 때'라 함은 권리행사에 법률상의 장애사유가 없는 경우를 가리킨다. ○

05 소멸시효는 객관적으로 권리가 발생하여 그 권리를 행사할 수 있는 때로부터 진행하고 그 권리를 행사할 수 없는 동안만은 진행하지 않는다고 할 것인데, 여기서 '권리를 행사할 수 없는' 경우라고 하는 것은 그 권리행사에 기간의 미도래나 조건불성취 등의 법률상 장애사유가 있거나 사실상 권리의 존재나 권리행사 가능성을 알지 못하고 알지 못함에 과실이 없는 등의 사실상 장애사유가 있는 경우를 의미한다. ✕

제3자의 부당이득반환청구권처럼 법인이나 회사의 내부적인 법률관계가 개입되어 있어 청구권자가 권리의 발생 여부를 객관적으로 알기 어려운 상황에 있고 청구권자가 과실 없이 이를 알지 못한 경우에는 이사회결의부존재확인판결의 확정과 같이 객관적으로 청구권의 발생을 알 수 있게 된 때로부터 소멸시효가 진행된다고 보는 것이 타당하다"(대판 2003.4.8, 2002다64957, 64964).

2. 각종 권리에서 기산점

(1) 기한을 정한 채권

지문 OX

01 불확정기한부 채권은 채무자가 기한도래를 안 때부터 소멸시효가 진행한다. ✕

02 이행기일이 도래한 후에 채권자가 채무자에 대하여 기한을 유예한 경우 유예한 이행기일로부터 채권의 소멸시효가 다시 진행된다. ○

03 부동산에 대한 매매대금채권이 소유권이전등기청구권과 동시이행의 관계에 있다면 매매대금청구권은 이행기부터 소멸시효가 진행한다. ○

04 최고 또는 해지통고를 한 후 일정한 또는 상당한 기간이 경과한 후에 청구할 수 있는 권리는 전제가 되는 최고나 해지통고를 할 수 있는 때로부터 정해진 유예기간이 경과한 시점부터 시효가 진행된다. ○

① '확정기한부 채권'은 그 기한이 도래한 때부터 소멸시효가 진행한다. ② '불확정기한부 채권'은 기한이 객관적으로 도래한 때이며, 채권자가 기한의 도래를 알았는지 여부, 그에 대한 과실유무는 묻지 않는다(16소간, 18세무).[7] ③ 기한이 있는 채권의 이행기가 도래한 후 채권자와 채무자가 기한을 유예하기로 합의한 경우, 소멸시효는 변경된 이행기가 도래한 때로부터 진행하고, 이와 같은 기한 유예의 합의는 묵시적으로도 가능하다(대판 2017.4.13, 2016다274904: 18소간). ④ **동시이행의 항변권이 붙어 있는 채권**의 경우에 이행기 도래 후에 반대급부를 제공하면 언제라도 권리를 행사할 수 있으므로 **이행기부터 소멸시효가 진행**한다. 判例도 "부동산에 대한 매매대금 채권이 소유권이전등기청구권과 동시이행의 관계에 있다고 할지라도 매도인은 매매대금의 지급기일 이후 언제라도 그 대금의 지급을 청구할 수 있는 것이며, 다만 매수인은 매도인으로부터 그 이전등기에 관한 이행의 제공을 받기까지 그 지급을 거절할 수 있는 데 지나지 아니하므로 **매매대금 청구권은 반대급부의 제공이 없더라도 그 지급기일 이후 시효의 진행에 걸린다**"(대판 1991.3.22, 90다9797: 16·18소간)고 한다.

[비교판례] 주택임대차보호법에 따른 임대차에서 임차인이 임대차 종료 후 동시이행항변권을 근거로 임차목적물을 계속 점유하고 있는 경우, 보증금반환채권에 대한 소멸시효가 진행하지 않는다(대판 2020.7.9, 2016다244224, 244231: 21세무). 왜냐하면 임차인의 보증금반환채권과 동시이행관계에 있는 임대인의 '목적물인도청구권'은 소유권 등 물권에 기초하는 경우가 많으므로, 임대인이 적극적으로 권리를 행사하는지와 관계없이 권리가 시효로 소멸하는 경우는 거의 발생하지 않는데, 만일 임차인이 임대차 종료 후 보증금을 반환받기 위해 목적물을 점유하여 적극적인 권리행사의 모습이 계속되고 있는데도 임차인의 '보증금반환청구권'이 시효로 소멸한다고 보면, 임차인은 목적물반환의무를 그대로 부담하면서 임대인에 대한 보증금반환채권만 상실하게 되어 부당하기 때문이다(同 判例).

(2) 기한을 정하지 않은 채권

기한을 정하지 않은 채권은 그 채권 성립(발생)시부터 시효가 진행한다(17·21소간). 그러나 최고 후 상당한 기간이 경과한 후에 청구할 수 있는 채권(제603조 2항)[8]은 최고를 할 수 있는 때로부터 상당기간이 경과한 때 시효가 진행한다.

보험사고는 보험계약자가 하자담보 책임기간 내에 발생한 하자에 대한 보수 또는 보완청구를 받고도 이를 이행하지 아니한 것을 의미하므로, 이 경우 보험금청구권의 소멸시효는 늦어도 보험기간의 종기부터 진행한다"(대판 2015.3.26, 2012다25432).

7) [비교] 한편, '불확정기한부 채무'는 채무자가 기한이 도래함을 안 때로부터(구체적으로는 그 다음날부터) 지체책임이 있다(제387조 1항 2문). 채권자의 최고가 있으면 채무자가 기한의 도래를 알지 못하더라도 그 최고를 받은 때로부터(구체적으로는 그 다음날부터) 지체책임이 있다.

8) 제603조(반환시기) ①항 차주는 약정시기에 차용물과 같은 종류, 품질 및 수량의 물건을 반환하여야 한다. ②항 반환시기의 약정이 없는 때에는 대주는 상당한 기간을 정하여 반환을 최고하여야 한다. 그러나 차주는 언제든지 반환할 수 있다.

(3) 정지조건부 채권

조건이 성취된 때로부터 시효가 진행한다(제147조 참조)(17·21소간, 18·20·21세무).

(4) 부작위를 목적으로 하는 채권

부작위 의무를 위반한 때로부터 진행한다(제166조 2항)(19법경, 17·21소간, 21세무). 즉, 채권이 성립한 때부터 진행하는 것이 아니라는 점을 주의할 필요가 있다(18소간, 18세무).

(5) 선택채권

선택채권은 선택권을 행사할 수 있을 때부터 진행된다(행사한 때가 아님 ; 대판 2000.5.12, 98다23195).

(6) 채무불이행으로 인한 손해배상청구권

1) 시효기간

채무불이행으로 인한 손해배상채권(제394조)[9]은 본래의 채권이 확장된 것이거나 본래의 채권의 내용이 '금전채권'으로 변경된 것이므로 **본래의 채권과 '동일성'**을 가진다. 따라서 채무불이행으로 인한 손해배상청구권의 시효기간은 원채권의 시효기간에 따르고(대판 2010.9.9, 2010다28031: 23경간), 본래의 채권이 시효로 소멸한 때에는 손해배상채권도 함께 소멸한다(대판 2018.2.28, 2016다45779).

2) 기산점

문제는 그 기산점인데, ① 그 '동일성'이 유지되므로 본래의 채권을 행사할 수 있는 때로부터 진행한다는 견해가 있으나, ② 判例가 판시하는 바와 같이 손해배상청구권은 채무불이행시에 비로소 발생한 것인 만큼 **'채무불이행시'**부터 소멸시효가 진행한다는 견해가 타당하다(대판 1990.11.9, 90다카22513: 16·18소간). 다만 채무불이행으로 인한 손해배상청구권은 **'현실적으로 손해가 발생한 때'** 성립하고, 현실적으로 손해가 발생하였는지 여부는 사회통념에 비추어 객관적이고 합리적으로 판단하여야 한다(대판 2020.6.11, 2020다201156).

가) 이행불능으로 인한 손해배상청구권

특히 判例는 **이행불능으로 인한 전보배상청구권의 경우** ㉠ **[이행불능시]** '이행불능시'(=채무불이행시)를 기준으로 기산점을 정한다. ㉡ **[패소확정시]** 다만, 이때 상대방에 대한 등기가 무효임에도 그로부터의 전득자가 그 부동산을 등기부시효취득한 경우, 무효를 이유로 한 상대방의 등기말소의무가 이행불능이 되는 시점은 전득자를 상대로 한(말소청구소송 또는 진정명의회복을 위한 소유권이전등기청구) 소송에서의 패소판결 확정시이며, 시효취득시가 아니다(대판 2005.9.15, 2005다29474). 같은 취지에서, "매도인(甲) 및 매수인(乙) 명의의 매매부동산에 대한 소유권이전등기의 말소의무가 원소유자(丙)의 말소등기절차이행 청구소송에서 확정되었다면 매도인(甲)의 이행불능으로 인한 손해배상액의 산정은 그 패소확정시를 기준으로 하여야 하고, 동 등기의 말소시를 기준으로 할 것이 아니다"(대판 1981.6.9, 80다417)라고 판시한 判例도 있다.[10]

---

9) 제394조(손해배상의 방법) 다른 의사표시가 없으면 손해는 금전으로 배상한다.

10) [사실관계] 丙소유 토지에 대해 등기서류를 위조한 甲이 乙에게 토지를 매도한 후 丙이 甲을 상대로 말소등기청구소송을 제기하여 甲이 패소한 경우 甲의 乙에 대한 이전등기의무는 등기말소기가 아니라 패소확정시라는 判例. 즉 甲이 丙에게 패소시 甲의 乙에 대한 채무가 이행불능에 빠진다.

나) 계속적 거래계약에 따른 외상대금채권

"계속적 물품공급계약에 기하여 발생한 외상대금채권은 특별한 사정이 없는 한 개별 거래로 인한 각 외상대금채권이 발생한 때로부터 개별적으로 소멸시효가 진행하는 것이지 거래종료일부터 외상대금채권 총액에 대하여 한꺼번에 소멸시효가 기산한다고 할 수 없다"(대판 2007.1.25, 2006다68940).

> [소멸시효의 중단] "각 개별 거래시마다 서로 기왕의 미변제 외상대금에 대하여 확인하거나 확인된 대금의 일부를 변제하는 등의 행위가 없었다면, 새로이 동종 물품을 주문하고 공급받았다는 사실만으로는 기왕의 미변제 채무를 승인한 것으로 볼 수 없다"(대판 2007.1.25, 2006다68940).

다) 하자보수에 갈음한 손해배상청구권

"집합건물의 하자보수에 갈음한 손해배상청구권의 소멸시효기간은 각 하자가 발생한 시점부터 별도로 진행한다"(대판 2009.2.26, 2007다83908).

(7) 불법행위로 인한 손해배상청구권

① 불법행위로 인한 손해배상청구권은 피해자나 그 법정대리인이 그 '손해 및 가해자를 안 날'로부터 3년, '불법행위를 한 날'로부터 10년간 행사하지 아니하면 시효로 인하여 소멸한다(제766조 1항·2항).

② 불법행위의 피해자가 미성년자로 행위능력이 제한된 자인 경우에는 그 법정대리인이 손해 및 가해자를 알아야 소멸시효가 진행한다(대판 2010.2.11, 2009다79897: 22경간). 다만 미성년자가 성폭력, 성추행, 성희롱, 그 밖의 성적 침해를 당한 경우에 이로 인한 손해배상청구권의 소멸시효는 그가 성년이 될 때까지는 진행되지 아니한다(제766조 3항)(2020.10.20. 신설).

③ 또한 判例는 "불법행위로 인한 손해배상청구권은 통상의 경우 상해의 피해자는 상해를 입었을 때 그 손해를 알았다고 보아야 할 것이지만, 그 후 후유증 등으로 인하여 불법행위 당시에는 전혀 예견할 수 없었던 새로운 손해가 발생하였다거나 예상 외로 손해가 확대된 경우에 있어서는 그러한 사유가 판명된 때에 새로이 발생 또는 확대된 손해를 알았다고 보아야 할 것이고, 이와 같이 새로이 발생 또는 확대된 손해 부분에 대하여는 그러한 '사유가 판명된 때'로부터 민법 제766조 제1항에 의한 소멸시효기간이 진행된다"고 한다(대판 2001.9.4, 2001다9496).

(8) 대상청구권

1) 원칙: 이행불능시

대상청구권은 원칙적으로 매매 목적물의 수용 또는 국유화로 인하여 매도인의 소유권이전등기의무가 이행불능되었을 때 매수인이 그 권리를 행사할 수 있다고 보아야 할 것이므로 그때부터 소멸시효가 진행하는 것이 원칙이다(대판 2002.2.8, 99다23901). 그리고 이러한 소멸시효 기산점에 관한 법리는 매매 목적물의 이중매매로 인하여 매도인의 소유권이전등기의무가 이행불능된 경우와 같이 그 대상청구권이 채무자의 귀책사유로 발생한 때에도 마찬가지로 적용된다(대판 2018.11.15, 2018다248244).

2) 예외: 보상금의 지급을 구할 수 있는 방법이나 절차가 마련된 시점

국유화가 된 사유의 특수성과 법규의 미비 등으로 그 보상금의 지급을 구할 수 있는 방법이나 절차가 없다가 상당한 기간이 지난 뒤에야 보상금청구의 방법과 절차가 마련된 경우라면, 대상청구권자로서는 그 보상금청구의 방법이 마련되기 전에는 대상청구권을 행사하는 것이 불가능하였던 것이고, 따라서 이러한 경우에는 보상금을 청구할 수 있는 방법이 마련된 시점부터 대상청구권에 대한 소멸시효가 진행하는 것으로 봄이 상당할 것인바, 이는 대상청구권자가 보상금을 청구할 길이 없는 상태에서 추상적인 대상

청구권이 발생하였다는 사유만으로 소멸시효가 진행한다고 해석하는 것은 대상청구권자에게 너무 가혹하여 사회정의와 형평의 이념에 반할 뿐만 아니라 소멸시효제도의 존재이유에 부합된다고 볼 수 없기 때문이다(대판 2002.2.8, 99다23901).

(9) 부당이득반환청구권

부당이득반환청구권은 부당이득의 날로부터, ㉠ 무효인 경우 급부시부터 부당이득반환청구권의 소멸시효가 진행한다(대판 2005.1.27, 2004다50143). ㉡ 그러나 취소할 수 있는 경우 취소시부터 소멸시효가 진행한다(다수설). 즉 취소권 행사는 제척기간에 해당하나(제146조), 부당이득반환청구권은 소멸시효에 해당한다.

(10) 구상권

보증인의 주채무자에 대한 사후구상권과 사전구상권(제422조 참조)은 그 발생원인을 서로 달리하는 별개의 독립된 권리라 할 것이므로 그 소멸시효는 각각 그 권리가 발생되어 이를 행사할 수 있는 때부터 각별로 진행한다(대판 1981.10.6, 80다2699). 즉 사전구상권은 구상의 요건이 충족된 때, 사후구상권은 보증인이 채권자에게 보증채무를 이행한 때부터 진행한다. 그리고 공동불법행위자의 구상권은 피해자에게 현실로 손해배상금을 지급한 때로부터 진행한다(아래 관련판례 96다3791 참조).

> [관련판례] "피해자에게 손해배상을 한 공동불법행위자의 다른 공동불법행위자에 대한 구상권은 피해자의 다른 공동불법행위자에 대한 손해배상채권과는 그 발생 원인과 법적 성질을 달리하는 별개의 독립한 권리이므로, 공동불법행위자가 다른 공동불법행위자에 대한 구상권을 취득한 이후에 피해자의 그 다른 공동불법행위자에 대한 손해배상채권이 시효로 소멸되었다고 하여 그러한 사정만으로 이미 취득한 구상권이 소멸된다고 할 수 없다. 공동불법행위자의 다른 공동불법행위자에 대한 구상권의 소멸시효는 그 구상권이 발생한 시점, 즉 구상권자가 공동면책행위를 한 때로부터 기산하여야 할 것이고, 그 기간도 일반 채권과 같이 10년으로 보아야 한다"(대판 1996.3.26, 96다3791).

Ⅳ. 시효기간(권리불행사의 상태가 일정기간 계속될 것)

1. 채권

(1) 일반채권

> 제162조【채권, 재산권의 소멸시효】① 채권은 10년간 행사하지 아니하면 소멸시효가 완성한다.
> ② 채권 및 소유권이외의 재산권은 20년간 행사하지 아니하면 소멸시효가 완성한다.

(2) 상사채권

1) 일방적 상행위, 보조적 상행위

상행위로 생긴 채권의 소멸시효기간은 5년이다(상법 제64조 본문). 다만, 다른 법령에 5년보다 단기의 시효의 규정이 있는 때에는 그 규정에 의한다(상법 제64조 단서). 이는 **당사자 일방에 대하여만 상행위에 해당하는 행위로 인한 채권에도 적용**되고(대판 2006.4.27, 2006다1381), **상인이 영업을 위하여 하는 보조적 상행위에도 적용**된다(대판 2000.8.2, 2000다19922). 따라서 당사자 일방이 상인인 경우에는 토지보상법에 의한 협의취득으로 체결된 부동산 매매계약이라고 하더라도 다른 사정이 없는 한 보조적 상행위에 해당하므로, 매도인의 채무불이행책임이나 하자담보책임에 기한 매수인의 손해배상채권에 대해서는 상사소멸시효가 적용된다(대판 2022.7.14, 2017다242232).

① **[5년]** ㉠ 예컨대 여관을 경영하던 甲이 여관을 신축하기 위하여 친구 乙로부터 돈을 빌린 경우 이 대여금채권은 상사채권에 해당하여 5년의 소멸시효에 걸린다. ㉡ 또한 判例는 "기부자가 상인인 경우 지방자치단체와 그 기부자 사이에 체결된 기부채납 약정은 상인이 영업을 위하여 한 '보조적 상행위'에 해당하므로, 그러한 기부채납 약정에 근거한 채권에는 5년의 상사 소멸시효기간이 적용된다"(대판 2022.4.28, 2019다272053)고 한다.

② **[10년]** 그러나 ㉠ "사용자가 상인으로서 영업을 위하여 근로자와 체결하는 근로계약이 보조적 상행위에 해당하더라도 사용자가 근로계약에 수반되는 신의칙상의 부수적 의무인 보호의무를 위반하여 근로자에게 손해를 입힘으로써 발생한 근로자의 손해배상청구와 관련된 법률관계는 근로자의 생명, 신체, 건강 침해 등으로 인한 손해의 전보에 관한 것으로서 그 성질상 정형적이고 신속하게 해결할 필요가 있다고 보기 어렵다. 따라서 근로계약상 보호의무 위반에 따른 **근로자의 손해배상청구권**은 특별한 사정이 없는 한 10년의 민사 소멸시효기간이 적용된다"(대판 2021.8.19, 2018다270876). ㉡ 이는 반대로 근로자의 근로계약상의 주의의무 위반으로 인한 **사용자의 손해배상청구권**도 위와 동일한 취지에서 10년의 민사 소멸시효기간이 적용된다(대판 2005.11.10, 2004다22742).

2) 손해배상청구권, 원상회복청구권

① **[5년]** 예를 들어 은행이 그 영업행위로서 한 대출금에 대한 변제기 이후의 지연손해금과 같이 상행위로 인해 생긴 채무불이행으로 인한 손해배상청구권은 원칙적으로 상사시효가 적용된다(대판 1979.11.13, 79다1453).

② **[5년]** 상행위인 계약의 해제로 인한 원상회복청구권 또한 상사시효가 적용된다(대판 1993.9.14, 93다21569).

3) 부당이득반환청구권

상행위인 계약의 무효로 인한 부당이득반환청구권은 제741조의 부당이득 규정에 따라 발생한 것으로서 특별한 사정이 없는 한 제162조 1항이 정하는 10년의 민사 소멸시효기간이 적용된다. 다만 **부당이득반환청구권이 상행위인 계약에 기초하여 이루어진 급부 자체의 반환을 구하는 것으로서 법률관계를 상거래 관계와 같은 정도로 신속하게 해결할 필요성이 있는 경우** 등에는 상법 제64조가 정하는 5년의 상사 소멸시효기간이 적용되거나 유추적용된다(대판 2021.7.22, 전합2019다277812). 그리고 이러한 법리는 상행위인 계약의 불성립으로 인한 부당이득반환청구권에도 그대로 적용된다(대판 2021.9.9, 2020다299122).

① **[10년]** 그리하여 ㉠ 예컨대 '상사계약의 만료에 따른 부당이득반환채권'은 상거래 관계에서와 같이 신속하게 해결할 필요성이 있는 것이 아니므로 특별한 사정이 없는 한 10년의 민사소멸시효가 적용된다고 한다(대판 2012.5.10, 2012다4633). ㉡ **이익의 배당이나 중간배당**도 회사가 획득한 이익을 내부적으로 주주에게 분배하는 행위로서 회사가 영업으로 또는 영업을 위하여 하는 상행위가 아니므로 배당금지급청구권은 상법 제64조가 적용되는 상행위로 인한 채권이라고 볼 수 없고, **위법배당에 따른 부당이득반환청구권** 역시 근본적으로 상행위에 기초하여 발생한 것이라고 볼 수 없으므로 10년의 민사소멸시효에 걸린다(대판 2021.6.24, 2020다208621).

② **[5년]** 반면, ㉠ **보험계약이 선량한 풍속 기타 사회질서에 반하여 무효인 경우 보험회사가 보험계약자 등을 상대로 이미 지급한 보험금의 반환을 구하는 청구권은 5년의 상사 소멸시효기간이 적용된다**(대판 2021.7.22, 전합2019다277812). ㉡ 또한 입원치료의 필요성이 없는데도 그 필요성을 가장하여 보험금을 받은 경우, 보험회사가 보험수익자를 상대로 이미 지급한 보험금의 반환을 구하는 부당이득반환청구권은 5년의 상사 소멸시효기간이 적용된다(대판 2021.8.19, 2019다269354).

(3) 3년의 단기소멸시효(제163조)

> 제163조 【3년의 단기소멸시효】(18·20세무) 다음 각호의 채권은 3년간 행사하지 아니하면 소멸시효가 완성한다.
> 1. 이자, 부양료, 급료, 사용료 기타 1년 이내의 기간으로 정한 금전 또는 물건의 지급을 목적으로 한 채권
> 2. 의사, 조산사, 간호사 및 약사의 치료, 근로 및 조제에 관한 채권
> 3. 도급받은 자, 기사 기타 공사의 설계 또는 감독에 종사하는 자의 공사에 관한 채권
> 4. 변호사, 변리사, 공증인, 공인회계사 및 법무사에 대한 직무상 보관한 서류의 반환을 청구하는 채권
> 5. 변호사, 변리사, 공증인, 공인회계사 및 법무사의 직무에 관한 채권
> 6. 생산자 및 상인이 판매한 생산물 및 상품의 대가
> 7. 수공업자 및 제조자의 업무에 관한 채권

1) 이자·부양료·급료·사용료 그 밖의 1년 이내의 기간으로 정한 금전 또는 물건의 지급을 목적으로 한 채권(제163조 1호)

'1년 이내의 기간으로 정한 채권'이란 1년 이내의 정기로 지급되는 채권(정기급부 채권, 대표적으로 월차임채권)을 의미하는 것이지 변제기가 1년 이내인 채권을 말하는 것이 아니다(22경간). 따라서 이자채권이더라도 1년 이내의 정기로 지급하기로 한 것이 아니면 3년의 시효에 걸리지 않는다(대판 1996.9.20, 96다25302). 또 1년 이내의 정기로 이자를 받기로 한 경우에도, 그 원본채무의 연체가 있는 경우의 그 **지연배상금은 손해배상금이지 이자가 아니므로** 본조의 적용이 없고 원본채권의 소멸시효기간과 같다고 보아야 한다(대판 1989.2.28, 88다카214: 22경간).

判例는 1개월 단위로 지급되는 집합건물의 관리비채권(대판 2007.2.22, 2005다65821), 해외로부터 지급받은 저작권 사용료를 6개월마다 정산하여 지급하기로 한 경우(대판 2018.2.28, 2016다45779) 1호에 해당한다고 본다.

> [비교판례] 건설업을 하는 甲 주식회사가 공사에 투입한 인원이 공사 기간 중에 리조트의 객실과 식당을 사용한 데에 대한 사용료를 乙에게 '매월 말' 지급하기로 약정하였는데, 숙박료와 음식료로 구성되어 있는 위 리조트 사용료 채권의 소멸시효기간은 判例에 따르면 제164조 제1호에 정한 '숙박료 및 음식료 채권'으로 1년이지, 제163조 제1호의 '사용료 기타 1년 이내의 기간으로 정한 금전의 지급을 목적으로 한 채권'으로서 3년이 아니라고 한다(대판 2020.2.13, 2019다271012).

2) 의사 등의 치료 등에 관한 채권(제163조 2호)

예컨대 치료비채권이 이에 해당하는바, 判例는 장기간 입원치료를 받는 경우 소멸시효의 진행은 퇴원시가 아니라 원칙적으로 그 **개개의 진료가 종료될 때마다** 각각의 당해 진료에 필요한 비용의 이행기가 도래하여 그에 대한 소멸시효가 진행된다고 한다(대판 2001.11.9, 2001다52568).

3) 도급받은 자 등의 공사에 관한 채권(제163조 3호)

이는 수급인이 도급인에 대하여 갖는 공사에 관한 채권을 말하는 것으로(대판 1963.4.18, 63다92), 공사대금채권(수급인의 보수청구권)뿐만 아니라 그 공사에 부수되는 채권, 예를 들어 수급인의 비용상환청구권, 수급인의 제666조의 저당권설정청구권(대판 2016.10.27, 2014다211978), 도급인의 공사협력의무(대판 2010.11.25, 2010다56685)[11]도 포함된다(22경간).

---

11) "주된 채무인 공사대금채무가 시효로 소멸하였다는 도급인의 주장에는 종된 채무인 위 공사 협력의무의 시효소멸 주장도 들어 있는 것으로 볼 수 있다".

[비교판례] 그러나 공동수급체 구성원들 상호간의 정산금 채권이나(대판 2013.2.28, 2011 다79838), 도급인이 수급인에 대해 갖는 권리(하자보수에 갈음하는 손해배상채권 등)는 이에 해당하지 않는다. 예를 들어 "건설공사에 관한 도급계약이 상행위에 해당하는 경우 그 도급계약에 기한 수급인의 하자담보책임은 상법 제64조 본문에 의하여 원칙적으로 5년의 소멸시효에 걸리는 것으로 보아야 한다"(대판 2011.12.8, 2009다25111).

4) 변호사, 변리사, 공증인, 공인회계사 및 법무사의 직무에 관한 채권

변호사, 변리사, 공증인, 공인회계사 및 법무사의 직무에 관한 채권의 소멸시효기간을 3년으로 정한 민법 제163조 제5호가 세무사 등 유사한 직무를 수행하는 다른 자격사의 직무에 관한 채권에 대하여 유추적용되지는 않는다. 아울러 세무사를 상법 제4조 또는 제5조 제1항이 규정하는 상인이라고 볼 수는 없으므로 **세무사의 직무에 관한 채권의 소멸시효기간은 10년이다**(대판 2022.8.25, 2021다311111).

5) 생산자·상인이 판매한 생산물 및 상품의 대가(제163조 6호)

전기·도시가스요금 등이 이에 해당한다(22경간). 이러한 채권은 본래 상행위로 인한 것이어서 5년의 소멸시효가 적용되어야 하나(상법 제64조 본문), 본호의 3년의 소멸시효는 상법 제64조 단서의 '다른 법령에 이보다 단기의 시효의 규정이 있는 때'에 해당하여 본호가 우선하여 적용되는 것이다.

(4) 1년의 시효에 걸리는 채권(제164조)

> **제164조 【1년의 단기소멸시효】** 다음 각호의 채권은 1년간 행사하지 아니하면 소멸시효가 완성한다.
> 1. 여관, 음식점, 대석, 오락장의 숙박료, 음식료(16소간), 대석료, 입장료, 소비물의 대가 및 체당금의 채권
> 2. 의복, 침구, 장구 기타 동산의 사용료의 채권
> 3. 노역인, 연예인의 임금 및 그에 공급한 물건의 대금채권
> 4. 학생 및 수업자의 교육, 의식 및 유숙에 관한 교주, 숙주, 교사의 채권

① 여관 등의 숙박료 등의 채권(제164조 1호), ② 동산의 사용료채권(제164조 2호)[부동산의 사용료채권은 3년의 시효에 걸린다(제163조 1호)] ③ 노역인(간병인의 채권 등: 18세무)·연예인의 임금채권 및 그에 공급한 물건의 대금채권(제164조 3호), ④ 선생 등의 학생 등에 대한 교육 등의 채권(수업료)(제164조 4호)이 이에 해당한다.

[관련판례] 判例에 따르면 민법 제164조 소정의 1년의 단기소멸시효는 그 각호에서 개별적으로 정하여진 채권의 채권자가 그 채권의 발생원인이 된 계약에 기하여 상대방에 대하여 부담하는 반대채무에는 적용되지 않는다고 한다. 따라서 그 채권의 상대방이 그 계약에 기하여 가지는 반대채권은 원칙으로 돌아가 제162조 1항 소정의 10년의 소멸시효에 걸린다고 한다(대판 2013.11.14, 2013다65178).

2. 그 밖의 재산권의 소멸시효기간

채권과 소유권을 제외한 그 밖의 재산권(지상권·지역권 등)의 소멸시효기간은 20년이다(제162조 2항).

제3절 소멸시효의 중단과 정지

소멸시효의 진행을 방해하는 사유를 '시효의 장애'라 하고, 여기에는 '시효의 중단'과 '시효의 정지' 두 가지가 있다. 시효가 중단되면 중단까지 진행한 시효기간은 산입하지 아니하고 중단사유가 종료한 때로부터 새로 시효가 진행하지만, 시효의 정지는 단지 일정기간 동안만 시효의 진행을 잠시 멈추게 하는 점에서 차이가 있다.

제1관 소멸시효의 중단

I. 서설

1. 의의

소멸시효의 '중단'이란 소멸시효의 진행 중에 권리불행사라는 소멸시효의 기초가 되는 사실을 깨뜨리는 사정(권리의 행사로 볼 수 있는 사실)이 발생한 경우, 이미 경과한 시효기간의 효력은 소멸되고 중단사유가 종료한 때로부터 다시 소멸시효의 기간을 진행하게 하는 제도를 말한다(이는 취득시효의 중단에도 준용된다 ; 제247조 2항). 이는 일단 진행된 시효기간을 그대로 유효하게 인정하는 소멸시효의 '정지'와 구별된다.

2. 시효중단 사유

민법은 소멸시효의 중단사유로 ① 청구, ② 압류 또는 가압류·가처분, ③ 승인을 들고 있고(제168조), '청구'에 해당하는 것으로 다시 재판상의 청구(제170조)·파산절차참가(제171조)·지급명령(제172조)·화해를 위한 소환(제173조)·임의출석(제173조)·최고(제174조)의 6가지를 들고 있다.

3. 주장·증명책임

소멸시효로 인하여 이익을 받을 자가 시효소멸 항변을 하면, 소멸시효 완성을 저지하려는 자가 시효중단 재항변을 하여야 한다(19소간). 그 주장책임의 정도는 취득시효가 중단되었다는 명시적인 주장을 필요로 하는 것이 아니라 중단사유에 속하는 사실만 주장하면 주장책임을 다한 것으로 보아야 한다(대판 1997.4.25, 96다46484: 19소간).

II-1. 재판상 청구

> 제170조 【재판상의 청구와 시효중단】 ① 재판상의 청구는 소송의 각하, 기각 또는 취하의 경우에는 시효중단의 효력이 없다(19소간).
> ② 전항의 경우에 6월내에 재판상의 청구, 파산절차참가, 압류 또는 가압류, 가처분을 한 때에는 시효는 최초의 재판상 청구로 인하여 중단된 것으로 본다.

1. 개념

① 재판상 청구란 자기 권리를 재판상 주장하는 것을 말한다. 재판상의 청구가 시효중단의 사유가 되려면 그 청구가 채권자 또는 그 채권을 행사할 권능을 가진 자에 의하여 이루어져야 하고(대판 2014.6.26, 2013다45716), 민사소송이기만 하면, 그것이 본소이든 반소이든, 이행·형성·확인의 소이든, **재심의 소**(대판 1996.9.24, 96다11334: 20세무)이든 이를 묻지 않는다.

② 그 밖에 권리자가 이행의 소를 대신하여 재판기관의 공권적인 법률판단을 구하는 '지급명령의 신청'도 포함된다(대판 2011.11.10, 2011다54686 ; 제172조의 '지급명령'과 구별할 것). 주의할 것은 예를 들어 甲이 乙을 상대로 불법행위에 따른 손해배상금의 지급을 구하는 지급명령을 신청하였다가 '각하'되자 그로부터 6개월 내에 손해배상청구의 소를 제기한 경우 소를 제기한 날이 아니라 당초 지급명령의 신청이 있었던 때에 중단되었다고 보아야 한다는 것이 判例의 입장이다(위 2011다54686 판결).

> **[소의 이익]** "확정된 승소판결에는 기판력이 있으므로, 승소 확정판결을 받은 당사자가 그 상대방을 상대로 다시 승소 확정판결의 전소와 동일한 청구의 소를 제기하는 경우 그 후소는 권리보호의 이익이 없어 부적법하다. 하지만 예외적으로 확정판결에 의한 채권의 소멸시효기간인 10년의 경과가 임박한 경우에는 그 시효중단을 위한 소는 소의 이익이 있다"(대판 2018.7.19, 전합2018다22008).

2. 구체적인 예

(1) 형사소송이나 행정소송

① 형사소송은 국가형벌권의 행사가 목적이므로, 피해자가 가해자를 고소하였거나 그 고소에 기하여 형사재판이 개시되었어도 시효중단사유가 되지 못한다(20소간). 다만 判例는 소송촉진 등에 관한 특례법의 '배상명령신청'은 시효중단사유인 재판상의 청구에 해당한다고 한다(대판 1999.3.12, 98다18124).

② 한편, 위법한 행정처분의 취소·변경을 구하는 행정소송은 사권을 행사하는 것으로 볼 수 없으므로 시효중단사유가 되지 못한다(20소간). 다만 **기본적 법률관계에 관한 확인청구**는 그 법률관계로부터 생기는 개개의 권리의 행사도 포함한 것으로 볼 수 있으므로 判例는 오납한 조세에 대한 부당이득반환청구권을 실현하기 위한 수단이 되는 '과세처분의 취소 또는 무효확인을 구하는 소'는 비록 행정소송일지라도 그것은 (민사상) 부당이득반환청구권에 관한 재판상 청구에 해당한다고 한다(대판 1992.3.31, 전합91다32053: 기산점과 관련해서도 당해 判例는 취소·무효 판결이 확정됨으로써 비로소 무효로 되는 것은 아니므로 '오납시'부터 그 반환청구권의 소멸시효가 진행한다고 보았다).

> **[비교판례]** ❋ **국유재산의 무단점유자에 대한 변상금 부과·징수권과 부당이득반환청구권**
> "국유재산법 제72조 1항, 제73조 2항에 의한 변상금 부과·징수권은 민사상 부당이득반환청구권과 법적 성질을 달리하므로, 국가는 무단점유자를 상대로 변상금 부과·징수권의 행사와 별도로 국유재산의 소유자로서 민사상 부당이득반환청구의 소를 제기할 수 있다. 그리고 이러한 법리는 국유재산법 제42조 1항, 국유재산법 시행령 제38조 3항에 의하여 국유재산 중 일반재산의 관리·처분에 관한 사무를 위탁받은 원고의 경우에도 마찬가지로 적용된다(대판 2014.7.16, 전합2011다76402). 나아가 위와 같이 변상금 부과·징수권이 민사상 부당이득반환청구권과 법적 성질을 달리하는 별개의 권리인 이상 원고가 변상금 부과·징수권을 행사하였다 하더라도 이로써 민사상 부당이득반환청구권의 소멸시효가 중단된다고 할 수 없다"(대판 2014.9.4, 2013다3576).

(2) 확인소송

"시효중단을 위한 후소로서 이행소송 외에 전소 판결로 확정된 채권의 시효를 중단시키기 위한 조치, 즉 '재판상의 청구'가 있다는 점에 대하여만 확인을 구하는 형태의 '새로운 방식의 확인소송'이 허용되고, 채권자는 두 가지 형태의 소송 중 자신의 상황과 필요에 보다 적합한 것을 선택하여 제기할 수 있다고 보아야 한다"(대판 2018.10.18, 전합 2015다232316).

(3) 기존 채권의 존재를 전제로 새로운 약정을 하고 그에 따른 권리를 재판상 청구의 방법으로 행사하였으나 새로운 약정이 무효로 되는 등의 사정으로 그에 근거한 권리행사가 저지된 경우(기존 채권의 소멸시효 중단 시점 = 새로운 약정에 의한 권리를 행사한 때)

"소멸시효의 중단과 관련하여 소멸 대상인 권리 자체의 이행청구나 확인청구를 하는 경우뿐 아니라 권리가 발생한 기본적 법률관계에 관한 청구를 하는 경우 또는 그 권리를 기초로 하거나 그것을 포함하여 형성된 후속 법률관계에 관한 청구를 하는 경우에도 그로써 권리 실행의 의사를 표명한 것으로 볼 수 있을 때에는 시효중단 사유인 재판상의 청구에 포함된다. 따라서 **기존 채권의 존재를 전제로 이를 포함하는 새로운 약정을 하고 그에 따른 권리를 재판상 청구의 방법으로 행사한 경우에는 기존 채권을 실현하고자 하는 뜻까지 포함하여 객관적으로 표명한 것이므로, 새로운 약정이 무효로 되는 등의 사정으로 그에 근거한 권리행사가 저지됨에 따라 다시 기존 채권을 행사하게 되었다면, 기존 채권의 소멸시효는 새로운 약정에 의한 권리를 행사한 때에 중단되었다고 보아야 한다**"(대판 2016.10.27, 2016다25140).

(4) 복수의 채권 간 소멸시효 중단의 법리(원칙적 부정)

채권자가 동일한 목적을 달성하기 위하여 복수의 채권을 갖고 있는 경우, 채권자로서는 그 선택에 따라 권리를 행사할 수 있되, 그 중 어느 하나의 청구를 한 것만으로는 다른 채권 그 자체를 행사한 것으로 볼 수는 없으므로, 특별한 사정이 없는 한 그 다른 채권에 대한 소멸시효 중단의 효력은 없다(대판 2014.6.26, 2013다45716).

따라서 ① 공동불법행위자에 대한 구상금 청구의 소 제기로 사무관리로 인한 비용상환청구권의 소멸시효가 중단될 수 없고(대판 2001.3.23, 2001다6145), ② 부당이득반환청구의 소 제기로 채무불이행으로 인한 손해배상청구권의 소멸시효가 중단될 수 없으며(대판 2011.2.10, 2010다81285), ③ 보험자대위에 기한 손해배상청구의 소를 제기하였더라도 양수금 청구의 소멸시효가 중단될 수는 없다(대판 2014.6.26, 2013다45716 ; 대판 2020.3.26, 2018다221867).[12]

지문 OX
08 채권자가 채무자를 상대로 공동불법행위자에 대한 구상금 청구의 소를 제기하였다면, 이로써 채권자의 사무관리로 인한 비용상환청구권의 소멸시효도 중단된다. ✕

---

12) "이 사건에서 원고는 소장에서 피고 등의 공동불법행위로 인한 손해배상청구를 하였다가 환송 후 원심에서 비로소 예금청구를 선택적 청구로 추가하였다. 원고는 그 주장의 5억원 상당 채권의 목적을 달성하기 위하여 불법행위 손해배상청구권과 예금청구권 중 선택에 따라 권리를 행사할 수 있으나, 원고가 피고를 상대로 손해배상청구의 소를 제기하였다고 하여 이로써 예금채권을 행사한 것으로 볼 수는 없으므로, 원고의 피고에 대한 예금채권 청구의 소멸시효가 중단될 수는 없다고 할 것이다".

3. 응소와 시효중단

(1) 문제점

소멸시효의 중단사유인 '청구' 중 제170조 1항의 '재판상 청구'에 상대방이 제기한 소송 (대표적으로 채무자가 제기한 채무부존재확인의 소)에서 '응소'하여 자신의 권리를 주장하는 것도 포함되는지 문제된다.

(2) 응소가 재판상 청구에 포함되는지 여부

判例는 응소행위로서 상대방의 청구를 적극적으로 다투면서 자신의 권리를 주장하는 것은 ⅰ) 자신이 권리 위에 잠자는 자가 아님을 표명한 것이고, ⅱ) (권리불행사라는) 계속된 사실상태와 상용할 수 없는 다른 사정이 발생한 때로 보아야 할 것임을 이유로 긍정설의 입장이다(대판 1993.12.21, 전합92다47861: 21법경, 19소간, 19·21세무).

(3) 요건(채, 주, 승)

채권자가 ⅰ) 채무자가 제기한 소송에서, ⅱ) 응소하여 적극적으로 권리를 주장하여, ⅲ) 승소한 경우는 제170조 1항의 '재판상 청구'에 해당하여 소멸시효가 중단된다.

1) 채무자가 제기한 소송일 것

채무자가 제기한 소송에서 채권자가 응소하여 적극적으로 자신의 권리를 주장하는 경우이어야 한다. 따라서 담보물의 **제3취득자나 물상보증인 등** 시효를 원용할 수 있는 지위에 있으나 **직접 의무를 부담하지 아니하는 자**가 제기한 소송에서의 응소행위는 권리자의 의무자에 대한 재판상 청구에 준하는 행위에 해당한다고 볼 수 없다(대판 2007.1.11, 2006다33364 등: 23경간).

2) 응소하여 적극적으로 권리를 주장할 것

判例는 채무자(점유자)가 제기한 소송에서 채권자(소유자)가 응소한 경우에도 적극적으로 자신의 권리(소유권)를 주장하지 않고 다른 주장을 하여 채무자의 청구가 기각된 경우에는 (소유권에 관한) 권리행사가 있다고 볼 수 없어 (취득)시효가 중단되지 아니한다고 한다(대판 1997.12.12, 97다30288).[13]

3) 승소할 것: 원고패소판결

(4) 효과

1) 응소한 자(피고)가 승소한 경우

가) 시효중단 시기

응소행위로 인한 시효중단의 효력은 원고의 소제기시가 아니라 피고가 현실적으로 권리를 행사하여 응소한 때에 발생하며(대판 2005.12.23, 2005다59383: 20세무), 답변서(준비서면)를 법원에 제출하여 법원이 상대방에게 송달하는 경우에는, **답변서(준비서면)가 법원에 제출된 때** 시효가 중단된다.

나) 새로운 시효의 진행

'판결이 확정된 때'로부터 새롭게 소멸시효가 진행되며(제178조 2항), 단기의 소멸시효에 해당되는 채권은 10년으로 연장된다(제165조 1항).

---

13) "점유자가 소유자를 상대로 소유권이전등기 청구소송을 제기하면서 그 청구원인으로 '취득시효 완성'이 아닌 '매매'를 주장함에 대하여, 소유자가 이에 응소하여 원고 청구기각의 판결을 구하면서 원고의 주장 사실을 부인하는 경우에는, 이는 원고 주장의 매매 사실을 부인하여 원고에게 그 매매로 인한 소유권이전등기청구권이 없음을 주장함에 불과한 것이고 소유자가 자신의 소유권을 적극적으로 주장한 것이라 볼 수 없으므로 시효중단사유의 하나인 재판상의 청구에 해당한다고 할 수 없다".

2) 응소한 자(피고)가 패소한 경우

권리가 존재하지 않는다는 이유로 패소한 경우에는 시효가 중단될 여지가 없다(대판 1997.11.11, 96다28196).

3) 원고가 제기한 소가 각하 또는 취하된 경우

피고의 권리주장이 소의 각하나 취하 등에 의해 전혀 판단되지 않은 경우에는 **제170조 2항을 유추**하여 6월 내에 다른 강력한 시효중단조치를 취하면 응소시에 소급하여 시효중단의 효력이 발생한다(대판 2010.8.26, 2008다42416, 42423: 사안은 피고의 응소 후 원고의 소가 각하되었으나 6개월 내에 피고가 원고에게 반소를 제기한 사안이다).

(5) 주장책임

判例에 따르면 '변론주의' 원칙상 시효중단의 효과를 원하는 피고로서는 소송에서 응소행위로써 시효가 중단되었다고 주장해야 한다고 한다. 즉 시효중단사실은 주장이 필요한 '주요사실'이다. 따라서 피고의 응소행위가 있었다는 사정만으로 당연히 시효중단의 효력이 발생한다고 할 수는 없다(대판 1997.2.28, 96다26190).

다만 이러한 시효중단의 주장은 반드시 응소시에 할 필요는 없고 소멸시효기간이 만료된 후라도 사실심 변론종결 전에는 언제든지 할 수 있다(대판 2010.8.26, 2008다42416, 42423).

4. 재판상 청구에 따른 시효중단의 (물적) 범위

재판상 청구에 의한 시효중단의 범위에 관해, 통설·判例는 소송물 그 자체에 국한하지 않고 재판상 청구를 통해 권리를 행사한 것으로 볼 수 있는 경우에까지 이를 확대한다(권리행사설). 즉, 시효중단사유인 재판상 청구를 기판력이 미치는 범위와 일치하여 고찰할 필요는 없다.

(1) 기본적 법률관계에 관한 청구와 그에 포함되는 권리

① 기본적 법률관계에 관한 확인청구의 소의 제기는 그 법률관계로부터 생기는 개개의 권리에 대한 소멸시효의 중단사유가 된다. 예컨대, 파면처분무효확인의 소(또는 고용관계존재확인의 소)는 파면 후의 임금채권에 대한 재판상 청구에 해당하여 시효중단의 효력이 있다(대판 1978.4.11, 77다2509: 20소간). 반대로 소유권의 취득시효를 중단시키는 재판상 청구에는 소유권확인청구는 물론, 소유권의 존재를 전제로 하는 다른 권리주장도 포함한다(소유물반환청구·등기말소청구·손해배상청구 등)(대판 1979.7.10, 79다569).

② **저당권이 설정되어 있더라도 저당권의 피담보채권이 시효중단되는 것은 아니다.** 마찬가지로 채권자가 담보목적의 가등기를 취득한 후 그 목적토지를 인도받아 점유하더라도 담보가등기의 피담보채권의 소멸시효가 중단되는 것은 아니다(대판 2007.3.15, 2006다12701).

[비교판례] "담보가등기를 경료한 부동산을 인도받아 점유하더라도 담보가등기의 피담보채권의 소멸시효가 중단되는 것은 아니지만, 채무의 일부를 변제하는 경우에는 채무 전부에 관하여 시효중단의 효력이 발생하는 것이므로(제168조 3호), 채무자가 채권자에게 담보가등기를 경료하고 부동산을 인도하여 준 다음 피담보채권에 대한 이자 또는 지연손해금의 지급에 갈음하여 채권자로 하여금 부동산을 사용수익할 수 있도록 한 경우라면, 채권자가 부동산을 사용수익하는 동안에는 채무자가 계속하여 이자 또는 지연손해금을 채권자에게 변제하고 있는 것으로 볼 수 있으므로 피담보채권의 소멸시효가 중단된다고 보아야 한다"(대판 2009.11.12, 2009다51028).

다만, 근저당권설정등기청구권의 행사는 그 피담보채권이 될 금전채권의 실현을 목적으로 하는 것으로 근저당권설정등기청구의 소에는 그 피담보채권에 관한 주장이 당연히 포함되어 있으므로, **근저당권설정등기청구의 소의 제기는 그 피담보채권의 재판상의 청구에 해당한다**(대판 2004.2.13, 2002다7213).

> [관련판례] "근저당권설정약정에 기한 근저당권설정등기청구권은 그 피담보채권과는 별개의 청구권이므로 시효기간 또한 독자적으로 진행되며 그 시효기간의 경과로써 피담보채권과 별개로 소멸한다"(위 2002다7213: 18세무).

③ 그러나 이러한 관계가 없는 것, 예컨대 '**청구권의 경합**'처럼 동일한 사실관계로부터 독립된 두 개의 권리가 발생한 경우, 그중 하나의 권리에 기한 소의 제기는 다른 권리에는 시효중단의 효력을 미치지 못한다(대판 2001.3.23, 2001다6145).

(2) 원인채권과 어음(수표)금채권의 청구

가) 원인채권의 행사로 어음채권에 대한 시효가 중단되는지 여부(소극)

"원인채권의 지급을 확보하기 위한 방법으로 어음이 수수된 경우에 원인채권과 어음채권은 별개로서 채권자는 그 선택에 따라 권리를 행사할 수 있고, **원인채권에 기하여 청구를 한 것만으로는 어음채권 그 자체를 행사한 것으로 볼 수 없어 어음채권의 소멸시효를 중단시키지 못한다**"(대판 1967.4.25, 67다75 ; 대판 1994.12.2, 93다59922).

나) 어음채권의 행사로 원인채권의 시효가 중단되는지 여부(적극)

"원인채권의 지급을 확보하기 위한 방법으로 어음이 수수된 경우, 이러한 어음은 경제적으로 동일한 급부를 위하여 원인채권의 지급수단으로 수수된 것으로서 그 어음채권의 행사는 원인채권을 실현하기 위한 것일 뿐만 아니라, 원인채권의 소멸시효는 어음금청구소송에서 채무자의 인적항변사유에 해당하는 관계로 채권자가 어음채권의 소멸시효를 중단하여 두어도 채무자의 인적항변에 따라 그 권리를 실현할 수 없게 되는 불합리한 결과가 발생하게 되므로, **채권자가 어음채권에 기하여 청구를 하는 반대의 경우에는 원인채권의 소멸시효를 중단시키는 효력이 있고**, 이러한 법리는 어음채권을 피보전권리로 하여 채무자의 재산을 가압류함으로써 그 권리를 행사한 경우에도 마찬가지로 적용된다"(대판 1961.11.9, 4293민상748 ; 대판 1999.6.11, 99다16378: 23경간, 20세무).

다) 어음채권의 소멸시효가 완성된 경우에도 원인채권에 대한 시효가 중단되는지 여부(소극)

"이미 시효로 소멸한 어음채권을 피보전권리로 하여 가압류결정을 받은 경우에는, 이를 어음채권 내지는 원인채권을 실현하기 위한 권리행사로 볼 수 없으므로, 그 원인채권의 소멸시효를 중단시키는 효력을 인정할 수 없다"(대판 2007.9.20, 2006다68902).

(3) 일부청구

① 일부의 청구(특히 일부를 특정하고 일부청구임을 명시하여 청구한 경우)는 나머지 부분에 대한 시효중단의 효력이 없다는 것이 判例의 기본적인 입장이다(대판 1967.5.23, 67다529).

② 그러나 비록 일부만을 청구한 경우에도 그 취지로 보아 채권 전부에 관하여 판결을 구하는 것으로 해석되는 경우에는 그 전부에 대해 시효중단의 효력이 발생한다(대판 1992.4.10, 91다43695). 다만, "소장에서 청구의 대상으로 삼은 채권 중 일부만을 청구하면서 소송의 진행경과에 따라 장차 **청구금액을 확장할 뜻을 표시하였더라도** 그 후 채권의 특정 부분을 청구범위에서 명시적으로 제외하였다면, 그 부분에 대하여는 애초부터 소의 제기가 없었던 것과 마찬가지이므로 **재판상 청구로 인한 시효중단의 효력이 발생하지 않는다**"(대판 2021.6.10, 2018다44114).

지문 OX

01 저당권설정등기청구의 소제기는 그 피담보채권이 될 채권에 대한 소멸시효 중단사유로 되지 아니한다. ✕

02 물품대금의 지급을 확보하기 위한 방법으로 어음을 교부받은 경우, 물품대금청구의 소를 제기하면 어음금채권의 소멸시효도 중단되나, 반대로 어음금청구의 소를 제기하더라도 물품대금채권의 소멸시효는 중단되지 않는다. ✕

③ 또한 "소장에서 청구의 대상으로 삼은 채권 중 일부만을 청구하면서 소송의 진행경과에 따라 장차 청구금액을 확장할 뜻을 표시하였으나 당해 소송이 종료될 때까지 실제로 청구금액을 확장하지 않은 경우에는 소송의 경과에 비추어 볼 때 채권 전부에 관하여 판결을 구한 것으로 볼 수 없으므로, 나머지 부분에 대하여는 재판상 청구로 인한 시효중단의 효력이 발생하지 아니한다. 그러나 이와 같은 경우에도 소를 제기하면서 장차 청구금액을 확장할 뜻을 표시한 채권자로서는 장래에 나머지 부분을 청구할 의사를 가지고 있는 것이 일반적이라고 할 것이므로, 다른 특별한 사정이 없는 한 당해 소송이 계속 중인 동안에는 나머지 부분에 대하여 권리를 행사하겠다는 의사가 표명되어 최고에 의해 권리를 행사하고 있는 상태가 지속되고 있는 것으로 보아야 하고, **채권자는 당해 소송이 종료된 때부터 6월 내에 민법 제174조에서 정한 조치를 취함으로써 나머지 부분에 대한 소멸시효를 중단시킬 수 있다**"(대판 2020.2.6, 2019다223723).

(4) 채권자대위소송

① **[피대위채권]** 채권자가 채무자를 대위하여 피대위채권을 대위행사한 경우(제404조), 채권자대위권 행사의 효과는 채무자에게 귀속되는 것이므로 채권자대위소송의 제기로 인한 소멸시효의 중단의 효과 역시 채무자에게 생긴다(대판 2011.10.13, 2010다80930). 즉 **피대위채권이 시효중단**됨은 물론이다.

> [관련판례] 채권자대위의 소가 피보전권리의 부존재를 이유로 각하된 경우에도 그때부터 6월 이내에 채무자가 제3채무자를 상대로 피대위권리에 관한 재판상 청구 등을 하면 시효는 최초의 재판상 청구로 인하여 중단되는지와 관련하여 이 경우 최초의 재판상 청구는 당초부터 무권리자에 의한 청구이므로 제170조가 적용되지 않는다고 해석할 여지가 있다. 그러나 대법원은 **채권자대위권 행사의 효과는 채무자에게 귀속되는 것이므로 채권자대위소송의 제기로 인한 소멸시효 중단의 효과 역시 채무자에게 생긴다**는 이유를 들어 제170조의 적용을 긍정하고 있다(대판 2011.10.13, 2010다80930).

② **[피보전채권]** 한편 피보전채권은 '원칙적'으로 소멸시효가 중단되지 않으나, 채권자대위권행사의 사실을 채권자가 채무자에게 통지한 때에는 채무자는 자기의 권리를 처분하지 못하는바(제405조 2항), 이는 곧 압류의 효과가 생기는 것과 마찬가지이기 때문에 압류에 의한 시효중단 또는 적어도 최고로서의 효력은 인정하여야 한다.

(5) 채권자취소소송

채권자취소 소송의 경우 상대적 무효설[14]의 입장에 따르면 채무자는 피고적격이 없다고 할 것이므로 채권자취소소송에 의하여 피보전채권에 대하여는 소멸시효가 중단되지 않는다.

---

14) 채권자취소권의 행사는 '거래안전'의 영향이 크므로 취소권 행사의 효과는 수익자나 전득자로부터 일탈재산의 반환을 청구하는데 필요한 범위에서만, 즉 채권자와 그들에 대한 상대적 관계에서만 발생한다고 보는 상대적 무효설이 통설·判例의 견해로 타당하다. 이 견해에 따르면 악의인 수익자 혹은 전득자만이 피고가 되며, 채무자는 피고적격이 없다.

5. 재판상 청구에 의한 시효중단의 효과

(1) 시효중단의 효력발생시기

재판상 청구에 의한 시효중단의 효과는 소를 제기한 때, 즉 소장을 법원에 제출한 때에 발생한다(민사소송법 제265조, 제248조)(피고에의 소장부본 송달과는 무관하다. 즉 소송계속은 소장부본 송달시를 기준으로 발생하나, 기간준수나 소멸시효중단은 소제기시를 기준으로 판단한다). 이는 법원의 소장부본송달 지연으로 인해 시효완성 또는 기간도과의 불이익이 발생하는 것을 방지하기 위한 것이다.

(2) 효과의 소멸 및 부활

지문 OX

01 재판상의 청구가 있더라도 소송의 각하가 있으면 시효중단의 효력이 없다. ○

02 재판상의 청구를 한 후 그 소송을 취하한 경우, 그로부터 6월 내에 다시 재판상의 청구를 하지 않는 한 시효중단의 효력이 없고 재판외의 최고의 효력만 있다. ○

재판상의 청구가 있더라도 소의 각하·기각 또는 취하가 있으면 시효중단의 효력이 없다(제170조 1항)(19소간). 다만 그 동안 계속해서 최고한 것으로 볼 수 있기 때문에(이른바 재판상의 최고) 이 경우 6개월 내에 재판상의 청구·파산절차참가·압류·가압류·가처분을 한 때에는, 시효는 최초의 재판상 청구로 인하여 중단된 것으로 본다(제170조 2항). 아울러 **그 최고로서의 효력이 지속되는 중 민법 제174조의 시효중단 조치를 한 경우 시효중단 효력은 당초의 소 제기시부터 계속 유지되고 있다**고 보아야 한다(대판 2022.4.28, 2020다251403). 다만 이미 사망한 자를 피고로 하여 제기된 소에 대해서 법원이 이를 간과하고 판결을 하여 결국 무효인 판결인 경우에는 민법 제170조 2항이 적용되지 않는다(대판 2014.2.27, 2013다94312).

> *** 채무자에 의한 시효중단의 효력이 추심채권자에게 미치는지 여부**(적극)
>
> "ⅰ) 채무자의 제3채무자에 대한 금전채권에 대하여 압류 및 추심명령이 있더라도, 이는 추심채권자에게 피압류채권을 추심할 권능만을 부여하는 것이고, 이로 인하여 채무자가 제3채무자에게 가지는 채권이 추심채권자에게 이전되거나 귀속되는 것은 아니다(따라서 추심채권자는 제169조 소정의 '승계인'에 해당한다고 볼 수는 없다). 따라서 채무자가 제3채무자를 상대로 금전채권의 이행을 구하는 소를 제기한 후 채권자가 위 금전채권에 대하여 압류 및 추심명령을 받아 제3채무자를 상대로 추심의 소를 제기한 경우, 채무자가 권리주체의 지위에서 한 시효중단의 효력은 집행법원의 수권에 따라 피압류채권에 대한 추심권능을 부여받아 일종의 추심기관으로서 그 채권을 추심하는 추심채권자에게도 미친다. ⅱ) 그러므로 민법 제170조에 따라 채무자가 제3채무자를 상대로 제기한 금전채권의 이행소송이 압류 및 추심명령으로 인한 당사자적격의 상실로 각하되더라도, 위 이행소송의 계속 중에 피압류채권에 대하여 채무자에 갈음하여 당사자적격을 취득한 추심채권자가 위 각하판결이 확정된 날로부터 6개월 내에 제3채무자를 상대로 추심의 소를 제기하였다면, 채무자가 제기한 재판상 청구로 인하여 발생한 시효중단의 효력은 추심채권자의 추심소송에서도 그대로 유지된다"(대판 2019.7.25, 2019다212945).

(3) 효과가 미치는 범위

이러한 효과는 당사자 외에 승계인(특정승계인, 포괄승계인)에게도 인정된다(제169조 참조)(23경간).

1) 채권양도의 대항요건을 갖추지 못한 상태에서 '채권양도인'이 채무자에게 소를 제기한 경우

이 경우 시효중단이 되는데 "그 소송 중에 채무자가 채권양도의 효력을 인정하는 등의 사정으로 인하여 채권양도인의 청구가 기각된 경우 시효중단의 효력이 없어지나, 이 경우에도 채권양수인이 그로부터 6월 내에 채무자를 상대로 재판상의 청구 등을 하면 **채권양도인이 최초의 재판상 청구를 한 때부터 시효가 중단된다**"(제169조, 제170조 2항)(대판 2009.2.12, 2008두20109).

2) 채권양도의 대항요건을 갖추지 못한 상태에서 '채권양수인'이 채무자에게 소를 제기한 경우

채권양수인이 소멸시효기간이 경과하기 전에 채무자를 상대로 소를 제기하였는데, 채권양도사실의 채무자에 대한 통지는 소멸시효기간이 경과한 후에 이루어진 경우, 위 채권의 소멸시효가 중단되는지 여부가 문제되는바, 判例는 "채권양도에 의하여 채권은 그 동일성을 잃지 않고 양도인으로부터 양수인에게 이전되며, 이러한 법리는 채권양도의 대항요건을 갖추지 못하였다고 하더라도 마찬가지인 점 등에서 비록 **'대항요건을 갖추지 못하여'** 채무자에게 대항하지 못한다고 하더라도 **'채권의 양수인'**이 채무자를 상대로 재판상의 청구를 하였다면 이는 소멸시효 중단사유인 재판상의 청구에 해당한다"(대판 2005.11.10, 2005다41818: 23경간, 19세무)고 한다.

3) 연대채무자 또는 부진정연대채무자

① 判例에 따르면 "부진정연대채무에서 채무자 1인에 대한 재판상 청구 또는 채무자 1인이 행한 채무의 승인 등 소멸시효의 중단사유나 시효이익의 포기는 다른 채무자에게 효력을 미치지 않는다"(대판 2017.9.12, 2017다865: 22경간)고 하는바, 시효중단의 효과는 당사자 외에 승계인에게만 미치기 때문이며(제169조 참조), 시효이익의 포기 또한 상대적인 효과만 있기 때문이다(대판 1995.7.11, 95다12446 등).

② 그러나 연대채무의 경우 어느 연대채무자에 대한 '이행청구'(재판상 청구, 최고 등)는 다른 연대채무자에게도 효력이 있고(제416조), 보증채무의 경우 주채무자에 대한 시효중단은 보증인에 대하여 효력이 있다(제440조)는 규정이 있으므로 제169조는 적용되지 않는다.

(4) 판결 등에 의해 확정된 채권

> **제165조【판결 등에 의하여 확정된 채권의 소멸시효】**(19법경, 16·19소간) ① 판결에 의하여 확정된 채권은 단기의 소멸시효에 해당한 것이라도 그 소멸시효는 10년으로 한다.
> ② 파산절차에 의하여 확정된 채권 및 재판상의 화해, 조정 기타 판결과 동일한 효력이 있는 것에 의하여 확정된 채권도 전항과 같다.
> ③ 전2항의 규정은 판결확정당시에 변제기가 도래하지 아니한 채권에 적용하지 아니한다.

1) 단기의 소멸시효에 해당한 것

① 판결에 의하여 확정된 채권은 '단기의 소멸시효에 해당한 것'이라도 그 소멸시효는 10년으로 한다(제165조 1항). 단, 본조는 단기의 소멸시효에 걸리는 것이라도 확정판결을 받은 권리의 소멸시효는 10년으로 한다는 뜻일 뿐, 10년보다 장기의 소멸시효를 10년으로 단축한다거나, 소멸시효의 대상이 아닌 권리가 확정판결을 받음으로써 10년의 소멸시효에 걸린다는 뜻이 아니다(대판 1981.3.24, 80다1888, 1889).

② 파산절차에 의하여 확정된 채권 및 재판상의 화해, 조정, 인낙조서 기타 판결과 동일한 효력이 있는 것에 의하여 확정된 채권도 전항과 같다(제165조 2항)(지급명령도 포함).[15]

③ 전 2항의 규정은 판결확정 당시에 변제기가 도래하지 아니한 채권에 적용하지 아니한다(제165조 3항).

---

15) [관련판례] 제165조 2항 소정의 '판결과 동일한 효력이 있는 것'이란 기판력(실체적 확정력)을 가지는 것을 의미하는바, 2002년 개정민사소송법에 제474조에 따르면 '지급명령에 대해 이의신청 등이 없어 지급명령이 확정된 때에는 확정판결과 같은 효력이 있다'고 정하였다. 따라서 지급명령이 확정되면 10년의 시효기간으로 연장된다(대판 2009.9.24, 2009다39530). 그러나 "공증인가 합동법률사무소에 의하여 작성된 약속어음 공정증서는 집행력은 있으나 확정판결과 같은 기판력은 없다. 그러므로 이 약속어음채권이 민법 제165조 제2항 소정의 채권으로서 10년의 소멸시효에 걸린다고 할 수 없다"(대판 1992.4.14, 92다169).

03 채권의 양수인이 채권양도의 대항요건을 갖추지 못한 상태에서 채무자를 상대로 재판상의 청구를 한 경우, 소멸시효 중단사유인 재판상의 청구에 해당한다.
○

04 파산절차에 의하여 확정된 채권은 단기의 소멸시효에 해당한 것이라도 그 소멸시효는 10년으로 한다.
○

05 단기소멸시효에 걸리는 채권에 대하여 재판상 화해가 이루어지면 소멸시효기간은 10년으로 연장된다.
○

06 원래는 3년의 단기소멸시효에 걸리는 채권이라도 판결에 의하여 그 존재가 확정되면 그 소멸시효기간은 10년으로 연장된다.
○

07 민법 제165조의 규정은 단기의 소멸시효에 걸리는 것이라도 확정판결을 받은 권리의 소멸시효를 10년으로 한다는 뜻일 뿐 아니라 10년보다 장기의 소멸시효를 10년으로 단축한다는 의미도 있다.
×

08 확정판결 등에 의하여 주채무의 시효기간이 연장되면 보증채무의 시효기간도 연장된다.
×

2) 주채무의 소멸시효기간의 연장이 보증채무에 대하여도 미치는지 여부

判例는 연장부정설의 입장인바, 그 근거로는 "ⅰ) 판결의 확정으로 인해 소멸시효기간이 연장되는 효과는 판결의 당사자인 채권자와 주채무자 사이에 발생하는 효력에 관한 것이고, ⅱ) 보증채무가 주채무에 부종한다 하더라도 양자는 별개의 채무이고, 제440조의 의미는 '보증채무의 부종성'에 기인한 것이라기보다는 '채권자보호를 위한 특별규정'으로서, 보증인에 대한 별도의 시효중단조치가 불필요함을 의미하는 것일 뿐 중단된 이후의 시효기간까지도 당연히 보증인에게 효력이 미친다는 취지는 아니라는 것"을 들고 있다(대판 1986.11.25, 86다카1569: 23경간).

[주채무의 시효연장 후 보증계약을 체결한 경우] "보증채무는 주채무와는 별개의 독립한 채무이므로 보증채무와 주채무의 소멸시효기간은 채무의 성질에 따라 각각 별개로 정해진다(19법경). 그리고 주채무자에 대한 확정판결에 의하여 민법 제163조 각 호의 단기소멸시효에 해당하는 주채무의 소멸시효기간이 10년으로 연장된 상태에서 주채무를 보증한 경우, 특별한 사정이 없는 한 보증채무에 대하여는 민법 제163조 각 호의 단기소멸시효가 적용될 여지가 없고, 성질에 따라 보증인에 대한 채권이 민사채권인 경우에는 10년, 상사채권인 경우에는 5년의 소멸시효기간이 적용된다"(대판 2014.6.12, 2011다76105).

[보증채무의 시효중단이 주채무에 대하여도 미치는지 여부(소극)] 채권자가 보증인을 상대로 재판상 청구를 하여 승소한 경우, 보증채무는 소멸시효가 중단되지만(제170조) 주채무의 시효는 중단되지 않는다(상대효). 이후 주채무의 소멸시효가 먼저 완성되면 보증채무 그 자체의 소멸시효가 완성되지 않았다 하더라도 '부종성'의 원칙에 따라 함께 소멸된다(대판 2002.5.14, 2000다62476: 21소간). 이때 보증인이 단순히 주채무의 시효소멸에 원인만을 제공한 경우에도 특별한 사정이 없는 한 보증채무의 부종성은 부정된다.

3) 주채무의 소멸시효기간의 연장이 담보물권에 대하여도 미치는지 여부

㉠ "담보목적물의 제3취득자 또는 물상보증인은 채권자에게 채무자의 채무와는 '별개의 독립된 채무를 부담하는 것이 아니라 단지 채무자의 채무를 변제할 책임을 부담'한다. 따라서 채권에 관하여 소멸시효가 중단되거나 소멸시효기간이 제165조에 따라 연장되더라도 그 효과가 그대로 미친다"(대판 2009.9.24, 2009다39530). ㉡ 동일한 취지에서 "유치권이 성립된 부동산의 매수인은 피담보채권의 소멸시효가 완성되면 시효로 인하여 채무가 소멸되는 결과 직접적인 이익을 받는 자에 해당하므로 소멸시효의 완성을 원용할 수 있는 지위에 있다고 할 것이나, 매수인은 유치권자에게 채무자의 채무와는 별개의 독립된 채무를 부담하는 것이 아니라 단지 채무자의 채무를 변제할 책임을 부담하는 점 등에 비추어 보면, 유치권의 피담보채권의 소멸시효기간이 확정판결 등에 의하여 10년으로 연장된 경우 매수인은 그 채권의 소멸시효기간이 연장된 효과를 부정하고 종전의 단기소멸시효기간을 원용할 수는 없다"(대판 2009.9.24, 2009다39530).

Ⅱ-2. 재판상 청구 이외의 청구

1. 파산절차참가(제171조)

파산절차참가는 채권자가 이를 취소하거나 그 청구가 각하된 때에는 시효중단의 효력이 없다(제171조)(19소간, 20세무).

지문 OX

02 파산절차참가는 채권자가 이를 취소하거나 그 청구가 각하된 때에는 시효중단의 효력이 없다.

○

2. 지급명령(제172조)

> **제172조【지급명령과 시효중단】** 지급명령은 채권자가 법정기간 내에 가집행신청을 하지 아니함으로 인하여 그 효력을 잃은 때에는 시효중단의 효력이 없다(18 · 19소간).

금전 그 밖의 대체물이나 유가증권의 일정한 수량의 지급을 목적으로 하는 청구에 대하여 채권자의 신청에 따라 민사소송법상의 '독촉절차'에서 법원은 채무자를 심문하지 아니한 채 간이 · 신속하게 이행에 관한 명령으로 '지급명령'을 할 수 있다(민사소송법 제462조). '지급명령'이 있으면 '지급명령신청서'를 관할법원에 제출한 때 시효중단의 효력이 생긴다(통설).

① **[이의신청이 있는 경우]** 채무자가 지급명령에 대해 적법한 '이의신청'을 하면 지급명령을 신청한 때에 소를 제기한 것으로 보므로(민사소송법 제472조 2항), 시효중단의 효력이 유지된다. 그리고 "지급명령 사건이 채무자의 이의신청으로 소송으로 이행되는 경우에 그 지급명령에 의한 시효중단의 효과는 **소송으로 이행된 때가 아니라 지급명령을 신청한 때에 발생한다**"(대판 2015.2.12, 2014다228440).

② **[이의신청이 없는 경우 등]** 그러나 지급명령에 대한 이의신청이 없거나, 이의신청을 취하하거나 또는 각하결정이 확정된 때에는, 지급명령은 확정판결과 동일한 효력이 있으므로(민사소송법 제474조)(다만 기판력이 인정되는 것은 아니다). 그 후에는 시효기간이 10년으로 연장된다(제165조).

③ 비록 제172조는 '지급명령은 채권자가 법정기간 내에 가집행신청이 없으면 시효중단의 효력이 없다'고 규정하고 있으나, 민사소송법의 지급명령에서 가집행신청 제도를 삭제하였으므로 이 규정은 무의미해졌고, 따라서 **가집행신청과는 무관하게 시효중단의 효력이 발생**한다.

3. 화해를 위한 소환, 임의출석(제173조)

> **제173조【화해를 위한 소환, 임의출석과 시효중단】** 화해를 위한 소환은 상대방이 출석하지 아니 하거나 화해가 성립되지 아니한 때에는 1월내에 소를 제기하지 아니하면 시효중단의 효력이 없다. 임의출석의 경우에 화해가 성립되지 아니한 때에도 그러하다.

4. 최고(제174조)

> **제174조【최고와 시효중단】** 최고는 6월내에 재판상의 청구, 파산절차참가, 화해를 위한 소환, 임의출석, 압류 또는 가압류, 가처분을 하지 아니하면 시효중단의 효력이 없다.

(1) 최고의 임시적 수단성

① 최고(催告)는 권리자가 '재판 외'에서 의무자에게 의무의 이행을 청구하는 것으로 6월 내에 재판상의 청구, 파산절차참가, 화해를 위한 소환, 임의출석, 압류 또는 가압류, 가처분을 하지 아니하면 시효중단의 효력이 없다(제174조). 주로 시효완성에 즈음하여 실질적으로 시효기간을 6개월 연장하는 효과를 가져온다.

② 그런데 여기에 '지급명령의 신청'이 빠진 것은 입법상의 잘못이라는 것이 통설이다. 또한 최근 判例에 따르면 최고 후 확정적 시효중단을 위한 보완조치에, 민법 제174조를 유추적용하여 채무의 승인이 포함된다고 한다. 따라서 채권의 소멸시효기간 도과일이 약 1개월 반가량 남은 상태에서 이행을 청구하는 뜻이 별도로 덧붙여진 채권양도 및 양도통지가 이루어지고, 소멸시효기간이 경과한 이후(채권양도통지일로부터는 6개월 내)에 채무자가 양수인에게 **일부 채무금을 변제한 경우**에도 민법 제174조에 따라 최고시에 시효중단의 효력이 발생한다(대판 2022.7.28, 2020다46663).

(2) 효과발생시점

1) 일반적인 최고

지문 OX

01 이행 최고를 한 다음 6월내에 거듭 최고를 하고 그 때부터 6월내에 재판상 청구를 하면 시효 중단의 효력은 최초의 최고시에 소급하여 발생한다.　　✕

① "민법 제174조가 시효중단 사유로 규정하고 있는 **최고를 여러 번 거듭하다가 재판상 청구 등을 한 경우**에 ⅰ) 시효중단의 효력은 항상 최초의 최고 시에 발생하는 것이 아니라 재판상 청구 등을 한 시점을 기준으로 하여 이로부터 소급하여 6월 이내에 한 최고 시에 발생하고(20법경), ⅱ) 민법 제170조의 해석상 재판상의 청구는 그 소송이 취하된 경우에는 그로부터 6월 내에 다시 재판상의 청구를 하지 않는 한 시효중단의 효력이 없고 다만 재판 외의 최고의 효력만을 갖게 된다. ⅲ) 이러한 법리는 그 소가 각하된 경우에도 마찬가지로 적용된다"(대판 2019.3.14, 2018두56435).

② 채무이행을 최고받은 채무자가 그 이행의무의 존부 등에 대하여 조사해 볼 필요가 있다는 이유로 채권자에 대해 그 이행의 유예를 구한 경우에는, 채권자가 그 회답을 받을 때까지는 **최고의 효력이 계속**된다고 보아야 하고, 따라서 제174조 소정의 6개월의 기간은 채권자가 채무자로부터 회답을 받은 때로부터 기산된다(대판 1995.5.12, 94다24336 등).

2) 최고로서 경매신청, 압류 또는 가압류

① 채권자가 연대채무자 1인의 소유 부동산에 대하여 **경매신청을 한 경우에 이는 최고로서의 효력**이 있다. 한편 이 최고는 다른 연대채무자에게도 효력이 있으므로(제416조), 채권자가 6개월 내에 '다른 연대채무자'를 상대로 재판상 청구 등을 한 때에는 그 '다른 연대채무자'에 대한 채권의 소멸시효가 중단되지만, 이로 인하여 중단된 시효는 위 경매절차가 종료된 때가 아니라 재판이 확정된 때부터 새로 진행된다. 그리고 연대채무자 1인의 소유 부동산이 경매개시결정에 따라 **압류된 경우, '다른 연대채무자'에게는 시효중단의 효력이 없다**(제169조 참조)(대판 2001.8.21, 2001다22840: 23경간).

② 채권자가 채무자의 제3채무자에 대한 채권을 압류 또는 가압류한 경우 채권자의 채무자에 대한 채권은 압류에 따른 시효중단의 효력이 확정적으로 발생하나, 이와 달리 **압류의 대상인 채무자의 제3채무자에 대한 채권은 확정적 시효중단이 되는 것은 아니고** 다만 채권자가 채무자의 제3채무자에 대한 채권에 관한 압류 및 추심명령을 받아 그 결정이 제3채무자에게 송달이 되었다면 채무자의 제3채무자에 대한 채권은 '**최고'로서의 효력에 의해 시효중단이 된다**(대판 2003.5.13, 2003다16238).

예를 들어 甲이 乙의 丙에 대한 채권을 압류·추심한 경우 甲의 乙에 대한 채권(피보전채권)은 압류명령 '신청시'에 시효중단되나(중단사유 중 제168조 2호 압류), 乙의 丙에 대한 채권(피압류채권)은 丙에게 압류·추심명령이 '송달된 때' 시효중단된다(중단사유 중 제174조 최고)[16].

---

16) 압류 및 가압류의 효력은 제3채무자에게 압류 및 가압류명령이 '송달'되면 발생하나, 그로 인한 시효중단 효력은 압류 및 가압류명령의 '신청시'로 소급하여 발생한다(대판 2017.4.7, 2016다35451). 민사집행법 제227조 3항, 제291조 참조

3) 최고로서 소송고지

소송고지는 소송 계속 중에 그 소송에 참가할 이해관계가 있는 제3자에 대해 소송계속 사실을 통지하는 것으로서, 재판은 피고지자에게도 그 효력이 미친다(민사소송법 제84조 내지 제86조, 제77조). 한편 채권자대위권을 재판상 행사하는 경우에는 소송고지를 하여야 할 의무가 있기도 하다(제405조).

최고로서 소송고지와 관련하여 判例는 "㉠ 소송고지의 요건이 갖추어진 경우에 그 소송고지서에 고지자가 피고지자에 대하여 채무의 이행을 청구하는 의사가 표명되어 있으면 **제174조 소정의 최고로서의 효력이 인정**된다. ㉡ 소송고지에 의한 최고는 보통의 최고와는 달리 법원의 행위를 통하여 이루어지는 것이므로, 만일 법원이 소송고지서의 송달사무를 우연한 사정으로 지체하는 바람에 소송고지서의 송달 전에 시효가 완성된다면 고지자가 예상치 못한 불이익을 입게 되는 점을 고려하면, 민사소송법 제265조를 유추적용하여 당사자가 소송고지서를 법원에 제출한 때에 시효중단의 효력이 발생한다. ㉢ 당해 소송이 계속 중인 동안은 최고에 의하여 권리를 행사하고 있는 상태가 지속되고 있는 것으로서, 민법 제174조에 규정된 6개월의 기간은 당해 소송이 종료된 때로부터 기산하여야 한다"(즉, 소송고지서를 제출한 때가 아니라, 그 재판이 확정된 때로부터 6개월 내에 재판상 청구 등을 하면 시효중단의 효력이 유지된다)(대판 2015.5.14, 2014다16494 ; 대판 2009.7.9, 2009다14340)고 판시하고 있다.

Ⅲ. 압류, 가압류 또는 가처분(제175조, 제176조)

> **제175조【압류, 가압류, 가처분과 시효중단】** 압류, 가압류 및 가처분은 권리자의 청구에 의하여 또는 법률의 규정에 따르지 아니함으로 인하여 취소된 때에는 시효중단의 효력이 없다.
>
> **제176조【압류, 가압류, 가처분과 시효중단】** 압류, 가압류 및 가처분은 시효의 이익을 받은 자에 대하여 하지 아니한 때에는 이를 그에게 통지한 후가 아니면 시효중단의 효력이 없다.

압류는 금전채권의 실행을 확보하기 위하여 집행기관의 확정판결 기타 집행권원(채무명의)에 의거하여 채무자의 재산처분을 금지하는 강제집행의 첫 단계이다(민사집행법 제83조·제188조·제223조). 가압류(민사집행법 제276조 이하)와 가처분(민사집행법 제300조)이란 강제집행이 불가능하거나 곤란하게 될 염려가 있는 경우에 강제집행을 보전하기 위해 취해지는 수단을 말한다.

1. 의의

① 소멸시효는 압류, 가압류 또는 가처분으로 인하여 중단되는바(제168조 2호), 判例에 따르면 이러한 가압류 등은 '**집행**'이 되는 것을 전제로 민사소송법 제265조(재판상 청구의 경우 소제기시 시효중단)를 유추적용하여 재판상 청구의 '소제기'와 유사하게 '**집행을 신청한 때**'에 소급하여 시효중단의 효력이 발생한다고 한다(대판 2017.4.7, 2016다35451).

② 한편 '집행력 있는 집행권원 정본'[17]을 가진 채권자가 직접 압류를 하지 않고 집행절차에서의 '**배당요구**'를 한 경우에도 이러한 배당요구는 집행권원에 기하여 능동적으로 그

---

17) 집행권원(구 민사소송법상 '채무명의')은 '사법상 이행청구권의 존재 및 범위를 표시'함과 동시에 이에 대하여 강제집행을 통한 '집행력'을 인정한 '공정증서'를 말한다. 대표적으로 확정된 종국판결(민사집행법 제24조), 가압류·가처분명령(동법 제291조, 제301조) 등이 있다. 이러한 집행권원에 집행력이 현존하는 사실과 집행력의 주관적·객관적 범위를 공증하기 위해 집행문 부여기관(대표적으로 집행법원)이 집행권원 정본 끝에 예를 들어 "이 판결정본은 피고 …에 대한 강제집행을 실시하기 위하여 원고 …에게 내어준다"라고 적는 공증문언을 '집행문'이라 한다(동법 제29조). 이러한 집행문이 붙은 집행권원의 정본을 '집행력 있는 정본(집행정본)'이라 한다(동법 제28조).

권리를 실현하려고 하는 점에서는 강제경매의 신청과 동일하다고 할 수 있으므로 압류에 준하여 시효중단의 효과가 발생한다(대판 2002.2.26, 2000다25484: 일반적인 '배당요구'는 집행법원에 대한 것으로 시효중단의 효력이 없다).

③ 아울러 첫 경매개시결정등기 전에 등기되었고 매각으로 소멸하는 저당권을 가진 채권자가 다른 채권자의 신청에 의하여 개시된 경매절차에서 채권신고를 한 경우 그 **'채권신고'도** 압류에 준하여(제174조의 최고가 아님) 시효중단의 효력이 생긴다(대판 2010.9.9, 2010다28031). 그러나 재산관계명시신청에는 최고로서의 효력만 인정될 뿐 압류에 준하는 효력은 인정되지 않는다(대판 1992.2.11, 91다41118).

④ 압류·가압류·가처분은 반드시 재판상의 청구를 전제로 하지 않을 뿐만 아니라, 또 판결이 있는 경우라도 그 후 새로이 시효가 진행하는 것이므로, 법은 이들은 별도로 독립된 시효중단사유로 인정하고 있다(19법경).

2. 요건(집, 유, 취, 리)

가압류 등으로 시효가 중단되기 위해서는 ⅰ) 가압류 등이 집행될 것, ⅱ) 유효할 것, ⅲ) 취소되지 않을 것, ⅳ) 시효이익을 받을 자에게 할 것을 요한다.

(1) 가압류 등이 집행될 것

① 집행의 신청이 있었어도 채무자의 주소불명 등으로 '**집행에 착수하지 못한 때**'에는 시효중단의 효과가 소급적으로 소멸된다(대판 2010.10.14, 2010다53273).

② 그리고, '**집행에 착수한 이상**'(압류할 물건 등이 없어서) **집행불능상태가 된 경우에도 집행을 신청한 때 시효중단의 효력은 인정**된다(대판 2001.7.27, 2001두3365). 또한 이 경우에는 '**집행절차가 종료된 때**'부터 시효가 새로이 진행된다[대판 2011.5.13, 2011다10044 ; 이와 비교하여 실제로 집행이 된 경우는 가압류집행보전의 효력이 존속하는 동안은 시효중단의 효력이 계속된다(대판 2000.4.25, 2000다11102 등)].

■ (유체동산에 대한)**가압류 집행절차에 착수하지 않은 경우 시효중단 효력 여부**(소극)

사실관계 | 임차인 甲이 임대인 乙에 대하여 임대차계약기간 만료일로부터 10년이 경과한 시점에 임대차보증금반환을 구하는 소를 제기한 사안에서, 乙의 甲에 대한 임대차보증금반환채무는 시효로 소멸하였고 甲이 乙소유의 '유체동산'에 대한 가압류결정을 받은 사실만으로는 가압류 집행보전의 효력이 존속하지 않는 한 시효가 중단되지 않는다고 한 사례이다.

판례의 태도 | "민법 제168조에서 가압류를 시효중단사유로 정하고 있는 것은 가압류에 의하여 채권자가 권리를 행사하였다고 할 수 있기 때문인데 가압류에 의한 집행보전의 효력이 존속하는 동안은 가압류채권자에 의한 권리행사가 계속되고 있다고 보아야 할 것이므로 가압류에 의한 시효중단의 효력은 가압류 집행보전의 효력이 존속하는 동안은 계속된다. 따라서 유체동산에 대한 가압류결정을 '집행'한 경우 가압류에 의한 시효중단 효력은 가압류 집행보전의 효력이 존속하는 동안 계속된다. 그러나 유체동산에 대한 가압류 집행절차에 착수하지 않은 경우에는 시효중단 효력이 없고(필자주: 유체동산에 대한 집행착수시기는 집행관이 압수·수색에 나가는 경우이며, 부동산에 대한 집행착수시기는 가압류명령의 등기부기입을 등기관에게 촉탁하여 집행할 때이다)집행절차를 개시하였으나(필자주: 집행착수가 있음을 의미) 가압류할 동산이 없기 때문에 집행불능이 된 경우에는 '집행절차가 종료된 때'로부터 시효가 새로이 진행된다"(대판 2011.5.13, 2011다10044).

※ [참고] 가압류집행절차는 ⅰ) 가압류신청(집행신청) → ⅱ) 가압류결정(집행개시) → ⅲ) 가압류착수(집행착수 또는 집행절차개시)이다.

(2) 가압류 등이 유효할 것

가압류 등은 유효한 것이어야 하므로, 이미 사망한 자를 피신청인으로 한 가압류신청에 따른 가압류결정(당연무효의 가압류)은 이에 해당하지 않는다(대판 2006.8.24, 2004다26287; 23경간).

[소멸시효남용] 이후 소멸시효가 완성되어 상속채무를 부담하게 된 상속인이 소멸시효 완성의 주장을 하는 것이 권리남용인지와 관련하여 判例는 "상속채무를 부담하게 된 상속인의 행위가 단순히 피상속인에 대한 사망신고 및 상속부동산에 대한 상속등기를 게을리 함으로써 채권자로 하여금 사망한 피상속인을 피신청인으로 하여 상속부동산에 대하여 당연무효의 가압류를 하도록 방치하고, 그 가압류에 대하여 이의를 제기하지 않거나 피상속인의 사망 사실을 채권자에게 알리지 않은 정도에 그치고, 그 외 달리 **채권자의 권리행사를 저지하고 방해할 만한 행위에 나아간 바 없다면** 위와 같은 소극적인 행위만을 문제 삼아 상속인의 소멸시효 완성 주장이 신의성실의 원칙에 반하여 권리남용으로서 허용될 수 없다고 볼 것은 아니다"(대판 2006.8.24, 2004다26287)고 한다.

(3) 가압류 등이 취소되지 않을 것

압류, 가압류 및 가처분이 ① 권리자의 청구에 의하여 또는 ② 법률의 규정에 따르지 않음으로 인하여 취소된 경우에는 시효중단의 효력이 소급적으로 소멸한다(제175조).

1) 권리자의 청구에 의하여 취소된 경우

'권리자의 청구에 의하여 취소된 경우'라 함은 채권자에게 권리행사의 의사가 없음을 객관적으로 표명하는 행위를 말한다.

㉠ **[경매신청취하, 집행취소]** 예를 들어 민사집행법 제93조 1항에 '경매신청이 취하되면 압류의 효력은 소멸된다'고 규정하고 있으므로 '**경매신청을 취하**'하는 경우도 특별한 사정이 없는 한 압류로 인한 소멸시효 중단의 효력이 소급적으로 소멸한다. 이는 가압류 등을 명한 결정 자체가 취소된 경우뿐만 아니라 그 **집행만이 취소된 경우**(집행취소신청 이외에 집행해제신청도 포함되는바, 이러한 권리자의 집행취소신청은 집행기관이 이미 실시한 집행처분의 효력을 상실시키는데, 이는 기왕의 집행을 무효화하는 것이 아니라 장래에 향하여 소멸된다)**에도 적용**된다(대판 2010.10.14, 2010다53273).

㉡ **[압류명령과 추심명령의 동시신청시]** 한편 금전채권에 대한 압류명령과 그 현금화 방법인 추심명령을 동시에 신청하더라도 **압류명령과 추심명령은 별개로서 그 적부는 각각 판단하여야** 하고, 그 신청의 취하 역시 별도로 판단하여야 한다. 채권자는 추심명령에 따라 얻은 권리를 포기할 수 있지만(민사집행법 제240조 1항) 추심권의 포기는 압류의 효력에는 영향을 미치지 않으므로, 추심권의 포기만으로는 압류로 인한 소멸시효 중단의 효력은 상실되지 아니하고 압류명령의 신청을 취하하면 비로소 소멸시효 중단의 효력이 소급하여 상실된다(대판 2014.11.13, 2010다63591).

2) 법률의 규정에 따르지 아니함으로 인하여 취소된 경우

'법률의 규정에 따르지 아니함으로 인하여 취소된 경우'라 함은 **처음부터 적법한 권리행사가 있었다고 볼 수 없는 경우**를 의미한다.

㉠ 따라서 判例에 따르면 법률의 규정에 따른 적법한 가압류가 있었으나 제소기간의 도과(채무자의 제소명령신청에 의하여 채권자가 법원으로부터 제소명령을 받게 되면 일정한 기간 내에 본안소송을 제기하여야 한다)로 인하여 가압류가 취소된 경우나(대판 2011.1.13, 2010다88019),[18]

지문 OX

01 당연무효인 가압류신청은 시효중단의 효력이 없다. ○

---

18) **[사실관계]** 원고가 피고에 대한 이 사건 채권에 기하여 피고 소유의 각 부동산에 대한 가압류를 신청하여 1997.9.10.경 가압류결정이 되었으며, 그 후 피고의 제소명령신청이 인용되었는데도 원고가 그 제소명령신청기간 내에 소를 제기하지 아니하여 2009.8.12. 제소기간 도과를 이유로 가압류가 취소되었으나, 이 사건 채권의 소멸시효는 위 가압류로 인하여 중단되었다가 제소기간의 도과로 가압류가 취소된 때부터 다시 진행된다고 판단하여, 피고의 소멸시효 완성 주장을 배척하였다.

압류가 있었으나 이후 남을 가망이 없는 경우의 경매취소를 규정한 민사집행법 제102조 2항[19)]에 따라 경매절차가 취소된 것은 제175조에 해당하는 것은 아니어서 위 경우의 **소멸시효 중단의 효력은 소멸하지 않는다**(대판 2015.2.26, 2014다228778)고 한다.

ⓒ 제170조 2항이 압류, 가압류 또는 가처분이 취소된 경우에도 유추적용될 수 있는지 문제되는바, 이는 그 동안 계속적인 최고가 있는 것으로 볼 수 있는지에 의하여 개별적으로 판단해야 할 것이다. 대법원은 저당권으로서 첫 경매개시결정등기 전에 등기되었고 매각으로 소멸하는 것을 가진 채권자가 다른 채권자의 신청에 의하여 개시된 경매절차에서 '**채권신고**'를 하였는데 그 뒤 그 경매신청이 **취하**되어 채권신고에 의한 시효중단의 효과가 소멸한 사안에서, "이러한 채권신고에 채무자에 대하여 채무의 이행을 청구하는 의사가 직접적으로 표명되어 있다고 보기 어렵고 채무자에 대한 통지 절차도 구비되어 있지 않으므로 별도로 소멸시효 중단 사유인 최고의 효력은 인정되지 않고, 경매신청이 취하된 후 6월내에 위와 같은 채권신고를 한 채권자가 소제기 등의 재판상의 청구를 하였다고 하더라도 제170조 제2항에 의하여 소멸시효 중단의 효력이 유지된다고 할 수 없다"(대판 2010.9.9, 2010다28031)고 판시한 바 있다.

(4) 가압류 등이 시효이익을 받을 자에게 할 것

① 시효완성의 이익을 받을 자(채무자)가 아니라 제3자(물상보증인 또는 저당부동산의 제3취득자 등)에 대해 압류 등을 한 경우에는, **그 자**(채무자)**에 대하여 통지한 때**에 시효중단의 효력이 발생한다(제176조)(22경간, 21세무). 예컨대 "직접점유자를 상대로 점유이전금지가처분을 한 뜻을 간접점유자에게 통지한 바가 없다면 가처분은 간접점유자에 대하여 시효중단의 효력을 발생할 수 없다"(대판 1992.10.27, 91다41064).

[비교쟁점] 주채무자에 대한 시효중단은 보증인에 대하여 그 효력이 있다(제440조)(20소간). 따라서 시효중단사유가 주채무자에 대한 압류·가압류 및 가처분이라고 하더라도 이를 보증인에게 통지하여야 비로소 시효중단의 효력이 발생하는 것은 아니다(대판 2005.10.27, 2005다35554: 19세무).

② 이 통지는 반드시 채권자 본인이 하여야 하는 것은 아니고, 경매법원이 경매절차의 이해관계인인 채무자에게 경매개시결정 등의 통지서를 송달하는 방법으로 할 수도 있는데, 후자의 경우 채무자가 압류의 사실을 알 수 있도록 하기 위해 그 송달은 우편송달(발송송달)이나 공시송달의 방법이 아닌 '**교부송달**'**의 방법**에 의하여야 한다(대판 1990.1.12, 89다카4946).

[관련판례] "채권자가 연대보증인 겸 물상보증인 소유의 담보부동산에 대하여 임의경매의 신청을 하여 경매개시결정에 따른 압류의 효력이 생겼다면 채권자는 그 압류의 사실을 통지하지 아니하더라도 연대보증인 겸 물상보증인에 대하여 시효의 중단을 주장할 수 있다. 시효의 중단은 시효중단행위에 관여한 당사자 및 그 승계인 사이에 효력이 있는 것이므로 연대보증인 겸 물상보증인은 보증채무의 부종성에 따라 주채무가 시효로 소멸되었음을 주장할 수는 있는 것으로서, 주채무자에 대한 시효중단의 사유가 없는 이상 연대보증인 겸 물상보증인에 대한 시효중단의 사유가 있다 하여 주채무까지 시효중단되었다고 할 수는 없다"(대판 1994.1.11, 93다21477).

---

19) 민사집행법 제102조(남을 가망이 없을 경우의 경매취소) ①항 법원은 최저매각가격으로 압류채권자의 채권에 우선하는 부동산의 모든 부담과 절차비용을 변제하면 남을 것이 없겠다고 인정한 때에는 압류채권자에게 이를 통지하여야 한다. ②항 압류채권자가 제1항의 통지를 받은 날부터 1주 이내에 제1항의 부담과 비용을 변제하고 남을 만한 가격을 정하여 그 가격에 맞는 매수신고가 없을 때에는 자기가 그 가격으로 매수하겠다고 신청하면서 충분한 보증을 제공하지 아니하면, 법원은 경매절차를 취소하여야 한다. ③항 제2항의 취소 결정에 대하여는 즉시항고를 할 수 있다.

[비교판례] "채권자가 채권보전을 위하여 채무자의 제3채무자에 대한 채권을 가압류한 경우 채무자에게 그 가압류 사실이 통지되지 않더라도 채권자의 채권에 대하여 소멸시효 중단의 효력이 발생한다고 봄이 상당하다"(대판 2019.5.16, 2016다8589).

3. 압류, 가압류 또는 가처분에 따른 시효중단의 효과

(1) 시효중단 효과의 발생시기 및 새로운 시효진행 시기

앞서 검토한 바와 같이 압류, 가압류 또는 가처분이 '집행되면' 그 '집행을 신청한 때'에 소급하여 시효중단의 효력이 발생하고, '집행절차종료시'로부터 다시 시효가 진행된다. 만약, 집행채권의 소멸시효가 채무자의 채권에 대한 압류로 중단된 후, 그 '피압류채권이 기본계약관계의 해지·실효 또는 소멸시효 완성 등으로 소멸'하면 시효중단사유가 종료한 것으로 보아야 하고, 집행채권의 소멸시효는 그때부터 다시 진행한다(대판 2017.4.28, 2016다239840).

[관련판례] "채무자가 아닌 제3자가 채무자의 동산을 점유하고 있는 경우, 동산에 관한 인도청구권을 가압류 하는 방법으로 가압류집행을 할 수 있고, 이 경우 가압류 효력의 발생시기는 '가압류명령이 제3자에게 송달된 때'이나, 가압류로 인한 소멸시효 중단의 효력은 '가압류 신청시'에 소급하여 발생한다"(대판 2017.4.7, 2016다35451).

(2) 시효중단의 효과가 지속되는 기간

특히 '가압류'의 경우가 문제되는바, 判例는 ㉠ 가압류에 의한 시효중단의 효력은 가압류의 집행보전의 효력이 존속하는 동안은 '계속'(가압류등기가 말소되지 않고 남아 있는 동안)되는 것이고(계속설)(대판 2013.11.14, 2013다18622), ㉡ 가압류의 피보전채권에 관하여 본안의 승소판결이 확정되었다고 하더라도 가압류에 의한 시효중단의 효력이 이에 '흡수'되어 소멸된다고 할 수는 없다고 한다(비흡수설)(대판 2000.4.25, 2000다11102: 19·21세무).

(3) 시효중단의 효과가 미치는 범위

判例는 채권자가 1개의 채권 중 일부에 대하여 가압류·압류를 하였는데 채권의 일부만 소멸시효가 중단되고 나머지 부분은 이미 시효로 소멸한 경우, 가압류·압류의 효력이 시효로 소멸하지 않고 잔존하는 채권 부분에 계속 미친다고 한다(대판 2016.3.24, 2014다13280, 13297).

Ⅳ. 승인

> 제177조【승인과 시효중단】 시효중단의 효력있는 승인에는 상대방의 권리에 관한 처분의 능력이나 권한 있음을 요하지 아니한다.

1. 의의

승인은 시효이익을 받을 당사자인 채무자가 소멸시효의 완성으로 권리를 상실하게 될 자에 대하여 그 권리가 존재함을 인식하고 있다는 뜻을 표시하는 '관념의 통지'를 말한다(의사표시인 시효이익의 포기사유로서의 시효 완성 후의 승인과 구별).

2. 요건

(1) 승인을 할 수 있는 자

① 승인을 할 수 있는 자는 **시효이익을 받을 채무자** 또는 그 대리인이다(21법경). 따라서 '**면책적 채무인수**'[20]는 시효중단사유 중 승인에 해당하나, '**이행인수인**'[21]이 채권자에 대하여 채무자의 채무를 승인하더라도 시효중단 사유가 되는 채무승인의 효력은 발생하지 않는다(대판 2016.10.27, 2015다239744: 23경간). 그리고 어느 연대채무자가 채무를 승인함으로써 그에 대한 시효가 중단되었더라도 그로 인하여 다른 연대채무자에게도 시효중단의 효력이 발생하는 것은 아니다(23경간).

② 그리고 승인은 단지 권리의 존재를 인정하는 것에 불과하기 때문에 상대방의 권리에 관한 처분의 능력이나 권한 있음을 요하지 아니한다(제177조)(16소간, 18·20세무). 따라서 가령 처분권한 없는 부재자재산관리인(제25조)도 유효하게 승인할 수 있다. 그러나 그 반대해석상 '**관리능력**'이나 '**관리권한**'은 있어야 하므로 제한능력자는 법정대리인의 동의가 없는 한 단독으로 유효하게 승인할 수 없다.

(2) 승인의 상대방

승인은 소멸시효의 완성으로 권리를 상실하게 될 자(또는 그 대리인)에 대해 하여야 한다(21법경). 따라서 채무자가 2번 저당권을 설정하였다고 하더라도 1번 저당권자에게 그 피담보채무를 승인한 것으로 볼 수는 없다. 또한 判例에 따르면 피의자가 검사로부터 신문을 받는 과정에서 자신의 채무를 승인하는 진술을 하였더라도, 그것은 시효중단의 효과를 가져오는 승인이 되지는 못한다고 한다(대판 1999.3.12, 98다18124).

(3) 승인의 방법

1) 묵시적 승인

승인에는 특별한 방식을 필요로 하지 않는다. 이 중 '묵시적 승인'은 채무자가 그 채무의 존재 및 액수에 대하여 인식하고 있음을 전제로 하여 그 표시를 대하는 상대방으로 하여금 채무자가 그 채무를 인식하고 있음을 그 표시를 통하여 추단하게 할 수 있는 방법으로 행하여지면 족하다(대판 2006.9.22, 2006다22852, 22869 등: 19세무).

㉠ **[긍정]** 判例는 ⅰ) **채무자가 이자를 지급하거나, 일부변제를 하고**(채무전부에 관한 시효중단)(20법경, 20소간), 담보를 제공하는 것은 **묵시적 승인을 한 것으로 본다**(대판 1996.1.23, 95다39854: 물론 담보가 설정되어 있다고 해서 시효중단의 효과가 계속되는 것은 아니다). ⅱ) 또한 채무자가 기한의 유예를 요청하는 것, 채무를 인수하는 것, 그리고 상계의 의사표시를 하는 것은 수동채권에 관한 한 승인을 한 것이라고 볼 것이다. ⅲ) 그리고 "동일한 채권자와 채무자 사이에 다수의 채권이 존재하는 경우 채무자가 변제를 충당하여야 할 채무를 지정하지 않고 **모든 채무를 변제하기에 부족한 금액을 변제한 때에는 특별한 사정이 없는 한 그 변제는 모든 채무에 대한 승인으로서 소멸시효를 중단하는 효력**을 가진다. 채무자는 자신이 계약당사자로 있는 다수의 계약에 기초를 둔 채무들이 존재한다는 사실을 인식하고 있는 것이 통상적이므로, 변제 시에 충당할 채무를 지정하지 않고 변제를 하였으면 특별한 사정이 없는 한 다수의 채무 전부에 대하여 그 존재를 알고 있다는

---

20) '채무인수'란 채무의 동일성을 유지하면서 채무를 인수인에게 이전시키는 계약이다. 채무인수에는 ㉠ 채무가 그 동일성을 유지하면서 종래의 채무자로부터 제3자인 인수인에게 이전하는 것을 목적으로 하는 면책적 채무인수와 ㉡ 종전채무자가 계속 채무를 부담하면서 인수인이 함께 채무를 부담하는 병존적 채무인수가 있다.

21) '이행인수'란 인수인이 채무자의 채무를 이행할 것을 약정하는 채무자와 인수인 사이의 계약을 말한다. 인수인은 채무자와의 관계에서 이행의무를 부담하며 채권자에게 직접 채무를 부담하지는 않는다. 따라서 채권자도 인수인에게 이행을 청구할 권리는 없다.

것을 표시했다고 볼 수 있기 때문이다"(대판 2021.9.30, 2021다239745). ⅳ) 시효완성 전에 채무의 일부를 변제한 경우에는 그 수액에 관하여 다툼이 없는 한 채무 승인으로서의 효력이 있어 채무 전부에 관하여 시효중단의 효력이 발생하고, 이는 채무자가 시효완성 전에 채무의 일부를 상계한 경우에도 마찬가지로 볼 수 있다(대판 2022.5.26, 2021다271732).

ⓒ [부정] 그러나 判例는 ⅰ) 취득시효와 관련하여(제247조 2항 참조) 점유자가 소송계속 중 분쟁해결을 위한 방편으로 소유자에게 토지를 매수하겠다고 제안한 것만으로는 소유권의 승인으로 볼 수 없다고 하고(대판 1981.7.14, 81다64), ⅱ) 채무의 존부 및 범위에 관하여 채무자가 다투고 있는 상태에서 채무자가 일단 형사처벌을 면하거나 경감할 목적으로 채권자가 요구하는 '합의금 중 일부를 공탁²²⁾'하였다면, 채무자가 위 공탁에 의하여 당시 그 공탁금을 초과하는 채무가 존재함을 인식하고 있다는 뜻을 채권자에게 표시한 것이라고 보기는 어렵고, 따라서 채무자가 위 공탁에 의하여 공탁금을 넘는 채무를 묵시적으로 승인한 것이라고 볼 수도 없다(대판 2015.4.9, 2014다85216)고 한다.

2) 채무자 인식의 정도

승인은 시효의 이익을 받는 이가 상대방의 권리 등의 존재를 인정하는 일방적 행위로서, 그 권리의 원인·내용이나 범위 등에 관한 구체적 사항을 확인하여야 하는 것은 아니고, 그에 있어서 **'채무자가 권리 등의 법적 성질'까지 알고 있거나 '권리 등의 발생원인을 특정'하여야 할 필요는 없다**(아래 2012다45566).

> [사실관계] 甲이 乙의 명의로 부동산을 매수하고 등기명의를 신탁하였으나 부동산실명법 제11조에서 정한 유예기간이 경과할 때까지 실명등기를 하지 않았는데, 그로부터 10년이 경과한 후에 乙에 대하여 가지는 부당이득반환청구권을 근거로 위 부동산에 관한 소유권이전등기절차 이행을 구하는 소를 제기한 사안에서, "乙이 위 부동산이 甲과의 관계에서 자신의 소유가 아니라 甲의 소유임을 스스로 인정하는 것을 전제로 하여서만 취하였을 행태로서 관련 세금의 부담과 같은 재산적 지출을 甲에게 적극적으로 요청하는 등 甲의 대내적 소유권을 인정한 데에는 甲에 대하여 소유권등기를 이전·회복하여 줄 의무를 부담함을 알고 있다는 뜻이 묵시적으로 포함되어 표현되었다고 봄이 타당하므로, 乙은 위 부동산에 관한 소유권이전등기의무를 승인하였다고 할 것"(대판 2012.10.25, 2012다45566 등)이라고 한다.

(4) 승인의 시기

승인은 시효이익을 받을 당사자인 채무자가 그 권리의 존재를 인식하고 있다는 뜻을 표시함으로써 성립하는 것이므로, 이는 **소멸시효의 진행이 개시된 이후에만 가능**하고, 그 이전에 승인을 하더라도 시효가 중단되지는 않는다.

또한 현존하지 아니하는 장래의 채권을 미리 승인하는 것은 채무자가 그 권리의 존재를 인식하고서 한 것이라고 볼 수 없어 허용되지 않는다(대판 2001.11.9, 2001다52568: 22경간). 한편 승인은 시효완성 전에 하는 것이고, **시효완성 후의 승인은 소멸시효이익의 포기**(제184조 1항)로 다루어진다.

3. 승인에 의한 시효중단의 효력발생시기

승인의 효력은 그 통지가 상대방에게 도달한 때에 생긴다(대판 1995.9.29, 95다30178).

---

22) '변제공탁'이란 채무자가 금전 기타의 재산의 급부를 목적으로 하는 채무를 부담하는 경우에 채권자가 변제를 받지 아니하거나 받을 수 없는 때 또는 채무자가 과실 없이 채권자를 알 수 없는 때 채무자가 채권자를 위하여 변제의 목적물을 공탁하여 그 채무를 면할 수 있는 제도(제487조)이다.

4. 주장·증명책임

승인이 있었다는 사실에 관하여는 이를 주장하는 자(채권자)가 주장, 증명해야 한다. 한편 判例는 원고가 소장에서 '피고들이 지연손해금의 일부를 변제하였으니 나머지 지연손해금의 지급을 구한다'는 주장을 한 것만으로는 이를 '일부변제가 있었으니 소멸시효 중단사유에 해당하는 채무의 승인이 있었다'는 취지로 주장한 것으로 볼 수 없다고 한다(대판 1978.12.26, 전합78다1417).

V. 소멸시효 중단의 효과

1. 기본적 효과

> 제178조 【중단후에 시효진행】(18법경, 18·19소간) ① 시효가 중단된 때에는 중단까지에 경과한 시효기간은 이를 산입하지 아니하고 중단사유가 종료한 때로 부터 새로이 진행한다.
> ② 재판상의 청구로 인하여 중단한 시효는 전항의 규정에 의하여 재판이 확정된 때로부터 새로이 진행한다.

(1) 시효기간의 불산입

시효가 중단되면 중단까지 경과한 시효기간은 이를 산입하지 않는다(제178조 1항 전문).

(2) 중단 후의 소멸시효의 기산점

시효가 중단된 때에는, '중단사유가 종료한 때'부터 소멸시효가 새로 진행한다(제178조 1항 후문). 따라서 재판상 청구의 경우에는 재판이 확정된 때부터(제178조 2항), 압류·가압류·가처분은 그 절차가 종료한 때부터, 승인은 그 통지가 상대방에게 도달한 때부터 소멸시효가 새로이 진행한다.

2. 시효중단의 인적 범위

(1) 원칙

시효중단은 당사자 및 그 승계인 간에만 효력이 있다(제169조)(20법경, 18·19소간, 18세무).

1) 당사자

당사자는 중단에 관여한 직접의 당사자만을 말하는 것이고, 시효의 대상인 권리의 당사자를 말하는 것이 아니다. 예컨대, 손해배상청구권을 공동상속한 자 중 1인이 자기의 상속분을 행사하여 승소판결을 얻었더라도 다른 공동상속인의 상속분에까지 중단의 효력이 미치는 것은 아니며(대판 1967.1.24, 66다2279), **공유자의 1인이 보존행위로서 한 재판상 청구로 인한 취득시효 중단의 효력은 다른 공유자에게는 미치지 않는다**(제247조 2항, 제169조 참조)(대판 1999.8.20, 99다15146[23]).

2) 승계인

승계인은 시효중단에 관여한 당사자로부터 중단의 효과를 받는 권리를 그 중단 효과 발생 이후에 승계한 자를 가리키며, 특정승계인·포괄승계인을 포함한다. 즉 그 '승계'는 중단사유가 발생한 이후에 이루어져야 하고, 중단사유 발생 이전의 승계인은 포함되지 않는다(대판 1998.6.12, 96다26961).

---

23) "부동산 공유자 중의 한 사람은 당해 부동산에 관하여 제3자 명의로 원인무효의 소유권이전등기가 경료되어 있는 경우 공유물에 관한 보존행위로서 그 제3자에 대하여 그 등기 전부의 말소를 구할 수 있으나, 공유자의 한 사람이 공유물의 보존행위로서 그 공유물의 일부 지분에 관하여서만 재판상 청구를 하였으면 그로 인한 시효중단의 효력은 그 공유자와 그 청구한 소송물에 한하여 발생한다".

[관련판례] "집합건물의 관리를 위임받은 甲주식회사가 구분소유자 乙을 상대로 관리비 지급을 구하는 소를 제기하여 승소판결을 받음으로써 乙의 체납관리비 납부의무의 소멸시효가 중단되었는데, 그 후 丙이 임의경매절차에서 위 구분소유권을 취득한 경우, 丙은 乙로부터 시효중단의 효과를 받는 체납관리비 납부의무를 그 중단 효과 발생 이후에 승계한 자에 해당하여, 민법 제169조에 의해 시효중단의 효력은 丙에게도 미친다"(대판 2015.5.28, 2014다81474).

(2) 예외

① 물상보증인의 재산에 대해 압류를 한 경우에 이를 채무자에게 통지하면 채무자에 대해서도 시효가 중단되며(제176조), ② 요역지가 수인의 공유인 경우에 그 1인에 의한 지역권의 소멸시효의 중단 또는 정지는 다른 공유자에 대하여도 효력이 있고(제296조), ③ 어느 연대채무자에 대한 이행청구는 다른 연대채무자에게도 효력이 있으며(제416조)(따라서 시효중단의 효력을 같이 받는다), ④ **주채무자에 대한 시효의 중단은 보증인에게도 미친다**(제440조)(20소간).

제2관 소멸시효의 정지

I. 서설

1. 의의 및 구별

소멸시효가 완성될 당시에 권리행사가 곤란한 사정이 있을 경우 시효완성을 일시적으로 연기시키는 제도를 말한다. 소멸시효의 정지는 진행된 시효기간을 유효하게 인정하나, 소멸시효의 중단은 진행된 시효기간을 없었던 것으로 하고 다시 시효기간이 진행된다는 점에서 구별된다.

2. 종류

시효정지제도는 ① 정지 사유가 어느 때 있던지 묻지 않고 시효기간에 산입하지 않는 '시효정지'와 ② 시효완성에 거의 이르러서 정지사유가 존재하는 경우에 시효완성을 일정기간 유예하는 '시효완성의 정지' 두 가지 유형이 있으나 민법은 후자만을 인정한다.[24]

II. 사유

1. 제한능력자를 위한 정지

> 제179조 【제한능력자의 시효정지】(19법경, 20소간) 소멸시효의 기간만료 전 6개월 내에 제한능력자에게 법정대리인이 없는 경우에는 그가 능력자가 되거나 법정대리인이 취임한 때부터 6개월 내에는 시효가 완성되지 아니한다.

(1) 제한능력자의 제3자에 대한 권리

소멸시효의 기간만료 전 6월 내에 제한능력자의 법정대리인이 없는 경우에 그가 능력자로 되거나 법정대리인이 취임한 때부터 6월 내에는 시효가 완성되지 않는다(제179조). 즉, 미성년자 등 제한능력자에게 법정대리인이 없어 권리를 행사하지 못하는 것은 시효의 정지사유에 불과할 뿐 시효기간 개시에 대한 법률상장애라고 할 수 없다.

이와 관련하여 判例는 교통사고로 인하여 '심신상실'의 상태에 빠진 자의 보험금청구권의 소멸시효에 관하여 "제179조는 금치산선고(현행법상 피성년후견인)를 받은 자를 보호하는 규정이므로 그 선고를 받지 않은 자(의사무능력자)에게 유추적용을 할 수 없다"(아래 2009다44327판결)고 하였다. **이러한 判例의 태도는 의사무능력자의 경우에도 제141조 단서의 유추적용을 인정하는 입장과 차이를 보인다**(대판 2009.1.15, 2008다58367).[25]

---

24) 이를테면 제182조는 '천재 기타 사변으로 인하여 소멸시효를 중단할 수 없을 때에는 그 사유가 종료한 때로부터 1월내에는 시효가 완성하지 않는다'고 규정한다. 예컨대 1990.5.1.에 소멸시효가 완성하는데, 같은 해 3월 1일에 전쟁이 나서 6월 1일에 종료한 경우에는 소멸시효는 1990.7.1.에 완성한다(따라서 실질적으로 시효기간이 연장되는 셈이다). 그러나 그 전쟁이 3월 15일에 종료한 경우에는 소멸시효는 본래대로 1990.5.1.에 완성한다. 즉, 이 경우는 제182조의 적용이 없다. 다시 말하면 현행 민법에 따르면 시효정지사유가 있더라도 그 종료시점이 시효완성시점으로부터 일정기간 내(內)가 아니면 시효의 완성에 아무런 영향을 미치지 않는다[김준호, 민법강의(18판), p.435].

25) [사실관계] 甲은 보험사고 인하여 의식불명 상태에 빠지게 되었으나, 별도의 금치산선고(현행 성년후견개시의 심판)등은 받지 않은 상태이다. 사고 직후부터 이 사실을 명확하게 알고 있는 乙보험회사는 사실상의 후견인 역할을 하던 甲의 父에게 보험금 중 일부를 지급하여 법원으로부터 별도의 금치산선고를 받지 않아도 보험금을 수령할 수 있게 믿게 하였다. 이때 보험금청구권의 소멸시효 기간은 2년이 경과하였더라도 제179조는 의사무능력자에게는 유추적용할 수 없다고 보아 소멸시효는 완성되었다고 하였으나, 보험회사의 소멸시효완성의 항변이 신의칙에 반한다(이는 소멸시효 남용 사유 중 객관적으로 채권자가 권리를 행사할 수 없는 장애사유가 있었던 경우에 해당한다)고 하였다(대판 2010.5.27, 2009다44327).

(2) 제한능력자의 재산관리자에 대한 권리(제180조 1항)

> 제180조 【재산관리자에 대한 제한능력자의 권리, 부부 사이의 권리와 시효정지】(16·19소간, 18세무) ① 재산을 관리하는 아버지, 어머니 또는 후견인에 대한 제한능력자의 권리는 그가 능력자가 되거나 후임 법정대리인이 취임한 때부터 6개월 내에는 소멸시효가 완성되지 아니한다.

2. 혼인관계의 종료에 의한 정지(제180조 2항)

> 제180조 【재산관리자에 대한 제한능력자의 권리, 부부 사이의 권리와 시효정지】(16·19소간, 18세무) ② 부부 중 한쪽이 다른 쪽에 대하여 가지는 권리는 혼인관계가 종료된 때부터 6개월 내에는 소멸시효가 완성되지 아니한다.

3. 상속재산에 관한 정지(제181조)

> 제181조 【상속재산에 관한 권리와 시효정지】 상속재산에 속한 권리나 상속재산에 대한 권리는 상속인의 확정, 관리인의 선임 또는 파산선고가 있는 때로부터 6월내에는 소멸시효가 완성하지 아니한다.

4. 사변에 의한 정지(제182조)

> 제182조 【천재 기타 사변과 시효정지】(22경간, 19법경) 천재 기타 사변으로 인하여 소멸시효를 중단할 수 없을 때에는 그 사유가 종료한 때로부터 1월내에는 시효가 완성하지 아니한다.

제4절 소멸시효완성의 효과

I. 문제점

민법은 소멸시효의 효과에 관하여 단지 '소멸시효가 완성한다'고만 규정하여(제162조 이하) 그 '완성한다'는 것이 어떠한 효과의 발생을 의미하는 것인지 명문으로 밝히고 있지 않다. 따라서 소멸시효완성의 구체적 효과에 관해서는 논란의 여지가 있다.

II. 학설 및 판례

1. 학설

① 소멸시효의 완성으로 권리가 당연히 소멸한다는 **절대적 소멸설**(다수설)[26]과 ② 소멸시효의 완성으로 권리가 당연히 소멸하지는 않고, 다만 시효의 이익을 받을 자에게 권리의 소멸을 주장할 권리(원용권)가 생길 뿐이라는 **상대적 소멸설**[27]의 대립이 있다.

2. 판례

① 判例는 당사자의 원용이 없어도 시효완성의 사실로서 채무는 '당연히 소멸'하는 것이라고 하고, 다만 소송에서는 '변론주의의 원칙상 소송당사자가 소멸시효가 완성되었음을 주장하지 아니하면 법원이 이를 고려할 수 없다'고 판시하여 기본적으로 절대적 소멸설의 입장인 듯하다(대판 1979.2.13, 78다2157: 21소간). ② 다만 소멸시효의 이익을 받겠다고 항변할 수 있는 자는 권리의 소멸에 의하여 '직접 이익을 받는 자'에 한정된다고 판시하고 있는바, 이는 절대적 소멸설에 의해서는 설명이 어려운 부분이 있다. 왜냐하면 절대적 소멸설에 따르면 '누구나' 소멸시효의 완성을 주장할 수 있어야 하기 때문이다.

III. 양설의 비교(결론에 있어 차이는 없다)

1. 소송수행상의 차이점

① 상대적 소멸설은 당사자의 원용이 없는 한 법원은 직권으로 시효를 고려하지 못한다고 한다. ② 절대적 소멸설은 민사소송법이 '변론주의'를 취하고 있으므로 소멸시효의 이익을 받을 자가 그 사실을 주장한 때에 비로소 고려되는 것으로 구성한다.

2. 시효완성 후 채무자의 변제

① 상대적 소멸설에 의하면 채무자가 시효완성의 사실을 알았는지 묻지 않고 원용이 없는 동안은 채권은 소멸하지 않은 것으로 다루어지므로 유효한 채무의 변제가 된다. ② 절대적 소멸설에 의하면 ⅰ) 채무자가 시효완성의 사실을 알고 변제한 때에는 시효이익의 포기(제184조 1항) 내지는 악의의 비채변제(非債辨濟)(제742조)[28]가 되어 그

지문 OX

01 소멸시효가 완성되어도 당사자의 원용이 있어야 채무소멸의 효과가 발생한다.　×

02 시효이익을 받는 자가 소멸시효완성의 항변을 하지 않으면 그 의사에 반하여 재판할 수 없다.　○

---

26) [논거] 절대적 소멸설은 ⅰ) 현행 민법이 구민법과는 달리 시효의 원용에 관한 규정을 삭제한 점, ⅱ) 시효로 권리가 소멸한다고 표현한 민법 제369조, 제766조 1항, 부칙 제8조 1항을 그 근거로 든다.

27) [논거] 상대적 소멸설은 절대적 소멸설을 취하게 되면 ⅰ) 당사자가 소멸시효의 이익을 받기를 원하지 않는 경우에도 그 의사를 존중하지 않는 것이 되어 부당하고, ⅱ) 시효이익의 포기를 설명할 수 없다는 점(절대적 소멸설에 의하면 권리가 소멸하는 것으로 확정되므로 포기의 대상이 없게 된다)을 그 이유로 든다.

28) 제742조(비채변제) 채무없음을 알고 이를 변제한 때에는 그 반환을 청구하지 못한다.

반환을 청구하지 못한다고 한다. ⅱ) 채무자가 시효완성의 사실을 모르고 변제한 때에는 제744조[29]의 도의관념에 적합한 비채변제에 해당하여 그 반환을 청구하지 못한다고 한다.

3. 시효이익의 포기

① 상대적 소멸설은 이를 '원용권의 포기'로 보고 따라서 권리는 시효로 소멸하지 않는 것으로 확정된다고 한다. ② 절대적 소멸설에 의하면 이를 설명하는 데 어려움이 있긴 하나, "소멸시효의 완성으로 인한 법적인 이익을 받지 않겠다고 하는 의사표시" (대판 2013.2.28, 2011다21556 ; 다만 소멸시효 완성의 효과를 의식한 판시라고 보이지는 않는다)이며 그에 따라 소멸시효의 효과가 생기지 않는 것으로 구성한다.

Ⅳ. 시효완성의 범위

1. 시적 범위(소급효)

소멸시효는 그 **'기산일에 소급'**하여 소멸한다(제167조)(18법경, 20소간, 21세무). 따라서 소멸시효로 채무를 면하게 되는 자는 기산일 이후의 이자 등을 지급할 의무가 없다.

① 다만 시효로 소멸하는 채권이 그 소멸시효가 완성하기 전에 상계할 수 있었던 것이라면 채권자는 상계할 수 있다(제495조). 이는 (매도인이나 수급인의 담보책임을 기초로 한 손해배상채권의) **제척기간이 지났으나, 제척기간이 지나기 전 상대방의 채권과 상계할 수 있었던 경우에도 마찬가지이다**(대판 2019.3.14, 2018다255648).

② 채무불이행에 따른 해제의 의사표시 당시에 이미 채무불이행의 대상이 되는 본래 채권이 시효가 완성되어 소멸하였다면, 채무자가 소멸시효의 완성을 주장하는 것이 신의성실의 원칙에 반하여 허용될 수 없다는 등의 특별한 사정이 없는 한, 채권자는 채무불이행 시점이 본래 채권의 시효완성 전인지 후인지를 불문하고 그 채무불이행을 이유로 한 해제권 및 이에 기한 원상회복청구권을 행사할 수 없다(대판 2022.9.29, 2019다204593).

2. 물적 범위(종된 권리도 소멸)

주된 권리의 소멸시효가 완성한 때에는 종속된 권리에 그 효력이 미친다(제183조)(19소간, 18세무). 본조의 실제적 의의는 주된 권리는 소멸시효가 완성하였으나 종된 권리는 아직 완성하지 않은 경우에 나타난다.

① **[원본채권과 이자채권(적극)]** 예컨대, 원본채권이 시효로 소멸하면 이자채권의 시효기간이 남아 있다고 하더라도 시효로 소멸한다는 점이다. 그러므로 기산일 이후의 이자를 지급할 필요가 없다(17소간). 다만 **判例는 하나의 금전채권의 원금 중 일부가 변제된 후 나머지 원금에 대하여 소멸시효가 완성된 경우**, 소멸시효 완성의 효력은 소멸시효가 완성된 원금 부분으로부터 그 완성 전에 발생한 이자(또는 지연손해금)에는 미치나, 변제로 소멸한 원금 부분으로부터 그 변제 전에 발생한 이자(또는 지연손해금)에는 미치지 않는다고 한다(대판 2008.3.14, 2006다2940[30]).

---

29) 제744조(도의관념에 적합한 비채변제) 채무없는 자가 착오로 인하여 변제한 경우에 그 변제가 도의관념에 적합한 때에는 그 반환을 청구하지 못한다.

30) "이자 또는 지연손해금은 주된 채권인 원본의 존재를 전제로 그에 대응하여 일정한 비율로 발생하는 종된 권리인데, 하나의 금전채권의 원금 중 일부가 변제된 후 나머지 원금에 대하여 소멸시효가 완성된 경우, 가분채권인 금전채권의 성질상 변제로 소멸한 원금 부분과 소멸시효 완성으로 소멸한 원금 부분을 구분하는 것이 가능하고, 이 경우 원금에 종속된 권리인 이자 또는 지연손해금 역시 변제로 소멸한 원금 부분에서 발생한 것과 시효완성으로 소멸된 원금 부분에서 발생한 것으로 구분하는 것이 가능하므로, 소멸시효 완성의 효력은 소멸시효가 완성된 원금 부분으로부터 그 완성 전에 발생한 이자 또는 지연손해금에는 미치나, 변제로 소멸한 원금 부분으로부터 그 변제 전에 발생한 이자 또는 지연손해금에는 미치지 않는다".

지문 OX

03 소멸시효가 완성된 채권은 그 완성 전에 상계할 수 있었던 경우라도 그 채권자는 상계할 수 없다.　×

04 매도인이나 수급인의 담보책임을 기초로 한 손해배상채권의 제척기간이 지난 경우에는 비록 제척기간이 지나기 전 상대방의 채권과 상계할 수 있었던 경우라 할지라도, 위 손해배상채권을 자동채권으로 해서 상대방의 채권과 상계할 수 없다.　×

05 주된 권리의 소멸시효가 완성한 때에는 종속된 권리에 그 효력이 미친다.　○

06 하나의 금전채권의 원금 중 일부가 변제된 후 나머지 원금에 대하여 소멸시효가 완성된 경우, 소멸시효 완성의 효력은 소멸시효가 완성된 원금 부분으로부터 그 완성 전에 발생한 이자 또는 지연손해금 뿐만 아니라 변제로 소멸한 원금 부분으로부터 그 변제 전에 발생한 이자 또는 지연손해금에도 미친다.　×

② **[본래채권과 손해배상채권(적극)]** "채무불이행으로 인한 손해배상채권은 본래의 채권이 확장된 것이거나 본래의 채권의 내용이 변경된 것이므로 본래의 채권과 동일성을 가진다. 따라서 **본래의 채권이 시효로 소멸한 때에는 손해배상채권도 함께 소멸**한다"(대판 2018.2.28, 2016다45779).

> **[비교판례]** "채무불이행으로 인한 손해배상청구권에 대한 소멸시효 항변이 불법행위로 인한 손해배상청구권에 대한 소멸시효 항변을 포함한 것으로 볼 수는 없다"(대판 1998. 5.29, 96다51110).

③ **[피담보채권과 저당권(적극)]** 저당권에 관해서는 별도의 규정이 있어, 저당권으로 담보한 채권이 시효의 완성 기타 사유로 인하여 소멸한 때에는 저당권도 소멸한다(제369조).

④ **[손해배상청구권과 구상권(소극)]** 判例는 공동불법행위자의 구상권은 피해자의 손해배상청구권에 종된 권리가 아니라고 하여 시효소멸을 인정하지 않았다(대판 1997.12.23, 97다42830[31]).

3. 인적 범위(소멸시효 완성을 주장할 수 있는 자의 범위)

判例는 소멸시효의 완성을 원용할 수 있는 자는 권리의 소멸에 의하여 직접 이익을 받는 자에 한정된다고 한다(대판 1995.7.11, 95다12446: 19소간).

(1) 직접수익자에 해당하는 경우

判例는 ① **채무자(연대보증인)**뿐만 아니라 ② **물상보증인**(대판 2004.1.16, 2003다30890: 21세무), ③ **담보물의 제3취득자**(대판 1995.7.11, 95다12446)는 채권자에 대하여 물적 유한책임을 지고 있어 그 피담보채권의 소멸에 의해 직접 이익을 받는 관계에 있으므로 소멸시효의 완성을 주장할 수 있다고 한다(즉 피담보채무의 부존재 또는 소멸을 이유로 저당권설정등기의 말소를 청구할 수 있다). ④ 그리고 사해행위취소소송의 상대방이 된 '**사해행위의 수익자**'는, 사해행위가 취소되면 사해행위에 의해 얻은 이익을 상실하고 사해행위취소권을 행사하는 채권자의 채권이 소멸하면 그와 같은 이익의 상실을 면하는 지위에 있으므로, 피보전채권의 소멸에 의해 직접 이익을 받는 자에 해당한다고 한다(대판 2007.11.29, 2007다54849).

> **[관련판례]** 그 외에도 매매계약 후 소유권이전청구권 보전의 가등기가 된 부동산을 취득한 제3자(대판 1991.3.12, 90다카27570 ; 본등기청구권의 소멸시효를 주장할 수 있다), 유치권이 성립된 부동산의 매수인(대판 2009.9.24, 2009다39530 ; 피담보채권의 소멸시효를 주장할 수 있다), 공탁금출급청구권이 시효로 소멸한 경우에 공탁자에게 공탁금회수청구권이 인정되지 않는 때에 있어서 국가(대판 2007.3.30, 2005다11312 ; 기업자가 하는 손실보상금의 공탁에 있어서 공탁금출급청구권의 소멸시효가 완성된 경우, 기업자는 이를 원용할 수 없다는 취지의 판결이다) 등이 있다.

---

31) "공동불법행위자의 다른 공동불법행위자에 대한 구상권은 피해자의 다른 공동불법행위자에 대한 손해배상채권과는 그 발생원인 및 성질을 달리하는 별개의 권리이고, 연대채무에 있어서 소멸시효의 절대적 효력에 관한 민법 제421조의 규정은 공동불법행위자 상호간의 부진정연대채무에 대하여는 그 적용이 없으므로, 공동불법행위자 중 1인의 손해배상채무가 시효로 소멸한 후에 다른 공동불법행위자 1인이 피해자에게 자기의 부담 부분을 넘는 손해를 배상하였을 경우에도, 그 공동불법행위자는 다른 공동불법행위자에게 구상권을 행사할 수 있다".
같은 이유로 "공동불법행위자가 다른 공동불법행위자에 대한 <u>구상권을 취득한 이후에</u> 피해자의 그 다른 공동불법행위자에 <u>대한 손해배상채권이 시효로 소멸되었다고 하여</u> 그러한 사정만으로 이미 취득한 구상권이 소멸된다고 할 수 없다"(대판 1996.3.26, 96다3791).

(2) 직접수익자에 해당하지 않는 경우

1) 채무자에 대한 일반채권자

判例는 '채무자에 대한 일반채권자'는 자기의 채권을 보전하기 위하여 필요한 한도 내에서 채무자를 대위하여 소멸시효 주장을 할 수 있을 뿐 **채권자의 지위에서 독자적으로** (다른 채권자의 채무자에 대한 채권에 대해) **소멸시효의 완성을 주장할 수 없다**고 한다(대판 1997.12.26, 97다22676: 22경간, 17소간).

이러한 判例에 따르면 대위 원용이 허용되나, ㉠ 채무자가 시효이익을 '적극적으로' 포기한 때에는 '채무자에 대한 일반채권자'는 '다른 채권자의 채무자에 대한 채권'에 대해 소멸시효를 원용할 수 없게 된다. ㉡ 그러나 소멸시효가 완성된 채무를 피담보채무로 하는 근저당권이 실행되어 채무자 소유의 부동산이 경락되고 대금이 배당되어 채무의 '일부 변제'에 충당될 때까지 채무자가 이의를 제기하지 아니한 경우 채무자가 시효의 이익을 '묵시적으로' 포기한 것으로 볼 수 있기는 하나, 다만 이때 '채무자의 다른 채권자가 이의를 제기'하고 채무자를 대위하여 소멸시효완성의 주장을 원용하는 경우에는 判例는 시효의 이익을 묵시적으로 포기한 것으로 볼 수 없다고 한다(대판 2017.7.11, 2014다32458).

> [관련판례] "물상보증인은 피담보채권에 대한 소멸시효의 완성을 주장할 수 있고, 물상보증인의 채권자도 물상보증인을 '대위'하여 피담보채권의 시효소멸을 주장할 수 있다"(대판 2018.11.9, 2018다38782).

2) 채권자대위권의 행사에서 제3채무자

判例는 '채권자대위권의 행사에서 제3채무자'는 채무자가 채권자에 대하여 가지는 항변으로 대항할 수 없을 뿐더러 시효이익을 직접 받는 자에도 해당하지 않는다는 이유로 채권자의 채권이 시효로 소멸하였다고 주장할 수 없다고 한다(대판 1998.12.8, 97다31472: 23경간). 다만 채무자가 이미 소멸시효를 원용한 경우에는 피보전채권이 소멸하게 되므로 제3채무자가 그 '효과'를 원용하여 피보전채권의 부존재를 주장하는 것은 허용된다(대판 2008.1.31, 2007다64471).

3) 후순위 담보권자

"후순위 담보권자는 선순위 담보권의 피담보채권이 소멸하면 담보권의 순위가 상승하고 이에 따라 피담보채권에 대한 배당액이 증가할 수 있지만, 이러한 배당액 증가에 대한 기대는 담보권의 순위 상승에 따른 반사적 이익에 지나지 않는다. **후순위 담보권자는 선순위 담보권의 피담보채권 소멸로 직접 이익을 받는 자에 해당하지 않아 선순위 담보권의 피담보채권에 관한 소멸시효가 완성되었다고 주장할 수 없다**"(대판 2021.2.25, 2016다232597).

V. 소멸시효이익의 포기

1. 소멸시효 완성 전의 포기

> 제184조【시효의 이익의 포기 기타】① 소멸시효의 이익은 미리 포기하지 못한다.
> ② 소멸시효는 법률행위에 의하여 이를 배제, 연장 또는 가중할 수 없으나 이를 단축 또는 경감할 수 있다(19법경, 20소간, 19세무).

① 소멸시효의 이익은 시효기간이 완성하기 전에 미리 포기하지 못한다(제184조 1항)(19법경, 19소간, 21세무). 시효제도는 공익적 제도이므로 개인의 의사로 미리 배척하게

하는 것은 부당하고, 또 채권자가 채무자의 궁박을 이용하여 미리 소멸시효의 이익을 포기하게 할 염려가 있기 때문이다. ② 따라서 그런 염려가 없는 시효기간을 단축하거나 시효요건을 경감하는 특약은 유효하다(제184조 2항)(대판 2006.4.14, 2004다70253). 이는 강행규정이다.

2. 소멸시효 완성 후의 포기

(1) 포기의 유효성 및 법적 성질

소멸시효가 완성된 후에 그 이익을 포기하는 것은 허용된다(제184조 1항의 반대해석). 왜냐하면 시효가 완성된 후에는 채무자의 궁박을 이용할 염려가 없을 뿐만 아니라, 이를 인정하는 것이 당사자의 의사를 존중하는 결과로 되기 때문이다. 포기의 법적 성질은 상대방 있는 단독행위이다.

(2) 요건

소멸시효완성 후의 포기는 ⅰ) 처분능력과 처분권한을 갖춘 자가 ⅱ) 시효완성 사실을 알고, ⅲ) 권리를 잃을 자에게 '시효이익을 포기하는 의사표시'로 할 수 있다. 특히 ⅲ) 요건과 관련하여 '시효완성 후 채무승인'이 문제되는바, **시효이익의 포기에는 '효과의사'가 필요하므로, '관념의 통지'로 효과의사가 필요하지 않는 시효중단사유로서의 승인과 다르며,** 따라서 채무승인만으로 언제나 시효이익의 포기가 되는 것은 아니다(20·21소간).

예를 들어 判例는 "소송에서의 상계항변은 소송상의 공격방어방법으로 피고의 금전지급의무가 인정되는 경우 자동채권으로 상계를 한다는 예비적 항변의 성격을 갖는데, 따라서 **상계항변이 먼저 이루어지고 그 후 대여금채권의 소멸을 주장하는 소멸시효항변이 있었던 경우에는, 상계항변 당시 채무자인 피고에게 수동채권인 대여금채권의 시효이익을 포기하려는 효과의사가 있었다고 단정할 수 없다**"(대판 2013.2.28, 2011다21556 ; 대판 2013.7.25, 2011다56187, 56194)고 한다.

1) 포기자

시효이익의 포기는 '**처분행위**'이므로 **처분능력과 처분권한**이 있어야 한다. 즉, "시효완성의 이익 포기의 의사표시를 할 수 있는 자는 시효완성의 이익을 받을 당사자 또는 그 대리인에 한정되고, 그 밖의 제3자가 시효완성의 이익 포기의 의사표시를 하였다 하더라도 이는 시효완성의 이익을 받을 자에 대한 관계에서 아무 효력이 없다"(대판 2014.1.23, 2013다64793: 시효이익의 포기는 대리인도 할 수 있다).

2) 상대방

소멸시효의 완성으로 권리를 잃을 지위에 있는 자에게 하여야 한다. 따라서 시효이익을 받을 자의 대리인을 상대로 시효이익 포기의 의사표시를 할 수는 없다. 이는 소멸시효 중단사유로서의 채무승인의 경우 시효이익을 받을 자의 대리인을 상대로 할 수 있다는 점과 구별된다(대판 2014.1.23, 2013다64793).

3) 방식

포기는 명시적이든 묵시적이든 상관이 없다. 다만 소멸시효이익의 포기사유로서 '묵시적 승인'은 적어도 채무자가 채권자에 대하여 부담하는 채무의 존재에 대한 인식의 의사를 표시함으로써 성립한다(대판 2008.7.24, 2008다25299: 22경간). 判例에 따르면 소멸시효완성 후의 ① 변제기한의 유예요청(대판 1965.12.28, 65다2133), ② 일부변제(채무 전부 승인) 등이 이에 해당한다(대판 2001.6.12, 2001다3580: 22경간).

✳ 소멸시효가 완성된 채무의 일부변제

判例는 채무의 일부를 변제하는 경우도 그 채무 전부에 대한 시효이익을 포기한 것으로 본다.

ⓐ [계속적 거래에서 발생한 수개의 채무 중 일부변제] 그래서 判例는 "동일 당사자 간에 계속적인 거래로 인하여 같은 종류를 목적으로 하는 수개의 채무 중 채무자가 어느 채무를 특정하지 않고 그 일부의 변제를 한 때에도 잔존채무에 대해 시효이익을 포기한 것으로 보지만, 그 채무가 별개로 성립되어 독립성을 갖고 있는 경우에는 일률적으로 그렇게만 해석할 수는 없다"고 한다.

"특히 채무자가 가압류목적물에 대한 가압류를 해제받을 목적으로 그 피보전채권을 변제하는 경우에는 다른 채무에 대하여는 시효이익을 포기한 것으로 볼 수 없고"(대판 1993.10.26, 93다14936), 또한 "채무자가 근저당권설정등기를 말소하기 위하여 피담보채무를 변제하는 경우에는 특별한 사정이 없는 한 피담보채무가 아닌 별개의 채무에 대하여서까지 채무를 승인하거나 소멸시효의 이익을 포기한 것이라고 볼 수는 없다"(대판 2014.1.23, 2013다64793)고 한다.

ⓑ [일부배당에 대한 이의제기를 하지 않은 경우] 한편 判例는 "채권자의 담보권실행에 의한 일부의 배당에 대해 채무자가 이의제기를 하지 않은 경우에도 일부변제와 같은 효력을 인정하여, 채무자는 시효완성의 사실을 알고 그 채무를 묵시적으로 승인하여 시효의 이익을 포기한 것으로 보아야 한다"(대판 2001.6.12, 2001다3580)고 한다. 참고로 일부배당은 아닌 사안이지만 判例는 "채무자가 배당절차에서 이의를 제기하지 아니하였다고 하더라도 '채무자의 다른 채권자가 이의를 제기'하고 채무자를 대위하여 소멸시효 완성의 주장을 원용하였다면, 시효의 이익을 묵시적으로 포기한 것으로 볼 수 없다"(대판 2017.7.11, 2014다32458)고 한다.

ⓒ [이자채무의 시효소멸과 일부변제] 判例에 따르면 "원금채무는 소멸시효가 완성되지 않았으나 이자채무의 소멸시효가 완성된 상태에서 채무자가 채무를 일부 변제한 경우, 원금채무를 승인하고 이자채무의 시효이익을 포기한 것으로 추정되므로, 채무자의 변제가 채무 전체를 소멸시키지 못하고 당사자가 변제에 충당할 채무를 지정하지 아니한 때에는 제479조, 제477조에 따른 법정변제충당의 순서에 따라 충당되어야 한다"(대판 2013.5.23, 2013다12464)고 한다.

따라서 다른 사정이 없다면 일부변제한 것으로는 원본에 앞서 이자에 먼저 충당하며, 이행기가 도래한 이자 중에는 이행기가 먼저 도래한 순서에 따라 충당될 것이어서(제477조 3호 참조) 결국 먼저 시효로 소멸한 이자에 우선충당하게 될 것이다.

4) 시효완성 사실을 알고서 포기할 것

시효이익의 포기는 '의사표시'이므로 시효완성의 사실을 알고서 하여야 한다. 다만 **判例**는 시효완성 후에 시효이익을 포기하는 듯한 행위가 있으면 **시효완성 사실에 대한 악의를 추정**하나(대판 2001.6.12, 2001다3580: 17소간), **[판례검토]** 이 경우에는 오히려 시효완성의 사실을 모르고 한 경우가 보통이므로, 위 判例는 경험칙에 어긋나는 것이다(다수설). 아울러 시효완성 사실을 모르고 기한유예 요청을 한 경우 시효이익의 포기는 되지 않으나, 判例에 따르면 기한유예요청을 하고 다시 시효완성을 원용하는 것은 신의칙(금반언)에 의해 인정되지 않는다고 한다(대판 1998.5.22, 96다24101).

(3) 효과

1) 시적 범위

포기의 효과는 그 의사표시가 상대방에게 도달하는 때에 발생하며, 시효이익을 포기하면 소멸시효의 완성을 주장하지 못하고, 포기한 때부터 시효가 새로 진행한다(대판 2009.7.9, 2009다14340: 22경간, 21세무).

2) 인적 범위

가) 원칙: 시효이익 포기의 상대효

① 포기의 효과는 상대적이어서 포기할 수 있는 자가 다수인 경우에 1인의 포기는 다른 사람에게 영향을 미치지 않는다. 判例도 직접 이익을 받는 자의 시효원용권은 채무자의 시효원용권에 기초한 것이 아닌 독자적인 것이라고 하여 채무자의 시효이익의 포기는 다른 직접수익자의 시효원용권에 영향을 미치지 않는다고 한다(대판 1995.7.11, 95다12446). 따라서 주채무자의 소멸시효이익의 포기는 보증인(대판 1991.1.29, 89다카1114), 저당부동산의 제3취득자(대판 2010.3.11, 2009다100098: 21세무), 물상보증인(대판 2018.11.9, 2018다38782: 19소간), 연대보증인(제433조 2항)(대판 1995.7.11, 95다12446: 19소간) 등에 영향을 미치지 않는다.

② 보증인은 주채무자의 항변(예컨대 주채무의 부존재, 소멸, 소멸시효의 완성)으로 채권자에게 대항할 수 있다. 그리고 주채무자의 항변포기는 보증인에게 효력이 없다(제433조).

문제는 보증인이 자신의 보증채무에 관하여 시효의 이익을 포기하고 나서 주채무의 시효소멸을 이유로 보증채무의 소멸을 주장할 수 있는가 하는 점이다. 이에 관해 判例는 "주채무의 시효소멸에도 불구하고 보증채무를 이행하겠다는 의사를 표시한 경우 등과 같이 '**부종성**'을 부정하여야 할 다른 특별한 사정이 없는 한 보증인은 여전히 주채무의 시효소멸을 이유로 보증채무의 소멸을 주장할 수 있다고 보아야 한다"(대판 2012.7.12, 2010다51192)고 한다.

다만 "보증채무의 부종성을 부정하여야 할 특별한 사정이 있는 경우에는 예외적으로 보증인은 주채무의 시효소멸을 이유로 보증채무의 소멸을 주장할 수 없으나, **특별한 사정을 인정하여 보증채무의 본질적인 속성에 해당하는 부종성을 부정하려면 보증인이 주채무의 시효소멸에도 불구하고 보증채무를 이행하겠다는 의사를 표시하거나 채권자와 그러한 내용의 약정을 하였어야** 하고, 단지 보증인이 주채무의 시효소멸에 원인을 제공하였다는 것만으로는 보증채무의 부종성을 부정할 수 없다"(대판 2018.5.15, 2016다211620: 23경간).

나) 예외: 시효이익 포기의 상대효 제한법리

그러나 判例는 시효이익을 이미 포기한 자와의 법률관계를 통하여 비로소 시효이익을 원용할 이해관계를 형성한 자(판례사안은 피담보채권의 소멸시효가 완성된 후 채무자가 저당권을 설정한 후 이를 취득한 담보물의 제3취득자)는 이미 이루어진 시효이익 포기의 효력을 부정할 수는 없다고 한다(아래 2015다200227 판결).

> **[사실관계]** A는 1992년 B로부터 5천만원을 차용하면서 그 담보로 A 소유 부동산에 대해 B 앞으로 제1근저당권을 설정해 주었다. 그 후 (이 채권의 소멸시효기간 10년이 지난 때인) 2004년에 A는 위 차용금채무의 이자를 3천만원으로 확정하고, 이를 담보하기 위해 위 부동산에 대해 B 앞으로 제2근저당권을 설정해 주었다. 2013년에 C는 A로부터 위 부동산을 매수하여 소유권을 취득한 후, B를 상대로 근저당권의 피담보채권이 소멸시효로 인해 소멸하였다는 것을 이유로 제1, 제2근저당권의 말소를 청구한 것이다. 이에 대해 判例는 A가 B 앞으로 제2근저당권을 설정해 준 것은 소멸시효의 이익을 포기한 것으로 볼 수 있는데, 이 효력은 C에게도 미쳐 C는 독자적으로 소멸시효를 주장할 수 없는 것으로 보았다(대판 2015.6.11, 2015다200227).

3) 물적 범위

判例는 채무자가 채무 중 일부를 변제하면 전부에 대하여 시효이익을 포기한 것으로 본다. 그렇지만 (가분)채무 일부에 대한 소멸시효 이익의 포기가 불가능한 것은 아니다 (대판 2012.5.10, 2011다109500).

Ⅵ. 소멸시효의 남용(시효완성 전 ; 불행장, 시효완성 후 ; 신부) … 권리자의 재항변사유

1. 소멸시효 남용의 요건

判例는 "채무자의 소멸시효에 기한 항변권의 행사도 우리 민법의 대원칙인 신의성실의 원칙과 권리남용금지의 원칙의 지배를 받는 것이어서(18법경, 21세무), ⅰ) 채무자가 시효완성 전에 채권자의 권리행사나 시효중단을 불가능 또는 현저히 곤란하게 하였거나, ⅱ) 그러한 조치가 불필요하다고 믿게 하는 행동을 하였거나, ⅲ) 객관적으로 채권자가 권리를 행사할 수 없는 (사실상의) 장애사유가 있었거나(20법경), ⅳ) 또는 일단 시효완성 후에 채무자가 시효를 원용하지 아니할 것 같은 태도를 보여 권리자로 하여금 그와 같이 신뢰하게 하였거나, ⅴ) 채권자보호의 필요성이 크고, 같은 조건의 다른 채권자가 채무의 변제를 수령하는 등의 사정이 있어 채무이행의 거절을 인정함이 현저히 부당하거나 불공평하게 되는 등의 '특별한 사정'이 있는 경우에는 채무자가 소멸시효의 완성을 주장하는 것이 신의성실의 원칙에 반하여 권리남용으로서 허용될 수 없다"(대판 2002.10.25, 2002다32332)고 한다.

> [관련판례] ＊ 국가배상청구권의 시효주장이 남용인 경우 공무원에 대한 구상권 행사(원칙적 소극)
> "공무원의 불법행위로 손해를 입은 피해자의 국가배상청구권의 소멸시효 기간이 지났으나 국가가 소멸시효완성을 주장하는 것이 신의성실의 원칙에 반하는 권리남용으로 허용될 수 없어 배상책임을 이행한 경우에는, 그 소멸시효완성 주장이 권리남용에 해당하게 된 원인행위와 관련하여 해당 공무원이 그 원인이 되는 행위를 적극적으로 주도하였다는 등의 특별한 사정이 없는 한, 국가가 해당 공무원에게 국가배상법 제2조 제2항에 따라 구상권을 행사하는 것은 신의칙상 허용되지 않는다"(대판 2016.6.9, 2015다200258).

2. 소멸시효 남용의 한계

判例는 "국가에게 국민을 보호할 의무가 있다는 사유만으로 국가가 소멸시효의 완성을 주장하는 것 자체가 신의성실의 원칙에 반하여 권리남용에 해당한다고 할 수는 없으므로, 국가의 소멸시효 완성 주장이 신의칙에 반하고 권리남용에 해당한다고 하려면 일반 채무자의 소멸시효 완성 주장에서와 같은 특별한 사정이 인정되어야 할 것이고, 또한 그와 같은 일반적 원칙을 적용하여 법이 두고 있는 구체적인 제도의 운용을 배제하는 것은 법해석에 있어 또 하나의 대원칙인 법적 안정성을 해할 위험이 있으므로 그 적용에는 신중을 기하여야 한다"(대판 2005.5.13, 2004다71881)고 한다.

3. 소멸시효 남용의 효과

소멸시효 주장이 권리남용에 해당하여 허용되지 않는 경우에는 소멸시효가 처음부터 다시 진행하는 것은 아니고 권리자는 신의성실에 원칙에 위배되는 사정이 없어진 때부터 '상당한 기간 내'에 권리를 행사하여야 한다.

이와 관련하여 최근 전원합의체 판결은 채무자가 소멸시효의 이익을 원용하지 않을 것 같은 신뢰를 부여한 사안에서(위 소멸시효 남용의 경우 중 ⅳ) 경우), 소멸시효의 남용은 소멸시효 제도에 대한 예외적인 제한에 그쳐야 한다는 이유로 "채권자는 그러한 사정이 있는 때부터 '시효정지'의 경우에 준해 단기간 내에 권리를 행사하여야만 채무자의 소멸시효의 항변을 저지할 수 있다"(대판 2013.5.16, 전합2012다202819 ; 대판 2013.8.22, 2013다 200568)고 보았다. 그러므로 소멸시효의 항변을 저지할 수 있는 권리행사의 '상당한 기간'은 일반적으로 시효정지의 경우에 준해 '6개월'의 기간 내에 권리를 행사하여야 한다. 다만 개별 사건에서 매우 특수한 사정이 있어 그 기간을 연장하여 인정하는 것이 부득이한 경우에도, 예를 들어 불법행위로 인한 손해배상청구의 경우 그 기간은 아무리 길어도 제766조 1항이 규정한 단기소멸시효기간인 3년을 넘을 수는 없다고 하였다(대판 2013.5.16, 전합2012다202819).

부록 | 판례색인

헌법재판소 판례

MEMO

MEMO

해커스경찰
민법총칙의 맥 기본서

개정 2판 1쇄 발행 2023년 9월 8일

지은이	윤동환 편저
펴낸곳	해커스패스
펴낸이	해커스경찰 출판팀

주소	서울특별시 강남구 강남대로 428 해커스경찰
고객센터	1588-4055
교재 관련 문의	gosi@hackerspass.com
	해커스경찰 사이트(police.Hackers.com) 교재 Q&A 게시판
	카카오톡 플러스 친구 [해커스경찰]
학원 강의 및 동영상강의	police.Hackers.com

ISBN	979-11-6999-498-9 (13360)
Serial Number	02-01-01

경찰공무원 1위,
해커스경찰(police.Hackers.com)

해커스 경찰

· 정확한 성적 분석으로 약점 극복이 가능한 **합격예측 모의고사**(교재 내 응시권 및 해설강의 수강권 수록)
· 해커스 스타강사의 **경찰 민법총칙 무료 동영상강의**
· **해커스경찰 학원 및 인강**(교재 내 인강 할인쿠폰 수록)

한경비즈니스 선정 2019 한국 소비자 만족지수 교육(경찰공무원) 부문 1위